개혁주의생명신학 관점의
교회행정학

개혁주의생명신학 관점의
교회행정학

초판 1쇄 발행 2025년 9월 10일

지 은 이 | 설충환

펴 낸 곳 | 기독교연합신문사(백석출판)
등　　록 | 제2018-000063호 (2018년 3월 15일)
주　　소 | 서울특별시 서초구 남부순환로 2221
전　　화 | (02)587-6885　팩스 02)581-6885
이 메 일 | book6885@nate.com

디자인&인쇄 | 기독교연합신문사(백석출판)

ISBN |　979-11-981080-7-4　93230

개혁주의생명신학 관점의

교회행정학

설 충 환

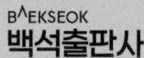
백석출판사

저자: 설충환 ●●●

백석총회 헌법위원회 위원장(역임) / 기독교 행정학 박사(Ph.D)
백석대학교 대학원 헌법 · 행정학 강사

교회행정은 무엇보다도 교회를 위한 것이어야 한다. 이는 단순히 조직 관리나 효율성을 추구하는 차원을 넘어선다. 교회행정은 예수 그리스도의 생명 능력을 드러내어, 교회가 하나님께서 세우신 영적 기관으로서 본래의 사명을 감당하도록 뒷받침하는 기능을 수행해야 한다. 따라서 교회행정은 생명을 살리고 영적 생명을 공급하는 교회의 본질적 사역을 가능케 하는 도구이며, 반드시 성경을 규범적 기준으로 삼아야 한다. 성경의 빛 아래 잘못된 것은 개혁하고, 바른 것은 지켜내려는 공동체적 신앙 고백과 일치할 때 비로소 교회는 교회다움을 유지할 수 있다.

이러한 점에서 교회행정은 교회와 결코 분리될 수 없는 불가분의 관계를 지닌다. 교회행정은 단순한 제도적 장치가 아니라, 교회의 본질과 목적을 제도적 · 구조적으로 구현하는 과정이다. 이를 통해 교회의 정체성이 형성되고 공동체의 방향성이 설정된다. 다시 말해 교회행정은 교회의 사명을 제도화하고 지속 가능한 형태로 발전시키는 장치이며, 교회의 자기 이해(Ecclesial Identity)와 직결된다. 행정의 성격과 방향은 교회의 실제적 모습과 사역 양태를 규정하는 중요한 요인으로 작용한다. 따라서 행정학적 관점에서 교회행정은 교회의 비전과 신학적 신앙고백을 제도적 구조 속에 구체화하여, 교회가 하나님께서 주신 목적(예배, 교육, 선교, 봉사)을 충실히 수행하도록 지원하는 핵심적 수단이 된다.

결국 교회행정은 단순한 기술적 · 관리적 행위가 아니다. 그것은 교회의 존재 이유와 신학적 정체성을 역사적 현실 속에서 실천적으로 구현하는 과정이다. 이를 통해 교회는 성경적 원리에 기초한 영적 공동체로서의 정체성과 사명을 확립하게 된다.

본 『교회행정학』은 이러한 관점을 바탕으로 대한예수교장로회총회(백석)의 교회행정을 개혁주의생명신학의 시각에서 체계적으로 해설하고, 실제 목회 현장에서 올바르게 적용할 수 있도록 돕기 위해 집필되었다. 교회행정은 곧 하나님의 말씀을 교회 안에서 질서 있게 구현하고, 성령께서 주시는 은혜와 능력을 조직적으로 뒷받침하는 신앙적 도구이기에, 그 자체로 신학적 성격을 지닌다. 그러므로 교회행정은 개혁주의 신학의 토대 위에서 재조명될 필요가 있다.

대한예수교장로회총회(백석)는 웨스트민스터 신앙고백과 대 · 소요리문답을 신앙과 삶의 표준으로 삼아 개혁주의 신학을 충실히 계승해 왔으며, 동시에 헌법주의(constitutionalism)의 전통을 따라 교회의 질서와 거룩함을 세우는 일에 헌신해 왔다. 그러나 목회자와 신학도들이 참고할 만한 체계적인 교회행정학 교재의 부재는 교회의 실천적 사역을 제약해 왔다. 저자는 이 공백을 메우고자 하는 열망과 기도의 마음으로 본서를 집필하게 되었다.

특히 저자가 모교인 백석대학교 대학원에서 헌법 · 행정학을 강의할 수 있는 기회를 얻은 것은 큰 감동이었으며, 그 배려와 은혜가 본서를 집필하게 된 중요한 원동력이 되었다. 모교 강단에서 교회행정을 가르치며 경험한 학문적 교류와 학생들과의 소통은 교회행정이 단순한 학문이 아니라 실제 목회의 심장부와 연결되어 있음을 다시금 확증시켜 주었다. 이러한 경험이 이 책의 사상적·실천적 기초를 더욱 공고히 하였다.

본서는 저자가 23년간 목회 사역과 교회 정치, 총회 행정의 현장에서 쌓아 온 경험을 바탕으로 한다. 서울강남노회에서 네 차례 노회장을 맡아 섬긴 경험은 지역 교회의 실질적 행정 과제를 직면하게 했으며, 총회 차원에서는 헌법위원장과 헌법수·개정위원으로서 교단 헌법의 해석과 개정 과정에 직접 참여하며 교단 정책결정의 무게와 책임을 깊이 체득하게 하였다. 더불어 박사학위 연구와 백석대학교 실천신학대학원 강의는 본서의 학문적 토대를 제공하였다. 현장 사역과 학문 연구가 유기적으로 결합된 본서는 단순한 이론서가 아니라 실제 목회 현장을 살아 있는 교재로 삼은 연구 성과이다.

역사를 돌이켜 보면, 교회와 사회의 변혁은 언제나 정책결정의 순간과 긴밀히 연결되어 있었다. 사도행전 15장의 예루살렘 총회 결정은 이방 선교의 길을 열었으며, 영국 제임스 1세가 성경 번역을 공인한 결정은 킹제임스성경(King James Version)의 출현으로 이어져 교회사와 세계사에 지대한 영향을 끼쳤다. 이처럼 단 한 번의 정책결정이 교회의 미래와 세계사의 방향을 바꾸는 전환점이 될 수 있음을 알 수 있다. 백석총회 또한 여성 목사 안수 문제, 개혁주의생명신학 선언의 헌법적 수용, 교단 정체성 확립과 같은 중대한 정책결정을 통해 오늘의 교단적 면모를 형성하였다. 이는 교회 행정과 정책결정이 단순한 절차가 아니라, 교회의 운명과 선교적 사명을 좌우하는 영적 사건임을 잘 보여준다.

개혁주의생명신학은 말씀의 권위를 회복하는 신앙운동, 회개와 용서를 통한 교회의 연합운동, 복음으로 변화된 생명운동, 하나님 나라를 세우는 사명운동, 사랑과 섬김을 통한 나눔운동, 기도와 성령의 각성운동을 본질로 한다. 저자는 교회행정 역시 이러한 신학적 원리에 입각해야 한다고 확신한다. 교회행정이 성경적 원리에서 벗어나 단순한 제도와 규정의 틀에 머무를 때, 교회는 영적 생명력을 상실할 수밖에 없다. 그러나 개혁주의생명신학의 관점에서 교회행정을 이해할 때, 그것은 단순한 조직 관리가 아니라 성령의 바람을 불어넣어 교회를 살리는 생명의 행정으로 자리매김한다.

저자는 본서를 통해 한국교회, 특히 백석총회가 하나님의 말씀과 성령의 능력 위에 굳게 서서 건강하고 생명력 있는 공동체로 세워지기를 소망한다. 또한 본서가 목회자와 신학생들에게 교회행정을 연구하고 실천하는 데 있어 필수적인 학문적 자료가 되고, 나아가 한국 교회와 열방 교회에까지 선한 영향력을 끼치는 도구가 되기를 기도한다.

모든 영광을 하나님께 돌린다.
마라나타(מרנא אתא) – 주 예수여, 오시옵소서.

Part 02 교회정책론

Part 03 교회행정조직

Part 04 교회 인사행정론

CONTENTS

Part 05 교회 재무행정

C
O
N
T
E
N
T
S

part **01**

교회행정학의 기초이론

제1장 교회행정학에 대한 이해

제1절 교회행정의 정의

행정 : ① 공공문제 해결을 위해 ② 정부(government)가 ③ 수행하는 활동
(=public administration). 수행하는 활동은 정책결정과 정책집행 및 관리.

행정의 의의 : 정부관의 변화와 행정의 개념

교회행정이란
① 하나님의 뜻을 실현하고 교회의 목적을 달성하기 위해
② 교회(Church)가
③ 수행하는 활동
여기서 수행하는 활동은 교회정책결과 정책집행 및 관리를 말한다.

교회행정(Church Administration)이란, 하나님의 뜻을 실현하고 교회의
목적을 달성하기 위해 교회(Church)가 조직적으로 수행하는 정책결정, 정
책집행, 그리고 사역 전반의 관리 활동을 의미한다.

이는 단순한 운영관리 차원을 넘어서, 신학적 정체성과 공동체적 실
천, 그리고 조직적 효율성을 결합하여 교회의 사명(mission)을 구체화하
고 성도들의 참여와 은사, 자원을 통합적으로 조정하는 영적 · 제도적 ·
관리적 통합행위로 이해된다.

결국, 교회행정은 그리스도를 머리로 한 교회 공동체가 하나님의 뜻
에 따라 질서 있게 기능하고 성장하도록 돕는 통합적 실천 체계이며, 이
는 정책의 기획부터 실행, 평가에 이르기까지 전 과정을 포괄하는 신앙

적 실천의 조직적 도구라고 할 수 있다.

제2절 교회행정의 필요성

1. 교회 공동체의 유기체적 특성과 행정의 필연성

교회는 단순한 제도적 조직(organization)이 아닌, 신학적으로는 그리스도의 몸으로 규정되는 유기체적 공동체(organismic community)이다. 이는 교회의 각 구성 요소가 독립된 기능을 보유하면서도 상호의존적인 관계를 통해 전체로서 통합적 목적을 수행한다는 점에서 확인된다. 이러한 유기적 구조는 기능 간 조정과 질서 있는 운영을 필수적으로 요구하게 되며, 이에 따라 조직적 행정관리(administrative coordination)는 교회 공동체의 질서와 목적성을 유지하는 핵심 매개체로 작동한다.

2. 신·인격적 기관으로서 교회의 이중적 정체성과 행정의 역할

교회는 본질적으로 신적 기원(divine origin)을 가지나, 세상 속에서 인간적 현실(human agency) 속에 존재하는 신인(神人) 복합적 기관(divine–human hybrid institution)이다. 이러한 존재론적 이중성은 교회가 하나님과 인간, 영성과 제도, 신앙과 현실의 교차지점에서 작동하는 기관임을 의미한다. 따라서 교회의 삶과 사역을 질서 있고 효과적으로 이끌기 위해서는 신적 소명에 부합하고, 인적 운영을 고려한 행정적 체계가 필수적이며, 이는 곧 교회행정의 이론적·실천적 필요성을 정당화한다.

3. 한정된 자원과 효율성 제고를 위한 관리 메커니즘

현대 교회는 영적 자산뿐 아니라, 인적·물적·재정적 자원을 제한된 조건 속에서 운영해야 하는 현실에 직면해 있다. 자원은 본질적으로 희

소성(scarcity)을 지니므로, 합리적 자원배분(rational allocation of resources)과 효율적 활용(efficient utilization)은 필수적인 관리 과제가 된다. 교회행정은 이러한 자원의 효율성을 극대화하고, 교회의 사명을 효과적으로 구현할 수 있도록 하는 전략적 관리 기능(strategic management function)을 수행한다. 특히 목적지향적 조직운영(goal—oriented organizational operation)으로써 행정은 자원의 제약을 극복하는 핵심 동인이 된다.

4. 현대사회 변화에 대한 적응성과 교회행정의 현대화

현대는 후기산업사회 또는 탈근대사회(postmodern society)로 일컬어지는 급변하는 시대적 환경 속에 놓여 있다. 문화와 가치체계, 기술과 소통방식의 급속한 변화는 교회의 운영에도 조직 적응성(organizational adaptability)과 행정의 혁신성(administrative innovation)을 요구한다. 그러나 많은 교회는 여전히 전근대적 행정관행에 머물러 있으며, 이는 신뢰와 효율의 저하로 이어질 수 있다. 따라서 선진 행정이론 및 정보기술의 수용, 시대 감각에 맞는 행정 시스템 구축은 현대 교회가 공공성과 지속가능성을 확보하는 데 필수적인 조건이 된다.

5. 교육적 기능으로서의 행정의 사역화

행정은 단지 기술적 운영이 아니라, 교육적 매개체(educational medium)로서 작동한다. 교회는 본질적으로 영적 훈련 공동체(training community)이며, 교육과 설교가 실천적 삶과 연결될 때 신앙의 총체성이 실현된다. 이때 행정은 말씀과 가르침이 제도화되고 가시화되는 수단으로 기능하며, 교회의 가르침이 일관성과 지속성을 가지도록 돕는다. 따라서 행정은 교육의 제도적 토대로서 작용하며, 설교와 교육을 실현가능한 실제적 구조 속에 정착시키는 수단으로 이해되어야 한다.

6. 참여적 의사결정과 공동체 민주성의 구현

현대 교회 구성원은 지도자 중심의 독단적 의사결정보다는 공동참여적 결정구조(participatory decision-making)를 지향한다. 교회 내에서 발생하는 정책 결정이나 주요 사안은 공동체적 신뢰와 정당성 확보를 전제로 하며, 이는 의사결정의 투명성(transparency)과 책무성(accountability)을 요구한다. 이와 같은 기대에 부응하기 위해, 교회행정은 민주적 정당성과 절차적 합리성을 갖춘 운영원리를 구현해야 하며, 이는 궁극적으로 공동체 전체의 통합과 성숙을 도모하게 한다.

결론적으로, 교회행정은 교회 공동체의 유기체적 질서를 유지하고, 제한된 자원을 효율적으로 활용하며, 현대사회의 복잡성과 빠른 변화를 능동적으로 대응하기 위한 신학적·실천적 통합 기능이다. 단지 보조적 기능이 아니라, 사명의 완수를 위한 핵심 전략으로 작동하며, 신학적 정체성과 행정적 전문성이 융합된 형태로 발전되어야 한다. 따라서 교회는 행정의 필요성을 명확히 인식하고, 시대적 감각을 갖춘 선교적 행정(missional administration)으로 발전시켜야 할 것이다.

제3절 교회행정의 접근방법

1. 접근방법의 의의

접근방법이란 어떤 학문 분야에서 대상을 어떻게 이해하고, 무엇을 중심으로 연구하고 실행할 것인가를 결정짓는 이론적 관점 또는 틀을 의미한다. 교회행정에서 접근방법은 단순히 기술적인 운영 방식을 말하는 것이 아니라, 신학적 정체성과 공동체적 목적을 반영한 실천의 방향을 규정한다. 다시 말해, 교회행정의 접근방법은 신앙적 가치, 조직의 특성, 환경과의 관계, 인간 이해에 기반하여 교회를 어떻게 조직하고 관리할 것인가에 대한 종합적인 시각을 제공한다.

2. 교회행정의 주요 접근방법

1) 신학적 접근(Theological Approach)

신학적 접근은 교회를 하나님의 구속 역사 안에서 세워진 신적 공동체로 보고, 행정 역시 하나님의 뜻을 실현하기 위한 실천 행위로 간주한다. 교회의 행정은 조직 운영이 아니라 말씀, 성례, 공동체라는 교회 본질에 근거해야 하며, 삼위일체 하나님과의 관계 속에서 그 체계를 잡아야 한다. 따라서 신학적 접근은 교회행정이 기술적·세속적 차원을 넘어 신적 소명에 응답하는 방식으로 설계되어야 함을 강조한다.

2) 조직이론적 접근(Organizational Approach)

이 접근은 교회를 하나의 사회적 조직체로 간주하여, 조직이론에서 발전된 원리들을 교회행정에 적용한다. 과학적 관리론은 효율과 분업, 공식적 구조를, 인간관계론은 리더십과 감정적 요인, 비공식적 네트워크의 중요성을 강조하며, 행태이론은 구성원들의 행동과 동기 분석을 통해 조직을 개선하려 한다. 이 접근은 교회 내 사역배치, 인사관리, 의사결정, 리더십 개발 등 실제 행정 운영에 중요한 시사점을 제공하되, 세속조직과 달리 신앙공동체라는 정체성을 전제해야 한다.

3) 생태론적 접근(Ecological Approach)

생태론은 교회를 사회문화적 환경 속에서 작동하는 유기체로 보고, 교회가 처한 외부 환경—예컨대 지역사회, 문화, 정치, 경제적 조건 등이 교회행정에 큰 영향을 미친다고 본다. 교회는 특정 지역과 역사적 맥락 속에 존재하기 때문에, 행정 또한 해당 생태 환경과의 상호작용을 고려한 형태로 이루어져야 한다. 이는 지역사회 참여, 복지사역, 공공성 확대 등과 같은 선교적 실천과도 직결된다.

4) 체제론적 접근(Systems Approach)

체제론적 접근은 교회를 하나의 개방체제(open system)로 간주하며, 투입(Input)−전환(Conversion)−산출(Output)−환류(Feedback)의 순환 구조로 이해한다. 예컨대 교회가 외부로부터 받은 기대와 요청(투입)을 내부적으로 정책화하고 사역으로 전환하여(전환), 설교, 교육, 봉사, 선교 등의 결과를 내고(산출), 이에 대한 평가와 반응을 다시 내부 개선에 반영하는(환류) 방식이다. 이 접근은 목회 계획, 정책 운영, 사역 조정에 체계적 도구를 제공하며, 통합적 사고를 요구하는 중대형 교회나 복합 사역 교회에 유용하다.

5) 행태론적 접근(Behavioral Approach)

행태론은 교회 구성원들—목회자, 장로, 집사, 평신도—의 행동 양태와 동기 구조, 의사결정 방식, 상호작용 등을 분석하여 효과적인 행정을 도모한다. 이는 단순한 외적 기능 수행보다 사람 중심의 행정, 즉 구성원의 심리와 태도, 조직문화의 역동성을 중시하는 방식이다. 특히 소그룹 운영, 자원봉사 동기 유발, 리더십 훈련, 회의 참여 등에서 그 실제적 적용 가능성이 크다.

6) 현상학적 접근(Phenomenological Approach)

현상학적 접근은 교회의 공식 제도보다는 구성원 개인의 신앙 경험과 주관적 의미를 강조한다. 이는 신앙공동체 내부에서 이루어지는 상호작용, 감정, 이해 등을 통해 조직을 해석하는 방식이다. 예컨대 회의나 결정, 사역 조정 등이 단순히 규칙적 절차를 따르는 것이 아니라, 공감과 이해를 기반으로 한 공동 실천이라는 점을 부각한다. 목회상담, 성도 케어, 갈등 중재 등에도 이 접근이 매우 적절하다.

7) 규범적 접근(Normative Approach)

규범적 접근은 행정을 가치 실현의 수단으로 보며, 성경적 가치, 공동체 윤리, 공정성과 정의, 투명성과 책임성을 중심으로 교회행정을 설계해야 한다고 본다. 행정은 단지 기능적 수단이 아니라, 교회가 '어떻게 살아야 할 것인가'라는 윤리적 · 영적 질문에 답하는 도구여야 하며, 교회 내 의사결정, 인사행정, 재정운용 등 전반에 이러한 가치가 내재되어야 한다.

8) 신행정론적 접근(New Public Administration Approach)

신행정론은 후기 산업사회에서 등장한 새로운 흐름으로, 민주성, 형평성, 고객(성도) 중심 행정, 공동체의 참여와 응답성 등을 중시한다. 교회행정에 있어서도 행정은 단순한 절차나 효율이 아니라, 성도와 지역사회에 대한 책임 있는 응답이어야 하며, 이를 위해 분권화, 투명한 의사소통, 참여 기반의 의사결정이 요구된다. 이는 특히 소외계층에 대한 배려, 사회적 약자에 대한 선교, 교회윤리강화 등에서 현실적인 방향성을 제시한다.

3. 통합적 접근의 시사점

오늘날의 교회는 단일한 접근방법으로는 그 복잡성과 다양성을 충분히 설명하거나 운영하기 어렵다. 따라서 각 접근방법의 장점을 취하여 상황적 적합성과 신학적 정체성에 맞게 통합적으로 적용해야 한다. 특히, 중대형 교회, 다세대 교회, 지역 중심 교회 등 교회의 유형과 상황에 따라 유연하게 조합된 접근이 효과적이다. 또한 교회행정은 행정학적 기술만이 아니라 성령의 인도, 말씀의 통치, 공동체의 참여와 같은 교회 고유의 본질을 중심으로 설계되고 실행되어야 하며, 이는 모든 접근방법 위에 자리 잡아야 한다.

제4절 교회행정의 관점: 신학·조직·문화의 통합적 이해

1) 왜 관점이 중요한가?

오늘날 교회행정은 더 이상 단순히 일정과 예산을 조정하고 회의를 운영하는 기술적 기능으로 축소될 수 없다. 교회는 본질적으로 하나님의 구속사 속에 부르심을 받은 신앙 공동체이며, 이 공동체를 건강하고 질서 있게 세우는 과정이 곧 행정의 영역이기 때문이다. 따라서 교회행정은 하나님의 뜻에 순종하고, 교회의 본질을 실현하며, 공동체의 사명을 효과적으로 수행하기 위한 실천적 도구로 이해되어야 한다. 이러한 의미에서 교회행정은 그 자체가 신학적·조직적·문화적 행위이자, 목회의 연장선상에 있는 영적 사역이다.

이런 전제 속에서 행정을 어떻게 바라보는가 하는 '관점'(perspective)은 단순한 이론적 차원을 넘어, 실제 교회의 체계와 방향, 사역의 우선순위, 그리고 신앙의 실천 방식 전반에 영향을 미친다. 특히 목회자와 교회 지도자는 교회행정의 각 요소를 어떤 시각으로 바라보고 구성할 것인지에 따라 교회 사역의 방향과 질이 달라질 수 있다. 세 가지 주요 관점, 즉 신학적 관점, 조직학적 관점, 실천적(문화적) 관점으로 구분하고, 더불어 진 게츠(Gene A. Getz)가 제시한 해석적 관점(성경·역사·문화의 렌즈)을 결합하여 교회행정을 통합적으로 이해하고자 한다.

2) 신학적 관점: 교회의 본질에 대한 신앙적 근거

(1) 삼위일체적 관점

삼위일체 하나님은 교회 존재의 근거이자 본질이다. 교회는 성부 하나님의 창조적 질서 안에서 세워졌고, 성자 예수 그리스도의 구속 안에서 생명을 얻었으며, 성령 하나님의 인도와 역사 안에서 운행된다. 교회행정 역시 이 삼위일체의 속성과 사역을 반영해야 하며, 각 위격의 특성이 행정의 원리로 작동해야 한다.

성부 하나님은 질서를 주시는 분으로서, 교회행정의 제도적 기초와 규범의 근거가 되며, 조직과 절차의 합리성을 제공한다.

성자 예수 그리스도는 섬김과 희생의 본보기로, 행정의 리더십이 권위적 통제가 아니라 사랑과 섬김의 리더십으로 구현되어야 함을 가르치신다.

성령 하나님은 다양한 은사를 부여하고 공동체를 하나로 묶으시는 분으로서, 행정이 획일화가 아니라 다양성과 자율성을 품은 유기적 질서로 구성되도록 인도하신다.

이처럼 삼위일체 하나님의 속성과 사역을 실천적으로 반영하는 교회행정은 단순한 기능적 질서가 아니라, 하나님의 존재 방식을 본받는 공동체적 실천이 된다.

(2) 교회론적 관점

교회는 단순한 종교 집단이나 사회단체가 아니라, 그리스도의 몸이자 하나님의 백성이며, 성령 안에서 하나 된 공동체다. 이러한 교회의 교회론적 정체성은 행정의 목적과 방식 모두에 영향을 미친다.

행정은 조직을 관리하는 수단이 아니라, 교회가 자신의 사명(예배, 선교, 교육, 봉사)을 바르게 수행하도록 지원하고 조정하는 기능을 수행해야 한다. 교회론적 관점에서 행정은 곧 섬김의 질서를 구성하는 구조화된 사랑의 행위이며, 공동체의 성장을 촉진하는 은사적 협력의 체계로 작동해야 한다.

(3) 청지기적 관점

교회행정은 단지 기술적으로 운영되는 것이 아니라, 하나님께서 맡기신 자원을 충성스럽게 관리하는 청지기적 책임성 위에 세워져야 한다.

이 관점은 특히 교회 내 인적·물적·시간적 자원의 관리에 있어 거룩함, 정직함, 투명함을 강조한다. 청지기는 소유주가 아니라 관리자이며, 자신의 판단이 아니라 하나님의 뜻에 따라 사역을 운영하는 사람이다. 따라서 교회행정도 성과 중심적 평가보다, 하나님 앞에서의 신실함과 공동체를 향한 책임감을 기준으로 작동되어야 한다.

3) 조직학적 관점: 교회 구조의 효과적 운영

(1) 제도적 관점

교회는 공동체이지만, 동시에 조직적 구조를 지닌 실체로서 운영된다. 교단 헌법, 당회, 제직회, 공동의회와 같은 회의체는 공적 책임과 절차의 정당성을 확보하고, 교회의 질서를 유지하며, 사역의 효과적 배분을 가능케 한다.

제도적 관점은 교회행정을 무질서로부터 보호하고, 공의롭고 일관된 운영을 가능케 하는 기본 틀로 작동하며, 이를 통해 신뢰와 투명성이 공동체 안에 자리 잡게 된다.

(2) 유기체적 관점

교회는 그리스도의 몸으로서, 각 지체가 서로 연결되어 상호작용하는 유기적 존재다. 이 관점에서 교회행정은 단순한 계층적 지시 체계가 아니라, 각 구성원이 자신의 은사에 따라 자율적이고 조화롭게 기능할 수 있도록 돕는 은사 기반의 구조화가 되어야 한다.

유기체적 관점은 특히 팀사역, 소그룹 사역, 연합 사역 등 현대 교회가 지향하는 협력적 사역 구조의 이론적 근거를 제공한다.

(3) 네트워크적 관점

현대 사회에서의 교회는 더 이상 단일적·폐쇄적 조직이 아니라, 복합적 관계망 속에서 작동하는 개방형 시스템이다. 다양한 부서, 교회 간 연대, 지역사회, NGO 등과의 협력은 교회행정이 조정과 중재, 정보 공유, 외부 네트워크 형성 능력을 갖춰야 함을 의미한다.

이러한 네트워크적 관점은 특히 선교적 연합, 사회적 책임 사역, 복합 기관 협력 등 외부 지향적 사역을 위한 전략적 틀을 제공한다.

4) 실천적 관점: 목회와 사역의 실제화

(1) 목회지원적 관점

행정은 목회를 보완하고 지지하는 기능을 수행해야 하며, 단지 사무 절차를 관리하는 것이 아니라, 목회자의 비전과 공동체의 사명을 실현하는 전략적 자원 배분 도구로 기능해야 한다.

사역 계획, 일정 조율, 예산 관리 등은 결국 교회의 사명이 시간적, 공간적, 인적 자원 안에서 조화롭게 실행될 수 있도록 설계되어야 한다.

(2) 공동체 중심 관점

교회는 회중이 참여하고 책임을 나누는 공동체다. 따라서 행정도 일방적 지시나 권위적 운영이 아니라, 민주적 참여, 소통, 조율의 과정을 포함해야 하며, 교회의 사역이 구성원의 자발성과 주인의식을 바탕으로 이루어지도록 유도해야 한다.

회중과의 정기적 소통, 의사결정 참여, 피드백 구조 확보는 건강한 공동체 행정을 이루는 핵심이다.

(3) 선교적 관점

교회는 세상을 위한 존재이다. 따라서 교회행정도 내적 질서 유지뿐 아니라, 외부로 향한 선교적 책임을 실현할 수 있는 방향으로 구조화되어야 한다.

지역사회봉사, 사회적 약자 돌봄, 선교사 지원, 공공기관과의 연대 등은 교회가 세상 속에서 하나님의 사랑과 공의를 실천하는 구체적 사역이며, 이 사역이 가능하도록 하는 관리와 지원의 행정이 필요하다.

5) 해석적 관점: 행정을 바라보는 세 가지 해석 틀(진 게츠 이론)

교회행정은 단순히 이론적 지식이나 기술적 실행만으로 형성되지 않는다. 그것은 신학적 정당성과 역사적 통찰, 그리고 문화적 적실성이라는 다층적 기준에 근거하여 계획되고 실행되어야 한다. 이러한 점에서 진 게츠(Gene A. Getz)는 교회의 모든 사역과 구조, 행정적 실행이 세 가지 해석의 틀—즉 성경, 역사, 문화—을 통과해야 함을 강조하였다. 이는 행정의 출발이 단지 필요나 효율이 아닌, 하나님의 뜻과 교회의 사명에 대한 분별에서 비롯되어야 함을 시사한다.

(1) 성경의 해석 틀

교회행정이 신학적으로 타당하고 영적으로 정당하려면, 반드시 성경의 기준과 조화를 이루는가라는 질문에서 출발해야 한다. "이것이 성경적인가?", "이 사역은 성경이 말하는 교회의 본질과 사명에 부합하는가?"라는 물음은 모든 정책과 결정의 우선적 판단 기준이 되어야 한다.

성경은 단지 교리나 신앙생활의 지침서가 아니라, 교회 공동체의 조직과 운영 원리를 제공하는 규범적 문서이다. 특히 교회 행정이 예배, 선교, 교육, 봉사 등 교회의 본질적 사역과 어떤 관계를 맺고 있는지를 성경적 관점에서 검토해야 하며, 그 근거 없이 실행되는 행정은 일시적 효과는 있을지라도 궁극적인 영적 열매를 맺기 어렵다.

또한 목회자는 단순한 관리자나 운영자가 아닌, 말씀에 기초한 사역 설계자이며, 영적 분별자로서 성경의 해석 능력을 갖추고, 이를 실제적 정책 결정에 적용할 수 있어야 한다.

(2) 역사의 해석 틀

역사는 반복되는 사건이 아니라, 하나님의 섭리가 담긴 해석적 자원이다. 교회의 역사와 일반 역사는 과거의 영적 부흥과 실패, 정책의 성공과 부작용을 포함하는 살아 있는 교육의 장이며, 오늘날의 행정적 결정을 위한 거울 역할을 한다. 따라서 교회는 과거의 실패를 통해 반복되는 실수를 방지하고, 성공적 사역의 맥락을 통해 현실에 적합한 통찰을 얻어야 한다.

예컨대, 교회의 사회참여 또는 선교 전략이 시대마다 어떻게 전개되었으며 어떤 문화적·정치적 조건 속에서 교회가 위기를 맞았는지를 성찰함으로써, 현재 행정 결정의 가능성과 위험성을 분별할 수 있다. 역사의 교훈은 교회의 현재 위치를 자각하게 할 뿐 아니라, 하나님께서 어떻게 일하셨는지를 되새기게 하여, 행정이 단순한 실용성이나 수치 중심의 결과로 흐르지 않도록 경계하게 한다.

또한 역사 해석은 교회의 전통과 신학의 흐름을 고려하게 하며, 개혁주의, 경건주의, 복음주의 등 신앙적 유산이 행정의 방향성에 어떤 영향을 줄 수 있는지를 성찰하게 만든다. 이처럼 행정은 시간적 흐름 속에서 하나님의 일하심을 반영하며, 이는 행정의 지속성과 정체성을 강화하는 요소가 된다.

(3) 문화의 해석 틀

현대 사회는 빠르게 변화하고 있으며, 교회 역시 이 변화 속에서 시대와 소통하면서도 복음의 본질을 보존해야 하는 긴장 속에 존재한다. 문화의 해석 틀은 교회행정이 이 시대적 변화에 어떻게 대응할 것인가에 대한 지침을 제공한다.

문화는 때로 복음을 왜곡시키기도 하지만, 동시에 복음을 전달할 통로로도 기능할 수 있는 매개이기 때문에, 교회는 문화를 단순히 수용하거나 배격하는 입장을 넘어서 비판적으로 수용하고, 복음으로 재해석하여 변혁시켜야 한다.

진 게츠의 주장에 따르면, 문화에 대한 행정적 대응은 단지 세련된 기획이나 마케팅 전략이 아니라, 복음적 가치가 사회 속에 뿌리내릴 수 있도록 하는 제도적 장치로서 기능해야 한다. 이를 위해 교회는 대중문화,

디지털 환경, 세대 간 가치 차이 등을 인식하고, 그 안에서 복음적 원리를 어떻게 적용하고 구현할 수 있을지를 고민해야 한다.

이와 관련해 리처드 니버(H. Richard Niebuhr)의 '그리스도와 문화' 유형 중 "문화를 변형시키는 그리스도(Christ the Transformer of Culture)"의 시각이 특히 중요하다. 교회는 세상 속에서 고립되거나 단순히 반응하는 것이 아니라, 문화 안으로 들어가 복음의 능력으로 문화를 바꾸는 적극적 주체로서 사명을 감당해야 하며, 행정은 이를 위한 실천적 전략으로 작용해야 한다.

이처럼 세 가지 해석 틀은 교회행정이 단지 실무적인 선택이 아니라, 신학적으로 분별되고 역사적으로 성찰되며, 문화적으로도 적절하게 해석되어야 함을 강조한다. 이 기준을 통해 교회는 오늘의 행정 속에서도 하나님의 뜻을 구현하고, 공동체를 세우며, 세상을 변화시키는 사역을 실천할 수 있다.

6) 통합적 정리

교회행정은 단순히 운영 절차를 조정하거나 자원을 분배하는 기술적 기능을 넘어, 교회의 본질을 구현하고 하나님의 사역에 동참하는 신앙적 실천으로 이해되어야 한다. 이를 위해 본 논의에서는 교회행정을 바라보는 네 가지 주요 관점을 종합적으로 정리하였다. 각각의 관점은 독립적이기보다는 상호 보완적인 관계 속에 있으며, 이를 통합적으로 고려함으로써 교회행정은 보다 신학적으로 타당하고, 조직적으로 효율적이며, 실천적으로 적실성을 갖춘 방향으로 구현될 수 있다.

첫째, 신학적 관점은 교회행정의 정당성을 하나님의 뜻 안에서 찾는다. 이 관점은 삼위일체 하나님의 존재 방식, 교회의 본질인 그리스도의 몸됨, 그리고 하나님의 위임 사역자로서의 청지기직을 토대로 교회행정의 목적과 기준을 설정한다. 따라서 행정은 단순한 기능이 아니라 거룩함과 정체성, 사명을 반영하는 실천이 되어야 하며, 하나님 앞에서 정당하고 의미 있는 방식으로 이루어져야 한다.

둘째, 조직학적 관점은 교회라는 공동체가 구체적으로 어떻게 구성되고 운영되는지를 설명한다. 제도적 측면에서는 헌법과 회의 구조 등 제도적 장치를 통해 질서를 유지하며, 유기체적 측면에서는 각 구성원이 은사에 따라 상호 연결된 존재로 기능함을 강조한다. 아울러 현대사회 속에서 교회는 다양한 사역 주체들과의 협력과 네트워크를 통해 다층적 구조를 이루고 있기에, 행정은 구조와 절차의 정합성, 관계성, 협력성을 기반으로 구성되어야 한다.

셋째, 실천적 관점은 교회행정이 실제 목회와 사역의 현장에서 어떤 기능을 하며 어떤 가치를 창출하는지를 보여준다. 이 관점은 행정이 단지 행정 그 자체로 존재하는 것이 아니라, 목회자의 비전 실현, 공동체의 참여와 소통, 지역사회와 세계를 향한 선교적 사명을 지원하고 구현하기 위한 수단임을 강조한다. 따라서 행정은 실용성과 운영능력을 갖추되, 궁극적으로는 참여와 확장을 지향해야 한다.

넷째, 해석적 관점은 진 게츠(Gene A. Getz)의 세 가지 렌즈, 곧 성경의 렌즈, 역사의 렌즈, 문화의 렌즈를 통해 교회행정을 평가하고 방향을 설정하는 기준을 제공한다. 이 렌즈들은 교회가 어떤 행정적 결정을 내릴 때 그 정당성을 확보하기 위해 반드시 거쳐야 할 해석적 틀이다. 성경은 하나님의 뜻을 분별하는 1차 기준이 되며, 역사는 과거의 경험과 교훈을 통해 동일한 실수를 반복하지 않도록 안내하고, 문화는 시대적 상황 속에서 교회가 어떤 방식으로 세상과 소통하고 변화를 일으켜야 할지를 시사한다. 이러한 관점은 교회행정이 시대를 초월한 정당성, 신앙 공동체에 대한 책임성, 그리고 사회문화적 적실성을 함께 갖추도록 돕는다.

이처럼 교회행정은 단순한 기능이나 절차가 아니라, 교회의 존재 목적과 하나님 나라의 사역을 실현하는 다면적 실천이다. 네 가지 관점은 각각의 차원에서 교회행정의 핵심 요소들을 제공하며, 이들 관점을 통합적으로 고려할 때, 교회는 보다 건강하고 균형 있는 행정 체계를 구축할 수 있게 된다. 이는 곧 교회가 하나님 앞에서, 교회 안에서, 그리고 세상 속에서 충실한 청지기 역할을 감당하게 하는 기반이 된다.

7) 교회행정은 곧 섬김의 질서이며 하나님의 사역에 동참하는 길

교회행정은 단지 절차와 규칙의 집합이 아니다. 그것은 하나님의 질서를 공동체 안에 구현하는 거룩한 청지기 사역이며, 신앙과 질서, 복음과 문화 사이를 연결하는 다리이다. 교회행정은 세 가지 방향을 통합적으로 성취해야 한다.

가. 신학적으로 하나님의 뜻 앞에서 정당성을 갖추고,

나. 조직적으로 공동체 안에서 질서를 형성하며,

다. 실천적으로 세상 속에서 복음을 구현하는 통로가 되어야 한다.

그리고 이 모든 과정은 반드시 성경, 역사, 문화라는 해석의 렌즈를 통과해야 하며, 이로써 교회는 보다 지혜롭고 시대에 적실하며, 하나님의 사역에 충실한 공동체로 설 수 있게 된다.

제2장 교회행정학의 근거

교회행정학(Ecclesiastical Administration)은 일반행정학(General Administration)과 구별되는 독자적인 학문영역으로서, 그 이론적·실천적 근거를 명확히 교회(Ekklesia)와 성경(Holy Scripture)에 둔다. 이는 교회행정학이 단순히 조직 운영의 기술이나 효율성 추구에 머무는 것이 아니라, 교회의 신학적 정체성과 사명 수행을 실현하는 도구로 기능하기 때문이다. 교회행정학의 제일 근거는 교회 자체에 있으며, 이는 존재론적·기능론적 측면에서 교회행정학의 출발점이 된다. 교회란 무엇인가에 대한 교회론적 이해 없이는 교회행정학도 성립될 수 없다는 점에서, 교회의 본질과 사명, 구조와 직제, 그리고 공동체성에 대한 신학적 고찰은 교회행정학을 구성하는 핵심적인 요소로 자리 잡는다. 특히 교회는 삼위일체 하나님의 공동체로서 그 정체성을 가지며, 이러한 신학적 전제 위에서 교회행정학은 발전된다.

또한 교회행정학의 두 번째 근거는 성경이다. 교회는 인간의 사회적 기획이나 역사적 진화의 결과물이 아니라, 하나님의 계시에 의해 세워진 공동체이기 때문에, 교회행정학은 일반행정학의 경험적·인본주의적 이론과는 본질적으로 다른 기준을 가진다. 성경은 교회의 조직과 직분, 질서, 공동체 구성원 간의 상호 책임, 지도력의 구조 등에 대한 원형을 제시하며, 교회행정학은 이와 같은 성경적 계시를 해석하고 현대 교회에 적용하는 역할을 수행한다. 따라서 교회행정학의 규범과 원리는 반드시 성경에 근거해야 하며, 그 방향성 역시 하나님의 말씀에 대한 순종과 해석을 통해 도출되어야 한다.

이러한 점에서 일반행정학과 교회행정학은 분명한 구별점을 가진다. 일반행정학이 합리성과 효율성, 경험과 실증에 기초하여 조직 운영을 분

석하고 설계한다면, 교회행정학은 신학적 목적성과 계시적 근거를 중심
으로 교회를 섬기는 방식을 모색한다. 다시 말해, 교회행정학은 교회가
하나님의 구속사적 목적을 이 땅에서 실현하는 사명공동체라는 관점에
서 조직과 행정을 바라본다. 그러므로 교회행정학은 그 이론적 토대를
(1) 교회론적 실체로서의 교회와 (2) 계시된 하나님의 말씀인 성경에 두
며, 이는 교회행정학이 단순한 응용행정학의 분과가 아니라 신학에 뿌리
를 둔 실천신학적 학문 분야임을 명백히 보여주는 핵심 전제이다.

제1절 교회의 개념

교회행정조직은 그 근거를 교회에 둔다. 만일 교회를 떠난 일반행정
학을 논한다면 교회는 그 근거가 될 수 없겠지만, 교회행정학에서는 그
근거를 교회에 둘 수밖에 없다. 또 다른 근거는 성경이다. 일반행정학과
같이 인간적인 요소에 그 근거를 둘 수 없기 때문에 성경에서 그 근거를
찾아야 한다. 이와 같은 전제로 교회행정의 근거인 교회를 살펴보기로
한다.[1]

교회는 세상에서 구별되어 하나님께로 부름 받은 무리를 말한다(벧전
2:9). 즉 죄로 죽었던 우리에게 주님의 십자가 보혈로 속죄하시고 성령
의 임재로 말미암아 거듭나게 하사 우리를 세상으로부터 불러내어 성도
(Saint)라고 부른 것이다.

'하나님께서 친히 세우신 세상의 기관은 교회와 가정밖에 없다'는 말
처럼 교회의 근원은 하나님께 있다. 또한 교회는 세상에서만 그 존재
의 필요성이 있고, 하나의 기관의 형태를 가진다. 그러나 교회는 단순
하게 어떤 하나의 기관이나 조직이 아니라 하나의 공동체이며 유기체

---

1) 이성희, 「교회행정학」 (서울: 한국장로교출판사, 2015), 39.

(organism), 그리스도 안에서의 상호관계를 가지는 있는 하나님의 백성들이다.[2]

성경에서 말하고 있는 교회는 어떤 개인의 개념이 아니라 공동체적 개념을 가지고 있기 때문에 교회는 하나님의 백성으로서 공동체를 의미하고 있다. 때문에 교회의 개념을 구약에서는 이스라엘의 공동체 속에서, 신약에서는 그리스도인의 공동체에서 찾을 수 있다. 좀 더 자세히 말하면, 구약에서는 하나님께서 선택하신 공동체로서의 교회의 개념을, 신약에서는 그리스도의 몸으로서 교회의 개념을 가진다고 말할 수 있다.[3]

1. 교회의 어원

교회란 용어는 단순한 집합체나 건축물을 지칭하는 개념이 아니라, 성경 전반에 걸쳐 하나님의 백성으로 부름받은 공동체를 지칭하는 신학적 실체다. 교회의 어원을 이해하는 일은 곧 교회의 본질과 정체성을 재확인하는 과정이며, 교회가 어떤 목적 아래 세워졌으며, 누구의 소유이며, 무엇을 위해 존재하는지를 밝히는 신학적 기초 작업이라 할 수 있다. 특히 구약의 개념어들과 그리스어 번역의 연결, 그리고 신약에서의 용례와 신학적 확장은 교회론 전개에 있어서 핵심적인 어휘학적 근거를 제공한다.

1) 구약에서의 교회 개념: '카할'(קָהָל)과 '에다'(עֵדָה)

구약성경에서 교회를 의미하는 데 사용된 대표적인 히브리어는 '카할'(qāhāl)과 '에다'('ēdāh)이다. 이 두 단어 모두 어떤 공동체의 집합 또는 회중을 의미하나, 각각 약간의 뉘앙스 차이를 가진다.

---

2) 최철기, "교회행정가의 목회지도력과 미래교회 인식에 관한 연구," (박사학위논문, 한신대학교 대학원, 2017), 29.

3) 최철기, "교회행정가의 목회지도력과 미래교회 인식에 관한 연구," 29-30.

가. 카할은 문자적으로 "소집된 모임" 또는 "공적으로 부름받은 사람들의 회중"을 의미하며, 의도적인 목적을 위해 불러 모은 공동체라는 의미가 강하다. 출애굽기 32:1, 35:1 등에서 사용되며, 군사적 목적(민 22:4), 시민 공동체적 기능(겔 16:40), 종교적 목적(대하 30:13)에 따라 다양하게 활용되었다. 특히 신명기 4:10, 9:10 등에서 나타나는 시내산 언약 공동체로서의 이스라엘이야말로 카할의 신학적 정수라 할 수 있다.

나. 에다는 좀 더 일반적인 "회중" 혹은 "무리"를 의미하며, 수적 개념이 강조되는 경향이 있다(출 12:3, 6). 에다는 집합적 실체로서 이스라엘 백성을 포괄적으로 지칭하는 경우가 많고, 정체성과 소명의 개념보다는 현존하는 공동체의 총체성을 드러낸다.

이 두 단어는 칠십인역(Septuagint) 번역 과정에서 대부분 헬라어 '에클레시아'(ἐχχλησία)로 번역되었다. 특히 카할은 약 100회에 걸쳐 '에클레시아'로 일관되게 옮겨졌으며, 이는 구약의 언약 공동체가 신약의 교회 공동체로 자연스럽게 이어지는 언약적 연속성을 보여주는 단서가 된다.

2) 신약에서의 교회 개념: '에클레시아'(ἐχχλησία)

신약에서 교회를 지칭하는 대표적 용어는 에클레시아(ἐχχλησία)이다. 이 단어는 '에크'(ἐχ, 밖으로) + '칼레오'(χαλέω, 부르다)의 합성어로, 문자적으로는 "밖으로 불러낸 자들의 모임"이라는 의미를 가진다. 고대 헬라 사회에서는 정치적 시민 집회, 즉 공적 결정을 위한 민회(시민총회)를 지칭하는 용어로 사용되었으나, 신약성경에서는 이를 영적 공동체로서의 하나님의 백성의 모임으로 전유하였다.

에클레시아라는 단어가 신약에서 처음 등장하는 것은 사도행전 8:1이나, 그보다 앞서 사도행전 7:38에서 스데반이 "광야에 있는 교회(ἐχχλησία)"라는 표현을 사용하면서, 모세에 의해 광야로 인도된 이스라엘 공동체를 지칭하였다. 이는 단순한 용례가 아니라 신명기 9:10의 모세

언약 공동체에 대한 신약적 해석이며, 구약의 카할 개념을 그리스도 안에서 성취된 교회로 이해하는 해석학적 기초를 제공한다.

에클레시아는 신약에서 때로는 지역 교회(행 13:1, 고전 1:2), 때로는 보편적 교회(엡 1:22 - 23, 엡 5:25)에 사용되며, 결국에는 세대와 장소를 초월한 하나님의 백성 전체(ecclesia universalis)를 지칭하는 용어로 확장된다. 특히 사도 바울은 에클레시아를 그리스도의 몸(롬 12:5, 엡 1:23)으로 묘사함으로써, 단순한 모임 이상의 영적 실체로 교회를 신학화하였다.

3) 교회에 대한 상징과 비유: 성경 전체의 통합적 증언

교회는 성경 전체에서 매우 다양한 상징과 비유로 묘사된다. 이는 교회의 정체성과 사명을 보다 입체적으로 이해하게 하며, 성도들과 하나님 사이의 관계, 교회와 세상과의 관계를 드러낸다. 대표적인 성경적 표현은 다음과 같다.

하나님의 백성, 자녀, 양떼(출 6:7, 롬 8:16, 요 10:14)

하나님의 밭, 집, 성전, 가족(고전 3:9, 딤전 3:15)

그리스도의 몸, 신부, 성령의 처소(엡 1:23, 계 21:9, 엡 2:22)

진리의 기둥, 거룩한 성 새 예루살렘, 하나의 새로운 사람(딤전 3:15, 계 21:2, 골 3:10)

이러한 표현들은 단지 비유적 언어가 아니라, 교회가 성부 하나님께 선택되고, 성자 그리스도의 몸으로 연합되며, 성령의 내주와 운행 속에 존재한다는 삼위일체적 본질을 함축하고 있다. 따라서 교회론은 단순한 조직론이 아니라, 구속사적 실체에 대한 신학적 고백이라 할 수 있다.

4) 삼위일체적 관점에서 본 교회의 정체성

교회의 어원을 신학적으로 정리할 때, 가장 적절한 해석 구조는 삼위일체적 관점이다. 이는 교회가 단지 하나님과 관계된 것이 아니라, 성부, 성자, 성령의 사역에 의해 세워지고 운행된다는 신학적 고백을 전제

로 하기 때문이다.

가. 성부 하나님과 교회: 교회는 하나님의 선택된 백성이다(엡 1:4). 이는 창세 전부터 예정되었으며, 구약의 언약 공동체로부터 신약의 에클레시아까지 이어지는 구속사적 정체성을 반영한다.

나. 성자 예수 그리스도와 교회: 교회는 그리스도의 몸이며, 신부이며, 피로 값 주고 사신 공동체이다(엡 5:25, 행 20:28). 예수 그리스도의 희생과 부활은 교회의 존재 근거이며, 머리 되신 그리스도는 교회의 모든 영역을 다스리신다.

다. 성령 하나님과 교회: 교회는 성령이 거하시는 성전이자 처소이며(고전 3:16, 엡 2:22), 성령은 은사를 통해 교회를 세우고, 하나 되게 하며, 선교적 사명을 가능케 하신다(고전 12장).

이러한 세 위격의 사역은 분리되지 않으며 상호 내재적으로 작용한다. 아우구스티누스의 표현대로, "하나님의 외적 사역은 불가분하다." 따라서 교회의 본질은 삼위일체 하나님의 통일된 사역을 통해 정의되어야 하며, 각 위격의 사역이 교회의 신학, 제도, 삶 전반에 통합적으로 드러나야 한다.

결론적으로, 교회의 어원을 고찰하는 일은 단순한 언어학적 분석이 아니라, 교회의 본질을 규명하고 그 정체성을 회복하는 신학적 작업이다. 구약의 '카할'과 '에다'는 신약의 '에클레시아'로 자연스럽게 계승되며, 이는 하나님의 백성이 시간과 공간을 초월하여 언약과 구속, 성령의 사역 안에서 연결된 공동체임을 보여준다. 교회는 선택받은 백성이며, 그리스도의 몸이고, 성령의 성전이다. 그러므로 교회를 말할 때, 우리는 곧 삼위일체 하나님의 역사와 임재를 말하고 있는 것이다.

오늘날 교회의 위기를 극복하고 정체성을 회복하려면, 먼저 교회의 어원을 신학적으로 되새기고, 성경이 말하는 교회의 정체성을 다시 회복하는 일에서 출발해야 한다. 그것이야말로 교회를 교회 되게 하고, 교회 행정을 하나님 나라의 청지기 사역으로 회복시키는 첫걸음이 될 것이다.

2. 하나님의 백성으로서의 교회

구약에서의 교회의 개념은 하나님의 이스라엘에 대한 관계로 설명되어진다. 하나님과 이스라엘의 관계에서의 절대적 요인은 하나님이 이스라엘 공동체를 선택하여 부르셨다는 것이다. 하나님의 선택하신 이스라엘 공동체로서의 교회의 개념은 세 가지 기본 사상을 포함하고 있다. 첫째, 교회는 하나님께 속한 것이다. 둘째, 교회는 하나님의 사랑을 알리는 것을 목적으로 선택되었다. 셋째, 교회는 하나님의 백성인 사람들의 공동체이다.[4] 그런 의미에서 교회는 아브라함과 그 자손들이 하나님과 맺은 언약에서 그 역사를 찾을 수 있으며 그 선택은 하나님의 은총이며 부르심이다. 이러한 이스라엘 공동체의 개념은 구약 당시 뿐만 아니라 신약시대에까지 이어지는 개념이다. 선택받은 공동체인 하나님의 백성에 대한 하나님의 은총과 언약관계를 맺으시는 하나님의 부르심은 신약에 와서도 중요한 교회의 개념인 것이다.

공동체로서의 하나님의 백성 개념은 구약성경에서 가장 분명하게 나타난다. 하나님의 선민의 개념은 개인보다 공동체였다. 물론 하나님은 선택된 개인에게 관심을 가지시지만 개인보다는 공동체로 큰 민족을(창 12:2) 이루시겠다는 것이 하나님이 선택한 그의 백성에 대한 계획이다. 신약에서도 공동체로서의 교회의 개념은 지속적으로 발전하였다. 예수님의 부활을 경험한 사람들의 모임이 교회이며 그리스도인이 된다는 것은 공동체의 일원이 된다는 의미였다. 그러므로 신약의 교회는 예수의

4) Alvin J. Lindgren, Foundations for Purposeful Church Administration (Nashville: Abingdon Press, 1965), p. 39.

부활로 말미암아 함께 모여 공동체를 이룬 그리스도인 공동체였고 그들은 예수의 부활의 증인이었다. 에베소서 2:19은 교회의 공동체적 성격을 잘 말해 주고 있다. "그러므로 이제부터 너희가 외인도 아니요 손도 아니요 오직 성도들과 동일한 시민이요 하나님의 권속이라." 그리하여 신약에서의 에클레시아는 하나님의 말씀에 따라 그리스도 안에서 하나님께 예배하기 위한 목적으로 복음에 의하여 세상에서 부르심을 받아 선택된 종교적 집단을 의미하게 되었다(고전 1:2, 계 2:7)[5].

신약적 개념에서의 하나님의 백성은 부활을 증거하는 종말론적 의미를 포함한다. 교회의 기초를 세운 그리스도가 이스라엘의 메시야임을 증거하고 메시야가 그의 백성을 모이게 하기 때문에 교회는 종말론적인 의미를 가지게 되는 것이다. 특히 신약의 후기 저술에서의 에클레시아의 의미는 메시야의 구속의 사업을 통하여 모든 나라에서 모인 종말적 하나님의 백성을 의미한다. 이 백성을 모든 세대와 모든 나라에서 모아 하나의 공동체로서 하나님과의 언약을 성취하도록 하는 것이다[6]. 이런 성취를 통하여 궁극적으로는 하나님의 영광을 드러내고 사람에 대한 하나님의 약속을 이루는 것이다.

3. 어머니로서의 교회(Mater Ecclesia)

"어머니로서의 교회"라는 개념은 단순한 상징적 수사가 아니라, 성경적, 신학적, 역사적, 그리고 실천적 근거 위에 세워진 교회의 본질적 속성과 역할을 심오하게 설명하는 중요하고 포괄적인 신학 주제로 이해되어야 하며, 교회를 단순한 제도나 조직체로 보지 않고, 하나님의 백성의

---

5) Alexander Cruden, Cruden's Unabridged Concordance (Grand Rapids: Baker Book House, 1953), p. 64.

6) George A. Butterick(ed), The Interpreter's Dictionary of the Bible (Nashville:Abingdon Press, 1962), p. 608.

영적 탄생과 양육, 보호와 파송이라는 모성적 기능을 수행하는 존재로 바라보게 할 뿐 아니라, 신자는 교회를 통하여 복음을 듣고 믿음으로 거듭나며, 말씀과 성례, 그리고 성도의 교제를 통해 지속적으로 양육되고 훈련받아 그리스도의 형상을 이루는 성숙한 존재로 나아가게 된다는 점에서 교회는 마치 영적 자궁과 양육의 품, 그리고 성령의 활동이 드러나는 장으로 기능하며, 이러한 교회 이해는 단지 목회적 적용 차원을 넘어 교회의 존재 이유와 사명을 규정하는 신학적 핵심으로 자리매김한다.

이와 같은 모성적 교회 이해는 성경적 근거에서 출발하여 성경 전체의 교회론을 새롭게 구성할 수 있는 중심축이 되는데, 바울은 갈라디아서 4:26에서 "위에 있는 예루살렘은 곧 우리 어머니"라 말하며 교회를 어머니로 명명하였고, 같은 장의 19절에서는 자신이 그리스도의 형상이 성도들 안에 이루기까지 다시 해산하는 수고를 한다고 고백함으로써 목회자 역시 교회의 어머니적 역할을 감당해야 함을 암시하고 있으며, 요한계시록 12장에서는 여자가 아이를 낳는 상징적 환상을 통해 교회가 메시아 곧 예수 그리스도를 해산한 존재로 묘사되며, 이는 교회의 사역이 단지 사람을 양육하는 수준에 머물지 않고 하나님의 구속사적 역사에 중심적으로 참여한다는 점을 드러낸다. 또한 구약 시편 87편에서는 시온 즉 하나님의 교회가 "이 사람 저 사람이 거기서 났다"고 표현되며, 이방을 포함한 열방의 백성들이 하나님의 구속 공동체로 다시 태어나는 장소로 교회를 묘사하고 있으며, 이는 교회의 선교적 사명을 '출산'이라는 모성의 이미지로 이해하게 한다.

역사신학적 전통에서도 교회의 모성성은 반복적으로 강조되었는데, 초대교회 교부 키프리아누스는 "교회를 어머니로 모시지 않는 자는 하나님을 아버지로 모실 수 없다"고 단언하였고, 아우구스티누스는 그의 다양한 편지와 설교, 특별히 수도사들에게 보낸 서신에서 "교회의 해산을 도우려는 이들이 없다면 여러분 자신도 태어날 수 없었을 것"이라 말하며, 교회 공동체가 개별 성도들의 신앙과 생명을 탄생시키고 돌보는 자리임을 천명하였으며, 존 칼뱅 또한 「기독교 강요」에서 "하나님이 아버지가 되는 이에게는 교회가 반드시 어머니가 되어야 한다"고 천명함으로써 교회를 통한 구원의 적용, 신앙의 교육, 성도의 양육과 권면, 삶의 형성 과정 전체가 교회 안에서 이루어져야 함을 강조하였다.

이러한 신학적 교회론은 오늘날 교회가 회복해야 할 정체성과 역할에 대한 실천적 통찰을 제공한다. 현대 사회는 극심한 경쟁, 물질주의, 인간 소외, 정신적 질병 등으로 피폐해져 있으며, 2020년을 기준으로 국내 우울증 경험자는 천만 명을 넘어설 정도로 심각한 사회적 고통의 시대를 살아가고 있다. 이런 현실 속에서 교회는 사람을 있는 그대로 받아들이고, 위로하며, 무조건적으로 품어주는 어머니와 같은 존재가 되어야 하며, 교회의 이 모성적 역할은 단지 위로 차원을 넘어, 인간을 인간답게 대우하고 회복시키는 구체적인 윤리적 실천으로 연결되어야 한다. 정신적 고통을 겪는 이들에게는 단순한 상담보다 주변 사람들의 인정과 격려가 절실하며, 교회는 이러한 지지 구조의 핵심이자 중심 공동체가 되어야 한다. 성도 개개인은 교회가 해산하는 수고를 감당할 수 있도록 함께 협력하고 봉사해야 하며, 교회의 혜택을 누리는 수동적 소비자가 아니라, 다른 생명을 낳고 돌보는 능동적 동역자로 살아야 한다.

결국, "어머니로서의 교회"는 단순한 은유를 넘어서서 교회의 정체성과 신자의 존재방식, 공동체의 방향성을 정의하는 핵심 개념으로 기능하며, 이는 삼위일체적 교회론의 틀 안에서 성부의 택하심, 성자의 몸, 성령의 전이라는 정체성과 함께, 교회의 본질이 본질적으로 돌봄과 보호, 양육과 파송, 성장과 회복을 위한 모성적 질서로 구성되어야 함을 드러내며, 이 모성적 교회론은 오늘날의 병든 사회와 상처 입은 개인에게 복음의 본질을 실현하는 생명력 있는 교회상을 제시하고, 교회가 하나님과 인류 사이의 영적 연결 통로로서, 그리스도의 사랑을 모성적으로 품고 실천하는 하나님의 집이자 품으로 살아가야 함을 우리에게 명확히 가르쳐준다.[7]

4. 그리스도의 몸으로서의 교회

"그리스도의 몸으로서의 교회"라는 주제는 교회론 전반에 걸쳐 가장 본질적이고 포괄적인 개념 중 하나로, 성경은 교회를 그리스도와 불가분의 연합을 이루는 유기적 실체로 묘사하며, 이는 단순한 비유를 넘어 교회의 정체성과 존재론, 삼위일체적 구조, 성례전적 참여, 공동체적 공공성, 윤리적 책임, 종말론적 완성을 모두 아우르는 통합적인 신학적 진술이라고 할 수 있다. 고린도전서 12장과 에베소서 4장에서 사도 바울은 교회를 단지 모임이나 제도 이상의 존재로서, 머리이신 그리스도와 지체된 성도들이 생명적으로 연합된 하나의 몸이라고 설명하면서, 이 관계 속에서 교회는 그리스도로부터 생명과 질서를 공급받고 각 지체가 역할을 감당하는 유기적 구조임을 밝히고 있다. 바울은 이 개념을 더욱 구체화하여, 에베소서 5장에서 남편과 아내의 관계, 곧 신랑과 신부의 연합을 통해 설명하며, 교회가 단지 조직적 체계가 아니라 인격적 사랑의 연합체임을 강조하였다.

여기서 핵심어인 '머리(κεφαλή, kephalē)'는 단순히 우열이나 지배를 뜻하는 말이 아니라, 존재의 기원, 생명의 근원, 권위의 중심을 의미하며, 고린도전서 11:3에서 "그리스도의 머리는 하나님이시라"고 말함으로써 삼위 하나님의 내적 질서를 표현하는 방식으로 이해되어야 한다. 따라서 그리스도가 교회의 머리라는 것은 교회가 그리스도로부터 시작되었고,

---

7) 우병훈, 「교회를 아는 지식」, (서울: 복 있는 사람, 2024), 24-24.

그분으로부터 생명과 권위를 부여받으며, 모든 방향과 목적을 그리스도로부터 받아 움직이는 살아있는 유기체라는 뜻이다.

이러한 교회 이해는 세례와 성찬을 통한 공동체적 연합 속에서 구체적으로 실현되는데, 고린도전서 12:13은 "우리가 다 한 성령으로 세례를 받아 한 몸이 되었고, 다 한 성령을 마셨느니라"고 말하며, 이때 세례는 단순한 상징적 의례가 아니라, 존재론적 변화를 의미하는 사건으로, 개인이 그리스도 안에서 새 인격으로 다시 태어나 공동체의 일부로 연합되는 것이다. 한스 큉이 강조한 "세례 없는 교회는 없다"는 명제는, 바로 이 점에서 세례가 교회됨의 근본 조건임을 선언한 것이며, 동시에 성찬은 그리스도의 죽으심과 부활에 대한 기억을 넘어, 성도들이 그리스도의 몸과 피에 참여함으로써 한 몸 된 삶을 실천하는 신비한 연합의 자리라는 점에서 중요하다.

바울은 고린도전서 12장에서 교회의 다양성과 일치를 동시에 강조하며, 다양한 은사와 역할을 가진 지체들이 있음에도 모두 한 성령을 마심으로 하나의 몸을 이룬다고 말한다. 이는 삼위일체의 존재 방식과 유비적 관계에 놓여 있으며, 즉 하나님께서 한 본질 속에 성부·성자·성령 세 위격으로 존재하시듯, 교회도 본질적으로 하나이나 여러 지체들이 각기 다른 사역과 기능을 감당한다는 것이다. 아우구스티누스가 말한 것처럼, 성령은 성부와 성자 사이의 사랑의 띠로 존재하며, 마찬가지로 성령은 교회 안에서 각 지체들을 사랑과 은혜로 연결하는 내적 접착제가 된다. 그러므로 교회의 일치는 외형적 획일성에 있지 않고, 성령 안에서의 영적 교통과 사랑의 작용을 통해 유지되는 일치이다.

이러한 교회의 유기적 일치는 개인의 경건에 머물지 않고 공적 책임과 사회적 존재로서의 교회 이해로 확장되는데, 고린도전서 12:25-26에서 바울은 교회 내 지체들이 서로를 돌보고 함께 고통을 나누며 함께 영광을 누리도록 하나님이 설계하셨다고 말한다. 이는 교회가 단지 내향적 영적 공동체가 아니라, 사회 속에서 약자를 섬기고 정의를 실현하며 사랑을 실천하는 공적 주체라는 것을 보여준다. 존 스토트는 로마서 16장에서 교회의 구성원이 인종, 계층, 성별, 경제적 조건에 있어 매우 다양함에도 불구하고 하나 된 공동체임을 강조하면서 "이질성은 교회의 본질"이라고 선언하였고, 니콜라스 월터스토프는 사랑이 정의의 전제이며, 공공성 속에서 정의와 사랑은 분리될 수 없다고 하였다.

이처럼 교회가 그리스도의 몸이라면, 그 윤리적 기반은 곧 사랑이며, 고전 13장은 그 핵심을 잘 드러낸다. 사랑 없이는 아무것도 아니며, 은사나 지식, 능력도 무의미하다는 선언은 교회의 정체성과 사명이 그리스도의 사랑 안에서만 실현 가능하다는 신학적 확신을 말해준다. 헨리 스토브 역시 정의를 실현하는 데 있어 사랑이 필수적 윤리 원리임을 강조하며, 사랑은 교회의 윤리적 실천의 전제조건이자 공공 정의의 근거임을 천명하였다.

끝으로, 그리스도의 몸으로서의 교회는 아직 완성되지 않았으며, 종말론적 지평 안에서 온전한 교회로 완성될 것이다. 에베소서 5:27은 그리스도께서 "영광스러운 교회"를 자신 앞에 세우실 것이라 말하며, 그리스도의 재림과 더불어 교회가 그의 뜻대로 완전한 공동체로 변화될 것을 선포한다. 이 종말론적 전망은 현재의 교회 사역이 허무주의로 빠지지 않게 하며, 오히려 그 사역이 구속사적 흐름 안에서 의미와 가치를 가지는 행위가 되도록 인도한다. 지금 우리의 손으로 행하는 작은 사랑과 정의의 실천이 결국 새 하늘과 새 땅에서 하나님 나라의 구성 요소로 반영될 것이라는 이 확신은 교회의 윤리적 동기이자 위대한 소망이 된다.

결론적으로, '그리스도의 몸으로서의 교회'라는 개념은 단지 조직론적 혹은 은사론적 이해를 넘어, 그리스도와의 연합, 성도의 공동체성, 삼위일체적 일치, 성례전적 참여, 공공적 책임, 윤리적 실천, 그리고 종말론적 희망까지 통합하는 가장 포괄적인 교회론적 정체성으로 자리 잡고 있으며, 오늘날의 교회는 이 개념을 바탕으로 자기 정체성을 성찰하고, 그에 상응하는 내면의 영성과 외적인 사회적 실천을 함께 추구해야 하며, 이를 통해 진정한 그리스도의 몸으로서 세상을 향해 예언자적 사명과 사도적 삶을 감당해야 할 것이다.

5. 성령의 성전인 교회

신약성경은 교회를 하나님의 성전으로 묘사하며, 그 중심에는 성령의 내주하심이 있다. 특히 고린도전서와 에베소서에서 우리는 교회를 공동체적으로, 또 개별 성도의 삶 속에서도 성령의 성전으로 이해할 수 있는 신학적 기초를 발견할 수 있다. 바울은 고린도전서 3장에서 교회의 분열과 파벌주의를 경계하며, 교회 공동체가 하나님의 성전임을 선언한다. 그는 "너희가 하나님의 성전인 것과 하나님의 성령이 너희 안에 계시는 것을 알지 못하느냐"고 하며(고전 3:16), 성령이 교회 공동체 안에 실제로 거하신다는 사실을 강조한다. 성령은 그리스도의 복음을 통해 신자들을 하나의 공동체로 묶는 영이며, 그 공동체는 거룩과 하나 됨을 향해 나아가야 할 성전이라는 것이다.

고린도 교회는 '나는 바울에게, 나는 아볼로에게, 나는 게바에게 속했다'는 식의 계파적 분열 속에 있었다. 바울은 이런 상황 속에서 사역자보다 사역자의 전하는 복음의 본질이 훨씬 중요하다고 말하면서, 교회는 오직 그리스도 위에 세워져야 하고, 교회를 자라게 하시는 분은 결국 하나님 한 분뿐임을 강조했다. 교회의 분열은 단순히 의견 차이로 끝나는 것이 아니라, 성령께서 거하시는 거룩한 성전을 훼손하는 행위가 되며, 이는 곧 하나님 앞에서 중대한 범죄에 해당한다. 바울은 "누구든지 하나님의 성전을 더럽히면 하나님이 그 사람을 멸하시리라"고 경고하며, 성전의 거룩함을 철저히 지켜야 함을 역설한다. 성령은 교회 안에서 교제와 연합을 이루는 영이시며, 그분이 거하시는 성전인 교회는 필연적으로 하나 되어야 하는 공동체이다.

이와 유사한 맥락에서 바울은 에베소서 2장에서도 성령의 성전 개념을 더욱 확장하여 설명한다. 그는 유대인과 이방인이 그리스도 예수 안에서 하나 되어 "하나님이 거하실 처소"로 함께 지어져 간다고 말한다(엡 2:21-22). 이 말씀은 성전을 마치 유기적이고 자라나는 식물처럼 묘사하면서, 하나님의 나라는 고정된 장소나 제도 안에 갇힌 것이 아니라 성령 안에서 살아 움직이며 성장하는 공동체라는 것을 보여준다. 그리스도 안에서 모든 민족과 계층이 성령의 내주하심을 통해 하나의 성전으로 함께 세워져 가는 것이다.

이러한 공동체적 성전 개념과 함께 바울은 고린도전서 6장에서는 개인 신자들 역시 성령의 성전임을 밝힌다. 당시 고린도 교회 안에는 성적 타락에 관대한 분위기가 있었고, 특히 일부 방종주의자들은 육체의 행위를 중요하게 여기지 않는 잘못된 자유 이해를 가지고 있었다. 이에 대해 바울은 신자의 몸 자체가 하나님께로부터 받은 성령이 거하시는 전이라고 말하며(고전 6:19), 신자의 몸은 자신의 것이 아니라고 선언한다. 그는 "음행을 피하라"고 명확히 경고하며, 성적인 죄는 모든 죄 가운데서도 특히 자기 몸에 죄를 짓는 것이라고 규정한다.

그 이유는 성적 죄가 인간의 몸과 영혼에 미치는 영향이 가장 깊고 지속적이기 때문이다. 이 죄는 다른 죄보다도 더욱 빠르게, 더욱 강력하게 하나님과의 친밀한 연합을 훼손한다. 실제로 성경은 하나님과 성도 사이의 관계를 신랑과 신부의 관계로 자주 묘사하며, 성적 부정은 그 관계를 결정적으로 파괴하는 것으로 이해한다. 따라서 바울은 성도의 몸이 성령의 거처라는 점을 분명히 하면서, 신자는 자신에게 주어진 몸을 거룩하게 보존해야 하며, 그 삶 자체가 하나님께 영광이 되도록 살아야 한다고 강조한다.

이처럼 성령이 거하시는 성전으로서의 교회는 공동체적으로도, 개인적으로도 거룩함과 하나 됨을 지향해야 한다. 성령은 단지 은사나 능력을 부여하는 영이 아니라, 교회를 세우고 정결하게 하며 연합하게 하시는 영이시다. 성령은 교회 안에서 다양한 사역을 통해 자신의 임재를 드러내신다. 먼저, 성령은 말씀 사역을 통해 하나님의 뜻을 깨닫게 하시고, 성경의 진리를 교회 가운데 밝히신다. 둘째로, 성령은 성화 사역을 통해 성도들을 점진적으로 그리스도의 형상으로 변화시키시며, 교회 전체를 거룩한 신부로 예비하신다. 셋째로, 성령은 교제의 영으로서 성도 간의 화해와 연합, 사랑과 섬김을 가능케 하신다.

그러므로 성령의 성전으로 부름받은 교회는 늘 말씀과 기도, 회개와 용서를 통해 성령의 거하심을 보호하고 확증해 가야 한다. 성령은 단지 감정적 체험이나 개인적 내면에만 국한된 존재가 아니라, 교회라는 공동체 전체를 움직이고 변화시키시는 하나님의 인격적 사역자이시다. 그분이 거하시는 교회는 결코 분열되거나 더럽혀져서는 안 되며, 항상 하나 됨과 거룩함을 향해 나아가야 한다. 오늘날 수많은 교회가 지도자 간의 갈등이나 공동체의 분열로 인해 고통을 겪고 있다. 이는 단순한 인간적 문제가 아니라, 성령의 성전을 훼손하는 심각한 죄악으로 인식되어야 하며, 교회는 늘 회개와 화목, 연합을 위해 힘써야 한다.

결국, 성령의 성전인 교회란 곧 성령이 거하시는 거룩한 공동체이며, 이 성전은 끊임없이 성령에 의해 자라고 변화하며 정결하게 되어야 한다. 신자들은 공동체로서, 그리고 개별적으로 이 거룩한 성전의 일원으로 부름받았고, 따라서 자신의 삶을 통해 그 성전됨을 나타내야 한다.

이것이 바로 성령을 모시고 사는 자로서 우리가 감당해야 할 사명이며, 교회가 지녀야 할 본질적인 정체성이다.[8]

7. 그리스도의 피로 구원받은 구원의 공동체로서의 교회

교회의 본질은 단순한 종교적 집단이나 사회적 제도가 아니라, 예수 그리스도의 피로 구속받은 자들의 공동체라는 데에 있다. 성경은 "하나 님이 자기 피로 사신 교회"(행 20:28)라고 말함으로써, 교회를 구성하는 이들의 정체성이 어디에서 비롯되었는지를 분명히 한다. 즉, 교회는 예수 그리스도의 보혈이라는 대가를 지불하고 구속함을 받은 이들이 하나님의 부르심에 응답하여 모인 공동체인 것이다.

이러한 교회됨은 외형적 형태—건물, 제도, 직분—에 의해 결정되지 않는다. 하나님이 임재하시는 성령의 내주가 개인 안에 있고, 그로 인해 그리스도께 대한 믿음의 고백이 삶으로 나타날 때 교회는 비로소 형성된다. 따라서 '교회에 출석한다'는 사실과 '교회이다'라는 정체성은 분명히 구분되어야 한다. 건물로서의 예배당은 교회를 위한 공간이지만, 그것이 교회 그 자체는 아니다. 예수님께서도 땅에 계시는 동안 단 하나의 성전 건물도 세우지 않으셨다는 사실은, 교회의 본질이 건축물이나 제도에 있지 않다는 것을 더욱 강조해준다.

또한 교회는 단순히 신앙적 지식을 쌓는 곳이 아니라, 살아계신 하나 님과 인격적으로 교제하며 예수 그리스도를 '내 구주'로 고백하는 신앙 공동체다. 신앙의 핵심은 '지식'의 축적이 아니라 '고백'과 '관계'이며, 이 것이 없다면 교회는 외형만 있고 생명은 없는 공동체가 된다. 그러므로 교회는 주님과 동행하며, 성령 안에서 하나님의 뜻을 이루고자 하는 이 들이 모인 신령한 공동체이다.

---

8) 우병훈, 「교회를 아는 지식」, 69-72.

8. 가족 공동체로서의 교회[9]

교회는 단순한 구성원들의 집합체가 아니라, 하나님을 아버지로 모신 영적 가족이다. 성경은 우리가 하나님을 "아빠 아버지"라 부르게 하셨다고 증언한다(갈 4:6). 이는 단순한 비유가 아니라, 신자 개개인이 하나님의 자녀로 부르심을 받았으며, 그 자녀들이 하나의 가족으로 묶였다는 영적 사실을 드러낸다. 이 가족 공동체는 지리적 거주나 혈연의 유대보다 더 강력한 신앙의 유대에 근거한다.

이러한 유기체적 구조는 로마서 12장 4-5절에서 명확히 드러난다. "우리 많은 사람이 그리스도 안에서 한 몸이 되어 서로 지체가 되었느니라." 몸의 각 지체가 다르지만 동일한 생명에 연결되어 있듯이, 교회는 다양한 배경과 성향, 은사를 가진 성도들이 그리스도 안에서 하나 되어 살아가는 공동체다. 한 지체가 아프면 온 몸이 고통을 느끼듯, 교회는 서로의 기쁨과 슬픔을 함께 나누는 삶의 공동체가 되어야 한다.

신자는 공동체 안에서 사랑과 인내, 용서와 화해를 실천하며, 이러한 삶을 통해 그리스도의 몸 된 교회의 유기성을 드러낸다. 마가복음 3장 35절에서 예수님은 "하나님의 뜻대로 행하는 자가 내 형제요 자매요 어머니"라고 말씀하셨다. 이는 교회가 단순히 예배만 드리는 공간이 아니라, 실질적으로 함께 울고 웃으며 살아가는 신앙의 가족임을 뜻한다.

그러므로 교회 안에서 생기는 갈등이나 아픔은 공동체 전체가 감당하고 치유해야 할 대상이며, 서로가 서로를 신뢰하고 존중하는 가운데 성령의 열매인 사랑으로 공동체를 세워나가는 것이 교회의 본질이다. 참된 교회는 외로운 개인의 피난처가 아니라, 영혼이 회복되고 믿음이 성장하는 가족적 유기체이다.[10]

---

9) 장종현, 「세상을 살리는 교회」, (서울: 기독교연합신문사, 2019), 68-72.

10) 장종현, 「세상을 살리는 교회」, (서울: 기독교연합신문사, 2019), 63-68.

9. 십자가 공동체로서의 교회

교회는 그리스도와 함께 십자가에 못 박힌 자들의 모임이다. 갈라디아서 2장 20절은 바울의 신앙 고백을 통해 이를 명확히 선언한다. "내가 그리스도와 함께 십자가에 못 박혔나니, 이제는 내가 사는 것이 아니요 오직 내 안에 그리스도께서 사시는 것이라." 교회는 바로 이런 고백을 삶으로 살아내는 사람들의 공동체이다. 이 공동체는 자기부인과 이웃 사랑, 그리고 희생적 헌신이 중심이 되는 공동체다.

예수 그리스도의 십자가는 하나님의 사랑이 가장 선명하게 나타난 자리이며, 그 사랑은 단지 개인의 구원에 그치지 않고, 이웃과 사회를 향한 확장된 실천으로 나타나야 한다. 교회는 이 십자가의 정신으로 살아가는 사람들의 공동체이며, 따라서 교회의 정체성은 '십자가 중심성'으로부터 결정된다.

그리스도의 십자가는 우리로 하여금 육신적 정욕과 탐심을 버리게 하며, 오직 하나님의 뜻에 따라 살아가도록 이끈다. 이때 신앙은 단순한 종교 행위가 아니라, 자기 존재 전체를 하나님께 드리는 희생과 봉사로 나타난다. 따라서 교회는 이웃과 함께 고통을 나누고, 사회적 약자를 돌보며, 그리스도의 사랑을 세상 속에서 구현해 가는 살아 있는 공동체가 되어야 한다.

이러한 십자가의 삶은 결코 쉬운 것이 아니며, 자존심과 이기심을 내려놓아야 가능한 일이다. 그러나 바로 그 자리에 하나님의 영광이 임하며, 교회는 그리스도의 몸으로서 세상을 향한 복음의 통로가 된다. 교회는 세상에서 비난받는 종교적 조직이 아니라, 희생과 사랑으로 섬김을 실천하며 세상을 변혁시키는 생명 공동체가 되어야 한다. 이는 곧 하나님 나라의 현실을 이 땅에서 보여주는 표지로서의 사명이다.[11]

---

11) 장종현, 「세상을 살리는 교회」, 75.

10. 친교로서의 교회

교회의 본질을 구성하는 중심 개념 가운데 하나는 친교(koinōnia)로써의 정체성이다. 이는 단지 교회의 또 다른 속성이기보다, 그리스도 안에서 구속받은 공동체 자체의 존재양식을 드러내는 개념이다. 엄밀히 말해 친교는 앞서 교회에 대한 정의에 이미 내포된 요소이지만, 그 자체로도 교회를 이해하는 데 결정적인 신학적 기반을 제공한다. 교회의 중심적 관심은 특정 교리나 제도, 정치적 조직보다 훨씬 근본적인 관계성에 있으며, 이는 곧 하나님과 인간, 인간과 인간, 그리고 인간과 사회 간의 인격적·실존적 만남의 질서를 의미한다. 따라서 교회는 본질적으로 관계적 공동체이며, 교회의 사역과 행정, 조직과 제도는 궁극적으로 이러한 관계의 회복과 강화, 사랑의 실현을 향하고 있다. 그런 점에서 교회의 목적은 하나님과의 친교 속에서 세상을 향한 하나님의 사랑을 전달하는 데 있으며, 이는 곧 교회가 친교의 자리이며, 친교 자체가 교회의 실질적 관심임을 의미한다.

성경은 하나님과 피조물 사이의 원초적 관계를 대화와 친교의 형태로 묘사한다. 창조 이전부터 하나님은 인격적 존재로서 세계를 말씀으로 창조하시고, 인간 및 자연과의 대화적 관계를 형성하셨다. 창세기에는 여섯 날의 창조 과정 속에 "하나님이 가라사대"라는 표현이 열 번 등장하는데, 이는 하나님이 언어를 통해 피조 세계와 소통하시며, 창조를 친교의 행위로 수행하셨다는 점을 드러낸다. 그러나 인간의 타락은 이러한 대화의 질서를 파괴하였으며, 하나님의 "네가 어디 있느냐?"(창 3:9), "네 아우 아벨이 어디 있느냐?"(창 4:9)라는 질문에 인간은 본래의 응답을 회피하고 단절된 존재로 전락하였다. 심지어 인간의 언어는 하나님을 대항하는 수단으로 전락하여, 바벨탑 사건(창 11:1-9)에서는 언어가 혼란케 되고 인간 사회는 분열의 길로 접어들었다. 이러한 상실된 대화와 친교의 회복을 위해 하나님의 아들이신 그리스도께서 육신을 입고 오셨으며, 요한복음 1장은 이를 '말씀이 육신이 되어 우리 가운데 거하신' 사건으로 증언한다. 즉 그리스도는 말씀으로서의 인격, 대화 자체가 되어 오셨으며, 하나님과 인간, 인간과 인간 사이의 단절된 친교를 회복하시기 위해 오신 구속자이시다.

교회는 바로 이러한 상실된 친교의 회복을 가능케 하는 공동체로, 하나님과의 관계 회복의 장이자, 인간 상호 간의 관계가 회복되는 인격적 만남의 장이다. 인간은 하나님의 사랑의 대상이며, 동시에 그의 대화의 상대자이며, 더 나아가 이웃 또한 같은 사랑과 존중, 교제의 대상이다. 이 친교는 단지 수평적 관계나 정서적 소통에 머무는 것이 아니라, 성령의 내주하심과 임재를 통해 영적으로 결합된 관계를 뜻한다.

사도행전 2장은 초대교회의 출발점에서 성령의 강림이 성도들에게 임하였으며, 그 결과 그들의 삶이 근본적으로 변화되어 공동체적 삶을 이루게 되었음을 전한다. 성령의 역사로 인해 신자들은 서로의 삶을 공유하고, 떡을 떼며, 기도에 전념하는 공동체가 되었는데, 이는 곧 친교의 삶이다. 이 친교는 신약성경에서 코이노니아(koinōnia)라는 개념으로 표현되며, 이는 단지 인간 간의 관계를 의미하는 것이 아니라, 하나님과 그리스도, 성령, 복음, 교회 사명, 그리고 교회 내 성도 간의 관계까지 포함하는 영적이고 실존적인 연합의 상태를 가리킨다. 사도 바울과 요한은 이 개념을 통해 하나님과의 교제(요일 1:3), 그리스도와의 연합(빌 3:10), 성령의 교통(빌 2:1), 복음의 사역(빌 1:5), 그리고 교회 내 상호 봉사(행 2:42, 고후 8:4) 등을 포괄하는 삶의 총체적 구조를 묘사하였다. 즉 코이노니아란 단지 공동의 종교활동이 아니라, 그리스도를 중심으로 한 존재론적 연합의 공동체를 뜻한다.

초대교회가 보여준 친교의 특징은 다음과 같이 정리될 수 있다. 첫째,

교회는 고립된 개인의 종교적 경험에서 비롯된 것이 아니라, 예수 그리스도의 부활을 경험한 자들이 함께 나누는 공동의 삶, 곧 친교로부터 태어났다. 둘째, 이 친교는 단절된 인간의 역사 가운데 지속적으로 개입하신 하나님의 구속사의 연장선상에 있으면서도, 성령 안에서 새롭게 시작된 종말론적 실재로서의 의미를 지닌다. 셋째, 그리스도인의 친교는 남녀, 계층, 출신을 불문하고 그리스도 안에서 모두 성숙해질 수 있는 내면적 관계성으로, 이는 단순한 결속이나 연대감이 아니라 성령 안에서 형성된 신적 사랑의 교통이다. 이 친교 안에서 인간은 하나님과 개별적이고 인격적인 관계를 경험하며, 동시에 서로를 이해하고 받아들이고 존경하고 용납하며 사랑하는 공동체로 성장해 간다. 이러한 관계는 교회라는 공간을 넘어 세상을 새롭게 하는 하나님의 일하심을 반영하는 방식이되며, 신자들은 교회를 통해 하나님 나라의 도래와 그 변화의 실제를 경험하게 된다.

결국 친교로서의 교회는 하나님과 인간, 그리고 인간 상호 간의 관계가 복음 안에서 회복되고 새롭게 형성되는 관계적 구속 공동체로서, 그 중심에는 성령의 사역과 그리스도의 사랑, 하나님의 창조적 대화가 있으며, 교회는 세상 속에서 이 친교의 질서를 구현하고 확장해 나가는 살아 있는 하나님 나라의 표지(signum)이다.

11. 사회적 기관으로서의 교회

그리스도의 몸으로서의 교회는 모든 성도가 목회에서의 기능을 가지고 있다는 전제로서의 살아 있는 유기체를 뜻한다. 지체로서의 모든 성도는 교회의 사역을 위하여 상호작용을 한다. 그리하여 지체는 하나의 몸으로 연합되고 결합되는 것이다. 지체들이 적절하게 업무를 수행하게 될 때에 그리스도의 몸으로서의 교회는 그 사역이 효율적이며 그 힘은 명확한 필요에 따라 사용될 것이다. 무엇보다도 가장 중요한 것은 각 요소들이 전체를 위하여 통일되고 각 지체의 분리된 목적이 아니라 전체 교회의 공동이익을 위해야 한다는 것이다.[12] 교회가 사회에 대한 바른 목적을 수행하기 위해서는 사회의 요청에 대한 지체의 기능이 사회에 대한 교회의 목적을 향해 있어야 한다.

교회론적으로 말하면 교회는 다른 어떤 것에 의존하지 않는 완전한 사회이다. 중세 시대의 로마교회에서부터 교회란 하나의 독립적 유형적 사회(Concrete society)로 인식되었다. 교회의 본질에서 비추어 본 사회로서의 교회라는 사고는 사회에 있어서의 형식적 요소인 통치 구조에 따라서 규정하려는 경향이다.[13] 사회로서의 교회는 가시적 구조와 직원의 권리와 능력을 가지고 있다는 것을 의미한다. 존 포터(John Potter)는 사회로서의 교회가 가지는 특성을 다음과 같이 정리하였다. 첫째, 교회란 단순한 자발적 사회일 뿐만 아니라 개체가 구성원이 되는 의무를 가진다. 둘째, 교회란 영적 사회이다. 셋째, 교회는 동시에 외향적이며 가시적인 사회이다. 넷째, 교회는 우주적(Universal) 사회이다.[14] 그에 의하면 교회란 하나님이 지정한 사회이다. 교회가 영적 사회라는 말은 교회는 세상의 어두움의 나라에 반대하여 세워졌다는 것을 뜻한다. 그리고 교회란 세상적 사회로부터 분명하게 구분되며 처음교회가 세워질 때부터 교회는 모든 나라에 확산되며 세상 끝날 까지 존속하게 세워졌다.

교회를 사회적 기관이라고 할 때에 하나님과 교회 사이에 몇 가지 관계개념이 선재되어 있다. 첫째 되고 가장 극단적인 관계는 교회는 전적으로 인간적인 것이며 하나님과 관계가 없다는 것이다. 이러한 견해

---

12) Kenneth K. Kilinski and Jerry C. Wofford, Organization and Leadership in the Local Church (Grand Rapids: Zondervan, 1973), p. 134.

13) Avery Dulles, Models of the Church (Garden City: Doubleday & Co., 1974), p. 39.

14) John Potter, A Discourse on Church Government (London: Samuel Bagster, 1839), pp. 8-9.

를 가진 자들은 교회는 신적인 어떤 것과 전혀 관계를 가지고 있지 않다고 생각한다. 또 이와 정반대의 입장을 가진 자들은 교회란 전적으로 신적인 것이라고 한다. 이러한 견해를 가진 자들은 교회의 인적 요소들은 본질적으로는 신적인 것이라고 주장한다. 그리고 세 번째 관점은 교회는 전적으로 신적인 것도 아니고 전적으로 인적인 것도 아니라는 것이다. 교회는 근본적으로 신적인 것이지만 인간적인 요소도 상당히 개재되어 있다.[15] 나아가서는 교회를 정치적 기관(Political institution)으로 보아 인간의 공통적 목표를 향해 규정된 권위에 의하여 다스려지는 인간의 몸(Body of people)으로 표현한다.[16] 왜냐하면 교회는 신적이기 때문에 교회일 수 있고 동시에 인간적이기 때문에 사회일 수가 있다. 그러므로 교회는 사회에서 하나의 조직이며 사회적 기관이다. 그리고 실제적으로 사회에서의 교회의 사명을 수행하기 위해서 교회는 사회의 사회적 문화적 다양성들을 잘 극복해 나가야 한다. 이러한 사회적 문화적 요소들은 교회의 역량을 규정할 뿐만 아니라 사람들로 하여금 교회에 참여하게 하는 욕구가 된다.[17] 그러므로 교회는 사회의 사회적 문화적 요소에 영향을 받는 인간적이고 사회적 기관이다.

교회가 사회적 기관이기 때문에 특수한 환경 가운데서 그 업무가 수행되고 성도들에 의하여 그 업무가 진행된다. 그런 의미에서 교회의 업무란 교회 자체를 위한 내부적인 것과 다른 사람을 위한 외부적인 것 양자를 다 포함한다.[18] 사람과 사람 사이, 그리고 그들의 삶의 형태를 지속적으로 연결해 주는 상호작용과 교회와 사회를 상호 접촉하게 하는 방법

---

15) John H. Simpson, "The Church as an Organization", The Princeton Seminary Bulletin 59 (March 1966), pp. 49–50.

16) Bernard F. Donahue, "Political Ecclesiology", Theological Studies 33 (June 1972), p. 294.

17) John H. Leith, The Church a Believing Fellowship(Atlanta:John Knox Press, 1981), p. 32.

18) J. Ralph Hardee, "Church Organization", in Church Administration Handbook, ed. Bruce C. Powers (Nashville: Broadman Press, 1985), p. 33.

을 교회는 가지고 있다. 원리적으로는 교회란 자율적인 영적 몸이며 그리스도의 지도력 아래 모든 성도가 동등한 권리를 교회 안에서 가지는 것이다. 그리고 실제적으로는 교회란 사회 문화적 변화를 직면하고 있는 교회의지속적이며 변천하는 필요성을 충족시켜 줄 수 있는 활동들을 제공해 주어야 하는 사회적 기관이다.

사회적 기관으로서의 교회는 교회가 가지는 조직과 그 운영의 결과로 분석된 것이다. 교회란 사회로부터 영향을 받고 동시에 사회는 교회로 부터 영향을 받는다. 즉 사회적 기관으로서 교회는 사회 안에서 사회적 기능을 가지고 있다. 모버그(David Moberg)는 그의 책 「사회적 기관으로서의 교회」(The Church as a Social Institution)에서 기능적 분석(Functional Analysis)의 방법을 이용하여 교회의 사회적 기능을 다음과 같이 열거하였다. 교회란 사회화의 동인(動因)이며, 사회적 교제를 제공하며, 사회적 연대감을 향상시키며, 사회적 안정을 주며, 사회 통제의 동인이며, 사회적 개혁의 동인이며, 사회 복지의 기관이며, 사회의 박애 기관이다.[19] 교회는 지속적으로 사회의 연합과 유지에 기여하고 있다. 그러나 교회의 기능은 교회의 사회에 대한 관심에 따라 변하고 있다. 사회적 기관으로서의 교회는 사회와 동시에 가정이나 정부와 같은 다른 기관과도 상호 교호관계를 가지고 있다.

사회적 기관으로서의 교회관은 많은 비판도 동시에 따른다. 비판자들은 대체로 사회적 기관으로서의 교회관이 사회학자들의 기본 관점에서 시작하였다고 판단하기 때문이다. 심지어 어떤 사람들은 교회가 가지는 정치 구조인 계급적 감독제, 장로제, 회중제 등의 사법적 구조(Juridicalstructure)를 반대한다. 그리고 16세기에 시작된 기관으로서의 교

---

19) David D. Moberg, The Church as a Social Institution (Grand Rapids: Baker Book House, 1984), pp. 127-157.

회의 모형은 전혀 다른 형태의 힘과 권위의 구조로 발전되기도 한다.[20] 이러한 비판에도 불구하고 교회가 사회적 기관이라는 데는 의심의 여지가 없다. 교회가 사회에 대한 기능을 완수하기 위해서는 교회는 신적인 동시에 인간적인 특성을 가진 정치의 형태를 필요로 하는 것이다.

12. 정치적 기관으로서의 교회

교회는 본질적으로 하나님의 임재와 뜻을 담지하는 신적 기관으로 존재하지만, 동시에 사회적 공동체의 조직성과 질서를 유지하기 위해 작동하는 정치적 기관의 성격도 갖는다. 이 정치성은 단지 외형적 체계의 문제를 넘어서, 교회가 공동체로서 '공적 책임'을 감당해야 하는 본질적 요청에서 비롯된 것이다. 교회가 하나님의 신비를 전달하는 통로로서 존재한다는 점에서 은총의 도관이지만, 그 은총을 현실 속에서 조직적으로 전달하기 위해 반드시 일정한 권위구조와 정치적 기능이 수반된다. 교회는 곧 신인 양면성을 지닌 기관이며, 신성(Divinity)과 인성(Humanity)의 역동적 긴장 속에 놓여 있다.

현대에 이르러 교회의 정치적 기능은 과거보다 더욱 중요하게 부각되고 있다. 이는 사회 전체의 정치의식의 성장과도 깊은 관련이 있으며, 교회 역시 그 흐름 속에서 결정의 민주화, 회중 참여의 확대, 권위 구조의 정당화라는 요청에 응답하고 있다. 과거와는 달리 오늘날 교회 내부의 많은 갈등과 문제들이 정치적 요인에서 기인하고 있음을 인식하면서, 교회정치의 정립은 단순한 조직론이 아니라 공동체의 건강과 생존을 위한 필수 과제가 되었다.

이러한 맥락에서 제2차 바티칸 공의회(1962 - 1965)는 로마 가톨릭교회

---

20) Eric W. Gritsch, "The Church as Institution: From Doctrinal Pluriformity to Magisterial Mutuality", Journal of Ecumenical Studies 16(Summer 1979), pp. 450-451.

내에서도 새로운 정치적 질서, 즉 성직계급 중심 구조와 평신도 참여 구조 간의 조화를 강조하면서, 교회 정치(government)에 대한 구조적 갱신을 시도하였다.[21] 이는 교회가 시대의 변화에 능동적으로 대응하려는 시도로서, 교회의 정치형태가 더 이상 고정된 제도가 아니라 사회적 진화 속에서 갱신되는 실천적 구조임을 보여준다.

1) 교회정치의 성경적·역사적 기원

교회의 정치적 구조는 단순히 근대적 조직이론에 기반한 것이 아니라, 오랜 성경적 전승과 이스라엘 공동체의 의회제도 전통에 뿌리를 두고 있다. 예를 들어 창세기의 족장 시대에 아브라함의 재산을 관리하던 종 엘리에셀은 '늙은 종'으로 불리며, 이는 훗날 '장로(Elder)' 직의 선형적 모델로 이해된다. 출애굽기에서는 '이스라엘의 장로들'이 민족 공동체를 대표하여 모세와 함께 일하며, 공동체의 중대한 사안을 협의하고 결정하는 정치적 기구로 기능하였다. 이들은 '이스라엘 장로회'라는 이름으로 불리며, 오늘날 의회 제도의 원형이라 할 수 있다.

이와 같은 의회적 구조는 단지 기능적 조직체가 아니라 공동체의 대표성과 권위의 분산, 그리고 회중적 합의를 실현하기 위한 신적 정치의 모형이었다. 고대 한국 사회의 삼노인제도처럼, 이스라엘 장로제도 역시 도덕적 권위와 실질적 판단력을 갖춘 이들을 중심으로 공동체를 운용하였다. 이 전통은 이후 회당 제도(synagogue)로 이어지며, 장로들은 그 정치 중심으로서 회중을 대표하고 가르치고 다스리는 역할을 감당하였다.

예루살렘 산헤드린(Sanhedrin)은 이러한 제도의 정점에 있는 기관으로, 대제사장과 서기관, 장로들로 구성된 이스라엘 최고 정치·종교 기구였다. 71인의 대표로 구성된 이 기관은 유대 공동체 전체의 중대한 사안을

---

21) Bernard F. Donahue, "Political Ecclesiology", Theological Studies 33 (June 1972), 295.

심의하고 결정하였으며, 이는 후에 교회 정치구조의 신학적 원형으로 작용하게 되었다.

2) 교회의 정치형태와 현대 교회정치의 유형

오늘날 교회의 정치구조는 일반적으로 세 가지 유형으로 구분된다: 감독제(Episcopal polity), 회중제(Congregational polity), 장로제(Presbyterian polity)이다. 성경은 특정 정치제도를 명문화하고 있지는 않지만, 이 세 제도는 성경적 원리들에 근거하여 발전되었다는 공통점을 가진다.

(1) 감독제(Episcopal polity)

감독제는 교회의 권위와 질서를 성직자 중심의 위계적 체계로 이해한다. 감독은 교회의 사도적 전승을 계승한 자로 간주되며, 교회 전체의 목회와 질서를 책임진다. 로마 가톨릭, 성공회, 감리교 등이 이 체제를 따른다. 이들은 교회의 권위가 사도직에 의해 전승되었다고 보며, 감독직을 신적 위임(authoritative delegation)으로 이해한다. 따라서 사도의 계승이라는 신학적 전제가 이 체제의 핵심을 이룬다.

(2) 회중제(Congregational polity)

회중제는 교회 내에서의 평등주의적 · 민주적 질서를 강조한다. 교회 권위는 전체 회중에 있으며, 목회자는 그 위임을 받아 사역을 수행하는 자일 뿐이다. 목회자의 서열화, 외부 권위의 개입을 철저히 배격하며, 각 교회는 독립적 자치권을 갖는다. 회중교회와 침례교회는 이 형태를 대표한다. 회중제는 종교개혁 이후 칼빈주의 운동의 민주화된 흐름 속에서 등장하였다.

(3) 장로제(Presbyterian polity)

장로제는 교인의 대표자로 선출된 장로들에 의해 교회가 치리되는 형태로, 장로교와 개혁교회들이 이를 따른다. 이 체제는 평신도의 권리, 대표성, 공동체의 연합을 중시한다. 알스톤(Alston Jr.)은 장로제의 핵심 원리를 다음과 같이 정리하였다: 성경의 권위, 정치의 복음에 대한 복종, 교회의 연합, 평신도의 영적 사역 참여, 양심의 자유, 목회자 선출의 자유 등이다.[22] 장로제 정치의 중심은 장로이며, 기본원리는 목회에서 있어서 동등성이다.[23] 이는 곧 장로제가 교회의 질서, 복음의 정신, 평신도 참여를 조화롭게 통합한 제도임을 의미한다. 장로제를 택하고 있는 교회는 모든 장로교와 개혁교회이다.[24]

3) 교회정치의 신학적 의의

'정치'라는 개념은 본래 헬라어 '폴리스'(Polis)에서 유래하였으며, 도시, 공동체, 헌정 질서를 의미한다. 이 개념이 교회에 적용될 때, 정치란 단순한 권력행사가 아니라, 하나님의 통치를 구현하는 공동체적 질서의 실현이라는 신학적 의미를 갖는다. 따라서 교회정치는 회중의 의견과 영적 지도자의 권위, 그리고 공동체의 거룩한 목적 사이의 긴장을 조정하고 조율하는 은혜 안의 정치라 할 수 있다.

결국, 교회가 정치구조를 갖는다는 것은 세속의 정치 흉내가 아니라, 교회를 하나의 유기적 공동체로 묶어주는 '접착제'로서 기능한다는 점에서 중요하다. 오늘날처럼 교회 공동체가 사회 안에서 공적 역할을 다하고자 한다면, 교회의 정치구조는 성경의 원리 위에서 시대적 정당성과 실천적 기능성을 함께 갖추어야 할 사명으로 여겨진다.

제2절 교회의 네 가지 속성(The Four Marks of the Church)

1. 신조적 고백과 교회의 정체성

---

22) John H. Leith, The Church, a Believing Fellowship(Atlanta:John Knox Press, 1981), 58.

23) Wallace M. Alston Jr., Guides to the Reformed Tradition, The Church(Atlanta : John Knox Press, 1984), 102-103.

24) 이성희, 「교회행정학」, 54.

기독교 교회는 381년 제2차 세계 공의회인 콘스탄티노플 공의회에서 채택된 니케아–콘스탄티노플 신경을 통해 "하나의 거룩하고 보편적이며 사도적인 교회"(μίαν, ἁγίαν, καθολικὴν καὶ ἀποστολικὴν ἐκκλησίαν)를 고백해 왔다. 이 고백은 단순한 이상적 표준이 아니라, 교회 존재의 본질적 실체에 대한 신앙적 선언이다. 여기서 "믿는다"는 말은 교회를 숭배하거나 절대화하는 것이 아니라, 교회 안에서 역사하시는 삼위 하나님의 사역을 믿는다는 고백이다. 이러한 신학적 고백은 교회의 단일성(Unity), 거룩성(Holiness), 보편성(Catholicity), 사도성(Apostolicity)이라는 네 가지 속성으로 구체화된다.

2. 사도성(Apostolicity) : 가장 근원적이고 결정적인 속성

네 가지 속성 가운데 가장 근본적이며 구조적 중심을 이루는 것은 사도성이다. 교회의 교회다움은 사도성에 의해 규정되며, 나머지 속성들은 사도성으로부터 파생된다. 사도성이란 역사적 사도들의 권위가 계승되었음을 의미하는 동시에, 사도들의 가르침에 대한 충실한 계승을 의미한다. 이 점에서 사도성은 로마 가톨릭의 수위권 교리에 반하여, 사도적 가르침의 정통성과 일치를 의미하는 것이다.

사도성은 교회가 신약 성경과 사도적 전통 위에 세워졌다는 사실을 전제하며, 이는 교회의 설교, 성례전, 훈련, 공동체 생활이 모두 사도적 가르침에 근거해야 함을 뜻한다. 곧, 교회가 참된 교회임을 확인하는 표지는 사도적 복음에 대한 충실함이다.

3. 보편성(Catholicity) : 사도성에서 파생되는 범시대적, 범세계적 특성

보편성은 교회의 지역성과 시간성을 초월하는 속성으로, 사도성이 모든 시대와 장소에서 동일하게 선포될 수 있기 때문에 가능한 것이다. 교회는 어느 특정 민족, 시대, 계층에 국한되지 않고, 창조로부터 종말까지 하나님께서 택하신 모든 백성을 포함하는 공동체로 존재한다. 따라서 보편교회(universal church)는 단일한 시공간적 실체라기보다, 구속사 속에서 동일한 신앙을 고백한 이들의 총체로 이해되어야 한다.

불링거(Heinrich Bullinger)는 「거룩한 공교회에 관하여」에서 보편교회를 "아담으로부터 세상 끝날까지 인종, 성별, 나이, 지역을 초월하여 존재해온 하나의 참된 교회"로 규정하였다. 이는 개별 교회들이 보편교회에 참여하고 그 성격을 반영해야 함을 뜻하며, 교회의 정체성은 단순한 지역적 모임을 넘어서는 신학적 연속성 속에서 형성된다.

이러한 보편성은 교회론에서 흔히 구분되는 유형교회(visible church)와 무형교회(invisible church)의 개념을 통해 더욱 명확히 드러난다. 유형교회는 구체적 시공간 안에 존재하는 지역 교회를 의미하며, 참된 신자들과 그들의 자녀들이 구성원이다. 반면, 무형교회는 전 역사 속에서 하나님의 부르심을 받은 택자들의 총체로서, 오직 하나님만이 아시는 비가시적 공동체를 뜻한다. 히브리서 12:23은 이를 "하늘에 기록된 장자들의 모임"이라 칭한다.

4. 거룩성(Holiness): 하나님의 본성과 성도의 삶에 대한 반영

교회의 거룩성 역시 사도성에서 비롯된다. 거룩한 교회란 사도적 가르침을 중심으로 구성되고, 그 가르침을 실천하는 공동체이다. 구약에서 하나님의 거룩성은 '카도쉬 이스라엘'(거룩한 자)로 표현되며, 이는 하나님의 본성—의, 선, 자비, 진리, 사랑의 조화—을 뜻한다. 이러한 하나님의 거룩함은 창조와 구속의 사역을 통해 인류에게 드러나며, 특별히 하나님의 백성에게 거룩할 것을 명령하심으로 교회가 지녀야 할 본질적 성격으로 자리매김한다(마 5:48, 벧전 1:15-16).

교회가 거룩한 이유는 교회 자체가 거룩해서가 아니라, 그 안에 있는 성도 개개인이 그리스도의 의로 덧입혀지고, 성령의 역사로 인해 점진적으로 성화되기 때문이다. 신학적으로 이는 성화(sanctification)라는 개념과 연계되며, 구원받은 성도가 실제의 삶 속에서 하나님의 성품을 닮아가는 과정을 의미한다.

5. 단일성(Unity): 삼위 하나님의 사역 안에서의 하나 됨

단일성은 삼위일체 하나님의 사역에 근거한 교회의 일치성을 의미한다. 교회는 다수의 개별 공동체로 존재하지만, 동일한 하나님에 대한 신앙 고백 안에서 하나의 공동체를 이룬다. 이는 신약 성경이 "하나님의 한 백성", "한 믿음, 한 세례, 한 주"라는 표현들로 교회의 본질적 단일성을 천명한 데서 확인된다(엡 4:4-6).

교회의 단일성은 눈에 보이는 조직의 통합을 의미하기보다, 동일한 사도적 신앙을 고백하는 자들의 영적 연합을 말한다. 따라서 이 단일성은 실천적으로 교회 간의 연합, 협력, 상호 섬김을 통해 구현되어야 하며, 이는 교회가 세상의 분열과 갈등 속에서 하나님의 통일성과 평화를 증거하는 역할을 감당하도록 요구한다.

6. 사도성으로부터 발산되는 교회의 정체성

교회의 네 가지 속성은 고립된 개념이 아니라 상호 유기적으로 연결되어 있으며, 그 중심은 사도성에 있다. 사도성을 통해 교회는 하나 됨을 유지하며(단일성), 하나님의 성품을 반영하고 추구하며(거룩성), 전 인류와 역사를 아우르며(보편성), 그리스도의 몸으로서 존재의 정체성을 확보하게 된다.

이러한 속성들은 단순한 교리적 이상이 아니라, 성령의 능력 안에서 구체적으로 구현되어야 할 사명이다. 오늘날 분열과 갈등, 교회 이기주의에 빠진 현실 속에서, 교회의 4대 속성은 교회 갱신의 본질적 방향을 제시하는 신학적 나침반이라 할 수 있다.

7. 교회의 네 가지 속성에 대한 현대적 적용

1) 사도성(Apostolicity)의 현대적 적용

(1) 사도적 복음에 대한 신앙고백의 일치 회복

오늘날 교회는 다원주의와 상대주의의 도전에 직면해 있다. 절대 진리에 대한 거부감, 성경 권위의 상대화, 복음의 축소와 왜곡은 사도성이 약화된 현상이다. 이 시대의 교회는 사도적 신앙을 명료하게 고백하고 교육하며, 이를 다음 세대에 계승하는 데 힘써야 한다. 성경의 권위에 대한 재확신, 신앙고백서와 교리교육의 회복, 강단 설교의 정통성 확보는 현대 교회가 사도성을 실천하는 핵심 방안이다.

(2) 신학적 분별력 있는 리더십의 육성

사도성은 단지 교리를 보존하는 것에 그치지 않고, 그것을 바르게 해석하고 적용하는 역량을 필요로 한다. 오늘날의 교회는 바른 신학 훈련을 받은 목회자와 지도자를 세우고, 그들이 사도적 전통 속에서 공동체를 섬기도록 지원해야 한다. 목회자의 신학적 실력과 윤리적 통합성이 사도성의 실천적 기초가 된다.

2) 보편성(Catholicity)의 현대적 적용

(1) 교회의 글로벌 연대의식 강화

세계화 시대 속에서 교회는 인종, 민족, 국경, 문화의 장벽을 넘어서는 연대 의식을 회복해야 한다. 코로나 팬데믹, 전쟁, 기후 위기와 같은 전 지구적 위기에 대응하는 데 있어 보편교회로서의 사명, 즉 인류 공동선을 위한 신앙 공동체의 역할이 더욱 강조된다. 현대 교회는 해외 선교 뿐 아니라 디아스포라 교회와의 협력, 세계 교회와의 신학적 · 실천적 교류를 통해 보편성을 실현해야 한다.

(2) 지역성과 보편성의 창조적 긴장 속 균형 유지

교회는 그 지역의 문화와 언어, 역사 속에 뿌리내려야 하지만 동시에 자신이 보편교회의 일원임을 의식해야 한다. 한국 교회는 '한류' 또는 민족주의적 정체성과 교회의 정체성을 혼동해서는 안 되며, 지역교회가 스스로 보편적 진리를 담당한다는 의식을 갖고, 세계 교회와 연대 속에 있는 공동체로 자각해야 한다.

3) 거룩성(Holiness)의 현대적 적용

(1) 세속성과 타협하지 않는 성도의 삶 회복

현대사회는 물질주의, 성공주의, 자기 중심적 문화 등 다양한 세속적 가치관을 교회에 침투시켰다. 교회의 거룩성은 이 세상과의 구별을 의미하는 것이 아니라, 세상 속에서 하나님의 성품을 닮은 가치관과 삶의 태도를 살아내는 것을 의미한다. 그러므로 교회는 정직, 정의, 사랑, 성실, 절제 등 실질적인 성품의 훈련을 강조해야 하며, 성도의 거룩한 삶이 교회의 공적 신뢰도를 회복하는 핵심 수단임을 자각해야 한다.

(2) 성화의 공동체적 차원 강조

현대 교회는 개인의 경건생활만 강조하면서 공동체로서의 성화에 소홀한 경향이 있다. 교회의 거룩성은 공동체가 함께 회개하고, 함께 세워지며, 함께 성숙해가는 과정이다. 따라서 회중 중심의 말씀 사역, 성도의 책임 있는 참여, 공예배의 회복, 교회의 징계와 회복의 절차를 정립함으로써 공동체의 성화가 이루어져야 한다.

4) 단일성(Unity)의 현대적 적용

(1) 교회 간 연합과 협력의 적극적 실천

현대 교회는 교파, 교리, 이해관계로 인해 심각하게 분열되어 있다. 이는 단일성의 실제적 실현을 막는 가장 큰 장애물이다. 그러나 사도신경, 니케아신경 등 역사적 신앙고백을 공유하는 교회 간에는 신앙의 본질에서 일치를 확인하고, 복음 전파, 이웃 사랑, 정의 실현 등 공적 사역에서는 협력해야 한다. 한국교회는 이러한 연합의 실천을 위해, 교단 간 협력사업, 지역교회 연합기도회, 연합선교 등을 더욱 적극적으로 조직할 필요가 있다.

(2) 자기 교회 중심주의를 넘어서는 교회관 확립

현대 한국교회는 '내 교회', '우리 교회' 중심주의가 강하다. 이는 단일성을 훼손하는 원인이 된다. 진정한 교회 일치는 교회 간 경쟁을 넘어, 연약한 교회를 돕고, 지역사회를 함께 섬기며, 선교적 비전을 함께 나누는 데서 실현된다. 개교회주의를 넘어서 '하나님의 한 백성'이라는 정체성을 회복해야 한다.

(3) 사회 통합의 모델로서의 교회 단일성

교회의 단일성은 교회 안에만 머물러서는 안 되며, 사회의 분열과 갈등에 대한 대안적 공동체 모델로 확장되어야 한다. 사회의 이념적 분열, 세대 갈등, 지역적 분리 등이 심화된 현실에서 교회가 하나됨의 본을 보임으로써 세상에 대한 선한 영향력을 회복할 수 있다. 교회는 통일, 화해, 회복, 용서의 실제 모델로 사회를 섬겨야 하며, 이는 단일성의 확장된 적용이다.

5) 오늘날 교회의 사명으로서의 네 가지 속성

교회의 4대 속성은 단지 교리적 개념이 아니라, 오늘날 교회가 자신을 새롭게 하고, 세상 가운데서 거룩하고 공적인 역할을 감당하기 위한 핵심적 방향을 제시한다.

사도성은 복음의 본질을 지키고 전달하는 근거이며,

보편성은 세상의 경계를 넘어서는 공동체성의 실현이며,

거룩성은 타락한 문화를 이기는 신자들의 삶이며,

단일성은 분열된 사회를 향한 교회의 연합된 증언이다.

이 속성들은 고대 신경의 선언에만 머무르지 않고, 오늘의 교회가 살아 있는 신앙 공동체로서 시대 속에서 하나님의 뜻을 구현하는 능동적 정체성을 이루도록 요청한다.

제3절 교회의 생성과 성령의 역할

예수를 따르던 제자들의 무리는 예수의 공생애 초기부터 있었지만 이 예수의 제자 공동체는 아직 기독교 신앙 공동체는 아니다. 예수 그리스도를 부활 주님과 메시아로, 그리고 세상의 죄를 대신 지고 대속적인 죽음을 죽으신 하나님의 아들로 고백하는 기독교 신앙 공동체는 A.D. 30년 오순절 성령 강림 사건 이후부터 비로소 존재한다. 마가의 다락방에서 성령 체험을 한 120여 명의 예수 추종자들로 구성된 신앙공동체가 이 땅에 존재하기 시작한 최초의 기독교 신앙 공동체, 즉 원시교회이자 그 후 모든 교회들의 어머니가 되는 모교회인 것이다.

이것은 교회의 탄생이 성령 강림을 통해서 시작되었다는 것을 의미한다. 예루살렘 원시교회가 성령 강림을 통해서 탄생된 것처럼 이 땅의 모든 교회들도 성령의 역사를 통해서 탄생하고 성장한다. 성령은 바로 교회라고 하는 신생아의 분만과정에서 산파 역할을 하는 존재이다. 뿐만 아니라 성령은 신생아의 잉태과정에서부터 역사하여 탄생뿐만이 아니라 그 후의 모든 성장과정에서 역사하시는 하나님의 살아계신 거룩한 영이시다. 그러므로 성령의 역사 없이 교회는 탄생할 수 없고 또 교회는 탄

생한 후에도 지속적인 성령의 도움 없이는 성장할 수 없다.[25]

이러한 의미에서 교회는 성령에 의해서 태어나고, 성령에 의해서 성장하며, 성령과 함께 살아가는 '성령의 교회'라고 할 수 있다. 그런데 신약성서는 교회의 머리요, 교회의 주님은 예수 그리스도라고 증언하고 있다. 교회는 예수 그리스도의 몸이요, 교회의 구성원들인 성도들은 그리스도의 몸의 지체들이다. 그러므로 성령은 교회의 주님으로서의 예수 그리스도의 자리를 밀어내고 군림하는 분이 아니라 오히려 예수 그리스도가 진정한 의미에서 교회의 머리요 모든 성도의 주님이 될 수 있도록 역사하시는 분이다.[26]

제4절 성령을 통한 교회의 성화

성령은 교회에 생명과 거룩을 부여하시는 근원적인 분이시며, 교회 공동체를 그리스도의 몸으로 세우시고 유지하시는 사역을 감당하신다. 성령은 단순히 개인의 신앙생활을 돕는 보조자가 아니라, 교회의 존재와 정체성 그 자체에 깊이 관여하시는 삼위 하나님의 위격이시다. 교회가 교회로서 존재할 수 있는 이유는 바로 성령의 내주와 사역 때문이다. 성령은 단지 은사를 베푸는 능력의 영이 아니라, 교회 공동체를 교제와 기룩 안에서 묶어주는 교제의 영(Spirit of communion)이며, 동시에 거룩함의 영(Spirit of holiness)이시다. 이 두 사역은 결코 분리되지 않으며, 성령은 언제나 공동체적 연합 속에서 거룩을 이루신다.

먼저, 성령은 성도와 그리스도 사이를 연결하는 끈이 되신다. 성령 없이는 우리는 그리스도에 대해 알 수 없고, 그분과의 교제에 참여할 수

25) 성종현, 「신약성서의 중심주제들」 (서울: 장로회신학대학교출판부, 2000), 209

26) Ibid., 210.

도 없다. 사도 바울은 에베소서 2장 22절에서, 교회가 "성령 안에서 하나님이 거하실 처소"로 세워져 간다고 하였다. 이는 성령께서 교회의 내적 결속을 이루시고, 그리스도와의 연합을 매개하신다는 의미이다. 성령은 믿음을 불러일으키고, 신자들을 그리스도의 몸에 접붙이시며, 이를 통해 참된 교제가 가능하게 하신다. 이로 인해 성도는 단지 개인적으로 구원받은 존재가 아니라, 교회 공동체 안에서 서로 연결된 유기체로 살아가게 된다.

성령 안에서 이루어지는 교제는 단순한 인간적 사귐이 아니라, 그 자체가 하나님의 구속 사역의 일부로 기능한다. 성령은 성도들 간의 사랑과 신뢰를 증진시키며, 나눔과 헌신을 가능하게 하신다. 이 같은 교제는 외형적 공동체 형성의 기능을 넘어서, 성령의 사역을 통해 '거룩'이라는 목적을 향해 나아간다. 거룩은 하나님과의 관계 속에서의 정결함만을 의미하지 않고, 이 세상 속에서 그리스도의 형상을 나타내는 삶의 총체적 변화를 포함한다. 다시 말해, 성령은 단지 우리의 죄를 씻는 분이 아니라, 우리를 그리스도를 닮은 존재로 만들어가시는 분이시다.

성도들이 그리스도를 닮아가는 과정, 곧 성화(sanctification)는 신자의 삶의 중심 목표이다. 성화는 일회적인 사건이 아니라 전 생애에 걸친 지속적이고 점진적인 과정이며, 이 과정에서 성령은 결정적 역할을 하신다. 로마서 8장 29절은 성도들이 "그 아들의 형상을 본받게 하기 위하여" 미리 정하신 바 되었다고 선언하며, 고린도후서 3장 18절에서는 "우리가 모두 주의 영으로 말미암아 그와 같은 형상으로 변화하여 영광에서 영광에 이르느니라"고 말씀한다. 성령은 신자들을 날마다 새롭게 하시며, 모든 상황 속에서 그리스도의 인격과 삶을 닮아가도록 이끄신다.

이 성화는 개인의 내면적 변화에만 머물지 않는다. 성도는 세상 속에서 그리스도의 아름다우심을 드러내는 존재로 살아가야 하며, 이는 교회가 사회적 공동체로서 그 사명을 감당하는 방식과도 연결된다. 교회는 단순히 신앙의 피난처가 아니라, 세상 속에서 하나님 나라를 증언하는 증인의 공동체이다. 따라서 성령에 의한 성화는 신자의 윤리적 삶, 사회적 책임, 정의와 자비를 실천하는 모든 삶의 영역에서 구체적으로 드러나야 한다.

성령께서는 또한 교회를 구성하는 성도들에게 다양한 은사와 직분을 부여하심으로써, 교회의 유기적 질서와 사역의 체계를 형성하신다. 고린도전서 12장과 에베소서 4장은 성령께서 각 사람에게 필요한 은사를 나누어주시고, 이를 통해 교회를 세워가신다고 증언한다. 성령의 은사는 자기 과시의 도구가 아니라, 공동체의 유익과 성장을 위한 섬김의 도구이며, 이러한 은사들의 조화는 성령의 일하심을 통해 이루어진다.

특히 성령의 사역은 철저히 공동체적이라는 점에서 주목할 필요가 있다. 종교개혁자 칼뱅은 "하나님은 성령을 개별적으로 나누어 주시지 않는다"고 단언하였다. 이는 성령의 역사가 개별 신자의 경건생활에만 국한되지 않고, 반드시 교회 공동체의 맥락 속에서 이루어진다는 점을 강조하는 진술이다. 즉, 성령은 고립된 개인에게 주어지는 '영적 에너지'가 아니라, 교회를 통해 역사하시는 삼위 하나님의 살아 있는 사역자이시다.

이러한 이유로 성령의 사역은 지역 교회라는 구체적인 공동체 안에서 실현된다. 우리가 지역 교회에 속해 있을 때, 그리고 그 안에서 신앙생활을 할 때, 성령께서 공동체 안에서 우리를 단련시키시고 성화의 열매를 맺게 하신다. 지역 교회는 성령께서 역사하시는 현장이며, 그 안에서 우리는 말씀과 성례전, 교제와 훈련, 섬김과 사역을 통해 점차 그리스도의 형상으로 빚어져 간다. 따라서 교회로부터 분리된 성화란 존재할 수 없다.

결론적으로 말하자면, 성령은 교회를 성화시키시는 하나님의 살아 있는 능력이시다. 그분은 공동체적 교제를 통해 우리의 삶 속에 거룩을 이루시며, 그리스도의 형상을 닮아가도록 우리를 인도하신다. 교회의 성화는 결코 개인주의적 경건 훈련의 총합이 아니며, 성령의 임재 아래 공동체 안에서 이루어지는 총체적 갱신의 과정이다. 성령은 교회 전체를 거룩하게 하시는 하나님의 수단이자 목적을 향한 이끄심이며, 교회는 이 성령의 인도하심을 따라 날마다 새로워져야 한다.

제5절 교회행정의 성경적 근거

교회를 다스리는 규칙의 체계를 교회정치라 하며 이에 따른 제반 업무를 교회행정이라 한다. 모든 교회정치와 행정은 인간의 필요성에 대한 요청에 적절하게 응답하기 위하여 형식화되는 인간적 조직이지만 그 교회정치와 행정체계의 근거는 어디까지나 성경에서 출발한다. 어떤 형태의 교회행정이든 그 근본구조와 내용이 성경에 의해 입증되고 성경에 근거해야 할 것이다.[27] 만일에 그렇지 못하다면 교회행정이 일반행정과 다를 것이 전혀 없어지고 교회의 구조가 사회의 구조와 동일시되는 과오를 범하게 된다. 성경은 교회행정에 대하여 구약과 신약의 근거를 제공해주고 있다.[28]

1. 교회행정의 구약적 근거

교회는 단순한 하나의 조직이나 기관이 아니라 유기체이며 공동체이며 하나의 사회이며 그리스도 안에서 상호관계를 가지는 하나님의 백성

---

27) 최철기, "교회행정가의 목회지도력과 미래교회 인식에 관한 연구,"(박사학위논문, 한신대학교 대학원, 2017), 36.

28) 최철기, "교회행정가의 목회지도력과 미래교회 인식에 관한 연구," 36.

이다. 구약에서의 하나님의 백성은 오랜 기간을 통하여 하나님의 백성으로서의 계속성을 가지고 공동체를 형성해 왔다. 구약에서 언약의 백성으로서 하나님과의 관계를 의미하는 이름과 표현들이 다양하지만 그 가운데 중요하고 빈번히 등장하는 이름은 '아브라함의 집', '야곱의 집', 혹은'이스라엘의 집'이다. 그 외에도 '하나님의 집', '이스라엘의 회중','백성의 회중', '여호와의 회중' 등이 나타난다. 위에 열거한 대로 구약에서는 하나님의 백성을 대표하는 두 가지 개념어가 나오는데 이것이 곧 교회의 개념을 대표하는 말이다. 그 하나는 집이라는 개념으로서 교회이며, 다른 하나는 회중, 혹은 성회라는 개념으로서의 교회이다.[29]

'이스라엘의 장로들'이라는 말은 출애굽 이후에 나타나는 말로서 백성들 가운데 잘 알려진 지도집단이었고 그들의 권위는 모든 사람에게 인정받는 것이었다. 그들은 '이스라엘의 장로의 회'(The Presbytery of Israel)를 형성하였고 이들은 경륜과 지혜로서 백성들을 다스렸고 백성들은 이들의 권위를 인정하였다. 이스라엘의 장로들은 장로의 회를 형성하였고[30] 이들은 경륜과 지혜로써 백성들을 다스렸고, 백성들은 이들의 권위를 인정하였다. 또한 이들을 중심으로 하여 대표자에 의한 회중정치가 시작되었다. 이러한 정치제도를 대의정치(代議政治)라 한다. 이스라엘 언약집단은 신약시대에 와서 형성되는 새로운 언약집단과 같은 의미를 가지므로 장로에 의한 이스라엘 회중정치는 신약의 교회정치의 근거가 되는 것이다. 모세와 아론은 70인 장로를 세워 그들로 하여금 출애굽의 경고를 이스라엘 회중에게 주게 하였으며(출 13:3),[31] 그 후 모세에 의하여 이스라엘 장로들의 총회가 소집된다(출4:29). 이스라엘 전 역사를 통하여 장로제도

29) 이성희, 「교회행정학」(서울, 2015), 56.

30) Douglas Bannerman, The Scripture Doctrine of the Church (Grand P. 97. Rapids: Baker Book House, 1976), 97.

31) 13) 이성희, 「교회행정학」, 56.

는 지속되며 포로기에는 예레미야와 함께 포로가 잡혀가기도 했다.[32] 그리고 장로의 직은 성경에 지속되며 성경의 중요한 직분명으로 나타난다.

구약성경을 통하여 가장 선명하게 교회행정의 근거를 보여 주는 곳은 출애굽기 18:13-27이다. 이 구절은 교회행정의 구약적 근거라고 불리우는 구절로서 교회행정의 구약적 모델을 제시해 주고 있다. 모세의 장인 이드로는 재덕을 겸비하고 하나님을 두려워하며 진실한 자를 택하여 천부장, 백부장, 오십부장, 십부장을 백성 위에 세워 그들로 하여금 재판하게 하고 그들이 할 수 없는 것을 모세가 하게 하였다. 모세는 이드로의 제안대로 백성을 다스릴 지도자를 세우고 이러한 모세의 제도는 모든 사람이 만족하게 되었다.[33]

이드로가 모세에게 제안했던 이러한 교회행정의 모델은 어느 시대를 막론하고 교회행정에 많은 가치를 제공한다. 특히 이드로-모세 모델은 교회 내에서의 민주적 정치체계(democratic polity)를 시대에 관계없이 적용할 수 있을 것이다.[34] 이드로의 제안은 모세로 하여금 문제 해결의 방법을 제공했으며 지금도 교회행정의 중요한 문제해결의 방법으로 제공된다.

2. 교회행정의 신약적 근거

회당은 이스라엘의 바벨론 포로시대 산물로 그 전통은 신약성경시대까지 전승되어 왔다. 회당의 장로들에게는 두 가지 기능이 주어졌는데 가르침과 다스림이다. 회당은 예수님 당시에도 이스라엘 백성들의 종교생활의 중심이었다. 예루살렘의 장로의 회인 공회(Sanhedrin)는 또 다른

---

32) P. Geo. Hays, Presbyterians (New York: J. A. Hill & Co., 1892), 26.

33) 심상기, "한국 장로교회의 행정 개선방안 연구,"(박사학위논문, 광신대학교 대학원, 3013), 30.

34) A. Charles. Tidwell, Church Administration Effective Leadership for Ministry (Nashville: Broadman Press, 1985), 41.

이스라엘의 집단이다. 신약성서에는 예루살렘의 공회가 자주 등장하는데 대제사장의 통활하에 있는 제사장들과 서기관, 백성들의 장로들로 구성된 아주 잘 알려져 있고 영향력이 있는 집단으로 등장한다.[35)]

예수께서 세상에 계실 때에 준비된 목회의 지침과 같은 모델을 제시해주셨는데 이것이 곧 제자 삼으심이다. 예수와 제자와의 관계는 그들을 사역자로 준비시키려는 의도가 분명히 나타나 있다. 그리고 그 모델은 직분과 역할의 관계를 보여 준다. 예수는 그의 제자들을 세 그룹으로 나누셨다. 제자들을 삼으실 때에 그들의 능력과 사역의 효율성에 비추어 세 그룹으로 나누신 것이다. 예수의 준비는 그가 승천한 후에 작은 무리들이 세계적으로 확산되어 가는 초대교회가 되게 하신 것이다. 예수의 제자 모델은 제자들에게 어떤 차별이나 계급을 정해 준 흔적은 없다. 단지 그룹 사이의 역할을 달리 했을 뿐이었다.[36)]

신약에서 가장 분명하게 교회행정의 근거를 제공해 주는 구절은 사도행전 6:1-7이다. 교회행정의 신약적 근거는 사도들에 의하여 회중에게 제의되었다. 그 내용은 대략 다음과 같다. 예루살렘 교회의 제자의 수가 갑자기 증가하게 되자 사도들은 그들의 직무인 말씀전하는 일이 구제하는 일 때문에 소홀하게 되었다. 즉 그들에게 있어서 우선순위가 바뀐 것이다. 또한 급증하는 제자의 수 때문에 모든 제자들의 필요를 충족시켜 줄 수 없었다. 헬라파 유대인들은 그들의 과부가 매일의 공궤에서 제외되었다는 이유 때문에 불평이 생기게 되었고, 이에 따라 사도들은 회중들을 소집하여 구제의 일을 전담할 수 있는 일곱 사람을 택하게 하여 그들로 하여금 구제하는 일을 전담케 하고, 사도들은 기도와 말씀전하는 일에 전력하였다. 회중이 선택한 일곱 사람들을 사도들은 회중들 앞에서

---

35) Douglas Bannermann, op. cit., 151.

36) 심상기, "한국 장로교회의 행정 개선방안 연구,"32.

안수하였다. 이에 교회는 점점 성장하게 되었고 많은 제사장들도 그리스도를 믿게 되었다. 인사행정의 핵심인 사람과 직무를 통합시키는 적재적소(適材適所)의 원리가 적용된 것이다.[37] 백성들의 필요가 충족되었고 헬라파 유대인들의 불평의 문제가 해결된 것이다. 사도들은 그들의 일에 전념할 수 있게 되었고 교회는 날로 성장하게 되었다. 교회행정은 하나님 중심적이어야 하는 동시에 사람 지향적이어야 한다고 하였다. 사람 지향적이라는 말은 교회가 사람을 위한 기관이라는 것을 인정하는 의미이다. 교회의 주체는 하나님이시며 하나님의 소유이지만 하나님의 주체와 소유되신 목적이 사람이라는 뜻이다.[38] 결론적으로 교회행정이란, 교회가 하나님의 뜻과 복음 사명을 이루기 위해 성령의 인도와 말씀에 기초하여 모든 인적 · 물적 자원을 조직적으로 운영하고 조정하는 목적 지향적 실천 활동이다.[39]

---

37) 유민봉, 「한국행정학」 (서울: 박영사, 2016), 467.

38) 이성희, 「교회행정학」, 22-23.

39) 교회행정이란, ① 교회의 목적을 달성하기 위해 ② 교회(Church)가 ③ 수행하는 조직적이고 체계적인 활동이다.

제3장 교회행정의 의미

제1절 교회행정에 대한 관심의 역사와 과제

한국교회가 교회행정에 본격적으로 관심을 가지게 된 것은 비교적 최근의 일이다. 초기 한국교회 및 전통적인 목회 관행에서는, 행정은 목회자의 본질적 사역에 속하지 않는다는 인식이 널리 퍼져 있었다. 설교, 기도, 성례전, 신방과 같은 '영적인 사역'이 목회자의 핵심 임무로 여겨졌으며, 이에 반해 행정은 세속적이거나 보조적인 것으로 간주되었다. 이러한 배경 아래, 행정은 마치 인간적인 지혜에 의존하는 것으로 치부되었고, 교회는 '행정'보다는 '은혜'로 운영되어야 한다는 일종의 암묵적인 합의가 형성되어 있었다. 실제로 많은 교회에서 '행정을 강조하는 것'은 믿음이 부족하거나 영적이지 못한 것으로 여겨지기까지 했다.

그러나 이러한 인식은 시대의 변화 속에서 점차 수정되기 시작했다. 근래에 들어 일반 사회의 행정 이론과 기술이 급속도로 발달함에 따라, 효율성과 체계성을 중시하는 현대 조직 운영의 방식이 교회에도 자연스럽게 도입되었다. 특히 교회가 점점 대형화되고 조직이 복잡해지면서, 단순한 은혜 중심의 운영만으로는 교회를 효과적으로 관리하기 어려운 현실에 직면하게 되었다. 그 결과, 목회자들 사이에서도 행정의 필요성을 인식하게 되었고, 효율적인 목회 사역을 위한 수단으로 교회행정의 전문화에 대한 관심이 확대되었다.

더 나아가, 한국교회의 급속한 성장과 함께 수많은 교회들이 복잡한 사무, 재정, 인사, 시설 관리 등을 감당하게 되면서, 교회행정은 단순한 선택이 아니라 목회의 필수 불가결한 요소로 부각되었다. 이는 곧, 교회행정이 단지 조직의 효율성을 위한 수단을 넘어서, 목회의 비전과 방향성을 구체화하는 실천적 도구로 작용하게 되었음을 의미한다. 즉, 행정은 더 이상 '비영적' 영역이 아니라, 영적 비전의 실현을 가능케 하는 수단으로서 신학적·실천적 가치를 지니는 것으로 재조명되고 있다.

그럼에도 불구하고, 교회행정에 대한 관심이 본격화된 지 얼마 되지 않았다는 점에서, 학문적 연구나 이론의 정립은 여전히 미진한 상황이다. 교회행정은 단순히 일반행정학의 원리를 교회에 그대로 적용하는 것을 넘어서야 하며, 교회의 본질과 신학적 정체성에 기초한 독자적인 이론 체계와 실천 원리가 마련되어야 한다. 이를 위해서는 교회행정에 대한 올바른 이해와 더불어, 신학, 조직이론, 리더십 연구, 교육학, 심리학 등 다양한 학문 분야와의 통합적 접근이 요구된다.

결론적으로, 교회행정은 더 이상 주변적이거나 부차적인 것이 아니다. 그것은 영적 공동체인 교회의 사명을 효과적으로 감당하기 위한 핵심적인 도구이며, 동시에 신학적 통찰을 바탕으로 한 실천적 지혜를 필요로 하는 전문 영역이다. 한국교회는 이제 교회행정을 단지 기술적 수단으로만이 아니라, 신학과 실천이 통합된 목회의 일부로 인식하고, 이에 대한 깊이 있는 연구와 교육, 훈련을 체계적으로 발전시켜 나가야 할 시점에 이르렀다.

1. 교회행정의 어원

교회행정이란 무엇인가에 대한 질문은 단순한 듯 보이지만, 실제로는 신학적·역사적·실천적 의미가 중첩된 매우 복합적인 주제다. 특히 교회행정학이란 학문은 단순히 조직 관리나 행정 절차를 다루는 수준을 넘어, 교회의 목적과 사명을 성취하기 위한 하나님의 질서와 봉사의 원리를 연구하는 응용신학의 한 분야로 자리 잡고 있다. 서구, 특히 미국에서는 교회행정학이 체계적이고 전문화된 신학 분과로 발전해 왔으며, 조직이론, 리더십, 커뮤니케이션, 재정, 인사, 시간 관리 등 다양한 세부 영역과 연결된다.

그러나 본질적으로 교회행정은 목회적 사역을 지원하고 보완하는 수 단으로 이해되어야 하며, 그 자체가 목회의 목적이 되지 않는다. 즉, 교 회행정은 목회의 본질적인 사역—말씀, 기도, 성례, 목양 등—을 효과적으로 수행하도록 돕는 역할을 한다. 그러므로 교회행정은 본질적으로 목회의 "도구적 기능"으로 정의할 수 있다. 이러한 기능적 특성은 교회행정의 어원을 살펴볼 때 더욱 분명해진다. 고대 언어 속에서 '행정'의 개념은 지배와 통제를 뜻하기보다는 섬김과 봉사를 중심에 두고 있었으며, 이는 성경이 말하는 행정의 개념과도 깊은 연관을 갖는다.

1) 애드미니스트라레(Administrare)

'행정'(Administration)이란 용어의 라틴어 어원은 'Administrare'로, 이는 기본적으로 '섬기다'(to serve)를 의미한다. 동시에 이 단어는 '돕다'(to help), '보조하다'(to assist), '관리하다'(to manage), '지도하다'(to direct), '통치하다'(to administer)라는 의미를 함께 지니고 있다. 이는 단순한 지시나 명령의 개념이 아니라, 함께하는 공동체적 사역과 봉사의 의미를 내포하고 있다.

이 어원은 성경에서 말하는 '종' 또는 '청지기'(steward) 개념과 일치하며, 영어에서 'minister'라는 말이 바로 이 어원에서 파생된 용어다. 이는 'deacon'이라는 단어와도 같은 어원을 가지며, 초기 교회에서 minister와 deacon은 섬김과 봉사를 담당하는 동일한 의미를 가진 직분으로 이해되었다. 예수 그리스도께서도 스스로를 '섬기기 위해 오신 분'(마 20:28)으로 규정하셨는데, 여기에서 '섬기다'는 개념은 본질적으로 행정의 의미와 연결된다. 곧, 주님께서 친히 보여주신 섬김의 방식은 청지기적 행정의 원형이라 할 수 있다.

따라서 행정이란 공동체를 향한 계획된 사역을 섬김과 협력의 자세로 수행해 나가는 과정이며, 이는 목회자나 리더에게만 해당되는 것이 아니라 모든 교회 구성원들에게 적용되는 사명적 과제이다. 행정의 어원에서 드러나는 강조점은 지배나 권한보다는 섬기고 돕는 자세이며, 교회행정은 이와 같은 정신 위에 세워져야 한다.[40]

2) 디아코니아(διακονία)

헬라어 '디아코니아'는 '애드미니스트라레'의 성경적 대응 개념으로, 성경 전체에서 '봉사'(service)와 '목회적 직무'(ministry)를 함께 포괄하는 말이다. 디아코니아는 단순한 도우미 역할 이상의 의미를 갖는다. 이 용어는 구체적으로 로마서 15:31에서 '섬기는 일', 누가복음 10:40에서는 '도와주는 일'로 번역되며, 일상적이고 실제적인 봉사 행위를 뜻한다.

동시에 디아코니아는 신약의 목회적 직무를 설명할 때 사용되는데, 이는 사도행전에서 사도들의 업무(행 1:25, 12:25), 집사직(행 6:1), 복음 사역자들(고후 3:9), 말씀을 전파하는 자들(행 20:24), 그리고 성령의 역사나 천사의 사역까지도 포함하는 폭넓은 개념이다. 이처럼 디아코니아는 '섬김'을 통해 하나님의 구속사적 사역에 동참하는 것을 의미하며, 교회행정은 이러한 성경적 섬김의 전통에 기초한 목회적 행정이다.

특히 고린도전서 12:5에서 "직임은 여러 가지나"에서 사용된 'admini-strations'와 고린도후서 9:12의 "봉사의 직무"(administration of this service)는 디아코니아가 실제 교회 조직 내에서 직무와 직임의 형태로 나타나는 것을 보여준다. 이와 같은 봉사적 직무는 단순한 기술이나 조직 관리가 아니라, 성령의 은사로서 주어진 영적 직분으로 이해되어야 하며, 이로 인해 교회의 건강한 질서와 사명이 유지된다.

또한 '디아코노우메네'(διακονούμενε)라는 동사형은 바울 서신에 자주 등

---

40) 이성희, 「교회 행정학」, 70.

장하는데, 고린도후서 8:19 - 20에서 '은혜의 일', '봉사의 일'로 번역되며, 이는 곧 교회 재정 사역이나 선교 헌금 등 실제적 사역의 행정적 성격을 말한다. 이러한 용어 사용은 우리가 말하는 '집사'라는 단어가 단지 관리자의 의미가 아닌, 사도적 사역을 함께 감당하는 본래적 목회자의 역할이었음을 말해준다.

3) 휘페레테스(ὑπηρέτης)

세 번째 성서적 행정 어원은 '휘페레테스'로, 이는 '아래에서 노를 젓는 자'를 뜻한다. 고대 배에서는 노예들이 아래칸에 앉아 북소리에 맞추어 노를 저었는데, 이는 자신의 의지로 움직이는 것이 아니라 상부의 명령에 전적으로 순종하며 일하는 형태였다. 이 개념은 신약성경에서도 다양하게 등장하며, '하속', '일꾼', '종', '재판관' 등으로 번역되어 있다.

예컨대 누가복음 1:2에서는 '일꾼된 자', 마태복음 26:58에서는 '하속', 요한복음 18:36에서는 '종'으로 각각 나타나며, 이 단어가 가진 섬김과 복종의 이미지를 드러낸다. 휘페레테스가 동사형으로 사용될 경우에는 '지시에 따라 움직이다', '돌보다', '준비하다', '기쁘게 하다'라는 의미를 갖게 된다. 따라서 행정이란 단순한 명령의 수행이 아니라, 하나님의 의지를 기쁘게 해드리고, 교회 공동체의 필요를 섬기기 위한 체계적 봉사의 개념이다.

이러한 어원은 교회행정의 본질이 '목회의 주체이신 하나님께 순종하며 봉사하는 것'이라는 사실을 다시금 부각시킨다. 목회적 행정은 사람이 중심이 아니라, 하나님을 향한 봉사와 그분의 뜻을 수행하는 거룩한 청지기직으로 이해되어야 한다.

4) 쿠베르네시스(κυβέρνησις)

마지막으로, '쿠베르네시스'는 '다스림', '지도', '조종'을 뜻하는 용어로서, 고린도전서 12:28에서 '다스리는 것(governments)'으로 번역되어 등장한다. 이는 교회 내에서 하나님께로부터 주어진 지도력이나 통솔의 은사를 의미하며, 목회적 행정에서 리더십의 요소를 포함한다.

같은 어원을 가진 '쿠베르네테스'($\chi\upsilon\beta\epsilon\rho\nu\acute{\eta}\tau\eta\varsigma$)는 '선장'(pilot), '타수'(helmsman)로 번역되며, 사도행전 27:11과 요한계시록 8:9에서 사용된다. 이는 교회의 항해를 인도하는 영적 지도자의 역할을 상징하며, 바람과 물결을 가르며 교회를 목적지로 안전하게 이끄는 역할을 감당하는 자를 가리킨다.

결국 쿠베르네시스는 행정이 단지 행정 절차의 관리가 아니라, 공동체 전체가 하나님의 목적에 이르도록 올바른 방향으로 이끌고 다스리는 '영적 리더십의 기능'임을 나타낸다. 교회행정은 이러한 지도적 책임과 섬김의 균형 위에서 기능해야 하며, 이는 곧 하나님의 질서 안에서 교회가 온전히 기능하게 하는 핵심 사역이 된다.

이상에서 살펴본 바와 같이, 교회행정의 어원은 단순한 관리나 기술이 아니라, 성경적 섬김과 순종, 봉사, 지도력의 복합적 의미를 담고 있다. 따라서 교회행정은 하나님께서 맡기신 사역을 질서 있고 효과적으로 수행하기 위한 목회적 사역의 중요한 한 축이며, 그 근거는 신학적·언어적 어원 속에 깊이 뿌리내리고 있다.

제2절 교회행정의 정의

교회행정이 무엇인지를 보다 명확히 이해하기 위해서는, 먼저 교회행정의 정의를 고찰함으로써 그 의미와 본질을 파악하는 것이 필수적이다. 그러나 교회행정이라는 개념은 그 복합성과 특수성으로 인해, 단 한 문장으로 간단하게 정의하기에는 어려움이 따른다. 왜냐하면 교회행정은 단순한 조직 운영을 넘어 신학적 목적과 영적 사명을 전제로 하는 독특한 행정 형태이기 때문이다. 따라서 교회행정의 정의에 이르기 위해서는 우선적으로 보다 보편적인 개념인 일반행정의 정의를 검토하고, 그로부터 교회행정이 가지는 고유한 특성과 차별성을 비교하여 이해하는 과정이 필요하다.

1. 일반행정의 정의

> 행정 : ① 공공문제 해결을 위해 ② 정부(government)가 ③ 수행하는 활동 (=public administration). 수행하는 활동은 정책결정과 정책집행 및 관리.

일반행정학에서 행정이란 공동의 목표를 성취하기 위한 합리적 방법을 의미한다. 일반행정도 학자에 따라서 다르게 정의되지만 어떤 조직이나 단체의 공동목표를 성취하기 위한 협동적 합리적 행위를 의미한다. 그러므로 행정이란 조직을 필요로 하고 동시에 조직은 행정활동을 요구한다. 일반행정에서는 행정(administration)과 통치(government)를 같은 의미로 사용해 왔기 때문에 행정에서의 봉사적 의미보다는 통치적 의미가 강하게 표현되었다.[41] 그러나 위의 교회행정의 어원에서 본 대로 행정이라 함은 봉사적 의미가 강하게 나타나고 있고 더구나 'government'라는 말도 통치나 지배의 의미보다는 봉사, 섬김의 의미가 더 많이 포함되어 있다.

일반적으로 행정은 공공 사무를 관리하는 것을 말한다. 넓은 의미에서 볼 때에 행정이란 '조직의 공동적 목표를 달성하기 위한 협동 행위'를 의미하나 좁은 의미에서의 행정이란 '상세하고 조직적인 조직의 증명'을

---

41) 김정기, 「교회행정신론」 (서울: 성광문화사, 1992), 25.

의미한다.[42] 그러나 총체적으로 볼 때에 행정이란 국민 앞에 봉사한다는 의미를 가지고 있다.[43] 그런 의미에서 일반행정이란 공행정(public admin-istration)을 의미하고 국민에 대한 봉사의 체계를 질서있게 반영한다. 일반 행정에서는 행정을 공행정과 사행정으로 구분한다. 공행정이란 공공성과 공익성을 전제로 하는 국가와 정부의 행정을 뜻하며 국민 앞에서 공공정책을 수행하는 것이며 사행정이란 공익을 전제로 하지 않는(non-profit) 순수한 개인적 행정을 의미한다.

2. 교회행정의 정의

교회행정 : ① 하나님의 뜻을 실현하고 교회의 목적을 달성하기 위해 ② 교회(Church)가 ③ 수행하는 활동

일반적으로 교회행정의 정의를 '교회의 목적을 성취하기 위하여 교회를 인도하는 데 관련되어지는 교회지도자들의 필요한 제반 목회활동'이라고 한다. 몇몇 학자들의 이론은 설명에 도움이 될 줄로 안다. 레오나드 메이어(Leonard Mayor)는 교회행정을 "직능을 결정하며 그 직능을 명확하게 하고 정책을 공식화하여 이를 수행해 나가며 권위를 위임하며 관리자를 선임하여 직원을 훈련하고 이것을 위한 모든 유효한 조직과 목적달성을 위한 방법과 자원의 동원"이라고 하였다.[44] 그의 정의는 상당히 복합적이며 전통적인 교회행정의 정의를 내리고 있다. 아더 아담스(Arthur

---

42) 이상조, 「신행정학론」(서울 : 교학사, 1965), 13.

43) 김소영, 「행정학 원론」(서울: 법지사, 1990), 3.

44) William H. Leach, Handbook of Church Management(New York: Prentice-Hall, 1958), 78.

Adams)는 교회를 그리스도의 죽음과 부활을 통하여 계시된 사랑에 의하여 뭉쳐진 하나님의 백성의 집단이라고 보았기 때문에 교회행정도 "교인들을 통하여 함께 일하는 것"이라고 하여 목회자와 교인이 함께 협력하여 일하는 협력체계를 강조하고 있다.[45]

한편 앨빈 린그랜(A. Lindgren)은 교회행정을 교회의 본질과 복음선교의 발전을 포함하며 인적자원을 유용하게 사용하는 태도라고 하였는데 그에게 있어서 행정이란 단순한 활동이 아니라 어떤 집단이 세운 목적을 달성하기 위한 방편을 제공하는 것이다. 그가 정의한 교회행정은 "봉사하는 분야의 목표와 목적을 발견하고 분명히 밝혀서 조리 있고 종합적인 방법으로 그 실현을 위해 추진해 나가는 일"이며 그런 의미에서 볼 때에 교회행정은 교인들의 역동적인 상호작용이다.[46]

근래에 와서 새로운 교회행정의 정의를 제공해 주는 로버트 데일(Robert Dale)은 교회행정을 "어떤 방법이 아니라 목회 그 자체이며, 서류작성(paper work)이 아니라 사람 그 자체이며, 비인격적인 정책이 아니라 인격적인 과정이며, 교묘한 조작(manipulation)이 아니라 관리다."라고 하였다. 그리고 그는 교회행정이란 어떤 조직의 사람을 반전하게 하는 방법(people process)이며 그 조직이 가지고 있는 자원들을 효율적으로 활용할 수 있도록 해주는 것이라고 하였다. 특별히 교회이 행정은 단순히 이떤 일을 하는 것이 아니라 사람을 육성하는 것(growing people) 이라고 그는 강조하였다. 계속해서 그는 교회행정을 다음과 같이 다양하게 설명하고 있다. "교회행정이란 하나의 과학이며 예술이며 은사"이다. 과학으로서의 교회행정은 연구와 실천에 의하여 습득되어지는 진행과 기술을 포함하며, 예술로서의 교회행정은 상호 관계 속에서의 감수성, 직감, 그리

---

45) Arthur M. Adams, Pastoral Administration (Philadelphia:The Westminster Press, 1964), 14-15.

46) Ibid., 25.

고 적절한 시간 포착(timing)을 요청한다. 이러한 행정에 관한 기교는 다분히 천부적인 재능이지만 경험과 훈련에 의하여 향상될 수 있다.[47] 데일이 행정을 은사라고 정의한 것은 앞의 행정의 어원에서 말한 대로 고린도전서 12:28의 예에 의해서이다. '다스리는 것'을 행정이라고 했는데 바울은 여기에서 다스리는 것을 성령의 많은 은사 중의 하나로 보았다. 그리하여 신약에서 각 사람에게 주신 직분은 곧 은사인 것이다.

찰스 티드웰(Charles Tidwell)은 그의 책 「목회에서의 효율적 지도력으로서의 교회행정」(Church Administration, Effective Leadership inMinistry)에서 교회행정을 색다르게 정의하였다. 그의 전제가 그러하듯이 목회자에게 행정이란 것이 무엇인가에 초점을 맞추어 그는 교회행정을 지도력, 곧 리더십이라고 하여 다음과 같이 설명한다. "교회행정은 교회가 교회가 되게 하고 교회가 교회의 일을 할 수 있게 갖추어 주는 지도력이다. 또한 행정이란 교회의 영적, 인적, 물리적, 재정적 자원을 이용하여 교회가 추구하는 목표와 교회의 영구한 목적을 수행해 나갈 수 있도록 교회지도자들에 의해 제공되는 안내이다. 그리고 교회행정이란 교회를 구성하는 하나님의 자녀들이 그들이 될 수 있고 할 수 있는(to becomeand to do) 그것을 하나님의 은혜로 될 수 있고 할 수 있도록 해주는 것(enabling)이다.[48]" 티드웰의 정의는 새롭고 독특한 것인데 이는 그가 보는 교회행정의 관점을 목회자에게 두어 교회지도자의 리더십을 강조하여 지도자가 자신의 지도자적 기능을 발휘하는 분야를 가리켰다. 이는 최근 미국의 교회행정학이 강조하는 바이며 한 경향이다.

---

47) Robert Dale, "Managing Christian Institutions," in Church Administration Handbook, ed. Bruce P. Powers(Nashville: Broadman Press, 1985), 11.

48) Charles A. Tidwell, Church Administration Effective Leadership for Ministry(Nashville:Broadman Press, 1985), 27.

제4장 교회행정의 목적

교회는 부름받은 자의 모임이다. 그러므로 이 모임은 독특한 목적을 가지게 되고, 그 목적을 이루어 나가는 것이 교회의 모습이다. 교회행정의 목적은 교회의 목적을 이루게 하는 것이며 교회행정은 교회로 하여금 교회의 목적을 바르게 이해할 수 있도록 해주는 것이다. 왜냐하면 교회행정은 교회의 제반 업무를 효율적으로 수행하도록 돕는 역할이기 때문이다.

제1절 교회의 목적

교회의 목적은 교회의 본질과 사명에 반영되고 나타난다.[49] 그리스도께서는 교회에 사명을 주셨다. 교회가 추구하는 본질과 사명이 교회행정을 통하여 가능하게 되는데 흔히 교회의 목적은 예배, 전도, 친교, 봉사 등으로 정의한다.[50] 교회의 목적인 사명은 진실한 것이다. 그 사명에 합당한 삶을 살아갈 때 교회는 공교회성을 회복하고 사회적 신뢰를 회복할 수 있다.

1. 예배의 사명을 감당하는 언약공동체

예배가 생명이라고 말은 하지만 영과 진리로 예배를 드리는 것은 쉽지 않다. 그러나 우리는 반드시 기억해야 한다. 교회가 감당해야 할 여러 가지 사명 가운데 가장 중요하고 첫째 되는 것은 바로 삼위일체 하나님을 예배하는 사명이다. 교회는 이 사명을 위해 부름 받았다. 하나님의

---

49) Charles A. Tidwell, Church Administration Effective Leadership for Ministry(Nashville: Broadman Press, 1985), 58.

50) 이성희, op. cit., 79-80.

백성으로 부름 받은 교회는 하나님을 섬기기 위한 언약공동체이다. 하나님께서 모세를 통해 이스라엘 백성을 부르신 것은 하나님을 섬기고 제사를 드리게 하기 위함이었다(출 19:8). 마찬가지로 교회 역시 하나님께 속하였고 하나님만을 섬기는 공동체이기에 교회의 가장 본질적인 사명은 삼위일체 하나님께 드리는 예배인 것이다.

하나님께 영광을 돌리는 가장 분명한 방법은 예배다. 교회는 찬미의 제사를 드리는 제사장들(벧전 2:9)의 모임이다. 그래서 예배는 오직 삼위일체 하나님께 대한 섬김과 봉사이며, 무엇보다 자기 자신을 드리는 헌신이다. 하나님께서는 예배 가운데 임재하시며, 그의 소유된 백성은 예배를 통하여 하나님을 만나는 은혜를 입는 것이다. 예배의 중심은 하나님 말씀의 선포와 이에 감사드리는 우리의 찬양이다. 선포된 말씀을 경건한 두려움으로 듣고 믿음으로 순종하며 기쁨으로 찬양할 때 생명력 있는 예배를 드릴 수 있다. 예배의 회복이 참된 교회 구현의 출발점임을 기억하고 예배의 사명을 잘 감당해야 할 것이다.[51]

2. 신앙 교육과 경건 훈련의 사명을 다하는 신앙공동체

교회는 신앙공동체로서 '신앙 교육과 경건 훈련'의 사명이 있다. 교회는 신앙의 내용을 선포하고 가르치고 실천해야 한다. 그러나 그 내용은 교회가 임의로 만들어 낸 것이 아니라, 성경에 기초한 사도적 신앙을 유산으로 물려받은 것이다. 이 믿음의 유산은 세대를 이어가며 하나님의 말씀인 성경에 근거하여 참된 신앙고백으로 새롭게 갱신되고 고백되어야만 한다. 또한 참된 믿음의 사람, 거룩한 언약 백성이 되기 위하여 끊임없이 신앙과 경건의 훈련이 계속되어야한다. 그러므로 교회는 과거의 신앙 유산을 그대로 보존만 하는 것이 아니라 자신의 세대는 물론, 다음

---

51) 장종현, 「신학은 학문이 아니다」 (서울: 기독교연합신문사, 2022), 201-202.

세대의 사람들에게 올바르고 적합하게 가르치고 전달함으로써 신앙을 계승해야 할 사명이 있다. 그렇지 아니할 경우, 하나님의 말씀을 떠나 '하나님을 알지 못하는 다른 세대'가 곧 일어나게 될 것이다(삿 2:10).

현재 한국교회는 다음세대를 걱정하고 있다. 우리의 신앙의 유산이 제대로 계승될 수 있을지 근심하고 있다. 교회가 사명을 바르게 감당해 왔다면 이런 문제는 발생하지 않았을 것이다. 교회공동체는 말씀과 기도로 훈련하고 양육하는 교육적 사명을 끊임없이 수행하여 믿음의 다음세대를 세워가야 한다. 육체의 훈련은약간의 유익이 있지만 경건의 훈련은 범사에 유익하다(딤전 4:8). 하나님의 약속을 받은 성도들이 믿음으로 세상을 살도록 해주기 때문이다.

교육이 발전하고 정보의 홍수 속에 살아가지만 참된 지식은 하나님을 아는 것과 성경의 가르침대로 살아가는 것이다(롬 12:2). 썩어가는 이 세대를 본받지 않고 하나님의 선한 뜻을 분별하여 순종하기 위해서는 무엇보다 성경을 기준으로 살아가야 한다. 모든 인생 문제의 해답이 성경에 있다고 다음세대가 고백하도록 해야 한다. 교회가 신앙공동체로서 다음세대를 위한 신앙 교육과 경건 훈련의 사명을 잘 감당한다면 한국교회의 미래는 밝을 것이다.

3. 참된 사귐이 있는 교제공동체

교회는 건물이나 제도 또는 조직이기 이전에 하나님의 백성이며 그리스도의 한 몸 된 성도들의 공동체이다. 교회는 성도의 교제와 사귐이 없이 존재할 수 없다(행 2:42). 교회는 그리스도인들의 참된 신앙고백을 통해서 성령의 '교제' 안에서 서로 참된 사귐을 나누는 교제공동체이다. 하나님 백성의 교제는 삼위일체 하나님의 사랑과 생명의 사귐에 참여하는 것에 그 본질적인 기초를 두고 있다(고후 13:13). 우리가 공예배의 축도를 통해 이 말씀을 늘 믿음으로 받는 것은 그리스도의 은혜와 하나님의 사랑과 더불어 성령의 교통하심이 있어야만 교회로서 존재할 수 있기 때문이다.

삼위일체 하나님과 성도들의 생명의 사귐은 먼저 성례를 통하여 가시화 된다. 성령 안에서 예수 그리스도를 통하여 주어지는 성례가 은혜의 수단으로서 역사하는 것이다. 이러한 생명의 사귐은 세례와 성찬을 통하여 보존되고 강화되며 갱신된다. 그리스도가 내안에, 내가 그리스도 안에 사는 삶을 가능하게 하는 것이다.[52] 이러한 성례전적인 사귐은 반드시 구체적인 삶의 영역에서 교제와 사귐으로 나타나야 한다. 신약교회의 교제는 손님 대접하기를 힘쓰며, 서로의 짐을 나누어지며, 서로 격려해주고 기도해 주는 실천적인 행동이었다. 성찬은 이러한 교제의 특별한 표현이다. 성도들의 교제는 오직 성령의 역사라고 할 수 있다. 그러므로 우리 안에 내주하시는 성령은 우리를 그리스도에게 연합시키는 '사랑의 줄'이다. 성령으로 말미암아 그리스도와 연합한 그의 몸 된 교회는 교제와 사귐의 공동체이다.

교회 안에서 서로 사랑함으로 시작된 교제는 교회 안에서만 일어나는 것이 아니라, 피조 세계 전체에 미친다. 즉, 교회는 하나님 앞에서 모든 피조물의 사귐을 대변하고 실현하는 것이다. 코이노니아, 즉 교제의 본질적 표현은 하나님의 사랑인 아가페이다. 아가페는 자신을 겸손하게 낮추며, 용서하며, 자기를 희생하는 십자가의 사랑을 말한다. 사랑 받을 자격이 없는 대상을 위해 자신을 내어주는 것이 바로 아가페이다. 이런 사랑이 성도의 교제 가운데 참으로 일어난다면 하나님께서 우리 안에 그런 사랑을 더 크게 베풀어 주실 것이다. 초대교회가 부흥할 수 있었던 것도, 박해 속에서 잘 견뎌낼 수 있었던 것도, 시대를 막론하고 하나님

---

52) Ibid., 205.

을 영화롭게 하는 교회의 본질인 아가페가 있었기 때문이다. 아가페는 성령의 선물이며 동시에 교회가 삶 속에서 실천해야 할 실제적인 사명임을 기억해야 한다(갈 5:22, 요일 3:18).

4. 섬김과 나눔의 사명을 다하는 봉사공동체

교회의 참모습은 낮아짐에 있다. 낮아짐은 눕기 위함이 아니라 섬기기 위함이다. 교회는 섬기기 위해서 세상에 오신 예수의 몸이다. 몸은 활동하고 움직일 때만 건강과 생명력을 유지할 수 있다. '섬김의 종'으로 오신 예수의 몸된 교회는 마땅히 섬기기 위해서 존재한다. 섬김을 거부하는 교회는 스스로의 존재 의미를 부정하는 교회요, 예수의 정신에서 떠난 교회이다. 예수의 정신에서 이탈한 교회는 예수 그리스도의영에서 떠난 교회이다.[53] 성령이 떠난 교회는 영혼이 떠난 육체와 같다. 교회가 세상적으로 부요해지고 화려해지는 것은 위기를 의미한다. 교회는 섬김 받기를 거부하며 스스로 비대해지지 않도록 늘 규칙적인 운동을 해야 한다. 이 운동은 곧 '섬김의 운동(디아코니아 운동)'이요, '낮아짐의 운동'이다 (막 10:45, 빌 2:7-80).

한국 교회는 규칙적이고 열심 있는 이 '섬김과 나눔의 운동'을 통해서만 교회의 참 생명력과 건강을 유지할 수 있다. 그리고 이것이 또한 섬김의 종으로 오신 예수님의 발자취를 충성되게 따르는 일이다.[54]

5. 복음 전파에 힘쓰는 선교공동체

이 세상을 향해 교회가 수행해야 할 가장 중요한 사명은 바로 '복음 전파, 곧 전도와 선교이다. 교회는 예수 그리스도로부터 지상명령(至上命

---

53) 성종현, 「신약성서의 중심주제들」 (서울: 장로회신학대학교출판사, 2000), 238.

54) Ibid. 238.

슈, The Great Commission)인 선교의 사명을 받았으며 성령의 역사를 통해 그 사명을 수행하고 있다(마 28:19-20). 교회는 시작부터 복음증거의 사명을 가진 전도와 선교공동체이다(행 1:8). 교회가 가진 선교 사명은 창조자이시며 구속자이신 삼위일체 하나님으로부터 온다. 그러므로 선교의 궁극적인 기초와 근거는 바로 창조자요 구속자이신 하나님의 절대적인 주권과 의지에 있다. 하나님께서 그 아들을 세상에 보내신 것처럼 이제 그리스도께서 그의 제자들을 세상으로 보내시며, 성령께서는 이 사역을 도우시며 효과적으로 이루신다(요 20:21-22). 하나님 아버지께서 아들을 보내심 같이 예수 그리스도께서도 우리를 세상으로 보내신다. 성령과 함께 사명을 감당하도록 우리 안에 역사하신다(행 1:8). "오직 성령이 너희에게 임하시면 너희가 권능을 받고 예루살렘과 온 유대와 사마리아와 땅 끝까지 이르러 내 증인이 되리라"(행 1:8). 생명을 살리는 교회가 되는 것은 전도와 선교에 전심전력할 때 가능하다.[55]

제2절 교회행정의 목적

교회행정이란 이러한 교회의 목적을 가능하게 해주는 역할을 한다. 교회행정의 첫째 업무는 교회가 가지고 있는 교육의 목적을 분명하게 해주는 것이다. 교회가 교회의 목적을 분명하게 찾게 하기 위하여 그리스도의 교회에 대한 의도를 또한 분명히 알아야 한다. 이것은 교회가 가지는 선교의 본질과 합일되는 것으로 이 선교의 본질을 알아야 한다. 그리하여 교회는 교회의 지도자와 구성원들이 함께 교회의 목적을 이루는 그일을 함께 하게 하는 행정적 책임을 가지고 있는 것이다. 교회의 프로그램, 조직, 인력자원, 물적자원, 재정자원, 그리고 통제능력 등 제반 행정

---

55) 장종현, op.cit., 209.

적 업무는 교회의 목적인 하나님의 영광을 위함이다.

현대 교회행정학은 많은 이론을 일반행정, 경영, 관리이론 등에 의존하고 있다. 일반적으로 말해서 경영, 관리 등의 과정이론은 얼마든지 일반행정이론에서 빌려올 수 있으나 교회행정학의 동기와 목적, 그리고 결과는 일반행정학과는 현저한 차이가 있다. 그 차이라는 것은 결국 신적 요소이다. 교회행정학은 그 동기가 성경이고, 목적이 하나님의 영광이며 결과는 하나님이 기뻐하시는 것이다. 바울이 복음을 전하는 까닭은 "사람을 우리 기쁘게 하려 함이 아니요 오직 우리 마음을 감찰하시는 하나님을 기쁘시게 하려 함이라"(살전 2:4)고 하였다.

린그랜(A. Lindgren)은 교회행정의 목적을 하나님 중심적(God-centered)이며 인간지향적(person-oriented)이어야 한다고 하였다.[56] 교회행정이 하나님 중심적이어야 한다는 것은 너무나 당연한 이치이다. 하나님 중심의 교회라고 하는 것은 사람이 아니라 하나님을 기쁘시게 하는 것을 말한다. 교회는 하나님의 영광을 위하여 하나님이 직접 만드신 세상의 기관으로서 하나님의 기준에서 판단되어야 한다. 교회가 사람을 즐겁게 하고 사람들에게 많은 유익을 주었다고 하더라도 그것이 하나님께서 보실 때에 교회답지 못할 때가 있으며 사람들의 눈에 볼 때에 좋은 교회라고 해서 반드시 하나님께서 보실 때에도 좋은 교회일 수는 없는 것이다.

이러한 하나님 중심의 교회와 교회행정을 하기 위하여 교회행정은 항상 성경에 대한 바른 이해를 필요로 한다. 행정을 하는 사람들이 분명하고 바른 성서적 이해를 갖게 하기 위하여 교회는 성경에 대한 바른 연구와 이해가 필요하다. 현대 교회행정학은 많은 이론을 일반행정학에서 빌려 왔는데 그 이론을 성경적 이론에 의하여 여과하지 않고 그대로 받아들이면 그것은 교회행정학이 될 수 없는 것이다. 그러므로 어떤 이론이

---

56) Alvin J. Lindgren, op. cit., 62-66.

나 실제를 교회에 적용하고자 할 때에는 반드시 "성경은 무엇이라고 말하고 있나?"를 물어 보아야 할 것이다. 이렇게 할 때에 교회는 합목적적 기관이 될 수 있으며 바른 방향감각을 가지게 될 수 있을 것이다.

교회는 바른 신앙고백 위에 세워진 그리스도의 몸이다. 베드로가 바른 신앙고백을 예수께 했을 때에 예수께서는 "내가 이 반석 위에 내 교회를 세우겠다"(마 16:18)고 하셨다. 교회를 세우시는 주체도 주님이시며 교회의 소유도 주님이시다. 그러므로 이러한 신앙고백은 주님의 교회의 기초이며 또 우리가 교회의 주체와 소유를 인정하는 하나님과의 인격적 관계를 의미한다. 교회행정이 하나님 중심이라는 것은 교회가 하나님 중심이며 하나님이 그 주체가 되시며 우리가 그 교회의 주체인 하나님과 인격적 관계를 수립한다는 의미이다. 이러한 인격적 관계를 통하여 그리스도를 고백하며 하나님을 바르게 인정하는 사람 편의 결단이 따르게 되는 것이다.

그리고 하나님 중심이라는 실제적 의미는 교회가 목적하는 선교적 사명을 수행하는 것을 말한다. 이것은 하나님께서 원하시는 일이며 하나님의 일이기 때문에 하나님을 중심하는 교회의 행정은 선교의 목적을 성취하게 되는 것이다. 교회는 모이는 것과 흩어지는 두 가지 역할을 균형 있게 잘 감당해야 한다. 함께 모여 교제하며 응집된 힘을 배양해 나가며 (inreach) 그리고 나아가서 선교하고 봉사하는(outreach)이 두 가지를 균형 있게 수행해 나갈 때에 바른 교회의 상을 정립할 수 있을 것이다. 이 둘 가운데 어느 하나가 소홀하게 되거나 제외되게 되면 그것은 바른 교회의 모습이 아니며 교회행정은 이러한 교회의 양면적인 목적을 성취하는 도구로 사용되게 된다.

교회행정은 하나님 중심적이어야 하는 동시에 사람 지향적이어야 한다고 하였다. 사람지향적이라는 말은 교회가 사람을 위한 기관이라는 것

을 인정하는 의미이다. 교회의 주체는 하나님이시며 하나님의 소유이지
만 하나님의 주체와 소유되신 목적이 사람이라는 뜻이다.[57] 결론적으로
교회행정은 강태평이 개념 정리한 기독교행정이란 그리스도 예수 안에
서 살아계신 창조주 하나님의 섭리하심 가운데 행하여진 일반행정의 개
념 정의 모두를 포함해서 "그리스도 예수 안에서 하나님께서 십자가에
서 일어난 일을 지금 마음에서 동일하게 일어나게 하심으로, 예수 그리
스도 이름으로 보내신 또 다른 보혜사 성령을 받아, 마음이 세상가치보
다 창조주 하나님을 더 먼저 경외하여 우선적 현실로 체감하고 있을 때,
그리스도가 하나님의 시각으로 세계를 바라보며, 하나님 나라 확장을 위
하여 지혜·권능의 Living Word로 행정의 객체 및 영적인 객체를 바람
직한 상태, 조건, 환경, 사건 등으로 통치·관리하는 것"[58]을 교회행정을
통해서 구현하는 것이다.

---

57) 이성희, 「교회행정학」, 22-23.

58) 강태평, 「기독교행정학」 (서울: 영성테트워크, 2019), 27-28.

CHURCH ADMINISTRATION

part **02**

교회정책론

제1장 교회정책론

제1절 교회정책의 의의와 유형

1. 교회정책의 개념

교회정책(church policy)은 교회 공동체의 신앙적 가치와 사명을 구현하기 위하여 교회가 공식적으로 수립하고 시행하는 제도적 행위계획을 의미한다. 이는 단순한 행정 행위가 아니라, 하나님의 뜻을 실현하려는 공동체적 분별과 헌신의 결과로서, 성경적 가치와 교회의 정체성을 반영한 공적 실천의 틀이라 할 수 있다. 교회정책은 곧 교회의 선교적 사명을 제도적으로 구현하려는 노력이며, 공공신학적 실천의 표현이기도 하다.

교회정책의 핵심 요소는 다음과 같다.

1) 정책은 목적을 지닌다

교회정책은 신앙 공동체 안의 문제를 해결하고, 복음의 가치를 삶 속에 구현하며, 하나님의 나라를 지상에 실현하는 데 목적이 있다. 예컨대, 교육정책은 성도들의 신앙 성숙을 돕고, 복지정책은 공동체의 사랑과 나눔을 실천하는 것을 목적으로 한다.

2) 정책은 교회의 치리기구에 의해 결정되고 집행된다

성경은 "위에 있는 권세"(롬 13:1)를 통해 하나님의 통치가 제도적 질서로 실현됨을 언급하며, 장로교단에서는 교회정책의 수립과 시행에 있어 당회, 노회, 총회로 구성된 대의적 치리회 구조가 권위 있는 기관으로 기능하며, 이는 직분자 중심의 대표성을 바탕으로 교회의 신학적 일관성과 행정적 질서를 확보하는 데 기여한다. 회중교회, 특히 침례교회의 경우에는 공동의회가 교회의 최고 권위 기관으로 작동하며, 회중 전체의 직접 참여를 통해 교회정책을 결정하고 실행하는 구조를 가진다. 이에 반해 감리교는 주교제도(Episcopal polity)에 기반한 체계로서, 감독 (Bishop), 연회(Annual Conference), 총회(General Conference) 등의 감독적 치리기구가 교회정책을 수립하고 시행하는 권위 있는 기관으로 기능하며, 이는 연결주의(Connectionalism) 전통 속에서 중앙집중적 지도력과 지역교회 간 연합의 원리를 실현하는 구조적 특징을 지닌다.

3) 정책은 공식성과 규범성을 가진다

정책은 그 본질상 단순한 제안이나 권면의 수준을 넘어서며, 일정한 제도적 절차와 법적 형식에 따라 확정된 공적 결단이라는 점에서 공식성 (officiality)과 규범성(normativity)을 본질적 속성으로 갖는다. 이는 교회정책의 경우에도 동일하게 적용되며, 교회가 공동체로서 집단의 의사를 공적으로 표현하고 실행하기 위해 채택한 제도적 장치로 기능한다.

교회정책은 일반적인 권고사항이나 목회적 권면과는 구별되며, 특정한 목적을 위해 공식적인 심의·의결 기구(예: 당회, 노회, 총회, 공동의회 등)의 결정 과정을 거쳐 채택된다는 점에서 공적 권위를 가진다. 이러한 정책은 교회 헌법, 시행규정, 세칙 등 성문화된 문서 형태로 표현되며, 이는 교회 구성원들에게 법적·신학적·윤리적 구속력을 가진다. 따라서 교회정책은 단순히 선택 가능한 하나의 대안이 아니라, 구성원 모두가 따라야 할 표준적 행동 지침으로 자리매김한다.

특히 장로교나 감리교와 같은 제도교회에서는 교회정책이 헌법이나 규칙서에 포함되며, 이는 특정 사안에 대해 교회의 공식 입장을 형성하고, 행정적 통일성과 목회적 정당성을 부여하는 기준이 된다. 예컨대, 목회자의 청빙 절차, 예배의 형식, 재정 운영 방식, 교회 재산의 관리, 치리와 권징의 적용 등은 모두 공식화된 정책의 규율을 받는다.

또한 정책은 교회 공동체 내에서 반복적·지속적으로 적용되며, 그 실현 여부에 따라 구성원의 권리와 의무가 형성되므로, 실질적인 실행력과 강제력을 수반한다. 이러한 측면에서 교회정책은 단지 내부적 의사결정이 아니라, 교회의 질서와 정체성을 보전하고 공동체의 일치를 추구하는 신학적·제도적 수단으로 기능한다.

결국, 교회정책의 공식성과 규범성은 교회공동체가 하나님의 뜻을 공적으로 분별하고 실천하는 제도적 표현이며, 이는 질서 있는 신앙 공동체로서의 교회 존재 양식을 보장하는 핵심 기반이 된다.

4) 학자적 정의와 적용

데이비드 이스턴(David Easton)의 정의에 따라 정책을 "가치의 권위 있는 배분"이라 본다면, 교회정책은 공동체의 신앙적 가치(사랑, 정의, 진리)를 사역과 재정, 조직 운영 등 제도적으로 분배하는 것이다.

라스웰(H. Lasswell)이 말한 "가치와 실행이 투사된 계획"은, 교회정책이 단순한 이념이 아니라 교회적 실천을 위한 행동지침임을 강조하며, 이는 성경 말씀을 삶으로 구현하는 구조로 해석될 수 있다.

드로(Y. Dror)의 "불확실한 환경 속에서 공익을 실현하려는 지침"은 교회가 시대적 도전과 위기 속에서도 하나님의 뜻을 따라 공동체를 이끄는 사역적 지혜를 제시한다.[59]

요약하면, 교회정책은 교회가 하나님의 뜻에 순종하여 공동체의 영적 성숙과 사역적 효율성, 그리고 공공신앙의 구현을 목표로 수립한 제도적 결정체이며, 이는 단지 교회 내부의 질서 유지뿐 아니라 세상 속 복음 증거라는 거시적 소명을 감당하게 하는 핵심 도구이다.

2. 교회정책의 구성요소

교회정책은 기본적으로 세 가지 요소로 구성된다. 이는 정책의 목적,

---

59) 김종규, 「신행정학」, (서울: 카스파, 2021), 196.

실천 수단, 그리고 영향을 받는 대상 집단을 포함한다. 이 구조는 선교 사역에서의 '보냄을 받은 자(보내는 교회)', '복음의 내용(진리)', '수용자(세상 또는 성도)'와 유사한 구조로 이해할 수 있다.

1) 정책목표

교회정책의 목표는 하나님의 뜻에 합당한 교회 공동체의 질서, 성장, 봉사, 선교 등을 구체화하는 데 있다. 예컨대, '다음세대 신앙 계승'은 교육정책의 목표가 될 수 있으며, '고통받는 이웃 섬김'은 사회봉사정책의 방향이 된다.

2) 정책수단

이는 정책목표를 달성하기 위한 구체적 실행 방법을 뜻한다. 주일학교 조직 개편, 예산 재편성, 교회 리더십 훈련 프로그램 운영 등이 이에 해당하며, 이는 신학적 타당성과 조직적 실행 가능성 모두를 고려해야 한다.

3) 정책대상집단

교회정책으로 인해 영향을 받는 집단을 말하며, 수혜자(성도, 지역사회)와 이해관계자(교역자, 기관, 선교지) 등으로 구분할 수 있다. 교회정책도 모든 이에게 동일한 결과를 주지 않으며, 어떤 이에게는 유익, 다른 이에게는 부담이 될 수 있다. 이는 고린도후서 2장 16절에서 바울이 복음을 "생명의 향기" 혹은 "사망의 냄새"로 표현한 것과 유사하다.

또한, 정책은 이러한 목표와 수단의 조합을 통해 정책대안(policy alternative)으로 구체화된다. 예를 들어, '예배 활성화'라는 목표 아래, 한 대안은 '찬양 중심의 예배 개편', 또 다른 대안은 '말씀 중심의 집중 설교 시리즈'일 수 있다. 교회는 기도와 공동체적 분별을 통해 가장 신앙적이고 실천적인 대안을 선택해야 한다.

3. 교회정책학의 등장 배경

교회정책학은 단순히 행정적 현상을 설명하는 데 그치지 않고, 교회의 존재 목적과 공공적 사명을 실천하려는 처방적 실천학문으로 발전해 왔다. 이는 교회론과 공공신학의 응용 영역이며, 신학적 가치가 현실의 교회 구조와 사역에서 어떻게 구현되는지를 분석하고 제안하는 학제 간 학문이다.

다음과 같은 역사적 · 학문적 흐름이 교회정책학의 발전을 이끌었다.

1) 라스웰(Lasswell)의 정책지향 개념의 영향

"라스웰(H. Lasswell이 제시한 정책지향(policy orientation)" 개념은, 교회가 시대 상황에 대해 적극적으로 응답하고, 공동체의 필요에 따라 신학과 행정을 통합해야 함을 시사하였다.

2) 현대 교회의 복합적 도전 상황

교회의 세속화, 다음세대 이탈, 공동체 분열, 사회적 신뢰도 하락 등 다양한 문제들이 나타남에 따라, 단순한 목회 기획이 아니라 체계적 정책 수립의 필요성이 대두되었다.

3) 행정이론의 교회 적용과 그 한계 극복

기존의 일반 행정이론이 교회 내 적용에서 한계를 드러내자, 신학적 가치와 실천성을 겸비한 교회 특유의 정책학 필요성이 제기되었다. 이로 인해 '교회정책학'이 공공신학과 실천신학의 교차점에서 등장하였다.

4. 교회정책학의 핵심 지향성

교회정책학은 단순히 교회 행정을 기술적으로 관리하거나, 제도 운영의 기교를 축적하는 데 그 목적이 있는 학문이 아니다. 그것은 오히려 교회의 본질과 사명을 신학적으로 조망하고, 이를 실천적으로 구현하기 위한 지침과 원리를 제시하는 신학적 실천학문이다. 즉, 교회정책학

은 신앙공동체로서의 교회가 역사 속에서 하나님의 뜻을 어떻게 구체적
으로 제도화하고 실천할 것인가에 대한 학문적 탐구이며, 다음의 핵심적
지향들을 내포한다.

1) 실천성과 적실성

교회정책은 추상적인 이론이나 개념적 사변에 머무를 수 없으며, 반
드시 구체적인 교회 현실과 사역 현장에 적실한 방식으로 실천적 유효성
을 가져야 한다. 이는 곧 교회정책학이 이론과 실천을 유기적으로 결합
해야 한다는 것을 의미한다. 예를 들어, 목회자 청빙 제도나 재정정책,
교회 내 직분 운영의 원리 등이 단지 규범적으로 제시되는 것에 그치지
않고, 실제 교회의 문화와 상황, 지역사회의 특성과 요구에 맞게 맥락화
된 적용이 가능해야 한다는 점에서 실천성과 적실성은 필수적인 지향점
이 된다.

따라서 교회정책학은 목회적 감수성과 현장적 통찰을 바탕으로 정책
이론을 해석하고, 교회가 처한 시대적 조건과 신앙적 요청에 민감하게
반응할 수 있어야 한다. 이는 곧 '정책의 살아 있는 신학적 해석학'을 지
향하는 것이라 할 수 있다.

2) 가치와 사실의 통합

교회정책학은 객관적 사실(fact)에 대한 분석과 신앙적 가치(value)의 통
합을 전제한다. 행정학이나 정책학의 전통적 접근은 종종 실증적 분석에
초점을 맞추는 경향이 있지만, 교회정책학은 신학적 가치 판단이 본질적
출발점이다. 이는 교회가 단지 행정조직이 아니라, 신앙 공동체이며 하
나님의 백성이라는 신학적 정체성에서 기인한다.

정책 결정과정에서 데이터, 통계, 조직구조 등 사실에 대한 분석은 필
수적이지만, 그것이 기독교적 가치와 분리되어 독립적으로 기능할 수는
없다. 교회정책은 항상 정의, 공의, 사랑, 공동체성, 섬김과 같은 성경적

가치 체계을 내재해야 하며, 이러한 가치는 단지 이상이 아니라 구체적인
정책 설계와 실행에 통합되어야 한다. 즉, 교회정책은 가치중립적일 수
없으며, 신학적 가치 판단에 기초한 실천적 진단과 제안이 되어야 한다.

3) 공공신앙의 실현

교회정책은 교회 내부의 행정적 효율을 넘어, 하나님의 나라와 공공
의 선을 추구하는 외향적 목적성을 지향해야 한다. 이는 교회정책이 단
지 조직 운영의 최적화나 내부 질서 유지에만 머무는 것이 아니라, 지역
사회와 세계 속에서 하나님의 정의와 자비를 구현하는 선교적 도구이 되
어야 함을 뜻한다.

교회는 단지 개인의 구원을 추구하는 폐쇄적 종교집단이 아니라, 세
상 속에서 공공선과 정의를 추구하는 하나님의 백성이며, 따라서 교회정
책 또한 공공신앙(public faith)의 실현 방식으로 기능해야 한다. 교육, 복
지, 생태, 평화, 정의 등 현대 사회의 주요 의제들에 대해 교회는 침묵하
거나 방관할 수 없으며, 그 안에서 신학적으로 분별된 정책을 통해 적극
적으로 참여하고 책임져야 한다. 이러한 참여는 단순한 사회봉사 활동이
아니라, 신앙의 공공적 실천이라는 차원에서 이해되어야 한다.

결국 교회정책은 단순한 행정기획이나 절차적 운영이 아니라, 하나님
의 뜻을 교회공동체 안에서 제도화하고 구현하는 신학적 실천이다. 구약
의 예언자들이 시대의 불의와 타락 앞에서 하나님의 정의를 외치며 구체
적인 행동을 촉구했던 것처럼, 오늘날의 교회도 그 시대적 책무로서 하
나님의 통치 질서(kingdom governance)을 교회정책을 통해 드러내야 한다.

교회정책은 성령의 인도와 공동체의 분별을 통해 형성되어야 하며,
이는 곧 하나님 나라의 윤리와 가치가 교회 제도를 통해 현실화되는 과
정이다. 따라서 교회정책학은 실천적 신학의 한 갈래로서, 하나님의 통
치를 제도적·사회적으로 나타내는 중요한 매개체이며, 공공신앙의 구

체적 열매으 이해될 수 있다. 신학과 행정, 공동체와 제도, 가치와 실행이 통합된 이 교회정책학은 오늘날 혼란한 시대 속에서 교회가 선한 영향력과 영적 리더십을 회복하도록 인도하는 필수적 학문이라 할 수 있다.

5. 정책학의 연구목적 : Lasswell의 정책지향」 – '민주주의 정책학'에 근거[60]

인간사회의 근본문제 해결을 통한 '인간의 존엄성 실현' 헌법 10조: 인간의 존엄과 가치. 성경: 하나님 형상회복	최종목표

⇑

중간목표

정책과정의 '합리성 제고'

⇑

중간목표(구체적 목표)

정책의 바람직한 결정 · 집행 · 평가를 위해 필요한 지식의 제공

⇑　　　　　⇑

하위목표

① 정책과정에 관한 　실증적 연구	② 정책과정에 필요한 　지적활동

---

60) 조은종, 「포스행정학」, (서울: 박문각, 2020), 206.

6. 교회정책학의 연구목적: 인간 존엄의 실현과 정책과정의 합리성

교회정책학의 연구목적은 단순한 제도 설계나 행정적 유효성의 확보에 그치지 않으며, 보다 본질적으로는 하나님의 형상으로 지음 받은 인간의 존엄과 공동체의 정의로운 삶을 회복하는 것에 있다. 이는 헌법 제10조에서 천명된 "인간의 존엄과 가치, 행복추구권"이라는 기본권 개념과도 접맥되며, 동시에 성경이 가르치는 "하나님의 형상(Imago Dei)"의 회복이라는 구속사적 관점에서 해석될 수 있다. 곧 교회정책학은 정책이라는 도구를 통해 인간 삶의 구조를 개선하고, 하나님 나라의 가치가 실현되는 방향으로 사회와 교회를 변화시키는 데 목적을 둔다.

이러한 최종 목적은 정책학 이론의 대표적인 접근 가운데 하나인 해럴드 라스웰(Harold D. Lasswell)의 '정책지향(policy orientation)' 개념과 궤를 같이 한다. 라스웰은 정책학의 궁극적인 목적이 인간 존엄의 실현에 있으며, 이를 위해 정책과정의 합리성을 제고하고, 그 과정에 필요한 지식과 분석 도구를 제공해야 한다고 보았다. 교회정책학 역시 이러한 구조를 수용하여 다음과 같은 연구 목적을 갖는다.

1) 최종목표: 인간의 존엄성 실현과 하나님의 형상 회복

교회정책학의 궁극적 지향은 인간의 존엄성 실현에 있다. 이는 단지 인간 존재의 권리 보장이나 복지 증진에 국한되는 것이 아니라, 하나님의 형상으로 지음 받은 존재로서의 본래 가치를 회복하고 확장하는 것이다. 인간은 죄로 인해 왜곡된 자기 이해와 사회 구조 속에서 고통받고 있으며, 교회정책은 이를 회복하는 도구로 기능할 수 있다.

교회정책은 하나님의 뜻이 공동체 속에서 구체적으로 실현되도록 하며, 이를 통해 정의, 사랑, 평화, 공동선 등의 가치가 제도화된다. 따라서 교회정책학은 하나님의 통치 원리를 사회적 질서 안에 구현하고, 이를 통해 성경적 인간관의 회복과 공동체적 삶의 개선이라는 궁극적 목적을 지향한다.

2) 중간목표: 정책과정의 합리성 제고

교회정책이 실제로 공동체 내에서 효과적으로 작동하기 위해서는, 그 결정, 집행, 평가의 전 과정이 합리적으로 구성되어야 한다. 이때 '합리성'이란 단지 기술적 효율성을 의미하는 것이 아니라, 신학적 타당성과 공동체적 수용성을 내포한 정당한 과정을 의미한다.

교회정책학은 따라서 정책의 내용뿐 아니라 그 절차의 정당성과 참여의 공정성, 결정의 신학적 정합성을 함께 분석하며, 이를 통해 정책과정 전반에 대한 질적 향상을 추구한다. 이는 조직적 합리성, 도덕적 정당성, 신앙적 통찰이 함께 작동하는 교회 고유의 정책 환경에 대한 깊은 이해를 요구한다.

3) 구체적 목표: 정책결정과 실행을 위한 지식 제공

교회정책학은 실제적인 정책결정과 실행을 위한 이론적 지식과 실천적 도구을 제공함으로써, 교회의 사역과 행정이 효과적이고 의미 있게 이루어지도록 돕는다. 이 목표는 다시 다음 두 가지 하위 영역으로 구분된다.

가. 정책과정에 대한 실증적 연구: 교회정책학은 교회 내 정책결정과정의 실제 구조와 동인을 분석하고, 제도적, 조직적, 문화적 요인들이 정책의 내용과 결과에 어떤 영향을 미치는지를 실증적으로 연구한다. 예컨대 당회의 운영 방식, 공동의회의 참여 구조, 감독제의 의사결정 특징 등에 대한 분석은 교회정책의 구조적 특성을 이해하는 데 필수적이다.

나. 정책수립에 필요한 지적 활동: 교회정책은 단순히 분석적 판단으로 완성되지 않으며, 신학적 성찰, 윤리적 가치 판단, 공동체의 영적 분별이 동반되어야 한다. 따라서 교회정책학은 신학적 개념과 행정적 판단을 통합하는 지적 활동을 통해 정책 형성의 이론적 기반과 실행 전략을

함께 제시한다.

결론적으로, 교회정책학은 정책학의 일반이론을 수용하면서도, 그것을 신학적으로 재해석하고 교회공동체의 고유한 정체성과 사명 안에서 재구성하는 신학적 정책학(theological policy science)이다. 이는 교회가 단순히 내부 행정의 효율성을 추구하는 것을 넘어서, 하나님의 뜻을 이 땅에 구현하기 위한 공동체적 실천을 구조화하고 제도화하는 과정이다. 교회정책학은 하나님의 형상 회복이라는 인간의 궁극적 가치 실현, 그리고 그 실현을 위한 정책과정의 합리화와 제도화을 통해, 하나님 나라의 확장과 공공신앙의 구현을 위한 필수적인 학문 분야으 자리매김해야 한다.

제2절 교회정책의 구성요소와 기본적 성격

교회정책은 교회 공동체의 신앙적 방향과 삶의 질서를 세우기 위한 공적 결정의 산물이다. 이는 단순한 조직운영의 도구가 아니라, 하나님의 뜻에 합당한 공동체 질서를 구현하려는 신앙적 선택의 결과로 이해될 수 있다. 교회정책은 교회가 세상 속에서 하나님의 공의와 사랑, 질서와 복음의 사명을 수행하기 위한 실천적 틀이며, 그 구성요소와 성격은 다음과 같이 정리될 수 있다.

1. 교회정책의 구성요소

교회정책은 정책목표, 정책수단, 정책대상집단이라는 세 가지 구성요소를 중심으로 구조화된다. 이는 다음과 같은 질문에 대한 응답 구조를 형성한다. "어디로 나아갈 것인가(목표), 어떻게 이를 실현할 것인가(수단), 누구를 위해 실천할 것인가(대상)". 이러한 구성요소는 단순한 행정 절차상의 단계가 아니라, 교회가 성령의 인도하심 아래 공동체적 순종을 통해 하나님의 뜻을 분별하고 실현해 나가는 실천신학적 과정이라 할 수 있다.

1) 정책목표: 교회적 비전과 신앙공동체의 미래지향

교회정책의 목표는 단지 실용적 필요를 충족시키는 데 그치지 않고, 하나님의 뜻에 기초한 교회 공동체의 미래상을 실현하는 데 있다. 성경은 하나님 나라를 "의와 평강이 입맞추는 나라"(시 85:10)로 묘사한다. 교회정책 역시 이와 같은 비전을 제도와 사역을 통해 구체화하려 한다. 이러한 목표 설정은 당회의 영적 리더십, 제직회의 참여, 공동의회의 동의를 포함한 공동체적 의사결정 구조를 통해 신중히 형성되어야 한다.

목표는 대체로 다음의 두 가지로 구분된다.

① 치유적 목표(Restorative Goal)

과거에 상실된 공동체 질서의 회복을 지향한다.

예: 예배 회복, 무너진 공동체 관계의 복원, 상처받은 성도의 회복

이러한 목표는 코로나19 이후의 예배 회복, 혹은 교회 내 갈등과 분열 이후의 치유적 통합 등 구체적인 사례를 통해 실현된다. 이는 타락한 인간 공동체를 회복시키시는 하나님의 구속사적 사역과 깊이 연결되며, 목회행정의 본질적 기능 중 하나로 여겨진다. 교회행정학적으로는 '회복적 질서(Restorative Order)'라는 개념으로 접근될 수 있다.

② 창조적 목표(Creative Goal)

기존에 존재하지 않던 새로운 사역이나 조직 질서를 창출하려는 비전이다.

예: 디지털 예배 플랫폼 구축, 세대 통합형 교육체계 도입

이는 '새 일을 행하시는 하나님'(사 43:19)의 창조적 역사에 대한 교회의 응답으로 볼 수 있으며, 4차 산업혁명 시대와 같은 사회적 변화에 적절히 대응하기 위한 전략적 목표로 이해된다. 교회행정학에서는 '선도형

비전행정(Pioneering Vision Administration)'으로 분류되며, 이 목표는 교회의 혁신성과 개방성을 동시에 요구한다.

2) 정책수단: 비전을 현실로 전환하기 위한 실행 도구

교회정책수단은 교회가 설정한 목표를 실현하기 위한 구체적 실행방 안과 사역적 전략을 말한다. 이는 하나님의 뜻을 구체화하는 인간적 협 력의 도구로 작동하며, 목회적 행정과 교회 조직 안에서 다양하게 나타 난다. 교회행정학적으로는 조직구조, 재정관리, 인력배치, 예배환경 조 성 등 다양한 사역기능들이 정책수단으로서 조직적으로 연계된다.

(1) 목표−수단의 계층성

어떤 수단은 다른 목표의 일부로 기능할 수 있다.

예: '청년사역 강화를 위한 별도 예산 편성'은 다음세대 부흥이라는 상위 목표의 수단이면서, 동시에 교회 재정계획의 하위 목표가 될 수 있다.

교회행정에서는 이를 '수단의 기능적 중복성' 또는 '계층적 연계 구조' 로 이해하며, 실행계획의 통합성과 조정력을 요구한다. 이는 교회 사역 에서 각 부서 간 협력의 기반이 되며, 교회조직의 수평적 · 수직적 네트 워크를 강화한다.

(2) 정책대안 (policy alternative)

동일한 목표를 달성하기 위한 복수의 접근 방식 또는 실천조합이다.

예: 다음세대 부흥이라는 목표 아래 A안(가정과 교회 협력 프로그램), B안 (다음세대 전문사역자 채용)

교회정책 결정은 지역사회, 연령대, 신앙 성숙도에 따라 다양한 대안 을 마련하고, 기도와 토론, 공청회의 과정을 통해 최적의 수단을 선택 해야 한다. 이는 행정학의 선택이론에 상응하는 '목회적 분별(discerning ministry strategy)'로 볼 수 있으며, 유연성과 상황적응력을 필요로 한다.

⑶ 정책수단의 유형

① 실질적 정책수단: 목표 실현에 직접 기여하는 수단

예: 교회 재정 지원, 소그룹 체계 개편, 예배 방식 전환

② 실행적(보조적) 정책수단: 실질적 수단이 작동되도록 하는 보조 장치

예: 당회 및 실행위 조직, 헌신된 인력 확보, 교인 설득 및 공청회 개최

교회행정학에서는 실질적 수단을 '전략적 실행도구', 보조적 수단을 '관리적 지원시스템'으로 구분할 수 있으며, 이 둘이 유기적으로 연결될 때만 정책은 실제적 효과를 낳는다. 성령의 인도하심 아래 인간적 협력이 요구되며, 제도적 구조와 자발적 헌신이 함께 결합된 종합행정이 요청된다.

3) 정책대상집단: 교회 안에서 정책의 영향을 받는 자들

교회정책은 특정 사역이나 행정의 수혜자 및 책임자를 대상으로 하며, 이는 단지 행정적 분류가 아니라, 교회 공동체 안에서 '사랑과 책임의 분배 윤리'를 실현하는 기준이 된다. 대상집단의 구분은 정책평가 및 피드백 과정에서도 핵심 요소로 작용한다.

⑴ 정책수혜집단

정책 실행의 직접적인 혜택을 받는 대상

예: 새가족 정착 프로그램의 참여자, 장학금 수혜 청년

수혜집단의 만족도는 정책의 실효성 평가에서 중요한 기준이 되며, 이들의 목소리는 차기 정책 개선의 자원이 된다. 교회행정학적으로는 '목회적 수용성(Pastoral Acceptability)'의 개념으로 접근할 수 있다.

⑵ 정책비용부담집단

정책을 위해 헌신이나 자원을 제공해야 하는 대상

예: 특정 사역에 헌신하는 교역자와 자원봉사자, 재정적 헌신자

이 집단의 지속적인 참여는 정책의 안정성과 장기성과 직결되며, 이

들의 헌신은 단지 자원 제공이 아니라 예배 행위로 간주되어야 한다. 따라서 교회행정은 이 집단의 동기 부여와 영적 만족에 관심을 기울여야 하며, 이를 위한 교회 내 교육, 격려, 사역 인식 개선이 요구된다.

이러한 수혜자와 부담자의 구별은 마태복음 25장 40절에서 말씀하신 "지극히 작은 자에게 한 것이 곧 내게 한 것"이라는 예수님의 윤리적 지침과 연결된다. 교회정책은 이처럼 사랑과 정의의 균형 속에서, 사역 대상자와 헌신자의 선한 협력 구조를 만들어야 하며, 이는 곧 교회 공동체 전체의 성숙한 행정 역량으로 연결된다.

2. 교회정책의 기본적 성격

교회정책은 신앙과 공동체의 유기적 성장, 질서 있는 운영, 선교적 목적을 포괄하는 신학적 행정의 도구이다. 단순한 기술적 조치가 아니라, 하나님의 섭리 안에서 공동체의 질서를 조율하는 '공적 신앙행위'로서 다음과 같은 성격을 지닌다.

1) 사역적 문제 해결 지향성

교회정책은 공동체 안의 분열, 무질서, 비효율성, 피로 등의 문제를 해결하고, 하나님의 사명을 방해하는 요소들을 제거하기 위한 목회적 시도이다. 이는 교회가 이웃 사랑과 회복 사역을 제도적으로 실현하려는 하나의 응답이기도 하다.

2) 미래지향성과 비전 중심성

교회정책은 단기적 운영을 넘어서, 신앙의 계승과 교회 공동체의 장래를 바라보는 비전 지향적 기획이다. 이는 종말론적 시각에서 하나님 나라의 장래적 성취를 준비하는 교회의 '미래 성실성'을 반영한다.

3) 인과적 기획성

정책은 특정 수단이 특정 결과를 가져올 것이라는 계획된 인과관계에 기초하여 수립된다. 예를 들어, 주일학교 교사 훈련 강화 → 교육 질 향상 → 다음세대 신앙 강화라는 사역의 연속성과 예측 가능성이 요구된다.

4) 가치배분성과 윤리성

교회정책은 누구에게 예산과 자원, 기회를 더 배분할 것인지에 대한 가치 판단의 과정이다. 이는 곧 하나님의 공의에 대한 신학적 판단과 직결되며, 성경이 반복하여 강조하는 '가난한 자, 약한 자, 어린 자'에 대한 우선적 배려를 정책 윤리의 척도로 삼는다.

5) 합리성과 공동체성의 조화

정책은 현실적인 실행 가능성과 신앙 공동체의 공감을 동시에 추구해야 한다. 이성적 판단(합리성)과 성도의 공감과 동의(공동체성)가 함께 작동할 때, 교회정책은 지속가능한 실행력을 확보한다. 이는 진리와 사랑, 정의와 평화를 조화시키려는 기독교 윤리의 핵심 원리과도 맞닿아 있다.

결론적으로, 교회정책은 단지 운영상의 절차가 아니라, 교회가 하나님의 질서와 뜻을 세상 가운데 구현하려는 공적 신앙행위이다. 정책은 하나님 나라의 청지기로서 부름 받은 교회가 세상 속에서 사명과 책임을 조화롭게 수행하기 위한 제도적 도구이며, 공동체의 사랑과 공의를 조직화하는 방식이다. 바울이 말한 바와 같이 "모든 권세는 하나님께로부터 나며"(롬 13:1), 교회정책은 그 권세 아래 행해지는 '공공 섬김'의 순종적 표현이라 할 수 있다.

제2장 교회정책과정

제1절 교회정책과정의 의의

교회정책과정이란 단순히 교회가 어떤 결정을 내리고 실행하는 절차를 의미하는 것이 아니다. 이는 교회 공동체 안에서 제기된 신앙적 · 목회적 · 사회적 문제에 대해 공동체적으로 인식하고, 말씀과 기도 안에서 하나님의 뜻을 분별하여 이에 응답하는 일련의 신앙적 · 참여적 · 제도적 흐름이다.

이 과정은, 하나님께서 인간을 공동체적 존재로 창조하시고, 교회가 세상의 아픔에 대해 책임 있는 응답을 하도록 부르신 공적 소명(public vocation)의 실천적 표현이다. 따라서 교회정책과정은 성령의 인도, 하나님의 말씀, 공동체의 식별력이 함께 작용하는 공공 신앙의 실천 메커니즘이다.

교회정책과정은 다음과 같은 일반적 흐름을 따른다.
① 교회 이슈의 정책의제화
② 정책의 결정
③ 정책의 집행
④ 정책의 평가 및 환류

이는 곧 하나님의 뜻을 공동체적으로 분별하고, 그 뜻에 순종하며, 실행과 반성을 통해 갱신해 가는 순환적 사역의 구조로 이해된다.

제2절 교회정책과정의 단계

교회정책과정은 신학적 통찰과 실천적 제도화의 결합으로 설명될 수 있으며, 일반 정책과정과 마찬가지로 다음의 네 단계로 나눌 수 있다.

1. 교회정책의제 설정 단계

교회 안의 다양한 목회적 과제나 사회적 이슈가 곧바로 정책의제가 되지는 않는다. 특정 문제가 공동체 내에서 신앙적 공감과 신중한 분별을 통해 공식적 논의의 대상으로 채택될 때, 그것은 교회정책의제로 설정된다.

이 과정은 회중, 제직회, 당회, 공동의회 등 교회의 다양한 공적 논의기구와 성령의 인도하심 안에서 진행되며, 성경적으로는 "성령과 우리는"(행 15:28)이라는 공적 분별의 원리에 근거한다.

이는 시편 34편 17절의 "의인이 부르짖으매 여호와께서 들으시고"라는 말씀처럼, 의로운 공동체의 탄원에 하나님이 응답하시는 통로로 교회정책이 작동함을 의미한다.

2. 교회정책결정 단계

정책결정은 입안과 채택이라는 두 하위 단계로 구성된다.

1) 정책입안

교회는 문제 해결을 위한 다양한 대안을 기도와 말씀 중심의 논의를 통해 탐색한다.

예: 다음세대 문제를 두고 예산 증액, 교역자 배치, 부모교육 강화 등 여러 대안을 입안.

2) 정책결정

당회, 제직회, 공동의회 등 교회의 합의적 치리기구가 하나님 말씀과 공동체적 필요 사이에서 최종적으로 한 정책 대안을 선택하고 결정한다.

이 결정은 신적 권위에 대한 순종을 전제로 하며, 치리의 질서와 회중의 참여를 통한 공동체적 신뢰에 기반한다.

3. 교회정책집행 단계

결정된 정책은 단순히 문서상의 계획에 그치지 않고, 교역자, 사역부서, 실행위원회 등의 조직적 집행을 통해 실제 사역 현장에 구현된다.

교회 예산, 인사, 공간 배분, 시간표 조정, 교육 커리큘럼 등 다양한 행정적 도구가 활용되며, 정책집행은 곧 "신앙의 순종적 실천"이다.

예: 다음세대 부흥을 위한 예산 집행, 교사 훈련, 부모 세미나 등 구체적 사역 실행.

이는 구약에서 모세가 하나님의 지시를 백성에게 명령하고, 레위인이 실행한 율법의 생활화 과정과 유사하며, "행함이 없는 믿음은 죽은 것"이라는 야고보서의 말씀을 교회 정책 차원에서 구체화한 것이다.

4. 교회정책평가 단계

정책이 원래 의도한 목표를 달성하였는지를 점검하고, 성과와 한계에 대한 반성적 통찰을 통해 차후 정책 형성과 신앙적 성숙에 반영하는 단계이다.

교회 정기 회계보고, 사역 평가서, 성도 설문조사, 정책 청문회 등의 방식으로 이루어지며, 이는 단순한 행정감사가 아닌 회개와 갱신의 신앙적 통찰 과정이다.

이는 구약 선지자들이 이스라엘의 정책과 제도를 평가하고 회개를 촉구한 예언자적 비판의 기능과 유사하다.

제3절 교회정책과정의 참여자

교회정책은 단지 담임목회자나 당회만의 결정이 아니라, 공적 구조와 다양한 구성원들이 참여하는 공동체적 상호작용의 결과이다. 참여자는 공식적 참여자과 비공식적 참여자으 구분할 수 있다.

1. 공식적 참여자

가. 당회: 치리권과 정책결정권을 갖고 있으며, 교회의 행정과 정책의 최종 승인 기구이다.

나. 제직회 및 실행위원회: 특정 사역의 실행계획 수립과 집행을 담당하며, 교회의 구조적 실행 주체이다.

다. 담임목사와 교역자: 영적 권위와 행정적 책임을 함께 지니며, 교회정책의 방향 을 성경적·목회적으로 제시한다.

라. 공동의회: 교회 전 교인이 참여하는 의사결정기구로, 중요한 정책에 대해 회중의 동의와 협력을 얻는 기능을 수행한다.

이 구조는 하나님께서 친히 세우신 교회의 질서(엡 4:11-13, 딤전 3장)를 따라 움직이는 공적 사명의 체계이며, 성령의 질서 아래에서 합의와 순종의 구조를 구현하는 형태이다.

2. 비공식적 참여자

평신도 리더십(장로, 권사, 집사): 정책 형성에 실질적 조언과 의견을 제공하며, 현장감 있는 실행 조율을 담당한다.

가. 사역자 및 부서 팀장: 사역 현장의 목소리를 대변하고, 정책 집행의 구체적 실행력을 책임진다.

나. 평신도 성도: 다양한 방식으로 의견을 개진하며, 공청회, 설문조사, 소그룹 토론을 통해 공적 의견 형성과 여론에 참여한다.

다. 전문가 성도(회계사, 교사, 상담사 등): 특정 영역의 전문지식을 바탕으로 정책 수립에 기여하며, 이는 하나님이 주신 은사를 공공 선을 위해 사용하는 것이다.

이와 같은 참여 구조는 고린도전서 12장의 몸의 지체 비유처럼, 모든 성도가 자신의 은사를 따라 서로를 섬기고, 하나 된 공동체로서 교회의 정책을 만들어가는 성령의 몸의 실제적 표현이다.

제4절 평신도 참여와 교회 내 집단역학의 평가

1. 평신도 참여의 평가

평신도의 교회 정책 참여는 현대 교회행정에서 중요한 과제로 부상하고 있으며, 이는 단지 운영상의 효율성이나 민주적 절차의 확대 차원에서가 아니라, 성경적 공동체성의 회복과 공적 신앙의 실제화라는 신학적 의미를 지닌다. 이 참여 구조는 시편 34편 15절에서 나타나는 하나님의 성품 "여호와의 눈은 의인을 향하시고 그의 귀는 그들의 부르짖음에 기울이시는도다"에 근거하여, 모든 지체의 목소리에 민감하게 반응하는 공동체를 형성하려는 시도로 이해될 수 있다. 평신도 참여의 평가는 일반적으로 신학적·윤리적 정당성과 실행 가능성이라는 두 축을 중심으로 논의될 수 있다.

1) 신학적·윤리적 정당성

평신도 참여의 가장 근본적인 정당성은 교회의 본질적 구조에 있다. 교회는 성직자만이 아니라, 모든 성도가 함께 하나님의 부르심에 응답하여 구성하는 공동체이다(벧전 2:9). 따라서 회중의 의견을 경청하고 이를 정책에 반영하는 일은 곧 교회정책의 신뢰도를 높이고, 구성원들의 순응도와 공동체적 책임감을 강화하는 데 기여한다. 이는 교회의 정책이 특정 계층이나 권위자에 의해 독점되지 않고, 공동체 전체의 지혜와 책임 안에서 형성되도록 한다는 점에서 신학적으로도 타당하다.

그러나 이러한 이상에도 불구하고, 실제 참여 과정에서는 신앙 성숙도의 편차, 정보 격차로 인한 비전문성, 그리고 다수의견이 반드시 정당한 결정을 보장하지 않는다는 현실적 한계가 존재한다. 성경은 다수결 그 자체를 진리로 간주하지 않으며(출 23:2), 따라서 공동체의 판단은 성령의 인도와 말씀의 기준 안에서 분별되어야 한다. 그러므로 평신도 참여는 단순한 절차적 정당성을 넘어서, 말씀에 근거한 성숙한 신앙적 분별이 함께 요구되는 영역이다.

2) 실행 가능성

실행 가능성의 측면에서 평신도 참여는 다양한 삶의 현장에서 비롯된 목소리를 수렴함으로써 실제적이고 현장 친화적인 정책 수립을 가능케 한다. 이는 교회 정책이 단지 이상적 원칙에 그치지 않고, 실제 공동체의 필요와 상황을 반영하는 살아 있는 지침으로 기능하게 만든다. 특히 각 사역 부서나 연령, 계층, 관심사의 다양성을 포괄하는 평신도 의견 수렴은, 교회 사역의 방향성과 실제 운영에 있어 높은 실천력을 제공한다.

그러나 동시에 이러한 참여는 의사결정의 속도와 일관성을 저해할 수 있는 이중적 문제를 내포한다. 의견 충돌, 이해관계의 상충, 조율에 소요되는 시간은 정책의 효율적 집행을 지연시키거나 방향성을 모호하게 만들 수 있다. 특히 장기적 사역 방향을 설정하고 일관되게 추진해야 하는 경우, 평신도 참여가 반복적 갈등 구조로 전락할 경우 사역의 연속성과 집중력에 악영향을 줄 수 있다.

종합적으로 볼 때, 평신도 참여는 교회가 공적 신앙을 공동체 안에서 구체화하는 중요한 통로이다. 이는 하나님의 공동체가 구성원 전체의 책임과 성숙 안에서 함께 걸어가는 여정임을 보여주는 중요한 실천이기도 하다. 다만 이러한 참여는 신학적 명료성과 실제적 조율이 함께 병행되어야 하며, 공동체 전체의 영적 성숙과 질서 있는 제도적 설계가 동반될 때, 비로소 그 순기능이 극대화되고 역기능은 최소화될 수 있다. 교회정책의 과정 속에서 평신도 참여는 '모든 지체의 소리를 들으시는' 하나님의 성품을 반영하는 공적 신앙의 표지로 기능하며, 그리스도의 몸된 교회를 더욱 온전한 모습으로 세워가는 기제로 작용할 수 있다.

2. 교회 내 집단 활동의 순기능과 역기능

교회 내 집단 활동은 공동체의 다양성과 역동성을 반영하는 중요한 조직적 요소로, 그 구조와 기능은 교회의 건강성과 직결된다. 이러한 집단 활동은 순기능과 역기능을 동시에 내포하고 있으며, 이에 대한 신학적 · 조직학적 분석은 교회행정의 중요한 과제로 간주된다.

1) 순기능: 공동 사역의 협력과 조화

교회는 본질적으로 다양한 은사와 역할이 조화를 이루는 그리스도의 몸으로 비유되며(고전 12:12 - 27), 이러한 구조는 다양한 부서(예: 교육부, 선교부, 재정부 등)와 사역 단위로 구체화된다. 이와 같은 집단 활동은 각 부서의 의견과 전문성을 반영하여 보다 효과적이고 협력적인 사역 운영을 가능하게 한다. 이는 단순한 행정적 기능을 넘어, 공동체 전체가 하나님의 뜻을 탐구하고 실천하는 영적 공간으로서의 교회 본질에 부합한다.

또한 사역 그룹 간의 연합은 공동 기도회, 연합 봉사, 공동 기획 등의 형태로 나타나며, 이는 곧 상호 신뢰의 형성과 공동체 일체감의 강화로 이어진다. 이러한 사역의 연대는 단지 외형적인 협력이 아니라, 성령 안에서 이루어지는 영적 유기체로서의 교회를 경험하게 한다. 각 부서가 자기 고유의 역할을 충실히 감당함과 동시에 전체 교회의 비전을 향해 연대할 때, 교회는 복음적 소명을 더욱 온전히 수행할 수 있다.

2) 역기능: 집단 이기주의와 사적 이해의 개입

반면, 교회 내 집단 활동은 일정한 조건에서 역기능을 나타내기도 한다. 특정 부서나 사역 집단이 교회의 정책 결정이나 예산 분배 과정에서 자의적 영향력을 행사하거나, 자신의 이해를 우선시할 경우, 이는 교회 공동체의 공공성과 공의성을 훼손하는 결과를 초래할 수 있다.

이러한 경향은 특히 파벌 형성이나 내부 경쟁의 형태로 나타나며, 이는 "네 이웃을 네 몸같이 사랑하라"(막 12:31)는 복음의 윤리를 훼손하고, 교회 내 상호 신뢰 기반을 침식시킨다. 또한 사역 간의 이기주의는 교회 전체의 조화를 해치며, 교회 공동체를 세상의 조직처럼 기능주의적으로 전락시킬 위험이 있다. 이로 인해 교회는 본래의 목적을 잃고, 세속적 가치와 권력 다툼의 장으로 변질될 우려를 안게 된다.

3) 자기수정적 기제: 성령공동체로서의 견제와 교정

그러나 교회는 단순한 인적 조직이 아니라 성령의 인도하심 아래 존재하는 영적 공동체이다. 이러한 본질은 교회 내 집단 활동이 가지는 역기능을 자정할 수 있는 자기수정의 논리를 제공한다. 먼저, 교회 내에는 '다중 역할 구조'가 자연스럽게 형성되어 있다. 많은 성도들이 여러 사역 부서에 중복적으로 참여함으로써, 특정 부서나 집단의 독단적 의사결정에 대해 내부적 견제와 균형이 이루어지는 구조적 메커니즘이 작동한다. 이러한 구조는 수직적 권력 집중을 완화하고, 수평적 소통을 가능하게 하는 중요한 기능을 수행한다.

또한 성령의 공동체로서 교회는 말씀과 기도, 성령의 조명을 통해 공동체 구성원 각자의 사익 추구와 비성경적 태도를 스스로 인식하고 교정할 수 있는 영적 민감성을 갖추도록 이끈다. 바른 말씀 선포와 공적 기도, 공동체 안의 친교와 교제는 성도 개개인이 자기중심적 태도에서 벗어나 복음의 공동선을 추구하도록 도와준다. 이를 통해 교회는 내적으로 자정 능력을 발휘하며, 성경적 사역 공동체로서의 정체성을 유지할 수 있다.

교회 내 집단 활동은 그 자체로 복음적 공동체 형성의 필수적 요소이자, 건강한 교회 운영의 토대가 된다. 순기능과 역기능이 동시에 존재하지만, 교회는 성령의 공동체로서 역기능을 자정하고 순기능을 강화할 수 있는 내적 논리를 가지고 있다. 따라서 교회행정은 이러한 기능을 체계적으로 인식하고 조정함으로써, 교회가 하나님의 뜻을 공동으로 분별하고 실천하는 살아 있는 공동체로 지속될 수 있도록 도와야 할 것이다.

3. 교회정책과정은 하나님 나라의 공공영역 구현

교회정책과정은 단순한 제도 운영이나 행정 절차를 넘어, 하나님의 공의와 사랑, 질서와 평화를 교회공동체 안에 구체적으로 구현하는 실천신학적 과정이다. 이는 곧 교회가 이 땅 위에 하나님 나라의 질서를 미리 보여주는 공적 신앙의 장이 되는 것을 의미한다. 예수께서 말씀하신 "너희가 여기 내 형제 중에 지극히 작은 자 하나에게 한 것이 곧 내게 한 것이니라"(마 25:40)는 선언은 교회정책이 단순한 조직 관리가 아니라, 공동체 안의 가장 연약한 지체를 향한 섬김과 정의의 구현이어야 함을 명확히 보여준다. 이는 하나님의 뜻에 대한 영적 순종이 제도와 구조를 통해 실현되는 구체적 형태라 할 수 있다.

따라서 교회정책과정은 하나님의 주권이 신앙 공동체 안에서 실질적으로 드러나는 영적이고도 신학적인 여정이다. 이는 곧 교회의 행정이 복음의 가치와 성령의 인도를 따라 전개되어야 한다는 것을 뜻하며, 모든 성도는 이 과정에 단지 수동적 수혜자가 아니라, 기도와 참여, 헌신을 통해 능동적 주체로 응답해야 한다. 성도들의 참여는 단순한 의사 표현이 아니라, 하나님 나라의 공공성을 실현하는 시민적 신앙의 실천이 된다.

결국 교회정책은 하나님 나라가 교회를 통해 세상 속에 증언되고 확장되도록 하는 영적 사역이자 공동체적 소명이다. 이는 행정의 기술을 넘어, 하나님의 뜻을 분별하고 실현하는 공동체 전체의 신앙적 책무이며, 성령의 도우심 가운데 온 교회가 동역자로 부름받은 하나님 나라의 거룩한 여정이다.

제3장 교회정책의제 설정

제1절 의의

1. 개념

교회정책의제란, 교회 공동체 안에서 공적으로 다루어야 할 신앙적·제도적 사안이 공식 회의체(예: 당회, 제직회, 공동의회) 안건으로 채택되어, 실제적인 정책결정의 과정을 시작하게 되는 것을 의미한다. 이는 단순한 행정상의 이슈가 아니라, 교회의 정체성과 사명을 반영하는 중요한 선택의 주제들로 구성된다. 곧, 교회정책의제는 하나님 앞에서의 순종의 삶을 제도적 결정과 공동체적 실행으로 연결하기 위한 분별의 출발점이다.

교회행정에서 말하는 '정책의제'란 단지 행정 문서상 기록되는 안건의 의미를 넘어서, 교회 공동체가 하나님 나라의 가치를 이 땅 위에 실현해 가기 위해 함께 논의하고 실천해야 할 구체적인 사안들을 의미한다. 이는 단순한 프로그램 계획이 아니라, 공동체가 함께 기도하고 숙고하며 하나님의 뜻을 공동으로 분별해내는 신령한 과정이다. 당회, 제직회, 공동의회 등에서 논의되는 정책의제는 공동체의 신앙과 삶, 그리고 사회적 사명에 긴밀하게 연결되어 있다.

2. 교회정책의제 설정의 신학적 배경과 전제

1) 신학적 배경: 교회는 하나님의 공적 대리자로서 시대에 응답한다

교회는 단순히 개인의 신앙생활을 위한 모임이 아니라, 세상 속에서 하나님의 뜻을 실현하도록 부름 받은 공적 신앙공동체이다. 이러한 교회의 정체성은 신학적으로도 존재론적이며 사명지향적인 특징을 함께 지닌다. 하나님께서 인간을 공동체적 존재로 창조하신 것은 창세기 1:27의

"하나님의 형상대로"라는 표현에 드러나며, 이는 인간이 혼자가 아니라 함께 살아가도록 지음받았음을 의미한다. 이러한 하나님의 창조 의도는 구속사의 여정 속에서 교회를 통해 제도적, 공동체적으로 구체화되며, 하나님은 각 시대마다 교회를 통해 진리와 사랑, 정의와 자비를 드러내기를 원하신다(미 6:8).

초대 교부 키프리아누스(Cyprianus)는 "교회를 어머니로 모시지 않은 자는 하나님을 아버지로 모실 수 없다"고 선언했다. 이 말은 교회를 단순히 구원의 수단으로 보는 차원을 넘어서, 공동체적 신앙의 삶을 실천하는 '공적 공간'으로서의 교회를 강조하는 진술이다. 즉, 교회는 구원의 통로일 뿐 아니라 세상 가운데 하나님의 뜻을 집단적으로 구현해 가는 역사적 대리자의 역할을 감당한다.

이러한 배경 속에서 교회정책의제 설정은 단순한 조직 운영이나 회의 절차의 문제가 아니라, 교회가 공동체로서 하나님 나라의 가치들을 시대와 지역의 현실 속에 실현하기 위한 신학적 기획이 된다. 교회는 자신이 처한 사회적 상황과 공동체의 필요를 면밀히 살피되, 그것을 성경과 기도를 통해 성령의 조명 아래 해석하고, 공동체가 함께 하나님의 뜻을 분별하며 응답할 수 있도록 정책 의제를 설정해야 한다. 이때 교회의 영성, 현실 감각, 그리고 공동체적 소명이 균형 있게 통합되어야 하며, 이는 복음의 실천적 적용을 위한 핵심 출발점이 된다.

현대 실천신학자 크레이그 반 겔더(Craig Van Gelder)는 교회를 "하나님의 사명에 참여하는 신적-인간 공동체"라고 정의하면서, 교회는 세상에서 하나님의 통치를 구체화하는 도구로 기능해야 한다고 강조한다. 그에 따르면, 교회정책은 단순한 실무가 아니라, 교회가 '하나님 나라의 대사'로서 살아가는 방식에 대한 집단적 응답이며, 그 응답의 시작은 바로 의제 설정이다.

2) 신학적 전제: 성령의 인도하심과 공동체적 분별

교회정책의제 설정은 단순히 교회 내에서 발생한 문제를 해결하거나 외부 환경에 반응하기 위한 조직적 행위가 아니다. 이는 하나님 앞에서, 말씀과 기도를 통해 분별된 공동체적 결단이어야 하며, 무엇보다 성령의 인도하심에 대한 민감한 응답이 전제되어야 한다. 다시 말해, 의제 설정은 영적 식별의 행위이며, 교회의 본질적 사명을 구체화하는 실천적 순종의 출발점이다.

사도행전 15장에서 기록된 예루살렘 공의회는 교회정책의제 설정에 있어 가장 대표적인 성경적 모델을 제공한다. 당시 유대인과 이방인의 갈등이라는 중대한 문제를 다루는 과정에서 사도들과 장로들은 단지 사회적 타협이나 행정적 결정으로 문제를 해결하지 않았다. 오히려 이들은 성령의 인도하심을 구하며 공동체적으로 토론하고 기도하였으며, 결국 "성령과 우리는 이 일을 옳다고 여겼다"(행 15:28)고 고백함으로써, 모든 교회 정책 결정은 철저히 영적 분별의 결과임을 강조했다.

이러한 관점에서 교회정책의제 설정은 단지 전문가나 지도자의 권한이 아닌, 전체 공동체가 참여하는 영적 식별의 과정으로 이해되어야 한다. 이는 곧 장로정치적 전통 속에서도 중요한 역할을 한다. 장로제는 교회의 의사결정이 일부 엘리트에 의해 독점되는 것을 방지하고, 모든 결정이 회중적 분별과 공동체적 합의에 기초하도록 하는 교회정치의 구조적 장치이다. 이러한 장로정치는 곧 의제 설정이 공동체 전반의 신앙 수준과 영적 감수성을 반영해야 함을 전제한다.

정책의제 설정이 교회 안에서 제대로 기능하기 위해서는 몇 가지 핵심 신학적 전제가 필요하다. 첫째, 모든 의제는 하나님의 말씀에 근거하여야 하며, 둘째, 성령의 현재적인 인도하심을 신뢰하는 신앙적 태도가 바탕이 되어야 한다. 셋째, 의제 설정 과정은 공동체 전체의 참여와 합의 속에서 이루어져야 하며, 마지막으로 이는 교회가 세상 속에서 감당해야 할 공공성과 윤리적 책임의 출발점이 되어야 한다.

3) 실제 적용 사례: 한국교회와 정책의제의 공공성

한국교회는 지난 수십 년간 사회적 영향력을 지닌 거대한 종교 집단으로 성장했지만, 그 과정에서 교회정책이 공공신앙으로 실현되기보다는 교회 내부의 조직적 이익을 중심으로 작동했던 경우도 적지 않다. 예를 들어, 다음세대 사역 약화, 교회 내 갈등 증가, 교회의 사회적 신뢰도 하락 등은 모두 의제 설정 단계에서 신학적 분별과 공공성을 놓쳤을 때 발생한 결과로 해석할 수 있다.

이에 반해, 2017년 예장 백석총회가 "개혁주의생명신학"을 교단의 신학적 고백이자 실천 선언으로 헌법과 규범에 채택한 사례는 의제 설정의 바람직한 모델로 평가된다. 이 결정은 단순한 신학적 선언이 아니라, 한국 사회의 물질주의와 세속화, 목회자 윤리 문제 등 현실적 위기에 대해 교회가 어떻게 신학적으로 대응할 것인가를 공동체적 회의 속에서 고민하고, 제도화한 결과였다. 이는 성령의 인도하심과 교단적 참여, 시대적 분별이 통합된 정책의제 설정의 모범이라 할 수 있다.

결론적으로, 교회정책의제 설정은 단순한 조직 운영의 출발점이 아니라, 교회가 시대적 소명을 분별하고 하나님의 뜻을 공동체적으로 구현해가기 위한 신학적 실천의 시작이다. 이는 교회의 정체성과 공동체성, 사명성과 영성, 그리고 신학과 현실을 통합적으로 연결하는 행위로서, 반드시 말씀과 기도, 성령의 인도와 공동체의 분별을 전제로 이루어져야 한다. 오늘날 교회는 이러한 신학적 의제 설정을 통해 세상 속에서 하나님의 공의와 사랑을 실천하며, 참된 교회의 역할을 감당해야 한다.

제2절 교회정책의제 설정의 과정

1. 교회 이슈의 발현과 감지

교회정책의제는 보통 단일한 결정자의 명령으로 형성되기보다는, 공동체 안에서 다양한 형태로 감지되는 신앙적·사회적 문제의식에서 비롯된다. 이는 목회현장, 사역 운영, 공동체의 갈등, 사회적 요구 등 다양한 영역에서 발생할 수 있으며, 때로는 외부 환경 변화(예: 팬데믹, 인구 고령화, 세대갈등 등)가 교회 안의 변화를 촉발하기도 한다.

이처럼 제기된 문제는 평신도, 사역자, 교역자 등을 통해 제안되거나, 담임목회자의 설교 및 비전 선포 속에서 간접적으로 드러나기도 한다. 이 단계는 '신앙적 감수성'이 매우 중요하며, 작은 징후 속에서 하나님의 뜻을 듣는 공동체의 영적 민감성이 요구된다.

2. 공동체적 공론화

제의식을 공유한 성도들이 사역 부서나 회의체를 통해 문제를 제기하고 토론하면서, 이슈는 공동체 차원의 공론장에 등장하게 된다. 이때 성도들의 경험과 신앙적 판단이 결합되며, 사역의 실효성과 목회의 지속가능성, 교회 정체성과의 연관성 등을 기준으로 이슈가 평가된디.

이러한 공론화 과정은 단순한 절차적 논의가 아니라, 하나님의 뜻을 함께 분별하는 과정이며, "성령과 우리는"(행 15:28)이라는 초대교회의 공적 식별 전통을 오늘의 교회 안에서 재현하는 자리이기도 하다.

3. 체계적 의제(systematic agenda)

공론화된 문제 중 일부는 회중이나 리더십으로부터 일정 수준 이상의 주목을 받게 되며, 교회 전체가 진지하게 검토할 가치가 있는 사안으로 간주된다. 이는 곧 체계적 의제로 진입하게 되는 단계로, 비공식적으로 "이 사안은 이제 그냥 넘길 수 없다"는 분위기가 형성된다.

예를 들어, 다음세대 부흥이 교회 전체의 위기로 인식되거나, 재정 관리의 투명성에 대한 요구가 반복될 때, 해당 문제는 단순 제안을 넘어선 정책적 의제를 위한 토대가 된다.

4. 공식 의제(institutional agenda)

공론화된 문제는 결국 교회의 공식 회의체에서 정식 안건으로 채택될 때 비로소 교회정책의제화된다. 이때 당회, 제직회, 공동의회 등 제도적 치리기구이 해당 사안을 정책적으로 다루기로 결정하고, 실행계획 수립, 예산 배정, 책임부서 지정 등의 논의가 시작된다.

이 과정은 신학적 식별과 행정적 책임의 경계선에서 이루어지는 공공적 신앙의 제도화 작업이며, 단순히 회의록에 기록되는 사안이 아니라, 하나님의 뜻에 대한 순종과 청지기적 사명을 공동체 전체가 감당하는 선언이기도 하다.

제3절 교회정책의제 설정의 유형

의제가 어떤 방식으로 형성되는지에 따라 다음과 같은 세 가지 기본 유형이 구분된다. 이 구분은 주도자와 참여 방식에 따라 달라지며, 각 유형은 교회의 영성, 행정구조, 문화적 배경에 따라 복합적으로 나타날 수 있다.

1. 외부주도형

이 유형은 교회 외부의 사회적 환경 변화나 공적 담론이 교회 안에서 문제의식을 자극하고, 평신도나 외부 네트워크를 통해 의제로 발전하는 방식이다. 최근에는 SNS나 기독 언론을 통해 문제 인식이 공유되기도 하며, '평신도 청원서' 형식으로 제안되기도 한다.

예: 기후 위기에 대한 교회의 책임, 성평등 관련 신학적 입장 정립, 디지털 전환 등

이 유형은 민주성과 수용성이 높지만, 내부 리더십이 소극적일 경우 정책의제화로 연결되지 못하는 한계를 지닌다.

2. 동원형

교회 리더십이 목회적 비전, 사역 전략, 행정 필요 등을 이유로 의제를 선도적으로 제기하고, 회중의 공감대를 형성해 가는 방식이다. 예배 시간 설교, 특별 비전선포주일, 교회소식지 등을 통해 사전에 설명과 공감이 형성된다.

예: 교회건축 계획, 장기비전 수립, 해외선교 확대 등

이 유형은 목회적 일관성과 신학적 방향성이 분명하다는 장점이 있으나, 설득과 소통이 부족할 경우 집행과정에서 반발이나 갈등이 일어날 수 있다.

3. 내부접근형

이 유형은 의제 형성이 소수 리더십 내부에서 비공개적으로 이루어지는 경우로, 민감하거나 긴급한 사안, 혹은 정치적으로 민감한 문제가 해당된다.

예: 교역자 인사이동, 특정 사역의 중단, 외부 기관과의 협약체결 등

이 경우 결정은 빠르게 이루어지지만, 회중의 신뢰를 저하시키거나 공동체 내 갈등을 유발할 수 있어, 정당성과 투명성 확보가 필수적이다.

제4절 교회정책의제 설정에 관한 이론적 접근

1) 엘리트 이론

엘리트 이론은 교회정책의제가 주로 담임목회자, 당회, 중직자 등 소수 리더십에 의해 형성된다는 입장을 전제한다. 이 구조는 전통적인 개혁주의 교회 정치에 부합하는 측면이 있으며, 질서와 일관성, 신학적 통일성을 보장하는 장점이 있다.

그러나 신엘리트론(무의사결정론) 관점에서는, 리더십의 판단에 따라 어떤 사안은 의도적으로 배제되거나 회피될 수 있음을 경고한다. 이는 교회 안의 중요한 사안들이 소외되거나 침묵 속에 묻히는 현상으로 이어지며, 공동체의 회복성과 영적 성장에 장애가 될 수 있다.

2) 다원론

다원론은 다양한 이익집단(사역 부서, 직분자 그룹, 소모임 등)이 정책의제 형성에 상호 견제와 협력 속에 참여한다고 본다. 이 이론은 성령의 은사를 따라 다양한 지체들이 함께 협력하는 교회의 모습(고전 12장)과 유사하며, 참여와 협치, 공감대 형성의 중요성을 강조한다.

다원론은 교회정책이 단일 리더십의 의도만으로 결정되지 않고, 다양한 목소리와 경험이 반영되어 공동체적 분별의 균형감각을 지킬 수 있게 한다. 그러나 지나친 분산이나 집단이기주의는 오히려 공익보다 부서이익을 앞세우는 갈등의 구조로 전락할 수 있으므로, 복음적 중심성과 권위 있는 조율이 반드시 병행되어야 한다.

제5절 교회정책의제 설정의 신학적 함의

교회정책의제 설정은 단순한 의사결정의 사전 단계가 아니라, 교회 공동체가 하나님의 부르심에 응답하고 세상 속에서 그 사명을 감당하기 위한 신앙적 분별의 행위이며, 실천신학적·공공신학적 의미를 담고 있는 공동체적 실천이다. 이 과정은 곧 교회의 영성과 신학, 그리고 제도적 구조가 교차하는 지점에서 발생하며, 다음과 같은 신학적 함의를 갖는다.

1. 교회정책의제 설정은 공공신앙의 구체적 실천이다.

교회정책의제 설정은 하나님의 뜻을 공동체적으로 분별하고, 이를 제도적 형태로 구체화하는 실천적 신앙의 한 형태이다. 이는 성경적 계시와 공동체의 현실, 그리고 성령의 인도하심을 통합적으로 고려하면서 이루어져야 한다. 곧, 의제 설정은 회중의 참여를 통해 교회 전체가 하나님의 음성에 응답하는 신앙 행위이며, 이는 공동체의 영적 분별력과 신학적 통찰을 동원하여 공적 영역에 대한 신앙적 책임을 수행하는 것이다. 이러한 과정은 교회가 단순히 내향적인 조직이 아니라, 하나님 나라의 공공성을 구현하는 선교적 공동체임을 드러낸다.

2. 공식 의제화는 하나님의 질서와 정의를 구현하려는 실천이다.

의제를 공식 회의체(당회, 제직회, 공동의회 등)를 통해 채택하는 절차는 곧 교회가 하나님의 질서와 정의의 원리에 따라 움직이고자 하는 신앙적 헌신을 제도적으로 드러내는 것이다. 이는 감정적, 임의적, 편파적 결정을 배제하고, 투명성과 공공성을 확보함으로써 교회가 하나님의 공의에 기반한 치리 공동체로 서도록 돕는다. 이 과정에서 드러나는 회의 절차, 결정 구조, 의사소통 방식은 곧 교회의 교회됨을 판단할 수 있는 영적 리트머스 시험지로 작용한다. 따라서 교회의 의제화는 곧 질서 있게 행하라는 바울의 권면(고전 14:40)의 적용이며, 하나님의 나라가 임한 공동체의 제도적 증거이다.

3. 의제 설정은 교회의 신학적 정체성과 공공성을 드러낸다.

교회가 어떤 문제를 정책 의제로 삼고, 어떤 사안을 의제화하지 않는지는 곧 그 교회가 무엇을 중요하게 여기고, 어떤 가치를 따라 살아가는지를 드러내는 신학적 지표가 된다. 의제 설정은 단순한 선택이 아니라, 교회의 공적 신앙과 사회적 책임의 반영이며, "지극히 작은 자 하나에게 한 것이 곧 내게 한 것이라"(마 25:40)는 예수님의 말씀처럼, 교회가 얼마나 약자에 민감하며, 복음의 사회적 함의를 어떻게 구현하는지를 평가받는 기준이 된다. 의제의 윤리성, 신학성, 공공성은 곧 교회의 영성을 드러내는 지표이며, 교회가 단지 자기 보존적 기관이 아니라 하나님의 통치를 증언하는 공적 존재임을 확인하는 방식이기도 하다.

결론적으로, 교회정책의제 설정은 행정적 효율성을 위한 절차적 도구가 아니라, 교회가 하나님의 주권과 말씀에 신실하게 응답하는 신앙 공동체로 살아가기 위한 제도적 영성의 표현이다. 이 과정은 성령의 인도하심 아래 이루어져야 하며, 교회는 이를 통해 공동체적 책임과 참여, 질서와 정의, 영성과 공공성이라는 신학적 토대를 함께 세워가야 한다. 나아가 의제 설정은 시대적 도전에 응답하는 교회의 선교적 실천이자, 하나님 나라의 통치를 현실 속에 구현하는 영적 사역으로 이해되어야 한다. 따라서 교회는 이 과정을 통해 단지 조직적으로 성장하는 것이 아니라, 성령 안에서 진정한 하나님 나라의 모형으로 성숙해 가는 것이다

제4장 교회정책결정

제1절 교회정책결정의 의의와 특성

1. 교회정책결정의 개념

교회정책결정이란 교회 공동체가 직면한 다양한 문제들에 대해 신앙적 · 제도적 해결을 모색하고, 하나님 나라의 가치와 복음적 사명을 구현하기 위한 구체적인 행동지침을 설정하는 과정이다. 이는 일반 행정조직에서의 정책결정과는 달리, 단순히 기술적 문제 해결이나 자원배분의 합리성 추구에 그치지 않고, 말씀과 기도, 성령의 인도, 공동체의 합의라는 신학적 요소를 필수적으로 포함한다. 교회정책결정은 단순한 관리가 아니라 '분별'의 실천이며, 하나님의 뜻을 어떻게 구현할 것인가를 고민하는 신학적 책임의 영역이다.

2. 교회정책결정과 일반 정책결정의 관계

정책결정이라는 일반적 개념은 복수의 대안 중 최적의 해결방안을 선택하는 행위를 포함하며, 이는 교회 내의 의사결정에서도 동일하게 적용된다. 그러나 교회정책결정은 공공성과 효율성이라는 일반 행정적 기준 외에도 성경적 정당성과 신학적 타당성을 필수적으로 고려해야 한다. 따라서 교회정책결정은 도구적 합리성에만 의존할 수 없으며, 성령의 조명과 공동체의 신앙적 통찰이 함께 작용하는 복합적이고 영적인 의사결정 과정이다.

3. 교회정책결정의 특성

첫째, 교회정책결정은 신학적 가치 지향성을 가진다. 이는 모든 결정의 기준이 단지 세속적 효율성이나 정치적 실현가능성에 있지 않고, 하나님의 뜻에 부합하는가, 복음과 교회의 본질에 충실한가를 판단기준으로 삼는다는 것을 의미한다.

둘째, 공동체 중심성은 교회정책결정의 본질적 요소이다. 당회, 제직회, 공동의회 등 교회 내 다양한 치리기구와 구성원들의 참여는 단순한 절차적 정당성을 넘어서, 교회가 하나의 몸으로 함께 분별하고 순종하는 과정을 뜻한다.

셋째, 예언자적 기능을 가진다. 정책결정은 현상 유지를 위한 행정적 대응이 아니라, 시대 속에서 하나님 나라의 비전을 제시하고, 세상을 향해 교회의 정체성과 사명을 선포하는 예언자적 사명이 담겨 있다.

제2절 교회정책결정의 과정

1. 정책문제의 파악과 정의

정책문제의 파악은 단순한 정보 수집이나 사실 확인의 문제가 아니다. 교회정책결정에서 문제를 인식하고 정의하는 것은 신학적 통찰과 영적 분별이 함께 작용하는 중요한 과정이다. 이를 통해 현재 우리가 처한 현실 속에서 '무엇이 진정한 문제인가'를 규정하게 된다.

'문제의 정의'는 단지 객관적 현실의 기술이 아니라, 공동체가 신앙적으로 어떻게 그 상황을 해석하고 하나님의 뜻을 찾는가의 문제이다. 예를 들어, 교회 재정의 어려움은 단순한 수입 부족이 아니라, 헌금에 대한 신학적 교육 부족, 재정운용의 투명성 결여, 혹은 비전의 상실로부터 비롯된 신뢰의 붕괴 등 근본적인 원인을 함께 살펴야 한다.

이러한 문제정의 과정에서 메타오류(제3종 오류)를 피하는 것이 중요하다. 이는 문제의 핵심을 잘못 파악하거나, 본질과 동떨어진 지엽적 현상을 중심으로 정책을 수립함으로써 오히려 본질적 해결을 방해하게 되는 것이다.

문제를 올바르게 정의하기 위해서는 다음과 같은 요소들이 고려되어야 한다. 첫째, 관련된 행위자와 그들의 가치관, 이해관계, 상황 맥락을 분명히 파악해야 한다. 둘째, 문제와 관련된 요소들 간의 인과관계를 정확히 분석하고, 셋째, 그 문제가 나타난 역사적 맥락을 파악함으로써 단편적인 대처가 아닌 전체적인 해법을 모색해야 한다. 넷째, 문제는 실존하는 객관적 현실이 아니라 '사람의 해석 속에서 구성되는 인공적 구조'임을 인식해야 하며, 이에 따라 신앙적 판단이 요구된다.

2. 정책목표의 설정

정책목표는 문제 상황이 치유되었을 때의 바람직한 상태를 의미하며, 교회정책결정에 있어 매우 중요한 기준이다. 이는 단지 실용적 성과가 아니라, 하나님께서 그 공동체에 원하시는 구체적인 상태를 향해 나아가는 신앙적 비전이다.

정책목표는 일반적으로 방향성과 미래성을 지닌다. 즉, 현 상태의 개선이나 유지가 아니라, 하나님 나라에 부합하는 더 나은 상태를 지향하며, 그 실현 가능성과 규범성을 함께 고려해야 한다. 예를 들어, '다음 세대 부흥'이라는 목표는 단지 학생 수 증가가 아닌, 신앙 계승과 말씀 교육의 체계 구축이라는 보다 깊은 의미를 지닌다.

목표 설정에 있어 가장 중요한 기준은 적합성과 적절성이다. 적합성은 주어진 상황에서 반드시 추구해야 할 핵심 가치를 반영했는지의 여부이며, 적절성은 공동체의 능력과 자원, 외부 환경을 고려하여 현실적으로 도달 가능한 수준인지 판단하는 기준이다.

목표 간에는 다양한 관계가 존재한다. 상하위 구조 속에서 하위목표는 상위목표의 수단이 되기도 하며, 서로 보완하거나 충돌하는 경우도 있다. 예를 들어, '성장'과 '돌봄'은 종종 자원의 경쟁관계에 놓이기도 한다. 이런 관계 속에서 정책결정자는 목표 간의 우선순위를 결정해야 하며, 때로는 한정된 자원을 고려해 순차적 추진이나 전략적 선택을 해야할 필요도 있다.

3. 정책대안의 탐색과 개발

정책대안은 설정된 목표를 달성하기 위한 구체적인 수단을 의미하며, 교회정책결정의 실제적 단계로서 중요한 위치를 차지한다. 대안은 크게 점증적 탐색과 창조적 탐색이라는 두 가지 접근 방식에서 도출될 수 있다.

점증적 탐색은 과거 유사한 정책이나 다른 교회의 사례 등을 참고하여, 기존 정책을 수정·보완하는 방식이다. 이는 실현 가능성이 높고 안정적인 방안이지만, 급변하는 환경이나 근본적 변화를 요할 때는 한계가 있다.

이에 반해 창조적 탐색은 기존의 제약에서 벗어나, 새로운 문제 상황에 맞는 독창적인 해법을 도출하려는 방식이다. 이를 위해 브레인스토밍, 델파이 기법, 시나리오 분석, 실현가능성 평가 등 다양한 창의적 방법론이 활용된다. 교회에서는 특히 영적 통찰, 목회자의 직관, 공동체의 기도응답 등을 통한 대안 형성이 중요한 자산이 된다.

4. 정책대안의 결과 예측

정책대안이 실행되었을 경우 예상되는 정책효과와 정책비용을 사전에 분석하는 과정이 결과 예측이다. 이는 단지 수치적 예측을 넘어서, 신앙적 영향, 공동체 내 갈등, 사회적 파급 효과 등도 함께 고려해야 한다.

예측 방식으로는 과거 유사사례 비교, 모형 설정, 전문가 의견 수렴, 통계 분석 등이 있으며, 교회에서는 브레인스토밍이나 정책 델파이와 같은 참여적·합의적 접근이 특히 중요하다.

제3절 교회정책결정 모형

교회정책결정에서 사용되는 모형은 크게 개인적 차원의 모형과 집단적 차원의 모형으로 구분할 수 있다. 이러한 모형들은 교회라는 조직의 특성과 상황, 참여자의 구조, 그리고 성령의 인도하심이라는 신학적 요소와 어우러져 해석될 필요가 있다.

1. 개인적 차원의 모형

1) 합리모형(Rational Model)

합리모형은 전지전능한 결정자가 모든 정보를 완벽히 이해하고, 분석하여 최선의 대안을 선택한다는 이상적 전제에 기반을 둔다. 이 모형은 목표와 수단을 명확히 구분하고, 가능한 모든 대안들을 계량적으로 비교함으로써 가장 합리적인 정책을 선택할 수 있다고 본다.

교회행정에 있어서 이 모형은 특정 목표가 뚜렷하고, 예산·인력 등의 자원이 비교적 충분하며, 정책 대안의 효과를 어느 정도 예측할 수 있는 상황에서 적합하다. 예를 들어, 예배당 증축 여부나 교회 재정 개편 방안을 결정할 때 이 모형을 부분적으로 활용할 수 있다.

그러나 실제 교회현장은 정보의 불완전성, 신앙적 가치의 다양성, 성령의 인도라는 비가시적 요소 등으로 인해 합리모형의 한계를 노정한다. 특히 교회정책은 단순히 결과의 효율만이 아니라 과정의 정당성과

신학적 당위성도 중요하므로, 이 모형은 신중히 보완적으로 사용되어야
한다.

2) 만족모형(Satisficing Model)

만족모형은 인간의 인지능력에는 한계가 있음을 전제로 하며, 의사
결정자는 완벽한 대안을 선택하기보다 주어진 상황에서 '충분히 만족할
수 있는' 현실적인 대안을 선택한다. 이는 사이먼과 마치의 이론에 기초
하고 있으며, 불완전한 정보, 제한된 시간, 분석능력의 한계를 고려하여
실제적 결정을 내리는 현실지향적 모형이다.

교회에서는 이 모형이 자주 사용된다. 예컨대, 성도 수에 맞는 교육
공간 확보를 위해 몇 가지 대안을 검토한 후, 최선은 아니더라도 예산과
공간 여건 상 실현 가능한 수준의 안을 채택하는 방식이다. 이상적인 결
정이 불가능한 상황에서 현실적 타협을 추구한다는 점에서 교회 공동체
의 갈등 조정과정에 적절한 모형이다.

3) 점증모형(Incremental Model)

점증모형은 기존의 정책이나 결정에서 소폭의 수정과 보완을 통해 점
진적으로 나아가는 방식을 의미한다. 이는 린드블룸과 윌다브스키가 제
시한 이론으로, 근본적인 변화보다는 연속성과 점진성을 강조한다.

교회 내에서는 당회나 제직회와 같은 합의 기구를 통해 정책을 결정
할 때 이 모형이 자주 적용된다. 기존에 시행하던 프로그램을 조금씩 개
선하거나, 새롭게 도입하되 부담이 적은 방향으로 조정하는 방식이 여기
에 해당된다. 이해관계자의 충돌이 클 때에는 점증적 조정이 더 실현 가
능성이 높고 공동체의 저항도 적다.

4) 혼합주사모형(Mixed Scanning Model)

혼합주사모형은 합리모형의 전체적 시야와 점증모형의 현실적 접근
을 통합한 것이다. 에치오니가 제시한 이 모형은 정책결정에 있어 장기

적 비전과 단기적 조정을 동시에 고려할 수 있는 실천적 틀을 제공한다.

예를 들어, 교회의 장기목표로 '다음세대 부흥'을 설정하고, 단기적으로는 아동부 교사 재훈련, 주일학교 교재 개편, 청소년 사역자 보강 등 단계별 대안을 실행하는 것이다. 이렇게 장기비전과 단기 실행의 병행을 통해 점진적 성과를 축적하면서도 방향성을 잃지 않는 것이 이 모형의 장점이다.

5) 최적모형(Optimal Model)

최적모형은 드로어(Dror)가 제시한 이론으로, 합리모형의 이상성과 점증모형의 현실성을 통합하되, 여기에 '초합리성'이라는 요소를 강조한다. 초합리성이란 직관, 신앙적 통찰, 가치판단, 영적 식별 등을 포함하는 인간 내부의 비합리적 요소까지 고려하는 것이다.

교회정책결정에서 최적모형은 가장 신학적 접근에 가까운 모형이다. 단순히 합리적 논리나 실용성만을 따르지 않고, 목회자의 영적 리더십과 성령의 인도, 공동체의 기도 응답을 바탕으로 최선의 결정을 추구한다. 특히 중요한 비전 수립이나 담임목사 청빙, 대규모 사역 개편과 같은 사안에 적절한 모형이다.

2. 집단적 차원의 모형

1) 회사모형(Firm Model, 조직과정모형)

사이어트와 마치가 제시한 이 모형은 조직 내 하위 단위들이 제한된 합리성을 가지고 각자의 관할 안에서 문제를 해결해 나가는 방식을 전제로 한다. 즉, 조직 전체가 하나의 목표로 일사불란하게 움직이는 것이 아니라, 부서별로 정해진 절차와 기준에 따라 문제를 해결한다.

교회에서는 예배부, 교육부, 재정부 등 각 부서가 표준운영절차(SOP)에 따라 결정을 내리는 방식이 여기에 해당한다. 예를 들어, 교육부는 다음 분기 교재 선정과 교사 편성을 SOP에 따라 처리하고, 재정부는 예산 배분을 일정한 규칙과 기준에 따라 집행하는 것이다. 이 모형은 조직의 일관성과 안정성을 확보하는 데 효과적이다.

그러나 SOP가 경직될 경우 교회의 창의성과 시대적 변화에 대한 민감성이 떨어질 수 있으므로, 신학적 재해석과 영적 유연성이 병행되어야 한다.

2) 사이버네틱스모형(Cybernetics Model)

사이버네틱스모형은 시스템이 설정된 목표에 도달하기 위해 환경으로부터 정보를 받아 자기 조정(self-regulation)하는 메커니즘을 전제로 한다. 조직은 주요 변수를 중심으로 정보를 단순화하여 반복 가능한 절차를 통해 목표를 유지하려 한다.

교회에서는 성도 출석률, 헌금 동향, 교육부 등록률 등의 주요 지표를 통해 시스템을 평가하고 조정하는 형태로 나타난다. 예를 들어, 예배 참석률이 줄면 환류(feedback)를 통해 원인을 분석하고, 새벽기도 강화, 교제 프로그램 확대 등의 조치를 취한다.

이 모형은 복잡한 현실을 단순화함으로써 실용적인 문제 해결에 효과적이지만, 고차원의 비전이나 창조적 결단이 요구되는 사안에는 한계가 있다.[61]

3) 쓰레기통모형(Garbage Can Model)

코헨, 마치, 올센이 제시한 이 모형은 고도로 불확실한 상황, 명확한 목표와 일관된 기술이 존재하지 않는 조직에서의 정책결정을 설명한다. 구성원, 문제, 해결책, 기회가 무작위로 모이는 상황 속에서 의사결정이 이루어진다.

교회 내에서 이 모형은 전통적인 권위체계가 약화되었거나, 다양한

---

61) 백승기, 「행정학 원론」, 139.

부서와 입장이 충돌하는 상황에서 의사결정이 지연되거나 우연히 결정되는 경우에 해당한다. 예를 들어, 한 사역의 필요가 여러 부서에서 제기되나 명확한 책임주체 없이, 특정한 계기(회의, 예산배정 등)에 의해 우연히 채택되는 경우가 이에 해당한다.

이는 일관성과 전략성을 결여할 위험이 있으나, 때로는 성령의 예기치 않은 역사로도 해석될 수 있는 요소를 내포한다.

3. 기타 정책결정 모형

1) 킹던의 정책의 창 모형(Policy Window Model)

킹던(John Kingdon)은 코헨, 마치, 올센의 쓰레기통모형을 기반으로, 정책결정에서 의제설정 과정이 어떤 조건에서 이루어지는지를 설명하기 위해 '정책의 창'이라는 개념을 제시하였다. 이 모형은 정책결정이 단선적으로 이루어지지 않고, 세 가지 흐름(문제, 정책, 정치)이 동시에 맞물릴 때 새로운 정책이 채택될 수 있는 기회가 열린다고 주장한다.

교회에서는 이 모형이 '하나님이 여시는 기회'를 이해하는 데 유익하다. 즉, 어떤 변화가 이루어지기 위해서는 공동체 내 문제의식(문제흐름), 해결 가능한 대안의 준비(정책흐름), 공동체의 신앙적 분위기나 지도부의 결단력(정치흐름)이 동시에 존재해야 한다.

예를 들어, 청년층 이탈이라는 문제에 대한 인식(문제흐름), 구체적인 청년 사역의 전략이 마련되어 있음(정책흐름), 그리고 담임목사와 당회의 전폭적인 의지(정치흐름)가 함께할 때 '정책의 창'이 열려 새로운 사역이 실제로 실행된다.

그러나 이 창은 항상 열려 있는 것이 아니라, 특정한 계기(예: 위기 상황, 인사 이동, 외부 요청 등)를 통해 짧은 시간 동안만 열리기 때문에, 준비된 리더십과 공동체의 민감한 분별이 중요하다.

2) 앨리슨의 정책결정 모형(Three Models of Allison)

앨리슨(Graham Allison)은 1962년 쿠바 미사일 위기 사례를 분석하며, 정책결정이 하나의 논리로 설명되기 어렵고, 상황과 참여자에 따라 서로 다른 관점이 적용될 수 있다고 보았다. 그는 세 가지 모형을 통해 정책결정을 설명하였다.

① 모형 1: 합리적 행위자 모형(Rational Actor Model)

이 모형은 국가 또는 조직이 하나의 통일된 의지를 가지고 최선의 대안을 선택한다고 전제한다. 교회정책에서 이 모형은 목회자나 당회가 공동의 목적 하에, 충분한 정보와 분석을 바탕으로 최적의 결정을 내릴 때 적용된다.

② 모형 2: 조직과정 모형(Organizational Process Model)

이 모형은 교회가 여러 하위 부서들(예: 교육부, 선교부, 재정부 등)로 구성되어 있고, 각 부서가 고유한 절차(SOP)에 따라 결정하는 방식으로 설명된다. 조직 내부의 일상적인 운영과 절차 중심의 의사결정이 여기에 해당된다.

③ 모형 3: 관료정치 모형(Bureaucratic Politics Model)

이 모형은 조직 구성원들이 각자의 입장과 이해관계를 가지고 정치적으로 경쟁하며, 흥정과 협상 속에서 정책이 결정된다고 본다. 교회 내에서도 당회, 제직회, 노회 간 또는 목회자와 장로들 사이에서 사안에 따라 권한과 입장의 차이로 인해 정치적 조정이 필요한 경우가 있다. 이 모형은 교회 안에서도 정치적 역학이 무시될 수 없다는 현실적인 통찰을 제공한다.[62]

3) 정책딜레마 모형

정책딜레마란 선택 가능한 대안들이 상호 충돌적이고, 각각 강력한

---

62) 조은종, 「포스행정학」, 274-275.

지지와 반대를 동시에 수반하며, 어느 하나도 쉽게 선택하기 어려운 상황을 말한다. 교회 내에서도 사안에 따라 딜레마 상황이 종종 발생한다. 예를 들어, '개척지원'과 '자립교회 중심 사역'이라는 두 정책이 동시에 요청될 경우, 재정과 인력의 제약 속에서 어느 하나도 포기할 수 없는 긴장 관계가 생긴다.

이런 경우, 딜레마를 해결하기 위한 교회의 대응전략으로는 문제 정의를 바꾸거나, 대안의 결합 또는 새로운 대안 창출, 상징적 언어를 활용한 정당화 등이 있다. 실천적 신학과 정책조정의 균형을 필요로 하는 고도의 정치적·목회적 기술이 요구된다.

4) 위기 상황에서의 정책결정 모형

위기상황에서의 정책결정은 평상시와는 다른 특징을 가진다. 결정을 내릴 시간이 부족하고, 정보는 제한되며, 오류의 대가가 치명적일 수 있기 때문에, 다음과 같은 특징이 나타난다.

① 집권화: 의사결정 권한이 중심 지도자에게 집중된다.

② 비공식화: 공식 절차보다 즉흥적이고 직관적인 판단이 중시된다.

③ 정보의 제한: 소수의 신뢰받는 통로에 의존하여 판단한다.

④ 집단사고 위험: 위기 속에서 조직은 구성원 간의 비판적 사고보다 응집과 순응을 선택하게 되어, 오류 가능성이 커진다.

교회도 재난, 분열, 리더십 공백, 재정 위기 등 다양한 위기 속에서 이러한 경향을 보일 수 있으며, 이를 인지하고 경계하는 것이 중요하다.

5) 공공선택이론 모형

공공선택이론은 개인들이 자신의 이해관계를 극대화하려는 동기를 가지고 공적 영역에서도 행동한다는 가정에 기초한다. 교회정책결정에서 공공선택이론은 개별 교인, 부서, 리더들이 각자의 관심사를 갖고 정책결정에 참여하며, 때로는 이기적으로 행동할 수 있다는 사실을 직시하게 해준다.

이는 교회 내 사역 우선순위, 재정 배분, 공간 사용 등의 문제에서 갈등이 발생하는 이유를 설명해 준다. 따라서 성경적 가치와 공동체 정신을 회복함으로써 이러한 분절적 사고를 넘어설 수 있는 성숙한 정책문화 형성이 중요하다.

6) 상황적응모형(Situational Adaptive Model)

이 모형은 정책결정에 있어 보편적인 하나의 모형이 존재하는 것이 아니라, 문제의 성격, 정보의 수준, 조직의 구조 등에 따라 유연하게 다른 결정방식이 적용되어야 한다는 전제에서 출발한다.

교회에서는 다음과 같은 네 가지 상황 유형에 따라 다른 접근이 요구된다.

① 문제와 기술 모두 합의된 상황: 합리적, 계산적 방식이 적합(예: 재정부 예산 편성)

② 문제는 불확실하나 기술은 합의된 상황: 토론과 타협(예: 새 사역 도입 시 갈등 조정)

③ 문제는 확실하나 기술은 불확실한 상황: 직관적 판단과 시행착오(예: 전도 방식 선택)

④ 문제와 기술 모두 불확실한 상황: 점증적 접근, 쓰레기통모형 등 유연한 조정이 필요

이 모형은 정책결정을 상황의 유연성과 다양성 속에서 신학적 균형과 실천적 지혜로 풀어가야 한다는 점을 강조한다.

7) 교회정책결정 모형의 통합적 적용

교회정책결정 모형들은 각각의 상황과 필요에 따라 유용하게 활용될 수 있으며, 어느 하나의 모형이 보편적으로 적용될 수는 없다. 중요한 것은 말씀 중심, 성령의 인도, 공동체적 합의, 신학적 통찰, 현장 실천성

이라는 다섯 가지 축을 균형 있게 고려하며, 다양한 결정이론들을 통합적으로 활용하는 것이다.

교회는 행정조직이자 영적 공동체이기 때문에, 분석적·합리적 접근과 함께 신학적·예언자적 민감성이 공존해야 하며, 이 둘 사이의 창조적 긴장이야말로 건강한 교회정책결정의 토대가 된다.

제5장 교회정책의 집행

제1절 교회정책집행의 의의와 신학적 의미

1. 개념 정의

교회정책집행이란, 당회 · 노회 · 총회와 같은 교회 치리기구가 신학적 토대와 공동체의 필요를 반영하여 공식적으로 결정한 정책을, 구체적인 목회 현장과 지역 교회공동체 안에서 실질적으로 실현해 가는 과정을 말한다. 이는 행정학적 개념으로 보자면 정책결정 이후 단계에서 나타나는 실행 행위에 해당하지만, 교회정책의 경우 이는 단순한 기술적 이행이나 행정적 실행에 그치지 않고, 교회의 존재 목적과 사명을 실천적으로 구현하는 신앙적 행위로 이해되어야 한다.

정책결정이 하나님의 뜻을 분별하는 과정이라면, 정책집행은 그 뜻에 순종하며 그것을 역사와 현실 속에 드러내는 과정이다. 즉, 교회정책집행은 신학적으로 하나님의 뜻을 성령의 인도하심 가운데 discern(식별)하고, 그것을 교회 공동체의 사역과 질서 속에 enact(실현)하는 실천적 신앙의 여정인 것이다.

2. 영적 순종으로서의 집행

정책집행은 단지 결정된 내용을 전달하고 실행하는 관리적 행위가 아니라, 말씀과 기도 속에서의 신학적 분별을 거쳐 그 내용을 실제 목회 현장에 적용하고 구체화하는 '사역적 구현'의 과정이다. 이 과정에서 집행자는 단순한 행정 집행자가 아니라, 공동체 안에서 하나님의 뜻을 실현하는 신학적 해석자이자 실천적 리더로서 기능한다.

따라서 교회정책집행은 '영적 순종의 사역'이며, 하나님의 주권 앞에 신앙 공동체가 함께 동역하는 '공동의 헌신'이다. 집행은 회의실에서 결정된 정책이 성도들의 삶과 예배, 훈련과 봉사, 선교와 섬김의 현장 속에 살아 숨 쉬게 만드는 과정으로, 곧 신앙의 실천이며 성령의 역사 안에 이루어지는 사역이다. 이러한 점에서 교회정책집행은 사역과 행정, 영성과 구조, 순종과 책임이 유기적으로 결합된 '신앙적 행정(praxis of faith)'이라 할 수 있다.

3. 행정학적 통합 이해

행정학적 이론에서 정책집행은 정책목표를 달성하기 위한 구체적인 실행 활동을 의미하며, 이에는 집행조직, 자원배분, 역할분담, 평가와 피드백 체계 등이 포함된다. 교회정책집행 역시 이와 유사한 구조를 가지되, 그 전제와 목적이 본질적으로 다르다. 즉, 교회정책의 집행은 하나님의 뜻을 향한 순종과 공동체의 성숙이라는 영적 목적을 지향한다는 점에서, 단순한 수단적 행정이 아니라 목적론적 행정이라는 특징을 가진다. 이러한 통합적 관점에서 교회정책집행은 다음과 같은 이중적 차원을 가진다. 첫째, 실천적 행정(praxis administration)으로서의 집행이다. 이는 정책이 효과적으로 작동하기 위한 조직적 준비와 실행 전략이 필요한 영역이다. 둘째, 신학적 순종(theological obedience)으로서의 집행이다. 이는 공동체가 하나님 앞에서 말씀과 성령의 인도하심에 응답하는 영적 책임의 행위이다.

요약하자면, 교회정책집행은 단지 정책을 실행하는 기술적 행정이 아니라, 하나님께서 교회를 통해 이루시고자 하는 뜻을 현실 가운데 실천하는 신앙적 실천과 행정학적 실행이 만나는 지점이다. 그러므로 교회정책집행자는 단순한 관리자가 아니라, 하나님의 뜻을 삶 속에 실현해 가는 신학적 실천가(theological practitioner)로 이해되어야 한다.

제2절 교회정책집행의 핵심

1. 정책목표의 실현

정책집행의 핵심은 결정된 정책의 목표가 실질적으로 구현되는 데 있다. 예를 들어 예배의 개편, 교육 프로그램의 운영, 선교 전략의 실행, 봉사 사역의 확장 등은 교회정책의 대표적인 목표들이다. 이러한 목표들은 추상적인 명분에 머물러서는 안 되며, 실제적이고 구체적인 실천 방안을 통해 실현되어야 한다. 따라서 정책집행은 '정책목표와 수단의 연결'을 통해 교회사역의 현실성을 확보하게 한다.

이러한 실현의 과정은 정책수단의 적절성, 집행 자원의 확보, 현장의 맥락에 대한 이해 등을 요구하며, 무엇보다도 교회공동체의 신앙적 분위기 속에서 진행되어야 한다. 정책이 그 목적대로 이루어지기 위해서는 하나님의 뜻에 부합하는 방향 설정과 함께, 사역 현장의 유기적 참여와 실질적 적용이 반드시 수반되어야 한다.

2. 사역적 조율

정책집행은 단독 사역이 아니라 '협력적 사역'이다. 목회자, 장로, 집사, 각 부서의 평신도 리더 등 다양한 교회 구성원들이 각자의 역할을 감당하며 유기적으로 협력할 때, 정책은 효과적으로 집행될 수 있다. 이는 고린도전서 12장에서 강조되는 교회의 지체성 원리와도 맞닿아 있다. 각자가 다르지만 서로 협력할 때에 교회의 사명이 온전히 이루어진다.

사역적 조율은 단순히 역할을 배분하는 것이 아니라, 공동의 목표를 향해 상호 이해와 조정을 통해 연합하는 과정이다. 이를 통해 집행의 충돌을 줄이고, 효과적인 자원 분배와 사역의 시너지 효과를 기대할 수 있다. 즉, 교회정책의 집행은 공동체의 역동성을 전제로 하며, '리더십 간의 조율'과 '지체 간의 연합'이 핵심 요소가 된다.

3. 공동체적 참여

교회정책의 집행은 결코 집행자의 일방적인 명령이나 기술적 지시에 의해 성공할 수 없다. 교회는 영적인 공동체이자 신앙공동체이므로, 집행이 성공적으로 이루어지기 위해서는 구성원들의 자발적 동의와 참여, 즉 순응과 수용이 선행되어야 한다. 집행자는 정책의 정당성과 신학적 근거를 성도들에게 설득력 있게 전달하고, 그들의 이해와 동의를 이끌어내는 역할을 감당해야 한다.

공동체의 참여가 없는 정책은 외형적으로는 시행될 수 있으나, 내면적으로는 저항과 무관심 속에서 실효성을 상실할 가능성이 높다. 특히 정책이 신앙생활, 예배의 형태, 봉사의 방식 등 성도들의 일상적인 신앙 실천과 직결될 경우, 공동체의 적극적 수용 없이는 정책의 집행은 단순한 형식에 그칠 수 있다.

결국 교회정책의 집행은 하나님의 뜻에 대한 분명한 신학적 이해, 목회적 조율을 통한 사역 간 협력, 성도들의 자발적 순응과 참여라는 세 축 위에서 비로소 온전한 결과를 낳게 된다. 이는 단순한 기술이 아니라 신앙적 순종의 여정이며, 공동체 전체가 동참하는 하나님의 사역인 것이다.

제3절 교회정책집행의 본질

1. 정책결정과의 관계

1) 정책결정과 집행은 구분되지만 분리되지 않는다

정책결정은 무엇을 할 것인가를 결정하는 과정이고, 정책집행은 그것을 어떻게 실현할 것인가에 대한 실행 과정이라는 점에서 기능적으로 구분되지만, 실제적으로는 하나의 연속된 흐름 속에 존재한다. 교회 안에서도 당회나 노회, 총회 등에서 어떤 정책을 결정하였다고 해서 그것이 곧 효과적으로 실현되는 것은 아니다. 결정된 정책은 목회현장 속에서 구체화되며, 이 과정에서 다시금 세부적인 판단과 선택이 요구되므로, 집행 역시 일종의 결정 행위로 이해되어야 한다.

교회정책의 경우, 성경적 근거와 교리적 정당성에 의해 설정된 정책목표라 하더라도, 그 실천 방식은 지역교회의 규모, 성도 구성, 문화적 맥락에 따라 다양하게 변형되어야 할 수 있다. 그러므로 정책결정은 이상을 설정하는 단계라면, 집행은 그 이상을 현실에 맞게 구현해 가는 실천적 지혜의 과정이다. 이때 집행자는 단순한 명령 수행자가 아니라 결정과 해석을 함께 담당하는 영적 리더로 서야 한다.

2) 교회정책집행은 자동적·기술적인 과정이 아니라 신앙적·역동적인 과정이다

세속 행정에서는 정책이 하달되면 기계적으로 실행되기를 기대하지만, 교회정책의 집행은 그 본질상 자동적이지 않으며, 신앙 공동체의 반응, 문화, 영적 수준에 따라 매우 역동적으로 변화된다. 즉, 하나님의 뜻과 말씀이라는 기준은 동일하지만, 그것을 실현해 가는 방식은 다양한 변수에 의해 조정되어야 하며, 이는 집행자의 영적 민감성과 목회적 통찰력에 따라 달라질 수 있다.

예컨대 교회개혁을 위한 정책이 총회에서 선포되었다 하더라도, 그 내용이 일선 교회에 적용될 때는 교인들의 이해 수준, 리더십의 역량, 교회의 전통 등에 따라 유연하게 조정되어야 한다. 이는 정책집행이 단순 명령의 실행이 아니라 영적 상황에 대한 분별과 조율의 과정임을 의미한다.

2. 정책평가와의 관계

1) 집행과정은 곧 정책평가의 주요 대상이 된다

정책평가는 통상 정책이 목표한 바를 달성했는지를 분석하는 과정으로 이해되지만, 교회정책에서는 결과 중심의 평가만큼이나 과정 중심의 평가가 중요하다. 이는 정책이 교회의 영적 분위기와 성도들의 내면적 태도, 공동체적 변화 등을 포함하고 있기에, 정량적 성과보다 정성적 평가가 더욱 필요하다는 것을 의미한다.

예컨대 전도 활성화를 위한 정책이 시행되었을 때, 단순히 '새신자 수 증가'만으로 평가하기보다는, 성도들의 전도에 대한 인식 변화, 참여도, 전도 방식의 개선 등도 함께 평가되어야 한다. 이는 정책집행이 단순한 숫자 결과가 아니라, 교회 전체의 영적 방향성과 신앙의 성장을 담아내는 과정이기 때문이다.

2) 교회정책집행은 환류를 전제로 한다

정책평가는 종결적 판단에 머무르지 않고, 그 결과를 다음 단계의 정책결정과 집행에 반영하는 '환류(feedback)' 기능을 갖는다. 이는 교회가 살아 있는 유기체로서 계속해서 말씀에 반응하고 성령의 인도하심을 따라 조정되어야 하기 때문이다.

따라서 교회정책집행자는 정책이 실행되는 동안 지속적으로 공동체의 반응을 살피고, 문제점이나 미비한 점을 보완해 나가야 하며, 이는 당회나 정책결정기구에 다시 환류되어 정책 전체의 선순환 구조를 형성하게 한다. 이런 점에서 정책집행과 평가는 단절된 절차가 아니라, 성찰과 순종이 반복되는 순환의 사역이라 할 수 있다.

제4절 교회정책집행의 단계

교회정책집행은 단순한 절차 이행이 아니라, 하나님의 뜻을 실천 현장에 담아내는 성육신적 과정이다. 정책결정 이후, 그것이 실제 목회 현장과 성도들의 삶 속에 구현되기까지는 여러 단계의 세심한 과정을 필요로 한다. 다음의 단계들은 교회정책집행을 실제적으로 구성하는 핵심 요소들이다.

1. 정책지침의 작성

정책지침의 작성은 집행의 시작점으로, 결정된 정책을 구체적으로 실현하기 위한 실행 기준과 방향을 설정하는 과정이다. 이는 교회적으로는 당회나 관련 부서(예: 교육위원회, 선교위원회 등)가 중심이 되어, 해당 정책을 어떻게 구체적으로 적용할 것인지에 대한 세부적 지침을 마련하는 것을 의미한다.

이 단계에서는 표준운영절차(SOP, Standard Operating Procedure)와 같은 문서화 작업이 중요하다. 예컨대, 청소년 예배 활성화 정책이 결정되었다면, 어떤 시간에, 어떤 인력이, 어떤 방식으로 예배를 인도할 것인지에 대한 실행 계획이 세워져야 한다. 이 작업은 정책결정과 거의 동일한 수준의 신중함과 신학적, 행정적 판단이 요구된다. 또한, 실행자의 자의적 판단이나 해석의 혼선을 방지하기 위한 기준 설정이 핵심이 된다.

2. 자원의 확보 및 조직화

정책을 실현하기 위해서는 인적·물적 자원의 확보와 그 효율적 조직이 반드시 필요하다. 이는 교회 재정, 사역 인력, 공간, 장비, 시간 등 집행에 필요한 모든 자원을 포함한다. 교회정책이 아무리 탁월하고 신학적으로 타당하다 하더라도, 이를 실행할 수 있는 자원이 뒷받침되지 않으면 현장에서는 실패로 이어질 수밖에 없다.

예를 들어, 지역사회를 위한 복지센터 운영이라는 정책이 있다면, 공간 확보, 운영 예산 마련, 전담 사역자와 봉사 인력의 조직화가 선행되어야 한다. 이때 집행자는 리더십을 발휘하여 예산 편성, 인선 과정, 협력 구조 등을 명확히 설정해야 하며, 해당 부서를 중심으로 한 '실행팀'이 구성되어야 한다. 특히 교회 내 조직 간의 협업과 역할 조율이 중요하며, 자원의 효율적 분배와 책임의 명확화가 실행의 성공 여부를 좌우한다.

3. 실질적 집행활동의 수행

이 단계는 앞서 설정된 지침과 확보된 자원을 실제로 활용하여 정책을 구체적으로 실현하는 과정이다. 구체적으로는 수혜대상(예: 청년부, 지역주민 등)에게 서비스를 제공하거나, 규제를 적용하는 등의 실천 활동이 포함된다. 예컨대 교육정책이라면 교육과정 운영, 강의 진행, 성도 참여 유도 등과 같은 현장 중심의 집행활동이 여기에 해당한다.

이때 집행자는 '계획한 대로 진행하고 있는가'에 대한 지속적인 자기점검과 상황 반응을 병행해야 한다. 상황 변화나 예기치 못한 반응에 따라 유연하게 조정할 수 있는 리더십도 필수적이다. 동시에, 각 단계마다 실행 결과를 간략히 기록하거나 간이 보고서 형태로 정리하는 것도 효과적인 집행관리를 위해 권장된다.

4. 감시(감독 및 통제)와 환류

정책이 실행되고 있는 과정을 감독하고, 필요시 이를 평가하여 수정하는 단계이다. 이는 단순한 행정적 감시를 넘어서, 영적인 분별과 사역적 정직성의 차원에서 접근되어야 한다. 당회나 집행위원회는 정기적인 점검을 통해 집행의 방향성과 충실도를 확인하고, 필요한 경우 시정조치와 방향 조정을 명확히 제시해야 한다.

이 과정은 정책의 지속 가능성과 신뢰성 확보에도 매우 중요하다. 단기적으로는 집행의 오류를 수정하는 기능을 하고, 장기적으로는 이후 정책결정에 중요한 학습자료와 반성적 근거를 제공한다. 특히 이 단계에서 성도들의 의견을 수렴하는 피드백 채널을 마련하는 것이 중요하다. 이를 통해 교회 공동체 전체가 정책에 참여하고 있다는 인식과 책임감을 공유하게 되며, 정책의 실효성도 높아진다.

제5절 정책집행의 구성요소

정책이 효과적으로 집행되기 위해서는 다음의 주요 구성요소들이 상호 유기적으로 작동해야 한다.

1. 집행조직

정책을 집행할 수 있는 조직이 명확히 지정되고 기능적으로 준비되어 있어야 한다. 이는 교회 내의 부서, 위원회, 실행팀 등이 될 수 있다. 예를 들어, '다음세대 부흥' 정책이 결정되었을 경우, 교육위원회나 청소년 사역팀이 주체가 되어야 하며, 이들이 충분한 권한과 자원을 부여받는 것이 중요하다.

교회행정에서는 집행 주체를 전문성과 소명의식을 함께 갖춘 리더로 세우는 것이 중요하며, 이들을 위한 신학적 교육과 행정적 지원이 병행되어야 한다.

2. 자원배분

정책이 실행되기 위해 필요한 인적, 물적, 재정적 자원의 적절한 배분이 필수적이다. 자원이 충분하지 않으면 정책은 실행 단계에서 좌초될 수 있으며, 반대로 과도한 자원 투입은 다른 사역을 위축시킬 수 있다.

따라서 자원은 공동체 전체의 선을 위한 균형적 배분이어야 하며, 재정위원회, 인사위원회, 당회 등 관련 기구 간의 조정이 필요하다.

3. 실행절차

정책집행에는 일정한 실행절차가 필요하다. 일정표 수립, 업무 분장, 실천 로드맵 작성, 체크포인트 설정 등이 포함된다. 이 절차는 구체적일수록 실행력과 책임성이 높아진다.

교회에서는 이를 단순한 업무 절차로 보지 않고, 기도와 말씀에 기초한 계획 수립으로 받아들여야 하며, 매 단계마다 영적 점검이 이루어질 수 있도록 하는 것이 바람직하다.

4. 공동체 참여

교회는 행정조직 이전에 하나의 영적 공동체이므로, 정책집행에서 전체 성도의 참여와 동의를 끌어내는 것이 매우 중요하다. 집행은 소수의 리더나 집행자만의 일이 아니라, 전 성도의 동역과 협력이 필요하다.

이를 위해 사전 설명회, 비전 선포 예배, 공감대 형성, 자발적 헌신 모집 등이 포함되어야 하며, 집행과정에서도 공동체의 피드백이 계속 수렴되어야 한다.

제6절 교회정책집행에 관한 이론적 접근

교회정책은 단순히 행정적 시스템에 따라 기계적으로 집행되는 것이 아니라, 하나님의 뜻과 말씀, 공동체의 영적 상태, 그리고 리더십의 역량에 따라 깊이 영향을 받는 역동적 과정이다. 따라서 정책집행의 접근 방식 또한 교회 상황에 맞게 다층적이고 신학적 통찰이 수반되어야 한다. 일반 정책학에서 제시하는 집행 접근법은 교회정책에도 일정한 이론적 틀과 성찰을 제공할 수 있으며, 이를 교회 상황에 맞게 적용하면 집행의 실제적 방향성을 얻을 수 있다.

1. 하향적 접근방법 (Top-Down Approach)

1) 개념과 적용

하향적 접근은 정책결정권자가 설정한 명확한 목표와 수단을 기준으로, 일사불란한 지시 체계에 따라 정책을 집행하는 방식이다. 교회정책에 있어서는 총회, 노회, 당회 등 공식적인 치리기구나 목회자 중심의 결정이 집행 과정 전반을 지배하는 구조를 반영한다.

예를 들어, 총회가 전국 교회에 '다음세대 교육 강화'라는 정책을 설정한 경우, 각 교회는 그 지침에 따라 관련 부서를 조직하고, 예산을 배정하며, 일정한 표준 프로그램을 실행하게 된다. 이 과정에서 정책결정자는 목표 달성의 진척 상황을 모니터링하고, 하위 집행단위는 충실한 순응을 통해 정책을 구현한다.

2) 특징과 의의

하향적 접근은 질서 있는 행정 집행을 가능하게 하며, 책임소재가 명확하고, 교회조직의 수직적 구조와도 잘 부합한다. 특히 대형교단이나 복잡한 행정체계를 가진 교회에서는 통일성과 일관성을 확보할 수 있는 효과적인 방식이 될 수 있다. 다만, 일선 현장의 맥락이나 다양성을 반영하는 데에는 한계가 있다.

3) 교회적 함의

하향적 집행은 '권위의 정당성'이 강조되는 장로교적 정치구조와 부합하며, 질서와 직제, 공식 문서(헌법, 총회 지침)에 의한 치리를 중시하는 전통에서 유용하다. 하지만, 교인들의 참여와 자발성이 약화될 우려가 있고, '정책이 현장을 모른다'는 인식이 커질 수 있기 때문에, 사역의 역동성과 현장성과의 균형이 필요하다.

2. 상향적 접근방법 (Bottom-Up Approach)

1) 개념과 적용

상향적 접근은 정책집행의 출발점을 정책결정자가 아닌 집행현장에서 찾는 방법이다. 즉, 일선에서 일하는 사역자, 부서장, 평신도 리더 등 실무자가 교회의 실제 필요와 맥락에 따라 정책을 해석하고, 상황에 맞는 방식으로 실현해 가는 것을 중심으로 한다.

예컨대 지역사회와 접촉하는 소그룹 리더들이 자발적으로 '가정선교 캠페인'을 기획하고, 이를 당회나 교단에 상향 보고함으로써 오히려 정책이 공식화되는 경우가 이에 해당한다. 이런 방식에서는 정책이 집행 과정에서 다시 해석되고, 경우에 따라 정책결정 자체가 현장에 의해 유도되기도 한다.

2) 특징과 의의

상향적 접근은 자율성과 창의성이 강점이다. 일선 집행자들은 상황을 가장 잘 이해하고 있기 때문에, 더 효과적이고 실질적인 대응이 가능하다. 이 방식은 특히 중소형 교회나 사역 자율성이 높은 부서(예: 청년부, 선교팀 등)에 적합하며, 평신도 리더십의 활성화에도 긍정적인 영향을 미친다.

3) 교회적 함의

이는 '모든 성도가 제사장'이라는 개신교의 보편적 신학과 부합하며, 성령의 인도하심과 공동체적 분별의 전통 안에서 정책이 보다 유기적으로 구현되도록 돕는다. 또한 교회 내 민주적 의사결정 구조와 신앙 공동체의 '아래로부터의 갱신'을 강조하는 현대 교회론적 시각과도 맞닿아 있다.

3. 통합적 접근 (Integrated Approach)

1) 개념과 필요성

교회정책집행에서는 하향적 통제와 상향적 자율성을 배타적으로 구분하기보다, 상황에 따라 두 접근을 융합하고, 상호보완적으로 활용하는 것이 바람직하다. 이를 통합적 접근이라 하며, 대표적으로 Elmore의 '상호가역적 접근'이나 Sabatier의 '지지연합 모형' 등이 있다.

예를 들어, 교단이 공통된 비전과 정책 방향을 제시하되, 각 지역 교회가 그것을 구체적으로 실행하는 방식은 자율적으로 결정하는 형태가 될 수 있다. 교회교육 정책의 경우, 커리큘럼은 상위 조직에서 제공하되, 교육 방식이나 적용 방법은 각 교회가 자체적으로 조정할 수 있다.

2) 특징과 의의

통합적 접근은 '정책의 정당성'과 '현장의 적합성'을 동시에 확보하려는 시도이며, 교회가 갖고 있는 복합적 구조—즉, 직제적 수직성(장로회 정치)과 공동체적 수평성(성도의 참여)—를 통합하는 방향이라 할 수 있다. 이는 갈등을 줄이고, 상위와 하위 구조 간의 신뢰와 유기적 협력을 구축하는 데 유리하다.

3) 교회적 함의

이 접근은 교회의 '머리 되신 그리스도'의 통치 아래, '몸 된 교회'의 각 지체가 서로 조화를 이루며 기능할 때 참된 집행이 가능하다는 성경적 원리를 반영한다(엡 4:16). 또한 조직신학적으로는 하나님 주권과 인간 책임의 긴장 관계, 실천신학적으로는 은사 다양성과 공동체 조화의 원리를 그대로 반영한다는 점에서 가장 균형 잡힌 접근이라 할 수 있다.

제7절 교회정책집행 이론의 실제 적용 모형

교회정책의 집행은 단순한 원리의 적용을 넘어, 다양한 현장 상황과 주체들 간의 역동적인 상호작용 속에서 구체화된다. 특히 교회는 행정조직임과 동시에 영적 공동체이기 때문에, 정책집행의 이론들은 보다 실제적인 양태로 해석되고 응용되어야 한다. 이 장에서는 대표적인 정책집행 이론을 교회현장에 적용한 모형들을 소개하고, 그 실제적 함의를 탐구한다.

1. 립스키(Lipsky)의 일선관료제론과 교회
1) 개념과 적용

립스키는 공공정책 집행의 핵심 주체가 단순한 관료가 아니라, 현장에서 고객과 직접 대면하는 일선관료(street-level bureaucrats)라고 주장하였다. 교회에서는 이 개념을 적용할 때, 전도사, 부목사, 부서장, 셀 리더, 각 부서 사역자들이 이에 해당한다. 이들은 정책결정자(담임목사, 당회)의 지침을 일방적으로 따르기보다는, 실제 사역 현장에서 성도와의 접촉을 통해 자율성과 재량을 발휘하며 정책을 구체화한다.
2) 특징과 과제

일선 사역자들은 종종 모호한 지침 아래, 한정된 자원과 과중한 사역 속에서 균형을 찾아야 한다. 이들은 실질적으로 교회의 공적 정책을 '어떻게 보이게 할 것인가'를 결정하는 핵심 실행자이며, 정책의 성패는 이들의 해석과 실행 역량에 크게 좌우된다. 그러나 현실적으로는 시간, 재정, 인력의 부족으로 인해 '정형화'나 '단순화'라는 방식을 통해 문제를 축소하려는 경향도 나타난다.

예를 들어, 다음세대 사역에서 복합적인 필요를 가진 학생들을 대상으로 해야 하는 교육정책을, 단순히 출석 체크와 정해진 커리큘럼 운영으로 대체하게 되는 경우가 이에 해당한다. 이런 경향은 장기적으로 정책의 본래 의도와 거리가 벌어지는 결과를 초래할 수 있으므로, 교회는 일선 사역자의 자율성과 책임 사이의 균형을 적절히 조율해야 한다.

2. 버만(Berman)의 적응적 집행 모형

1) 개념과 적용

버만은 정책집행을 거시적 구조(결정 수준)와 미시적 구조(집행 수준)로 나누고, 실질적인 정책성과는 미시 구조에서 결정된다고 보았다. 교회에 적용하면, 거시구조는 총회, 노회, 당회 등 정책결정기구이고, 미시구조는 부서, 팀, 소그룹, 사역현장 등에서 이루어지는 구체적인 집행 구조를 의미한다.

2) 상호적응의 중요성

이 모형은 정책집행을 단방향적인 과정이 아니라, 정책과 집행조직 간의 상호적응적 관계로 본다. 즉, 정책이 현장에 일방적으로 적용되는 것이 아니라, 현장의 반응과 맥락에 따라 정책 자체도 변형될 수 있다는 것이다. 이는 교회 안에서 새로운 정책을 시도할 때 '시범사역(pilot ministry)' 혹은 '유예적 실행' 같은 방식으로 적용할 수 있다.

예컨대, '가정예배 회복운동'이라는 총회의 정책이 각 지역교회에 시행될 때, 어떤 교회는 소그룹 중심으로, 어떤 교회는 부모교육 세미나 중심으로 전환하여 실행할 수 있다. 이 과정에서 교회는 정책과 집행 현장이 서로 배우고 적응하는 과정을 통해, 더 적합한 방식으로 사역을 형성해 나가게 된다.

3. 엘모어(Elmore)의 후방향적 집행 모형

1) 개념과 적용

엘모어는 정책집행을 전방향적 접근(forward mapping)과 후방향적 접근(backward mapping)으로 구분하였다. 교회정책에 있어서 후방향적 접근은 일선 사역자의 관점에서 출발하여, 그들이 해결해야 하는 실제 문제로부터 정책이 어떻게 형성되고, 적용되어야 하는지를 거꾸로 탐색하는 방식이다.

예를 들어, 청년부에서 영적 침체가 심각한 문제로 대두될 때, 담당 사역자가 그 원인(과도한 학업, 관계 단절, 세속적 문화)에 대한 이해를 바탕으로, 이를 해결할 프로그램을 기획하고, 이를 당회에 제안하여 정책이 수립되는 방식이다. 이러한 과정은 정책이 결정된 후 집행되는 것이 아니라, 현장의 요청에 따라 정책이 성립되는 구조라 할 수 있다.

2) 통합의 가능성

엘모어(Elmore)는 후방향 접근과 전방향 접근의 상호가역성을 제안하였는데, 이는 교회정책 집행에서도 매우 유용하다. 교단이 설정한 정책 방향을 일선 사역자가 현실적으로 적용 가능하도록 재조정하고, 그 결과를 다시 상위 기관이 수용함으로써 상·하향 간의 유기적 피드백 구조를 형성할 수 있다.[63]

---

63) 조은종, 「포스행정학」(서울: 박문가, 2020), 291.

제8절 교회정책집행자의 유형과 역할

교회정책의 집행에서 중요한 변수 중 하나는 바로 정책집행자가 누구이며, 어떤 방식으로 정책을 해석하고 실행하느냐이다. 정책학자 나카무라(Nakamura)와 스몰우드(Smallwood)가 제시한 정책집행자의 유형을 교회에 적용하면, 다양한 리더십 구조 속에서 집행자가 어떻게 정책결정자와 관계를 맺고, 집행 재량을 행사하는지를 이해할 수 있게 된다.

1. 고전적 기술자형(Classical Technocrats)

1) 개념과 특징

이 유형은 정책결정자와 집행자를 엄격히 분리하며, 집행자는 단지 결정된 정책을 기술적으로 구현하는 실행자에 불과하다. 재량권은 극히 제한되며, 표준화된 절차를 따라야 한다.

2) 교회 적용 예시

예배부서에서 당회가 결정한 '공예배 순서 변경'을 그대로 시행하는 부서장의 역할이 여기에 해당한다. 이들은 자신의 해석이나 판단보다 지시된 정책에 대한 충실한 집행에 초점을 맞추며, 실행의 일관성과 정확성을 중시한다.

2. 지시적 위임가형(Instructed Delegates)

1) 개념과 특징

정책결정자가 기본적인 정책 방향과 목표를 설정하고, 세부적인 집행 방식은 집행자에게 위임하는 형태이다. 일정 수준의 재량이 허용된다.

2) 교회 적용 예시

당회가 '청년전도 활성화'를 목표로 제시하고, 세부적인 프로그램 구성이나 방식은 청년부 전도사에게 위임하는 경우이다. 이때 집행자는 전체 방향에 동의하며 목표 실현을 위한 실질적 실행방안을 자율적으로 설계하게 된다.

3. 협상자형(Bargainers)

1) 개념과 특징

정책결정자와 집행자 간에 목표와 수단을 두고 협상이 이루어진다. 정책목표의 바람직성이나 실현가능성에 대해 양측이 조정하는 과정을 통해 정책이 확정되거나 수정된다.

2) 교회 적용 예시

교육위원회가 장기적인 성경교육 개편을 추진하는 과정에서, 부서 사역자들과 상호 협의를 거쳐 현실에 맞는 교육계획을 수립할 때 이 유형이 나타난다.

4. 재량적 실험가형(Discretionary Experimenters)

1) 개념과 특징

정책결정자가 목표는 설정하지만 구체적인 방법은 명확히 제시하지 못하며, 집행자가 높은 자율성을 가지고 실험적으로 집행을 설계한다.

2) 교회 적용 예시

'다음세대 부흥'이라는 추상적 정책목표만 제시된 상황에서, 아동부, 중고등부, 청년부 사역자들이 각각의 특성에 맞는 창의적 프로그램을 개발하고 실행하는 경우가 이에 해당한다. 사역자의 리더십, 창의력, 신학적 분별력이 핵심 역량이 된다.

5. 관료적 기업가형(Bureaucratic Entrepreneurs)

1) 개념과 특징

집행자가 정책결정의 주도권까지 확보하여 정책방향 자체를 설정하고, 오히려 결정자에게 영향력을 행사하는 유형이다. 고도의 리더십과 전략능력이 요구된다.

2) 교회 적용 예시

특정 부목사나 전문 사역자가 지역사회 연계를 통한 선교전략을 스스로 제안하고, 교회 전체를 설득하여 그 방향을 교회정책으로 채택하게 하는 경우이다. 이들은 때로 혁신적인 교회 리더십의 원천이 되기도 하지만, 조직의 견제 장치가 없을 경우 리스크도 수반된다.

제9절 교회정책집행의 성공과 실패 요인: 교회행정학적 분석

교회정책은 아무리 신학적으로 타당하고 성경적으로 정당하다 하더라도, 그것이 실제로 효과적으로 집행되지 않는다면 공동체의 실제적 변화를 이끌어낼 수 없다. 정책결정은 교회의 이상을 설정하는 행위이지만, 정책집행은 그 이상을 현실화하는 과정이므로, 교회행정학적 차원에서 정책의 성패는 주로 집행의 구조와 과정, 참여자와 수혜자 간의 역동성, 그리고 외부 환경의 영향력에 의해 결정된다.

1. 정책집행 성공 요인

1) 정책 자체의 구조적 타당성

교회정책이 성공적으로 집행되기 위해서는 무엇보다 정책 설계 단계에서의 논리적 일관성과 목표의 명확성이 필수적이다. 목표는 신학적으로 정당할 뿐 아니라, 구체적이고 실행 가능한 수준에서 정의되어야 하며, 조직의 상위 비전과 조화를 이루어야 한다. 또한, 정책수단이 설정된 목표와 실제 목회 현장의 필요에 부합해야 한다. 예컨대, 다음세대 부흥이라는 목표가 단지 일회성 행사를 중심으로 기획된다면, 지속 가능한 영적 성장이라는 목적과는 괴리될 수 있다.

더불어, 충분한 집행 자원의 확보는 성공적 정책집행의 중요한 전제조건이다. 예산, 인력, 시간, 공간 등 실질적 자원이 부족하면 정책은 실행 이전에 한계에 부딪히게 된다. 따라서 교회정책은 집행 가능성을 고려하여 재정 계획과 인력 배치를 전략적으로 수립해야 한다.

2) 정책결정자와 집행자의 리더십과 헌신

담임목사, 당회, 정책위원회 등 결정자들의 적극적인 지지와 후원은 정책집행에 결정적인 영향을 미친다. 정책이 단지 행정적인 명분에 그치지 않고 목회적 중심의제라는 인식을 공유할 때, 집행은 더 큰 힘을 얻는다. 특히 정책 집행자는 단순한 행정 실무자가 아니라, 신학적 해석자이자 공동체적 지도자로서 기능해야 한다. 이들은 사명감을 가지고 공동체를 섬기며, 신앙의 실천으로서 정책을 해석하고 구현해 나가는 리더로서의 자질과 전문성이 요구된다.

3) 수혜 집단의 수용성과 참여

정책이 아무리 정당하고 타당하더라도, 그것이 공동체 구성원들에게 낯설거나 위협적으로 인식된다면 저항과 무관심에 직면하게 된다. 따라서 성도들의 감정적, 문화적, 신앙적 수용성을 고려한 설계와 실행이 중요하다.

이를 위해서는 집행 초기부터 수혜 집단과의 소통을 강화하고, 참여를 유도하는 방식으로 정책을 추진해야 한다. 또한, 피드백 시스템을 마련하여 정책의 효과와 한계를 공유하고, 필요한 수정과 보완을 신속히 반영할 수 있는 유연한 구조가 필수적이다.

2. 정책집행 실패 요인

1) 정책 설계의 문제

정책 실패는 종종 목표 설정의 모호함에서 비롯된다. "회복", "부흥", "성숙"과 같은 추상적 개념은 구체적 실행지침으로 연결되기 어렵기 때문에, 정책설계 단계에서부터 명확한 성과지표와 실행 프레임이 요구된다.

또한, 정책 결정과정에서 이해당사자와의 충분한 협의 부족 역시 실패를 야기하는 요인이 된다. 교회공동체는 신학적 이상과 함께 인간적 감정과 조직문화가 교차하는 공간이므로, 사전 조율과 공감대 형성 없이 강행된 정책은 실현 불가능하거나 갈등을 유발하게 된다.

2) 집행조직의 구조적 결함

집행 주체의 역할이 명확하지 않거나, 권한과 책임이 불분명할 경우 조직 내부의 혼선이 발생하게 된다. 이는 실무적 비효율뿐 아니라, 정책의 결과에 대한 책임 공방을 초래하며 공동체 신뢰를 약화시킨다.

또한, 집행과정을 모니터링하고 점검하는 내부 평가체계의 부재는 정책을 형식적 수준에 머물게 하며, 실패를 반복하게 만든다. 교회정책도 정기적인 행정적·사역적 평가 기준과 절차를 갖추어야 하며, 이는 목회 리더십의 신뢰성과 책무성 확보를 위해 중요하다.

3) 외부 요인과 환경 변화에 대한 대응 부족

사회적, 문화적 환경은 교회정책의 집행에 직접적 영향을 미친다. 특히 디지털 전환, 세대 간 갈등, 가치관 변화 등의 요소는 새로운 사역 환경을 요구하지만, 정책이 여전히 전통적 틀에 고착되어 있다면 성도와의 소통 단절, 사역 효과의 저하를 초래하게 된다.

또한 교회 내부의 정치화, 파벌 형성, 특정 이익 집단에 의한 정책 왜곡은 정책의 신학적 정당성과 공공성을 심각하게 훼손한다. 이러한 환경에서는 정책의 진정성과 공동체의 신뢰가 함께 붕괴되기 쉽다.

3. 정책집행의 장애 요인과 극복 방안

1) 리더십의 부재

교회정책은 강력한 행정적 조율과 비전 제시가 가능한 리더십이 수반될 때 집행력이 생긴다. 따라서 정책집행의 성공을 위해서는 리더의 영적 권위, 소통능력, 조직관리 역량이 균형 있게 발휘되어야 하며, 사전에 영적 리더십 훈련 시스템을 정비하는 것이 필요하다.

2) 조직 저항과 변화관리 부족

기존 관행과 체계에 대한 고착은 교회조직 특유의 보수성에서 비롯된다. 따라서 단계적 실행, 중간 점검, 이해관계자 설득을 포함한 점진적 변화관리 전략이 필요하며, 리더십은 강압적 추진보다 공감과 설득을 통해 공동체 내 변화를 이끌어야 한다.

3) 자원의 부족

재정과 인력, 시간 등의 부족은 정책의 실행력 저하로 직결된다. 이를 극복하기 위해선 우선순위 재조정, 자발적 헌신 유도, 외부 네트워크 연계 등 다차원적 자원 확보 전략이 동원되어야 한다.

4) 외부 변수에 대한 유연한 신학적 대응

정책 집행 중 예기치 못한 외부 요인—사회 변화, 교단 결정, 법률 환경 등—에 직면할 경우, 단순한 기술적 조정이 아니라 신학적 해석과 재정립의 작업이 병행되어야 한다. 이는 교회정책이 본질을 지키되 유연하게 적응할 수 있는 핵심 전략이 된다.

결론적으로, 교회정책의 집행은 단지 실천의 문제가 아니라, 신학적 정당성과 행정적 실행력, 그리고 공동체적 수용성이 유기적으로 결합된 통합적 과정이다. 집행의 성공 여부는 곧 교회의 공적 신뢰, 사역의 지속성, 그리고 하나님 나라의 비전 실현 가능성에 중대한 영향을 미친다. 그러므로 교회행정은 단순한 조직 운영을 넘어, 하나님의 뜻을 구현하는 영적 전략 행위로서 정책집행을 인식하고 이를 위한 제도적 기반과 신학적 감수성을 함께 강화해야 한다.

제10절 교회정책집행과 정책학습의 연계

정책집행은 단지 결정된 사항을 이행하는 것으로 그치지 않고, 학습의 기회를 포함하는 순환적 과정이다. 특히 교회정책의 집행은 영적 통찰과 공동체의 경험이 만나, 정책의 지속 가능성과 성숙도를 결정짓는 중요한 축으로 작용한다. 정책학습은 실패나 한계를 분석하고, 새로운 통찰을 정책에 반영하는 성찰적 실천의 과정이며, 이는 교회정책의 정당성과 효과성을 동시에 높이는 핵심적 장치가 된다.

1. 정책학습의 개념과 교회적 의의

1) 개념

정책학습이란, 정책결정자나 집행자, 수혜자 등이 정책의 결과와 과정을 분석하고, 그 지식을 바탕으로 미래의 정책설계나 집행을 개선해 가는 과정을 말한다. 이 학습은 경험으로부터의 '성찰'을 전제로 하며, 단순한 기술적 향상만이 아니라 정책목표와 수단에 대한 재구성까지 포함할 수 있다.

2) 교회적 의의

교회는 살아 있는 유기체로서, 신학적 이상과 현실 사이에서 지속적인 갱신을 요구받는다. 정책학습은 바로 이 갱신의 도구이며, 성령의 인도하심과 공동체의 피드백을 통해 하나님의 뜻을 보다 구체적으로 분별

해 나가는 통로이다. 실패한 사역의 재평가, 성도들의 반응 분석, 목표
와 수단의 재정립 등은 모두 정책학습의 과정이다.

2. 정책학습의 유형과 교회적 적용(Birkland 이론 응용)
1) 수단적 학습(Instrumental Learning)

이는 정책수단이나 기법에 대한 학습으로, 구체적인 운영방식과 기술
적 문제 해결을 위한 학습이다. 예컨대, 교회가 교인관리 시스템을 도입
했으나 사용률이 낮았던 사례를 분석하여, 이후 교육훈련을 보완하고 소
통을 개선하는 방식으로 운영체계를 변경하는 것이 여기에 해당한다.

2) 사회적 학습(Social Learning)

사회적 학습은 정책 자체의 존재 이유, 타당성, 정책목표에 대한 재검
토까지 포함한다. 예컨대, '다음세대 부흥'이라는 목표가 과도하게 행사
중심으로 편향되었음을 깨닫고, 신앙 본질 회복과 가정 신앙교육 강화로
방향을 선회하는 경우이다. 이는 단순한 수단 개선이 아닌 정책의 성격
자체를 재정의하는 학습이다.

3) 정치적 학습(Political Learning)

이 유형은 정책 실행의 정치적 맥락 속에서 전략을 조정하는 학습이
다. 예를 들어, 특정 사역 정책이 교회 내 특정 계층의 반대에 부딪혔을
때, 교회 리더가 설득, 조정, 대안 제시 등을 통해 지지를 얻는 전략을
발전시키는 과정이 이에 해당한다. 이는 리더십의 정치적 감각과 공동체
내 힘의 균형을 이해하는 학습이다.

3. 교회정책에서의 학습 적용 방향

정책 리포트 시스템 구축: 집행 결과에 대한 정기적 보고서 작성, 회
고 세션, 평가 회의 등을 통해 학습을 제도화할 수 있다.

환류 시스템 확보: 집행 중 수집된 피드백을 정책결정자에게 구조적으로 환류시켜, 다음 정책설계에 반영할 수 있어야 한다.

정책 사역자 훈련: 정책 리더십을 가진 사역자들에게 학습 기반의 리더십을 훈련시키는 것이 중요하다. 실패를 두려워하지 않는 조직문화도 이에 필수적이다.

제11절 정책집행 수단의 교회적 적용

정책집행 수단은 정책목표를 실현하기 위해 교회가 실제 사용하는 방법론과 도구를 말한다. 교회는 정부나 시장과는 다른 조직이지만, 정책학에서 정리된 수단 유형을 영적 가치와 공동체 특성에 맞게 해석하여 적용할 수 있다.

1. 정책집행 수단의 유형별 구분(Salamon, Anderson 등 이론 응용)

1) 강제적 수단(Authority Tools)

이 수단은 규칙, 규정, 헌법, 혹은 치리권을 통해 정책을 집행하는 방식이다.

교회적 적용: 총회 헌법이나 당회의 결의를 근거로 일정 정책을 시행하는 경우가 이에 해당한다. 예컨대, '공예배 의무 참석'이나 '직분자의 교육 수료 의무' 등이 강제적 수단이다.

유의점: 강제 수단은 질서 유지를 돕지만, 신앙의 자율성과 내적 순종을 억누르지 않도록 목회적 균형이 요구된다.

2) 혼합적 수단(Mixed Tools)

이 수단은 인센티브(보상)와 규범적 동기를 함께 활용하여 집행을 유도하는 방식이다.

교회적 적용: 장학금 제공, 사역자 교육비 지원, 전도왕 시상, 선교지 탐방 기회 등은 정책 참여를 유도하는 보상적 수단이다.

유의점: 외적 보상이 내적 동기를 대체하지 않도록, 신앙적 의미를 부여한 설계가 필요하다.

3) 자발적 수단(Voluntary Tools)

참여자의 자유의사와 자발성을 존중하는 방식으로, 교회에서는 가장 자연스러운 방식이다.

교회적 적용: 자원봉사 모집, 소그룹 리더 자발적 신청, 가정예배 캠페인 참여 등은 모두 자발적 수단에 해당한다.

장점과 과제: 자발적 수단은 공동체성을 강화하지만, 참여 불균형과 사역 피로도에 대한 관리가 중요하다.

2. 수단 선택의 교회적 판단 기준

가. 정당성(Legitimacy): 하나님의 뜻과 성경적 가치에 부합하는가?

나. 수용성(Acceptability): 교회 공동체가 이를 신앙적으로 이해하고 자발적으로 수용할 수 있는가?

다. 효과성(Effectiveness): 실제로 목표 달성에 기여할 수 있는가?

라. 공동체성(Communality): 사역이 공동체 내 유기적 참여와 연합을 촉진하는가?

제12절 교회정책집행의 신학적 성찰과 실천적 과제

교회정책집행은 단순한 기술적 절차나 행정적 이행이 아니라, 하나님의 뜻을 교회공동체 안에 실현해가는 신앙의 여정이다. 집행은 결정된 정책의 단순 수행이 아니라, 말씀의 가치와 공동체의 실제를 조율하며,

그리스도의 몸 된 교회가 하나님의 뜻 안에서 구체적으로 움직이도록 이끄는 영적 실천 행위이다.

정책집행은 신학적 토대 위에 실천적 역량이 더해질 때 비로소 효과를 발휘한다. 이를 위해서는 다음과 같은 성찰과 과제가 요청된다.

1. 정책집행의 신학적 기반: '말씀의 성육신'으로서의 집행

교회정책은 성경적 가치와 공동체의 사명을 반영해야 하며, 정책집행은 그 말씀을 구체적인 시간과 공간 속에 구현하는 성육신적 사역이다. 즉, 진리로 선포된 말씀이 공동체 안에서 살아 역사하게 되는 통로가 집행이다. 따라서 집행자는 단순한 실무자가 아니라, 하나님의 뜻을 현장에서 실현하는 해석자이자 실천가로서의 자의식을 가져야 한다.

2. 정책집행의 핵심 요소: 구조 · 사람 · 상황의 유기적 통합

정책집행의 성공은 특정한 한 요소에 의해 결정되지 않는다. 정확한 정책 지침, 충분한 자원과 조직화, 리더십의 역량, 공동체의 수용성, 적절한 집행 수단의 선택 등은 모두 유기적으로 연결되어야 한다. 특히 교회는 영적 · 인격적 공동체이기에, 각 구성원의 자율성과 순종, 사명 의식이 통합적으로 작동할 때 집행은 비로소 '생명력'을 가진다.

3. 정책집행자의 사명: 재량의 범위를 신앙으로 통제하라

정책학에서 집행자의 재량은 행정상 필요로 간주되지만, 교회에서는 영적 성찰을 통한 자기 통제가 요구된다. 재량은 곧 책임이며, 사역자의 의도와 해석은 공동체 전체에 영향을 미친다. 그러므로 집행자는 강력한 리더십보다 겸손한 섬김과 공동체적 분별력을 우선시해야 하며, 항상 말씀과 기도 가운데 자기 위치를 확인해야 한다.

4. 집행과 학습의 순환: 실패 속에서 배우는 공동체

정책은 한 번의 결정으로 완성되지 않는다. 집행 속에서 정책은 재구성되고, 실패 속에서 교회는 배운다. 교회정책의 집행은 곧 학습이며, 실패를 성찰과 성장의 계기로 삼는 공동체만이 미래지향적인 정책문화를 형성할 수 있다. 이를 위해 정책리포트, 평가회의, 환류 시스템이 제도적으로 마련되어야 하며, 무엇보다 성도들의 목소리를 담아내는 '열린 집행 구조'가 요청된다.

5. 교회정책집행의 최종 목적: 하나님의 뜻과 공동체의 회복

궁극적으로 교회정책은 교회를 더욱 하나님의 형상대로 세우기 위한 도구이다. 집행의 목적은 단순한 '운영 효율'이 아니라, 성도들의 성숙, 공동체의 회복, 세상 속의 복음적 증거이다. 따라서 정책의 집행은 언제나 성령의 인도하심을 구하는 가운데, 공동체 전체가 함께 참여하고 순종하는 신앙의 공동작품이 되어야 한다.

결론적으로, 오늘날 교회정책의 성공 여부는 결정의 완벽성보다, 집행의 신학적 정당성과 실천적 진실성에 달려 있다. 집행은 결국 '순종'이라는 신학적 개념과 맞닿아 있으며, 이는 단순히 행정적 수행이 아니라, 하나님의 뜻을 따라 교회를 세우고 변화시키는 거룩한 사역임을 잊지 말아야 한다.

제6장 교회행정에서의 정책평가: 이론과 실제

제1절 교회정책평가의 의의

1. 정의와 개념

교회정책평가란 교회공동체가 공적인 절차(예: 당회, 제직회, 공동의회 등)를 통해 결정한 정책, 예컨대 예배 개편, 교육정책, 선교전략, 구제사역 등에 대해 그 집행과 결과를 신학적·실천적으로 검토하고 성찰하는 일련의 과정을 의미한다. 이 평가는 단순히 사역의 결과나 수치적 성과만을 측정하는 것이 아니라, 그 정책이 하나님의 뜻에 부합하였는지, 그리고 교회의 본질과 사명을 얼마나 충실히 반영하였는지를 총체적으로 평가하는 신앙적 실천이다. 다시 말해, 교회정책평가는 교회의 정책이 하나님 나라의 가치, 교회의 정체성, 공동체의 영적 성숙이라는 관점에서 얼마나 타당하고 유익하게 작동하였는지를 진단하는 고차원의 행위이다.

이러한 정의는 일반 정책학에서 말하는 정책평가(policy evaluation)의 개념과 궤를 같이 하되, 그 평가의 목적과 준거가 철저히 신학적이고 공동체 중심적이라는 점에서 구별된다. 교회정책평가는 곧 하나님의 통치를 실현하는 도구로서의 정책이 '하나님 앞에서 얼마나 정직하고 신실하게 수행되었는가'를 묻는 것이다.

2. 평가의 대상

평가의 대상은 교회에서 시행된 모든 공적 정책 및 사역 행위이다. 예배의 형태 개편, 교회학교의 교육 커리큘럼 변화, 전도·선교 정책, 재정 집행의 우선순위 설정, 사회봉사 및 구제사업, 교회 내 갈등관리 방안 등 모든 영역의 공식적 정책 결정과 실행이 그 대상이 된다. 특히 이들 정책이 단순한 운영상의 결정이 아니라 신학적 근거와 공동체적 합의 속에서 출발한 것인지를 파악하고, 그 실현 과정과 결과를 신앙의 눈으로 평가하는 것이 핵심이다.

이는 정책의 결과물만을 판단하는 결과주의적 접근이 아니라, 정책의 기획, 실행, 성과, 환류 전반에 걸쳐 그 신학적 정당성, 윤리적 투명성, 공동체적 수용성을 통합적으로 고려해야 함을 의미한다.

3. 신학적 의미

교회정책평가는 단지 관리적 수단이나 행정효율성을 측정하는 기술적 평가가 아니라, '영적 분별(spiritual discernment)'의 과정이다. 이는 로마서 12장 2절이 말하는 "하나님의 선하시고 기뻐하시고 온전하신 뜻이 무엇인지 분별"하려는 공동체적 실천이며, 정책을 통해 하나님 나라가 구체적으로 어떻게 구현되고 있는지를 돌아보는 신앙적 책임의 표현이다.

정책평가는 교회를 행정조직이 아니라 영적 공동체로 보는 관점에서 출발한다. 따라서 그 평가 기준도 세속적인 성과지표나 경영효율성이 아니라, 성령의 열매(갈 5:22), 하나님 말씀에의 순종, 공동체의 하나 됨, 가난하고 소외된 자들에 대한 배려 등의 성경적 가치와 깊이 연결되어야 한다.

정책은 공동체의 삶을 형성하는 하나님의 통치 질서의 표현이며, 평가란 그 통치 질서가 구체적 상황 속에서 어떤 방식으로 드러났는지를 되돌아보는 '신앙의 거울'인 것이다. 교회정책평가는 이처럼 하나님의 섭리와 성령의 인도하심을 교회 현실 속에서 성찰하고 교정하며, 궁극적으로는 공동체를 더욱 거룩하고 건강하게 세우는 도구로 기능한다.

제2절 교회 행정에서의 정책평가의 목적 및 필요성

1. 교회정책평가의 목적

I) 평가의 신학적 본질

교회정책평가는 단순한 성과 측정이나 행정적 효과성의 검증을 위한 기술적 행위에 그치지 않는다. 그것은 교회 공동체가 하나님 앞에서 행한 정책적 실천이 하나님의 뜻에 부합하였는지를 검토하고, 사역의 정당성과 방향성을 성찰하며, 교회 본연의 사명을 지속적으로 추구하기 위한 신앙적 도구이다. 교회정책의 수립 · 집행 · 환류의 전 과정은 하나님 나라의 통치적 질서 구현이라는 신학적 전제 위에 놓이며, 평가는 이 질서에 대한 청지기적 응답으로 이해되어야 한다.

2) 교회정책평가의 네 가지 목적

(1) 책임성과 거버넌스를 위한 신학적 수단(Accountability)

정책평가는 신학적 책임성의 구현을 목적으로 한다. 교회는 단순한 자율 조직이 아니라 하나님의 집이며 그리스도의 몸으로서의 신적 주권에 복속된 존재이다(딤전 3:15). 그러므로 교회의 정책결정자는 하나님 앞과 공동체 앞에 정직하게 응답할 책임이 있다. 이러한 책임정치는 개신교 전통에서 강조하는 책임정치(responsible polity)의 핵심이며, 이는 장로교 정치의 본질적 요소이기도 하다.

정책평가는 이러한 책임정치의 도구로 기능하며, 목회자와 장로, 집사 등 정책 실행자들의 행동이 하나님의 뜻과 공동체의 소명에 일치했는지를 점검하는 신앙적 실천이 된다. 이는 행정이 곧 예배적 순종이라는 조직신학적 전제와도 긴밀히 연결된다.

(2) 행정 관리와 지속가능성 확보(Management)

정책평가는 행정의 실행역량 제고와 사역의 품질 향상을 위한 관리적 도구로 기능한다. 교회 행정은 단순한 운영이 아니라 사명을 구현하는 수단이며, 그 실행은 지속적인 점검과 개선을 필요로 한다. 평가과정은 오류를 지적하는 수단을 넘어서, 지속가능한 행정과 사역의 질적 발전을 위한 관리적 학습장이다.

이러한 의미에서 평가는 교회행정학의 핵심원리 중 하나인 순환적 행정 체계(feedback system)의 출발점으로 기능한다. 정책평가의 결과는 이후의 계획수립, 자원 분배, 인사 정책에 반영되며, 이는 선순환적 조직 운영을 가능하게 한다.

(3) 신학적 인식과 지식 창출(Knowledge Creation)

정책평가는 하나님의 뜻이 교회의 실천 속에서 어떻게 드러났는지를 분석하고 해석하는 학문적 도구이다. 단순한 행정적 실천의 피드백을 넘어, 평가 결과는 정책의 성패 원인을 신학적, 사회적, 조직적 맥락 속에서 재해석하게 한다. 이를 통해 교회는 과거의 정책 경험을 단순한 사례가 아닌 전례(典例)로 전승하고, 후속 세대를 위한 이론적 기초로 활용할 수 있다.

이러한 지식 창출은 교회행정학의 발전뿐 아니라, 실천신학의 자료로도 기능한다. 특히 실패의 사례도 하나님의 섭리 속에서 분석된다면, 그것은 회개와 갱신을 위한 신앙적 자원이 된다.

(4) 공동체적 신뢰와 참여 기반 구축(Trust and Participatory Governance)

마지막으로, 교회정책평가는 공동체적 신뢰 형성과 참여 행정 구현이라는 공동체적 목적을 지닌다. 평가는 단지 행정자의 성과 점검이 아니라, 공동체 전체가 사역의 열매를 함께 확인하고 기뻐하는 감사의 장이 된다. 이 과정에서 공동체는 자신의 기도와 헌신, 물질이 어떻게 사용되었는지를 알게 되며, 이는 곧 사역에 대한 소유감과 주인의식을 강화한다.

참여적 평가는 교회행정학에서 강조하는 참여적 거버넌스(participatory governance)를 실현하게 하며, 구성원 간의 상호 신뢰를 구축하는 기반이 된다. 이는 공동체의 연대감과 자발성을 이끌어내는 핵심 조건이며, 다음 정책 단계로 이어지는 동력으로 작용한다.

3) 평가 없는 행정은 신학적 공백을 낳는다

교회정책평가는 단순한 행정 기술이 아니라, 신학과 행정, 공동체와 영성, 성과와 성찰이 교차하는 영적 실천이다. 평가 없는 행정은 반복된 오류와 신학적 왜곡을 야기하며, 결국 교회의 본질적 사명을 약화시키는 결과를 낳는다. 따라서 교회정책평가는 행정의 효율성을 넘어 하나님의 뜻에 대한 신실한 응답이며, 교회의 정체성과 사명을 유지 · 갱신하는 핵심적 도구로 이해되어야 한다.

2. 교회정책평가의 필요성

교회정책평가는 단순한 사후 보고의 기능을 넘어서, 교회의 정체성을 지키고 사명을 성실히 감당하기 위한 본질적인 신학적, 실천적 활동이다. 정책을 평가하지 않는다면, 교회는 과거의 시행착오를 기억하지 못하고 동일한 실수를 반복할 수밖에 없는 '기억상실적 조직'이 되기 쉽다. 교회공동체는 반복적 실천 속에서 배우고 성장해 나가는 유기적 존재이기에, 정책에 대한 평가가 정기적으로 이루어져야 하며, 그 이유는 다음과 같은 점에서 확인된다.

첫째, 정책목표가 실제로 달성되었는지를 점검함으로써, 정책이 단지 선언적인 목적에 머물지 않고 실질적 성과를 내었는지를 확인할 수 있다. 이는 목표와 수단 간의 정합성을 검증하며, 정책 방향에 대한 공동체의 확신을 강화하는 역할을 한다.

둘째, 정책의 성공 또는 실패에 대한 원인을 분석함으로써 교회의 행정과 의사결정 구조, 리더십과 회중 간의 소통, 참여도 등 다양한 측면에서의 취약점을 파악할 수 있다. 이러한 분석은 향후 정책 개선의 실마리를 제공하며, 같은 실수를 반복하지 않도록 예방하는 효과를 갖는다.

셋째, 효과적인 정책수행의 경험을 통해 건강한 정책결정의 원칙이 정립된다. 어떤 정책이 공동체 내에서 수용되고, 정당하다고 판단되었는지에 대한 피드백을 반영함으로써, 이후의 정책수립에 보다 합리적이고 신학적으로 타당한 기준이 세워진다. 이는 결국 교회의 정책결정 과정에 신뢰를 부여한다.

넷째, 정책평가는 새로운 대안적 기법에 대한 실험과 학습의 기회를 제공한다. 이는 실패에 대한 두려움을 줄이고, 창의적인 사역모델과 실천적 접근을 가능케 한다. 실패조차도 하나님의 섭리 아래에서 유익한 교훈이 될 수 있다는 신학적 인식을 통해, 교회는 실험과 도전을 기회로 전환할 수 있다.

다섯째, 정책의 영향을 이론적으로 분석함으로써 교회행정의 학문적 기반을 강화할 수 있다. 교회정책이 회중의 영적 성장, 사회적 참여, 공동체의 건강성에 어떠한 영향을 미쳤는지를 분석하면, 이는 교회정책학이나 목회행정학 등 실천신학의 이론 형성에 기여할 수 있다. 이러한 분석은 실천의 근거를 제공하는 이론으로 환원되어, 교회의 행정적 정체성을 명확히 규명하는 데 도움을 준다.

여섯째, 정책평가는 목표와 수단의 타당성을 정기적으로 재검토하게 한다. 시대의 변화, 성도들의 필요, 지역사회와의 관계 등이 계속해서 변화하는 상황에서, 초기 정책설정이 여전히 유효한지를 평가함으로써 '살아 있는 정책'을 가능케 한다. 이로써 교회는 정체되지 않고 시대적 요청에 민감하게 반응할 수 있게 된다.

마지막으로, 교회정책평가는 공동체 전체가 하나님의 뜻을 함께 분별해 나가는 공적 신앙 행위로 작동한다. 이는 단지 행정적 기능을 넘어, 교회 공동체가 '하나님의 뜻을 따라 얼마나 충실하게 걸어왔는가'를 성찰하는 신학적 행위이며, 공공신학의 실천적 구현이기도 하다. 이처럼 교회정책평가는 교회를 단순한 운영 조직이 아닌, 살아 움직이며 하나님의 음성에 반응하는 영적 공동체로 이끌어가는 필수적인 과정이다.

제3절 교회정책평가의 과정

교회정책평가는 단발적 보고서 작성이 아니라, 명확한 이론과 절차에 근거한 체계적 과정이다. 특히 신학적 목적과 공동체의 성찰을 함께 추구하는 교회 정책평가는 다음과 같은 여섯 단계의 과정을 통하여 그 목적을 실현하게 된다.

1. 정책목표의 확인

정책평가의 출발점은 해당 정책이 지향했던 본래의 목표와 신학적 목적을 명확히 재확인하는 것이다. 목표는 일반적으로 "회중의 영적 성장", "지역사회 봉사 확대", "다음세대 양육 강화" 등으로 표현되며, 이 목표가 평가 가능하도록 정량적 또는 정성적으로 조작화되어야 한다. 예를 들어, "성도들의 예배 참여 증진"이라는 목표는 "주일 출석률 변화", "성도 설문 응답" 등의 지표로 구체화할 수 있다.

교회정책의 목표는 단순한 결과 중심이 아니라, 하나님 나라의 가치를 어떻게 실현할 것인가에 대한 비전적 선언이기도 하므로, 평가자는 정책의 영적 의도를 왜곡하지 않으면서도 실질적인 분석을 가능케 하는 목표 명료화 작업을 반드시 선행해야 한다.

2. 평가대상 및 기준의 확정

이 단계에서는 어떤 정책을, 어떤 기준에 따라 평가할 것인가를 결정한다. 교회에서 실현된 정책은 예배 사역, 교육 사역, 선교 사역, 행정 개편 등 다양하며, 모든 정책을 동시에 평가할 수 없기 때문에 그중 핵심적이고 대표성 있는 정책을 선정해야 한다.

또한, 평가기준은 '효과성', '정당성', '수용성', '신학적 타당성', '회중 반응' 등 교회의 특수성과 사역 목표에 적합한 항목으로 구성되어야 한다. 이를 위해 '평가성 사정(evaluability assessment)'을 통해 해당 정책이 실질적으로 평가 가능한지를 사전에 점검하고, 실행가능성과 유용성을 고려한 평가설계가 이루어져야 한다.

3. 인과모형의 작성

인과모형은 정책의 투입(input), 활동(activity), 산출(output), 결과(outcome) 사이의 논리적 흐름을 도식화하고, 정책수단과 성과 사이의 인과관계를 가설 형태로 구성하는 작업이다. 예를 들어, '새벽기도 운동'이라는 정책이 성도의 기도생활 증진 및 공동체 영성 강화로 이어지는 과정을 단계별로 서술하는 것이다.

이 과정은 신학적 함의를 놓치지 않으면서도 실증적 분석을 가능게 하기 위한 것으로, 독립변수(정책), 종속변수(결과), 외생변수(영향 요인) 사이의 관계를 이론적으로 구조화하는 작업이다. 이를 통해 향후 자료수집과 해석의 방향이 정립된다.

4. 자료의 수집 및 분석

자료 수집은 정량적 자료와 정성적 자료를 함께 고려하는 혼합형 방법론(mixed-method approach)이 적절하다. 출석률, 등록자 수, 재정 변화

등은 양적 지표로, 성도들의 신앙 고백, 참여자의 간증, 회중 설문 응답
등은 정성적 자료로 활용된다.

교회정책은 일반 행정정책과 달리, 은혜와 순종, 공동체의 분위기와
기도 등 비가시적인 요인이 중요하게 작용하므로, 단순 수치보다 맥락적
해석과 성도들의 의미 있는 반응 분석이 중요하다. 자료는 일회성이 아
니라 정책 전·중·후에 걸쳐 지속적으로 수집되어야 하며, 분석 단계에
서는 통계기법뿐 아니라 질적 분석틀(예: 주제분석, 내러티브 해석 등)을 적
극 활용할 수 있다.

5. 평가결과의 환류

교회정책평가에서 중요한 마지막 단계는 평가 결과의 환류이다. 평가
결과는 단지 문서화된 보고서로 끝나는 것이 아니라, 교회 정책의 재설
계와 행정운영의 성숙, 그리고 회중의 신뢰 회복에 실질적으로 기여해야
한다. 이를 위해서는 평가 결과가 적절한 방식으로 교회 공동체 안에 환
류되어야 한다.

우선, 평가 결과는 당회나 제직회와 같은 공식 회의체를 통해 공유되
어야 하며, 이는 향후 교회 정책의 방향성과 전략을 수립하는 데 중요한
참고자료로 사용되어야 한다. 또한, 주보나 리더 모임, 성도 간담회 등
을 활용하여 회중과 평가 결과를 투명하게 소통하는 것이 필요하다. 이
러한 과정을 통해 회중은 교회의 결정과 행정에 대해 더 깊은 이해와 신
뢰를 갖게 되며, 교회 전체의 참여와 협력을 유도할 수 있다.

특히 실패나 부족함이 드러난 경우에는 그 결과를 정죄의 도구로 사
용하지 않고, 오히려 신앙적 성찰과 공동체적 학습의 기회로 삼을 수 있
도록 목회적으로 해석하는 것이 중요하다. 이는 공동체가 영적으로 성숙
해가는 과정으로 이어질 수 있도록 돕는 방식이다. 교회정책은 단지 기

능적 행정이 아니라 사람들의 신앙과 이해관계, 감수성이 복합적으로 얽힌 사안이기 때문에, 평가 결과는 비판의 수단이 아닌 회복과 갱신의 동력으로 작용해야 한다.

이러한 환류는 단순한 정보 전달을 넘어서, 공동체 전체가 하나님의 뜻에 더욱 민감하게 반응하고, 함께 성장하며, 더욱 신실한 교회로 나아가도록 돕는 '은혜의 정치(graceful polity)'의 실천적 표현이라 할 수 있다. 따라서 교회정책평가의 결과는 은혜 안에서 성찰하고, 공동체적으로 나누며, 회복과 재도약의 기회로 삼아야 한다. 이것이 바로 성경적이며 목회적인 정책평가의 완결이다.

제4절 교회정책평가의 기준

교회정책평가는 단순히 정책의 성과를 수치적으로 판단하는 것이 아니라, 신학적 가치, 공동체의 건강성, 사역의 실제적 효과성을 다차원적으로 점검하는 과정이다. 이러한 점에서 평가의 기준은 일반 정책학의 틀을 수용하되, 교회적 특수성과 신앙 공동체의 성격을 반영하여 재구성되어야 한다. 아래에서는 Nakamura & Smallwood의 대표적 정책평가기준을 교회 맥락에 맞게 해석하여 설명한다.

1. 목표 달성도(효과성: Effectiveness)

효과성은 정책이 본래 의도한 목적, 즉 하나님의 뜻과 공동체의 사명을 얼마나 충실히 성취했는가를 평가하는 핵심 지표이다. 예를 들어, 주일학교 교재 개편이라는 정책이 실제로 교사의 만족도, 학생의 이해도, 출석률 증가 등으로 이어졌다면, 이는 효과성이 높다고 판단할 수 있다.

그러나 교회정책에서는 가시적 성과뿐 아니라 영적 성과도 고려해야 한다. 예컨대 회중의 신앙적 각성, 회개 운동, 공동체의 연합 등이 숫자로 계량되지 않더라도 하나님의 역사로 나타난 '영적 열매'로 간주될 수 있다. 따라서 교회정책의 효과성 평가는 가시적 · 비가시적 성과를 통합하여 해석해야 하며, 양적 · 질적 평가가 병행되어야 한다.

2. 능률성(Efficiency)

능률성은 주어진 자원(재정, 인력, 시간 등)을 얼마나 효과적으로 사용하여 최대의 성과를 달성했는가를 평가하는 기준이다. 이는 '수단의 경제성'을 다루는 것으로, 정책 목표를 달성하는 데 있어서 자원이 낭비되지 않았는지를 분석한다.

교회에서는 일반 조직과 달리 은혜의 원칙이 우선되므로 단순한 '최소비용 최대효과'의 논리만으로 능률성을 판단하기는 어렵다. 그러나 여전히 교회도 청지기적 자원관리(stewardship)의 책임이 있기 때문에, 목적에 비추어 과도하거나 불균형적인 자원 사용은 비신학적일 수 있다.

예를 들어, 작은 성과를 위해 과도한 재정을 투입한 사역, 반복된 행사로 인한 인력 소진 등이 지속된다면 이는 능률성에서 문제가 있다고 볼 수 있다. 따라서 정책수단과 사역성과 간의 합리적 비율을 판단하는 신학적 능률성 개념이 필요하다.

3. 회중 만족도(Congregational Satisfaction)

교회정책은 교회공동체 전체를 대상으로 하므로, 회중의 반응과 수용 정도는 중요한 평가기준이 된다. 특히 회중이 정책을 어떻게 인식하고, 그 결과에 대해 어떤 태도를 갖는가는 교회정책의 정당성 확보에 필수적이다.

이때의 만족도는 단순히 '기분 좋음'이나 '편리함' 수준이 아니라, 회중이 해당 정책을 자신의 신앙생활과 공동체의 필요에 적절하다고 느꼈는지에 대한 전인적 수용을 의미한다. 이는 주관적이지만 매우 중요한 요소로, 사역 이후 회중의 설문조사, 간담회, 의견 수렴 등을 통해 정성적으로 파악할 수 있다.

특히 장로교회의 경우 회중의 참여와 합의가 강조되는 정치 원리를 고려할 때, 정책평가에서 회중의 인식과 경험에 대한 반영은 정책적 수용성과 설득력을 강화하는 핵심 요소로 작동한다.

4. 수혜자 대응성(Beneficiary Responsiveness)

이 기준은 정책이 실제 수혜자들의 필요와 기대에 얼마나 적절하게 대응했는가를 평가한다. 예컨대 '청년부 전도 프로그램'이라는 정책이 기획되었을 때, 청년 구성원의 현실적 고민과 영적 갈급함에 실질적인 응답이 되었는지 여부를 판단하는 것이다.

이러한 수혜자 대응성은 단순한 응답률이나 참여율이 아니라, 수혜자의 인지된 욕구(perceived needs)와 정책 간의 적합도를 중심으로 판단해야 한다. 또한, 해당 사역이 수혜자들로 하여금 자발적 헌신, 공동체 소속감, 신앙 성장으로 나아가게 했다면, 높은 대응성을 인정할 수 있다.

특히 이 기준은 사역의 현장성과 목회적 감수성을 반영하는 지표로서, 정책이 단지 형식적이거나 당회 주도의 일방적 집행에 그치지 않았는지를 평가하는 중요한 척도이다.

5. 체제유지도(System Maintenance)

체제유지도 정책이 교회의 조직적 안정성과 정체성 유지에 기여했는지 여부를 의미한다. 즉, 정책이 갈등을 촉진하거나 혼란을 야기한 것이 아니라, 공동체의 질서, 사명, 규범을 강화하는 방향으로 작용했는지를 평가한다.

예컨대, 당회가 추진한 조직 개편 정책이 오히려 교회 내 위계질서를 왜곡하거나, 공동체 내 불신을 초래했다면 이는 체제유지에 실패한 평가가 될 수 있다. 반대로, 정책을 통해 교회의 신학적 일관성, 리더십의 신뢰, 회중의 질서 있는 참여가 증대되었다면 이는 성공적인 체제유지로 판단할 수 있다.

장로교회 polity에서 체제유지는 매우 핵심적인 개념이다. 이는 단지 조직 보전을 의미하는 것이 아니라, 장로교회의 회의정치와 치리 구조가 공정하고 안정적으로 작동하도록 정책이 기여하였는지를 살피는 것이다. 결국 체제유지는 질서와 평화의 복음적 가치가 교회 구조 안에서 구현되고 있는지를 가늠하는 기준이다.

제5절 교회정책평가의 유형

교회정책평가는 그 시기, 목적, 접근 방식에 따라 다양하게 나뉘며, 이는 단순한 평가기법의 차이를 넘어 정책에 대한 신학적 이해와 실천적 목표에 깊은 영향을 미친다. 다음은 주요한 평가 유형을 요약 정리한 것이다.

1. 시기에 따른 평가 유형

1) 형성적 평가(Formative Evaluation)

정책이 집행 중이거나 초기 단계에 있을 때 수행되는 평가로, 정책의 방향, 수단, 실행 과정이 적절한지를 점검하고, 실시간 수정과 개선을 가능하게 한다.

예: 소그룹 훈련 중간 점검 → 교재 수준, 리더 역량, 회중 반응 분석

이 평가는 성령의 인도하심에 귀 기울이며 유연하게 정책을 조정할 수 있도록 돕는 실천도구이다.

2) 총괄적 평가(Summative Evaluation)

정책이 완료된 이후, 정책 목표가 달성되었는지 여부를 종합적으로 평가한다.

예: 다음세대 양육정책 → 출석률, 신앙 고백, 부모 만족도 분석

주로 외부 평가자나 중립적인 시각에서 수행되며, 영적 열매에 대한 신학적 해석이 병행되어야 한다.

2. 목적에 따른 평가 유형

1) 과정평가(Process Evaluation)

정책이 계획대로 충실히 실행되었는가를 살펴보는 평가이다. 정책의 효과보다, 그 절차와 집행의 정당성, 투명성을 중점적으로 본다.

예: 리더 교육, 예산 집행, 일정 운영 등이 기준에 맞게 이루어졌는가?

교회 내 갈등과 실패는 종종 결과보다 과정의 왜곡에서 비롯되므로 매우 중요한 평가 방식이다.

2) 영향평가(Impact Evaluation)

정책이 교회와 회중, 지역사회에 어떤 구체적 변화나 효과를 가져왔는지를 분석한다.

예: 노숙인 사역 → 단순 급식인지, 복음적 돌봄과 회심까지 연결되었는지 확인

가시적 성과뿐 아니라, 공동체 연대감, 정체성 회복 등 비가시적 성과도 평가 대상이다.

3) 포괄적 평가(Comprehensive Evaluation)

과정과 결과를 함께 평가하여 정책 전반을 입체적 · 통합적으로 분석하는 방식이다.

예: 교육 사역 → 집행과정, 결과, 회중 수용성, 조직 간 연계성 등 전반 분석

특히 비전 수립, 장기 전략 평가, 교단 단위 사역 분석에 적합하다.

3. 특수한 교회정책평가 유형

교회는 다양한 이해관계자와 복합적인 사역 환경 속에서 정책을 수행하기 때문에, 전통적인 평가 방식 외에도 교회 현실에 특화된 평가 유형이 존재한다. 이러한 평가들은 상황과 목적에 따라 선택적으로 적용되며, 교회정책평가의 신학적 정당성과 실천적 유용성을 더욱 풍부하게 만든다.

첫째, 이해관계자 중심 평가는 정책에 영향을 받는 당회, 성도, 교육부서, 선교부 등 다양한 집단의 의견을 균형 있게 반영하는 방식이다. 이는 특정 집단의 시각에 편중되지 않도록 하며, 공동체 전체의 수용성을 높이는 데 기여한다.

둘째, 활용성 중심 평가는 평가 결과가 단지 기록에 그치지 않고 실제로 목회 현장이나 정책 결정 과정에 반영되도록 설계하는 방식이다. 이 평가 유형은 '실천 가능성'과 '현장 적용성'을 중시하며, 평가 자체가 다음 정책을 위한 자원이 되도록 만든다.

셋째, 자연주의적 평가는 사역 현장의 실제 문맥과 관계, 문화적 배경 등을 심층적으로 관찰하고 기술하는 평가 방식이다. 이는 정해진 수치나 틀에 얽매이지 않고, 정성적이고 맥락 중심적인 해석을 가능케 한다.

넷째, 대향적 평가는 정책에 대해 서로 다른 견해(찬성 · 반대)를 가진 입장을 수렴하고 비교함으로써, 보다 균형 잡힌 분석을 도출하는 방식이

다. 이는 갈등 상황에서 정책의 공정성과 신뢰를 확보하는 데 유용하다.

마지막으로, 유사평가는 실질적인 분석 없이 외형적인 절차만을 수행하는 평가로, 통계 나열이나 관행적인 보고에 그치는 경우를 말한다. 이는 평가 본래의 목적을 훼손할 수 있으므로 피해야 할 유형이다.

결론적으로, 교회정책평가의 유형은 정책의 생애주기, 목적, 신학적 맥락에 따라 달라지며, 하나님의 뜻에 대한 분별과 공동체의 건강한 사역을 위한 도구로 활용되어야 한다. 평가 방식은 기술적 절차가 아니라, 하나님의 사역에 대한 정직한 응답과 순종의 표현이 되어야 한다.

제6절 교회정책평가의 논리와 방법

정책평가는 단순한 결과 분석이 아니라 타당한 논리 구조와 엄밀한 방법론 위에 구축되어야 하며, 이는 교회정책평가에서도 동일하게 적용된다. 교회정책은 신앙과 실천이 통합된 영역이므로, 평가의 논리 또한 인과적 추론과 신학적 정합성, 그리고 타당성과 신뢰도 확보를 통해 정당화되어야 한다. 아래에서는 교회정책평가의 논리적 구조와 주요 방법론을 정리한다.

1. 인과적 추론과 평가의 타당성 · 신뢰도
1) 인과적 추론의 의의와 조건

정책평가는 'A라는 정책을 시행했더니 B라는 결과가 나왔다'는 인과적 추론(causal inference)에 기반을 둔다. 그러나 교회정책에서 단순히 두 변수 간의 연관성을 발견했다고 해서 곧바로 인과관계가 성립되는 것은 아니다. 이를 위해서는 다음과 같은 세 가지 기본 조건이 충족되어야 한다.

가. 시간적 선행성: 정책(A)이 결과(B)보다 먼저 발생해야 한다.

나. 공동변화(co-variation): 정책의 변화가 결과의 변화와 일치해야 한다.

다. 경쟁가설의 배제(non-spuriousness): 제3의 외부 요인(예: 사회환경, 리더십 교체 등)이 결과에 영향을 주지 않았음을 증명해야 한다.

예컨대, 전도 캠페인 이후 등록자 수가 증가했다는 결과만으로 해당 캠페인이 직접적인 원인이라 단정할 수 없다. 다른 교회행사나 외부 요인이 작용했을 가능성을 철저히 분석하고 통제하는 작업이 필요하다.

2) 평가의 타당성(validity)

평가에서 타당성이란 우리가 측정하고자 하는 것을 제대로 측정했는가를 묻는 기준이다. 이는 단지 통계적 정확성을 넘어서, 평가가 신학적으로나 실천적으로 얼마나 의미 있는가를 가늠하는 기준이기도 하다.

(1) 구성 타당성(Construct Validity)

정책이 추구한 개념(예: '영적 성장', '신앙의 성숙', '공동체 연합')이 실제 지표로 어떻게 조작화되었는지를 점검한다. 예를 들어, '신앙의 성숙'을 단지 예배 출석률로만 측정할 수는 없다. 설문, 인터뷰, 간증문, 사역 참여도 등 다양한 자료가 함께 해석되어야 한다.

수렴 타당성은 동일 개념에 대해 다양한 방식의 측정이 유사한 결과를 내는가?

차별 타당성은 다른 개념과는 확연히 구별되는가?

(2) 내적 타당성(Internal Validity)

정책이 결과에 실제로 영향을 미쳤는지를 평가한다. 이는 경쟁 원인의 통제, 집행 맥락의 정확한 이해, 실험 설계의 정밀성을 필요로 한다. 교회정책은 종종 공동체 전반에 영향을 주기 때문에, 정책 외적인 요인을 분석하지 않으면 내적 타당성이 저하된다.

(3) 외적 타당성(External Validity)

이 정책 평가 결과가 다른 교회, 다른 시기, 다른 상황에도 일반화될 수 있는가를 묻는 기준이다. 예를 들어, 도시 대형교회에서 성공한 정책이 농촌 소형교회에서도 동일한 효과를 낼 것인가는 별도로 검토되어야 한다.

호손효과, 샘플의 대표성 결여, 반복 처치의 영향 등은 외적 타당성을 제한하는 요인이다.

(4) 통계적 결론 타당성(Statistical Conclusion Validity)

정책이 실제로 효과가 있었는지를 통계적으로 검증할 수 있는가? 이는 설계의 정밀도, 측정 도구의 신뢰성, 자료의 일관성 등이 중요하다.

제1종 오류: 효과 없음에도 있다고 판단

제2종 오류: 실제 효과가 있음에도 없다고 판단

제3종 오류: 정책 목표 자체를 잘못 정의한 오류

이러한 오류를 줄이기 위해서는 정확한 변수 설정과 평가 목적의 일관성이 요구된다.

3) 평가의 신뢰도(Reliability)

신뢰도란 동일한 측정을 반복했을 때 일관된 결과가 나타나는 정도를 의미한다. 이는 평가도구나 분석자의 일관성 여부와 깊이 관련되며, 신뢰도 확보 없이는 타당한 결론도 얻기 어렵다.

가. 재검사법(Test-Retest): 동일한 도구로 반복 측정하여 결과 비교

나. 평행양식법(Parallel Form): 유사한 도구를 병행 사용하여 검증

다. 내적 일관성: 설문지 문항들 간의 상호 연관성(예: Cronbach α계수)

신뢰도는 타당성의 필요조건이지 충분조건은 아니므로, 반드시 타당성과 함께 고려되어야 한다.

2. 교회정책평가의 방법론

1) 실험 설계(Experimental Design)

정책효과를 명확히 파악하기 위해 실험집단(정책을 시행한 집단)과 통제집단(정책을 시행하지 않은 집단)을 설정하여 비교 분석하는 방법이다.

(1) 진실험 설계(true experiment)

두 집단을 무작위로 배정하여 동질성 확보 후 효과를 비교. 내적 타당성은 높지만, 실제 목회 현장에서는 실행이 어려울 수 있음.

(2) 준실험 설계(quasi experiment)

무작위 배정이 불가능할 경우 유사한 조건을 가진 집단끼리 짝을 지어 비교. 현실성은 높지만 내적 타당성은 다소 낮아질 수 있음.

예: 소그룹 양육 프로그램을 A교구에는 시행하고 B교구에는 시행하지 않아 그 효과를 비교

2) 비실험 설계(Non-Experimental Design)

통제집단 없이 정책을 시행한 단일 집단 내의 전후 변화만을 분석하는 방식으로, 교회 현실에서 자주 사용된다.

(1) 단일집단 사전·사후 비교: 정책 전후의 변화 관찰

(2) 사후 비교집단 설계: 정책 시행 후 유사 집단과 비교

(3) 단절 시계열 분석: 장기간의 데이터를 기반으로 변화 추이 분석

비실험 설계는 외적 타당성과 현실 적용성은 높지만, 인과관계 해석이 제한적이므로 통계적 통제기법이나 정성자료의 보완이 필요하다.

3) 논리모형(Logical Model)과 목표모형(Goal Model)

(1) 논리모형

정책의 전체 구조(투입 → 활동 → 산출 → 결과)를 논리적 인과관계로 표현하는 모형.

예: 교육정책 → 교사 훈련 → 학습 활동 증가 → 신앙지식 향상

인과구조를 시각화하여 평가 타당성을 높이고, 사역의 문제 구조를 명확하게 드러냄

(2) 목표모형

정책이 달성하고자 한 단기 · 중기 · 장기 목표가 실제로 실현되었는지를 중심으로 평가

예: "3개월 내에 청소년 출석률 20% 향상" → 분기별 확인 → 목표 달성 여부 판단

명확성, 측정가능성, 우선순위 설정 등의 기준으로 평가 설계

이러한 모형은 평가의 객관성과 일관성을 제공하며, 신학적 목적과 실천적 성과를 연결짓는 중요한 도구로 활용될 수 있다.

제7절 교회정책평가의 한계

교회정책평가는 그 중요성과 필요성에도 불구하고, 현실적 · 신학적 · 제도적 제약으로 인해 다양한 한계에 직면한다. 평가가 왜곡되거나 무력화될 경우, 오히려 정책의 방향성을 흐리고 공동체의 신뢰를 약화시키는 부작용을 초래할 수 있다. 따라서 이러한 한계를 명확히 인식하고, 이를 극복하기 위한 신학적 · 실천적 지혜가 필요하다.

1. 평가 목적의 오용 또는 혼란

교회정책평가가 그 본래의 목적, 즉 하나님의 뜻에 대한 순종과 공동체의 성찰이라는 신학적 기초 위에 서 있지 않을 경우, 평가 자체가 정치적 도구화되거나 형식주의로 전락할 수 있다.

예를 들어, 특정 정책의 평가가 리더십을 정당화하거나, 내부 갈등을 무마하기 위한 수단으로 이용된다면, 그 평가는 진정성 있는 성찰이 아

니라 권력 구조의 유지를 위한 장치가 될 수 있다. 또한 단지 '연례보고용'이나 '실적 나열'로 평가가 진행될 경우, 사역의 깊은 내적 의미와 열매를 외면한 피상적 평가로 전락하게 된다.

2. 신앙과 측정의 긴장

교회정책은 본질상 영적 실천이며, 그 성과 또한 하나님의 주권 아래 이루어지는 영적 열매이므로, 이를 수치로 단순화하거나 계량화하기 어렵다는 근본적 긴장이 존재한다.

예를 들어, "성도의 신앙 성장"이나 "공동체의 성숙"과 같은 개념은 매우 중요하지만, 이를 평가 가능한 변수로 조작화하기가 쉽지 않다. 이러한 항목을 단순한 출석률, 헌금액, 행사 참여도 등으로 환원시킬 경우, 정량적 지표가 신앙의 본질을 왜곡할 위험이 있다.

이러한 한계를 극복하기 위해서는 정성적 접근(qualitative approach)이 필수적이며, 설문지, 심층 면담, 간증, 사례연구, 관찰 기록 등 다양한 도구를 통해 비가시적 열매들을 포착해야 한다.

3. 평가의 자율성과 독립성의 제약

교회 내 정책평가는 종종 집행자와 평가자의 동일성 문제를 안고 있다. 이는 곧, 평가의 객관성과 비판적 거리두기가 어려운 상황을 초래할 수 있다. 예컨대, 당회나 부서장이 주도한 정책을 동일 인물이 평가한다면, 피평가자가 자기 평가를 수행하는 구조가 형성되어 자기합리화, 오류 은폐, 긍정 편향의 위험이 크다.

교회정책평가는 공동체 신뢰를 전제로 하므로, 외부 전문가나 독립된 평가위원회 구성이 필요하지만, 대부분의 교회는 이에 필요한 인적·재정적 자원을 확보하지 못하고 있는 실정이다.

4. 회중 참여의 제한

평가는 교회공동체 전체의 사역에 대한 성찰이어야 하지만, 실제로는 소수의 리더 중심으로 진행되는 경우가 많다. 이는 회중이 자신의 신앙 경험과 의견을 표현할 기회를 갖지 못하게 하며, 결과적으로 평가 결과의 수용성과 대표성을 약화시킨다.

또한, 회중의 참여를 유도하기 위한 시스템(예: 익명 설문, 간담회, 피드백 창구 등)이 미흡할 경우, 소통의 단절과 정책 불신을 초래할 수 있다. 따라서 평가 설계 단계부터 회중의 목소리를 반영할 수 있는 구조적 장치가 마련되어야 하며, 이는 장로교적 회의정치 원리와도 부합한다.

5. 신학적 해석의 미비

정책평가에서 수집된 데이터와 현상들은 신학적 해석을 통해 재조명되어야 의미를 갖는다. 그러나 많은 경우, 평가 결과를 단순히 '성공/실패'로 이분법적으로 처리하거나, 통계 수치로만 해석하는 경향이 있다. 그 결과, 영적 성장, 말씀의 역사, 성령의 감동과 같은 신학적 의미가 평가 결과에서 소외되는 현상이 발생한다.

교회정책평가는 신학적 언어와 해석틀을 갖춘 해설자의 참여가 반드시 필요하며, 이는 평가의 실천신학적 깊이를 더하고, 결과이 수용성을 높이는 데 기여할 수 있다.

6. 평가 활용의 저조

많은 경우 평가 결과가 단지 기록으로 남을 뿐, 실제 정책 개선이나 전략 변화로 연결되지 않는 경우가 있다. 이는 평가 자체가 목회 전략의 일환으로 통합되지 못하고, 별개의 행정작업처럼 고립되어 있기 때문이다.

이러한 활용 저조는 평가 참여자들에게 실망과 피로감을 안기고, 이후 평가 참여율과 신뢰도를 저하시킨다. 따라서 평가 결과는 목회전략회의, 교회행정회의, 사역 워크숍 등과 연계되어 실질적 변화를 유도해야하며, 이에 따른 피드백 루프(feedback loop)를 제도적으로 구축하는 것이 중요하다.

결론적으로, 교회정책평가는 복음적 가치에 기반을 둔 성찰적 실천이자 신학적 행정의 완성이다. 그러나 위와 같은 다양한 한계에 직면할 수 있음을 인식하고, 공정성, 정직성, 신학성, 공동체성을 기반으로 제도를 개선하고 실천을 발전시켜 나가는 지속적 노력이 필요하다. 이를 통해 교회는 하나님의 뜻을 공동체 안에서 구체적으로 실현해가는 살아 있는 정책 공동체로 성장할 수 있을 것이다.

제8절 교회정책평가의 유의점

교회정책평가는 단지 성과 측정의 기능적 절차에 머무르지 않는다. 이는 교회 공동체가 하나님의 뜻 앞에서 자신의 사역을 성찰하고, 행정적 체계를 갱신하며, 더 나은 섬김으로 나아가기 위한 본질적 과정이다. 그러므로 정책평가를 수행할 때는 행정학적 기법뿐 아니라, 신학적 성찰과 공동체적 감수성을 함께 고려해야 한다.

1. 비판이 아닌 회복을 위한 평가

교회정책평가의 목적은 사람이나 사역을 비난하거나 정죄하는 데 있지 않다. 오히려 그 본질은 하나님의 사명을 회복하고, 공동체를 보다 성숙하고 건강한 방향으로 이끌기 위한 회복 중심의 평가에 있다. 교회행정은 조직의 유지가 아니라 하나님 나라의 실현을 목표로 한다. 그러므로 평가는 잘못을 드러내기보다, 은혜 안에서 사명을 다시 붙잡고 실천력을 회복하도록 돕는 사역의 연장선이다.

특히 백석총회는 개혁주의생명신학의 핵심 실천운동으로 '회개와 용서운동'을 강조하며, 성령께서 도우실 때 진정한 용서와 화해가 가능함을 고백한다.

"성령께서 도우시면 용서할 수 있다"는 이 고백은 교회행정 안에서 평가가 정죄가 아닌 회복의 길이 되게 하는 신학적 기준점이다.[64]

평가는 하나님께서 교회를 새롭게 하시기 위한 은혜의 도구로 이해되어야 하며, 그 목적은 항상 회복과 재건에 있다.

2. 진실성과 겸손

정책평가는 하나님의 임재 앞에서 이루어지는 성찰의 시간이다. 따라서 평가자는 평가 결과를 인간적 기준이나 감정이 아니라, 하나님 앞에서의 진실성과 겸손한 태도로 수용해야 한다. 교회행정의 대상은 단지 업무(process)가 아니라 사람(people)이며, 이는 곧 하나님의 형상을 따라 지음 받은 공동체를 다루는 일이다.

평가의 진실한 수용은 곧 회개의 시작이며, 진정한 회개는 성령의 인도하심 속에서만 가능하다. 교회는 회개의 영을 구하며, 겸손히 배우는 자세로 하나님의 뜻을 실천하려는 영적 태도를 갖추어야 한다.

3. 교인 참여의 확대

교회정책의 평가와 환류는 단지 교역자나 당회 중심의 일이 아니라, 전 교인이 참여하는 공동체적 작업이 되어야 한다. 이는 행정의 정당성과 민주성을 확보하고, 공동체 내 신뢰와 소통을 증진하는 핵심

---

64) 장종현, 「개혁주의생명신학」, 173.

원리이다.

백석총회의 개혁주의생명신학은 "성령 공동체로서의 교회"를 강조하며, 모든 성도의 참여와 순종, 그리고 화해와 회복을 사역의 동력으로 삼는다.

따라서 평가와 환류 과정에서도 성도들이 단순한 수혜자가 아니라 사역의 공동 주체로 참여해야 하며, 그들의 목소리가 반영될 때에만 진정한 변화와 헌신이 일어난다.

결론: 정책평가와 환류는 교회의 거룩한 자기 성찰이다

교회정책평가와 환류는 교회의 프로그램이나 사업의 성패를 따지는 기술적 절차를 넘어, 교회가 하나님 앞에 얼마나 충실히 응답했는지를 점검하는 거룩한 자기 성찰의 과정이다. 행정학적으로는 정책 사이클의 후반부에 해당하지만, 신학적으로는 회개와 순종, 갱신과 성숙의 영적 여정이 된다. 이는 성령의 조명 아래에서만 바르게 수행될 수 있으며, 교회는 이를 통해 하나님의 뜻에 부합하는 사역 공동체로 재형성된다.

백석총회는 개혁주의생명신학을 통해 회개와 용서, 그리고 영적 회복이 성령의 도우심 가운데 이루어질 수 있음을 강조한다.

"성령께서 도우시면 용서할 수 있다"는 선언은, 교회가 행정적 평가를 넘어서 하나님의 거룩함에 참여하는 방식임을 말해준다.

사도 바울이 에베소서에서 말했듯이, "그리스도께서 자기 앞에 영광스러운 교회로 세우사 티나 주름 잡힌 것이나 이런 것이 없이 거룩하고 흠이 없게 하려 하심이라"(엡 5:27)는 말씀은 교회행정도 거룩하게 하나님의 뜻에 맞춰 정결하게 관리되어야 함을 시사한다. 이때 중요한 것은 끊임없는 자기 반성과 환류를 통해 새로운 은혜의 질서로 나아가려는 교회의 지속적 개혁 정신이다. 평가와 환류는 바로 이 '자기 갱신의 질서'를 가능하게 만드는 도구이며, 교회가 세상 속에서 거룩함을 실천하는 방식이 되어야 한다.

제9절 종합 정리 및 결론

1. 종합 정리

교회정책평가는 교회 공동체가 하나님의 뜻에 따라 수립한 정책이 신학적 정당성과 공동체적 실천성을 갖추고 실행되었는지를 점검하는 총체적 성찰의 과정이다. 이는 단순한 행정 관리의 영역을 넘어, 하나님 나라의 가치가 교회 현실 속에 어떻게 구현되고 있는가를 평가하는 '영적 거울'과도 같다.

이 장에서는 교회정책평가의 전 과정을 다음과 같이 체계적으로 고찰하였다:

제1절에서는 교회정책평가의 의의를 신학적 통치와 영적 분별의 실천으로 이해하였고, 행정적 수단이 아니라 공동체적 책임 수행의 한 형태임을 강조하였다.

제2절에서는 정책평가의 목적을 책임성, 관리성, 지식 창출로 정리하고, 이를 통해 교회의 성숙과 사역의 향상을 도모할 필요성을 밝혔다.

제3절에서는 정책평가가 단순한 결과 점검이 아니라, 목표 설정 → 기준 확인 → 인과구조 설계 → 자료분석 → 피드백 환류로 이어지는 과정 중심의 신학적 실천임을 서술하였다.

제4절에서는 평가기준으로 효과성, 능률성, 회중만족도, 수혜자 대응성, 체제유지도를 제시하고, 이를 교회적 의미로 재해석하였다.

제5절에서는 평가 유형을 형성적 평가, 총괄적 평가, 과정 · 영향 ·

포괄평가 등으로 구분하며, 교회 현장의 맥락성과 실천성을 반영한 방식을 제시하였다.

제6절에서는 인과추론, 타당성, 신뢰도 등 평가의 논리적 구조와 실험·비실험설계, 논리모형 등의 학문적 방법론을 교회에 적절히 적용하는 방안을 제안하였다.

제7절에서는 평가의 한계를 구체적으로 정리하고, 이를 극복하기 위한 신학적·제도적 대안을 모색하였다.

2. 신학적·실천적 결론

교회정책평가는 단지 '무엇을 잘했는가'를 따지는 기능적 점검이 아니라, 하나님의 사역을 어떻게 충실히 수행했는가를 성찰하는 신앙의 행위이다. 따라서 모든 교회정책평가는 말씀에 대한 순종, 성령의 인도하심에 대한 민감성, 공동체적 책임성이라는 세 가지 원리를 중심축으로 삼아야 한다.

1) 말씀 중심의 평가

정책의 기획, 집행, 평가에 이르기까지 모든 과정은 성경의 원리에 기초해야 하며, 평가의 목적도 인간의 성과가 아니라 하나님의 뜻의 실현 여부를 가늠하는 것이어야 한다.

2) 성령의 조명 하에 진행되는 평가

교회정책은 단순한 프로그램이 아니라 성령의 감동으로 세워진 것이므로, 평가는 기도와 분별, 겸손과 지혜 가운데 이뤄져야 한다. 평가란 곧 "성령과 우리는"(행 15:28)의 신앙적 고백 속에 머물러야 한다.

3) 공동체 중심의 평가

교회정책은 특정 리더의 독단이 아니라 공동체적 합의와 참여를 전제로 한 것이므로, 평가는 반드시 회중의 의견과 반응을 반영하고, 공동체 전체의 성찰과 책임 속에서 완성되어야 한다.

3. 실천을 위한 제언

교회정책평가는 단순히 정책의 성패를 가늠하는 사후 점검이 아니라, 하나님 나라의 질서를 교회 공동체 안에 더욱 충실하게 실현하기 위한 신앙적 실천이자 행정적 책임의 행위이다. 실제적 운영을 위해 다음과 같은 제언들을 실행에 옮길 필요가 있다.

1) 평가 기능의 제도화

우선적으로 교회 내 정책평가의 기능이 공식적인 구조 속에 정착되어야 한다. 이를 위해 당회 또는 정책담당 조직 내에 평가 기능을 명시적으로 포함시키고, 정책 집행 이후 반드시 평가 절차가 진행되도록 제도화하는 것이 필요하다. 이는 교회 정책의 지속적인 성찰과 개선을 위한 최소한의 구조적 장치가 된다.

2) 이해관계자 참여 구조의 확장

정책평가는 일부 행정 주체들만의 전유물이 되어서는 안 된다. 오히려 회중, 사역 리더, 평신도 대표, 외부 자문가 등 다양한 이해관계자들이 평가 과정에 직·간접적으로 참여할 수 있는 열린 평가 구조를 마련해야 한다. 이는 공동체적 책임과 투명성의 원리를 구현하는 동시에 평가의 객관성과 수용성을 높이는 데 기여한다.

3) 정성적 평가의 강화

오늘날 많은 교회는 평가를 수치화된 결과 중심으로 이해하지만, 교회 정책의 본질은 신앙과 영성의 변화에 있다. 따라서 단순한 통계나 수치 분석을 넘어서, 신앙고백, 간증, 설문조사, 사례 연구 등 정성적 방법론을 활용하여 영적 열매와 질적 변화를 포착하는 평가가 적극적으로 시행되어야 한다. 이러한 평가는 교회 공동체 내에서 일어나는 은혜의 흐름과 신앙의 성숙을 더욱 정확히 반영할 수 있다.

4) 평가 결과의 환류 체계 강화

정책의 평가는 단지 결과를 문서화하는 데 그쳐서는 안 된다. 오히려 그 결과는 사역 전략회의나 중장기 비전 수립 과정에 적극적으로 반영되어야 하며, 주보, 리더 모임, 성도 간담회 등 다양한 채널을 통해 회중과 투명하게 소통되어야 한다. 또한 평가 결과가 단지 실패나 성과를 나열하는 보고서가 아니라, 교회의 성숙과 갱신을 위한 영적 피드백이 되도록 해석되고 적용되어야 한다.

결론적으로, 교회정책은 단지 행정적 운영을 위한 기술이 아니라, 하나님의 뜻을 교회 공동체 안에 구체화하려는 거룩한 시도이다. 그리고 정책에 대한 평가는 그 시도의 순전함과 정직함을 점검하고, 더 나은 실천으로 나아가기 위한 신앙적 반성의 작업이다. 따라서 교회정책평가는 단순한 조직관리의 도구가 아니라, 하나님 나라를 향한 공동체의 걸음을 더 깊이 성찰하고 조정해 가는 신앙의 과정으로 회복되어야 한다.

이러한 평가가 건강하게 제도화되고 실행될 때, 교회는 더욱 신실한 하나님 나라의 대리체로서, 역동적이고 성숙한 공동체의 모습을 회복하게 될 것이다.

제7장 교회정책 사례연구

case 1. 슬로브핫의 딸들과 여성 안수 정책
– 백석총회의 여성 목사 안수 사례를 중심으로–

1. 들어가며

교회정책은 하나님의 뜻을 구현하는 공적 실천이다

교회정책은 단순히 행정적 의사결정이나 조직 운영을 위한 수단이 아니라, 하나님 나라의 가치와 질서를 교회 공동체 안에서 구체적으로 구현해 나가는 신학적 실천이다. 다시 말해, 교회정책은 내면의 신앙 고백이 외부 현실 속에서 제도와 규범, 질서로 표현되는 하나님의 뜻의 제도적 형식이며, 하나님 통치의 실질적 구현 양상이라 할 수 있다.특히 오늘날의 교회는 단지 예배와 교육, 선교의 틀을 넘어, 교회 구성원들이 실제로 살아가는 사회·문화적 맥락 속에서 공공성과 정의, 질서와 생명, 권리와 사명이 조화롭게 구현되도록 돕는 정책을 수립하고 집행해야 할 책임이 있다.

이러한 정책의 실천적 본질은 제도적 사각지대에 놓여 있던 자들을 하나님의 정의 안으로 포함시키는 데에서 더욱 분명히 드러난다. 곧 교회정책은 단지 다수의 이익을 대변하는 것이 아니라, 종종 제도적으로 소외된 구성원—예컨대 여성, 청년, 평신도, 또는 복합적 경계에 위치한 사역자들—을 하나님의 시선과 공의의 원리로 수용해 가는 과정이다. 이것은 교회가 얼마나 하나님의 생명과 정의를 공동체 안에서 실천적으로 구현해 나가고 있는지를 가늠하는 척도가 되며, 하나님 나라 운동의 정책적 지표로도 작용한다.

이와 관련하여 구약 민수기 27장과 36장에 기록된 슬로브핫의 딸들에 대한 상속법 개정 사건은 하나님의 정의와 공동체 질서가 어떻게 긴장 속에서도 새롭게 확장되는지를 보여주는 대표적인 사례이다. 이 사건은 당시 법적 체계 속에서 제도적으로 배제되었던 여성들이 하나님의 뜻을 호소하고, 공동체의 중심인 제사장과 지도자들이 그 요청을 하나님께 아뢰며, 결국 하나님의 응답을 통해 새로운 규례가 형성되는 공적 정책결정의 성경적 전형으로 볼 수 있다. 특히 이는 하나님의 정의가 단지 고정된 법의 수호를 넘어서, 공동체의 상황 속에서 새로운 질서를 세우는 갱신의 원리임을 드러낸다.

오늘날 대한예수교장로회 백석총회가 겪었던 여성 목사 안수 논의는 바로 이러한 성경적 흐름과 구조적 유사성을 지닌다. 2009년 제32회 총회에서 여성 목사 안수 문제가 공식적으로 정책의제로 상정되었으며, 이후 총회 내에서는 그 신학적 정당성과 제도적 가능성을 둘러싸고 깊은 논의와 정책결정의 진통을 겪게 되었다. 안수는 단순한 직무 부여가 아니라, 공동체가 하나님의 부르심을 어떻게 인식하고 공적으로 승인할 것인가에 대한 신학적 실천이기 때문이다. 이 논의는 단지 시대적 흐름을 따라가는 것이 아니라, 교회가 하나님의 뜻을 시대적 상황 속에서 어떻게 책임 있게 제도화할 것인가에 대한 정직한 성찰이었다.

결국 백석총회는 제34회기인 2011년에 여성 목사 안수를 위한 헌법 개정과 시행령 등 모든 법적 제도를 정비하였고, 이는 공동체 전체가 여성 사역자의 사역과 소명을 인정하고 이를 제도적으로 승인한 결정적 이정표가 되었다.[65] 이어 2012년에는 여성 목사 안수가 실제로 시행됨으로써, 논의와 결정을 넘어 정책집행이 실질적으로 이루어진 사례가 되었다. 이로써 백석총회는 하나님의 뜻을 공동체 정책으로 구현하고, 그것을 현실화하며, 제도 안에서의 신학적 실천을 완성한 대표적 사례로 자

---

65) 대한예수교장로회총회(백석), 「한국교회사: 백석총회 설립 45주년 기념」 (서울: 기독교연합신문사, 2023), 517-525.

리매김하게 되었다.

이러한 정책 집행은 단순한 법적 실행이 아니라, 교회의 신학적 결단과 공적 신뢰, 그리고 제도적 사명의 총합이 이루어진 성취였다. 본 논의에서는 이 모든 과정을 정책학적 분석틀에 따라 정책의제 설정, 정책결정, 정책집행, 그리고 정책평가까지의 흐름으로 재구성하며, 이를 성경 본문과 백석총회의 실제 사례에 따라 통합적으로 분석할 것이다. 이를 통해 하나님의 나라 운동을 제도와 사역 속에서 실현하는 교회정책의 모범 사례로서 백석총회의 여성 목사 안수 정책을 조명하고자 한다.

2. 정책의제: 배제된 존재의 문제 제기와 공동체의 신학적 응답

(민수기 27:1 - 4, 백석 제32회 총회 2009년 안수건 상정)

민수기 27장에서 슬로브핫의 다섯 딸들은 아버지가 아들이 없이 죽자, 기업 상속에서 배제되는 상황을 맞이한다. 그들은 모세와 제사장, 족장 앞에 나아가 "우리 아버지의 이름이 지워지는 것이 옳으냐"고 공적으로 질문한다(민 27:4). 이는 사적 청원이 아닌, 제도적 불평등을 바로잡아달라는 정책의제화였다. 이 과정은 하나님 나라 공동체 내에서 배제의 문제를 공적 담론으로 끌어올리는 용기 있는 행위였다.

백석총회에서도 유사한 흐름이 나타났다. 2009년 제32회 총회에서 여성 목사 안수 문제가 처음 상정되었고, 이는 곧 여성 사역자들의 제도적 위치와 사역 인정 여부에 대한 교단 전체의 신학적 응답을 요구하는 이슈로 부각되었다. 이는 단순히 "여성도 목사가 될 수 있는가?"라는 자격의 문제가 아니라, 하나님의 부르심 앞에서 성별에 따른 사역 제한이 정당한가?라는 근본적 질문이었다.

3. 정책결정: 하나님의 뜻에 근거한 정의 실현과 제도화

(민수기 27:5–11, 백석 제34회기 2011년 법적제도 정비 완료)

슬로브핫 딸들의 요청에 대해 모세는 인간적 판단을 유보하고 여호와께 아뢰었다(27:5). 하나님은 그들의 요구를 "정당하다"(27:7)고 인정하시며, 상속법을 전체 공동체에 적용되는 새로운 법령으로 개정하신다(27:8–11). 이 결정은 하나님의 정의가 기존의 전통과 법을 초월하여 배제된 자를 품는 방향으로 공동체 질서를 개혁하는 방식임을 보여준다.

이와 유사하게, 백석총회는 여성 안수 문제를 단지 논란거리로 남기지 않고, 제34회기(2011년)에 이르러 모든 헌법과 규범, 시행령 등 법적제도 정비를 완료하였다. 이는 성경적 원리에 따라 여성의 사역이 배제되지 않도록 제도 자체를 새롭게 구성한 결정이었다. 다수의 교단 내 의견 차이와 신학적 우려, 전통에 대한 존중 속에서도, 총회는 신학적 정당성과 제도적 합리성을 동시에 확보한 정책결정을 내렸던 것이다.

4. 정책집행: 정의의 실제화와 공동체 수용의 실현

(민수기 36장, 백석총회 2012년 실질적 여성 목사 안수 시행)

민수기 36장은 슬로브핫 딸들에게 유산이 주어졌지만, 이를 둘러싸고 지파 간 갈등이 재발하는 장면을 기록한다. 하나님의 응답은 유산을 허락하되 질서를 보완하는 방식으로, 동일 지파 내 결혼을 지시하셨다(36:6). 이는 하나님의 정의와 공동체 질서가 충돌하지 않도록 균형 있는 집행이 필요하다는 점을 시사한다.

백석총회는 2012년에 실제 여성 목사 안수를 단행함으로써, 그동안의 제도 개혁이 공적 현실로 구현되는 정책집행의 완성을 이룬 셈이다. 이는 단지 한 명의 여성이 목사로 인정받는 사건이 아니라, 공동체 전체가 하나님 나라의 질서를 실천적으로 수용해가는 과정이었다. 일부의 우려나 전통적 저항에도 불구하고, 총회는 교회정책의 일관성과 신학적 책임성을 유지하며 집행에 이르렀다.

5. 정책평가: 우려 없는 정착과 하나님 나라 확장의 진일보

슬로브핫의 딸들의 제도 개혁은 이후 이스라엘 전체의 상속법과 공동체 규범에 표준이 되었다. 이는 일회성 사건이 아니라, 공공적 규례로서 지속가능한 정책 평가의 긍정적 사례가 된 것이다.[66]

백석총회의 여성 목사 안수 정책 역시 시행 이후 내부적 분열이나 신학적 일탈에 대한 우려 없이 안착되었고, 오히려 여성 목회자들의 다양한 사역 현장에서 하나님 나라 확장과 복음의 진일보된 사역을 이루어내고 있다. 이는 정책의 성공적인 평가 기준에 부합하며 다음과 같은 결론을 이끌어낸다.

(1) 정당성: 성경에 기반한 신학적 타당성을 갖춘 결정

(2) 수용성: 총회와 지교회, 평신도 간의 수용성과 적응력이 확보됨

(3) 효과성: 여성 리더십을 통해 교단 사역의 지평이 확장됨

6. 나오며: 슬로브핫의 딸들에서 백석총회까지
- 생명과 정의의 정책 여정-

슬로브핫의 딸들은 하나님 나라 공동체 내에서 소외된 자들의 목소리가 하나님의 응답을 통해 공동체를 새롭게 하는 전환점을 마련했다. 이는 오늘날 교회정책이 따라야 할 본질을 보여준다. 백석총회의 여성 목사 안수 정책은 그러한 전통 위에서, 말씀과 신학에 입각한 정당한 문제제기, 하나님의 뜻에 순종하는 제도 개혁, 그리고 실천적 집행과 안정적 정착이라는 전체 정책과정의 성경적 모델을 충실히 따른 사례이다.

---

66) 대한예수교장로회총회(백석), 「한국교회사: 백석총회 설립 45주년 기념」, 528-530.

이 정책은 개혁주의생명신학이 지향하는 바, "하나님 나라의 확장을 위한 교회의 공적 책임", "세상의 모든 것은 하나님의 것"이라는 신앙고백, 그리고 "자기 일뿐 아니라 다른 이들의 사역을 돌아보라"(빌 2:4)는 복음적 윤리를 통합적으로 구현한 것이다.

교회는 앞으로도 성경의 빛 아래서, 공의와 은혜, 질서와 생명이 조화를 이루는 정책을 수립하고, 하나님 나라의 일꾼들을 세워가는 데 힘써야 한다. 이것이 바로 하나님 나라 운동의 정책적 실현이며, 교회정책의 진정한 목적이다.

case 2. 위기 속 정의로운 분배와 공동체 회복

(사무엘상 30:16 – 31: 다윗의 브솔 정책 사례 분석)

1. 들어가며: 위기 속 행정적 리더십의 소명

사무엘상 30장은 단순한 전투의 승리 이야기가 아니다. 이 본문은 위기 속에서 공동체를 이끌며 질서를 회복하고, 정의로운 행정을 실현한 신정정치적 리더십의 실천을 보여준다. 다윗은 아말렉에게 빼앗긴 가족과 재산을 되찾은 후, 전리품 분배를 둘러싼 갈등을 맞닥뜨리고, 공동체 내 형평성과 연대를 어떻게 구현할 것인지를 실제적인 정책 과정으로 풀어낸다.

이 사건은 구약 시대의 단회적 사례를 넘어, 오늘날 교회 행정의 신학적 원리와 실천적 방향을 제시해 준다. 개혁주의생명신학이 강조하는 "하나님의 나라 운동", 즉 교회가 세상 속에서 하나님 나라의 질서를 실현하는 사명적 공동체임을 보여주는 전형적 사례로 볼 수 있다. 더 나아가 이 본문은 "세상의 모든 것은 하나님의 것이다"라는 신학적 고백을 실제 정책결정과 집행을 통해 실현한 장면이다.

2. 정책의제: 분배 정의의 갈등과 공동체 질서의 위협(30:16-20)

다윗은 아말렉 진영을 급습하여 가족과 재산을 무사히 되찾는 데 성공했지만, 전리품을 어떻게 분배할지를 두고 내부에서 심각한 갈등이 발생했다. 싸움에 직접 참여한 자들 중 일부가, 후방에 남았던 200명은 분배 대상에서 제외해야 한다고 주장했기 때문이다(30:22). 이 문제는 단순히 '누가 더 많이 일했는가'의 실무적 판단이 아니라, 공동체 내부의 정의, 연대, 신뢰, 형평성이라는 본질적인 가치와 연결되어 있는 행정적 과제였다.

정책의제로서 이 문제는 곧 공동체가 누구를 공동체 구성원으로 인정할 것인가, 공적 자원을 어떻게 나누어야 하나님의 뜻에 부합하는가라는 신학적·윤리적 질문으로 확장된다. 이는 오늘날 교회 안에서의 봉사자 간 형평성, 참여율에 따른 보상의 공정성, 재정 자원의 분배 등 다양한 사역 행정 문제와 직결된다.

3. 정책결정: 하나님의 주권에 근거한 정의의 선포와 제도화
(30:23-25)

다윗은 이 문제에 대해 명확하고도 신학적인 원칙으로 답한다. 그는 전리품이 자신들의 노력의 결과가 아니라, 하나님께서 주신 것임을 분명히 하며, 공동체 안의 모든 사람에게 동등한 몫을 나누어 주어야 한다고 선언한다.

"여호와께서 우리를 보호하시고… 우리 손에 넘기셨은즉…"(삼상 30:23)

그리고 다윗은 "전장에 나갔던 자나 소유물 곁에 머물렀던 자가 동일한 분깃을 받을 것"이라는 원칙을 단지 일시적 조치가 아니라, 이스라엘의 규례와 법도로 삼아 제도화한다(30:25). 이는 정책결정이 단순한 갈등 봉합이 아니라, 신학적 가치를 공동체 행정의 규범으로 정착시킨 제도화의 전형이다.

이 결단은 빌립보서 2:4의 말씀, "각각 자기 일을 돌볼 뿐더러 또한 각각 다른 사람들의 일을 돌보아 나의 기쁨을 충만하게 하라"는 정신을 실천하는 모범이다. 다윗은 자신의 기여도, 군사적 성공을 내세우지 않고, 자신을 포함한 모든 이들을 하나님의 은혜 안에서 동일한 구성원으로 대우하며 나눔을 실천한다.[67]

4. 정책집행: 자원의 공공성과 사명적 확산(30:26 - 31)

정책결정은 명문화에 그치지 않고 실제로 집행되어야 한다. 다윗은 전리품을 공동체 내부에만 국한하지 않고, 유다 각 성읍의 장로들에게도 보낸다. 그는 이 전리품을 "여호와의 원수에게서 탈취한 것"으로 규정하며, 이 나눔이 단순한 정치적 시혜가 아니라, 하나님의 은혜를 이웃과 나누는 신앙적 실천임을 분명히 한다(30:26).

다윗이 나눔의 대상을 확장한 행위는 다음과 같은 행정적 · 신학적 의미를 지닌다.

⑴ 공동체 연대의 확대: 과거 자신을 지지했던 성읍들과의 관계 회복

⑵ 정치적 기반 강화: 훗날 유다 왕국 등극의 기반 마련(삼하 2:4)

⑶ 자원의 공공성 실현: 하나님께서 주신 것을 공동체 전체를 위해 사용

이것은 오늘날 교회의 나눔운동과 깊이 연결된다. 사역의 성과, 재정

---

67) 장종현, 「개혁주의생명신학」, 232.

자원, 인적 자산 등 모든 것들은 교회 내부의 축적이나 독점이 아니라, 하나님의 나라를 위한 공공적 사용으로 귀결되어야 한다. 교회는 다윗처럼 나눔의 주체가 아니라 하나님의 청지기로서 공정하고 사명적인 정책 집행을 수행해야 한다.

5. 나가며 교회행정은 하나님의 나라를 구현하는 도구이다

다윗의 브솔 전투 이후 전리품 분배 사건은 단순한 전쟁 후 일화가 아니라, 하나님 나라의 통치 질서를 공동체 내에서 구현한 교회행정의 구약적 전형이다. 다윗은 위기 속에서도 하나님의 주권을 인정하며, 공동체의 정의와 연대를 회복하고, 나눔을 통해 유다 전역의 신뢰를 얻었다.

이는 오늘날 개혁주의생명신학이 강조하는 바, 하나님의 나라 운동의 실제 구현 방식이다. 하나님 나라의 행정은 하나님을 주인으로 고백하며, 공동체 안의 모든 구성원을 존중하고, 자원을 공공의 선을 위해 나누며, 정의로운 제도를 통해 하나님의 뜻을 땅 위에 실현해 가는 것이다. "세상의 모든 것은 하나님의 것"이라는 고백은 곧 교회 행정의 출발점이자 목표이다.[68]

다윗은 권력의 정점이 아닌 공공의 청지기로서 이 사명을 감당했고, 이는 오늘날 교회가 위기와 갈등 속에서도 하나님의 은혜를 기준으로 정책을 설정하고, 성경적 정의에 따라 결정하며, 사명과 나눔의 원칙에 따라 집행해 나가야 한다는 모델이 된다. 교회 행정은 곧 말씀에 뿌리박은 하나님 나라의 행정이며, 그것은 정의, 질서, 나눔, 연대의 실천으로 완성된다.

---

68) 장종현, 「개혁주의생명신학」, 214.

case 3. 사도행전 15장: 예루살렘 총회의 정책과정 분석
— 장로정치와 교회행정의 관점에서 본 정책의제 설정, 결정, 집행 —

1. 들어가며

초대교회는 공동체 내에서 발생한 신학적 갈등과 조직적 혼란을 단순히 개별 지역교회의 수준에서 다루는 것이 아니라, 공의회를 소집하여 공적 절차 속에서 해결하고자 했다. 사도행전 15장에 기록된 예루살렘 총회는 이러한 시도 중 가장 대표적인 예로, 교회정책의 의제 설정 - 정책 결정 - 집행 - 수용이라는 과정을 선명하게 보여주는 전형적인 사례다. 이 사건은 장로정치의 원리와 교회행정의 실제가 통합적으로 작동한 결정적 전환점이었다.

2. 정책의제 설정: 교리 논쟁에서 제도적 안건으로의 전환

1) 이방인 구원 문제의 신학적 갈등

예루살렘 총회의 논의는 단순한 실천적 문제에서 출발한 것이 아니라, 교회의 본질적 정체성인 구원론을 둘러싼 깊은 신학적 충돌에서 비롯되었다. "모세의 율법에 따라 할례를 받지 않으면 구원을 받을 수 없다"(행 15:1)는 주장은 교회 내에서 구원 조건을 어떻게 이해할 것인가에 대한 근본적 질문을 제기하였다. 이 논쟁은 지역교회의 일시적 불일치 문제가 아니라, 정책의제화되어 공적 논의의 필요성을 불러일으킨 교회 전반의 신학 · 행정적 도전이었다.

2) 공적 의제로의 부상과 당회적 대응

안디옥 교회는 문제를 독자적으로 처리하지 않고, 사도들과 장로들의 협의를 통해 예루살렘 교회라는 상회 치리회에 회부하였다. 이는 장로정치가 강조하는 당회 - 노회 - 총회로 이어지는 대의적 교회 구조와 위계적 책임 체계를 따른 것으로, 제도적 응답이 신앙 공동체의 신뢰를 받는 방식을 보여준다.

3) 노회적 판단의 필요성과 공공 분별의 요청

예루살렘 총회는 단순한 회의가 아니라, 신학적 문제를 공동체 전체가 함께 공적으로 식별하는 공의회적 절차의 시초라 할 수 있다. 이는 장로정치가 강조하는 공동체의 신학적 정체성 유지와 행정적 질서 회복을 위한 정책의제 설정의 필요성을 명확히 보여준다.

3. 정책결정: 장로회 중심의 합의와 성령의 인도

1) 사도, 장로, 회중의 협력에 의한 공의회 구조

예루살렘 총회는 사도들뿐만 아니라 장로들, 회중 대표들이 함께 참여한 대의적 합의기구였다. 이는 장로정치가 지향하는 교회의 민주성과 제도성의 통합을 구현한 형태로, 공동체 전체가 참여하는 의사결정 구조의 모범이다.

2) 증언과 해석: 신학적 통찰과 경험의 통합

베드로는 고넬료의 회심 사건, 바울과 바나바는 이방 선교 현장에서의 성령의 역사를 통해 신학적 근거와 목회적 실제를 통합적으로 제시하였다. 이는 교회정책결정이 단지 이론적 판단이 아닌, 경험적이고 영적인 통찰과 공동체의 삶을 반영해야 함을 시사한다.

3) 야고보의 종합적 판단과 공의적 제안

야고보는 선지자 아모스의 말씀을 인용하며 이방인의 구원을 신학적으로 정당화하고, 실천적 지침 네 가지를 제시하였다(행 15:20).

이 결정은 진리에는 일치, 비본질에는 관용과 배려라는 종교개혁자들의 "아디아포라(Adiaphora)" 정신을 교회행정적으로 구현한 것이다.

본질적인 신앙과 교리는 철저히 지키되, 비본질적인 문화적·실천적 요소에는 관용과 조율을 통한 일치를 추구하는 원칙이 작동한 것이다.

4) 성령의 인도에 따른 공동체적 합의

총회의 결정은 "성령과 우리는"이라는 선언을 통해, 단지 인간의 합의가 아닌 성령의 조명과 공동체적 순종이 함께 이뤄진 결정임을 분명히 한다. 이는 교회정책결정이 신학적 분별력과 행정적 실행력, 영적 순종의 균형 속에서 이루어져야 함을 보여주는 교훈이다.

4. 정책집행: 문서화와 대표성에 기반한 제도적 실행

1) 결정의 공식화: 교회정치의 법적 성격

예루살렘 총회의 결정은 서신으로 문서화되었고(행 15:23), 이는 장로정치에서 중시하는 헌법적 절차와 규범적 정당성을 보여준다. 교회 행정은 단지 감정적 호소가 아닌, 법적·제도적 질서를 따르는 공적 구조 속에서 작동해야 함을 의미한다.

2) 집행의 대표성: 회중의 신뢰와 수용을 위한 구조

총회의 문서는 대표자들(바울, 바나바, 유다, 실라)을 통해 안디옥 교회에 전달되었다. 이들은 단순한 전달자가 아닌 정책 해석자이자 목회적 조정자로서, 집행이 신뢰를 획득하고 수용되기 위한 중재자의 역할을 수행하였다.

3) 회중의 수용과 공동체의 기쁨

안디옥 교회는 결정 내용을 기쁨으로 받아들이고 공동체의 평화와 일치를 회복하였다(행 15:31). 이는 장로정치가 추구하는 정책의 집행 결과가 단지 이행에 그치지 않고, 공동체적 화합과 신뢰 회복이라는 영적 목표까지 포함되어야 함을 보여준다.

5. 나오며: 예루살렘 총회와 장로정치의 정책적 함의

예루살렘 총회는 장로정치의 공의회 구조와 교회행정의 정책과정이 통합적으로 작동할 수 있음을 보여준 가장 성경적인 사례이다. 이 사건은 정책의제 설정, 정책결정, 정책집행이라는 일련의 정책 사이클이 교회의 질서와 본질적 사명 안에서 얼마나 신중하고 유기적으로 작동해야 하는지를 실증한다.

"진리에는 일치, 비본질에는 관용, 모든 일에는 사랑"이라는 아디아포라 정신은 초대교회의 결정 과정에 스며들어 있었으며, 이는 후에 종교개혁자들, 그리고 한국에 들어온 선교사들의 연합운동에도 동일한 가치로 계승되었다.

1905년, 선교사들이 하나의 개신교회를 지향하며 '대한예수교회'로 연합을 선언했던 역사적 사건은, 오늘날 백석총회가 지향하는 개혁주의 생명신학과 동일한 방향성 위에 서 있다.[69]

백석총회는 교리적 중심성과 성령의 조명, 그리고 공동체적 순종 안에서 정책과정을 신학적으로 정립하고, 실제 행정에서 실행 가능한 교회정책을 수립하는 장로정치의 전통을 계승하고 있다.

결국 예루살렘 총회는 장로정치와 교회행정이 함께 작동하는 공적 분별의 모델, 영적 지도력의 표현, 그리고 교회 일치의 토대로서 오늘날의 교회정책에도 깊은 함의를 제공한다.

case 4. 예루살렘 총회의 교회정책 성령의 인도에 따른 정책결정과 정책집행
장로정치의 성경적 근거와 선교적 확장

---

69) 장종현, 「개혁주의생명신학」, 166.

1. 들어가며

사도행전 15장에 기록된 예루살렘 총회는 단순한 신학 논쟁의 조율을 넘어서, 교회가 성령의 인도에 따라 공적 결정을 내리고 이를 제도화하여 집행함으로써 공동체의 일치와 선교의 확장을 이루는 대표적 사례이다. 특히 이 총회의 구조와 방식은 장로정치의 성경적 정당성을 입증함과 동시에, 정책결정과 정책집행이 교회의 사명(선교)과 어떻게 유기적으로 연결되는가을 보여주는 신학적 · 제도적 모델이 된다.

2. 성령에 이끌린 공적 분별: 장로정치의 영적 기초

예루살렘 총회의 결정은 단순히 인간의 토론과 타협으로 이루어진 것이 아니라, "성령과 우리는"이라는 선언(행 15:28)을 통해 명시된 바와 같이, 성령의 인도와 공동체의 공적 분별에 의해 형성된 합의였다. 이는 장로정치가 추구하는 공의회적 제도구조 안에서 영적 지도력과 제도적 판단이 어떻게 통합될 수 있는가을 보여준다.

장로정치는 단순한 행정적 기법이나 인간적 대표성의 체계가 아니다. 그것은 성령의 통치를 공동체가 분별하고 제도적으로 구현하는 교회정치의 방식이다. 사도행전 15장은 장로들(presbyteroi)과 사도들이 함께 회의에 참여하여 신학적 증언, 목회적 경험, 성경적 해석, 공동체적 수용성을 통합하여 결정을 내린 과정 속에서, 성령의 주도성과 제도적 질서가 어떻게 결합될 수 있는지를 보여준다. 따라서 이 사건은 장로정치가 성경에 뿌리를 둔 제도임을 입증하는 신약적 근거로 기능한다.

3. 정책결정의 신학성과 제도성의 통합

예루살렘 총회는 이방인의 율법 준수 문제라는 신학적 난제를 공동체가 제도적 구조 안에서 공적으로 논의하고 합의한 정책결정의 사례이다.

야고보의 판단은 구약 성경의 말씀을 인용하여 신학적 정당성을 확보하였으며, 동시에 이방인 신자들이 실천할 수 있는 수준의 실효적 정책을 제안함으로써 신학과 현실, 이상과 실행을 통합하는 결정이었다.

이러한 정책결정은 단순한 교리 선언이나 추상적 이념에 머물지 않고, 공문서로 작성되어 회중에 전달되고 해석되며 실천될 수 있는 제도적 장치로 구조화되었다. 이는 교회정책학이 강조하는 정책의 공식성, 규범성, 집행 가능성의 전형적인 모습을 보여주며, 장로정치가 신학과 제도를 통합하는 실천적 구조임을 드러낸다.

4 정책집행을 통한 선교의 문 확장

예루살렘 총회의 결정은 이방인들에게 율법 전체를 강제하지 않고 복음의 본질에 근거한 최소한의 규범을 제시함으로써, 복음의 장벽을 제거하고 선교의 문을 여는 실질적 정책집행의 계기이 되었다. 이 정책은 바울의 제2차 선교여행(사도행전 16장 이후)에서 그 효과를 즉시 드러낸다. 바울은 예루살렘 총회의 결정을 "각 성에 있는 교회들에게 전하여 지키게 하였고, 이에 교회들이 믿음이 더 굳건해지고 수가 날마다 늘어났다"(행 16:4-5)고 기록되어 있다.

이러한 결과는 정책집행이 단순한 명령의 시행을 넘어, 공동체적 신뢰와 복음의 자유를 확대시키는 선교적 촉매으 작용할 수 있음을 보여준다. 즉, 성령의 인도에 따라 형성된 정책결정은 교회의 내적 일치를 이루는 동시에, 외적으로는 복음이 전파되는 통로로 기능한다. 이는 정책학적으로 볼 때 정책결정과 집행이 결과적으로 공공선과 공동체 사명의 증진에 기여한 사례으 평가될 수 있다.

5. 제도와 성령의 통합: 장로정치의 실천신학적 의의

예루살렘 총회는 장로정치가 단지 제도적 통치형식이 아니라, 성령의 주권과 교회의 공동 분별을 담아내는 그릇임을 잘 보여준다. 공의회가 열린 구조 속에서, 사도와 장로, 평신도 대표들이 함께 참여하고, 다양한 증언과 해석이 경청되는 가운데, 공동체 전체가 하나님의 뜻을 실천 가능한 방식으로 분별하는 과정은 장로정치가 단순한 관리체계가 아니라, 성령의 인도와 공공분별이 제도 안에서 실현되는 교회의 정치임을 말해준다.

이처럼 성령의 인도에 따라 제도적으로 결정된 교회정책이, 교회의 질서와 선교의 자유를 동시에 실현하게 되었을 때, 장로정치는 그 성경적 근거와 실천적 타당성을 동시에 획득한다. 따라서 장로정치는 행정의 틀을 넘어, 성령의 통치를 공동체 안에 구현하는 신학적 실천의 방식이라 할 수 있다.

6. 나오며: 장로정치는 성령의 통치와 선교적 사명을 제도화하는 도구

사도행전 15장은 교회가 성령의 인도를 따라 공동체적 정책결정을 내리고, 이를 제도적으로 집행함으로써 공동체의 일치와 선교의 확장이라는 이중 목적을 달성한 역사적 사례이다. 이 사건은 장로정치가 성경적으로 정당하며, 동시에 교회의 공적 사명과 정책적 실행을 연결하는 제도적 구조로 기능할 수 있음을 입증한다.

따라서 성령에 이끌린 정책결정은 단지 신앙적 고백이 아니라, 교회가 제도 안에서 하나님의 뜻을 구체적으로 분별하고 실현하는 신학적 행위이며, 그 실행은 결국 하나님 나라 확장을 위한 선교적 전략으로 이어진다. 장로정치는 바로 이와 같은 통합적 사명을 수행할 수 있는 성경적이고 실천적인 정치 제도인 것이다.

case 5. 성령의 인도와 공의회 중심 결정:
예루살렘 총회의 구조와 백석총회의 정책과정

1. 들어가며

사도행전 15장에 기록된 예루살렘 총회는 초기교회가 직면한 신학적 · 제도적 긴장을 공의회적 구조을 통해 성령의 인도 아래 공동체적으로 분별하고, 정책결정과 집행으로 연결시킨 고전적 사례이다. 이 총회는 단지 고대 교회 조직의 일례에 그치는 것이 아니라, 오늘날 대한예수교장로회 백석총회이 지향하는 장로정치 원리와 교회행정 구조, 나아가 개혁주의생명신학에 입각한 신학적 실천을 뒷받침하는 신약적 근거로 기능할 수 있다.

특히 백석총회는 2017년 제40회 총회에서 '개혁주의생명신학'을 교단의 신학적 정체성으로 고백하였고, 이를 헌법적 규범으로 채택함으로써 교단 차원의 정책과정이 단순한 제도 행위가 아니라 하나님의 생명 주권과 성령의 인도에 근거한 교회 공동체의 분별이라는 점을 공식적으로 명시하였다. 이와 같은 신학적 · 제도적 선언은 예루살렘 총회가 보여준 성령과 공의회 중심의 정책결정과 정책집행 구조과 본질적으로 깊은 연속성을 지닌다.

2. 공의회 중심의 의제 설정: 생명신학의 현실 인식과 의제 구성

예루살렘 총회는 이방인에 대한 율법 적용 문제라는 신학적 갈등을 공의회 안건으로 상정하였다. 이는 안디옥 교회에서 발생한 문제를 단일 지역의 문제가 아니라 교회 전체의 신학적 정체성과 선교 전략에 관한 의제를 확장한 것이다.

백석총회는 이러한 구조를 장로정치의 공식 치리체계(당회 - 노회 - 총회)를 통해 계승하고 있다. 특히 개혁주의생명신학은 "현대 교회가 직면한 영적 위기와 신학적 혼란을 '회복'이라는 의제 속에서 재규명"하며, 교회의 사명과 정책방향을 재설정하는 기준으로 작동하고 있다.

예컨대, 2017년 이후 백석총회는 "개혁주의생명신학의 7대 실천운동"을 교단정책의 핵심 틀로 삼았고, 이는 총회 결의와 실행지침을 통해 공식 정책의제화되었다.

이와 같이, 의제 설정은 단순한 실무 과제가 아니라, 교회의 정체성과 신학에 대한 공동 분별의 결과물이라는 점에서 예루살렘 총회의 전통과 직접적으로 연결된다.

3. 정책결정: 성령의 인도와 공의회적 합의 구조

예루살렘 총회의 정책결정은 다양한 증언과 토론을 바탕으로 한 합의로 이루어졌다. 베드로, 바울과 바나바, 그리고 야고보의 역할은 신학적 권위, 선교적 경험, 성경 해석의 종합적 분별을 제시하였고, 그 결과는 "성령과 우리는"이라는 공동 고백으로 나타났다(행 15:28).

백석총회는 총회를 통한 대의제적 구조와 공의회적 합의에 근거한 신학적 결정을 중시하며, 그 중심에 개혁주의생명신학이 자리하고 있다.

이 신학은 "성경 중심, 십자가 중심, 회복 중심"이라는 세 축을 기반으로 하며, 이는 정책결정의 신학적 판단 기준으로서 공적 구조에 통합되고 있다.

특히 총회는 신학위원회, 사회부, 행정부 등 분과별 전문 위원회 구조를 통해 교단적 판단을 조직화하고, 정책결정의 공식성과 정당성을 확보하고 있다. 이는 곧 성령의 인도와 공동체적 합의가 공적 행정과 규범안에 제도화된 구조로서, 예루살렘 총회의 영성과 제도성이 통합된 모델을 계승하고 있음을 보여준다.

4. 정책집행: 헌법·규범화를 통한 제도적 실행

예루살렘 총회의 결정은 단지 선언이 아니라 공문서로 작성되어 회중에 전달되고, 대표들이 직접 설명하고 설득하는 집행 구조를 가졌다(행 15:23-32). 이는 제도화된 집행과 교육적 수용 전략이 통합된 실행체계이 할 수 있다.

백석총회 역시 총회에서 결의된 신학 고백과 정책 방향을 헌법, 시행규정, 총회 실행위원회 회의록 등 제도적 문서에 공식화함으로써, 교단 전체의 행정적 통일성과 실행력을 보장한다.

예컨대, 2017년 이후 개혁주의생명신학에 근거한 목회자 안수제도 개편, 교회설립 기준, 교육훈련 자료 개발 등은 총회의 결의에 따라 노회와 지교회에 단계적으로 시행되었으며, 교단지, 통합 자료집, QW&A 해설서 등의 설명자료를 통해 수용과 적용을 유도하였다.

이러한 집행 구조는 예루살렘 총회의 집행 방식—공문, 대표자, 회중 설명과 격려—와 맥락적으로 연결되며, 장로정치가 교회의 영적 판단을 행정 질서로 구체화하는 실행틀임을 보여준다.

5. 나가며: 선교의 문을 여는 정책과정
  – 개혁주의생명신학의 선교지향성

사도행전 15장의 예루살렘 총회는 단순한 교리 논쟁을 넘어서, 이방인 선교의 문을 여는 정책결정의 모범을 보여준다. 총회는 율법적 장벽을 제거하고 복음의 자유를 확증함으로써, 선교의 확장을 위한 제도적 기반을 마련하였다(행 16:4-5). 이는 정책결정이 곧 선교전략으로 기능할 수 있음을 보여주는 고전적 사례다.

백석총회 역시 개혁주의생명신학을 통해 이러한 사도적 전통을 계승하고, 신학과 정책, 선교를 유기적으로 연결하고자 하였다. 총회는 "말씀 · 기도 · 성령운동", "다음세대 세우기", "통일선교와 글로벌 선교" 등을 핵심 어젠다로 제시하였고, 이를 단순한 표어로 머물게 하지 않고 정책수립과 실행계획으로 구체화하였다. 특히, 국내외 선교지에 대한 정책적 지원, 전략적 교회개척, 다문화 선교와 통일선교 등은 모두 개혁주의생명신학의 실천적 적용으로 설계되었으며, 총회 신학이 곧 선교정책의 기반이자 실행 원리로 작용함을 보여준다.

이러한 정책과정은 예루살렘 총회의 구조와 유사하게, 신학적 기준에 따라 헌법과 규범을 형성하고, 이를 선교 전략으로 연결시키는 통합적 체계를 지향한다. 이는 곧, 정책결정과 정책집행이 단순한 행정적 과정이 아니라, 교회의 공공신앙과 복음 확장의 통로임을 입증하는 것이다.

결론적으로, 개혁주의생명신학과 장로정치는 백석총회 안에서 신학과 행정, 선교를 하나로 엮는 정책적 통합을 이룬다. 예루살렘 총회가 성령의 인도 속에서 공동체적 합의를 도출하고, 이를 공동체 전체가 수용 가능한 방식으로 실행한 것처럼, 백석총회는 2017년 이후 개혁주의생명신학을 헌법화하여 정책의 신학적 정당성과 실행의 제도적 기반을 마련하였다. 이러한 구조는 장로정치를 단지 교회 행정의 틀로 보지 않고, 성령의 통치를 제도적으로 수용하며, 신학을 정책으로 구현하고, 정책을 다시 선교로 확장하는 통합적 실천학으로 기능하게 한다. 오늘날 교회정책은 단순한 운영이나 절차의 문제가 아니라, 하나님의 뜻을 이 시대 속에서 구체적으로 실현하는 공공신앙의 실천이며, 생명의 통치에 응답하는 순종의 여정인 것이다.

part 03

교회행정조직

제1장 교회조직이론의 기초

제1절 교회조직의 의의와 유형

1. 교회조직의 의의

1) 개념 정의

교회조직이란 하나님께서 친히 세우신 교회 공동체가 그 고유한 사명을 효과적으로 수행하기 위해 형성된 영적이며 구조적인 결합체이다. 교회의 사명은 궁극적으로 복음의 전파(마 28:19-20), 제자의 양육(딤후 2:2), 하나님 나라의 확장(마 6:33)에 있으며, 이를 이루기 위해서는 은사에 따른 분업과 질서 있는 구조가 필수적으로 요구된다.

이러한 점에서 교회조직은 단순히 행정적 기능만을 수행하는 세속적 조직과는 구별된다. 그것은 하나님의 말씀과 성령의 인도하심을 따라 움직이는 영적 기관이며, 동시에 공동체 안의 다양한 기능과 역할이 조화를 이루는 유기체적 공동체이다. 사도 바울은 고린도전서 12장과 에베소서 4장 등에서 교회를 그리스도의 몸으로 묘사하면서, 각 지체가 서로 연결되어 사역을 감당하도록 부름 받았음을 강조하였다. 따라서 교회조직은 보이지 않는 영적 질서와 보이는 구조적 체계가 함께 작동하는 이중적 성격을 지닌다.

또한, 교회조직은 성경의 계시와 신학적 원리에 근거하여 그 운영의 기준을 두며, 인간의 계획이 아닌 하나님의 통치 아래 조직되는 특징을 가진다. 이에 따라 교회는 스스로 존재하는 자율조직이 아니라, 삼위 하나님의 뜻을 구현하는 신정적 조직(theocratic order)으로 이해되어야 한다.

2) 교회조직의 특징

(1) 목표 중심성

교회조직은 그 자체로 목적을 가지기보다, 하나님께서 부여하신 사명을 성취하는 데 목적을 둔다. 교회는 이 땅의 통치기관이나 기업이 아니라, 하나님의 구속사에 참여하는 도구로 존재하며, 복음 전파, 예배, 제자훈련, 봉사와 섬김을 통한 하나님 나라의 구현이라는 목적을 중심에 둔다. 따라서 교회조직의 구조와 운영은 이러한 사명 중심성에 철저히 복무해야 하며, 사역의 효율성과 질서는 이러한 목적의 수단으로 기능한다.

(2) 영적 구성

교회조직은 단순한 인간 조직이 아니라, 성령 안에서 하나 된 신자들의 공동체이다. 성도들은 세례를 통해 그리스도 안에 접붙여지고(고전 12:13), 성령의 내주와 인도하심을 받으며 교회 공동체 안에서 서로를 사랑하고 섬기며 연합하는 존재로 살아간다. 이처럼 교회는 외적인 규율이나 절차보다도, 성령께서 주시는 내적 일치와 영적 생명력에 기초하여 조직되어야 한다.

(3) 질서와 구조

신약성경은 교회 공동체가 무질서한 혼란 가운데 있지 않도록, 질서와 절차를 중요하게 가르친다. 디모데전서 3장과 디도서 1장 등은 교회의 직분인 감독(장로)과 집사의 자격과 역할을 명시하고 있으며, 고린도전서 14장 40절은 "모든 것을 품위 있게 하고 질서 있게 하라"고 명령한다. 따라서 교회조직은 성도 각자의 은사와 직분에 따라 사역을 분담하며, 성경이 제시하는 영적 질서 안에서 구조화되어야 한다. 이는 곧 직분자와 평신도, 리더와 구성원 간의 상호 존중과 책임이 조화를 이루는 형태를 말한다.

(4) 합리성과 신학성의 통합

교회조직은 영적 기관이지만, 동시에 사람들의 구체적인 활동을 통해 이루어지기 때문에 합리적인 운영과 관리의 원리도 필요하다. 이는 세속적 경영 기법을 무비판적으로 수용하자는 것이 아니라, 신학적 기초 위에 적절한 조직 원리와 행정 기술을 접목시켜 하나님의 사명을 효율적으로 수행하려는 태도를 의미한다. 교회는 예배, 교육, 선교, 섬김이라는 다양한 사역을 감당해야 하므로, 이들 사이의 조율과 자원의 분배, 의사결정의 절차 등이 조직적으로 뒷받침되어야 한다.

(5) 영적 경계

교회조직은 세상 가운데 존재하지만, 세상과 구별된 거룩한 공동체이다. 이는 곧 교회가 세속적 권력이나 이익 추구와는 다른 차원의 질서와 목적을 따라야 한다는 의미이며, 조직의 외형은 유사할 수 있으나, 존재 이유와 작동 원리는 전혀 다르다. 교회의 본질은 하나님을 예배하고, 성도를 세우며, 세상을 향해 복음을 전하는 데 있으며, 이로 인해 교회조직은 성별되고 영적이며, 도덕적이고 선교적인 경계를 유지해야 한다.

(6) 동태성

교회는 변하지 않는 복음 진리를 중심으로 하지만, 그 복음을 전하고 실천하는 방식은 시대와 환경의 변화에 따라 유연하게 조정될 수 있다. 초대교회와 종교개혁 시대, 그리고 현대 교회에 이르기까지 조직의 형태는 다양한 변화를 겪어 왔으며, 이는 복음을 보다 효과적으로 전하기 위한 전략적 적응이었다. 따라서 교회조직은 고정불변의 틀로서가 아니라, 신학적 핵심을 지키면서도 시대적 요구와 선교적 사명을 감당할 수 있는 유연한 구조로 발전되어야 한다.

(7) 삼위일체적 구조

교회는 본질적으로 삼위일체 하나님의 형상 안에서 조직된다. 성부, 성자, 성령은 서로 구별되지만 본질에서는 하나이신 하나님이시며, 이러한 관계성은 교회의 조직적 원형이 된다. 교회는 일치를 추구하면서도 다양성을 존중해야 하며, 개인의 역할을 부각시키되 공동체를 해치지 않아야 한다. 요한복음 17장에서 예수께서 기도하신 것처럼, 교회는 "하나됨으로 세상에 하나님의 사랑을 증언"해야 하며, 고린도후서 13장 13절의 삼위 하나님의 교통하심은 교회가 따라야 할 조직의 생명성과 일치의 모델이다.

2. 교회조직의 유형

교회조직은 하나님의 공동체가 세상 가운데서 사명을 감당하기 위해 설정된 구조적 틀로, 그 형태는 역사적 상황과 문화, 신학적 전통에 따라 다양하게 발전해 왔다. 특히 조직학의 이론들을 교회 상황에 적절히 적용함으로써 교회조직은 보다 효율적이며 성경적 기준에 부합하는 방향으로 정립될 수 있다. 이 절에서는 블라우와 스콧, 에치오니, 민츠버그, 데프트 등의 대표적 조직유형 이론들을 교회조직에 맞게 재해석하여 소개하고자 한다.

1) 수혜자 기준의 유형(블라우와 스콧의 분류 적용)

블라우와 스콧은 조직을 '누가 가장 큰 수혜자인가'라는 기준으로 네 가지로 구분하였다. 이는 교회조직에도 적용 가능하며, 교회의 다양한 사역과 기능을 분류하는 데 실질적인 시사점을 제공한다.

첫째, 호혜적 조직은 조직 구성원들이 주된 수혜자가 되는 유형으로, 교회 공동체 내부의 상호 돌봄과 교제, 제자훈련 등이 이에 해당한다. 예를 들어, 셀 목회나 소그룹 양육, 상담사역 등은 성도 간의 관계를 강화하고 신앙을 성장시키는 데 중점을 둔다.

둘째, 봉사 조직은 외부 고객 집단이 주된 수혜자인 유형으로, 교회의 구제사역, 지역사회 섬김, 선교 활동 등이 이에 속한다. 교회는 내향적 공동체에 그치지 않고, 하나님의 사랑을 사회 속으로 전하는 사명을 가진다.

셋째, 공익 조직은 사회 전체가 수혜자가 되는 조직으로서, 교회의 공적 역할을 강조하는 측면이다. 공적 예배, 공공윤리 증진, 사회정의 실현을 위한 기독시민운동, 공공신학적 참여 등은 교회가 세상 속에서 빛과 소금으로 기능하도록 하는 예다.

넷째, 기업 조직은 일반적으로 교회에 직접 적용되기 어려운 구조이지만, 교회의 행정 및 재정 영역에서는 부분적으로 이와 유사한 관리가 요구된다. 예컨대 교회의 회계, 시설 관리, 출판사나 복지법인 운영 등은 일정 부분에서 기업적 운영 원리를 필요로 한다. 다만 이는 복음의 본질과 긴장관계를 고려하여 조심스럽게 운영되어야 한다.

2) 권력과 복종 기준의 유형(에치오니의 분류 적용)

에치오니는 조직을 권력의 유형과 구성원의 복종 형태에 따라 세 가지로 구분하였다. 교회조직은 기본적으로 규범적 조직에 가장 부합하지만, 특정 기능에 따라 공리적 혹은 강제적 요소도 부분적으로 존재할 수 있다.

첫째, 강제적 조직은 물리적 억압이나 강압을 통해 구성원을 통제하는 구조이며, 교회에는 부적절한 유형이다. 교회는 결코 강제적 순종이나 복종을 추구하지 않으며, 오직 말씀과 성령에 의한 자발적 헌신을 강조한다.

둘째, 공리적 조직은 금전적 보상이나 실질적 이익을 중심으로 운영되는 조직이다. 이는 교회 재정운영, 교역자 사례, 복지제도 등에서 부분적으로 참조될 수 있으나, 교회 본질은 이익 추구에 있지 않으며, 신앙의 동기는 물질이 아니라 하나님의 은혜에 기반한다.

셋째, 규범적 조직은 상징적 가치, 명예, 도덕적 헌신을 중심으로 권위를 형성하는 조직이며, 교회는 본질적으로 이 유형에 속한다. 복음의 진리, 십자가의 은혜, 성령의 감화는 교회 조직의 권위 기반이 되며, 성도들은 말씀에 감동되어 자율적이고 도의적인 순종을 드러낸다.

3) 구성 요소와 조정기제 기준의 유형(민츠버그의 분류 적용)

민츠버그는 조직을 구성하는 핵심 부분과 조정 메커니즘, 환경 요인을 기준으로 다섯 가지 조직유형을 제시하였으며, 교회조직에도 유익하게 적용할 수 있다.

단순 구조는 개척교회나 소형 공동체에서 흔히 나타나는 구조로, 목회자가 전략층으로 중심을 이루며 직접 통제를 통해 운영된다. 장점은 유연성과 신속한 의사결정이지만, 권한 집중과 장기 전략의 부재가 단점이다.

기계적 관료제는 대형교회에서 행정과 조직운영이 체계화되어 있을 때 나타난다. 직무의 표준화와 절차화가 강조되며, 재정·행정·예배 기획 등의 영역에서 효율성과 안정성을 추구한다. 그러나 과도한 규칙과 계층화는 영적 자율성과 창의성을 제약할 수 있다.

전문적 관료제는 신학교, 선교단체, 상담센터와 같은 고도의 전문성과 자율성을 요구하는 교회 기관에 적합하다. 운영층의 전문성이 핵심이며, 신학자, 전문 상담가, 선교 전략가 등이 이끌어 간다.

사업부제 구조는 사역 중심의 대형교회에서 각 부서(교육, 선교, 봉사 등)를 독립적 사역 단위로 운영할 때 적용된다. 각 부서의 성과 관리는 명확하지만, 부서 간 중복 투자나 갈등의 가능성도 존재한다.

애드호크라시(adhocracy)는 교회개혁팀, 청년 선교 프로젝트, 창조적 비전 실행 등에서 활용되는 유연하고 창의적인 조직 형태이다. 다양한 은사를 가진 성도들이 일시적으로 모여 불확실한 과제를 창의적으로 해결하며, 책임소재와 장기 안정성은 낮지만 혁신적 효과는 크다.

4) 전략과 구조 기준의 유형(데프트의 조직구조 적용)

데프트는 조직의 전략과 환경에 따라 구조를 기계적 – 유기적 스펙트럼으로 배열하고, 여기에 적합한 구조들을 제시하였다. 이는 교회조직의 상황적 설계에도 유익한 통찰을 제공한다.

기능구조는 교육, 찬양, 선교, 재정 등 기능별 부서를 중심으로 구성된 전통적 구조이다. 비교적 안정적인 교회 환경에서 효율적 운영이 가능하나, 부서 간 조정이 어려울 수 있다.

사업구조는 사역별 자치 단위를 중심으로 하며, 예를 들어 다음세대 사역국, 지역선교부, 청년부 등으로 운영된다. 각 단위의 자율성과 책임성이 높아 적응력과 효율성이 증대되나, 중복 구조와 부서 간 경쟁 가능성도 존재한다.

매트릭스 구조는 기능과 사역을 이중으로 연결하는 조직으로, 예를 들어 교육부의 교역자가 다음세대 사역팀과 협력하는 경우이다. 조정은 강화되지만 구조의 복잡성도 증가한다.

수평 구조(팀 기반)는 셀 리더십, 사역 팀 중심의 자율적 운영 방식으로, 교회 내 자율성과 창의성을 높이고 신속한 의사결정을 가능하게 한다. 그러나 팀장 의존도와 권한 책임의 경계가 모호해질 위험이 있다.

네트워크 구조는 여러 교회 또는 선교 단체 간의 협력과 연합을 통해 형성되며, 정보통신기술을 활용한 온라인 교회 사역이나 선교 네트워크에서 구현된다. 자율성과 유연성이 높지만 정체성과 통제력 확보에 신중함이 요구된다.

제2절 교회조직과 목표

1. 교회조직에서 목표의 의의

교회조직의 목표란 단순히 행정적 성과나 외형적 성장만을 추구하는 것이 아니다. 그것은 하나님의 뜻을 공동체적으로 구현하려는 방향성과 비전을 의미한다. 교회가 이 땅 위에서 존재하는 이유는 그리스도의 복음을 전하고, 하나님의 나라를 확장하며, 성도들이 성화의 여정을 걸어가도록 돕기 위함이다. 따라서 교회의 목표는 하나님 나라의 실현이라는 거대 담론 속에 구체화된 사역적 표지라 할 수 있으며, 이는 전통적으로 '예배, 교육, 교제, 봉사, 선교'라는 다섯 가지 공동체 사명 안에서 구체적으로 나타난다.

이러한 목표는 단지 선언에 그치지 않고, 교회의 구조와 조직, 사역 전략과 리더십 체계에 실질적으로 반영되어야 하며, 매년 혹은 시대적 전환기에 따라 점검되고 갱신되어야 할 실천적 지향이다. 교회가 이러한 목표를 명확히 세우지 않을 경우, 사역은 흐트러지고, 공동체는 방향을 상실하게 되며, 결과적으로 신앙 공동체의 본질적 사명이 왜곡될 위험이 크다.

2. 교회조직 목표와 성도의 목표 간 관계

1) 목표 간 관계 유형

교회는 성도 각자의 신앙과 삶의 여정을 존중하면서도, 공동체 전체의 사명을 함께 감당하기 위해 개인의 목표와 교회 전체의 목표 사이의 조화를 끊임없이 추구해야 한다. 이 관계는 다음 네 가지 유형으로 구분될 수 있다.

⑴ 대립 관계

성도의 목표가 교회조직의 사명과 정면으로 충돌할 경우이다. 예를 들어 교회가 복음 전파와 공동체 회복을 강조하는데, 특정 성도가 자신의 권력이나 경제적 영향력을 확대하려는 목적으로 사역에 참여한다면 이는 심각한 갈등의 원인이 된다. 이 경우 교회는 제자훈련, 성경 교육,

권면 등을 통해 가치관을 교정하려 해야 하며, 필요 시 교회의 질서와 거룩을 지키기 위한 권징 절차를 적용해야 한다.

(2) 중립 관계

성도가 교회 활동에 참여는 하지만 교회의 사명이나 비전에 적극적으로 반응하지 않는 경우이다. 주일예배 참석 외에는 신앙생활에 큰 관심을 보이지 않거나, 단지 형식적으로 교회를 다니는 수준일 수 있다. 이런 경우에는 맞춤형 양육, 소그룹 참여 유도, 은사 발견을 위한 상담 등을 통해 성도의 개인 목표가 점진적으로 공동체의 사명에 연계되도록 돕는 접근이 필요하다.

(3) 양립 가능한 관계

성도의 개인적 목표와 교회의 조직적 목표가 조화롭게 양립하는 경우이다. 예를 들어 어떤 성도가 상담의 은사를 통해 치유사역에 헌신하고 있고, 교회 역시 치유공동체를 지향하는 경우, 양자의 상호 기여로 인해 교회의 건강성과 개인의 영적 만족이 동시에 증진된다.

(4) 동일한 관계

성도 개인의 목표와 교회의 목표가 완전히 일치하는 경우로, 주로 목회자, 선교사, 핵심 리더십에게서 나타난다. 이들은 자신의 인생 전체를 교회와 하나님 나라 사역에 헌신하며, 사역의 동력원이 된다. 그러나 지나친 몰입은 소진(burnout)과 심리적 탈진을 유발할 수 있으므로, 목회적 돌봄, 주기적인 안식, 사역의 분산 등을 통해 건강한 지속 가능성을 확보해야 한다.

2) 목표 조화를 위한 네 가지 목회적 접근 모형

(1) 교환모형

교회는 성도에게 사역 참여 기회, 은사 활용, 공동체 소속감 등을 제공하고, 성도는 그를 통해 교회의 사역과 조직 목표에 기여한다. 이는 상호 호혜적(互惠的) 구조로서, 예를 들어 교회가 성도에게 찬양팀 혹은 미디어팀에서 사역 기회를 제공하면, 성도는 그 경험을 통해 영적 성장과 자기실현을 경험하고, 교회도 실질적 사역 역량을 얻게 된다.

(2) 교화모형

설교, 교육, 제자훈련, 큐티모임 등을 통해 성도의 삶의 가치와 우선 순위를 하나님 나라의 시각으로 교정하고자 하는 방식이다. 이는 성도의 자기중심적 목표를 복음의 비전으로 바꾸는 것을 목적으로 한다. 예를 들어 성공 지향의 사고방식을 가진 청년이 제자훈련을 통해 하나님 나라의 꿈을 품고, 선교적 삶으로 전환되는 과정이 해당된다.

(3) 수용모형

교회가 사역계획을 수립할 때, 성도들의 의견, 은사, 현실적 요구를 고려하는 방식이다. 이는 성도 참여의 확대와 실질적 반영을 통해 공동체 전체의 목표 설정이 가능하게 한다. 예: 청년들의 영적 갈급함을 반영해 청년예배 신설, 워킹맘을 위한 주중 저녁 소그룹 운영 등.

(4) 통합모형

교화와 수용을 동시에 수행하며, 교회의 방향성과 성도의 개인적 목표가 상호 조화를 이루도록 설계하는 방식이다. 예: 선교적 교회를 지향하면서 성도 개개인의 은사, 직업, 관심 분야에 따라 비즈니스 선교, 문화 선교, 디지털 선교 등 다양한 접근을 가능케 함.

2. 교회조직 목표의 유형

교회조직의 목표는 공식성과 실제성, 기능적 구분, 의도성, 준거집단에 따라 다양하게 분류된다.

1) 공식성과 실제성

공식적 목표는 교회가 정관, 헌법, 비전선언문 등을 통해 외부에 공표하는 명시된 목표이다(예: "복음으로 민족을 치유하고 열방을 섬기는 교회").

실질적 목표는 교회가 현실적으로 추구하는 사역방향이나 중심과업이다(예: 다음세대 양육, 지역 복지참여, 선교지 확대 등).

2) 기능에 따른 분류

가. 질서 목표: 교회 내 질서와 규범 유지를 위한 목표(예: 당회, 제직회, 권징위원회 운영)

나. 문화 목표: 공동체적 정체성과 신앙 문화를 확립하기 위한 목표(예: 말씀 나눔, 기도운동, 교회력 활용)

다. 경제 목표: 청지기 정신에 입각한 재정의 투명성과 건전성 확보(예: 예산 계획, 재정공개, 감사시스템 도입)

3) 의도성에 따른 분류

가. 치료적 목표: 상처 입은 성도들의 회복과 위로를 위한 사역(예: 내적치유, 중보기도, 상담사역)

나. 창조적 목표: 새로운 사역영역을 개척하고 미래를 준비하는 전략(예: 온라인 선교, 다문화 가정 사역)

4) 준거집단에 따른 분류

가. 사회적 목표: 지역사회와의 관계 증진과 사회적 영향력 행사(예: 마을축제, 자원봉사, 환경운동)

나. 산출 목표: 양육된 제자와 사역자의 배출을 목표로 한 사역(예: 제자훈련 수료, 선교사 파송)

다. 체제 목표: 교회의 지속가능성과 내부 제도 정비(예: 헌법 개정, 리더십 구조 재정립)

라. 파생 목표: 변화하는 시대적 상황에 대응하여 새롭게 설정된 부차적 목표(예: 디지털 전환, 위기대응 시스템)

4. 교회조직 목표의 변동 양상

교회조직의 목표는 고정불변한 것이 아니다. 시대와 환경, 교회 내부의 여건 변화, 성도들의 요구, 리더십의 전환, 사회문화적 흐름에 따라 교회의 사역 목표는 다양한 형태로 변동하게 된다. 이러한 변동은 자연스러운 것이지만, 그 방향이 복음의 본질과 사명에 근거하지 않을 경우, 교회의 정체성이 훼손될 수 있기 때문에 신중한 분별이 필요하다.

1) 목표의 대치(displacement)

목표의 대치란, 교회가 처음에는 하나님 나라 확장이나 복음 전파라는 근본적인 목표를 향해 나아가다가, 점차 그 수단이 목적화되거나, 부차적인 활동이 중심이 되는 현상을 말한다.

예를 들어, 교회의 건축은 원래 예배와 공동체 확장을 위한 수단이지만, 어느 순간 건축 자체가 교회의 사명이 되어버릴 수 있다. 또 다른 예로, 예배의 본질은 하나님께 영광을 돌리는 것이지만, 시간이 지나면서 예배 순서나 형식 유지 자체가 핵심 목표처럼 다루어지는 경우가 있다.

이러한 현상은 자주 리더십의 교체나 조직 내부의 안정성 추구에 의해 나타나며, 의도치 않게 교회가 본질에서 멀어질 수 있는 위험 신호이기도 하다.

2) 목표의 승계(succession)

목표의 승계는 기존의 목표가 시대적 사명이나 환경 변화에 따라 자연스럽게 전환되는 현상이다. 이것은 단순한 변화가 아니라, 동일한 가치체계를 유지하면서 표현 방식이나 중점 사역을 바꾸는 전략적 전환이다.

예를 들어, 한 교회가 원래는 농촌 지역 봉사에 초점을 맞추고 있었으나, 지역의 인구 구조가 변화하면서 도시 청년 사역으로 중심을 옮겼다면, 이는 승계된 목표라 할 수 있다. 이 과정에서 기존의 철학과 정체성은 유지하되, 실질적 접근 방식과 대상이 변화하게 된다.

이러한 승계는 교회가 살아 있다는 증거이며, 시대와 소통하면서도 복음의 방향성을 유지할 수 있는 조직적 유연성의 표현이다.

3) 목표의 추가(다원화)

목표의 추가는 교회가 하나의 중심 사역 외에 새로운 사역 영역이나 사회적 요구에 응답하기 위해 부차적 목표들을 덧붙이는 현상이다. 이는 다양한 은사를 가진 성도들이 사역에 참여할 수 있는 통로를 열어주는 긍정적 측면이 있으며, 교회의 사역영역을 확장하는 데 기여한다.

예: 전통적인 예배와 교육 중심의 교회가, 성도들의 요청과 시대의 필요를 반영하여 상담 사역, 다문화 가정 사역, 장애인 사역 등을 새롭게 시작하는 경우.

단, 목표가 다원화될수록 중심 사명(예배, 복음, 제자도)이 흐려질 수 있는 위험이 있기 때문에, 교회의 우선순위와 자원 배분 원칙을 명확히 설정하는 전략적 통제가 요구된다.

4) 목표의 확대 또는 축소

교회가 사역을 운영하는 과정에서 사역의 범위나 규모를 확장하거나, 반대로 축소해야 하는 상황이 발생할 수 있다. 이는 대체로 재정, 인력, 환경, 사회 변화 등 외적 요인에 의해 영향을 받는다. 확대의 예는 교회 규모가 성장함에 따라 선교지를 3개국에서 10개국으로 확대하거나, 교육부서를 세분화하여 전문화하는 경우.

축소의 예는 재정 감소나 리더십 공백으로 인해 사역 중 일부를 일시 중단하거나 통합하는 경우.

이러한 조정은 위기 상황의 반응이 아니라, 미래를 위한 투자와 선택으로 해석되어야 하며, 교회의 전반적 사역이 균형을 잃지 않도록 신중하게 이뤄져야 한다.

5) 목표의 비중 변동

교회가 추구하는 복수의 목표들 간에 우선순위나 자원 배분의 비중이 시기에 따라 달라지는 현상이다. 이는 가장 빈번하게 나타나는 목표 변동 유형이며, 교회의 민감성과 전략적 판단력을 반영한다.

예를 들어, 한 시기에는 찬양과 예배 회복이 강조되었다가, 다음 시기에는 교회 내 교육 시스템 강화가 중심 과제로 전환되는 경우이다. 또는 사회적 재난이나 국가적 위기(예: 팬데믹, 지역 재난 등)가 발생했을 때는 전도보다 치유, 위로, 돌봄 사역이 우선시되는 시기적 전환이 이뤄질 수 있다.

이러한 비중 조정은 일시적이거나 계절적일 수 있으나, 항상 전체 교회의 사명과 신학적 기초 위에서 이루어져야 한다.

5. 교회에서 목표 모호성과 효과성 평가

1) 목표의 모호성 문제

교회의 목표가 명확하게 정립되지 않거나, 구성원 간에 상이한 이해가 존재할 경우, 사역의 혼란, 에너지 낭비, 방향성 상실 등의 문제가 발생하게 된다. 이러한 목표 모호성은 일반적으로 네 가지 유형으로 나타난다.

(1) 사명 이해의 모호성

교회의 존재 이유와 핵심 사명을 성도들이 동일하게 인식하지 못할 경우이다. 예: 어떤 성도는 교회를 '신앙 훈련소'로, 또 다른 성도는 '휴식의 공간'으로 이해하는 경우.

(2) 지시적 모호성

설령 교회의 사명이 선포되었더라도, 그것이 구체적으로 어떤 사역과 행동으로 연결되어야 하는지에 대한 방향 제시가 불분명한 경우이다.

예: "이웃 사랑"이란 목표는 명확하지만, 실제로 누구를 어떻게 도울지에 대한 기준이 없다면 구성원들은 혼란을 느끼게 된다.

(3) 평가적 모호성

교회의 목표가 어떤 방식으로 얼마나 성취되었는지를 측정하거나 평가하기 어려운 상태이다. 예: "영적 성장"을 어떻게 수치화할 것인가? "하나님을 기쁘시게 하는 교회"라는 목표는 평가 기준이 모호하다.

(4) 우선순위 모호성

여러 사역 목표 중 어떤 것을 더 먼저 추진해야 할지에 대한 합의가 부족할 때 발생한다. 예: 교회가 선교, 교육, 구제, 문화사역 등 많은 사역을 추구하지만, 모든 것을 동시에 강화할 수 없는 경우 선택과 집중이 어려워진다.

2) 교회 효과성 평가 모형

교회의 목표 달성 정도를 점검하고, 사역의 방향을 점검하며, 자원 활용의 효율성을 진단하기 위해 다음과 같은 다양한 평가모형이 사용될 수 있다.

(1) 목표달성모형

교회가 설정한 구체적인 연간 목표(예: 세례자 수, 전도 대상자 수, 제자 훈련 수료자 비율 등)를 기준으로 사역의 효과성을 평가한다. 장점은 측정이 쉽고 명료하다. 단점은 질적 변화나 내면의 성숙도 등은 평가하기 어렵다.

(2) 자원모형

교회가 외부 환경으로부터 자원(재정, 인력, 건물, 협력 네트워크 등)을 얼마나 안정적이고 지속가능하게 확보했는지에 따라 효과성을 판단한다. 예컨대, 신학교 출신 사역자의 충원, 장기 헌신자 확보 등

(3) 이해관계자모형

성도, 교역자, 지역사회, 교단 등 교회를 둘러싼 다양한 이해 주체들의 만족도나 평가를 통해 교회 사역의 효과성을 측정한다.

예컨대, 성도 만족도 조사, 지역사회의 교회에 대한 인식 조사

(4) 경합가치모형

복수의 가치를 함께 고려하여 교회의 성과를 종합적이고 균형적으로 평가하는 방식이다.

예컨대, 신앙 성숙도(질), 출석률(양), 사회참여도(외부 영향력) 등을 통합 평가

결론적으로, 교회조직 목표는 하나님의 뜻의 실현 여정이다

교회조직의 목표는 단지 효율성과 성과를 위한 경영 도구가 아니다. 그것은 하나님의 뜻을 공동체적으로 실현하는 영적 여정이며, 모든 사역은 그 여정에 참여하는 순례이자 헌신이다. 따라서 목표는 항상 성경에 근거하고, 공동체의 기도와 분별을 통해 세워져야 하며, 시대적 상황과 은혜 안에서 유연하게 적용되되, 본질은 흔들리지 않아야 한다.

제3절 교회조직의 원리

1. 교회조직 원리의 의의

1) 개념

교회조직의 원리는 교회가 하나님의 뜻과 공동체의 사명을 보다 효과적으로 이루기 위하여, 조직을 어떻게 편성하고 관리해야 할지를 알려주는 기본적 지침이다. 이는 단순히 인간적인 행정이나 관리의 기술을 넘어, 신학적 토대와 영적 통찰에 기초한 조직 운영의 지혜로 이해되어야 한다.

교회는 신령한 공동체인 동시에 역사 속 현실로 존재하는 기관이기

에, 아무리 성령의 인도하심에 의존한다고 해도 질서와 책임이 분명한 조직원리 없이는 지속 가능한 사역이 어려울 수 있다. 사도 바울도 "모든 일을 품위 있게 하고 질서 있게 하라"(고전 14:40)고 권면한 바와 같이, 교회의 조직은 무질서나 자의적 구조가 아니라 하나님 나라의 원리를 반영한 질서 속에서 운용되어야 한다.

2) 교회조직 원리의 두 축

교회조직의 원리는 크게 두 가지 축으로 나누어 볼 수 있다.

가. 분화의 원리: 사역과 기능을 분리하고 전문화하여, 각각의 기능이 효과적으로 수행되도록 하는 원리.

나. 통합의 원리: 다양한 기능들이 조화를 이루고 하나의 목적을 향해 협력하도록 조정하는 원리.

이 두 원리는 긴장 관계 속에서 동시에 작동해야 하며, 지나친 분화는 분열을 낳고, 통합만을 강조하면 비효율과 권위주의로 흐를 수 있으므로 균형이 중요하다.

2. 교회조직의 분화 원리

교회는 본질적으로 하나의 유기체로서 존재하지만, 동시에 그 안에 다양한 은사와 역할이 공존하는 공동체이기도 하다. 이러한 다양성을 질서 있게 조화시키기 위해 교회조직은 사역의 기능과 대상에 따라 구조적으로 분화될 필요가 있으며, 이는 곧 교회조직의 분화 원리에 근거한다. 조직의 분화는 단순한 행정 편의가 아니라, 성도 각자의 은사를 따라 그리스도의 몸을 이루고 복음을 온전히 실현하기 위한 성경적·실천적 토대가 된다.

1) 분업의 원리

분업의 원리는 교회 내 다양한 사역을 일부 목회자나 리더가 전담하는 것이 아니라, 각각의 성도와 직분자들이 자신에게 주어진 은사와 소명을 따라 사역을 분담하는 조직 설계의 핵심 원리이다. 이는 교회의 건강성과 지속 가능성을 확보하며, 모든 성도가 '왕같은 제사장'으로서 자신의 역할을 감당하게 하는 중요한 기초가 된다.

이 원리는 특히 전문성을 강화하고, 사역의 효율성과 참여도를 높이는 데 기여한다. 각자가 잘할 수 있는 영역에 배치될 때 사역의 질은 향상되며, 리더의 과부하를 줄이고 공동체의 전반적 역량이 증대된다. 또한, 다양한 사역 분야가 형성되면서 더 많은 성도들이 자신의 자리에서 교회를 섬길 수 있는 기회가 확대된다.

그러나 유의할 점도 있다. 분업이 지나치게 경직될 경우, 각 부서 간 단절이나 부서 이기주의, 혹은 책임의 분산으로 인한 혼선이 발생할 수 있다. 뿐만 아니라, 전문 인력 중심의 운영은 평신도 일반의 참여를 제한할 우려도 있다. 따라서 분업은 자율성과 공동체성을 해치지 않는 범위 내에서 균형 있게 설계되어야 하며, 사역 간 통합성과 협력의 원리가 함께 고려되어야 한다.

2) 부성화(部成化)의 원리

부성화의 원리는 교회의 다양한 사역들을 기능, 대상, 지역, 절차별로 구분하여 조직하는 방식이다. 교회가 점차 성장하고 사역의 복잡성이 증가할수록, 각 사역의 고유성을 반영한 부서화를 통해 혼선을 줄이고, 사역 효율과 책임소재의 명확성을 확보할 수 있다.

기능별 부서화는 예배, 교육, 선교, 행정 등 사역의 본질적 특성에 따라 조직을 구분하는 방식으로, 각 기능에 전문성과 집중도를 높일 수 있다. 대상별 부서화는 유아부터 실버세대까지 연령별 혹은 생애주기별로 사역 대상을 나누어 보다 적절한 접근과 돌봄을 가능하게 하며, 지역별 부서화는 구역, 목장, 셀 등 지리적 공동체를 중심으로 성도의 삶 속에서 신앙이 실현되도록 도와준다. 또한 절차별 부서화는 예산위원회, 건축위원회, 감사팀 등 특정한 행정적 기능이나 기술적 작업을 담당하는 조직으로, 교회의 투명성과 운영 합리성을 높이는 데 기여한다.

부성화는 단순한 조직의 확대가 아니라, 사역의 명확성과 책임성, 그리고 효율성이라는 세 가지 측면에서 교회조직의 실제적 성장을 가능케 하는 중요한 원리이다.

3) 참모조직의 원리

참모조직의 원리는 목회자나 주요 리더십의 판단과 결정을 보완하고, 전략적 방향 설정과 조언을 제공하는 보조적 조직 구조를 의미한다. 이는 기획위원회, 정책연구팀, 전문자문단 등의 형태로 구현되며, 교회가 점점 복잡해지는 현실 문제와 외부 환경 변화에 지혜롭게 대응하기 위한 전략적 사고를 가능하게 한다.

참모조직은 실행권한을 가진 계선조직을 보완하면서, 전문성과 신중함을 조직 운영에 더해주는 중요한 장치이다. 특히 중대형 교회나 전략적 결정을 요하는 상황에서, 참모조직의 존재는 교회의 판단력을 강화하고, 리더의 의사결정에 질적 깊이를 부여한다. 물론, 참모조직은 어디까지나 보완적 구조로서, 계선조직의 권위와 질서를 침해하지 않고 조화롭게 작동해야 한다.

건강한 교회일수록 공식적인 참모조직과의 협력 체계가 명확히 구축되어 있으며, 이러한 구조 속에서 목회자는 보다 균형 잡힌 시각으로 공동체를 섬길 수 있다.

4) 동질성의 원리

동질성의 원리는 유사한 성격이나 목적을 가진 활동과 사역들을 동일한 부서나 조직 단위로 묶어 배치함으로써, 시너지 효과를 높이고 조직 효율을 극대화하려는 원리이다. 예를 들어, 아동부와 주일학교를 교육위원회 산하에 두거나, 찬양팀과 예배운영팀을 예배부로 통합 관리하는 방식이 이에 해당한다.

이러한 구조는 조직의 명확성과 책임 구도를 보다 단순화하고, 중복된 자원 낭비를 줄이며, 사역 간 협업을 촉진한다. 특히 유사한 목적을 가진 부서 간 연계성을 강화하면, 사역의 통일성과 전략성이 확보되며, 성도들의 접근성 또한 향상된다.

동질성의 원리는 조직 내 과잉 분화를 방지하고, 상호 연관성이 높은 사역들 간의 유기적 협력을 통해 공동체 전체의 조화로운 사역을 도모하는 데 큰 역할을 한다.

5) 기능명시의 원리

기능명시의 원리는 각 부서나 직분이 맡아야 할 역할과 책임, 권한을 문서화하고 공식적으로 규정함으로써 조직 운영의 혼선을 방지하고 명확성을 확보하는 원리이다. 이는 특히 규모가 큰 교회일수록 더욱 중요한 요소가 된다.

기능명시는 헌법, 정관, 부서 운영 매뉴얼, 직무기술서(Job Description) 등을 통해 실현되며, 이를 통해 각 구성원이 자신의 역할을 정확히 이해하고 책임을 다할 수 있도록 돕는다. 또한, 갈등이나 오해가 발생했을 때에도 명시된 기준에 따라 공정하게 판단할 수 있는 기준을 제공한다.

이 원리는 단순히 행정 효율만을 위한 것이 아니라, 책임 있는 청지기 사역을 위한 신앙적 질서 확립의 수단이다. 명확한 기능 구분은 조직을 안정시키고, 리더십의 일관성을 높이며, 사역의 지속 가능성을 담보하는 기초가 된다.

3. 교회조직의 통합 원리

1) 조정의 원리

조정은 교회의 다양한 사역 부서나 성도 그룹 간에 발생할 수 있는 목표 충돌, 역할 중복, 일정 겹침 등의 문제를 하나의 방향성과 질서 속에서 재배열하여 일치와 협력을 유도하는 과정이다.

(1) 수직적 조정

당회, 담임목회자, 장로회를 중심으로 한 명령 체계 속에서 사역이 통합되며, 비전과 정책이 전달되는 방식.

(2) 수평적 조정

찬양사역팀과 예배기획팀, 교육부서 간의 회의나 팀장 간 조정 회의를 통해 상호 협력의 구조를 만들어 가는 것.

조정의 핵심은 단순한 행정 정리가 아니라, 공동체적 방향성에 대한 공유와 소통의 과정이어야 한다.

2) 계층제의 원리

교회조직 내에서는 권한과 책임, 정보 흐름의 질서를 위하여 수직적 계층이 필요하다. 목회자, 장로, 집사, 순장 등은 각자의 위치에서 책임과 역할을 감당하며, 이 계층 구조는 질서를 유지하고 사역의 누수를 방지하는 데 필수적이다.

그러나 교회조직의 계층은 세속 조직의 상하 관계와는 다르다. 위로 갈수록 섬김의 책임이 커지는 영적 계층이며, 이는 "너희 중에 누구든지 크고자 하는 자는 너희를 섬기는 자가 되어야 한다"(막 10:43)라는 말씀에 부합해야 한다.

3) 통솔 범위의 원리

통솔 범위란 한 명의 리더가 효과적으로 돌볼 수 있는 성도나 하위 조직 단위의 수를 조절하는 원리이다. 예: 구역장이 10개 가정을 담당하는 것은 지나치게 많고, 4-6가정 정도가 적절할 수 있다.

지나친 확대는 감독 부족과 사역 질 저하를 초래하고, 과도한 축소는 행정 비효율과 자원 낭비를 유발할 수 있다.

따라서 교회는 리더십 역량, 사역의 복잡성, 조직의 성숙도 등을 고려하여 적절한 통솔 범위를 설정해야 한다.

4) 집권화의 원리

모든 결정을 분산적으로 운영하면 통제와 방향성이 약해지므로, 핵심 비전과 정책은 당회나 담임목사 중심으로 일정 수준의 집권화가 필요하다. 그러나 이는 전권적 지배가 아닌 방향 제시와 책임 있는 통솔로 이해되어야 하며, 사역 실행과 피드백은 분권화된 구조 속에서 이루어져야 한다.

5) 권한과 책임의 상응 원리

모든 리더십은 책임과 함께 주어져야 하며, 책임이 없는 권한은 권위주의로 흐르기 쉽고, 권한 없는 책임은 무기력과 좌절을 낳는다. 교회는 직분자와 사역자에게 적절한 권한을 위임하고, 그에 대한 신앙적 책임을 감당하게 하며, 공동체는 이에 대한 영적·행정적 평가와 격려를 병행해야 한다.

4. 교회조직 원리의 평가

교회조직에 적용되는 다양한 조직 원리는 교회의 사역을 질서 있게 운영하고, 구성원 간의 책임과 역할을 명확히 하며, 시대적 변화에 능동적으로 대응하기 위한 실천적 도구로 사용된다. 그러나 이러한 조직 원리들이 항상 긍정적인 효과만을 가져오는 것은 아니며, 때로는 그 본래의 취지를 넘어서는 부작용이나 신학적 긴장을 초래할 수도 있다. 이에 따라 교회조직 원리는 그 유용성과 한계, 그리고 이에 대한 신학적 대응을 함께 고려하며 평가되어야 한다.

1) 유용성

첫째, 교회조직 원리는 교회 내 질서와 효율, 그리고 지속 가능성을 확보하는 데 기여한다. 복잡한 사역과 다양한 구성원을 가진 교회 공동체는 체계적인 구조 없이는 혼란과 비효율에 빠지기 쉽다. 조직원리는 각 부서와 사역의 기능을 명확히 하고, 책임 소재를 분명히 하며, 사역 간 조율을 통해 전체적인 통일성과 안정성을 제공한다.

둘째, 조직원리는 성도 간 역할 분담과 은사 활용을 체계화하는 데 도움을 준다. 교회는 모든 성도가 하나님의 은사를 따라 섬기도록 부름받은 공동체이다. 이러한 은사를 효과적으로 발휘하기 위해서는 역할 분담과 기능적 배치가 필요하며, 이는 조직원리에 의해 실현될 수 있다. 분업과 전문성의 원리는 각 개인이 자신의 은사에 따라 사역에 참여하도록 돕는다.

셋째, 변화하는 사회와 환경 속에서 교회가 탄력적으로 사역을 조직하고 조정할 수 있는 유연한 토대를 제공한다. 현대 사회는 빠르게 변화하고 있으며, 이에 따라 교회의 사역 방식도 유동적으로 변화할 필요가 있다. 조직원리는 사역의 우선순위를 재조정하고, 리더십 구조를 개선하며, 전략적 접근을 가능하게 한다.

2) 한계

그러나 교회조직 원리는 그 자체로도 한계를 지닌다. 첫째, 과도한 구조화는 성령의 인도와 자발적인 신앙의 역동성을 저해할 위험이 있다. 조직이 지나치게 정형화되면, 성도들은 구조에 순응하는 데 급급해지고, 성령의 자유로운 역사와 창의적인 순종이 억제될 수 있다.

둘째, 교회조직의 계층적 구조는 권위주의적 오해를 불러일으킬 수 있다. 특히 행정 조직에서 계선과 참모, 보고 체계가 강조될수록, 위계적 문화가 신앙 공동체 안으로 스며들 수 있으며, 이는 공동체의 수평적 상호성이나 섬김의 문화를 약화시킬 수 있다.

셋째, 조직원리들 간에는 상충 가능성이 존재한다. 예를 들어, 분업의 원리가 지나치게 강조되면 통합의 원리와 충돌하여 부서 간 단절이나 단편화된 사역으로 이어질 수 있다. 반대로, 통합의 원리를 강조하다 보면 개별 사역의 전문성과 은사의 다양성이 희생될 수도 있다. 이처럼 조직원리는 상황에 따라 서로 긴장 관계 속에 놓이며, 균형 잡힌 적용이 필수적이다.

3) 신학적 대응

이러한 유용성과 한계를 고려할 때, 교회조직 원리는 반드시 신학적으로 조명되고 재해석되어야 한다. 무엇보다도 교회의 조직은 하나님의 백성으로서의 교회가 성경적 사명을 수행하기 위한 수단이지, 그 자체가 목적이 아님을 분명히 인식해야 한다. 조직이 사명을 위해 존재하는 것이지, 조직 자체가 사역의 본질을 대체할 수는 없다.

따라서 모든 조직 원리는 복음 중심, 공동체 중심, 은혜 중심의 관점에서 평가되고 적용되어야 한다. 교회는 행정의 효율보다 하나님의 임재와 성도의 교제를 우선시하며, 경쟁보다 섬김, 관리보다 돌봄이 중심이 되어야 한다.

특히 교회의 조직적 운영에는 항상 질서와 자유, 구조와 유기체, 지도력과 섬김 사이의 긴장이 존재한다. 이 긴장을 어떻게 조화롭게 유지할 수 있을지는 교회의 신학적 분별력과 목회적 지혜에 달려 있다. 교회는 이 긴장 속에서 성령의 인도하심을 구하며, 본질을 지키되 시대의 요구에 적절히 응답할 수 있는 살아 있는 조직체로 자라가야 한다.

제2장 교회행정조직

제1절 행정조직의 개념

교회행정 조직을 살펴보기 위해서는 먼저 일반 조직의 의의를 고찰해 볼 필요가 있다. 현대를 조직시대라고 한다. 조직시대란 사회에서 활동을 통한 가치획득이나 배분들이 바로 보편화된 조직에 의하여 이루어지는 것을 의미한다.

현대사회는 조직사회이다. 조직은 광범위하게 발달하였으며 도처에 존재한다. 오늘날 모든 작업은 조직에 의하여 행해지고 조직의 규모는 점점 증대하고 있다. 현대사회에 있어서 인간에게 필요한 거의 모든 것은 조직을 통하여 얻고 있다.

조직은 개인에게는 달성하기 어려운 목표의 달성을 가능하게 해 주고, 노동할 수 있는 장소를 제공해 주며, 조직을 통하여 직업을 가지게 되어 개인의 성취감 등 개인의 욕구를 충족시켜 준다. 또한, 조직은 환경으로서의 역할을 한다. 즉, 거시적으로는 정치적인 조직과 경제조직 그리고 정부를 비롯하여 행정조직이 사회환경으로서 사회구성원의 행동에 영향을 미치고 있으며, 미시적으로는 조직의 형태나 구조, 그리고 전략과 문화가 조직 내 구성원의 행동에 영향을 미치고 있다.[70]

조직의 기본요소는 조직의 목표와 구성원, 구조, 기술과 환경 등을 들 수 있다. 조직구성원들 간의 상호관계 즉, 조직 내에서의 권력과 지위에 따른 1층 관계, 조직구성원들의 역할에 따른 업무 배분과 업무 분장 형태, 조직구성원들의 개개인의 활동에 대한 관리체계 등을 조직구조라고 말한다. 구조는 조직의 기본 요소 중 하나이며 조직의 다른 여러 요소들

---

70) 조영복·곽선화, 「조직이론과 관리」(서울: 삼영사, 2003), 21-22.

이 상호 유기적으로 작용할 수 있도록 배열하여 놓은 상태라고 볼 수 있다. 조직의 구조는 하나의 집단을 이루고 있는 구성원들의 상호관계에 관한 규범적인 질서를 비롯하여 상호권력 관계, 구성원의 행동을 조정하는 체계이므로 어떤 집단일지라도 그것이 구조화되어 있지 않으면 조직이라고 말할 수 없다.[71]

조직은 조직 내에서 명령이 전달되는 수직적이고 계층적인 구조를 중심으로 하는 계선조직을 기본으로 하며 계선기관을 위하여 정책목표에 관한 자문, 권고, 건의를 수행하는 참모조직과 계선조직의 명령 일원화의 원칙과 참모조직의 전문화의 원칙을 활용해 조직 목적을 달성하고자 하는 계선-참모조직, 다수의 위원으로 구성되는 집단적 의사결정체인 위원회 조직을 보조적 조직으로 활용하는 혼합조직 형태를 띠고 있다.

조직의 유형 중 가장 대표적이고 능률적인 것으로 관료제를 들 수 있다. 베버(Weber)는 관료제를 ① 분업과 전문화 ② 위계적 권위구조 ③ 무능력자를 교체하여 전보·승진에 의한 인원의 재결합 시도 ④ 정실의 배제 ⑤ 보수체계, 지위 및 역할에 따른 보수 책정 등의 5가지 특징으로 구분하였다.

'관료제'라는 용어는 1745년경 프랑스의 중농주의 경제학자 구르네가 처음 사용한 것으로 전해진다. 그 어원인 'bureaucracy'는 '사무용 서랍이 달린 큰 책상'을 뜻하는 'bureau'와 '통치'를 뜻하는 그리스어인 'cratia'가 결합된 합성어이다. 집단 또는 조직 내에서 직무를 합리적이고 계층적으로 운영하는 대규모 조직이면 관료제의 조건이 충족된다고 본다.[72]

행정은 일반적 조직에 적용할 수 있는 인간의 협동적 측면에 초점을 맞추어 고도의 합리성을 수반하는 인간의 집단적 협동행위를 뜻한다. 정

---

71) 강태평, 「기독교행정학」(서울: 영성네트워크, 2019), 234-235

72) 강태평, 「기독교행정학」, 241-242.

부, 자치단체, 공공기관이 특정한 목적을 달성하기 위해 수행하는 제반 활동이나 인적·물적 자원을 내부적으로 관리하는 것을 의미한다.

행정조직은 행정기관의 조직과 권한 전반에 관한 사항을 총칭하며, 중앙행정조직과 지방행정조직으로 구분되고 다른 한편으로는 국가행정 조직과 공공단체 행정조직으로도 구분된다. 행정조직은 조직의 목표 달성과 행정업무 수행을 위해 조직화한 기구로써 조직구성원(인적 요소)과 재무 및 시설(물적 요소)까지 포함하여 말하는 것이지만 일반적으로는 기구와 구성원만을 가리킨다.

행정조직과 유사한 용어로 행정기구와 행정기관이 있다. 행정기구는 구체적으로 인적 요소와 물적 요소를 포함하지 않는 조직구조 그 자체에 종점을 두며, 정태적인 개념으로 본다면, 행정조직은 구성원, 재무(물자), 시설 등의 인적 요소와 물적 요소를 포함하여 조직의 구조를 편성하고 유지하며 개혁해나가는 과정에 보다 더 역점을 두고 있어서 동태적인 개념으로 볼 수 있다.

행정기관은 행정업무를 담당하기 위해 설치된 행정조직을 구성하는 각각의 단위를 말하며 행정조직은 여러 행정기관의 집합체를 말한다.

행정조직은 행정의 합리화·능률화를 중심으로 조직되어야 하지만 현실적으로 국가관에 의해 좌우되는 일이 많다. 19세기 근대국가 시대에는 자유주의를 기본원리로 삼았기 때문에 행정조직도 '분리와 독립'이 하나의 특색을 이루어 분권제·합의제·분립제·엽관제가 지배적이었다.

그러나 현대국가의 행정조직은 순수한 자유주의적 요소를 탈피하고 집권제·단독제·통합제·관료제로 옮겨가고 있다. 그것은 현대국가가 사회생활 전반을 육성 통제하는 직능국가의 성격을 가지고 있어서 양적으로 확대되고 질적으로 변모하는 행정활동을 효과적으로 처리하려고

행정조직을 통일·강화하여 그 운영 기술을 극대화하기 때문이다.[73]

그러므로 행정조직은 조직의 능률성과 효율성 제고를 위해 적합한 관리기능을 개발하여 활용하고 조직이 목표하는 바를 달성하기 위한 기능 및 과정이라고 정의할 수 있다.

제2절 행정조직의 구성요소

스코트(Scott)는 조직의 외부환경 요인들이 조직에 영향을 미치는 관점에서 조직을 '참여자 연합이 상호 의존하는 활동체제'로 정의하면서, 이들 체제는 그것이 작용하는 환경 중에 존재하고 환경과 지속적으로 교류하면서 구성된다고 했다.[74]

한편, 김병섭 등은 조직의 구성요소를 다음 몇 가지로 설명하고 있다.[75] i) 목표지향성: 조직은 목표를 가진 존재이다. ii) 사회적 실체: 조직은 인간들로 구성된 사회적 관계이다. iii) 식별 가능한 경계: 경계는 어떤 요소가 조직의 안에 있고 또 바깥에 있는지 식별하게 해 준다, iv) 의도적으로 구조화된 활동체제: 조직은 목적 달성을 위한 도구이다.

행정조직의 기본적 단위는 직위(position)와 직원(officer)이다. 행정조직은 마치 하나의 건축물과 같은데, 이러한 직위와 직원들은 그런 건축물의 벽돌과 기와에 해당한다. 인체에 비유한다면 이러한 직위와 직원은 세포에 해당한다고 할 수 있다. 이러한 직위와 직원은 업무성질의 같고 다름을 따져 업무단위를 형성하고, 그 후 몇 개의 업무단위가 기능기관을 구성하며, 다시 몇 개의 기능기관들은 행정체제를 형성하게 된다. 마지막으로 이들 행정체제들은 행정조직을 구성하게 된다. 인체생리구조

---

73) 강태평, 「기독교행정학」, 222-223.

74) 백승기, 「행정학원론」 (서울: 피앤씨미디어, 2019), 190.

75) 김병섭 외, 「조직의 이해와 관리」 (서울: 대영문화사, 2002), 27-30.

와 행정조직의 구성요소를 상호 비교하면 〈표 2-1〉과 같다.[76]

〈표 2-1〉 인체구조와 행정조직의 구성요소

인체구조	행정조직의 구성요소
세포(cell)	직위와 직원(position & officers)
조직(tissues)	업무단위(operating unit)
기관(organs)	기능기관(functional machinery)
생리체제(organism system)	행정체제(administrative system)
신체(body)	행정조직(organization

제3절 행정조직의 분류

조직문제를 연구할 때 분류(Classification)는 하나의 불가결한 과정이다. 그것은 서로 다른 조직에는 서로 다른 관리방법을 적용해야 하기 때문이다. 예를 들어 군대조직과 학교조직은 성질상 다르다. 구조형태뿐만 아니라 기능 또한 다르기 때문에 조직 연구에 있어 조직의 유형을 구분하는 기준을 세워야 한다. 그러나 현재 분류기준인 사람 수의과다(대형조직, 중형조직, 소형조직), 소유권의 귀속(개인조직, 공공조직), 진입과 퇴출 여부(자주조직, 반자주조직, 비자주조직) 등의 구분은 체계적이지 못하고 조직이론의 정립에도 그다지 큰 기여를 하지 못하고 있다. 여기서는 아래 세 가지 기준에 의해 진행되었던 기존 조직분류를 소개하고자 한다.

1. 조직의 사회적 기능(social functions)

파슨스(Parsons, 1960: 45-46)는 사회체제 전체가 수행해야 할 기능을

---

76) 백승기, 「행정학원론」, 200.

① 적응(adaptation), ② 목표성취(goal attainment), ③ 통합(integration), ④ 체제유지(latency)로 분류하였다. 그는 위의 네 가지 사회적 기능 가운데서 어떤 범주에 주로 기여하는가에 따라 네 가지의 조직유형을 분류하였다.[77]

첫째, 경제적 생산을 지향하는 조직으로 이 유형은 적응기능에 기여한 조직이다. 이 유형은 사회가 소비하는 재화·용역을 생산하는 조직으로서 사기업체를 예로 들 수 있다.

둘째, 정치적 목표를 추구하는 조직으로 이것은 목표성취에 기여한 조직이다. 이 유형은 사회 내에서 권력을 창출·분배하며 사회가 바람직한 목표를 달성할 수 있도록 보장하려는 조직으로 행정기관과 은행을 그 예로 들 수 있다.

셋째, 통합기능적 조직으로 이것은 통합기능에 기여한 조직이다. 이 유형은 사회내의 갈등을 해결하고 사회의 구성부분들이 공존·협동할 수 있게 하며 '제도적 기대'의 실현에 기여하도록 사회구성원들의 동기를 유발하는 기능을 수행하는 조직으로 법원, 정당 등을 예로 들 수 있다.

넷째, 체제유지적 조직으로 이것은 체제유지기능에 기여하는 조직이다. 이 유형은 교육·문화 등의 활동을 통해서 사회의 지속성을 유지하려는 조직이다. 교육기관, 종교단체 등을 그 예로 들 수 있다.

2. 구성원의 순응(compliance)

에치오니(Etzioni)는 기관을 부하들의 상관에 대한 순응 정도와 또 상관이 부하에 대한 권력 행사 관계로 분류하고 있다. 그는 기관의 장은 세 가지 종류의 권력을 가지고 있다고 본다. 강압적 권력, 공리적 권력

---

77) 강태평, 「교회조직행정연구」 (서울: 백석대학교 대학원, 2021), 6.

과 규범적 권력인데 이러한 권력 운용을 통해 세 가지 다른 유형의 조직을 형성하게 된다. i) 강압적 조직(coercive organizations): 이 유형은 강압적인 권한의 사용과 굴종적인 복종이 부합되어 있는 조직이다. 강제수용소와 대부분의 교도소를 그 예로 들 수 있다. ii) 공리적 조직(utilitarian organization): 이것은 공리적 권한과 타산적 복종이 부합되어 있는 조직이다. 대부분의 사기업체를 그 예로 들 수 있다. iii) 규범적 조직(normative organization): 이것은 영예로운 보상으로 부하를 관리하는 방식을 취한다. 이것은 규범적 권한과 도덕적 복종이 부합되어 있는 조직이다. 종교집단, 대학 및 병원 등을 들 수 있다.[78]

3. 주요 수혜대상을 기준으로 구분

블라우와 스코트(Blau & Scott)는 조직 활동의 수혜자가 누구인가를 기준으로 조직을 구분하고 있다.

가) 분류기준

조직의 구성원, 조직의 소유자, 고객, 국민일반들이 조직 활동의 수혜자가 되는데, 어느 한 집단만이 절대적으로 혜택을 독점하는 예는 찾아보기 어렵다. 그러므로 조직 활동의 수혜자를 기준으로 한다는 말은 '주된 수혜자'를 기준으로 한다는 뜻이다.

나) 조직의 유형

누가 주된 수혜자인가를 기준으로 하여 분류한 네 가지 조직유형은 다음과 같다.

① 호혜적 조직: 주된 수혜자는 조직의 구성원들이다. 이 조직에서는 구성원의 참여와 구성원에 의한 통제를 보장하는 민주적 절차를 조직 내에서 유지한다. 이러한 조직의 예로는 정당, 노동조합, 종교단체 등이 있다.

---

78) 백승기, 「행정학원론」, 192-193.

② 기업조직: 소유주가 주된 수혜자가 되는 조직으로서 경쟁적인 상황 속에서 최소의 자본으로 최대의 성과를 거두려는 운영의 능률을 극대화한다. 제조회사, 은행, 보험회사 등이 해당한다.

③ 봉사조직: 주된 수혜자는 고객집단이다. 고객에 대한 전문적 봉사와 행정적 절차사이에서 생기는 갈등은 이러한 조직의 중요한 특성이라 할 수 있다. 사회사업기관, 병원, 학교 등이다.

④ 공익조직: 국민일반을 수혜자로 하는 조직으로서 국민에 의한 외재적 통제가 가능하도록 민주적 장치를 발전시킨다. 외재적 통제가 되지 않으면 정부는 민주라는 미명 아래 독재를 행사하게 된다. 각종 행정기관, 군대조직, 경찰조직 등이 해당된다.[79]

제4절 교회행정조직의 개념

여러 학자들이 제시한 견해를 종합해서 조직의 정의를 내려 보면 '조직이란 목표를 달성하기 위한 활동 속에서 나타나는 인간·구조·환경의 복합체계'라고 말할 수 있다. 인간이란 인적 물적 자원을 의미하고 구조란 공식적 권위체계를 나타내며 환경은 조직에 영향을 미치는 외적 요소라고 할 수 있다. 이상의 일반 조직의 의미에서 보듯이 교회행정조직이 분명히 있어야 한다. 교회행정의 목표는 행정주체의 효율적인 목표달성을 위한 일반행정과는 달리 하나님 나라 확장과 교회성장이라는 목표가 있어야 한다. 이러한 목표달성을 위해 교회를 구성하는 성도와 교회구조, 교회환경의 복합체계를 교회행정 조직이라 할 수 있다. 그러므로 연구자가 교회행정조직을 재정의 하면 교회행정조직이란 강태평이 개념 정리한 기독교조직을 통해서 재정리 하면 교회행정조직이란 "그리스

---

79) 김중규, 『선행정학』(서울: 카스파. 2021), 336.

도 예수 안에서 살아계신 창조주 하나님의 섭리하심 가운데 행하여진 일
반행정조직의 개념 정의 모두를 포함해서 그리스도 예수 안에서 하나님
께서 십자가에서 일어난 일을 지금 마음에서 동일하게 일어나게 하심으
로, 예수 그리스도 이름으로 보내신 또 다른 보혜사 성령을 받아, 마음
이 세상가치보다 창조주 하나님을 더 먼저 경외하여 우선적 현실로 체
감하고 있을 때, 그리스도께서 교회의 성장과 하나님 나라 확장을 위하
여 사랑 · 지혜 · 권능의 살아계신 하나님의 말씀(Living Word)을 통하여
의도적으로 결합시키는 모든 체계[80]"라고 정의할 수 있다. 따라서 교회의
행정조직은 일반적인 사회조직과 관료조직과 비교하여 교회 행정조직
만의 특징을 갖고 있다. 교회는 예수님이 보내신 성령으로 인하여 출생
한 신(神)적 생명체이다. 그러므로 교회행정조직만의 특징이 있다. 김영
종(2007)은 교회의 특징을 다음과 같이 말한다. 첫째, 교회 조직은 관료
조직 같이 공식적 조직도 아니고 그렇다고 친목 단체나 일시적인 감정의
논리에 의하여 모인 비공식적 조직도 아닌 하나님의 백성들이 모인 특수
조직이다. 여기서 특수조직이란 하나님의 부르심을 받은 성도들이 함께
모인 하나님 나라의 시민권을 가진 공동 집단이란 뜻이다. 둘째, 교회
조직은 특수조직이면서도 세상의 그 어떤 조직보다도 조직응집력이 강
한 형제와 자매로서 모인 신앙의 공동체이다. 셋째, 교회 조직은 자발적
인 비공식조직이나 강제적이고 인위적으로 만들어진 공식적 조직이 아
닌 하나님으로부터 부름을 받은 성도들로 모여진 특수 조직이다. 넷째,
교회 조직은 종교사회학이나 행정 사회학적으로 종교적인 집단이며 조
직이다. 다섯째, 교회 조직은 성장의 신학 이론면에서 사회조직이 아닌
하나님의 교회 조직이다.[81] 바울은 교회를 "그리스도의 몸"이라고 한다

---

80) 강태평, 「기독교행정학」, 223.

81) 김영종, 「교회행정학」 (서울: 숭실대학교 출판부, 2007), 54

(엡 1:23). 그리스도의 몸 된 교회는 언제나 두 가지 특징을 갖고 있어야 한다. 그렇지 않으면 교회는 교회로서의 기능을 제대로 발휘할 수 없다. 그 두 가지 특징은 생명성과 조직성이다. 몸에 생명이 없으면 그것은 아무런 소용이 없다. 그것은 죽은 시체에 불과하다. 그러나 몸에 생명이 있다 해도 그것이 정교하게 조직되지 않았다면 그 생명을 표현할 수가 없다. 어떤 사람은 교회의 본질을 규명할 때 늘 조직체만 강조한다. 그런 사람은 외적으로 드러나는 이 조직을 어떻게 치밀하게 구성할 것인가를 생각한다. 그러나 교회가 정교하고 철저한 조직을 갖는다고 할지라도 생명을 상실한다면, 그것은 형상만 갖춘 죽은 몸이 된다.

반면에 어떤 사람들은 교회의 생명성을 너무 강조한 나머지 조직을 일절 강조하지 않는다. 생명이 있더라도 그것을 표현할 수 있는 수단과 방법이 없을 때, 그 생명은 질식당할 수밖에 없는 것이다.[82] 좋은 믿음을 가지고 있으면서도 조직체로서의 교회 특성을 무시할 때, 그 교회는 주께서 기대하시는 사명을 감당하지 못하고 죽어 버리게 된다. 생명성과 조직성은 둘 다 중요하다. 그러나 더 중요한 것은 물론 생명이다. 왜 교회는 살아있는 유기체인가? 왜 살아있는 생명체인가? 그것은 살아계신 하나님에 의하여 주관되고 지배되기 때문이다. 교회가 얼마만큼 더 생명력 있는 교회로 성장해 갈 것인가 하는 문제는, 교회를 구성하는 한 사람 한 사람의 그리스도인들이 살아계신 하나님의 말씀(Living Word)을 얼마만큼 의지하고 신뢰하는가 그리고 얼마만큼 그 하나님께 지혜를 구하면서 유기적 조직체인 몸 된 교회를 이루어 나가는가에 달려 있다. 또한 교회조직은 생성(生成)에서 사회심리학적인 습관적인 구조에서 나타나는 것과 다르다. 하나님의 집(딤전 3:15), 그리스도의 몸(엡 1:23), 성령의 전(고전 3:16)을 가리켜 거룩한 공회, 곧 교회라 하는데 교회가 공동예배로

---

82) 이동원, 「이렇게 사역하라」 (서울: 나침반출판사, 2004), 147-148.

모이는 전도처 또는 기도처에 일정한 수(장로교에서는 입교인 10명 이상, 농어촌 5명 이상)가 모여 지교회를 설립코자 하면 노회의 청원 허가를 받아 교회를 설립하게 된다(정치 제15조).[83]

이렇게 해서 설립된 지교회가 성장하여 당회가 조직되면 조직교회라 하고 당회가 없는 교회를 미조직교회라 한다(정치 제14조).[84]

이처럼 지교회가 설립되면 거기에는 교회행정 조직이 나타나게 된다. 그러므로 일반행정 조직과 교회행정 조직은 그 생성과정에서 맥락을 달리한다고 하겠다.

제5절 교회행정 조직의 원리(原理)

교회행정 조직의 기본원리를 살펴보면 다음과 같다.

1. 계층의 원리(Principles of Hierarchy)

책임과 권한의 위임은 최고 관리자만 행하는 것이 아니라, 피위임자도 그 위임을 행하여 점차 하위(下位)에 미치며, 이것을 계층의 원리라 한다. 즉 직책이 위에서 밑으로 순차적으로 위임되어 한 사람 분의 직책이 되기까지 세분화되는 것인데, 이 조직의 세분화는 계층적 구조를 갖는다. 계층제란 권한과 책임의 정도에 의하여 직무를 등급화한 것이다.[85] 계층적 조직의 대표적인 것은 군대 조직이며, 또한 교회에서는 가톨릭교회 (Catholic Church)의 조직이 여기에 해당된다. 계층 조직이란 원래 천상계(天界)의 천사군(天使群)이 서열이었으나 로마 교황을 정점으로 하는 피라밋형의 교회 조직을 말하는데, 이를 무시하면 하나님과 교황을 모독하

---

83) 대한예수교장로회총회(백석), 「헌법」(서울: 대한예수교장로회총회(백석), 2023), 175.

84) 대한예수교장로회총회(백석), 「헌법」, 175.

85) 유민봉, 「한국행정학」, 386.

는 것이라 생각했다. 이런 원리가 교회뿐 아니라 일반 사회에로 세속화
되어서 사회 집단, 기업, 노조, 정당 등에 기능과 권한의 체계를 갖는 경
우도 있다. 그러나 교회에서는 상·하 관계가 잘못하면 교회의 본질을
왜곡하는 그야말로 계급화의 사회단체와 동일하게 되기 쉽다. 우리가 분
명히 알아야 할 것은 교회 조직에서는 그 기능(function)이 있을 뿐이지 계
층이나 계급은 있을 수 없다.[86]

2. 조정의 원리

조정이란 조직체 안에서의 각 부서가 고유의 기능을 발휘하고 하나
의 공동의 목표를 성취할 수 있도록 통일성을 가지는 것을 의미한다. 그
런 의미에서 조정의 원리란 하나의 조직이 운영되기 위하여 업무를 적절
히 분담하고 업무의 한계를 설정해 주어 통일을 통한 공동의 목표를 성
취하기 위한 원리이다. 조정이 잘못되면 업무의 불균형과 중복이 일어나
게 된다. 이러한 것을 피하기 위하여 지도자는 업무의 권한과 한계를 분
명히 해주어야 하고, 조직을 운영함에 있어서 합리적인 기획에 의존해야
한다. 그리고 조직을 구성하는 인원의 상호 커뮤니케이션을 개방하고 신
뢰와 인화를 구축하고 협동정신을 불러일으켜야 하며 이를 위해서 적절
한 통제 방법과 규칙이 있어야 한다. 조정의 원리는 결과적으로 상호교
류를 원만하게 하는 활동이며 조직이 가지고 있는 인적, 물적자원의 활
용을 극대화할 수 있게 된다. 그러므로 조직의 여러 이론 가운데서 가장
기본적이며 중요한 원리가 된다. 이 원리는 하나의 몸으로서의 교회와
그 지체의 기능을 논하는 교회조직에 있어서도 중요한 원리이다.[87]

---

86) 박완신, 「교회행정론」 (서울: 기독교문사, 2005), 73-74.

87) 이성희, 「교회행정학」, 324-325.

3. 기능주의 원리

기능주의 원리는 직능에 따라 업무를 분담하는 전문화의 원리로서 신약적 원리이며, 수평적 원리이다. 사도와 집사 사이에 기능의 차이는 있지만 계급적 차이는 없었다. 조직에 있어서 조직의 기능을 인사, 재정, 홍보 등으로 업무를 구분하는 것은 기능주의 원리에 의한 구분이다.[88] 기능적 원리는 직무의 종류를 구별하고 각 과업의 전문화에 응하여 분업제를 확립함으로서 능률화와 기술적 합리화를 구현하려는 "직능의 분화"라고 할 수 있는 것이다.[89]

행정조직에 있어서 기능적 분업의 원리가 강조되는 것은 공동과업의 수행에 있어서 표준화(standardization), 단순화(simplification), 전문화(specialization)등 세 가지를 촉진하는 것이며 동질적인 임무와 기능을 동질적인 조직으로 묶고 전문적인 지식과 기능을 가진 사람으로 하여금 그것을 담당하게 함으로써 업무 능률을 높이려는데 주안점이 있다.[90]

4. 권한의 위임(Delegation of Authority)

위임(委任)이란, 특정한 업무를 수행하기 위하여 권한을 특정인이나 특정 조직체에 부여하는 것으로써, 주님으로부터 위임받는 자, 또는 노회(老會)에서 위임을 받는 자 그리고 지교회로부터 위임을 받는 직분에 따라서 맡은 임무를 취급하게 된다. 위임의 원칙은 조정의 원칙과 표리의 관계에 있으며, 조직의 규모가 확대될 때 그 관리가 복잡하게 되어 조직의 최고 관리자가 직접 다스릴 수 없을 때 권한을 위임하여 다스린다. 교회행정 조직에서는 당회나 제직회에서 어느 기관에 권한을 위임할

---

88) 심상기, "한국 장로교회의 행정 개선방안 연구"(박사학위논문, 광신대학교 대학원, 2013), 52.

89) 조동진, 「현대교회행정학」 (서울: 크리스천헤럴드사, 1981), 72.

90) 이성희, 「교회행정학」, 326.

수 있는데 이때 위임받은 부서는 주님으로부터 위임받았다는 생각으로 그 임무를 수행해야 할 것이다.[91]

5. 통제의 원리

통제의 원리는 통솔의 범위의 원리이다. 즉 한 사람의 통제는 한계가 있기 때문에 능률적인 감독과 통제의 권한을 주기 위하여 한 사람의 감독과 통제의 대상을 제한한다는 원리이다. 한 사람의 감독과 통제가 제한적이라는 것은 능력이나 지식의 한계뿐만 아니라 시간과 공간의 제한성을 가리킨다.[92] 그러므로 통제의 원리를 통하여 조직의 혼란이나 비능률적인 관리를 방지하는 이점을 가진다.

6. 명령통일의 원리

명령통일의 원리는 통제의 원칙의 역동작의 원리이다. 조직 구성원은 여러 사람으로부터 명령을 받는 혼란과 비능률을 피하게 하고, 한 사람의 명령자로부터 명령을 받아야 한다는 것이다. 여러 사람의 명령자로부터 명령을 받게 되면 책임한계가 불분명해지며 명령의 중복으로 오는 업무수행의 혼란을 야기하게 된다. 결과적으로는 업무의 효율성이 감소되며 공동의 목표가 성취되지 못한다.[93]

명령통일(unity of command)의 원리는 조직구조를 계층제의 피라미드 형태로 만드는 중요한 이유이다.[94]

---

91) 박완신, 「교회행정론」 (서울: 기독교문사, 2005), 75.

92) 유민봉, 「한국행정학」 (서울: 박영사, 2016), 387.

93) 이성희, 「교회행정학」, 327.

94) 유민봉, 「한국행정학」, 387.

제6절 교회조직의 구조

조직구조는 조직도에 나타난 것처럼 한 조직이 수행하는 많은 일들을 조직의 목표달성을 위해 가장 효과적인 방식으로 이들을 수직·수평으로 연결시켜 놓은 설계도와 같다. 그러나 조직은 건물구조와 같은 유형의 물체와는 다르다. 조직도를 구성하는 조그만 상자(구성요소)는 기계의 부품과는 달리 그 상자에 담긴 직무를 사람이 수행하기 때문에 누가 그 일을 담당하느냐에 따라 그 실제 모습이 약간씩 달라진다. 상자와 상자의 관계는 두 사람의 관계이기 때문에 더욱 역동적이며 조직도에서도 그것을 표현할 수 없다. 따라서 조직구조는 조직도에 드러난 구성요소들의 공식적인 관계만으로는 설명이 부족하다. 조직구조는 그 직무를 맡은 사람에 의해 구체화되기 때문에 그 구조가 고정되어 있지 않고 끊임없이 새로운 형태로 나타난다. 즉 조직도와 같은 형식적인 조직구조는 그 직무를 수행하는 구성원의 행동양식을 규정하지만 또다시 이들 구성원들의 직무수행방식이나 상호관계에 따라 실질적인 조직구조의 모습이 형성된다고 볼 수 있다. 이 후자의 조직구조는 더 이상 유형적 짜임이 아니라 추상적 인조물(artifact)이라 할 수 있다. 다만 그 인조물이 무작위(random)의 다양한 모습을 취하는 것이 아니라 어느 정도 안정된 형태를 취하고 구성원들의 행동은 다시 그 형태의 영향을 받게 된다. 이와 같이 조직구조란 직무, 책임, 권한 등의 요소들이 배분되고 연결되어 있는 짜임이면서 동시에 이를 담당한 구성원들의 상호작용을 통해 조직목표를 달성하는 과정에서 나타나는 비교적 안정된 행동관계의 유형이라고 말할 수 있다.[95] 구체적으로 조직구조는 직무, 책임, 권한, 역할 등의 배분구조이자 연결구조로서 조직목표 달성을 위한 수단적 역할을 한다. 또한

---

95) 유민봉, 「한국행정학」, 382.

조직구조는 커뮤니케이션의 통로이자, 권한이 행사되고 결정이 이루어 지며 그 결정이 실행에 옮겨지는 흐름을 규정한다.[96]

조직구조는 개념의 추상성에도 불구하고 조직구성원의 직무수행이나 인간관계 그리고 조직의 관리과정 및 효과성 등에 지대한 영향을 미치기 때문에 구조의 이해가 조직에서 차지하는 비중은 그만큼 크다. 교량의 역학적 구조에 따라 지탱할 수 있는 힘이 다르고 도로의 연결구조에 따라 교통의 흐름이 변하듯이 조직의 구조를 어떻게 설계하느냐는 동기부여, 커뮤니케이션, 갈등관리, 변화관리 등 조직의 관리과정과 성과에 중요한 영향을 미치게 된다.[97]

교회 조직에서는 복음 및 교리에 대한 전파와 교육이 지속적으로 이루어지고 있다. 또한 공식교육기관인 기독교 관련 대학 및 대학원이 전문가 양성을 위한 교회교육을 활성화 시키고 있고 교회의 상위조직도 교육내용의 충실화 및 체계화 정립을 위해 노력하고 있다. 그렇지만 상위조직은 각 교파에 소속된 교회의 목사들 중에서 선출된 사람들이 교리·정책·행정 등에 관해 의사 결정하는 전문화된 집합체이며 여기서 합의된 보편적인 지식이 각 교회에 전달된다. 즉 상위조직에 속해 일하면 지식 습득이 매우 빨라질 수 있고 또한 타 교회의 새로운 정보를 쉽게 받아들일 수 있기에 상위 조직의 참여는 의미가 있다고 볼 수 있다. 교회에서의 상위조직은 교파에 따라 다르게 구분되는데 이를 정리해 보면 〈표 2-2〉와 같다.[98] 또한 조직이 타 기관 및 단체와 맺고 있는 네트워크의 관계 구축도 매우 주요한 제도적 변수가 될 것이다. 마렛(Marrett)은 19세기 도시 안에 의료와 관련된 모임의 수가 많을수록 여성으로만 구성된 의료

---

96) 정현옥, "보건의료정책결정과정에서 있어서 대한치과기공사협회의 활동분석"(석사학위논문, 안동대학교 대학원, 2007), 44.

97) 유민봉, 「한국행정학」, 382-383.

98) 서문교, "경영이론의 관점에서 본 조직으로서의 교회," 「로고스경영연구」 10(2) (2012): 6-7.

모임이 더 많이 출현한다고 주장하였고 매카시와 잘드(McCarthy & Zald)는 사회적인 연관 관계의 수가 광범위하고 커질수록 추가적으로 새로운 조직이 생성될 가능성은 높다고 말하였다.

〈표 2-2〉 제도적 동형화가 적용되는 교회의 상위 조직

교파	종류	직무
장로교	당회	교인의 신앙생활 통찰, 성찬식과 세례식 주관, 제직(장로, 집사, 권사)을 임직
	노회	목사 인사 및 신학생 관리, 당회에서 제출된 사안 접수 및 처리, 신학생 및 신학 졸업생 관리, 목사의 인사에 관한 사항을 처리
	총회	교단 소속 교회와 산하 단체에 대하여 총괄 관리
감리교	당회	교회학교 교장, 권사, 집사, 감사 선출
	구역회	교역자 생활 지원에 관한 안건 협의 및 결정, 지방회에 추천할 전도사 지명
	지방회	다른 교단에서 이명해 온 목사에 대한 자격심사와 장로자격심사
	연회	감리교 관련 기독교 대학 이사 선출, 정회원 · 준회원에 대한 심사
성결교	당회	교역자의 관리, 전도사 승인, 성결교 관련 대학 입학 지원자 심사 및 추천.
	지방회	교회의 제직인 장로, 권사, 안수집사, 각부 부장, 교사 등 임명
	총회	행정 사항 안건에 대하여 심의 및 의결하는 최고의회, 성결교 관련 대학교 총장 인준 및 재단 감사 선출

제7절 교회행정조직의 실제

행정조직형태는 국(部)과 위원회가 설치되어 있다. 장로교 행정조직중심으로 간략하게 총회행정조직, 노회와 지교회행정조직으로 구분하여

살펴보고자 한다.

1. 총회행정조직

장로교 정치체제에서 총회는 교회행정의 최고 치리회로서, 교회의 질서와 일치를 유지하고, 각 하위 치리회의 상급기관으로 기능하는 중앙조직이다. 총회는 단순한 행정적 기구가 아니라, 신학적 · 제도적 정당성을 기반으로 구성되며, 그 조직원리는 장로교 정치 원리인 대의정치와 균형적 대표성의 구현에 근거한다. 대한예수교장로회 헌법 제88조 1항은 총회의 조직에 관하여 "총회는 각 노회에서 총대로 파송한 목사와 장로로 조직한다. 파송 기준은 7교회당 목사, 장로 각 1인이며, 4월 정기노회에서 선출한다"고 규정함으로써 총회의 대의성을 법적으로 명확히 한다.[99] 목사와 장로로 총회를 조직하는 것은 정치, 행정, 권징의 치리를 행하는 회이므로 목사와 장로간의 형편을 도모하기 위함이다. 교권주의와 중우민주주의를 차단하고 상호협력을 도모하기 위한 위함이다.[100] 총회, 노회와 지교회의 조직도는 [그림 2-1]과 같다.

이와 관련하여 시행세칙 제65조는 총대 선출의 실무 절차를 구체화하며, 총대는 4월 정기노회에서 선출하며 7교회당 1인을 기준으로 하고, 노회장과 서기 및 조직교회에 총대 우선권을 부여하도록 규정한다.

이러한 구조는 교회의 본질이 계급이 아니라 기능적 사역공동체임을 전제하면서도, 행정조직의 실질적 운영과 효율성을 위하여 계층제적 구조를 현실적으로 도입한 결과이다. 교회는 모든 교인이 하나님 앞에 동등하며, 교역자와 평신도 사이에 본질적 위계는 존재하지 않는다. 그러나 행정적 기능 수행의 편의를 도모하고, 치리권의 질서를 유지하기 위

---

99) 대한예수교장로회총회(백석), 「헌법」 정치, 제88조 1항 1목(p. 206).

100) 최득신, 「교회법개론」 (서울: 요나미디어, 2016), 204.

해, 총회–노회–지교회로 이어지는 교단 행정 구조는 불가피하게 계층적 형식을 취하게 된다.

총회는 이와 같은 조직의 정점에 있으며, 교회의 정치, 행정, 권징의 최종적인 결정권을 가지는 최고 행정조직이다. 총회는 당회나 노회의 결의조차 심리·판단할 수 있으며, 총회의 결정은 일사부재리(一事不再理)의 원칙에 따라 후회(後會)가 전회(前會)의 결정을 번복할 수 없도록 함으로써 최종적이며 확정적인 권위를 가진다. 이에 따라 총회의 결정은 지교회 및 하위 치리회에 대하여 구속력을 가지며, 총회는 교단 전체의 통일된 신앙과 질서를 수호하는 중심기구로 기능한다.

총회는 목사와 장로로 구성된다. 이는 목사는 교역자의 대표로서, 장로는 회중의 대표로서 각기 다른 차원의 대표성을 지니며, 이들이 상호 견제와 균형을 이루도록 함으로써 교권주의나 대중영합주의의 폐해를 방지하려는 장로교 정치 원리의 산물이다. 즉, 총회는 단순한 회의체가 아니라, 교역과 회중이 동등하게 참여하여 하나님의 뜻을 공동으로 분별해가는 신학적 정치 공동체이다. 이러한 제도적 장치는 교회의 질서를 유지함과 동시에 권위의 남용을 방지하는 구조적 장치로 작용하며, 장로교 정치원리의 핵심인 권력의 분산과 협력을 제도적으로 구현한 것이다.

나아가 총대의 파송은 각 노회로부터 이루어지며, 이는 단순한 조직상의 대표 위임을 넘어서 하나님의 뜻에 근거한 신적 위임으로 이해된다. 총회는 하나님의 뜻에 따라 노회가 선출한 자들이 하나님의 공동체를 대표하여 회집한 회의체이며, 그 정당성은 제도적 합법성과 더불어 신학적 사명에 기반을 둔다. 따라서 총회는 지상의 어떤 회의보다도 우선적인 권위를 가지며, 그 결정은 교회의 질서, 신앙, 행정을 포함한 모든 영역에 대하여 구속력을 가진다.

결론적으로, 총회행정조직은 단지 효율성과 기능적 편의를 위해 만들어진 조직이 아니라, 교회의 본질과 신학을 담아내는 제도적 실체이며, 그 조직의 형태는 신학적 원리와 정치체제의 균형 위에서 작동한다. 총회는 하나님의 백성이 세운 대표들에 의해 구성된 공동체로서, 교회의 질서와 진리를 수호하며, 장로교 정치의 핵심이자 교단 운영의 중심축으로 자리 잡고 있다.

[그림 2-1] 백석총회 조직도

출처: 통합총회 인용 · 재정리[101]

[그림 2-2] 서울강남노회 조직도

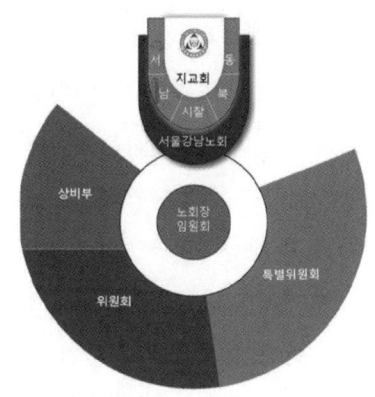

출처: 통합 동서울노회 인용 · 재정리[102]

장로정치와 구분되는 회중교회는 주후 1608년 잉글랜드의 존 로빈슨(J. Robinson, 주후 1575-1623)이 고국을 떠나 네덜란드 레이든에 정착해 교회를 세웠다. 이 교회가 회중교회의 기원이다. 이 교회는 침례교회와 달리 개혁신앙의 예정론을 지지하였고 아르미니우스의 신학을 거절했다. 교리적으로는 장로교와 개혁교회와 일치했다. 회중교회는 주후 1658년 런던의 사보이 궁전에서 26일 동안 모여 '사보이 선언문'을 만들었다. 단지 교회 정치에서 노회와 총회의 권위를 인정하지 않고 지역 개교회가

101) 대한예수교장로회총회(통합) (pck.or.kr), 4월 18일 접속.

102) 통합 서울동노회 www.pckdong.or.kr 4월 18일 접속.

완전한 최종적 교회라고 보았다. 교회의 직분자는 교인의 대표일 뿐이며 교회의 최종 권위는 교인, 곧 공동의회에 있다고 생각했다. 장로교회나 개혁교회가 교회의 당회에 권위를 두는 것과 다르다.[103]

2. 노회행정조직

노회행정 계층은 노회-시찰회-지교회(당회)의 3계층 구조를 가지고 있다. 이 중 자치행정 계층은 시찰회를 제외한 2계층이다. 즉 시찰회는 치리회가 아니다. 노회와 시찰회, 지교회의 조직도는 [그림 2-2]와 같다.

노회는 장로교 정치 원리에 따라 교회의 중간 치리회로 조직되며, 지교회와 총회를 연결하는 핵심적 행정 · 치리 기구로 기능한다. 노회의 집행기능은 임원회를 중심으로 수행되며, 노회 조직 내에는 임원회를 포함한 소속 행정기관과 보조기관이 함께 존재하여, 노회의 행정권과 치리권이 유기적이고 효과적으로 구현된다.

노회 소속 행정기관은 기능과 구조에 따라 직속기관과 합의제 행정기관으로 구분된다. 직속기관에는 회계, 서기, 재판국, 규칙부 등 각종 부서들이 포함되며, 이는 노회의 결정사항을 실행하고 정해진 직무를 감당하는 실무기구들이다. 합의제 행정기관에는 공천위원회나 감사위원회 등이 속하며, 복수의 인원으로 구성돼 집단적 판단기구로서 공정성과 대표성을 확보하는 역할을 한다.

보조기관으로는 시찰회가 있으며, 이는 지교회들과 노회 간의 연결고리로서 지역 단위의 행정과 치리업무를 분담 수행하는 역할을 맡는다. 시찰회는 노회의 권한을 위임받은 행정 보조기구로서, 일정 지역 내 지교회의 상태를 점검하고, 교역자의 청빙, 이명, 문제 발생 시 초기 조사를 담당하며, 노회행정의 실질적 관리 기반을 제공한다. 이는 행정 효율

---

103) 임경근, 「세계 교회사 걷기」 (서울: 두란노, 2024), 263-264.

성과 지역 대표성을 동시에 달성하기 위한 구조적 장치로서 기능한다.

　장로교회의 치리는 결코 임의적이거나 개별적 판단에 의해 수행되지 않는다. 모든 치리는 반드시 정당한 조직과 절차를 갖춘 치리회, 즉 당회 · 노회 · 총회와 같은 공적 기구를 통해 수행되어야 하며, 그 정당성은 성경적 원리와 사도시대의 교회 전통에 기초한다. 특히 치리권은 개인이나 독립된 인물에게 위임된 것이 아니라, 공적으로 구성된 회의체에 귀속되므로, 치리회의 조직은 교회의 질서를 유지하기 위한 필수적 요소로 기능한다.

　노회는 당회와 총회 사이에 위치한 중간 치리회로서, 조직적으로는 상급회인 총회의 하위 기관이지만, 조직의 구성과 권위 면에서는 동일한 자격과 권리를 가진 자율적 치리회로 간주된다. 모든 치리회는 목사와 장로의 연합체로 구성되며, 이는 교역자와 평신도의 균형 있는 참여를 통해 회중 중심주의와 성직자 중심주의의 양극단을 방지하려는 장로교 정치 원리의 핵심이다. 이러한 조직 형태는 장로교회의 대의정치적 특성과 권력분산 원칙을 제도적으로 실현한 구조이다.

　노회의 치리권과 행정권은 교회 헌법에 명확하게 규정되어 있으며, 모든 활동은 헌법과 정관 및 시행세칙에 근거하여 수행되어야 한다. 헌법은 노회가 행사할 수 있는 치리의 범위, 지교회의 설립과 해산, 목사 청빙과 안수, 재판권, 교역자의 이명과 훈련 등의 권한을 상세히 규정하고 있다. 이러한 규범적 근거는 노회의 결의와 활동이 자의적이거나 임의적 판단에 빠지지 않도록 제도적 장치를 제공한다.

　결론적으로 노회는 장로교회 정치 체계의 중심축으로서, 지교회의 치리와 행정을 감독하며, 총회의 권위를 하향 전달하고, 시찰회를 통해 상향 보고를 받는 이중적 연결기능을 수행한다. 노회는 정당한 절차와 규범에 근거한 치리기구로서, 교회의 공적 질서와 신학적 통일성을 보존하고, 하나님의 뜻을 공동체적으로 분별하고 실행하는 사명을 감당하는 핵심 조직이라 할 수 있다.

집행기관은 임원회, 소속행정기관으로 구성되는데, 보조기관인 시찰회로 구성된다. 소속행정기관은 부·국(재판국) 직속기관과 공천위원회 등 합의제 행정기관으로 분류된다. 교회를 치리함에는 명백한 조직이 있어야 한다. 정당한 사리(事理)와 성경교훈과 사도 시대 교회의 행사에 의지한, 즉 교회 치리권은 개인에게 있지 않고, 당회, 노회, 총회 같은 치리회에 있기 때문에 치리회 조직이 필요하다. 교회 각 치리회에 등급은 있으나 같은 자격으로 조직한 고로 같은 권리가 있다. 치리회의 치리 범위는 교회 헌법에 규정되어 있다. 모든 치리회는 다 목사와 장로로 조직한다. 그런데 장로회 교회행정에 있어서 최하 말단인 기본 치리회는 물론 당회라고 해도, 교회를 설립하거나 당회를 조직하게 하는 권한은 당회에 있지 아니하고 노회에 있으므로, 장로회 정치에 있어서 중심 치리회는 노회이다. 당회를 지교회라고 부르는 것도 노회를 중심하는 호칭이다.[104] 노회는 장로회 교회 치리의 핵심적인 업무를 총괄한다. 이러한 이유에서 3단계 치리회 가운데서도 가장 중요한 것이 노회이다. '장로회 교회'라는 명칭이 '장로회'의 줄임말인 '노회'에서 나왔다는 것은 노회가 장로회 교회의 핵심임을 말해 준다. 노회가 중요한 다른 이유는 노회가 교회의 기본 단위이기 때문이다.[105] 하회의 결정을 반안(反案) 교정하는 상회가 없는 지교회는 장로회 정치하의 교회일 수가 없다. 그런고로 노회야말로 장로회 정치와 교회행정의 중심임에 틀림없다. 이런 의미에서 노회 조직이 필요하다.[106] 노회의 행정조직도는 [그림 2-3]과 같다.

---

104) 박완신, 「교회행정론」, 275.

105) 김중락, "노회가 바로 교회다" [노회개혁①], (기독교윤리실천운동, 2020) https://cemk.org/16602, 2024. 6. 13 접속.

106) 박완신, 「교회행정론」, 275.

[그림 2-3] 노회조직 구조도

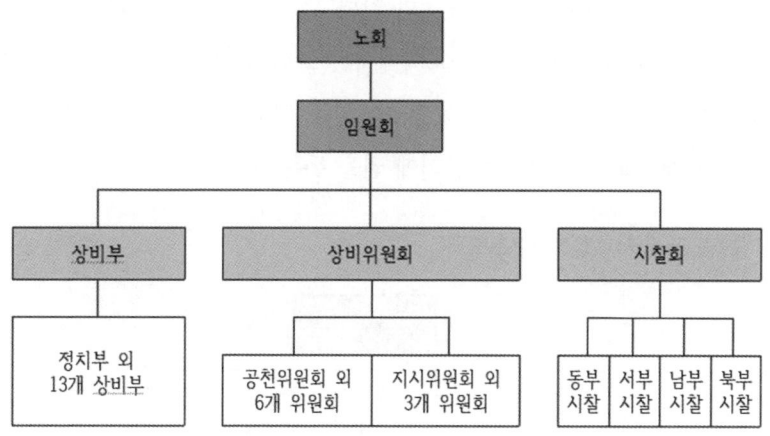

출처: 총회규칙(2023) · 서울강남노회를 참조 정리[107]

3. 지교회 행정조직

교회 행정조직에는 지교회를 사법적으로 처리하는 당회가 있고, 교인들의 협의체인 제직회와 공동의회가 있다. 제직회(Corporation Meeting)는 교회 안에서 직분을 맡은 자들이 모여서 의논하는 모임이며, 공동의회(Congregational Meeting)는 세례교인들만 모여서 교회의 전반적인 일을 의논하나 제직회와 공동의회는 협의하는 회합이지 그들에게는 사법권이 없다. 그런데 제직회는 주로 교회 재정에 관한 일을 하며, 공동의회는 교회 교인 전체의 의견을 묻는다. 교회 직분자를 선출하고 목사를 청빙하며 예산 결산을 심의하고 교회의 건축이나 정치나 행정에 관한 당회의 안을 의결한다. 공동의회와 당회는 성격상 차이가 있다.[108] 현대교회는 각

107) 대한예수교 장로회총회(백석), 「총회규칙」 (서울: 대한예수교장로회총회(백석), 2023), 531-543.

108) 박완신, 「교회행정론」, 276.

교회마다 다양하고 독자적인 조직구조를 가지고 있다. 일반적인 지교회
조직구조를 살펴보면 [그림 2-4]와 같다. 장로교 조직구조와 회중교회와[109]
는 차이가 있다. 왜냐면 회중교회에서는 교회의 직분자는 교인의 대표일
뿐이며 교회의 최종 권위는 교인, 곧 공동회의에 있다고 생각했다. 장로
교회나 개혁교회가 교회의 당회에 권을 두는 것과 다르다.[110]

[그림 2-4] 지교회조직구조도

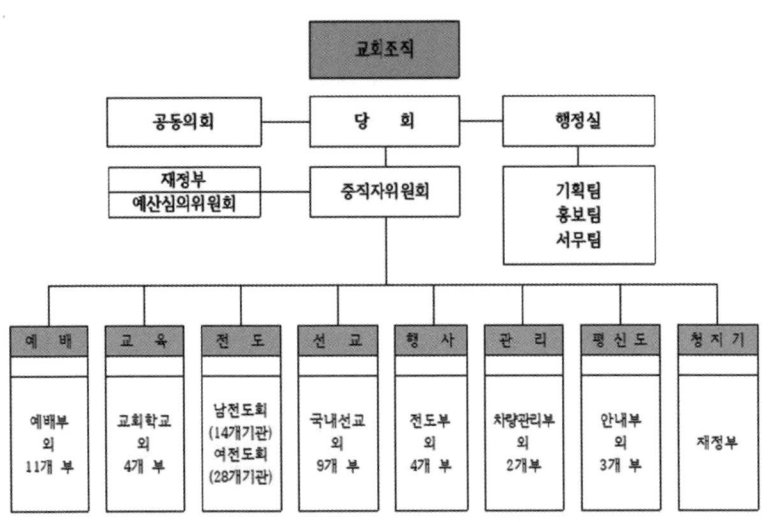

출처: 영안교회 매뉴얼(2017)에서 인용·재정리[111]

그리스도의 몸 된 교회는 예수님의 지상명령을 수행하는 전략적 중
심부다. 교회는 결코 그 자체를 위해서나 그 자체의 것으로서 존재하는
것이 아니다. 세상에 복음을 선포하고 사람들을 믿음과 제자훈련으로 초

---

109) 침례교회도 일반적으로 회중교회와 같은 조직구조를 가지고 있다.

110) 임경근, op. cit., 263-264.

111) 영안교회, 「영안교회 매뉴얼」 (서울: 대한예수교장로회 영안교회, 2017), 8.

청하기 위하여 존재한다.[112] 성령으로 탄생한 교회의 정체성(identity)과 그 목적은 "오직 너희는 택하신 족속이요, 왕 같은 제사장들이요, 거룩한 나라요, 그의 소유된 백성이니, 이는 너희를 어두운 데서 불러내어 그의 기이한 빛에 들어가게 하신자의 아름다운 덕을 선전하게 하려 하심이라"(벧전 2:9)이다.

교회 행정조직은 교회의 비전과 사명을 효과적으로 실현하기 위해 필수적인 구조와 과정이기도 하다. 효율적인 교회 행정조직은 구성원들의 헌신과 협력을 촉진하며, 교회의 성장과 발전을 도모한다. 지속적인 평가와 개선을 통해 교회 행정조직의 효율성을 높이고, 복음의 메시지를 더욱 효과적으로 전파할 수 있도록 하는 것이 요구된다.

---

112) 류호준, "장로교 개혁신학의 특성들 – 교회," "http://www.rbc2020.kr/board/bbs/board.php" 접속 2024. 4. 8. 접속.

제3장 교회조직관리론

제1절 교회조직관리의 의의

1. 개념과 범위

교회조직관리란 하나님께서 세우신 교회공동체가 그 사명을 효과적으로 수행할 수 있도록 조직의 구조, 인력, 과정, 문화 등을 통합적·체계적으로 운영하는 일련의 관리활동을 의미한다. 이는 단순히 행정기술의 적용이 아닌, 하나님의 뜻을 구현하기 위한 신학적이며 실천적인 사역 관리이기도 하다.

교회조직관리의 범위는 매우 광범위하다. 예배와 교육, 선교와 봉사, 재정과 시설, 의사결정 구조와 리더십, 갈등조정과 변화관리 등 모든 교회 사역과 운영 전반이 이에 포함된다. 이러한 관리활동은 영적 목표(복음, 제자화, 공동체성)와 조직적 수단(조직구조, 인사, 재정 등)이 유기적으로 연결되어야 한다.

2. 일반조직관리와의 차이점

세속 조직에서도 조직의 목적을 효과적으로 달성하기 위해 관리 원리를 적용하지만, 교회조직관리는 몇 가지 분명한 차이점을 가진다.

첫째, 교회는 하나님의 주권 아래 존재하며, 그 목적은 하나님의 뜻을 실현하는 데 있다. 그러므로 교회의 사역은 성과 중심이 아닌 순종 중심이다.

둘째, 교회는 성령의 지도로 움직이는 공동체이므로, 조직운영의 기준은 세상의 효율성과는 다른 영적 분별력과 공동체의 신앙을 반영해야 한다.

셋째, 구성원 간의 관계는 상사 - 부하의 위계적 통제 관계가 아니라, 형제자매로서의 동역 관계에 기반한다. 이러한 점은 리더십, 의사소통, 인사관리, 평가방식 등에서 뚜렷하게 차별화된다.

제2절 교회조직관리의 요소

교회조직관리는 다음과 같은 핵심 구성 요소들로 이루어지며, 각 요소는 상호 유기적으로 작동해야 한다.

1. 목표 설정과 비전 정립

모든 조직의 관리는 명확한 목표와 방향 없이 불가능하다. 교회조직 관리도 마찬가지로, 하나님 나라의 확장과 교회 고유 사명의 실현이라는 신학적 비전이 구체적 목표로 전환되어야 한다.

예를 들어, '다음세대 양육'이라는 비전은 '2025년까지 유소년 예배 정착과 교사 20명 훈련'이라는 구체적 목표로 수립될 수 있다. 이때 중요한 것은 단순한 실적이 아니라, 비전과의 신학적 일치성, 그리고 성도들의 공감과 헌신이다.

2. 조직구조와 직무분담

비전이 구체화되기 위해서는 이를 수행할 수 있는 조직구조와 역할 분담이 필수적이다. 교회에서는 목회자 - 장로 - 집사 - 권사 - 평신도 리더 간에 사역 책임이 분명하게 배분되어야 하며, 각 사역부서(예: 교육부, 선교부, 찬양팀) 간에도 기능적 분화와 조정이 요구된다.

조직구조는 교회 규모와 형태(단일교회, 다중 캠퍼스, 교단 소속 여부 등)에 따라 달라질 수 있으며, 수직적 통솔과 수평적 협업이 균형을 이루는 구조가 바람직하다.

3. 인적자원 관리

교회조직은 사람 중심의 공동체이므로, 인사 관리는 가장 핵심적인 요소 중 하나이다. 이에는 사역자의 배치, 평신도 리더 훈련, 은사에 따른 사역 매칭, 평가와 격려, 갈등 관리 등이 포함된다.

특히, 단순한 '사람의 배치'가 아니라 '하나님이 부르신 사람을 적절한 자리에 세우는 일'이라는 점에서 교회의 인사관리는 성경적 원리와 영적 분별이 요청된다(출 18장, 행 6장 참고).

4. 커뮤니케이션과 정보공유

효율적이고 영적인 커뮤니케이션은 교회조직관리의 핵심이다. 이는 단순히 공지나 발표 수준을 넘어, 성도 간의 공감, 리더 간의 신뢰, 그리고 공동체적 참여로 이어져야 한다.

현대 교회는 다양한 커뮤니케이션 수단(예: 주보, SNS, 설교, 회의체)을 운영하고 있으나, 가장 중요한 것은 말씀과 기도로 이루어지는 영적 소통이며, 성령의 감동을 공유하는 공적 구조가 존재해야 한다.

5. 재정 및 자원 관리

교회의 사역은 헌금과 자원으로 운영되므로, 재정관리의 투명성과 청지기적 책임은 조직관리의 핵심이다. 예산 편성, 집행, 감사 등의 절차는 정직하고 체계적으로 운영되어야 하며, 단순히 수입 - 지출의 균형이 아니라 사역 목적에 대한 충실한 배분이 되어야 한다.

제3절 교회조직관리의 신학적 원리

1. 청지기적 관리

교회조직이 다루는 모든 자원, 즉 사람과 시간, 재정과 시설, 은사와 기회는 모두 하나님께서 위탁하신 것이라는 신학적 전제가 청지기적 관리의 출발점이다. 이러한 관점에서 교회는 소유의 개념이 아니라 관리의 개념으로 접근해야 하며, 이 모든 것을 하나님의 뜻에 맞게 사용하고, 맡은 자로서 책임 있게 운영해야 한다. 고린도전서 4:2은 "맡은 자들에게 구할 것은 충성이니라"고 강조하면서, 청지기의 핵심이 책임성과 충성임을 밝힌다. 이는 단지 목회자에게만 적용되는 원리가 아니라, 교회의 모든 구성원—예를 들어 각 부서의 리더, 회계 담당자, 재정위원, 교육위원, 그리고 각종 사역에 참여하는 자원봉사자들—에게 동일하게 적용된다. 교회 내 모든 사역과 행정은 하나님께 보고해야 할 책임을 지닌 관리행위이므로, 항상 성실하고 투명하며 하나님 앞에서 두려움으로 행해야 한다. 청지기 정신은 교회조직의 질서를 유지하고, 자원을 낭비 없이 선용하게 하며, 무엇보다 하나님 나라 확장을 위한 목적 중심적 운영을 가능하게 한다.

2. 섬김의 리더십

교회조직의 리더십은 세속 조직의 위계적 명령체계와는 본질적으로 다르다. 성경은 리더십을 권력이 아닌 섬김으로 이해하며, 특히 예수 그리스도께서 친히 섬김의 본을 보이셨다. 마가복음 10:45에서 예수께서는 "인자가 온 것은 섬김을 받으려 함이 아니라 도리어 섬기려 하고 자기 목숨을 많은 사람의 대속물로 주려 함이니라"고 하셨다. 이는 교회 안의 모든 리더가 단순히 지시하거나 통제하는 자가 아니라, 먼저 희생하고 모범을 보이며, 구성원들의 성장을 위해 자신을 낮추는 자임을 뜻한다. 섬김의 리더십은 구성원들과의 수평적 관계를 지향하며, 억압적 통제가 아닌 신뢰와 헌신을 기반으로 조직을 이끌어간다. 이 리더십은 위기를 견디게 하며, 구성원 간의 관계를 돈독하게 하고, 교회 공동체 안에 생명력 있는 운영 문화를 형성하게 한다. 따라서 목회자뿐 아니라 부장, 팀장, 임원, 봉사자 리더 등 모든 조직 리더는 섬김을 리더십의 본질로 삼아야 하며, 그 본질 위에서 사역의 방향을 설정하고 실행해야 한다.

3. 공동체성

교회는 조직적 기능만을 수행하는 집단이 아니라, 본질적으로 하나님의 부르심을 받은 공동체이다. 신약성경은 교회를 '그리스도의 몸'이라 부르며, 지체들이 상호 의존적으로 연결된 유기체적 존재로 묘사한다(고전 12장) 그러므로 교회조직의 관리는 기업처럼 효율이나 성과 중심으로 움직이는 것이 아니라, 공동체적 사랑과 연대의 원리에 기초하여야 한다. 관리의 목적은 구성원 간의 협력과 돌봄, 그리고 하나님 나라를 함께 세워가는 데 있으며, 이 과정에서 중요한 것은 '서로 짐을 지는'(갈 6:2) 영적 책임이다. 조직은 경쟁보다 협력, 성과보다 관계를 우선시해야 하며, 구성원들이 서로에게 짐이 아닌 은혜가 되도록 이끄는 구조를 지향해야 한다. 교회의 본질은 사랑이므로, 조직관리 또한 구성원 간의 신뢰, 용납, 돌봄, 회복의 문화를 확립하는 데 초점이 맞추어져야 한다. 이러한 공동체적 조직관리는 구성원 모두가 교회의 사명에 자발적으로 참여하게 하며, 갈등보다는 화해, 단절보다는 연합을 이루는 건강한 교회를 형성하는 데 결정적 역할을 한다.

제4절 교회조직관리의 과제와 실제 적용

1. 변화 관리

현대 사회는 디지털 기술의 발전, 가치관의 다원화, 세대 간 문화 차이 등의 요인으로 급격한 변화를 경험하고 있다. 교회 또한 이러한 환경 속에서 과거의 고정된 틀을 유지하기보다, 복음의 본질은 지키되 조직과 사역 방식에서는 유연성과 창조적 개혁이 요구된다.

변화 관리는 단순히 외형적 개편이 아니라, 공동체 전체가 하나님의 뜻 안에서 새로운 방향을 인식하고, 그것에 신앙으로 반응하도록 돕는 영적 여정이다.

신학적으로 볼 때, 교회의 본질은 시대에 따라 변하지 않지만, 교회의 형태와 조직은 역사적 맥락 속에서 계속 개혁되어야 한다. 이는 "에클레시아 semper reformanda est"—"교회는 항상 개혁되어야 한다"는 종교개혁의 신학 정신과도 연결된다.

이를 위해 리더는 공동체 구성원과 충분히 소통하며, 비전의 변화에 대해 신학적 근거를 제시하고 기도로 설득하는 영적 지도력을 발휘해야 한다. 아울러 변화의 실행은 단계적으로 이루어져야 하며, 성도들의 정체성과 소속감이 흔들리지 않도록 치밀한 실행 계획이 마련되어야 한다. 변화는 목적이 아니라 도구이며, 하나님의 나라를 확장하고 교회의 본질을 더 충실히 실현하기 위한 수단임을 명확히 해야 한다.

2. 균형성과 통합성

교회조직은 단순한 구조적 배열을 넘어, 살아 있는 유기체로서의 통합성과 조화를 요구한다. 영성과 전문성은 교회의 신학적 기반과 실천적 기능을 동시에 지탱하는 양 축이며, 자율성과 질서는 개인의 은사 발현과 공동체의 질서 있는 운영 간의 긴장을 조율한다.

사도 바울은 고린도전서 12장에서 교회를 그리스도의 몸으로 설명하며, 각 지체가 조화를 이루며 기능을 발휘할 때에만 건강한 교회가 세워진다고 강조하였다. 이는 교회조직이 단순한 행정적 구조가 아닌, 삼위일체적 연합성과 질서의 모형임을 암시한다.

특히 자율성과 질서, 계획성과 유연성의 균형은 삼위 하나님의 관계성(성부의 계획, 성자의 순종, 성령의 인도) 속에서 나타나는 동역성과 조화의 원리를 본받는 것이다. 이 모든 요소가 불균형할 경우, 교회는 정체되거나 경직되며, 반대로 과도한 자유는 방향 없는 혼란을 초래할 수 있다.

따라서 균형성과 통합성은 단순한 기술적 조정이 아니라, 말씀과 기도 안에서 이루어지는 '영적 조화'로 이해되어야 한다.

3. 평신도 참여 확대

21세기 교회조직관리에서 가장 중요한 과제 중 하나는 평신도의 실질적 참여를 확대하는 것이다. 과거의 성직자 중심 구조는 사역의 집중과 전문성에는 이점을 주었지만, 평신도의 사명 의식을 약화시키는 부작용도 초래하였다.

에베소서 4:12-13은 성도 각 사람이 '성도의 일을 하게 하며 그리스도의 몸을 세우게 하려 함'이라고 말한다. 이는 교회가 단지 소수의 직분자에 의해 운영되는 구조가 아니라, 모든 성도가 각자의 은사를 따라 사역에 참여하는 '사역 공동체'임을 선언하는 말씀이다.

더 나아가 베드로전서 2:9은 모든 신자가 '왕 같은 제사장'으로 부름받았다고 하며, 교회 전체가 하나님 앞에 사명을 감당하는 공동체임을 분명히 한다.

따라서 평신도 참여 확대는 단순히 위임의 범위를 넓히는 것이 아니라, '공동 사역자'로서의 정체성을 인정하고, 그들의 재능과 열정, 삶의 현장을 교회의 사역 자원으로 적극 활용하는 것이다. 이를 위해 교회는 은사 개발 교육, 참여 기회 제공, 조직 구조의 유연화 등 다양한 장치를 마련해야 하며, 무엇보다도 평신도를 동역자로 존중하고 함께 교회를 세워가는 비전(엡 4:12)을 공유해야 한다.

제4장 교회조직관리론(Church Organization and Management)

제1절 교회 구성원의 동기관리(Spiritual Motivation)

1. 개념적 의의

1) 동기의 개념

동기란 인간의 행동을 일정한 방향으로 이끄는 내적 혹은 외적 에너지의 원천을 의미한다. 일반적인 조직이론에서 동기란 목표 지향적 행동을 유발하고 지속시키는 심리적 과정으로 이해되며, 이러한 정의는 교회조직에도 상당 부분 적용된다. 그러나 교회에서의 동기는 단순한 과업 수행을 유도하는 기제가 아니라, 하나님의 부르심에 대한 자발적 응답과 영적 성장의 욕구에서 비롯된다는 점에서 구별된다. 다시 말해, 신앙의 공동체로서의 교회는 구성원 각자가 성령의 인도하심과 말씀에 대한 순종을 통해 하나님과의 관계 안에서 삶을 영위하도록 자극하는 고유한 동기 구조를 가지고 있다.

2) 교회 맥락에서의 동기부여의 의미

교회에서의 동기부여는 세속 조직에서의 보상 중심적 동기부여와는 다르며, 신앙적·영적 차원에서 구성원의 자발성을 이끌어내는 과정을 말한다. 이는 구성원이 하나님과의 인격적 교제 속에서 소명감을 발견하고, 그 소명을 공동체와의 관계 안에서 실현하려는 의지를 가지게 되는 데서 비롯된다. 이러한 동기부여는 크게 신앙적 요소, 공동체적 요소, 그리고 사역적 요소로 나누어 설명할 수 있다.

(1) 신앙적 요소

신앙적 동기는 구성원이 하나님과의 인격적인 교제를 지속하고자 하는 내면적 욕구에서 비롯된다. 개인의 기도생활, 예배 참석, 성경 묵상

등의 행위는 하나님의 임재를 경험하고, 성령의 인도하심을 받는 중요한 통로로 작용하며, 이는 강력한 내적 동기요인으로 작동한다. 또한 소명감, 즉 하나님의 뜻에 따라 부르심을 받았다는 인식은 구성원이 사역에 임하는 태도와 지속성에 영향을 미친다. 더 나아가, 성화를 지향하는 신앙생활은 자기 중심적 욕망을 내려놓고 그리스도의 형상을 닮아가려는 경건한 열망을 통해 동기를 부여한다.

(2) 공동체적 요소

공동체는 교회 구성원의 소속감과 인정욕구를 충족시켜주는 중요한 사회적 장이다. 성도는 단지 개인적인 신앙생활을 영위하는 것이 아니라, 소그룹 모임이나 사역팀과 같은 집단 속에서 서로의 신앙을 격려하고 지지받는다. 이러한 관계 속에서 구성원은 공동체에 귀속된 존재로서의 가치를 인식하게 되며, 이는 교회 활동에 대한 지속적인 참여와 헌신으로 이어진다. 특히, 교회가 명확한 비전과 선교적 방향을 제시할 때, 구성원들은 자신이 보다 큰 목적 안에서 의미 있는 역할을 수행하고 있다는 인식을 통해 지속적인 동기를 유지하게 된다.

(3) 사역적 요소

교회에서의 사역은 구성원에게 단순한 활동 이상의 의미를 제공한다. 자신의 은사와 재능이 공동체와 하나님 나라를 위한 유익한 도구로 사용된다는 점은 개인에게 깊은 만족과 성취감을 준다. 또한 사역을 통해 얻는 '영적 환류(spiritual feedback)', 즉 다른 성도의 변화나 전도열매와 같은 긍정적인 결과는 자신의 사역이 가치 있고 효과적이었다는 인식을 갖게 하며, 이는 더 강력한 동기부여로 연결된다.

3) 교회 동기의 다차원성

교회 구성원의 동기는 단일한 요인에 의해 작동하는 것이 아니라, 신앙적, 심리적, 사회적 요인들이 복합적으로 상호작용하는 다차원적 구조를 지닌다. 즉, 하나님의 부르심과 영적 갈망이라는 신앙적 차원, 사역을 통해 자아를 실현하려는 심리적 차원, 그리고 공동체 속에서 인정받고 소속감을 경험하려는 사회적 차원이 동시에 존재하며, 이들은 각각 다른 상황과 맥락 속에서 우선순위를 달리하며 작용한다. 교회는 이들 차원을 종합적으로 고려하여 다양한 방식의 동기부여 전략을 수립해야 한다.

4) 이론적 기반의 필요성

교회조직이 일반적인 비영리조직과 유사한 구조를 지니고 있음에도 불구하고, 그 목적과 사명, 구성원의 정체성은 근본적으로 신앙에 뿌리를 두고 있다는 점에서 차별화된다. 따라서 기존의 조직관리 이론, 특히 동기이론을 교회에 적용할 때에는 비판적 수용과 신학적 재해석이 병행되어야 한다. 예컨대 매슬로우의 자아실현 욕구는 교회 맥락에서는 자기실현이 아닌 '자기부인'과 '십자가의 순종'으로 전환될 수 있으며, 허즈버그의 위생요인은 교회 내 예배 환경, 예배 시간의 적절성, 사역의 명확성 등으로 대체될 수 있다. 이러한 이론적 통찰을 바탕으로 교회는 보다 실효성 있는 동기부여 체계를 확립할 수 있다

2. 주요 동기이론의 적용

1) 매슬로우의 욕구계층이론 – 교회 적용

매슬로우의 욕구계층이론은 인간의 동기를 다섯 단계로 구분하여 설명하는 대표적인 내용이론으로, 하위 욕구가 충족되면 상위 욕구로 전이된다고 본다. 이러한 이론은 교회 조직에서도 인간의 동기를 이해하고 효과적인 사역 전략을 수립하는 데 유용하게 적용될 수 있다.

(1) 생리적 욕구의 충족

생리적 욕구는 가장 기초적인 생존 욕구로서, 식사, 수면, 주거와 같

은 기본적인 생활 조건과 관련된다. 교회는 이와 같은 욕구를 충족시키기 위해 물리적 공간의 확보와 쾌적한 예배환경 조성을 우선해야 한다. 예컨대 무더운 여름철 냉방이 가능한 예배당, 편안한 의자와 위생적인 시설을 갖춘 휴게 공간, 노숙인이나 저소득층을 위한 쉼터 제공, 무료 급식 등은 생리적 욕구 충족의 구체적 사례로 볼 수 있다. 이처럼 교회는 인간의 기본적인 삶을 돌봄으로써 영적 돌봄의 통로를 열 수 있다.

(2) 안전 욕구의 충족

안전 욕구는 신체적·심리적 보호와 질서, 예측 가능성에 대한 욕구를 의미한다. 신자가 교회 공동체에서 안정감과 신뢰를 느낄 수 있어야 지속적인 신앙생활이 가능하다. 이를 위해 교회는 투명하고 일관된 행정, 목회자의 정직성과 신뢰성, 사역자 간의 신뢰 기반 관계, 그리고 위기 시 대처 능력 등을 통해 신자에게 심리적 안전을 제공해야 한다. 예를 들어, 교회 내 재정이 투명하게 운영되고, 상담이나 갈등 조정이 신속하고 공정하게 이루어질 때, 신자들은 교회를 신뢰하고 소속감을 더욱 느끼게 된다.

(3) 사회적 욕구의 충족

사회적 욕구는 소속감, 우정, 사랑, 인정과 같은 대인관계적 요소에 대한 갈망이다. 교회는 이러한 욕구를 충족시켜 주는 매우 중요한 공동체로 작용한다. 소그룹, 구역, 셀모임, 중보기도팀, 선교회 등과 같은 공동체 사역은 구성원 간의 친밀감과 정서적 유대를 강화시켜준다. 이러한 사역을 통해 신자는 단순히 프로그램의 수혜자가 아니라, 공동체의 일원으로서 역할을 담당하게 되고, 소속된 집단에 대한 책임감과 연대감을 가지게 된다.

(4) 존경 욕구의 충족

존경 욕구는 자아존중과 타인으로부터의 인정에 대한 욕구로, 자기효능감 및 사회적 가치 실현에 대한 욕구로 확장된다. 교회 내에서는 이러한 욕구가 봉사직분의 부여, 사역의 성과에 대한 인정, 기도응답 체험, 리더로서의 성장 기회 등을 통해 충족된다. 예를 들어, 새신자를 맞이하는 환영팀에서 성실히 봉사한 성도에게 감사장을 전달하거나, 성경공부 리더로 성장한 성도에게 사역 훈련을 위임하는 것은 존경 욕구를 만족시킬 수 있는 실천적 전략이다. 신자는 자신의 역할이 공동체 안에서 의미 있고 가치 있다고 느낄 때 더욱 적극적으로 교회에 헌신하게 된다.

(5) 자아실현 욕구의 충족

자아실현 욕구는 인간이 자신의 잠재력을 최대한 실현하려는 욕구로서, 교회에서는 하나님의 부르심에 대한 응답, 제자훈련을 통한 영적 성장, 은사에 따른 사역 참여 등을 통해 충족될 수 있다. 교회는 구성원이 개인의 은사와 소명을 발견하고, 이를 통해 하나님 나라를 확장하는 사역에 기여하도록 도와야 한다. 예컨대, 제자훈련이나 리더십 개발 프로그램은 구성원이 단순한 수동적 참여자에서 능동적 사역자로 성장하는 데 결정적 역할을 한다. 또한, 자신의 삶이 하나님의 계획 안에서 사용되고 있다는 인식은 신자의 내면 깊은 차원에서 동기를 부여하게 된다.

(6) 평가 및 시사점

매슬로우의 이론은 교회 사역의 전략적 기획에 있어 유용한 틀을 제공하나, 모든 신자가 동일한 순서대로 욕구를 경험하는 것은 아니며, 신앙의 성숙도나 개인적 배경에 따라 동기의 구조와 우선순위는 상이할 수 있다. 따라서 교회는 획일화된 프로그램을 지양하고, 개인의 욕구 상태에 맞춘 단계별 맞춤형 사역을 통해 구성원의 지속적 성장과 참여를 유도해야 한다.

2) 매슬로우를 넘어서: 교회행정과 사명 중심 조직

(Maslow의 욕구이론에 대한 비판과 대안)

(Ⅰ) 서론: 세속적 동기이론과 교회행정의 간극

오늘날 현대 조직행정에서 널리 활용되고 있는 대표적인 인간 동기이론 중 하나는 아브라함 매슬로우의 '욕구계층이론'이다. 이 이론은 인간의 동기를 생리적 욕구에서 시작하여 안전, 소속감, 존중, 자아실현이라는 단계적 구조로 설명한다. 이러한 구성은 사회학, 교육학, 심리학뿐 아니라 행정학 및 경영학에서도 영향력 있는 패러다임으로 수용되어 왔다.

하지만 교회는 일반 사회조직과는 본질적으로 다른 사명을 지닌 공동체이다. 교회는 단순한 기능적 조직이나 복지 기관이 아니라, 하나님의 나라를 구현하기 위한 영적 공동체이며, 복음을 통해 사람을 변화시키는 사명 공동체다. 그렇기에 교회행정학의 관점에서 매슬로우 이론을 수용하거나 적용할 때는 분별이 필요하며, 세속 이론이 제시하는 인간 동기 구조가 교회의 본질적 사명과 어떻게 충돌하거나 대체되는지를 분석하는 신학적 반성이 필요하다.

(2) 매슬로우의 욕구이론: 구조와 적용

가. 욕구 5단계 이론 개요

매슬로우는 인간의 삶이 다양한 욕구의 충족을 향해 나아간다고 보았다. 그는 이러한 욕구를 다섯 단계로 분류하였고, 이를 위계적으로 구성하였다. 그에 따르면 인간은 먼저 생존을 위한 기본적인 생리적 욕구를 충족하고, 그 다음 단계로 안전에 대한 욕구, 사회적 소속감에 대한 욕구, 존경받고 싶은 욕구, 그리고 마지막으로는 자아를 실현하고 자신의 가능성을 최대한 발휘하고자 하는 자아실현의 욕구로 나아간다.

이 이론은 인간의 욕구가 단계적으로, 하위 욕구가 충족되어야 다음 단계로 발전한다는 구조적 전제를 가지고 있으며, 인간 존재를 결핍된 존재로 전제한다. 이러한 구조는 인간 행위를 예측하고 동기를 유도하는 데 유용하게 작용할 수 있다.

나. 교회 내 실제 적용 시도

실제로 많은 교회들이 이 이론을 참고하여 신자들을 대상으로 한 다양한 양육 프로그램이나 사역 배치 시스템을 개발하였다. 예를 들어, 소속감의 욕구를 채우기 위해 소그룹이나 셀 교제를 강화하고, 자아실현적 욕구를 충족시키기 위해 은사 개발 훈련이나 사역의 기회를 제공하는 식이다.

그러나 이처럼 교회조직이 욕구중심적 패러다임을 운영의 근간으로 삼을 경우, 교회는 결국 소비자 중심의 종교 기관으로 기능하게 되고, 헌신과 자발성보다는 서비스 제공에 대한 만족이 교회생활의 중심 가치로 오인될 수 있다. 그 결과, 교회의 영적 목적과 복음적 정체성은 점차 흐려질 위험에 처하게 된다.

⑶ 성경적 반박: "떡으로만 살 것이 아니요"

예수님께서는 공생애의 시작에서 사탄의 시험을 받으시는 가운데, 자신의 사역 방향성을 선명하게 드러내셨다. 그 중 첫 번째 시험은, 40일 금식으로 극심한 육체적 결핍 상태에 있던 예수님께 "이 돌들로 떡이 되게 하라"는 요구였다. 이에 대한 예수님의 응답은, "사람이 떡으로만 살 것이 아니요 하나님의 입에서 나오는 모든 말씀으로 살 것이라"(마 4:4)는 것이었다.

이는 곧 인간의 생리적 욕구, 즉 매슬로우의 이론에서 가장 하위에 위치한 욕구가 채워지지 않은 상태에서도 영적 동기와 소명 의식은 선명히 작동할 수 있음을 보여주는 말씀이다. 예수님은 욕구 충족의 선행이 아니라, 하나님의 뜻에 대한 순종이 생명의 핵심임을 가르치신 것이다.

이러한 주장은 매슬로우 이론의 전제, 곧 "하위 욕구가 충족되어야만 상위의 동기가 유발된다"는 주장과 명확히 충돌한다. 성경은 오히려 상위의, 혹은 초월적인 가치(하나님 나라, 구원, 소명 등)가 인간의 삶을 이끌고 통합하는 중심이 되어야 함을 가르친다. 따라서 교회는 욕구가 아니라 사명을 중심으로 조직되고 운영되어야 한다.

(4) 교회행정학적 비판과 대안적 원리

가. 매슬로우적 관리방식의 오류

교회행정에서 매슬로우 이론을 그대로 수용할 경우, 신자들은 자칫 교회를 **개인의 필요를 충족시키는 '종교적 플랫폼'**으로 인식하게 될 위험이 있다. 예배나 봉사, 훈련 등은 더 이상 사명 수행이 아니라 욕구 충족의 수단이 되며, 교회는 점점 복지적이고 심리적 기능만을 강조하는 기관으로 전락하게 된다.

이러한 구조에서는 '내가 얼마나 채워졌는가'가 신앙의 기준이 되며, 결국 자아 중심적 신앙이 확산되고, 공동체적 책임성과 하나님 중심의 삶은 후순위로 밀리게 된다. 교회행정은 영적 헌신과 사명 수행을 중심으로 구성되어야 하며, 인간 욕구의 충족은 목적이 아니라 부수적 결과로 이해되어야 한다.

나. 사명 중심의 행정 원리

교회는 세상의 조직과 달리 '하나님 나라'라는 거룩한 목적을 위해 존재하는 공동체이다. 따라서 교회행정 역시 이러한 목적에 봉사하는 도구여야 하며, 핵심 원리는 "사명 중심"이 되어야 한다. 예수님께서 말씀하신 것처럼 "먼저 그의 나라와 그의 의를 구하라"(마 6:33)는 원리는, 성도 개인의 삶뿐만 아니라 교회 조직 운영 전체에 적용되어야 한다.

이러한 원리를 적용할 때, 사역의 우선순위는 공급이 아니라 사명, 만족이 아니라 헌신, 욕구 충족이 아니라 주의 뜻이 된다. 그리고 놀라운 것은, 이러한 사명 중심의 삶 가운데서 하나님께서 필요한 모든 것을 더하신다는 사실이다. 이것이 바로 은혜의 역설이며, 교회조직의 비약적 원리이다.

(5) 교회조직의 사명 기반 재구성

가. 힐링 센터에서 '킬링 센터'로

오늘날 많은 사람들은 교회를 '힐링 센터'로 이해한다. 위로받고, 치유받고, 감정을 회복하는 공간으로 생각한다. 물론 교회는 위로와 회복의 공동체이지만, 그것이 교회의 본질은 아니다. 성경은 분명히 말한다. "나는 날마다 죽노라"(고전 15:31). 교회는 자기 부인을 훈련하고, 옛 사람을 벗어버리며, 하나님의 뜻에 순종하도록 이끄는 장소, 곧 **'킬링 센터'**여야 한다.

이러한 죽음은 단지 고통이 아니라, 하나님의 뜻이 역사하는 전환점이며, 바로 이 자리에서 하나님의 열심이 시작된다. 내가 죽을 때 주님이 일하신다. 나의 뜻이 죽을 때, 하나님의 비전이 실현된다. 그러므로 교회조직은 위로 중심의 관리가 아니라, 사명 중심의 헌신으로 운영되어야 한다.

나. 하나님의 열심이 작동하는 조직

교회행정이 사명에 집중할 때, 우리는 인간의 열심이 아니라 하나님의 열심이 작동하는 공동체를 경험하게 된다. 이것이 곧 이사야 9:7의 말씀처럼 "만군의 여호와의 열심이 이루시는 바"가 되는 것이다. 주님의 일을 주님의 방식으로 수행할 때, 하나님께서 친히 교회를 인도하시고, 필요한 자원과 열매를 공급하신다.

이러한 경험은 단순한 조직 운영의 성공이 아니라, 하나님의 살아계심을 신자와 공동체 모두가 체험하는 신앙적 사건이자 행정의 신학화인 것이다.

(6) 결론: 욕구가 아니라 사명으로 살아가는 공동체

결론적으로 교회는 인간의 욕구 피라미드에 따라 운영되는 구조가 아니라, 하나님의 사명을 중심으로 움직이는 영적 역동체이다. 매슬로우의 이론이 말하는 바와 달리, 크리스천은 생리적 욕구나 안전 욕구가 충족된 후에야 사명을 말할 수 있는 존재가 아니다. 오히려 사명이 먼저이고, 공급은 그 이후에 주어지는 복음의 역설 속에 살아가는 사람들이다.

교회행정은 이 원리를 따라 조직되어야 한다. 즉, 프로그램과 조직구조, 인사행정, 재정 운용까지 모두가 사명 중심의 구조로 설계되고 운영되어야 한다. 사명자를 세우고, 사명으로 헌신하도록 인도하며, 공동체 전체가 하나님의 나라를 위해 움직이는 거룩한 행정체계로 나아가야 한다.

"매슬로우로 살지 말라. 사명으로 살아라." 이것이 곧 교회가 교회답게 존재하는 유일한 길이며, 교회행정이 성경적으로 작동하는 진정한 방식이다.

2) 허즈버그의 동기 · 위생이론 – 교회적 해석

허즈버그의 이원론적 동기이론은 구성원이 직무에서 만족을 느끼는 요인(동기요인)과 불만족을 유발하는 요인(위생요인)이 서로 다르다는 전제에서 출발한다. 교회 조직에서도 이 이론은 사역 만족도 및 구성원 유지에 대한 이해를 도와주는 유효한 도구로 적용될 수 있다.

(1) 위생요인의 해석과 적용

위생요인은 불만족을 방지하지만 그것만으로는 동기를 유발하지 않는 요인들로, 교회에서는 주로 물리적 · 환경적 조건과 관련된다. 예를 들어, 교회의 예배당 청결, 시설의 유지보수, 주차 편의성, 시간엄수, 예배 질서, 행정의 신속성과 친절한 안내 등은 위생요인에 해당한다. 또한 목회자의 행정능력, 일정한 시간에 정확히 이루어지는 예배와 프로그램 운영도 교회의 신뢰성에 영향을 주는 중요한 요소이다. 이러한 요인이 충족되지 않으면 구성원은 교회에 대한 불만족을 느끼게 되며, 이는 신앙적 참여도 및 소속감에 부정적인 영향을 미친다.

(2) 동기요인의 해석과 적용

반면, 동기요인은 구성원에게 만족과 의미를 부여함으로써 자발적인 참여를 촉진시키는 요소들이다. 교회에서는 설교의 영감과 성령의 역사, 찬양을 통한 내면의 변화, 중보기도나 나눔을 통한 영적 환류, 그리고 자신의 은사가 실제로 공동체에 기여되고 있다고 느낄 수 있는 사역참여 등이 이에 해당한다. 예를 들어, 한 성도가 자신의 재능을 활용하여 청소년 예배의 인도를 맡거나, 교회 내 영상편집 사역에 참여하면서 의미를 느낄 경우, 이는 강력한 동기요인이 된다. 교회는 이러한 내적 동기를 유발하는 사역 환경을 조성하고, 구성원이 자신의 역할에서 의미를 발견할 수 있도록 지속적으로 피드백을 제공해야 한다.

(3) 시사점

허즈버그 이론은 교회가 단순히 불만족을 해소하는 데 머물지 않고, 적극적으로 동기를 유발하는 환경을 설계해야 한다는 중요한 시사점을 준다. 따라서 교회는 위생요인의 개선을 통해 기본적인 신뢰와 안정감을 제공하는 동시에, 동기요인을 중심으로 구성원의 영적 성장을 유도하는 전략을 병행해야 한다.

3) 맥클리랜드의 성취동기이론 – 교회 적용

맥클리랜드는 성취, 권력, 친교라는 세 가지 학습된 욕구를 통해 인간의 동기를 설명하였으며, 이들은 개인마다 다른 강도로 존재하고, 문화나 조직 맥락에 따라 다르게 발현된다고 주장하였다. 교회에서도 이러한 동기 요인을 구성원별 사역 배정이나 인도 전략의 수립에 적극 활용할수 있다.

(1) 성취욕구의 적용

성취욕구가 높은 성도는 구체적인 목표를 설정하고, 이를 달성하는 데에서 의미와 만족을 찾는다. 이들은 주어진 사역에서 탁월함을 추구하고, 명확한 평가 기준과 피드백을 원한다. 예를 들어, 선교 프로젝트를 조직하거나 교육 프로그램을 설계하는 일을 맡겼을 때 성취동기가 높은 성도는 열정적으로 몰입하며, 결과에 대한 분석과 개선점도 스스로 제시하려는 경향을 보인다. 교회는 이들에게 사역의 목표와 성과를 명확히 제시하고, 그들의 노력에 대한 인정과 지속적 피드백을 제공함으로써 동기를 지속시켜야 한다.

(2) 권력욕구의 적용

권력욕구가 높은 성도는 타인에게 영향력을 행사하고자 하며, 변화와 통제를 주도하는 위치를 선호한다. 이들은 리더십 훈련, 제자 양육, 교구 리더와 같은 위치에서 자신의 역량을 효과적으로 발휘할 수 있다. 그러나 이 경우에도 영적인 권위와 섬김의 리더십이 조화를 이루어야 하며, 단순히 권한의 행사보다는 책임감과 본이 되는 삶을 통해 모범을 보이도록 격려되어야 한다. 교회는 권력욕구를 가진 성도가 영향력을 건강하게 행사할 수 있도록 영적 지도력의 방향성과 윤리적 훈련을 함께 제공해야 한다.

(3) 친교욕구의 적용

친교욕구가 높은 성도는 공동체 내의 관계, 교제, 정서적 지지에서 만족을 얻는다. 이들은 소그룹 리더, 환영팀, 식사사역, 기도모임과 같이 사람과의 상호작용이 많은 사역에 적합하며, 공동체 내 갈등 조정이나 친밀감 형성에도 중요한 역할을 한다. 이들에게는 지지적인 환경과 따뜻한 관계 맺음이 중요한 동기 요인이므로, 교회는 이들의 정서적 욕구가 충족되도록 적절한 관계 중심적 사역을 마련해 줄 필요가 있다.

(4) 적용상 시사점

맥클리랜드의 이론은 사역 배정 시 구성원의 성향을 고려한 맞춤형 접근이 필요함을 강조한다. 모든 성도에게 동일한 방식의 동기부여나 사역 참여를 강요하기보다는, 개인의 동기적 성향(성취, 권력, 친교)을 식별하여 그에 부합하는 역할을 제안하는 것이 효과적이다. 이는 구성원의 사역 만족도는 물론 장기적 소속감과 리더십 성장에도 긍정적 영향을 미친다.

2. 주요 동기이론의 적용

1) 매슬로우의 욕구계층이론 - 교회 적용

매슬로우의 욕구계층이론은 인간의 동기를 다섯 단계로 구분하여 설명하는 대표적인 내용이론으로, 하위 욕구가 충족되면 상위 욕구로 전이된다고 본다. 이러한 이론은 교회 조직에서도 인간의 동기를 이해하고 효과적인 사역 전략을 수립하는 데 유용하게 적용될 수 있다.

(1) 생리적 욕구의 충족

생리적 욕구는 가장 기초적인 생존 욕구로서, 식사, 수면, 주거와 같은 기본적인 생활 조건과 관련된다. 교회는 이와 같은 욕구를 충족시키기 위해 물리적 공간의 확보와 쾌적한 예배환경 조성을 우선해야 한다. 예컨대 무더운 여름철 냉방이 가능한 예배당, 편안한 의자와 위생적인 시설을 갖춘 휴게 공간, 노숙인이나 저소득층을 위한 쉼터 제공, 무료급식 등은 생리적 욕구 충족의 구체적 사례로 볼 수 있다. 이처럼 교회는 인간의 기본적인 삶을 돌봄으로써 영적 돌봄의 통로를 열 수 있다.

(2) 안전 욕구의 충족

안전 욕구는 신체적 · 심리적 보호와 질서, 예측 가능성에 대한 욕구를 의미한다. 신자가 교회 공동체에서 안정감과 신뢰를 느낄 수 있어야 지속적인 신앙생활이 가능하다. 이를 위해 교회는 투명하고 일관된 행정, 목회자의 정직성과 신뢰성, 사역자 간의 신뢰 기반 관계, 그리고 위기 시 대처 능력 등을 통해 신자에게 심리적 안전을 제공해야 한다. 예를 들어, 교회 내 재정이 투명하게 운영되고, 상담이나 갈등 조정이 신속하고 공정하게 이루어질 때, 신자들은 교회를 신뢰하고 소속감을 더욱 느끼게 된다.

(3) 사회적 욕구의 충족

사회적 욕구는 소속감, 우정, 사랑, 인정과 같은 대인관계적 요소에 대한 갈망이다. 교회는 이러한 욕구를 충족시켜 주는 매우 중요한 공동체로 작용한다. 소그룹, 구역, 셀모임, 중보기도팀, 선교회 등과 같은 공동체 사역은 구성원 간의 친밀감과 정서적 유대를 강화시켜준다. 이러한 사역을 통해 신자는 단순히 프로그램의 수혜자가 아니라, 공동체의 일원으로서 역할을 담당하게 되고, 소속된 집단에 대한 책임감과 연대감을 가지게 된다.

(4) 존경 욕구의 충족

존경 욕구는 자아존중과 타인으로부터의 인정에 대한 욕구로, 자기효능감 및 사회적 가치 실현에 대한 욕구로 확장된다. 교회 내에서는 이러한 욕구가 봉사직분의 부여, 사역의 성과에 대한 인정, 기도응답 체험, 리더로서의 성장 기회 등을 통해 충족된다. 예를 들어, 새신자를 맞이하는 환영팀에서 성실히 봉사한 성도에게 감사장을 전달하거나, 성경공부 리더로 성장한 성도에게 사역 훈련을 위임하는 것은 존경 욕구를 만족시킬 수 있는 실천적 전략이다. 신자는 자신의 역할이 공동체 안에서 의미 있고 가치 있다고 느낄 때 더욱 적극적으로 교회에 헌신하게 된다.

(5) 자아실현 욕구의 충족

자아실현 욕구는 인간이 자신의 잠재력을 최대한 실현하려는 욕구로서, 교회에서는 하나님의 부르심에 대한 응답, 제자훈련을 통한 영적 성장, 은사에 따른 사역 참여 등을 통해 충족될 수 있다. 교회는 구성원이 개인의 은사와 소명을 발견하고, 이를 통해 하나님 나라를 확장하는 사역에 기여하도록 도와야 한다. 예컨대, 제자훈련이나 리더십 개발 프로그램은 구성원이 단순한 수동적 참여자에서 능동적 사역자로 성장하는데 결정적 역할을 한다. 또한, 자신의 삶이 하나님의 계획 안에서 사용되고 있다는 인식은 신자의 내면 깊은 차원에서 동기를 부여하게 된다.

(6) 평가 및 시사점

매슬로우의 이론은 교회 사역의 전략적 기획에 있어 유용한 틀을 제공하나, 모든 신자가 동일한 순서대로 욕구를 경험하는 것은 아니며, 신앙의 성숙도나 개인적 배경에 따라 동기의 구조와 우선순위는 상이할 수있다. 따라서 교회는 획일화된 프로그램을 지양하고, 개인의 욕구 상태에 맞춘 단계별 맞춤형 사역을 통해 구성원의 지속적 성장과 참여를 유도해야 한다.

2) 허즈버그의 동기 · 위생이론 – 교회적 해석

허즈버그의 이원론적 동기이론은 구성원이 직무에서 만족을 느끼는 요인(동기요인)과 불만족을 유발하는 요인(위생요인)이 서로 다르다는 전제에서 출발한다. 교회 조직에서도 이 이론은 사역 만족도 및 구성원 유지에 대한 이해를 도와주는 유효한 도구로 적용될 수 있다.

(1) 위생요인의 해석과 적용

위생요인은 불만족을 방지하지만 그것만으로는 동기를 유발하지 않는 요인들로, 교회에서는 주로 물리적 · 환경적 조건과 관련된다. 예를 들어, 교회의 예배당 청결, 시설의 유지보수, 주차 편의성, 시간엄수, 예배 질서, 행정의 신속성과 친절한 안내 등은 위생요인에 해당한다. 또한 목회자의 행정능력, 일정한 시간에 정확히 이루어지는 예배와 프로그램 운영도 교회의 신뢰성에 영향을 주는 중요한 요소이다. 이러한 요인이 충족되지 않으면 구성원은 교회에 대한 불만족을 느끼게 되며, 이는 신양적 참여도 및 소속감에 부정적인 영향을 미친다.

(2) 동기요인의 해석과 적용

반면, 동기요인은 구성원에게 만족과 의미를 부여함으로써 자발적인 참여를 촉진시키는 요소들이다. 교회에서는 설교의 영감과 성령의 역사, 찬양을 통한 내면의 변화, 중보기도나 나눔을 통한 영적 환류, 그리고 자신의 은사가 실제로 공동체에 기여되고 있다고 느낄 수 있는 사역 참여 등이 이에 해당한다. 예를 들어, 한 성도가 자신의 재능을 활용하여 청소년 예배의 인도를 맡거나, 교회 내 영상편집 사역에 참여하면서 의미를 느낄 경우, 이는 강력한 동기요인이 된다. 교회는 이러한 내적 동기를 유발하는 사역 환경을 조성하고, 구성원이 자신의 역할에서 의미를 발견할 수 있도록 지속적으로 피드백을 제공해야 한다.

(3) 시사점

허즈버그 이론은 교회가 단순히 불만족을 해소하는 데 머물지 않고, 적극적으로 동기를 유발하는 환경을 설계해야 한다는 중요한 시사점을 준다. 따라서 교회는 위생요인의 개선을 통해 기본적인 신뢰와 안정감을 제공하는 동시에, 동기요인을 중심으로 구성원의 영적 성장을 유도하는 전략을 병행해야 한다.

3) 맥클리랜드의 성취동기이론 - 교회 적용

맥클리랜드는 성취, 권력, 친교라는 세 가지 학습된 욕구를 통해 인간의 동기를 설명하였으며, 이들은 개인마다 다른 강도로 존재하고, 문화나 조직 맥락에 따라 다르게 발현된다고 주장하였다. 교회에서도 이러한 동기 요인을 구성원별 사역 배정이나 인도 전략의 수립에 적극 활용할 수 있다.

(1) 성취욕구의 적용

성취욕구가 높은 성도는 구체적인 목표를 설정하고, 이를 달성하는 데에서 의미와 만족을 찾는다. 이들은 주어진 사역에서 탁월함을 추구하고, 명확한 평가 기준과 피드백을 원한다. 예를 들어, 선교 프로젝트를 조직하거나 교육 프로그램을 설계하는 일을 맡겼을 때 성취동기가 높은 성도는 열정적으로 몰입하며, 결과에 대한 분석과 개선점도 스스로 제시하려는 경향을 보인다. 교회는 이들에게 사역의 목표와 성과를 명확히 제시하고, 그들의 노력에 대한 인정과 지속적 피드백을 제공함으로써 동기를 지속시켜야 한다.

(2) 권력욕구의 적용

권력욕구가 높은 성도는 타인에게 영향력을 행사하고자 하며, 변화와 통제를 주도하는 위치를 선호한다. 이들은 리더십 훈련, 제자 양육, 교구 리더와 같은 위치에서 자신의 역량을 효과적으로 발휘할 수 있다. 그러나 이 경우에도 영적인 권위와 섬김의 리더십이 조화를 이루어야 하며, 단순히 권한의 행사보다는 책임감과 본이 되는 삶을 통해 모범을 보이도록 격려되어야 한다. 교회는 권력욕구를 가진 성도가 영향력을 건강하게 행사할 수 있도록 영적 지도력의 방향성과 윤리적 훈련을 함께 제공해야 한다.

(3) 친교욕구의 적용

친교욕구가 높은 성도는 공동체 내의 관계, 교제, 정서적 지지에서 만족을 얻는다. 이들은 소그룹 리더, 환영팀, 식사사역, 기도모임과 같이 사람과의 상호작용이 많은 사역에 적합하며, 공동체 내 갈등 조정이나 친밀감 형성에도 중요한 역할을 한다. 이들에게는 지지적인 환경과 따뜻한 관계 맺음이 중요한 동기 요인이므로, 교회는 이들의 정서적 욕구가 충족되도록 적절한 관계 중심적 사역을 마련해 줄 필요가 있다.

(4) 적용상 시사점

맥클리랜드의 이론은 사역 배정 시 구성원의 성향을 고려한 맞춤형 접근이 필요함을 강조한다. 모든 성도에게 동일한 방식의 동기부여나 사역 참여를 강요하기보다는, 개인의 동기적 성향(성취, 권력, 친교)을 식별하여 그에 부합하는 역할을 제안하는 것이 효과적이다. 이는 구성원의 사역 만족도는 물론 장기적 소속감과 리더십 성장에도 긍정적 영향을 미친다.

3. 복합적 동기이론과 신학적 통합

1) 샤인의 복잡인모형 – 교인 다양성의 이해에 기초한 동기 접근

샤인(Edgar Schein)이 제시한 복잡인모형(complex man model)은 인간을 단일한 동기 구조로 설명하기 어려운 복합적이고 변화가능한 존재로 전제하고, 조직 구성원들이 각기 다른 가치, 욕구, 상황에 따라 상이한 방식으로 동기화된다는 점을 강조한다. 이는 다양한 배경과 신앙 수준, 삶의 맥락을 가진 구성원들이 공존하는 교회 조직의 특수성을 이해하고 수용하는 데 매우 적합한 이론적 틀이다.

(1) 복잡인모형의 핵심 관점

복잡인모형은 고전적 인간관인 경제인(Economic man), 사회인(Social man), 자기실현인(Self-actualizing man)과 같은 단선적인 설명을 넘어서, 구성원 한 사람 한 사람을 다차원적이고 다변적인 존재로 인식한다. 개인은 상황에 따라 성취욕구를 우선할 수도 있고, 대인관계 욕구나 안전에 대한 욕구를 중심에 둘 수도 있으며, 이는 시간이 지나면서 변화되기도 한다. 또한, 한 사람이 여러 동기를 동시에 지니는 것도 가능하다고 본다.

(2) 교회 적용의 유용성

교회는 다양한 연령대, 직업, 사회적 배경, 신앙경력, 성격 유형을 지닌 구성원들이 함께 모이는 공동체이다. 이들 각각은 동일한 설교나 사역 프로그램에 대해 서로 다른 방식으로 반응하며, 서로 다른 동기를 갖고 참여한다. 어떤 이는 예배의 경건함에, 또 다른 이는 공동체적 친밀감에, 또 다른 이는 봉사의 기회에 동기를 느낀다. 따라서 교회는 동기의 다양성과 변화 가능성을 인지하고, 이를 반영한 맞춤형 사역 체계를 설계해야 한다.

예컨대 신앙의 초보자는 공동체 소속감을 통한 정서적 지지가 중요할 수 있으며, 신앙이 성숙해 갈수록 제자훈련이나 리더십 개발과 같은 자아실현적 사역이 동기를 제공할 수 있다. 또한 어떤 성도는 말씀 묵상과 같은 개인적 사역에, 또 어떤 성도는 대외봉사와 같은 실천적 사역에 더 많은 의미를 부여할 수 있다. 이러한 점에서 샤인의 복잡인모형은 교회 리더십과 교육부서가 성도를 더욱 세밀하고 실제적으로 이해하고 사역에 배치할 수 있도록 돕는다.

(3) 시사점

샤인의 이론은 획일적인 사역 참여나 일률적 동기 유발 방식의 한계를 지적하며, 개별 성도에 대한 인격적 접근과 다양성 존중을 강조한다. 이는 곧 교회가 성도 각각의 영적 필요를 경청하고, 그에 맞는 영성 훈련과 사역 기회를 제공할 수 있어야 함을 뜻한다. 교회는 일률적 사역 배정보다는 구성원의 영적 상태, 은사, 성격, 욕구에 대한 전인적 진단을 통해 개인화된 동기 전략을 개발해야 하며, 이를 통해 구성원 개개인의 참여도와 만족도는 물론 공동체 전체의 역동성도 제고될 수 있다.

2) 해크만과 올드햄(Hackman & Oldham)의 직무특성이론 – 사역 설계의 실천적 유용성

해크만과 올드햄이 제시한 직무특성이론(Job Characteristics Theory)은 특정 직무가 가진 속성이 구성원의 내적 동기를 어떻게 유발하는지를 분석한 이론으로, 자율성, 직무 정체성, 직무 중요성, 기술 다양성, 환류(피드

백) 등 다섯 가지 핵심 차원을 중심으로 설명된다. 이 이론은 일반 기업 환경뿐 아니라 교회 사역 환경에서도 동기를 유도하고 지속시키는 데 매우 실천적인 틀을 제공한다.

(1) 자율성의 강조 – 사역의 자기결정성 부여

자율성은 구성원이 과업을 수행하는 방식이나 시간 등을 스스로 결정할 수 있는 정도를 의미한다. 교회에서 사역자가 일정한 자유와 창의성을 발휘할 수 있는 환경이 주어진다면, 이는 내재적 동기를 강력하게 자극한다. 예를 들어, 청년부 리더가 프로그램을 직접 기획하거나, 찬양팀 리더가 예배곡을 자유롭게 구성하도록 위임받는 경우, 자율성은 책임감을 동반한 동기로 작용한다. 반대로 모든 결정이 상층부에 의해 통제되거나 사역자가 권한을 갖지 못할 경우, 구성원은 소외감을 느끼고 사역에 소극적으로 변할 수 있다.

(2) 피드백의 제공 – 영적 환류와 동기 강화

피드백은 사역자가 자신의 활동이 어떤 영향을 주었는지를 명확하게 인식할 수 있는 정보를 말한다. 이는 사역의 효과성에 대한 인식과 자기 효능감 형성에 결정적 역할을 한다. 교회에서는 중보기도를 통해 받은 응답, 말씀 사역 후 성도의 변화, 봉사를 통해 얻는 감사의 표현 등이 모두 강력한 피드백 자원이 될 수 있다. 예를 들어, 주일학교 교사가 아이의 성경암송과 변화된 태도를 보았을 때, 그는 자신의 사역이 실제로 하나님의 일에 쓰이고 있음을 체감하게 된다. 이러한 환류는 단순한 외적 보상보다 더 깊은 차원의 영적 만족을 유도한다.

(3) 의미부여와 사역 정체성 – 하나님의 일에 동참하는 인식

직무 특성이론에서 중요한 또 하나의 개념은 '직무 정체성'과 '직무 중요성'이다. 이는 자신의 사역이 공동체 전체 혹은 하나님 나라의 사역에 있어 중요한 위치를 차지하고 있다는 자각과 연결된다. 성도는 자신이

찬양을 인도하거나 환영 사역을 감당할 때, 그것이 단지 기술적 행위가 아닌 영적 감화의 도구이며, 예배의 전체 흐름에 있어 결정적인 의미를 갖는다는 사실을 인식할 때, 깊은 만족감과 지속적 동기를 얻게 된다. 특히 말씀 사역, 찬양, 전도 등은 그 자체로 하나님 나라에 대한 사명을 실현하는 자리이므로, 사역에 의미를 부여할 수 있는 훈련과 안내가 중요하다.

(4) 기술 다양성과 성장 가능성 - 반복과 권태의 극복

마지막으로 기술 다양성은 사역이 다양한 기술과 은사를 동원하여 수행될 수 있는지를 말한다. 교회는 구성원이 단조로운 반복 업무에 지치지 않도록 다양한 역할과 발전 경로를 제공할 필요가 있다. 예컨대 영상 사역자는 촬영, 편집, 기획, 음향 조정 등 다양한 기술을 활용할 수 있고, 찬양팀도 리더, 싱어, 악기 파트 등 다양한 역할로 순환 참여할 수 있다. 이러한 다양성은 권태를 줄이고 자기개발의 기회로 작용한다.

(5) 시사점

해크만과 올드햄의 이론은 교회 사역을 단순히 기능 수행의 수단이 아니라, 구성원의 영적 성장과 사명 발견의 장으로 인식할 것을 요구한다. 사역에 자율성과 환류, 의미와 기술 다양성이 확보될 때, 구성원은 사역을 통해 성장하며, 이는 곧 지속가능한 사역 헌신으로 이어진다. 교회는 이를 위해 사역 설계 시 형식적 참여가 아니라 의미 중심의 구조화와 피드백 순환 체계를 고려해야 한다.[113]

---

113) 백승기, 「행정학원론」, 243-245.

제2절 교회행정조직에서의 리더십

1. 리더십의 의의와 신학적 기초

1) 개념 정의

교회행정에서 말하는 리더십은 단순히 조직적 목표를 달성하기 위한 관리기술이나 통솔력의 차원을 넘어선다. 그것은 하나님께서 부르신 공동체가 그의 뜻과 계획을 따라 순종하며 나아가도록 이끄는 영적 지도력이다. 리더십은 공동체의 영적 건강과 방향성에 결정적인 영향을 미치며, 교회가 하나님의 말씀을 바르게 해석하고 실천할 수 있도록 구성원들 간의 역할을 조율하고, 그들의 자발적인 헌신과 참여를 이끌어내는 능동적 작용이라 할 수 있다.

특히 교회행정이라는 범주 안에서 리더십은 하나님의 뜻을 공동체적으로 구현하는 과정과 밀접하게 연결된다. 여기에는 단순히 행정적인 절차를 계획하고 조정하는 기술적 능력뿐 아니라, 교회 구성원 각자의 영성과 은사, 신앙적 성숙도를 고려하여 하나님의 백성들이 자신의 소명을 발견하고 수행하도록 격려하고 이끌어 주는 목회적 돌봄의 기능이 포함된다.

교회의 리더십은 또한 공동체 구성원들의 다양성과 은사, 신앙의 수준을 조화롭게 연결시켜 하나의 유기적 공동체를 형성하는 데 중요한 역할을 하며, 무엇보다 그 방향성은 항상 말씀 중심, 성령 인도, 하나님 나라의 비전에 뿌리를 두고 있어야 한다. 따라서 교회행정에서의 리더십은 단순한 기능적 지도력이 아닌, 영적 은사로서의 권위와 섬김의 본을 드러내는 사명적 역할이라 할 수 있다.

2) 리더십에 대한 신학적 근거

성경은 리더십을 단순한 인간적 능력이나 사회적 지위가 아니라, 하나님으로부터 위임받은 책임과 권위로 규정한다. 구약의 인물 모세는 하나님의 부르심을 받고 히브리 민족을 이끌어 출애굽이라는 위대한 구속사의 여정을 시작했다(출 3-4장). 그는 자신이 부족하다는 고백에도 불구하고 하나님의 말씀에 순종함으로써 백성의 지도자로 세워졌다. 이러한 모세의 리더십은 하나님의 명령에 대한 철저한 복종과 중보자로서의 영적 책임을 핵심으로 한다.

또한 사무엘상 16장에서 볼 수 있듯이, 다윗 역시 인간적인 외모나 배경이 아닌 하나님의 마음에 합한 자로 선택되어 이스라엘을 다스리는 왕으로 세워졌다. 다윗의 리더십은 군사적 능력보다 하나님의 임재를 사모하는 영적 감수성과 예배 중심의 삶에서 나타났다.

신약시대에 와서, 바울은 회심 이전에는 교회를 핍박하던 자였지만, 담마섹 도상에서의 부르심(행 9장)을 통해 완전히 변화되어 이방인의 사도로서 복음의 리더십을 실천하게 되었다. 그의 리더십은 사도적 권위와 성령의 능력, 그리고 공동체적 섬김을 겸비한 통합적 리더십이었다.

무엇보다도 예수 그리스도는 섬김과 자기희생의 리더십의 본질을 완전히 구현하신 분이다. "인자가 온 것은 섬김을 받으려 함이 아니라 섬기려 하고 자기 목숨을 많은 사람의 대속물로 주려 함이라"(막 10:45)는 말씀은 기독교 리더십의 정체성을 가장 분명하게 보여주는 구절이다. 예수님의 리더십은 명령과 통제의 방식이 아니라 사랑과 희생을 통한 자발적 추종을 유도하는 리더십이었다.

또한 사도 바울은 로마서 12:8에서 "권위하는 자는 성실함으로 하라"고 권면하며, 에베소서 4:11에서도 교회의 다양한 직분자들을 그리스도의 선물로 주신 리더십의 은사로 설명한다. 여기서 리더십은 주님의 몸인 교회를 세우기 위한 성령의 선물이며, 지도자의 권위는 자기로부터 나오는 것이 아니라, 성령의 부르심과 능력 안에서 행사되어야 하는 것임을 강조하고 있다.

이러한 성경적 근거에 따르면, 교회행정에서의 리더십은 단순한 제도적 기능을 넘어선다. 그것은 하나님의 사역을 대리하여 수행하는 사명적 리더십이며, 성도들을 섬기고 세우기 위한 사랑의 실천이어야 한다. 따라서 교회의 리더는 권력을 누리는 존재가 아니라, 자기 자신을 내려놓고 공동체를 섬기는 예언자적이고 목회적인 리더로서의 정체성을 가져야 하며, 이는 곧 하나님의 통치를 드러내는 도구가 되어야 함을 의미한다.

2. 리더십의 본질에 관한 이론

1) 자질론(Trait Theory)

⑴ 개요

자질론은 리더십의 본질을 지도자의 개인적 특성과 자질에서 찾고자 하는 접근으로, 초기 리더십 연구에서 가장 먼저 제기된 이론이다. 이 이론은 효과적인 지도자가 되기 위해서는 타고난 자질, 즉 선천적인 특성과 속성이 필요하다는 전제를 바탕으로 한다. 특히 고전적 영웅주의 역사관과 맞물려, "위대한 지도자는 태어나는가 만들어지는가?"라는 질문에 대해 "태어난다"고 답한 이론이다.

자질론이 중시한 특성으로는 신체적 건강, 지적 능력, 사회적 배경, 판단력, 자신감, 결단력, 사교성, 책임감, 통솔력 등이 있다. 이러한 자질들은 리더로 하여금 위기 상황을 돌파하고 조직을 이끌 수 있도록 하는 핵심 요소로 간주되었다.

교회행정에 있어 자질론은 목회자나 장로와 같은 리더들이 영적 권위와 품성을 갖춘 존재로서 공동체를 인도해야 한다는 기대와 연결된다. 예컨대 디모데전서 3장과 디도서 1장에서는 감독과 장로의 자격에 대해

도덕적, 영적, 인격적 기준들을 제시하고 있으며, 이는 곧 성경적 자질론의 실천적 모델로 이해될 수 있다.

(2) 평가

자질론은 리더의 자격 기준을 명확히 제시하고자 하였다는 점에서 긍정적이다. 특히 교회에서는 지도자의 인격적 성숙과 영적 성품이 공동체의 신뢰와 질서 형성에 매우 중요한 요소이기 때문에, 이러한 관점은 여전히 실효성이 있다.

그러나 자질론은 지도자의 자질이 불변의 보편적 특성으로 간주되었으며, 상황과 조직의 다양성을 충분히 고려하지 못한 한계가 있다. 즉, 동일한 자질을 가진 사람이 모든 상황에서 동일한 리더십을 발휘할 수 있다는 전제는 현실과 괴리가 있다. 교회조직 또한 규모, 구성원, 사역 환경에 따라 리더에게 요구되는 성품이나 역량이 다를 수 있으므로, 자질론만으로는 리더십을 온전히 설명하기 어렵다.

또한 이 이론은 리더십이 선천적 자질에 의존한다는 점에서, 훈련이나 성장에 의한 리더십 개발의 가능성을 제한하게 되며, 이는 목회자 후보나 교회 내 차세대 리더들을 양성하는 데 방해가 될 수 있다는 비판도 있다.

2) 행태론(Behavioral Theories)

(1) 개요

행태론은 자질론의 한계를 극복하고자 등장한 이론으로, 리더십을 특정인의 속성이나 성격보다는 리더가 실제로 보이는 행동에 주목하는 접근이다. 이는 리더십이 타고나는 것이 아니라 훈련과 경험을 통해 계발될 수 있다는 전제에서 출발하며, 지도자의 행위 유형이 구성원들의 반응과 조직의 성과에 어떤 영향을 미치는지를 규명하고자 한다.

이 이론은 조직 상황에 상관없이 보편적으로 효과적인 리더의 행동 유형이 존재할 수 있다는 가정을 바탕으로, 다양한 행동 유형과 그 결과 간의 상관관계를 실증적으로 연구하였다. 교회 내에서 이 이론은 목회자 의 설교 방식, 회의 운영, 공동체 관계 형성, 권한 위임 등 실제 행동 패턴을 통해 리더십의 효과를 검토할 수 있게 해준다.

(2) 주요 이론과 적용

① 아이오와 대학 연구(1차원론)

르윈(Lewin), 리피트(Lippitt), 화이트(White)는 리더십을 권위형, 민주형, 자유방임형으로 구분하고, 각 유형의 리더 아래에서 구성원들의 만족도 와 과업 성과를 분석하였다. 민주형 리더십이 가장 높은 성과와 만족도 를 보인 것으로 나타났다. 이는 교회에서 성도들의 자발성과 참여를 중시하는 민주적 리더십 스타일이 효과적이라는 점을 시사한다.

② 오하이오 주립대학의 연구(2차원론)

구조 주도(과업 중심)와 배려(관계 중심)의 두 축으로 리더십을 분석하여, 높은 구조 주도 + 높은 배려를 동시에 갖춘 리더가 가장 효과적이라고 결론지었다. 교회에서는 사역에 대한 명확한 지침 제공(구조)과 성도들의 감정적 지지와 돌봄(배려)을 함께 수행하는 리더가 바람직하다.

③ 블레이크와 머튼의 관리망 이론

'인간에 대한 관심'과 '생산에 대한 관심'이라는 두 차원에서 5가지 리더십 유형(빈약형, 친목형, 과업형, 중도형, 단합형)을 제시하였다. 이 중 가장 이상적인 리더는 '단합형(팀형)'으로, 이는 교회에서도 공동체 돌봄과 사역 성과를 동시에 고려하는 균형 잡힌 리더십 유형이다.

④ 미시간 대학 연구(Likert)

리더를 직원지향형과 생산지향형으로 나누고, 직원지향형 리더가 더 높은 조직 만족도와 성과를 보였다고 보고하였다. 교회행정에서는 목회자 가 관계 중심의 리더십을 통해 공동체적 신뢰를 구축해야 함을 강조한다.

(3) 평가

행태론은 리더십을 후천적 훈련의 영역으로 확장함으로써 리더 개발의 가능성을 열어주었으며, 다양한 조직 유형과 활동에서 유용한 행동 모형을 제시하였다. 그러나 모든 상황에서 통용되는 보편적 리더 행동 유형을 가정했다는 점에서 현실적 한계를 드러낸다.

예를 들어, 어떤 교회는 목회자의 강력한 과업지향적 리더십을 필요로 하고, 다른 교회는 관계중심적 접근이 효과적일 수 있다. 따라서 행태론은 리더십의 행동 양식을 설명하는 데 유익하지만, 리더십의 상황적 유연성을 설명하지 못한다는 비판을 받는다.

3. 새로운 형태의 리더십 이론과 교회행정

오늘날 교회는 급변하는 사회 문화 속에서 이전보다 더 복합적이고 유기적인 리더십 형태를 요구받고 있다. 이에 따라 교회행정에서도 전통적 리더십 이론에 더하여 현대 사회학·조직심리학에서 발전한 다양한 리더십 이론들을 성경적 가치와 통합적으로 적용할 필요가 있다. 다음은 그러한 현대 리더십 이론들의 개요와 교회행정적 적용에 대한 고찰이다.

1) 변혁적 리더십(Transformational Leadership)

(1) 개념과 신학적 모델

변혁적 리더십은 조직의 근본적 변화를 이끌어내는 리더십 형태로, 구성원의 가치관과 태도에 영향을 미쳐 공동체 전체를 고양시키는 데 중점을 둔다. 교회행정에서 이 리더십은 단순한 관리나 행정 운영을 넘어서 신앙공동체의 영적 방향성과 본질적 정체성을 재정립하는 데 핵심적인 역할을 한다. 예수 그리스도는 비전 제시, 공동체 조직, 사명의 위임, 자기희생을 통해 제자들의 존재 자체를 변화시키셨으며, 이는 변혁적 리더십의 신학적 원형이라 할 수 있다.

(2) 핵심 요소와 교회행정적 적용

변혁적 리더십은 크게 네 가지 구성 요소로 설명된다.

가. 카리스마(이상적 영향력): 예수께서 보여주신 도덕적 권위와 영적 정당성은 오늘날 목회자의 카리스마가 단순한 개인적 매력 이상으로 신학적 기반 위에 세워져야 함을 보여준다. 이는 교회가 리더를 중심으로 하나님의 뜻을 신뢰하고 따르게 하는 동력을 제공한다.

나. 영감적 동기부여: 리더가 하나님의 말씀과 교회의 비전을 분명하게 제시하고 성도들에게 도전의식을 심어줌으로써, 공동체의 목표를 초월적 사명으로 인식하게 만든다. 예: '다음세대 부흥을 위한 10년 비전' 선포.

다. 지적 자극: 고착된 전통이나 프로그램을 맹목적으로 답습하는 것이 아니라, 성경적 원리 안에서 창의적 사고를 북돋아, 성도들이 신앙의 주체로서 사고하고 결정하는 능력을 계발하도록 이끈다.

라. 개인적 배려: 교역자나 리더가 성도 개개인의 상황, 은사, 성장 속도를 고려하여 개별화된 돌봄과 사역 배치를 실천함으로써, 교회의 조직 운영이 인격적이고 영적 공동체로서 기능하게 한다.

이와 같은 변혁적 리더십은 비전 제시, 교회 개혁, 다음세대 사역, 지역사회 연계 사역 등에서 탁월한 효과를 발휘한다.

2) 거래적 리더십(Transactional Leadership)

(1) 개념과 긴장

거래적 리더십은 성과와 보상을 전제로 구성원의 동기를 유발하고 조직을 유지하는 방식이다. 교회행정에서도 일정 부분 이 리더십은 필요하다. 예를 들어 사역의 책임 부여, 출석 또는 봉사 실적에 따른 격려와 보상, 직분자 선발 기준 등은 거래적 리더십의 원리에 따라 운영되기도 한다.

그러나 이 리더십은 복음의 은혜성과 무조건적 사랑의 원리와 긴장 관계에 있을 수 있다. 복음은 조건 없는 은혜를 강조하는 반면, 거래적 리더십은 조건부 반응과 규칙 기반의 시스템을 중시하기 때문이다. 이때 교회행정은 다음과 같은 균형점을 찾아야 한다.

(2) 교회행정에서의 조화

가. 규율과 은혜의 균형: 직분자의 책임 부여, 리더십 역할 분담, 사역 평가 등에 있어 일정 수준의 규율과 기준은 필요하되, 이를 율법적으로 강요하지 않고 은혜 가운데 성장과 회복의 기회를 함께 제공해야 한다.

나. 단기적 동기 vs 장기적 사명: 거래적 리더십은 단기적 행동 변화에는 효과가 있으나, 지속 가능한 공동체 형성과 영적 성숙을 위해서는 변혁적 리더십이 선행되어야 한다.

결론적으로, 거래적 리더십은 교회의 행정적 운영과 질서 유지를 위한 실용적 도구로는 유익하나, 전체 리더십 구조의 본질이 되어서는 안 되며, 변혁적 리더십이 우선되어야 한다.

3) 기타 현대 리더십 이론과 교회행정적 적용

오늘날 교회행정은 고정된 리더십 유형만으로는 감당하기 어려운 복합적 사역과 다양한 구성원들의 요구에 직면해 있다. 따라서 현대 리더십 이론들을 통합적으로 이해하고, 교회의 영적 목적과 사역 현실에 맞게 조율할 필요가 있다. 아래의 리더십 유형들은 각각의 특성을 가지고 있으며, 교회행정의 다양한 상황 속에서 유연하게 적용될 수 있다.

첫째, 카리스마적 리더십은 강한 영적 권위와 비전을 가진 지도자에게 집중되는 리더십이다. 이는 부흥회나 교회의 위기극복, 또는 재건의 시기에서 매우 효과적일 수 있다. 그러나 이 리더십은 자칫 개인 의존적 구조로 흐를 위험이 있으므로, 반드시 공동체 중심의 분산형 구조와 병행되어야 한다. 목회자의 카리스마가 공동체 전체를 하나님께로 이끄는 영적 동력으로 작용할 때 그 가치는 더욱 빛난다.

둘째, 서번트 리더십은 예수님의 겸손과 섬김의 자세를 따르는 리더십으로, 요한복음 13장에 나타나는 세족식 사건은 그 상징적 본보기이다. 이 리더십은 목회자가 행정의 주도자이기 이전에 공동체를 위한 '종(servant)'이어야 한다는 교훈을 전한다. 교회행정은 명령과 통제가 아니라 돌봄과 섬김이라는 본질을 되찾아야 하며, 이를 통해 교회 구성원들은 신뢰와 존중 속에서 자발적으로 헌신하게 된다.

셋째, 셀프 리더십은 개인의 자기주도성과 영적 자율성을 강조하는 리더십이다. 이는 성도들이 스스로 신앙을 책임지며 성장할 수 있도록 돕는 리더십 방식이다. 구체적으로는 큐티(QT), 금식, 봉사, 자발적 사역 참여 등과 같은 경건 훈련을 장려하여 교인의 신앙 자립성을 키우고, 공동체 전체의 건강성을 향상시킨다. 목회자는 성도들이 이러한 훈련을 실천하도록 격려하며, 각자가 리더로 성장하는 영적 기반을 마련해 주어야 한다.

넷째, 분배된 리더십은 교회의 중직자들과 리더십을 함께 나누는 구조이다. 이는 장로, 집사, 권사 등 각 직분자들과의 협력적 리더십을 기반으로 하며, 디모데전서 5:17에 나오는 '잘 다스리는 장로들'의 모델에 부합한다. 이 구조는 교회의 리더십을 기능적으로 분산시키고, 동시에 민주적인 회의 체계를 통해 결정과정의 정당성과 참여를 확보한다. 결과적으로 이 리더십은 교회 구성원들의 책임감을 높이고 행정의 투명성을 확보하는 데 기여한다.

다섯째, 전략적·도덕적 리더십은 교회의 정책결정, 예산 운영, 사역 방향 설정 등에 있어 공공성과 윤리성을 확보하는 데 중요한 역할을 한다. 오늘날 교회는 내부의 운영뿐 아니라 사회적 책임과 투명성을 요구받고 있다. 따라서 이 리더십은 교회가 윤리적 정당성을 유지하며, 신뢰받는 기관으로서 사역할 수 있도록 행정적 구조를 정비하고 소통의 장을 마련하는 데 집중한다.

여섯째, 촉매적 리더십은 기도운동, 지역사회 섬김, 교단 연합 등과 같은 공동 실천을 이끄는 리더십이다. 목회자는 공동체 안에 비전과 방향을 제시하고, 다양한 사역 주체들이 이를 실현하기 위해 함께 참여하는 환경을 조성해야 한다. 이 리더십은 목회자가 모든 일을 직접 수행하기보다, 사역을 조직하고 연계하며, 성도들의 은사와 사명을 활성화하는 데 중점을 둔다.

결론적으로 이러한 현대 리더십 이론들은 교회행정의 상황과 필요에 따라 상호보완적으로 적용되어야 하며, 단일한 방식보다 다양한 리더십의 통합적 실천이 요구된다. 그 중심에는 성경적 가치, 공동체성, 그리고 성령의 인도하심이라는 기준이 항상 자리해야 한다. 교회의 리더십은 단순히 조직을 움직이는 기술이 아니라, 하나님의 뜻을 따르고 이 땅에 그분의 나라를 구현하는 거룩한 소명을 수행하는 통로가 되어야 한다.

4)교회행정에서의 리더십 통합적 이해

교회행정에서 리더십은 단순한 기술이나 영향력의 행사가 아니다. 그것은 하나님 나라의 질서를 세우고, 공동체를 진리 안에서 섬기며 성장시키는 영적 지도(Spiritual Governance)이다. 따라서 리더십은 신학적 기반 위에서 조직이론적 통찰과 균형 있게 결합되어야 하며, 성경적 진리를 중심으로 다양한 이론들이 융합적으로 수용되어야 한다.

고전적 이론(자질론, 행태론, 상황론)은 교회의 구조와 인간 본성에 대한 이해에 기초하며, 현대 이론(변혁적, 서번트, 전략적 리더십 등)은 교회의 사명 수행을 위한 실천적 유연성을 제공한다. 목회자는 성령의 인도하심을 따라 교회의 상황, 구성원의 성숙도, 조직의 문화를 고려하여 리더십의 유형을 유동적으로 조정해야 하며, 각 구성원이 자신의 은사를 따라 자율적 사역자로 서게 하는 공동체적 리더십을 구축해야 한다.

결국, 교회행정의 목적은 하나님의 뜻에 따라 성도들과 함께 교회를 바르게 세우는 것이며, 리더십은 그 과정을 인도하는 거룩한 도구인 것이다.

제3절 교회행정과 커뮤니케이션

1. 커뮤니케이션의 본질과 역할

교회는 단순한 종교조직이 아니라 하나님의 나라를 이 땅에 구현해가는 생명 공동체이며, 그 안에서의 커뮤니케이션은 필수적인 생리와도 같다. 구성원 간의 정보, 감정, 가치, 신앙적 비전이 적절하게 전달되고 공유되어야 공동체가 건강하게 작동할 수 있다. 커뮤니케이션은 단순한 정보 전달의 도구가 아니라, 관계를 형성하고 신뢰를 구축하며, 공동체의 정체성과 사명을 함께 이루어가는 매개체이다. 특히 교회행정의 영역에서는 리더가 구성원에게 방향을 제시하고, 구성원들이 각자의 소명을 깨달으며, 서로의 입장을 존중하고 반응을 수용하는 '영적 소통'이 필수적이다.

성경적 관점에서도 하나님은 말씀으로 세상을 창조하시고, 예수 그리스도를 통해 자신을 계시하신 분으로, 진정한 커뮤니케이션의 본형을 보여주신다. 교회는 이 하나님의 말씀을 전하고 해석하며, 공동체 안에 구현하는 기관으로서, 커뮤니케이션은 신학적으로도 공동체의 생명성과 직결되는 주제라 할 수 있다. 이와 같이 교회행정에서의 커뮤니케이션은 단순한 행정 기술이 아닌, 목회적 돌봄과 공동체 형성의 핵심 사역이다.

2. 교회 커뮤니케이션의 확장성과 공공성

오늘날 교회의 커뮤니케이션은 단지 내부 조직 간의 소통에 머물지 않고, 외부 사회와의 관계까지 포괄하는 확장된 개념으로 이해되어야 한다. 교회는 지역사회와 끊임없이 소통하며, 시대적 이슈에 신앙적으로 응답하고, 사회적 책임을 감당하는 기관이기도 하기 때문이다. 이런 맥락에서 커뮤니케이션은 단순히 정보를 전달하는 차원을 넘어서, 교회의 공공성과 참여성을 실현하는 과정이 된다.

기존의 하향식 커뮤니케이션 방식은 목회자나 당회가 일방적으로 정책이나 방향을 설정하고 전달하는 구조였다. 그러나 현대의 교회는 이와 같은 일방적 소통에서 벗어나야 하며, 성도들의 목소리를 듣고 반영하는 쌍방향 구조로 전환되어야 한다. 성도들의 의견과 경험, 제안이 교회 정책과 사역에 실질적으로 영향을 미칠 수 있는 구조가 필요하다. 이것이야말로 건강한 공동체가 작동하는 방식이며, 교회가 복음 안에서 하나되어 움직이는 길이다.

3. 커뮤니케이션의 유형과 구조

교회 안에서 커뮤니케이션은 공식적이거나 비공식적인 다양한 형태로 나타난다. 공식 커뮤니케이션은 회의록, 주보, 공문, 규정 등의 형식화된 전달 방식으로 책임과 기록성이 명확한 장점을 가진다. 하지만 이는 속도나 융통성 측면에서는 다소 제한적일 수 있다. 반면, 비공식 커뮤니케이션은 사람 간의 신뢰와 친밀감에 기반하여 이루어지는 구두 대화, 메신저, SNS, 개인 간 대화 등을 포함하며, 보다 유연하고 감정적으로 연결된 소통이 가능하다. 하지만 왜곡 가능성이나 책임소재 불명확성 등의 한계도 존재한다.

커뮤니케이션은 정보의 흐름 방향에 따라서도 구분된다. 하향적 소통은 리더가 구성원에게 비전과 방향을 전달하는 형태이고, 상향적 소통은 구성원이 자신의 생각과 요청, 피드백을 리더십에게 전달하는 구조이다. 수평적 소통은 교역자나 부서 간의 협력을 통해 이루어지는 동료 간 소통이며, 대각선적 소통은 서로 다른 부서나 기능, 계층 간을 가로지르는 융합형 커뮤니케이션으로 유연성과 실용성 측면에서 현대 조직에 유익하다.

또한 교회 내 커뮤니케이션 구조는 연쇄형, 바퀴형, 원형, 개방형, 혼합형 등 다양한 네트워크 구조로 나타날 수 있다. 각각의 구조는 정보의 흐름 속도, 정확성, 구성원의 만족도 등에 영향을 미치며, 특히 혼합형 구조는 중심성과 개방성을 모두 고려한 방식으로, 오늘날의 교회조직에 가장 적합하다고 볼 수 있다.

4. 커뮤니케이션의 장애 요인과 현실적 도전

교회 현장에서는 커뮤니케이션이 다양한 이유로 어려움을 겪는 경우가 많다. 조직 내부의 권위주의적 문화나 계층적 거리감은 솔직한 피드백을 막고, 정보의 독점은 의사결정 과정에서의 불균형을 초래할 수 있다. 또한 리더십과 구성원 간의 신뢰 부족이나 감정적 충돌은 메시지를 왜곡하고, 소통의 진정성을 해치게 만든다.

현대 교회가 처한 정보환경 역시 새로운 도전을 제공한다. 다양한 플랫폼과 채널을 통해 쏟아지는 정보는 구성원들에게 과도한 부담을 주며, 정작 중요한 메시지는 수용되지 못하거나 무시되기 쉽다. 정보 과잉의 시대에 교회는 단순히 더 많이 말하는 것이 아니라, 더 정확하게, 더 의미 있게, 더 공감되게 말하는 훈련이 필요하다.

또한, 구조적 측면에서 보면, 계층 중심의 결정 구조나 수평적 소통 부족, 일부 리더에게 정보가 집중되는 경향은 교회 조직의 유연성과 개방성을 저해한다. 이러한 구조는 구성원들의 참여를 위축시키고, 공동체 내부의 거리감을 키우게 된다. 결국 이는 교회행정의 비효율성과 사역의 분절화를 초래할 수 있다.

5. 건강한 커뮤니케이션 문화를 위한 실천 전략

교회가 건강한 커뮤니케이션 문화를 세워가기 위해서는 몇 가지 실천적인 방향을 설정해야 한다. 우선, 리더십 차원에서 개방성과 경청의 태도를 견지해야 하며, 일방적 지시보다는 성도의 참여와 피드백을 적극적으로 수용하는 구조가 중요하다. 회의와 결정 구조 역시 이러한 참여와 환류를 반영하는 방식으로 재설계되어야 한다.

또한 커뮤니케이션 매체의 다양성과 적절한 활용이 필요하다. 구두소통, 문서화, 이메일, 앱, 영상, 공지사항 등 각 매체의 특성을 고려하여 상황에 맞는 전달 방식을 선택하는 것이 중요하다. 정보는 명확하고, 적시에, 반복적으로, 수신자의 입장을 고려하여 전달되어야 한다.

정보 흐름의 병목현상을 막기 위해서는 소통 채널을 다원화하고, 특정 인물에게만 정보가 집중되지 않도록 정보의 개방성을 높여야 한다. 다양한 부서와 성도들이 공동으로 정보를 해석하고 공유할 수 있는 구조는 공동체의 자율성과 신뢰를 높이는 데 기여한다.

무엇보다 커뮤니케이션은 기술이나 시스템 이전에 관계 중심의 문화에서 비롯된다. 신뢰와 존중이 바탕이 된 관계 속에서만 진정한 소통이 가능하며, 그러한 관계 안에서만 교회의 사명도 함께 구현될 수 있다.

6. 교회 커뮤니케이션은 공동체의 생명이다

교회행정에서의 커뮤니케이션은 단순한 조직운영의 도구가 아니라, 교회 공동체의 사명을 수행하는 생명선이자 하나님 나라를 구현하는 핵심 통로다. 정보와 명령만 전달하는 소통이 아니라, 진리를 나누고 사랑을 전하며, 하나님의 뜻 안에서 공동체가 하나 되어 나아가는 여정이 바로 커뮤니케이션이다. 오늘날처럼 변화가 빠르고 정보가 넘쳐나는 시대일수록, 교회는 더욱 분명한 메시지를, 더욱 신뢰 있는 관계 안에서, 더욱 민감하게 전달해야 한다. 그렇게 할 때 교회는 말씀이 살아 역사하는 공동체가 되며, 세상 속에서 빛과 소금의 사명을 감당할 수 있을 것이다.

제4절 교회행정조직에서의 갈등

1. 갈등의 개념과 신학적 이해
1) 갈등의 개념

교회행정조직에서 갈등(conflict)은 단순히 관계적 충돌이나 의견 불일치가 아니라, 하나님의 뜻을 함께 이뤄가고자 하는 다양한 사역 주체들 간의 가치, 목적, 해석의 차이로부터 비롯되는 구조적 긴장 상태를 의미한다. 조직 안에서 역할과 자원이 제한되어 있고, 복수의 의사결정 주체가 존재할 때, 선택의 기준과 우선순위에 따라 자연스럽게 갈등이 발생한다.

더욱이 교회 공동체는 성도 각각의 영적 성장 배경, 신학적 견해, 문화적 인식이 상이한 이질적 요소로 구성되어 있기에, 사역 방향이나 운영 방침을 결정할 때 다양한 갈등 요인이 내재되어 있다. 그러므로 교회에서의 갈등은 피해야 할 문제가 아니라, 복음 안에서 성숙하게 다루어야 할 중요한 사역의 한 과정이다.

2) 신학적 이해와 인간의 한계

갈등을 보다 근본적으로 이해하기 위해서는 인간의 존재론적 한계를 인식할 필요가 있다. 성경은 인간을 육체를 입고 살아가는 존재로 묘사하며, 그 상태에서는 하나님의 뜻을 온전히 분별하고 적용하는 데 있어 본질적인 한계를 가질 수밖에 없다고 진술한다(창 6:3, 롬 8:7, 골 2:8). 사람은 감각적 경험과 제한된 인식에 따라 판단하고 행동하기 때문에, 서로 다른 세계관과 가치관이 충돌할 때 근본적인 갈등 해결을 기대하기 어렵다.

그러나 갈등의 상황 속에서도 참된 행정의 길은 있다. 고린도전서 1:18-19에서 사도 바울은 인간의 지혜와 총명이 십자가 앞에서 무너지고, 하나님의 지혜와 능력만이 참된 판단의 기준이 됨을 선포한다. 다시 말해, 육적인 통찰이 사라지고 성령의 인도하심, 곧 말씀에 따른 판단과 행정이 자리잡을 때, 비로소 공동체 내 갈등은 해결의 실마리를 찾을 수 있다.

이러한 점에서 진리의 성령으로 말미암아 살아계신 하나님의 말씀으로 이끌림 받는 지도자와 조직은, 기존의 갈등을 해체하고 오히려 조직 전체의 통합과 효과성을 높이는 방향으로 나아갈 수 있다(고전 1:25, 갈 2:20). 솔로몬이 하나님께 "듣는 마음"을 구하여 공정한 재판을 행할 수 있는 지혜를 받은 것처럼(왕상 3:9-12), 오늘날 교회행정조직의 지도자들 또한 하나님의 뜻을 구하는 겸손한 기도로 나아갈 때, 갈등 해결을 위한 지혜는 하늘로부터 공급될 것이다. 이러한 영적 리더십은 단순한 행정 기술이나 조직 운영의 능력이 아니라, 하나님과 동행하는 신령한 행정의 본질을 드러내는 것이다.[114]

2. 갈등에 대한 관점 변화와 교회적 적용

1) 갈등관의 변천: 교회행정학적 통찰

---

114)   양병희, 「공공조직의 갈등 진단과 처방」 (서울: 영성네크워크, 2022), 239-240.

갈등에 대한 인식은 행정학의 발전에 따라 변화해 왔으며, 이는 교회 행정에도 중요한 시사점을 제공한다. 교회 역시 조직이며, 다양한 가치관과 역할, 사역의 다양성 속에서 갈등은 자연스럽게 발생하는 요소이다. 갈등에 대한 관점은 대체로 전통적 갈등관, 행태론적 갈등관, 그리고 상호작용적 갈등관이라는 세 단계로 발전해 왔으며, 각각의 관점은 교회 내 갈등을 어떻게 해석하고 대응할지를 결정짓는 중요한 이론적 틀을 제공한다.

(1) 전통적 갈등관: 억제와 회피 중심의 접근

전통적 갈등관은 갈등을 조직에 해로운 병리적 현상으로 간주한다. 갈등은 조직의 질서와 안정성, 효율성을 해치기 때문에 반드시 제거하거나 억제해야 할 대상으로 보았다. 이 관점에서는 조직의 목표 달성과 조화로운 운영을 위해 갈등의 발생 자체를 비정상적인 것으로 간주하며, 관리자와 지도자는 갈등이 발생하지 않도록 구조와 규율을 강화하고, 갈등 요소를 사전에 차단하는 데 집중한다.

교회에서도 이러한 전통적 갈등관은 오랫동안 지배적인 시각으로 작용해 왔다. 특히 한국교회의 경우 '거룩한 공동체'라는 이상적인 이미지와 '분열은 죄'라는 신학적 해석이 결합되어, 갈등을 드러내기보다는 내부적으로 숨기거나 침묵하는 경향이 강하게 나타났다. 그러나 이러한 억제 중심의 접근은 표면적으로는 평화를 유지하는 듯 보일 수 있지만, 실질적으로는 문제가 은폐되고 구성원 간 신뢰를 약화시키며, 결국 더 큰 갈등의 폭발로 이어질 수 있다는 한계를 지닌다.

(2) 행태론적 갈등관: 수용과 조정의 관리 전략

행태론적 갈등관은 인간의 다양성과 복잡한 상호작용을 전제로 한다. 이 관점에서는 갈등을 조직 내에서 자연스럽게 발생하는 불가피한 현상으로 보며, 이를 단순히 제거하려 하기보다는 적절히 관리하고 수용하는 것이 필요하다고 본다. 갈등은 조직의 내재적 속성 가운데 하나이며, 다양한 목표, 역할, 기대, 감정이 교차하는 현실 속에서는 충돌이 발생할 수밖에 없다는 인식이다.

교회행정의 측면에서도 이 갈등관은 매우 현실적인 시사점을 제공한다. 교회는 성령 안에서 하나 된 공동체이지만, 동시에 다양한 배경을 가진 성도들과 여러 사역 부서, 서로 다른 목회 철학 등이 공존하는 복합적 조직이다. 따라서 갈등은 피해야 할 악이 아니라, 피할 수 없는 현실이며, 이를 어떻게 지혜롭게 조정하고 중재하느냐가 리더십의 중요한 과제가 된다. 목회자와 당회, 제직회는 갈등이 표면화될 때 성경적 원칙에 따라 진단하고 중재하며, 공동체의 일치를 지향하는 회복적 리더십을 발휘해야 한다.

(3) 상호작용적 갈등관: 발전과 성숙의 촉매로서 갈등

가장 발전된 형태의 갈등관인 상호작용적 갈등관은 갈등을 단지 수용하거나 억제할 대상이 아니라, 오히려 조직의 변화와 혁신을 위한 촉매로 본다. 갈등은 조직이 가진 잠재된 문제를 드러내는 진단의 계기이며, 이를 계기로 구조적 개혁이나 리더십 전환, 의사소통 방식의 개선 등이 이루어질 수 있다. 즉, 적절히 관리된 갈등은 조직의 성장과 성숙을 위한 긍정적 자원이 된다.

교회행정학적으로 이 관점은 매우 신학적이다. 왜냐하면 갈등을 단지 인간적 충돌이나 감정의 표현으로 보지 않고, 하나님의 섭리 안에서 공동체를 정화하고 정립하는 '성화의 도구'로 보기 때문이다. 교회 내 갈등은 복음의 본질을 재확인하고, 교회가 누구를 중심으로 운영되고 있는지를 점검하게 하며, 공동체가 사람 중심이 아니라 하나님 중심으로 방향을 재조정하게 만든다. 특히 교회의 구조나 리더십, 재정 운영, 목회철학 등이 성경적 기준에 부합하는지를 묻는 계기가 되며, 갈등은 하나님

의 뜻을 묻는 신학적 성찰의 시간으로 승화될 수 있다.

그러므로 교회행정은 단순히 갈등을 해결하는 기술이 아니라, 갈등 속에서 하나님의 뜻을 분별하고, 공동체가 성숙해 가도록 이끄는 영적 리더십의 통합적 실천이어야 한다. 상호작용적 갈등관은 갈등을 두려워하지 않고, 복음적 지혜와 공동체 신뢰를 바탕으로 새롭게 정비하는 '개혁의 계기'로 이해한다.

결론적으로, 갈등관의 이러한 변천은 교회행정이 단순한 위기관리의 차원을 넘어, 성경적 공동체성과 복음적 리더십을 구현하는 통로가 되어야 함을 시사한다. 교회는 성령 안에서 하나 된 유기체이지만, 그 안에는 여전히 인간적인 차이와 구조적 긴장이 존재한다. 따라서 건강한 교회행정을 위해서는 갈등을 숨기거나 두려워하기보다는, 이를 진단과 성찰, 개혁과 회복의 기회로 삼는 성숙한 시각이 필요하다. 이 모든 과정은 하나님의 뜻을 중심으로 교회 공동체가 자라가도록 돕는 행정적 신학의 실천이 되어야 한다.

2) 갈등의 기능

(1) 순기능

갈등은 피해야 할 문제로만 여겨지기 쉽지만, 올바르게 관리될 경우 조직의 정체를 방지하고, 새로운 발전을 촉진하는 자극제가 될 수 있다. 교회 공동체 안에서 발생하는 다양한 의견 충돌과 시각의 차이는, 오히려 공동체가 직면한 현실을 직시하게 하고, 그 안에서 하나님의 뜻을 더 깊이 묵상하게 하는 계기가 되기도 한다.

이러한 갈등은 조직 내부의 잠재된 문제를 드러내고, 건강한 토론과 숙고 과정을 통해 공동체 구성원 모두를 성숙하게 만든다. 또한, 문제해결 능력과 소통력을 향상시키고, 각자의 은사를 새롭게 발견하거나 더 나은 대안을 창출하게 하는 동력으로 작용한다.

예를 들어, 사도행전 6장에서 초대교회는 구제 사역에 대한 불만으로 인해 갈등이 발생했으나, 이를 통해 집사직이 제도화되고, 사역이 더욱 공정하고 조직적으로 발전하게 되었다. 이는 갈등이 잘 다루어질 때 교회의 기능을 더욱 강화하는 방향으로 나아갈 수 있음을 보여준다.

뿐만 아니라, 성경은 갈등을 완전히 피하는 것이 아니라, "진리를 사랑 안에서 말하라"(엡 4:15)는 원리를 통해 갈등을 성숙의 통로로 사용하라고 권면한다. 그러므로 순기능적 갈등은 조직이 자율성과 책임의 균형 속에서 하나님 나라의 가치에 더 가까이 다가가는 기회를 제공한다.

(2) 역기능

반면, 갈등이 제대로 관리되지 않거나, 개인적인 감정과 이해관계에 기반하여 확대될 경우, 그 파괴력은 매우 클 수 있다. 교회 내에서 갈등이 영적이지 않고 정욕적이며 세속적 방식으로 흐르게 되면, 이는 곧 신뢰의 손상, 조직 내 분열, 공동체의 내적 소진을 초래한다.

야고보서 4:1-2는 "너희 중에 싸움이 어디로부터 나느냐… 너희 정욕 중에서 싸우는 것이라"고 경고하며, 갈등이 영적 성숙의 부족에서 비롯될 수 있음을 지적한다. 이처럼 갈등이 사랑과 은혜, 말씀에 기초하지 않고 이기심과 분노에 의해 조장될 경우, 이는 영적 생태계를 심각하게 훼손하게 된다.

공동체 내부에서 지속적인 불신과 고소·고발의 분위기가 형성되면, 성도들은 점차 피로감을 느끼고 공동체로부터 이탈하게 되며, 교회의 공예배와 교육, 선교 등 모든 사역의 동력이 저해될 수 있다. 고린도교회의 분파 현상(고전 1:10-13)은 이러한 영적 해체의 위험성을 단적으로 보여주는 사례이다.

결국 갈등의 역기능은 교회의 거룩성과 통일성을 무너뜨리며, 그리스도의 몸 된 공동체가 세상의 빛과 소금으로 존재해야 할 사명을 흐리게 만든다. 그러므로 갈등은 단지 외면하거나 묻어두어야 할 문제가 아니라, 복음의 능력으로 정직하게 직면하고, 회개와 화해, 공동체적 책임 안에서 해결되어야 할 신앙적 과제이다.

3. 교회 내 갈등의 유형과 원인

교회는 하나님의 말씀 위에 세워진 신앙 공동체이지만, 동시에 다양한 배경과 생각을 가진 사람들이 함께 모여 이루는 조직이기 때문에 갈등이 발생할 수밖에 없다. 이러한 갈등은 단순히 피해야 할 문제가 아니라, 때로는 조직의 건강성을 되돌아보고 신앙적 성장을 이루는 계기가 될 수 있다. 그러나 갈등이 적절히 이해되지 않고 관리되지 않으면 공동체의 붕괴를 초래할 수도 있다. 따라서 교회 내에서 발생하는 갈등의 다양한 유형과 그 원인을 분석하는 것은 교회 행정과 리더십의 중요한 과제가 된다.

1) 개인과 조직 간 갈등

⑴ 개인적 갈등

개인적 갈등은 한 성도의 신앙적 양심, 신학적 확신, 개인의 가치관, 혹은 사역 선호가 교회의 조직적 방향성이나 사역 방침과 충돌할 때 발생한다. 예를 들어, 어떤 성도가 특정한 찬양 스타일이나 예배 형식을 선호하지만, 교회 전체의 방향이 그것과 다를 경우 내면의 갈등이 형성된다. 특히 대안 간의 비교가 명확하지 않거나, 특정한 결정이 가져올 결과가 불확실한 상황에서는 이 갈등이 더욱 심화된다. 또한 교회의 결정에 구성원이 동의할 수 있는 현실적 대안이 존재하지 않을 때, 개인은 무력감을 느끼며 심리적 긴장을 겪게 된다.

⑵ 의사결정주체 간 갈등

교회 조직 안에는 당회, 재직회, 교육위원회, 찬양위원회 등 다양한 위원회와 부서가 존재한다. 이들 조직 간의 역할이 중첩되거나 명확하지 않을 경우, 또는 각 부서가 추구하는 목표나 우선순위가 다를 경우 충돌이 발생하게 된다. 특히 자원의 분배, 사역의 우선순위 설정, 예산 배정 등의 문제에서 갈등이 잦다. 이와 같은 갈등은 의사소통의 부족, 책임과 권한의 모호함, 상호 간 기대치의 차이에서 비롯된다. 각 조직이 자신의 역할에 대한 기대가 있지만, 그 기대가 다른 부서와 충돌할 경우 오해와 갈등이 쉽게 발생한다.

2) 소모적 갈등과 생산적 갈등

(1) 소적 갈등

소모적 갈등은 주로 개인의 감정에서 출발한다. 불만, 불신, 상처, 경쟁심, 비난 등으로 인해 발생하는 이 갈등은 공동체의 화합을 방해하고, 영적 분위기를 약화시킨다. 특히 반복적으로 갈등이 발생하면 구성원은 교회에 대한 애정이 식고 이탈하거나 소극적인 태도를 보일 수 있다. 이러한 소모적 갈등은 사소한 언행에서 시작되더라도, 방치될 경우 교회의 건강성과 영적 생태계 전반을 심각하게 훼손할 수 있다. 교회 내에서 사랑과 용서의 복음이 제대로 실현되지 않으면, 소모적 갈등은 쉽게 악순환의 고리가 된다.

(2) 생산적 갈등

반면 생산적 갈등은 공동체의 발전을 촉진하는 역할을 한다. 이는 신학적 입장 차이나 사역의 우선순위를 두고 벌이는 진지한 논의, 또는 비전 설정을 위한 건강한 토론에서 발생한다. 이러한 갈등은 공동체가 자신의 정체성과 방향을 명확히 정립하는 데 도움을 주며, 각자의 신앙과 생각을 돌아보는 계기를 제공한다. 건전한 갈등은 다양한 의견을 경청하고, 하나님의 뜻을 분별해 나가는 데 필요한 과정이다. 바울과 베드로 간의 이방인 선교 논쟁이나 초대교회의 예루살렘 공의회(행 15장)는 대표적인 생산적 갈등의 예라 할 수 있다.

3) 수직적 갈등과 수평적 갈등

(1) 수직적 갈등

수직적 갈등은 위계적인 관계 안에서 발생하는 갈등으로, 예를 들어 목회자와 장로, 장로와 집사 혹은 부서장과 팀원 사이에서 나타난다. 이 갈등은 주로 권위의 행사, 의사결정 권한, 책임의 분배, 보상의 공정성 등에 대한 불균형에서 기인한다. 상급자가 권위적으로 지시할 때 하급자는 소외감을 느낄 수 있고, 반대로 하급자가 상급자의 결정을 무시하거나 불신할 때 위계질서가 흔들리게 된다. 이러한 갈등은 교회 내 리더십과 팔로워십의 균형이 무너질 때 자주 나타난다.

(2) 수평적 갈등

수평적 갈등은 동일한 수준에 있는 부서 간 혹은 개인 간에 발생한다. 예컨대 찬양팀과 예배위원회 간의 일정 조율, 교육부서 내 유년부와 초등부 간의 커리큘럼 조정 문제 등은 수평적 갈등의 대표적인 예이다. 서로의 사역이 유사하거나 협력해야 하는 상황에서 역할 분담이나 자원 배분에 대한 명확한 합의가 없으면 충돌이 발생한다. 이러한 갈등은 교회 내 협업 문화의 부재나 커뮤니케이션 부족에서 비롯되며, 사역의 분열이나 중복투자로 이어질 수 있다.

4) 개인 간 갈등과 집단 간 갈등

(1) 개인 간 갈등

교회 구성원 간에는 각기 다른 성격, 말투, 문화적 배경, 신앙의 깊이와 해석 방식이 존재한다. 이런 차이에서 비롯된 작은 오해나 불쾌감이 시간이 지나면서 감정의 골로 발전할 수 있다. 예컨대 어떤 성도가 다른 성도의 말을 무례하게 받아들였거나, 사소한 일로 마음에 상처를 입은 경우, 그것이 누적되면 예배나 공동체 활동에 소극적인 태도로 나타나

기도 한다. 개인 간 갈등은 때로 드러나지 않지만, 무의식적 거리두기와 소통의 단절을 초래하여 공동체의 유기적 관계를 해칠 수 있다.

(2) 집단 간 갈등

집단 간 갈등은 일반적으로 부서나 사역 그룹 간에 발생한다. 예를 들어 선교부와 찬양팀이 동일한 시간대에 장소를 사용하려 하거나, 교육부와 예배부가 사역의 우선순위를 두고 의견 충돌을 일으킬 수 있다. 이러한 구조적인 갈등은 단순히 개인 간 불화와 달리, 조직 전체에 영향을 미칠 수 있으며, 때로는 교회 정치화의 원인이 되기도 한다. 그러나 외부의 위협이나 위기 상황 속에서는 오히려 이런 갈등이 공동체의 결속력을 높이는 계기가 될 수도 있다. 공동의 적을 인식하고 연합하는 과정에서 집단 간 이해와 협력이 강화되는 경우도 있다.

이와 같이 교회 내 갈등은 매우 다양한 형태로 나타나며, 그 원인 역시 복합적이다. 갈등 자체는 죄악이라기보다 그 관리와 대응 방식에 따라 유익하거나 해로울 수 있다. 그러므로 신앙 공동체로서 교회는 갈등을 피하거나 억제하는 것이 아니라, 바른 방향으로 해석하고 건강하게 처리함으로써 하나님의 뜻을 이루는 도구로 삼아야 한다.

4. 교회행정조직의 갈등관리 전략

1) 대인적 갈등관리 전략(Thomas)

(1) 회피전략

회피전략은 갈등 상황에 직접적으로 개입하지 않고 이를 일시적으로 유보하거나 무시함으로써, 감정적 충돌을 피하려는 방식이다. 교회 내에서 이 전략은 급박한 감정 대립이나 회의 분위기 악화를 막기 위한 임시적 수단으로 사용될 수 있다. 예를 들어 사역의 방향이나 역할 분담을 둘러싼 논쟁이 격화될 조짐이 있을 때, 당장은 판단을 유보하고 일정 기간 침묵하거나 논의를 중단하는 것이 이에 해당한다. 그러나 이 방식은 갈등을 근본적으로 해결하지 않기 때문에 반복될 경우 문제를 방치하거나 책임 회피로 비춰질 수 있다. 따라서 회피전략은 신중하게 선택되어야 하며, 반드시 후속적 해결 노력이 동반되어야 한다.

(2) 순응전략

순응전략은 자신의 요구나 입장을 내려놓고 상대방의 주장을 우선시함으로써 갈등을 잠재우는 방식이다. 교회는 '서로 섬기라'는 성경의 가르침을 따르기 때문에, 순응 전략은 종종 믿음과 인내의 표현으로 받아들여지기도 한다. 갈등이 발생했을 때 구성원 중 한 사람이 공동체의 평화를 위해 자신의 권리를 포기하거나 조율하는 태도는 이 전략의 전형적인 모습이다. 그러나 이러한 전략이 반복되거나 일방적으로 적용될 경우, 표현의 부재로 인한 내적 불만이 누적되어 장기적으로 더 큰 갈등을 초래할 수 있으므로 주의가 필요하다.

(3) 타협전략

타협전략은 갈등 당사자 양측이 각자의 입장에서 일정 부분을 양보하여 중간지점을 찾는 전략이다. 교회 내에서 자주 사용되는 현실적 갈등관리 방식으로, 회의나 운영상의 마찰을 조율하는 데 효과적이다. 예를 들어, 행사 일정이나 예산 분배에 있어 두 부서가 서로 다른 요구를 주장할 경우, 각자가 일부를 양보하여 모두가 수용 가능한 절충안을 마련하는 것이 이에 해당한다. 그러나 타협은 때때로 표면적인 갈등 봉합에 그칠 수 있으며, 근본 원인이나 가치의 충돌을 해결하지 못하는 한계를 지닐 수 있다.

(4) 경쟁전략

경쟁전략은 자신의 입장을 고수하고 상대의 주장을 양보하게 함으로써 갈등을 해결하려는 방식이다. 일반 조직에서는 성과나 규율의 확립을 위해 필요할 수 있으며, 교회 내에서도 신학적 원칙이나 도덕적 기준이 명확한 경우에는 정당하게 사용될 수 있다. 예컨대 교회의 교리적 정체성이나 이단적 요소와의 대립 상황에서는 강경하고 단호한 대응이 요구되며, 이때 경쟁전략이 적용된다. 그러나 이 전략이 사적인 감정이나 권위주의에 의해 작동하면 공동체 분열의 위험을 동반하기 때문에, 반드시 성경적 판단과 공적 절차에 따라 사용되어야 한다.

(5) 협력전략

협력전략은 갈등 당사자 양측이 모두의 요구를 충족시키는 방향으로 창의적이고 통합적인 해결책을 도출하려는 방식이다. 교회 조직에서는 이 전략이 가장 이상적인 갈등관리 방식으로 간주되며, 공동체성 회복과 관계의 성숙을 함께 추구할 수 있는 방향이다. 이 전략은 시간과 에너지, 깊은 대화와 신뢰 구축을 필요로 하지만, 그만큼 공동체의 통합과 발전에 긍정적인 영향을 준다. 특히 공동 사역이나 비전 수립 과정에서 다양한 의견을 조율하고 하나의 방향으로 이끌어갈 때 협력전략은 큰 힘을 발휘한다.

2) 제도적 갈등 예방 및 해결방안

(1) 갈등 예방

부서 간 순환보직을 통해 이해도 증진

조직 내 순환보직은 구성원들이 다양한 부서의 사역과 역할을 직접 경험하게 하여, 상호 이해를 높이고 불필요한 오해를 줄이는 효과를 가져온다. 특히 권한이나 자원이 집중되는 특정 부서의 독점적 구조를 완화함으로써 조직 전반의 수평적 균형을 확보할 수 있다.

가. 명확한 역할 규정과 신속한 피드백 체계 구축

직무 기술서와 운영규정을 명확히 하여 구성원 각자의 책임과 권한을 분명히 하면, 업무의 중복이나 경계 모호로 인한 충돌을 예방할 수 있다. 또한 신속한 피드백 체계는 오해가 발생했을 때 빠르게 해소할 수 있는 길을 제공함으로써, 갈등이 확대되는 것을 막는다.

나. 공동 교육 및 상호 소통의 기회 확대

정기적인 리더 교육과 부서 간 소통 워크숍은 상호 존중의 문화를 형성하는 데 기여한다. 사역 간 이해도를 높이고 공동 목표에 대한 공감대를 확산시킴으로써, 조직 내 연합 정신을 강화할 수 있다.

⑵ 제3자의 개입

가. 당회, 조정위원회 등을 통한 중재

교회 내에서 갈등이 장기화되거나 당사자 간 자율적 해결이 어려운 경우, 당회나 조정위원회와 같은 공적 기구가 개입하여 중재하는 방식이 필요하다. 이러한 제3자 중재는 정관에 근거한 조직적 절차에 따라 공정하게 이루어져야 하며, 갈등의 양측 모두가 신뢰할 수 있는 인물이 중재자로 참여하는 것이 중요하다.

나. 갈등 당사자 간의 직접 대화 및 협상 유도

중재자가 있는 경우에도 갈등 당사자들이 직접 대화를 통해 자신의 입장을 표현하고 상대의 입장을 경청하는 과정이 병행되어야 한다. 성숙한 갈등 해결은 일방적 판단보다 상호 조율과 공감 속에서 이루어질 때 실질적 변화로 이어질 수 있다.

⑶ 갈등 조장 전략

가. 장기 정체된 조직에 외부 리더 유입

조직이 정체되었거나 내부 자극이 부족할 경우, 새로운 시각과 동기를 제공할 수 있는 외부 인사의 유입은 긍정적 갈등을 유도하는 효과적인 수단이 될 수 있다. 이는 고착화된 구조를 재구성하고 조직에 역동성을 불어넣는 계기가 될 수 있다.

나. 건전한 경쟁 유도(예: 사역평가제, 보상체계)

지속적인 동기 부여와 사역 활성화를 위해 일정한 기준에 따른 평가 및 보상 체계를 운영하면, 구성원 간 선의의 경쟁이 촉진된다. 이는 갈등이 아닌 도전과 협력의 형태로 조직 역량을 강화하는 데 기여한다.

다. 정보 흐름의 일부 변경을 통한 인식 전환

조직 내 소통 구조를 일부 재조정하거나 정보 제공 방식을 바꿈으로써, 기존의 고정된 인식과 역할 분담에 변화의 가능성을 부여할 수 있다. 이는 조직 구성원들의 참여도를 높이고, 새로운 접근과 해결 방식에 대한 기대를 형성하는 전략으로 활용될 수 있다.

이처럼 교회행정조직에서의 갈등관리는 단순한 갈등 해소를 넘어, 공동체를 건강하게 유지하고 하나님의 뜻을 온전히 이루어가는 조직의 기능이자 영적 책임이라 할 수 있다. 따라서 전략적 갈등관리의 기초 위에 사랑과 공의를 실천하는 리더십이 함께 작동될 때, 교회는 더욱 온전한 하나님의 나라 공동체로 성장해 갈 수 있을 것이다.

5. 영적 통찰과 성령의 행정을 통한 갈등의 전환

교회행정조직에서의 갈등은 단순히 조직의 운영 효율을 해치는 장애 요소가 아니라, 하나님의 뜻을 더욱 분명히 하게 하는 기회이기도 하다. 우리가 인간적인 기준과 이기적 동기로 사역을 판단하고 적용할 때는 갈등이 증폭되지만, 성령의 이끄심과 말씀에 근거한 판단으로 접근할 때, 갈등은 오히려 하나됨과 갱신의 도구가 될 수 있다.

하나님 앞에 겸비하게 무릎 꿇고 솔로몬처럼 "듣는 마음"을 구하는 교회 리더들, 행정의 책임자들이 날마다 기도하며 하나님의 지혜를 구할 때, 그 자리에는 세상의 방법을 초월한 하늘의 통치가 임하게 될 것이다.[115] 이러한 신령한 행정이야말로 교회조직 내 갈등을 해소하고, 공동체를 생명력 있는 유기체로 세우는 진정한 해답이 된다.

115) 양병희, 「공공조직의 갈등 진단과 처방」, 240.

제5장 교회조직에서 직분의 의미와 성격

제1절 직분의 의미: 하나님이 세우신 제도적 사명

1. 교회 직분의 개념 정의

교회의 직분은 단순한 조직운영상의 역할이나 봉사의 직책이 아니라, 삼위일체 하나님의 주권적 작정에 따라 교회에 부여된 제도적 사명이다. 이는 특정 개인의 자질이나 욕망에 의해서 정해지는 것이 아니라, 하나님의 소명(calling)과 교회의 공적 승인에 의해 부여되는 공적이고 지속적인 직무(public and perpetual office)로 규정된다. 다시 말해, 직분은 하나님의 교회 안에서 공동체를 돌보고, 가르치며, 질서를 유지하기 위해 공식적으로 부여된 제도화된 사역 구조이며, 교회 조직 내에서 영적 통치와 사역의 수단이 된다.

직분을 맡은 자(직분자, office-bearer)는 교회 공동체의 영적 성장과 건강, 그리고 공동체 질서 유지와 사역 수행에 있어 대리적 사명자(vicarious agent)로 기능한다. 이러한 사명은 직분자 개인의 사역이 아니라, 그리스도의 통치적 사역의 지체로서 수행되는 대리적 · 공공적 사역임을 유념해야 한다.

2. 삼위일체 하나님의 경륜 안에서의 직분의 위치

교회의 직분은 삼위일체 하나님의 구속경륜(salvific economy) 속에서 정당화되고 이해되어야 한다. 즉, 직분은 교회의 우연적 필요나 시대적 요구에 따른 결과물이 아니라, 본질적으로 하나님 자신의 역사 안에서 교회를 보존하고 성장시키기 위한 필연적 구조적 질서이다. 성경은 교회를 삼위 하나님의 공동 사역의 열매로 제시하며, 이에 따라 교회의 직분도 삼위 하나님의 각 위격의 사역에 깊이 연결되어 있다.

성부 하나님은 교회를 창세 전부터 택하시고 부르신 분이시다(엡 1:4 - 5). 이 택하심은 교회의 존재론적 기초를 형성하며, 직분자들은 바로 그 택하심 안에서 세움 받은 자들이다(행 20:28).

성자 예수 그리스도는 교회의 머리(head of the Church)이시며, 그 몸 된 교회를 자신의 피로 사신 분이다(엡 1:22 - 23). 그리스도는 자신의 통치를 직분자들을 통해 간접적으로 구현하신다. 직분자는 곧 그리스도의 대리적 통치자로서, 그의 말씀과 성례, 권징의 수단을 통해 교회를 다스리고 돌보는 사명을 위임받는다(마 28:19 - 20).

성령 하나님은 교회 안에 거하시며, 성도들을 거룩하게 하시고 교회를 하나로 엮으시는 분이시다(고전 3:16, 엡 2:22). 성령은 직분자들을 통해 교회를 성화시키고 공동체를 세우는 사역을 이루신다. 따라서 직분은 성령의 은사를 따라 세워진 사역의 도구이며, 그리스도의 몸을 세우는 성화의 수단이 된다(엡 4:11 - 12).

이러한 삼위일체적 연관 속에서 직분은 단순히 조직 내 기능을 수행하는 행정적 직위가 아니라, 하나님의 구속 역사에 동참하는 신령한 질서(spiritual order)로 자리매김하게 된다.

3. 직분의 신학적 본질과 목적

직분은 성경이 말하는 공교회(ecclesia visibilis)의 거룩한 질서와 직제(holy order)에 포함되며, 이는 그리스도께서 자기 교회를 통하여 역사하시고 세상을 향한 복음 선포를 지속하시는 수단이다. 따라서 직분은 단순한 직무나 봉사가 아니라, 하나님 나라의 복음 통치가 교회 안에서 제도화되고 실현되는 구조적 도구이다.

이러한 직분의 목적은 다음과 같이 정리될 수 있다.

가. 교회의 영적 지도와 보호: 직분자들은 하나님의 말씀을 바르게 가르치고, 교회를 기도와 권면으로 보호하며, 성도의 영적 성장을 돌보는 영적 감독자로 세워진다(히 13:17).

나. 공적 질서 유지: 직분은 교회 안의 질서를 공적으로 유지하기 위한 제도적 구조이다. 교회가 하나님의 뜻에 따라 질서 있게 사역하기 위해서는 합법적이고 신학적으로 정당화된 직분 질서가 반드시 필요하다(고전 14:40).

다. 복음 사역의 도구: 직분은 복음을 전파하고 말씀과 성례, 권징의 사역을 집행하기 위한 공적인 수단이다. 목사, 장로, 집사, 권사의 직분은 단순한 봉사 직책이 아니라, 복음의 통치 수단으로 주어진 제도적 은혜의 방편이다.

4. 직분의 교회론적 위상과 필요성

직분은 교회 존재 자체의 구성요소는 아니지만, 교회의 본질적 사명(fundamental mission)을 수행하기 위한 필수적 조건이다. 즉, 직분이 교회의 존재를 결정하지는 않지만, 교회의 건강성과 질서, 사명 수행의 효율성을 위해 반드시 요구되는 필연적 제도라는 점에서 교회 조직의 본질적 구성요소에 근접한 실질적 필수조건이다.

헤르만 바빙크(Herman Bavinck)는 직분에 관하여 다음과 같이 정리한다.

"하나님은 결코 직분 없는 교회를 두신 적이 없다. 직분자는 교회 안에서 하나님의 통치와 다스림이 구체적으로 드러나는 실체이며, 이를 통해 교회의 질서와 성장이 유지된다."

결국 교회의 직분은 성령께서 그리스도의 통치를 실현하는 방식이며, 하나님의 주권과 교회 공동체의 순종이 만나는 영적이고 제도적인 통로이다. 따라서 직분의 부여는 인간의 자율적 결정이 아니라, 하나님의 뜻에 따라 교회의 정당한 절차를 통해 하늘의 부르심을 땅에서 구체화하는 행위로 이해되어야 한다.

제2절 직분의 성격: 보편 직분과 제도 직분의 구별

1. 모든 신자에게 주어진 보편적 직분

기독교 신앙의 핵심은 예수 그리스도의 구속사역을 통해 모든 성도가 왕같은 제사장(벧전 2:9)으로 부름받았다는 사실에 있다. 종교개혁은 이와 같은 만인제사장직(the priesthood of all believers)의 회복을 통해 중세적 성직자 중심주의를 극복하였다. 이 개념은 곧 모든 신자가 하나님의 백성으로서 제사장적 · 선지자적 · 왕적 사명을 동시에 수행해야 함을 의미한다.

① 제사장적 직분(priestly office): 모든 성도는 자신과 이웃을 위해 하나님 앞에 중보 기도하며, 자신의 삶을 거룩한 산 제물로 드리는 예배자로 부름받았다(롬 12:1). 이는 하나님과의 직접적 교제를 의미하는 영적 특권이자 책임이다.

② 선지자적 직분(prophetic office): 모든 신자는 성령의 인도하심 아래에서 말씀을 배우고 묵상하며, 복음을 선포하고 진리를 증언해야 한다. 이는 가정, 일터, 사회 등 모든 삶의 현장에서 말씀을 기준 삼아 하나님의 뜻을 드러내는 사명이다(마 28:20).

③ 왕적 직분(kingly office): 성도는 세상 속에서 죄와 악에 저항하고, 말씀의 질서에 따라 자신과 공동체를 다스리며, 하나님의 공의와 사랑이 실현되도록 살아야 한다(계 5:10). 이는 통치권의 행사라기보다는 자기관리와 섬김의 통치를 의미한다.

이러한 보편 직분은 교회 구성원 모두에게 공통적으로 주어진 항존적 사명으로, 신자 개인의 삶과 소명 전체에 지속적으로 작용한다. 이 직분은 특별한 임명을 통해서가 아니라 구원과 동시에 성령 안에서 부여되는 정체성이다.

2. 특정인에게 부여된 제도적 직분

반면, 제도적 직분(institutional office)은 하나님께서 교회의 질서와 공동체의 건전한 운영을 위해 특별히 세우신 공적 직무로서, 모든 신자에게 부여되는 것이 아니라 일정한 자격과 소명 절차를 거친 사람에게 위임된다. 이는 교회의 항존 직분(perpetual offices)으로서, 일반적으로 목사(교훈장로), 장로(치리장로), 집사, 권사와 같이 제도화된 형태로 존재한다.

이 직분들은 단지 보편 직분의 확장이나 심화가 아니라, 교회의 통치와 사역 수행을 위한 공적 질서의 수립이라는 점에서 구별된다. 제도적 직분은 반드시 다음 세 요소를 포함한다.

① 소명(call): 직분자는 하나님의 내적 부르심과 교회의 외적 인정이라는 이중 구조 속에서 부름을 받아야 한다. 내적 소명(internal calling)은 성령의 역사로 나타나는 자발적 헌신이며, 외적 소명(external calling)은 교회의 인준, 안수, 선출 등의 공적 절차를 말한다.

② 공동체적 승인: 직분자는 단순히 개인의 열정이나 능력으로 세워지는 것이 아니라, 교회의 대표성과 통치권을 위임받는 자리이기 때문에 반드시 공동체의 인정과 임명을 받아야 한다. 이는 교회가 성령의 음성을 공동적으로 분별하는 과정이기도 하다(행 13:2-3).

③ 공적 직무 수행: 제도적 직분은 말씀 사역, 성례 집행, 권징, 구제 등 교회의 질서 유지와 영적 돌봄에 직결된 공공적 사역(public ministry)이다. 이에 따라 직분자는 사적인 열심이 아닌, 공교회적 책임 의식과 헌

신을 바탕으로 역할을 감당해야 한다.

3. 제도 직분과 보편 직분의 관계

보편 직분과 제도 직분은 서로 대립되거나 배타적인 것이 아니다. 오히려 제도 직분은 보편 직분을 구체적이고 대표적으로 실현하는 구조로 이해되어야 한다. 제사장, 선지자, 왕이라는 세 가지 보편 직분의 요소는 제도 직분자들이 감당하는 사역 안에 통합적으로 반영된다.

목사는 선지자적 사명(말씀 선포)과 제사장적 사명(기도와 예배 인도), 왕적 사명(교회 지도)을 통합적으로 수행한다. 장로는 왕적 사명(공동체 다스림)과 선지자적 사명(가르침)을 중심으로 교회의 질서와 양육을 맡는다. 집사는 제사장적 사명(구제, 돌봄)과 왕적 사명(섬김의 질서화)을 통해 실질적 봉사를 감당한다. 권사는 영적으로 연약한 자를 돌보며, 제사장적 중보 사역과 공동체적 돌봄의 책임을 수행한다.

따라서 제도 직분은 보편 직분의 연장이면서, 동시에 공교회 내에서 하나님의 질서를 실현하고 공동체를 대표하는 책임 있는 사명 구조로 기능한다. 이로써 보편 직분이 교회 전체의 사명이라면, 제도 직분은 공동체를 대표하여 수행하는 구체적이고 제도화된 공적 사역이다.

4. 교회조직 내에서의 직분 구조의 기능적 의의

제도적 직분의 존재는 교회조직의 생명성과 지속 가능성을 위한 제도적 · 조직적 기반을 형성한다. 이는 교회를 단순한 모임이나 자발적 공동체가 아니라, 공적 권위와 질서를 갖춘 하나님 나라의 표현체로서 기능하도록 만든다. 직분은 교회를 조직화하고, 그 안에서 사역의 효율성과 책임성을 보장하며, 무엇보다 하나님의 통치가 인격적 질서로 드러나는 경로가 된다.

이러한 직분 질서에 따라 교회행정, 권징, 말씀 사역, 재정 운영, 교육 등이 각각 위임된 직분자들에 의해 수행되며, 이는 곧 교회의 조직성과 영성의 통합적 실현이라고 할 수 있다.

제3절 직분과 소명: 하나님의 부르심과 공교회적 확증

1. 소명의 신학적 의미

"소명(召命, calling)"은 본질적으로 하나님의 주권적인 부르심(divine vocation)을 의미한다. 성경에서 소명은 일반적으로 구원(salvation)과 관련하여 사용되며, 동시에 사명(mission) 또는 직무(ministry)와 연결된다. 다시 말해, 소명은 단순히 하나님께로의 부르심에 그치지 않고, 부르심 받은 자가 이 땅에서 어떻게 살아야 하는지를 결정짓는 하나님 중심의 삶의 목적을 내포한다.

신학적으로 소명은 일반소명과 특별소명으로 구분된다. 일반소명은 모든 인류에게 주어지는 복음의 초청이며, 특별소명은 구원받은 자에게 주어지는 특정한 사명으로서의 삶의 요청이다. 이 특별소명은 다시 개인적 삶의 부르심(직업적 소명)과 교회 안에서의 직분 소명(ministerial calling)으로 나누어 생각할 수 있다.

이러한 소명에 대해 마르틴 루터(Martin Luther)는 인간 삶의 다양한 영역(가정, 노동, 교회 등)을 소명의 자리로 이해했고, 장 칼뱅(John Calvin)은 특히 교회의 직분자는 반드시 소명을 통해 선출되어야 한다고 강조했다. 이는 직분이 단지 기능적 역할이 아니라, 하나님에 의해 지정된 신적 위임이라는 인식에 근거한다.

2. 소명과 구원, 그리고 사명의 통합적 구조

소명은 종종 구원과 동일시되거나 분리되어 논의되기도 하지만, 신학적으로는 "구원받은 자가 하나님께 헌신하며 사명을 감당하는 삶의 목적과 방향"이라는 점에서, 구원과 사명의 통합적 개념으로 이해되어야 한다. 이를 정리하면 다음과 같은 공식으로 나타낼 수 있다:

소명 = 구원 + 사명

즉, 하나님의 소명은 단지 죄사함이나 천국의 약속에 머무르지 않고, 현세적 사명의 부여와 실천을 포함한다. 직분은 바로 이러한 소명의 구체화된 형태이며, 하나님께서 특정한 사람을 택하여 교회의 공적 직무를 위임하시는 사역의 구조 안에서 성립한다.

3. 소명의 유형: 내적 소명과 외적 소명

직분과 관련된 소명은 내적 소명(internal calling)과 외적 소명(external calling)이라는 이중 구조를 지닌다. 이 두 가지는 구분되되 반드시 함께 작용해야 하며, 어느 하나만으로도 직분의 정당성을 확보할 수 없다.

① 내적 소명은 성령의 역사로 말미암아, 개인의 심령 안에 하나님께서 주시는 내면의 확신과 헌신의 열망이다. 이는 신비적인 체험이나 감정의 고조가 아니라, 하나님의 말씀에 대한 경건한 반응과 자기 헌신의 결단을 포함한다. 내적 소명은 하나님 앞에서의 진지한 자기 부르심의 인식으로서, 공적 사역의 출발점이 된다.

② 외적 소명은 교회 공동체가 특정한 사람에게 공적으로 직분을 인정하고 위임하는 행위이다. 이는 교회의 대표성 있는 치리기관(당회, 노회 등)에 의해 이루어지며, 사역자의 인격과 신앙, 은사, 자질 등을 검증한 후 공식적으로 안수와 선포를 통해 직분을 부여한다. 외적 소명은 곧 하늘의 부르심을 땅 위에서 확인하는 교회의 행위이다.

이 둘은 분리되어 작용해서는 안 되며, 내적 소명이 외적 소명으로 확증되지 않으면 사적인 열심에 그칠 수 있고, 외적 소명이 내적 소명 없이 주어진다면 형식적 직분자로 전락할 수 있다. 따라서 직분은 하나님의 내적 부르심과 교회의 외적 확증이 함께 작용할 때에만 정당한 직임으로 성립된다.

4. 성경적 근거와 교회 전통

성경은 소명과 직분의 관계를 명확하게 제시한다. 사도 바울은 자신의 사도직에 대해 내적 부르심과 외적 확증을 동시에 언급한다. "하나님의 뜻으로 말미암아 그리스도 예수의 사도 된 바울"(고전 1:1)은 사역의 권위가 자기 스스로부터가 아니라 하나님의 뜻과 교회의 공동체적 인준에서 비롯됨을 나타낸다.

또한 사도행전 13:2-3에 따르면, 성령께서 바울과 바나바를 따로 세우시고, 교회는 금식하며 기도한 후에 그들에게 안수함으로 외적으로 소명을 확증한다. 이는 오늘날 교회가 직분자를 세울 때에도 반드시 기도, 검증, 안수의 과정을 통해 하나님의 부르심에 공동체가 순종해야 함을 의미한다.

종교개혁자 칼뱅도 "어떤 직분도 합당한 소명이 없이는 정당화될 수 없다"고 단언하며, 모든 공적 직분은 성령의 내면적 역사와 교회의 공적 인준이 동반되어야 함을 강조했다.

5. 교회조직 안에서의 소명의 실천적 함의

교회조직 내에서 직분과 소명의 관계는 매우 실천적인 함의를 지닌다. 소명은 직분자를 임명하는 과정의 기준이 될 뿐 아니라, 직분자가 사역을 수행하는 동기와 방향성의 근거가 된다.

소명은 사역의 근원적 동기이다. 직분자는 자신의 직무를 단순한 책임이나 명예로 여기지 않고, 하나님의 부르심에 대한 응답으로 인식해야 한다.

소명은 직무 지속의 힘이다. 사역의 어려움과 외적 피로 속에서도, 소명에 대한 확신은 직분자의 정체성과 지속성을 지탱해 준다.

소명은 공동체 참여의 근거이다. 교회 공동체는 단지 직분자를 선택하는 행위를 넘어서, 그를 위한 중보기도와 협력을 통해 하나님의 부르심에 함께 동참해야 한다.

이처럼 소명은 직분자의 정당성을 결정하는 동시에, 교회 전체가 그 사역에 참여하도록 이끄는 영적 동력의 중심 개념이다.

제4절 직분과 은사의 관계: 성령의 은혜와 직분의 제도화

1. 은사의 신학적 개념과 교회 내 기능

성경은 하나님께서 성도 각 사람에게 성령을 통해 다양한 은사(spiritual gifts, χαρίσματα)를 부여하신다고 가르친다(고전 12:4-11, 롬 12:6-8, 엡 4:7-12). 이 은사는 단순히 개인의 재능을 말하는 것이 아니라, '카리스'(charis, 은혜)에서 파생된 개념으로, 하나님의 은혜에 기초한 성령의 주권적 선물이다. 이는 각 성도에게 주어져 공동체의 유익을 위해 사용되도록 의도된 초자연적이고 목적 지향적인 능력이다.

은사는 하나님이 특정한 필요와 시기에 따라 신자에게 분배하시는 선물로서, 교회 공동체를 세우고 섬기며, 하나님 나라를 확장하는 데 사용된다. 그러므로 은사는 신자의 내면을 위한 개인적 축복이 아니라, 공동체 전체를 위한 공적 사역의 도구이다. 은사는 개인의 자기실현이 아니라 공동체적 섬김의 통로이며, 자기 표현의 수단이 아니라 하나님의 사역에 참여하는 방식이다.

또한 성경은 모든 신자가 은사를 받아 교회를 섬겨야 한다고 가르친다(벧전 4:10). 이는 은사의 청지기성을 강조하는 것으로, 받은 은사는 결국 하나님께 돌려드릴 책임이 있다는 의미이다. 성령께서 주신 은사를 잘 활용하는 것이 곧 신자의 소명에 충실한 삶의 표현이다.

2. 은사와 직분의 차이점과 상호 관련성

은사와 직분은 서로 밀접히 연결되어 있지만, 본질상 구별되는 개념이다. 이 둘의 차이와 관계는 교회 내 질서와 사역의 통합을 이해하는 데 매우 중요하다.

먼저, 은사는 성령의 역사에 따라 개인에게 주어지는 기능적 능력이다. 이는 자발적이고 비공식적인 유기체적 형태로 나타나며, 개인의 삶과 공동체 속에서 자발적으로 드러나는 사역의 역량이다. 은사는 시간과 상황에 따라 다양하게 나타나고, 제도적 구조 외에도 자연스럽게 공동체에 기여할 수 있다.

반면, 직분은 교회가 일정한 자격 요건과 절차에 따라 공식적으로 부여하는 공적 사명이다. 이는 교회의 조직적 질서를 유지하고 사역의 책임성과 권위를 확립하기 위한 제도적 장치이다. 직분은 교회의 판단, 공동체의 인준, 공예배에서의 임직 등을 포함하여 공인된 과정을 통해 성립되는 책임적 구조이다.

존 머레이(John Murray)는 이와 관련하여 다음과 같이 정리한다.

"직분을 수행하기 위해서는 그에 상응하는 은사가 반드시 필요하다. 그러나 은사가 있다고 해서 자동적으로 직분을 받을 자격이 주어지는 것은 아니다."

이처럼 은사는 직분의 필요조건은 될 수 있으나, 충분조건은 아니다.

아무리 뛰어난 은사를 지닌 자라도, 공동체의 승인과 합당한 절차 없이는 직분을 받을 수 없다. 이는 교회의 공공성과 질서를 보호하기 위한 성경적 원칙이다.

3. 은사의 다양성과 직분의 제한성

신약성경은 다양한 은사의 목록을 제시하지만, 그것이 완결적이거나 고정된 목록은 아니다(고전 12:8-10, 28-30, 롬 12:6-8, 엡 4:11). 이는 성령께서 각 사람과 시대에 따라 다양한 방식으로 은혜를 베푸신다는 사실을 전제한다. 지혜, 지식, 믿음, 병 고침, 방언, 가르침, 위로, 구제, 리더십 등은 모두 은사의 일부이며, 은사는 그 본질상 유동적이고 살아 있는 성령의 역사이다.

이에 비해, 직분은 교회의 질서를 유지하기 위해 제도화된 것으로, 그 수와 구조가 상대적으로 제한적이고 명확하다. 성경은 일반적으로 목사(교훈장로), 장로(치리장로), 집사라는 항존직을 제시하며(딤전 3장, 딛 1장), 이는 교회의 권위와 책임을 수반하는 제도적 직책으로 기능한다. 직분자는 공적 절차와 공동체의 인정 아래에서만 정당한 사역을 수행할 수 있다.

즉, 은사는 기능적 다양성, 직분은 제도적 안정성을 대표한다. 이 둘은 단순히 대조되는 개념이 아니라, 교회가 역동성과 질서를 동시에 추구해야 함을 보여주는 두 축이다. 직분은 은사를 무시하지 않아야 하며, 은사 또한 직분의 권위를 경시해서는 안 된다.

4. 은사와 직분의 상호 보완성

은사와 직분은 경쟁하거나 대립하는 개념이 아니라 상호 보완적인 관계를 형성한다. 교회는 이 두 요소를 균형 있게 활용할 때, 영적인 생명력과 조직적 질서를 동시에 구현할 수 있다.

직분자는 자신에게 주어진 은사를 통해 직무를 감당해야 하며, 은사가 없는 직분은 무기력하고 형식적이 되기 쉽다. 반면, 은사를 가진 자가 직분 없이 자율적으로 사역할 경우, 사역의 권위와 공공성이 제한될 수 있다. 따라서 직분자는 은사의 기반 위에서 사역을 실행해야 하며, 은사자는 직분의 질서 속에서 섬김을 실현해야 한다.

예컨대, 목사는 설교와 돌봄의 은사를 통해 말씀을 선포하고 영혼을 인도하며, 집사는 구제와 섬김의 은사를 통해 공동체를 돌보는 사역을 담당한다. 이런 은사들은 직분을 통해 공적 책임으로 제도화될 때, 교회의 건강한 구조를 형성한다.

또한, 교회는 성도들의 은사를 통해 직분자를 발견하고 세우는 과정을 통해 하나님의 뜻을 분별하며, 직분자는 성도들의 은사를 계발하고 공동체 속에서 그 은사를 실현하도록 격려하는 책임을 가진다. 이처럼 은사는 직분을 위한 토양이 되고, 직분은 은사를 위한 통로가 되어, 교회의 유기성과 질서를 함께 이룬다.

5. 교회조직 내 적용적 시사점

교회조직과 행정 차원에서 은사와 직분의 관계는 다음과 같은 실천적 시사점을 제공한다.

직분의 제도화는 교회의 사역을 질서 있게 운영하게 하며, 책임과 공적 권위를 보장하는 기반이 된다. 직분 없는 자발적 사역은 교회 내에서 일정한 한계에 부딪힐 수밖에 없다.

은사의 인식과 존중은 교회의 다양성과 역동성을 가능하게 한다. 교회는 성도 한 사람 한 사람의 은사를 분별하고, 이를 통해 하나님이 주시는 사역의 방향을 모색해야 한다.

직분자 선출 시, 은사는 반드시 고려되어야 할 핵심 요소이다. 단지 연령이나 경력만으로 직분을 임명하는 것은 교회의 본질을 훼손할 수 있다.

직분자는 자신의 은사를 계발하고 훈련할 의무가 있다. 이는 성령께 받은 은사를 소홀히 하지 않고, 지속적인 성장을 추구하는 책임 있는 자세이다.

교회는 은사를 가진 성도를 적극 발굴하고, 직분과 연결할 수 있는 구조를 마련해야 한다. 이를 통해 성도는 사역의 통로를 갖고, 교회는 사명을 더욱 풍성히 감당할 수 있다.

결론적으로, 직분과 은사의 관계는 교회의 기능적 통합과 영적 생명력의 조화를 이루는 축이다. 직분이 없는 은사는 방황하고, 은사가 없는 직분은 무기력하다. 그러므로 교회는 이 두 요소의 균형을 통해 하나님의 뜻을 공동체 안에서 온전히 실현해 나가야 한다.

제5절 직분의 한정성과 사도직 문제:
– 성경적 직분의 제도화와 역사적 종결–

1. 직분과 은사 목록의 구조적 차이

신약성경은 교회의 사역과 질서를 설명함에 있어 직분과 은사라는 두 축을 제시한다. 이 두 개념은 밀접하게 연결되어 있으나, 그 본질과 구조, 기능에 있어 명확한 차이를 갖는다. 은사 목록은 주로 고린도전서 12장, 로마서 12장, 에베소서 4장 등에서 제시되며, 이는 성령의 주권적 역사 안에서 신자 각 사람에게 다양하게 주어지는 능력과 사역의 형태를 묘사한다. 이러한 은사는 개방적이고 유동적이며, 성령께서 필요에 따라, 공동체의 유익을 따라 자유롭게 나누어 주시는 하나님의 은혜의 표현이다(고전 12:11). 그 형태는 가르침, 예언, 섬김, 권면, 구제, 치유, 방언 등으로 다양하며, 각 사람에게 주어진 은사는 사적인 재능이 아니라 교회 공동체를 세우기 위한 공적 도구이다.

반면, 직분은 디모데전서 3장, 디도서 1장 등에서 명시적으로 제시되며, 그 구성은 보다 제도적이고 규범적인 성격을 지닌다. 직분은 단순히 은사의 표현이 아니라, 교회 조직 내에서 특정한 사역과 책임을 공적으로 감당하는 구조로 이해되며, 자격 요건, 공동체의 인준, 당회 또는 회중의 선출 등의 공적인 절차를 요구한다.

따라서 은사는 다양성과 유동성의 차원을 갖고, 그 시기와 필요에 따라 조정되며, 사적인 영역에 가까운 반면, 직분은 제도성과 공적 구조 속에서 교회의 질서와 통치를 위한 고정된 사역 구조로 기능한다. 이는 교회의 본질이 단순한 영적 공동체가 아니라, 하나님 나라의 질서 있는 구현체임을 전제하며, 직분의 제도화는 곧 교회의 안정성과 공동체 책임 구조를 보장하기 위한 하나님의 섭리적 질서임을 보여준다. 그러므로 은사가 아무리 다양할지라도 직분은 성경이 규정한 바에 따라 제도적으로 한정되며, 이는 교회의 신학적 정체성과 질서를 유지하는 데 결정적 기준이 된다.

2. 신약의 항존직: 목사, 장로, 집사

신약성경은 교회의 항구적이고 지속적인 직제로서 목사, 장로, 집사를 명확하게 구분하고 이를 제도화한다. 이들 직분은 단순한 교회의 필요에 따라 생긴 임의적 기능이 아니라, 그리스도의 몸을 세우기 위한 하나님의 명시적인 규범으로 제시된 항존직(perpetual offices)이다.

장로(πρεσβύτερος, presbyteros)는 '나이 많은 자'라는 의미에서 출발하지만, 신약에서는 공동체를 가르치고 다스리는 영적 지도자의 의미로 사용된다. 특히 디모데전서 5:17은 "잘 다스리는 장로들 중에서도 말씀과 가르침에 수고하는 이들을 배나 존경할 자로 여기라"고 하며, 가르치는 장로(teaching elder)와 다스리는 장로(ruling elder)의 이중 구조를 암시한다. 이는 오늘날 장로와 목사의 기능이 구분될 수 있으나, 성경적으로는 동일한 장로직 내에 다양한 기능이 존재함을 보여준다.

집사(διάκονος, diakonos)는 '섬기는 자'라는 뜻을 가지며, 사도행전 6장에서 초대 교회가 실천적 봉사와 구제의 필요를 따라 선택한 직분으로 등장한다. 디모데전서 3장은 집사의 자격을 엄격히 제시하며, 이 직분이 단지 봉사에 그치는 것이 아니라, 거룩함과 경건의 기반 위에서 공동체를 돌보는 중요한 사역임을 강조한다.

목사(pastor)는 사실상 가르치는 장로와 동일시되며, 에베소서 4:11에서 "사도로, 선지자로, 복음 전하는 자로, 목사와 교사로" 부르심을 받은 이들을 언급할 때, '목사와 교사'는 동격 관계로 나란히 표현되어 있다. 목사의 직무는 말씀의 선포, 성례의 집행, 교회 공동체의 영적 돌봄에 집중되며, 이는 단순히 설교자나 상담자의 역할을 넘어 교회 전체를 영적으로 인도하는 치리자의 사역이다.

이처럼 항존직은 교회의 조직적 안정성과 영적 질서를 지탱하는 기둥으로서, 시대와 문화, 상황을 초월하여 지속되어야 할 사역의 제도적 구조를 구성한다.

3. 사도직의 성격과 역사적 종결성

사도직(ἀπόστολος, apostolos)은 신약시대 초기에만 한시적으로 존재했던 특별한 직분으로, 일반적인 항존직과 구별되는 역사적 특수성이 있다. 사도직은 다음과 같은 특징을 통해 그 성격이 규정된다.

첫째, 사도는 반드시 부활하신 예수 그리스도로부터 직접 부름을 받은 사람이어야 한다. 사도행전 1:21 - 22은 유다를 대신할 사도를 세우는 기준을 언급하면서, 예수님의 공생애 기간 전체를 함께했고, 부활을 목격한 자임을 조건으로 제시한다. 이는 사도직이 단지 열정이나 신학적 자질이 아니라, 인격적 만남과 사명 수여의 결과임을 보여준다.

둘째, 에베소서 2:20은 교회가 "사도들과 선지자들의 터 위에 세워졌다"고 말한다. 사도직은 교회의 시작과 함께 창립적 역할을 담당한 직분이며, 오늘날 건물의 기초가 반복적으로 세워지지 않듯, 이 직분도 역사적으로 단회적이었다.

셋째, 사도들은 하나님의 특별계시의 전달자이자 정경 형성에 기여한 권위자들이었다. 베드로후서 3:15 - 16은 바울의 서신을 성경과 동일한 수준의 권위로 간주하며, 이는 사도직이 일반적인 복음 전도 이상의 정경적 권위를 지닌 존재였음을 보여준다.

넷째, 바울은 고린도전서 15:8에서 자신을 "만삭되지 못하여 난 자"이자 "맨 나중에 나타난 사도"로 표현하며, 사도직이 시간적으로 제한되어 있고 자신이 그 종결선상에 있음을 암시한다.

다섯째, 신약성경 어디에서도 사도직을 후속으로 이어가는 제도나 규범이 존재하지 않는다. 이는 사도직이 계승되지 않는 한시적 직분이며, 그 기능이 종료되었음을 나타낸다.

결과적으로, 사도직은 신약성경의 정립과 교회의 기초 형성을 위한 구속사적 임무를 다한 후 역사 속에서 사라진 직분으로 이해되어야 하며, 이는 오늘날 교회가 이를 반복하거나 재현해서는 안 되는 이유이기도 하다.

4. 현대의 오용과 교훈

오늘날 일부 교단이나 선교 단체, 혹은 카리스마적 운동 내에서는 특정 지도자에게 '사도'라는 명칭을 부여하거나, 이를 통해 초월적 권위를 정당화하려는 시도가 종종 발생한다. 그러나 이는 사도직의 유일성과 역사성을 무시한 채, 교회의 제도와 정통성 위에 인위적 권위를 덧씌우려는 위험한 시도이다.

개혁신학은 이러한 현상을 매우 경계하며, 사도직은 사람을 통해 계승되지 않고, 오직 사도들이 남긴 말씀 곧 성경 속에서만 유지된다고 고백한다. 네덜란드 개혁주의 신학자 헤르만 바빙크(Herman Bavinck)는 "사도직은 더 이상 사람을 통해 지속되지 않으며, 오직 그들이 남긴 사도적 계시와 교훈 속에서만 남는다"고 하였다. 이는 성경이 곧 사도직의 유산이며, 모든 교회 권위와 직분의 기준은 오직 성경 안에서만 정당화될 수 있음을 의미한다.

따라서 교회는 오늘날 오직 성경이 명시한 직분만을 제도적으로 수용해야 하며, 그 외의 자의적 직제 설정은 교회 질서와 교리적 순수성을 해칠 수 있다는 점에서 엄중한 신학적 경계를 세워야 한다.

5. 교회조직적 적용: 항존 직분의 유지와 사도직의 거부

이상의 논의는 교회조직 차원에서 다음과 같은 실질적 적용점을 도출한다.

첫째, 직분은 반드시 성경적 기초에 따라 제한되고 정의되어야 하며, 교회는 성경이 정한 기준을 벗어난 직제를 스스로 만들거나 확장해서는 안 된다.

둘째, 목사, 장로, 집사와 같은 항존 직분은 교회의 본질적 구조이자 조직적 골격으로 이해되어야 하며, 이들 직분을 통해 그리스도의 통치가 실제화된다.

셋째, 사도직을 비롯하여 신약 성경이 역사적으로 종결된 것으로 명시하거나 암시한 직분은 오늘날 어떠한 명분으로도 재설정되어서는 안 되며, 사도라는 명칭은 오직 성경의 정경적 권위 안에서만 기념적으로 유지되어야 한다.

넷째, 직분자 선출은 반드시 사도적 계시인 성경을 기준으로 하여 이루어져야 하며, 이 과정은 교회의 공동체성과 공공성을 담보하는 절차적 정당성을 갖추어야 한다.

결론적으로, 교회의 직분은 단순한 행정적 기능이 아니라, 그리스도의 몸을 구성하고 다스리며 섬기는 구조적 원리이다. 사도직의 종결성과 항존직의 지속성은 교회가 하나님의 통치 아래에서 질서 있게 세워져 가기 위한 핵심적 제도적 기준이며, 이를 수호하는 것이 곧 교회의 정체성과 권위를 지키는 길이다.

제6절 직분의 중요성:
−교회의 정체성과 공동체적 참여의 핵심−

직분은 교회의 조직과 사역에 있어서 단지 기능적 필요를 충족시키기 위한 인적 자원의 조직이 아니라, 하나님 나라의 질서와 통치가 구체화되는 공적 도구(public instrument)이며, 교회의 본질적 사명과 직접 연결된 제도적 구조이다. 직분의 존재와 운영은 단순한 제도 유지가 아니라, 교회가 삼위 하나님의 역사 안에서 자기 정체성을 지키고, 복음의 사명을 수행하며, 공동체의 건강한 기능을 유지하는 데 핵심적인 역할을 한다. 그럼에도 많은 교인들이 "나는 장로나 집사가 아니니 직분에 관심 없어도 된다"는 식으로, 직분의 공교회적 중요성과 영적 책임성을 간과하는 경향이 있다. 그러나 성경과 교회 전통은 모든 성도가 직분에 대해 이해하고 참여해야 함을 강조하며, 다음과 같은 다섯 가지 차원에서 그 중요성을 확인할 수 있다.

1. 그리스도의 몸으로서 교회의 통치 원리

교회는 본질상 그리스도의 몸(the Body of Christ)이다(엡 1:22 – 23, 고전 12:27). 이 몸을 이루는 모든 지체는 서로 유기적으로 연결되어 있으며, 그 머리 되신 그리스도는 자신의 통치를 직분자들을 통해 실현하신다. 교회가 무질서한 무리로 남지 않고, 하나님의 뜻에 따라 질서 있게 세워진 공동체가 되기 위해서는 직분의 질서가 반드시 필요하다. 직분자는 곧 그리스도의 대리 통치자로서의 위치를 위임받은 자들이며, 이는 단지 행정이나 관리의 문제가 아니라, 하나님의 통치 질서가 교회 안에서 현현되는 방식이다.

직분을 통해 말씀은 바르게 선포되고, 성례는 정당하게 집행되며, 권징은 공정하게 수행되고, 구제는 효과적으로 시행된다. 이러한 사역은 단지 직분자의 몫이 아니라, 교회의 본질을 이루는 기능이자, 그리스도께서 자신의 몸을 돌보시고 성장시키시는 방식이다. 따라서 직분을 무시하거나 경시하는 것은 곧 그리스도의 다스리심을 거부하거나 무관심하게 여기는 신학적 오류로 이어질 수 있다.

2. 성령의 사역을 실현하는 은혜의 통로

교회의 성화와 성숙은 성령 하나님의 사역에 의해 이루어진다. 그러나 성령은 초자연적인 방식으로만 일하지 않으며, 공동체적 질서와 직분자들의 봉사를 통해 그 사역을 구체화하신다. 에베소서 4:11 – 13은 분명하게 말한다. "그가 어떤 사람은 사도로, 어떤 사람은 선지자로, 어떤 사람은 복음 전하는 자로, 어떤 사람은 목사와 교사로 삼으셨으니… 이는 성도를 온전하게 하여 봉사의 일을 하게 하며, 그리스도의 몸을 세우려 하심이라."

성령은 말씀의 선포, 양육, 돌봄, 권면, 지도, 구제를 통해 교회를 세우시는데, 이 모든 사역이 직분자들에 의해 구조화되고 지속적으로 수행된다. 따라서 직분은 성령의 역사에 봉사하는 통로이며, 성령은 그 직분자들을 통해 교회를 성화시키고 연합하게 하신다. 이처럼 직분은 하나님의 은혜가 실질적으로 공동체 안에서 전달되고 역사하는 질서 있는 은혜의 방편(means of grace)으로 기능한다.

또한 직분을 통해 성령께서 부르신 성도들은 자신의 은사를 개발하고 실천하게 되며, 사역 참여의 기회를 부여받는다. 이 과정에서 은사 중심의 신앙생활이 질서와 책임의 틀 안에서 발현되고, 영적 성숙과 공동체 성화의 선순환이 촉진된다.

3. 교회 정치와 성도의 책임 있는 참여 구조

직분은 단지 사역자의 위임만이 아니라, 회중의 책임 있는 참여와 결정을 위한 제도적 구조이기도 하다. 특히 개혁주의 전통은 교회가 하나님의 백성의 공동체이며, 성도 모두가 교회 정치에 책임 있는 참여자(covenantal participants)라는 인식을 강조해 왔다. 따라서 교회에서 직분자를 세우는 과정은 단지 행정적 절차가 아니라, 하나님의 뜻을 분별하고 공동체적으로 순종하는 신앙적 행위이다.

사도행전 6장에서 집사를 세우는 장면이나, 13장에서 바울과 바나바를 선교사로 임명하는 과정은 모두 공동체가 기도하며 성령의 인도를 따라 결정을 내리는 장면이다. 이처럼 직분자 선출은 하나님께서 공동체를 통해 역사하시는 방식을 보여주며, 성도 개개인의 판단과 투표, 기도, 분별은 하나님의 통치를 실현하는 신비한 통로가 된다.

직분자는 회중을 대표하며, 회중은 직분자를 통해 교회 사역에 동참한다. 그러므로 성도는 "나는 직분자가 아니므로 무관심해도 된다"고 말할 수 없다. 오히려 성도는 직분자의 자격과 사역을 바르게 이해하고, 그들을 위한 기도와 지원을 통해 교회 정치에 책임 있게 참여해야 할 의무가 있다.

4. 직분자의 자격은 공동체 경건의 표준

디모데전서 3장과 디도서 1장에 제시된 직분자의 자격 요건은 단지 선발 기준이 아니라, 전체 공동체의 경건과 윤리의 모범적 기준으로 주어진 것이다. 정직함, 절제, 가정의 충실한 관리, 타인에 대한 존중, 말씀에 대한 이해, 선한 행실 등은 단지 직분자의 개인적 미덕이 아니라, 모든 신자가 추구해야 할 신앙인의 삶의 지표이다.

직분자의 삶은 공동체의 눈에 띄는 대표성(representative visibility)을 가지며, 그들의 모습은 곧 교회의 수준과 방향성을 드러낸다. 따라서 성도는 직분자의 자격에 대해 관심을 갖고, 경건한 본을 따르고자 노력해야 하며, 동시에 스스로가 그 기준에 맞도록 성장하는 영적 긴장감을 유지해야 한다.

교회가 성경에 입각한 자격 요건을 무시하거나 외면할 경우, 직분은 명예직으로 전락하고, 교회의 영적 신뢰는 훼손된다. 반대로 직분자의 경건한 삶과 교회 공동체의 거룩한 기준은 서로 상호작용하며 건강한 교회 생태계를 형성하게 된다.

5. 교회 사명의 분산과 공동체적 협력의 구조

직분은 목회자 한 사람에게 모든 사역을 집중시키는 구조가 아니라, 교회의 사명을 기능적으로 분산시키고 공동체적으로 협력하게 하는 조직적 장치이다. 이는 곧 성도의 은사를 실천하게 하는 통로이자, 교회의 부담을 나누는 제도적 표현이기도 하다.

직분자는 단지 지시하거나 통제하는 자가 아니라, 성도들이 함께 사역할 수 있도록 돕고 조율하는 협력적 리더십의 주체이다. 교회는 목사, 장로, 집사, 권사 등 다양한 직분의 협업을 통해 말씀 사역, 양육 사역, 구제 사역, 조직 사역을 효율적으로 수행하게 되며, 이러한 구조 안에서 모든 성도는 직간접적으로 하나님의 일에 동참하는 기회를 갖게 된다.

직분이 없는 사역은 혼란과 반복, 권위의 부재를 초래하지만, 올바르게 세워진 직분 체계는 질서, 효율, 영적 균형을 만들어내며 교회의 공공성과 건강성을 증진시킨다. 따라서 모든 성도는 직분의 구조를 이해하고, 자신이 직분을 맡지 않았더라도 그 질서 안에서 협력하고 순종함으로 하나님의 사역에 동참하는 자가 되어야 한다.

제6장 교회조직에서 장로의 직분

제1절 장로직에 대한 이해와 적용

1. 장로직의 역사성과 현재성

장로직은 구약과 신약 성경에 걸쳐 지속적으로 등장하는 핵심 직분이다. 오늘날 셀교회, 목장교회, 가정교회와 같이 현대적 교회 구조가 다양화되었지만, 이러한 새로운 형태의 교회 모델은 장로직과 같은 성경적 직분을 대체할 수 없다. 성경에 등장하는 '장로'는 단지 공동체의 대표자일 뿐 아니라, 하나님이 세우신 언약 공동체의 보호자요, 목양자이며, 교회를 세우는 영적 지도자이다.

2. 구약에서의 장로직

1) 장로의 기원과 선출 방식

고대 이스라엘에서 장로는 하나님의 언약 공동체 안에 세워진 영적 지도자였다. 이 직분은 두 가지 방식으로 세워졌다. 하나는 하나님의 직접적인 섭리에 따른 임명(출 3:16, 수 24:1), 다른 하나는 백성의 참여를 통한 선출(신 1:13-16)이다. 이는 장로직이 하나님의 주권과 공동체적 합의 속에서 세워졌음을 보여준다.

이러한 전통은 신약 교회에서도 이어졌다. 신자들은 공동체의 필요를 감당할 지도자들을 기도와 분별을 통해 선출했다(행 14:23, 고후 8:19). 이는 장로직이 단순한 대표자가 아닌, 공동체의 신뢰와 성령의 인도 아래 세워지는 직분임을 뜻한다.

2) 장로의 직무

구약의 장로들은 지도자이자 재판관이었다. 그들은 율법(토라)에 따라 백성의 삶을 지도하고, 공의롭게 판결하며, 언약 백성의 거룩한 삶을 보호했다. 이들의 궁극적 사명은 언약적 삶을 지키고, 공동체가 하나님의 뜻에 따라 살아가도록 돕는 것이었다.

3. 신약에서의 장로직

1) 계시의 발전에 따른 변화

신약시대에 장로직은 계시의 발전에 따라 보다 영적인 형태로 전환되었다. 구약의 장로들이 물리적 재판권을 가졌다면, 신약의 장로는 권징과 출교 등 영적 질서 유지를 위한 권한을 부여받았다. 신약 교회에서 장로는 주로 가르치고 다스리는 역할을 감당하며, 이 중 가르치는 장로는 일반적으로 목사로 불린다(딤전 5:17).

2) 목양적 장로의 정체성

장로직의 본질은 '목자'의 이미지 안에 담겨 있다. 예수님께서 요한복음 10장에서 자신을 목자라고 소개하셨듯이, 장로도 공동체의 양 떼를 보호하고 돌보는 영적 목자로서의 사명을 가진다. 바울은 에베소 교회의 장로들에게 "성령이 너희를 감독자로 삼고 하나님이 자기 피로 사신 교회를 보살피게 하셨다"고 권면한다(행 20:28).

이처럼 장로는 성도들의 이름을 알고, 그들의 영적 상태를 돌보며, 이단과 세속 가치로부터 공동체를 보호하는 사람이다. 장로는 성경적 진리를 분별하고, 성도들을 신앙 안에서 양육하는 책임을 지닌다.

3) 공동체적 역할과 권위

베드로는 장로들에게 자발적 섬김과 본이 되는 삶을 강조한다(벧전 5:1-3). 장로는 단지 행정직이 아니라, 예수 그리스도를 본받아 겸손과 헌신으로 공동체를 이끄는 영적 리더다. 교회의 회중은 장로들의 지도에 순종하며, 말씀을 통해 하나님의 음성을 분별해야 한다.

4. 감독자로서의 장로직

신약 성경에서 '장로'와 '감독'은 유사한 개념으로 사용된다(벧전 2:25, 행 20:28). '감독'(에피스코포스)의 의미는 '가까이에서 살핀다'는 뜻으로, 장로는 멀리서 지시하는 관리자가 아니라 가까이에서 돌보는 목자형 리더임을 의미한다. 따라서 오늘날 '감독'을 단지 행정적 관리자로 오해하는 것은 성경 본래의 의미와 거리가 멀다.

장로는 교인들을 정기적으로 심방하며, 영적 상태를 면밀히 살핀다. 심방은 단지 의례적 방문이 아니라 신앙적 돌봄과 권면, 위로와 상담의 실제적 사역이다. 교회는 장로를 단지 나이 많고 행정에 능한 사람으로 이해해서는 안 되며, 기도와 말씀에 충실한 영적 지도자로 세워야 한다.

5. 장로직의 현대적 적용과 회복

오늘날 한국 교회는 장로를 회중의 대표자 또는 목사를 견제하는 이사회 구성원처럼 오해하는 경향이 있다. 하지만 성경적 장로직은 언약 공동체를 돌보는 영적 목자이자 동역자로 이해되어야 한다. 장로는 목사와 협력하여 교회를 지도하고, 교회 전체의 방향과 비전을 함께 설계하며, 성도들의 영적 필요를 돌보는 사람이다.

이를 위해 목회자는 장로 후보자들을 위한 체계적인 성경 교육과 영적 훈련을 제공해야 하며, 당회 또한 단순한 행정 회의가 아닌 예배와 기도, 말씀 나눔이 중심이 되는 영적 모임이 되어야 한다.

결론적으로, 장로직은 단순한 조직적 직위가 아니라, 교회를 세우고 돌보며 목양하는 직분이다. 이는 성경에 뿌리 내린 언약적 사역으로, 시대가 변해도 결코 대체되어서는 안 되는 교회의 본질적 구조다. 따라서 교회는 성경적 장로직을 회복하고, 이를 통해 건강한 공동체를 이루어야 한다. 장로직을 한마디로 정의한다면, 그것은 "목양과 감독의 직분"이며, 이는 목사와 함께 교회를 돌보는 모든 사역의 핵심적 기반이다.

제2절 신약성경의 장로직과 현대 교회조직 내 직분 구조
— 장로직의 신학적 · 조직론적 고찰 —

1. 신약 교회와 현대 교회 직제의 구조적 간극

신약성경은 오늘날 교회에서 통용되는 '목사, 장로, 전도사, 권사, 집사' 등으로 세분화된 직분 체계를 전제하지 않는다. 초기 교회는 단순하고 유기적인 구조 안에서 복음의 선포와 공동체의 돌봄이라는 본질적 사명을 수행하였다. 이는 성령의 역사 속에서 자발성과 공동체성을 기반으로 성장하던 신약 교회의 특성을 반영한다. 그러나 시간이 지나면서 교회는 제도적 안정성과 행정적 효율성을 추구하게 되었고, 그에 따라 직분은 기능 중심적으로 분화되고 위계화되었다. 이는 제도화의 측면에서는 필요했지만, 동시에 신약의 본래 정신과 괴리될 수 있는 구조적 간극을 만들어냈다. 교회행정학적 관점에서 보면, 이러한 간극은 교회가 직분의 본질을 회복함과 동시에 행정 구조를 복음 중심으로 재조정해야 할 과제를 드러낸다.

2. 신약성경의 장로직: 기원과 정체성

신약성경에서 장로(πρεσβύτερος)는 단순한 연장자가 아니라 공동체를 이끄는 영적 지도자를 의미한다. 사도 바울은 각 지역 교회에 장로들을 기도와 안수로 세웠으며, 이들은 교회의 질서를 유지하고 성도들을 돌보는 중대한 역할을 맡았다. 특히 디모데전서 5:17에서 나타나듯, 장로는 '가르치고 다스리는' 이중적 사역을 감당하는 자로 묘사된다. 이러한 장로직은 당시 교회에서 '감독'(ἐπίσκοπος), '목자'(ποιμήν)와 기능상 구분되지 않았으며, 오히려 다양한 표현으로 동일한 영적 직분의 역할을 나타냈다. 교회행정학적으로 이 구조는 직분이 계층적으로 고착되기 이전의 유기적이고 통합된 리더십 모델로 해석할 수 있으며, 현대 교회가 참조해야 할 본질적 직분 구조의 원형이라 할 수 있다.

3. 계시의 발전과 장로직의 변화

장로직은 구약 시대의 제도적이며 사법적인 기능에서 출발하였으나, 신약에서는 계시의 완성과 성령의 사역 속에서 보다 영적이고 목회적인 형태로 발전하였다. 구약에서 장로는 민중의 재판과 행정적 대표로 활동했지만, 신약에서는 권징과 출교, 말씀 사역과 공동체의 질서를 관리하는 영적 지도자로서의 역할이 강조되었다. 이러한 변화는 교회가 민족 공동체의 틀을 벗어나 성령 안에서 세워진 새로운 구속 공동체가 되었기 때문이며, 장로직 또한 이에 걸맞게 새롭게 정립되었다. 교회행정학적으로 볼 때, 이는 제도 중심의 통치 구조에서 성령 중심의 사역 구조로의 전환을 의미하며, 교회가 통치의 본질을 재정의하고 행정 구조를 거룩함과 영적 권위 위에 세워야 함을 시사한다.

4. 목양적 장로직: 감독과 돌봄의 통합

장로직의 정체성은 본질적으로 '목자'라는 이미지 안에 담겨 있다. 예수께서 요한복음 10장에서 자신을 선한 목자로 묘사하신 것처럼, 장로도 양 떼를 알고 보호하며 돌보는 책임을 지닌다. 사도 바울은 에베소 교회의 장로들에게 "성령이 너희를 감독자로 삼았다"고 말하며, 그 사역의 중심이 행정적 감독이 아니라 영적 돌봄임을 강조하였다. 여기서 '감독'이라는 용어가 본래 '가까이서 살핀다'는 의미를 지닌다는 점에서, 장로는 멀리서 명령하는 지휘자가 아니라 공동체 안에 깊이 참여하며 돌보는 리더임을 확인할 수 있다. 심방과 권면, 신앙 상담, 위로와 치유 등은 모두 장로의 실질적 사역이며, 이는 교회행정에서 장로직이 단순한 의결 기구의 일원이 아니라 목양적 책임을 지닌 영적 동역자라는 점을 강조하게 한다.

5. 공동체 내의 영적 권위와 본이 되는 삶

장로직은 단순한 조직상의 직위나 역할이 아니라, 공동체 안에서 삶의 본이 되는 영적 권위를 전제한다. 사도 베드로는 장로들에게 자원함으로 섬기되 억지로 하지 말고, 탐욕을 위해서도 하지 말며, 맡은 자들을 주장하는 자세가 아니라 양 무리의 본이 되라고 권면하였다. 이는 장로직의 리더십이 명령과 통제에 기초한 위계적 권위가 아니라, 예수 그리스도의 겸손과 자기 희생에 뿌리를 둔 본보기의 리더십이라는 것을 강조하는 말씀이다. 교회행정학적으로 이러한 리더십은 '영적 정당성'의 회복을 의미하며, 오늘날 장로들이 신앙 공동체 안에서 영향력을 발휘하기 위해서는 기능적 역량보다도 경건한 삶과 인격적 권위가 우선되어야 함을 보여준다.

6. 현대 교회조직 내 장로직의 오해와 회복

현대 한국 교회는 장로직을 종종 '행정 회의의 구성원' 또는 '목사의 감시자'로 오해하는 경향이 있다. 이러한 오해는 장로직을 조직 운영의 기능적 일부로 환원시키는 데서 비롯되며, 그로 인해 장로는 영적 리더십보다는 절차적 감독자나 회의 체계의 구성원으로 인식된다. 그러나 신약적 장로직은 단순한 대의제 구조나 행정 책임자가 아니라, 목사와 함께 교회를 목양하는 동역자요 성도들을 돌보는 목회적 리더이다. 장로는 교회의 비전과 방향을 함께 고민하고, 성도들의 신앙적 요구에 응답하며, 그들의 삶을 동행하는 목회적 책임을 져야 한다. 이를 위해서는 장로 후보자에 대한 체계적인 신앙 교육과 영적 훈련이 필수적이며, 당회도 단순한 의결기구가 아닌 예배와 기도, 말씀과 분별을 중심으로 운영되는 영적 공동체로 회복되어야 한다.

7. 신학적 근거와 개혁주의생명신학의 적용

장로직의 신학적 기초는 예수 그리스도께 있으며, 모든 교회 직분은 그분의 통치 아래서 주어지는 '은혜의 직분'이다. 예수께서 "너희 중에 누구든지 크고자 하는 자는 섬기는 자가 되어야 한다"고 말씀하신 것처럼, 교회 직분은 권력이 아니라 섬김을 본질로 한다. 개혁주의생명신학은 이러한 섬김의 리더십을 강조하며, 장로직의 회복이 교회의 생명력과 공동체성을 회복하는 핵심 경로임을 주장한다. 직분은 특정한 역할을 위한 제도가 아니라, 공동체 안에서 생명과 은혜를 나누기 위한 사역의 구조이며, 그 본질은 바로 예수 그리스도의 생명에 참여하는 데 있다. 따라서 교회는 직분의 제도화를 넘어 그 안에 담긴 복음적 의미와 실천적 책임을 회복해야 하며, 장로직 또한 이 신학적 비전 아래에서 재정립되어야 한다.

8. 장로직의 통합적 이해와 조직론적 함의

신약성경이 말하는 장로직은 목양, 감독, 가르침, 권징을 통합한 영적 리더십의 형태로서, 단순한 조직의 한 계층이 아니라 예수 그리스도의 다스리심을 교회 안에 구현하는 통전적 직분이다. 이는 교회조직 안에서 특정 기능을 나누는 분업적 구조가 아니라, 사역의 본질을 중심으로 연합하고 협력하는 영적 거버넌스 구조를 지향한다. 교회행정학적으로 이는 장로가 행정과 영성을 연결하는 핵심적 리더임을 의미하며, 당회는 단순한 이사회적 기구가 아니라, 영적 분별과 목회적 통치를 실현하는 복음적 통치체로 운영되어야 한다. 장로직의 회복은 곧 교회의 생명 질서를 바로 세우는 길이며, 이를 통해 교회는 성령의 인도하심 아래서 성도들을 세워가고, 예수 그리스도의 몸으로서 더욱 온전해질 수 있다.

장로직은 오늘날에도 여전히 유효한 "목양과 감독의 직분"이며, 그리스도의 몸 된 교회를 섬기는 모든 사역의 핵심 기반이다.[116]

제3절 장로직의 교회사적 전개와 조직론적 함의

1. 초대교회에서의 장로직과 감독직의 통합

신약성경은 '장로'(πρεσβύτερος, presbyter)와 '감독'(ἐπίσκοπος, episkopos)을 거의 동일한 의미로 교차적으로 사용한다(행 20:17, 28, 딛 1:5, 7). 이는 초대교회가 공동체 내부의 목양과 감독 기능을 단일한 직분 아래에서 감당했음을 보여준다. 당시 장로는 가르침과 다스림의 복합적 역할을 감당하며, 목회자와 동역자로서 교회 질서와 교리를 수호하는 핵심 역할을 수행했다.

하지만 2세기부터 교회 제도의 발전과 함께 감독과 장로의 직분이 구분되기 시작하였다. 감독은 지역 교회를 대표하고, 장로들은 그와 함께 사역하는 자로 분화되었고, 이는 점차 단일 감독제(monarchical episcopate)로 발전하게 된다. 그러나 이 변화는 성경의 본래 직분 구조에서 비롯된 것이 아니라, 제도화의 흐름 속에서 발생한 조직적 진화로 보아야 한다.

2. 교부들의 증언: 동일 직분의 인식 유지

교부 히에로니무스(Jerome, 4-5세기)는 "감독과 장로는 본래 동일한 직

---

116) 성종현, 신약성서들의 주제들, (서울: 장로회신학대학교출판부, 2000), 405, 참조.

분이었다"고 주장하며, 교회의 본질적 질서가 장로들의 공동적 지도체계(collegial eldership)에 있었음을 강조하였다. 그는 "교회는 한 명의 감독이 아니라, 일단의 장로들에 의해 다스림을 받았다"고 주장하였다.

히에로니무스의 입장은 단독 감독제를 비판하는 초기 개혁적 시도로 평가할 수 있다. 그의 주장은 후에 크리소스토무스(Chrysostom), 펠라기우스(Pelagius), 몹수에스티아의 테오도루스(Theodorus of Mopsuestia) 등 여러 교부들에게도 공유되며, 교회 직제의 본래적 평등성과 협력성을 지지하는 역사적 증거가 된다.

이러한 증언은 초기 교회가 감독 중심의 위계적 구조보다, 장로들의 공동체적 지도 원리를 더 충실히 따랐음을 시사한다. 교회조직론적으로 보면, 이는 집단적 리더십 구조와 책임 분산을 중시하는 탈중앙화된 거버넌스 모델에 해당한다.

3. 종교개혁과 장로직의 제도화: 칼뱅의 콘시스토리움

장로직은 종교개혁을 통해 다시 강력하게 회복되었다. 그 중심에는 요한 칼뱅(John Calvin)의 제네바 교회 조직이 있다. 칼뱅은 제네바 성 피에르 교회(Pierre Cathedral)의 목회와 행정을 수행하며, 콘시스토리움(consistorium)이라는 회중 통치 구조를 적극 운영했다.

콘시스토리움은 단순한 교회 당회가 아니라, 교회 지도자(목사 · 장로 · 집사)와 시 의회 의원들로 구성된 공적 회의체였다. 이 조직은 단지 교회 내 행정이나 예배만이 아니라, 제네바 시민의 전 삶에 대해 규율하고 돌보는 기능을 수행했다. 그 구조는 다음과 같은 특징을 갖는다:

가. 혼합형 조직: 종교 지도자와 세속 행정가가 함께 참여함

나. 공동통치 구조: 목사, 장로, 집사가 각각 고유 역할을 수행하되, 상호 협력

다. 영적 · 사회적 책무 통합: 개인의 신앙 상태와 사회 윤리를 함께 점검

콘시스토리움은 교회의 권징과 목회적 돌봄의 핵심 구조로 기능하였다. 특히 칼 장수 클레망 가문 사례에서 보이듯, 윤리적 문제 해결, 회개 촉구, 공동체 회복에 중요한 역할을 감당했다. 이는 장로직이 단지 제도적 직위가 아니라, 영혼 돌봄을 위한 실질적 목양 사역임을 분명히 보여주는 역사적 사례다.

4. 장로직의 조직신학적 · 교회조직론적 시사점

장로직의 역사적 전개 과정을 교회조직의 시각에서 분석해 보면, 장로직은 단순한 직책의 차원을 넘어 교회 조직 전체의 원리와 구조에 깊은 영향을 미쳐 왔음을 알 수 있다. 이러한 분석을 통해 몇 가지 중요한 조직 원리가 도출된다.

첫째, 공동통치 원리는 장로직의 핵심적 특징 가운데 하나이다. 초대교회는 단일 지도자 중심이 아니라 복수의 장로들이 공동으로 교회를 돌보는 구조를 지향하였으며, 특히 종교개혁 시대의 칼뱅은 '콘시스토리움(consistorium)'이라는 장로회 제도를 통해 다수의 장로들이 함께 통치하는 분산형 지도체계를 구현하였다. 이는 교회의 권위가 특정 개인에게 집중되지 않도록 함으로써, 공적 책임성과 공동의 분별을 강조하는 조직 운영 방식이었다.

둘째, 장로직은 본질적으로 영적 리더십 중심의 역할을 담당한다. 장로는 단순한 행정관리자가 아니라, 교회를 돌보는 목자요 감독으로서의 정체성을 가진다. 사도행전과 바울서신에 나타난 장로의 역할은 교회를 가르치고 돌보는 영적 지도자의 사명을 분명히 강조하며, 이는 현대 교회에서도 장로가 영적 분별과 공동체 양육에 있어 중심적 위치를 차지해

야 함을 시사한다.

셋째, 장로직은 권징과 돌봄의 통합이라는 실천적 기능을 지닌다. 역사적으로 장로는 교회의 질서와 거룩함을 지키기 위한 권징의 역할을 감당하는 동시에, 병든 자를 돌보고 연약한 성도를 위로하는 사역에 헌신하였다. 이러한 이중적 기능은 장로직이 단지 판단하고 통제하는 역할이 아니라, 회복과 화해의 사역에 중점을 둔 돌봄의 리더십임을 보여준다.

넷째, 장로직은 교회와 사회의 연계성 측면에서도 중요한 역할을 한다. 칼뱅의 콘시스토리움은 단순히 교회 내부의 규율을 넘어서, 교회가 지역 사회의 도덕적 질서와 윤리적 기준 형성에 기여하는 기구로 기능하였다. 이처럼 장로직은 교회 행정이 사회적 책임성과 공공성에 대해 응답하는 통로가 되도록 역사 속에서 발전해 왔다.

마지막으로, 장로직은 협력적 거버넌스 구조를 통해 목사와 함께 교회를 섬기는 동역자적 역할을 감당한다. 장로회 정치에서는 목사와 장로가 서로 위임과 감시, 권한과 책임의 균형을 유지하면서 교회를 이끌어간다. 이는 권위의 남용을 방지하고, 다양한 의견과 은사를 존중하는 수평적 거버넌스 모델을 제시함으로써 건강한 교회 조직을 세워가는 데 기여한다.

이와 같이 장로직은 교회의 조직신학적 구조와 실천적 운영에 있어 매우 중심적인 요소이며, 장로회 정치의 본질을 형성하는 핵심 제도로서 교회 역사 속에서 지속적으로 진화하고 있다. 이러한 장로직의 특성은 교회 조직의 민주성과 영성, 공동체성과 사회성과 같은 복합적 요소들을 통합하는 교회조직론적 모델로 기능한다.

5. 장로직의 회복은 교회의 건강성 회복

장로직은 단지 교회의 전통 직제 중 하나가 아니라, 성경과 교회 역사에 뿌리박은 핵심 조직 구조이다. 초대교회, 교부시대, 종교개혁기에 걸쳐 장로직은 교회의 영적 권위와 공동체 질서를 세우는 데 중심이 되어왔다. 현대 교회가 조직적으로 건강하게 성장하기 위해서는, 장로직의 본질인 목양적 돌봄과 협력적 치리, 공동 책임의 구조를 회복해야 한다.

따라서 오늘날 당회는 단지 행정 기구가 아니라, 공동체적 목양을 실현하는 영적 회중 리더십의 장으로 기능해야 한다. 이는 교회조직 이론에서 강조하는 조직의 사명 중심성과 영적 거버넌스라는 원리에도 부합하는 방향이다.

제4절 장로의 자격

1. 장로 자격 규정의 교회조직적 의미

장로직은 교회의 질서와 사역 수행을 위한 핵심적 직분으로, 각 교단은 이를 엄격히 규정하고 있다. 이러한 자격 요건은 성경적 기준과 교회 전통, 그리고 시대적·지역적 필요에 따라 형성되었다. 특히 디모데전서 3장과 디도서 1장은 장로직(감독직)에 관한 핵심 본문으로, 교회조직론에서 장로직의 기능과 권한뿐 아니라 자격의 본질을 밝히는 기준점이 된다.

개혁주의생명신학은 이 자격 규정의 본질을 교회의 생명과 질서를 세우기 위한 하나님의 제도적 은총으로 해석한다. 즉 장로직은 단순히 행정적 조직을 유지하는 장치가 아니라, 교회 공동체를 생명으로 돌보며 복음적 질서를 지키기 위한 영적 책임의 자리이다. 따라서 자격 기준은 교회의 정체성을 지키는 동시에 그리스도의 몸을 살리는 리더십을 위한 토대라 할 수 있다.

2. 성경적 자격 기준:

– 디모데전서 3장을 중심으로 –

사도 바울은 장로직의 자격을 15가지 덕목으로 제시하며, 이는 다음과 같이 세 가지 범주로 구분할 수 있다.

1) 갖추어야 할 7가지 긍정적 자격 요건

가) 기본 인격 덕목: 책망할 것이 없음, 한 아내의 남편, 절제, 신중, 단정함

나) 직무 관련 자격: 나그네 대접, 가르치기를 잘함

이러한 요건들은 단순한 직무 수행 능력보다 개인의 신앙적 인품과 공동체 내 신뢰도에 초점을 둔다. 장로는 영적 지도자이기에 공적 신뢰와 개인의 경건, 타인에 대한 섬김과 교육의 능력을 갖추어야 한다.

개혁주의생명신학은 이 덕목들이 예수 그리스도의 생명에 참여한 자로서 나타나는 성화의 열매임을 강조한다. '절제'와 '신중함'은 자기 중심적 욕망에서 벗어나 하나님과 이웃을 위한 삶의 실천으로, '나그네 대접'과 '가르침'은 생명을 세우는 사랑의 행위로 드러나야 한다. 이러한 인격과 행위는 공동체 안에 생명을 전이시키는 리더십의 기초가 된다.

2) 주의할 7가지 부정적 요소

술을 즐기지 않음, 구타하지 않음, 관용, 다투지 않음, 돈을 사랑하지 않음, 가정을 잘 다스림, 자녀의 경건한 순종 이 항목들은 특히 관계적 성숙과 도덕적 절제를 강조한다. 가정 내 영적 권위가 검증되어야 하며, 대인관계에서의 갈등 지양, 재정의 청렴성은 장로직 수행의 전제 조건이다.

개혁주의생명신학은 이 경계 항목들을 관계 회복과 공동체 보존을 위

한 영적 경계선으로 이해한다. 장로는 자기를 주장하고 이익을 추구하는 자가 아니라, 관용과 화평, 섬김과 청렴함으로 생명을 보호하고 공동체를 치유하는 목자적 존재로 살아야 한다. 특히 '가정을 잘 다스림'은 생명의 전이와 다음세대 신앙 계승의 통로로서 매우 중요한 덕목으로 강조된다.

3) 점검 사항

가. 신앙 경력: 새로 입교한 자는 불가(교만에 대한 경계)

나. 외부 평가: 교회 밖에서의 평판 확보

신앙의 성숙도는 시간과 검증을 통해 드러나야 하며, 장로직은 교회 안팎에서 모범을 보이는 삶을 요구한다.

개혁주의생명신학은 장로직이 내적 성화와 외적 증언이 일치하는 자리여야 함을 강조한다. '겉다르고 속다른' 위선은 교회를 죽게 만들고, 복음의 공적 신뢰도를 파괴한다. 반면 성도뿐 아니라 세상 사람들로부터도 신뢰받는 장로는 복음의 생명성과 일관성을 증언하는 선교적 존재가 된다. 따라서 장로직은 오랜 시간 훈련되고 검증된 생명의 열매 위에 세워져야 한다.

3. 조직신학적 및 실천적 해석

1) 장로직의 신학적 성격

장로는 단순한 행정 관리자가 아니라, 말씀과 기도로 교회를 섬기는 영적 감독자(Episkopos)이다. 따라서 자격 기준은 기술적 역량이 아닌 신앙 인격과 영적 리더십의 총합으로 이해되어야 한다.

개혁주의생명신학은 장로직을 하나님의 생명을 교회 가운데 전달하고 지키는 영적 통로로 본다. 교회는 말씀과 성령 안에서 살아 움직이는 생명체이며, 장로는 이 생명을 책임지고 목양하는 목자적 사명자로 부르심을 받는다. 그러므로 장로의 인격과 신앙은 교회의 생명력과 직결된다.

2) 공동체적 조직원리로서의 장로직

교회 조직은 단일 지도자 중심이 아닌, 공동 통치(Shared Governance) 원리를 따른다. 장로는 회중의 대표자로서 목회자와 함께 협력적 거버넌스를 실현하며, 이 때 자격 요건은 대표성과 섬김의 정당성을 확보하는 기능을 한다.

개혁주의생명신학은 공동 통치를 공동 생명 나눔의 체계로 해석한다. 목회자와 장로는 지배 구조가 아니라 상호 책임과 은사의 협력을 통해 교회를 세워간다. 이는 신자 개개인이 하나님 앞에서 직접 책임지는 만인제사장 공동체의 실제 구현이며, 장로는 이 공동체 질서 속에서 생명의 균형과 질서를 조율하는 동역자로 존재한다.

3) 현대 교회 내의 적용

현대 교회에서 장로직은 때로 명예직화, 정치화되는 경향이 있다. 그러나 성경은 장로가 철저히 헌신과 자기를 부인하는 리더십을 보여야 함을 강조한다. 장로직은 종신이 아닌 일정 임기를 두는 방식이 보편화되고 있으며, 이는 직무의 수고와 책임을 반영한 조직적 장치이다.

개혁주의생명신학은 장로직의 본질을 '죽음에서 생명으로 옮긴 자'로서의 자기 비움의 리더십으로 강조한다. 이는 단순한 직무 부담이 아니라, 자기 생명을 내어 주는 십자가적 섬김을 뜻한다. 따라서 장로직은 명예가 아니라 희생이며, 직분은 대접이 아니라 생명을 위한 헌신적 섬김의 통로여야 한다.

4) 장로직과 교회의 공적 증언

장로의 인격과 행위는 교회의 공적 신뢰도를 형성한다. 교회 밖에서의 평판은 단순한 외적 이미지가 아니라, 교회가 복음을 사회적으로 구현하고 있는지를 판단하는 실질적 지표이다.

개혁주의생명신학은 교회를 세상의 생명 공동체로 부르신 하나님 나라의 전초기지로 본다. 장로는 이 사명을 세상 앞에 증언하는 대표 사역자로서 살아야 하며, 그 인격과 삶은 복음의 생명력을 전염시키는 공적 증거가 되어야 한다. 성령의 열매로 드러나는 삶의 실천은 세상에 감화를 주며, 교회에 대한 불신을 치유하는 복음적 해석의 통로가 된다.

이와 같이 장로 자격에 대한 기준은 단순한 개인 도덕 기준이나 외적 형식이 아니라, 교회 공동체의 생명을 지키고 세워가기 위한 복음적 질서와 영적 성숙의 토대이다. 개혁주의생명신학은 이러한 장로직의 성격을 다시 회복함으로써, 교회가 생명력 있는 사역 공동체로 바로 서고, 세상 속에서 복음의 빛과 생명으로 살아가는 교회 본연의 정체성을 회복할 수 있음을 천명한다.

4. 교회조직 속 장로직 자격의 본질

장로의 자격에 대한 성경적 규정과 교회조직적 적용은 단순한 제도적 장치나 실용적 기준에 머무르지 않는다. 그것은 교회의 본질이 '하나님의 집'이며, 공동체 안에서 성령께서 세우신 질서의 표현이기 때문이다. 바울이 디모데와 디도에게 편지하면서 장로직의 자격을 그토록 세밀히 열거한 것은, 교회가 단지 사역의 기능성을 위해 조직되는 것이 아니라, 하나님의 임재가 거하는 거룩한 공동체로서의 정체성을 보존해야 한다는 깊은 신학적 전제에 기초한다.

첫째, 장로의 자격은 신앙 인품의 진정성을 핵심으로 한다. 이는 교회가 외형적 규모나 기능보다 먼저 '어떤 사람이 교회를 이끄는가'를 중요시해야 한다는 조직 원리를 반영한다. 성경은 장로직의 자격에서 업무 능력보다 중심의 경건, 가정의 질서, 인간관계의 평화로움을 앞세운다.

이는 장로직이 곧 복음의 성육신적 증언이어야 함을 보여준다. 개혁주의생명신학은 이 점에서 장로직을 단순히 기능적 리더십이 아니라, 생명을 살리고 돌보는 영적 목양자의 위치로 이해한다. 다시 말해, 장로직은 신학과 삶, 교리와 인격이 하나로 통합되어야 하는 자리이다.

둘째, 장로는 교회 내에서 공동체의 대표로서 책임성을 지닌 자로 세워져야 한다. 교회는 민주주의적 절차로 직분자를 선출하더라도, 그것은 하나님의 부르심을 공동체가 분별하고 순종하는 형식일 뿐이다. 장로는 교회의 뜻을 대변할 뿐 아니라, 하나님 앞에서 교회를 대표하는 자로 부름받았다. 개혁주의생명신학은 이 책임성을 공적 소명과 생명 나눔의 사역으로 해석하며, 장로직을 "생명을 살리는 권위"로 재정립한다. 이 권위는 군림이 아니라 섬김이며, 정치가 아니라 영적 돌봄이다. 따라서 교회는 장로를 세울 때, 그가 진정으로 주님의 양을 위한 눈물과 기도의 지도자인가를 살펴야 한다.

셋째, 장로직은 교회 안팎에서 복음에 대한 공적 증언의 중심이 되어야 한다. 바울은 장로가 교회 밖에서도 선한 평판을 얻을 것을 강조했다. 이것은 교회의 공공성과 선교적 정체성을 지키기 위한 필수 요소이다. 오늘날 교회는 많은 경우 교회 안에서는 경건하고 충성스러워 보이지만, 교회 밖에서는 무례하거나 위선적인 행동으로 복음을 훼손하는 이들을 직분자로 세우는 실수를 범하기도 한다. 그러나 개혁주의생명신학은 성도의 모든 삶이 곧 선교이며, 교회 직분은 이 땅에서 하나님 나라를 증언하는 공적 통로라는 점을 강조한다. 장로는 세상 앞에서 교회의 얼굴이 되어, 예수 그리스도의 향기와 인격을 드러내야 한다.

이러한 점에서 볼 때, 장로직의 자격은 조직적 기준을 넘어 영적 본질과 연결된 직분임이 분명하다. 그리스도의 몸인 교회에서 장로는 단순한 기능자가 아닌 생명과 복음의 파수꾼이자, 공동체의 영적 안내자로 살아야 한다. 교회는 장로직에 대해 세속적 기준이나 인위적 평가에 의존해서는 안 되며, 철저히 말씀의 원칙과 성령의 인도 속에서 공동체적 분별을 이루어야 한다.

결론적으로, 장로의 자격은 제도적 요건이나 외적 조건을 넘어, 교회가 하나님의 거룩한 백성 공동체로 살아가기 위한 영적 질서와 생명 중심의 리더십 구조를 세우기 위한 본질적 요청이다. 개혁주의생명신학은 이를 통해 교회가 교회되며, 직분이 복음의 진리를 따라 살아있는 사역이 되도록 인도한다. 따라서 교회는 언제나 성경의 거울 앞에 자신을 비추어 장로직의 자격을 엄정하게 살피고, 그 직분이 주님의 몸된 교회를 세우고 살리는 거룩한 사역으로 지속되도록 힘써야 할 것이다.

제5절 장로의 사역

1. 장로 사역과 교회의 조직적 구조

장로직은 단순한 명예직이 아니라, 교회라는 공동체 안에서 제도화된 영적 리더십 직무이다. 교회는 말씀과 성례, 권징을 중심으로 구성된 제도적 질서를 갖춘 신앙 공동체이며, 장로는 이 구조 속에서 교회 질서의 유지자이자 공동체 생명의 돌봄자로 기능한다. 장로의 사역은 설교자 중심의 교회운영을 보완하는 집합적 리더십 구조(shared governance) 안에 자리하며, 이는 사도행전과 개혁교회의 전통에 기초한 조직신학적 원리다.

개혁주의생명신학은 장로직을 제도화된 생명 돌봄의 사역으로 해석한다. 즉, 장로는 행정적 기능 이상으로 교회 안의 생명을 살피고, 성도 개개인의 신앙이 실천과 성숙으로 나아가도록 공동체적 생명의 흐름을 관리하는 리더다. 장로직은 곧 교회를 세우고 살리는 생명적 질서의 한

축이다.

2. 장로직과 교회의 표지

장로의 치리와 권징 사역은 교회의 표지(notae ecclesiae)와 밀접하게 연결된다. 종교개혁 전통에서 교회의 표지는 일반적으로 말씀의 순수한 선포, 성례의 합법적 시행, 교회의 권징의 집행으로 요약된다. 이러한 표지는 교회의 존재론적 정체성을 구성하는 핵심 기준이며, 장로의 권징 사역은 교회의 공공성과 거룩성을 유지하는 핵심 기능으로 간주된다.

개혁주의생명신학은 이 교회의 표지를 복음의 생명이 실현되는 공공 구조로 본다. 권징은 생명을 죽이는 억압이 아니라, 타락한 삶을 회복시키는 영적 교정과 생명의 회복이다. 교회는 권징을 통해 사랑과 진리의 질서를 회복하며, 장로는 이를 실현하는 사랑 안의 질서 관리자로 이해된다.

3. 장로의 직무와 권징 사역

조직 구조의 입장에서 볼 때, 권징은 교회 내 갈등 해결, 신앙의 질서 회복, 공동체의 정체성 보존을 위한 조정적 통제 기능(regulative control)을 수행한다. 장로는 교회의 권징을 집행할 때, 재판관이나 감시자라기보다, 영적 회복과 교정의 사역자로 기능해야 한다. 바빙크와 트렐카티우스 등은 권징을 단순한 교정 절차가 아니라, 교회의 '생명력을 유지하는 도덕—영적 면역 체계'로 간주하였다.

개혁주의생명신학은 권징을 예수 그리스도의 생명으로의 복귀를 돕는 회복적 사역으로 해석한다. 이는 '진리 안의 사랑'으로 행해지는 돌봄이자, 말씀과 성령의 생명력으로 죄인을 새롭게 빚는 성화적 실천이다. 장로는 곧 회개의 문을 열어주고 생명의 방향으로 인도하는 동역자다.

4. 장로의 영적 목양과 설교의 적용

장로는 단순한 치리자가 아니라, 말씀의 적용과 실천을 담당하는 영적 코디네이터다. 설교자는 공적으로 말씀을 선포하지만, 장로는 그 말씀이 개별 성도의 삶에 구체적으로 내면화되도록 안내하는 실천적 교사이다. 이는 조직 내 피드백 체계(feedback loop)의 역할에 해당하며, 공동체의 신앙적 순환 구조를 견고하게 만드는 핵심 고리이다.

개혁주의생명신학은 설교의 적용이 단순한 지식 전달을 넘어, 삶으로 살아낸 진리, 성화로 열매 맺는 실천임을 강조한다. 장로는 설교를 듣고 성도들이 고민하며 자라갈 수 있도록 영적 대화자가 되어야 하며, 그 대화는 교회 내에 생명적 성장의 순환 구조를 형성하게 한다.

5. 장로의 심방과 권면

심방은 장로직의 핵심 직무로, 조직의 '현장 순시자'로서의 기능을 수행한다. 장로는 심방을 통해 성도의 신앙 상태를 점검하고, 위로와 권면을 제공하며, 공동체의 영적 건강도를 직접적 관계를 통해 진단하는 역할을 수행한다. 이는 조직 내 현장 중심의 분산적 리더십(decentralized leadership)의 전형적인 예이며, 장로의 심방은 목회적 돌봄의 핵심 접촉점(contact point)으로 기능한다.

개혁주의생명신학은 심방을 말씀과 기도의 생명을 직접 공급하는 영적 수혈 행위로 해석한다. 장로는 회중 한 사람 한 사람을 주님의 생명 안으로 다시 인도하는 목자적 동행자로서, 상처 입은 자를 위로하고, 의심하는 자를 격려하며, 나아가 공동체 전체의 생명 네트워크를 돌보는 관리자이다.

6. 장로의 양육, 기도, 전도 사역

장로는 교회 내에서 성도의 양육 체계를 지속적으로 유지·보완하는 구조적 지도자로 기능한다. 교육목회학적으로 장로는 단지 위임된 행정적 인물이 아니라, 세대 간 신앙의 전달자이자 교리적 소통자로 정의된다.

장로의 기도는 공적 사역이자 중보의 행위로, 조직 내 영적 네트워크의 중심 연결축을 형성한다. 또한 장로의 전도는 '비공식적 복음 전달자'로서 지역사회와 교회 사이의 선교적 연계고리(missional bridge) 역할을 수행하는 기능을 가진다.

개혁주의생명신학은 장로의 양육과 전도를 언약 공동체 안에서 생명을 낳고 기르는 사역으로 본다. 자녀의 신앙, 이웃의 복음화, 다음세대의 양육은 모두 생명의 전이에 속하며, 장로는 이 생명순환 구조의 관리자로 세워진다. 기도 역시 개인 경건이 아닌 공동체 생명 유지 장치로 기능한다.

7. 장로와 목회자 간의 협력 구조

교회조직에서 장로는 수직적 권위체계의 하부관리자가 아니라, 수평적 공동 리더십을 수행하는 동역자이다. 장로는 목사의 목회철학을 공유하고, 이를 실현하기 위한 조력자이자 조직 내 촉매자로 기능한다.

장로는 다음 네 가지 방식으로 목회를 협력한다.

① 목회 비전의 내적 해석자 및 전달자

② 성도의 현장 상황에 대한 피드백 제공자

③ 행정 및 실무 조언자

④ 설교에 대한 교리적 감수자 및 공동 결정 파트너

개혁주의생명신학은 장로와 목회자의 협력을 성령의 일치 속에 생명을 함께 돌보는 목양의 연합 사역으로 해석한다. 장로는 목사를 보좌하는 '부사역자'가 아니라, 주님의 교회를 함께 세우는 복음적 동역자다. 이 관계 속에서 교회는 단순한 제도가 아닌 살아있는 유기체로서의 공동체적 생명체계를 구현한다.

결론적으로, 생명과 질서를 위한 장로 사역의 통합적 재정의

장로직은 단순한 행정 기능이나 조직 운영이 아니라, 하나님 나라의 생명과 질서를 구체화하는 제도적 통로이다. 장로의 권징, 목양, 심방, 양육, 기도, 전도, 협력 사역은 모두 그리스도의 생명을 교회 안에 흘러가게 하는 영적 구조물이며, 이는 교회를 살아 움직이는 거룩한 생명 공동체로 견고하게 세운다.

개혁주의생명신학은 장로의 직무를 복음의 진리를 실천과 관계로 구현하는 생명의 제도로 보며, 교회가 이 사역을 통해 하나님의 생명에 참여하고, 세상 속에서 복음의 공공성과 거룩함을 드러내도록 부름받았음을 선언한다. 장로직은 곧 생명을 돌보는 영적 행정의 자리이며, 교회의 거룩함과 질서를 지켜내는 생명의 청지기직이다.

제7장 교회조직에서 집사의 직분
- 자비와 자유의 직분 -

제1절 교회조직에서 집사직의 신학과 기능

1. 집사직의 개념과 신학적 정체성

1) 집사직의 정의와 본질

집사직은 교회 공동체 안에서 가난하고 연약한 자들을 실질적으로 돌보는 공적인 직분이다. 이 직분은 단지 실무적 보조 역할에 그치지 않으며, 오히려 그리스도의 섬김을 제도적으로 구현하고 공동체의 자비를 조직적으로 실현하는 직무로 자리매김된다. 집사직은 장로직과 상호 보완관계에 있으며, 장로가 목양의 직무를 담당한다면, 집사는 자비의 실천을 담당한다. 이로써 교회는 말씀과 사랑, 정의와 자비의 두 날개로 균형을 이루며 기능한다.

개혁주의생명신학의 관점에서 집사직은 단지 조직 기능의 하나가 아니라, 생명을 살리고 공동체를 회복시키는 은혜의 통로이다. 말씀과 성령의 능력으로 회복된 교회는 세상 속 가난한 자, 억눌린 자, 소외된 자에게 다가가며, 집사직은 그러한 구체적 사명을 조직적으로 실현하는 직무이다. 집사직은 곧 "복음의 생명력을 실천하는 사역"이다.

2) 집사직의 신학적 기초

집사직은 신약 시대의 제도이나 그 정신은 구약의 율법과 예언자 전통에 뿌리를 두고 있다. 구약은 공동체 전체가 가난한 자, 과부, 고아, 나그네, 이방인을 돌보도록 명하고 있으며(신 24:19-22), 그 배경에는 하나님께서 애굽에서 압제당하던 이스라엘을 해방시켜 자유케 하신 구속사적 사건이 있다.

개혁주의생명신학은 바로 이러한 구속과 자유, 회복의 신학을 강조한다. 하나님이 주신 자유는 단지 개인적 종교적 자유를 넘어서, 삶의 전 영역에서 실질적으로 구현되는 공동체적 자유를 의미하며, 집사직은 이를 위한 섬김의 통로이다. 말씀의 회복은 삶의 회복으로 이어지며, 성령의 역사는 나눔과 자비로 구체화된다.

2. 집사직의 성경적 기원과 제도적 형성

1) 구약에서의 집사직의 전조

구약에는 명시적인 '집사'라는 명칭은 없지만, 가난한 자들을 위한 제도적 돌봄과 자비의 명령이 공동체 전체에 주어진다. 하나님께서 명령하신 희년법(신 15장), 십일조의 공동체적 배분(신 14:28-29), 농작물의 일부를 남겨두는 법(레 19:10)은 모두 경제적 약자를 보호하기 위한 하나님의 사회 정의 체계이다.

이러한 제도들은 단지 윤리적 명령이 아니라, 언약 백성으로서의 정체성을 형성하는 핵심이었다. 하나님은 이스라엘이 자비를 실천함으로써 거룩한 백성으로서의 사명을 드러내기를 원하셨다. 개혁주의생명신학의 관점에서, 이는 하나님의 생명과 회복의 뜻이 공동체 속에서 실현되어야 함을 강조하는 신학적 토대로 이해된다.

2) 신약에서의 제도적 확립

신약에서 집사직은 사도행전 6장을 통해 제도화된다. 헬라파 과부들이 구제에서 배제되면서 생긴 갈등 상황에서, 사도들은 말씀과 기도에 전무하고 구제의 일을 감당할 일곱 사람을 세운다. 이 일곱은 공적으로 임명되어, 구제와 자비의 사역을 체계적으로 감당하게 된다.

이 사건은 단지 행정 분업이 아니라, 교회의 공적 책임의 제도화이며, 생명을 돌보는 섬김의 공동체로 교회가 기능하기 위한 필수적 조치였다.

집사직은 이처럼 공동체 안의 공평과 나눔, 정의의 실현을 위한 구조적 직분이며, 이는 곧 개혁주의생명신학이 강조하는 공동체 중심, 섬김 중심의 교회상과 일치한다.

3. 집사직의 조직신학적 · 교회조직론적 의미

1) 교회 직분 삼분 구조에서의 집사직의 위치

개혁주의 교회는 직분을 통상적으로 목사, 장로, 집사로 삼분한다. 이 중 집사는 자비를 실현하는 직분으로, 목회와 치리에 집중하는 목사와 장로를 실질적으로 보완하는 역할을 수행한다.

조직적으로 볼 때, 집사직은 단지 "봉사하는 자"가 아니라, 공동체의 필요를 식별하고, 실제로 해결하며, 교회의 사명을 세상 속에 실천하는 주체적 직무이다. 개혁주의생명신학의 공동체 이해에 따르면, 모든 성도가 서로의 생명을 돌보고, 고통을 나누며, 자유를 회복시키는 존재로서 세워지는 과정에서 집사직은 중요한 구조적 통로로 작동한다.

2) 자비와 자유의 직분

집사직은 공동체 안에서 자비를 통해 자유를 회복시키는 직분이다. 이는 단지 물질적 구제가 아니라, 억눌림과 소외로부터의 전인적 해방을 의미한다. 이는 예수 그리스도의 섬김을 따르는 행위이자, 성령 안에서 실현되는 공동체적 열매이다.

개혁주의생명신학은 집사직을 통해 "하나님의 생명을 가진 자들이 세상에 생명을 흘려보내는 사역"으로 이해한다. 이 직분은 교회가 세상의 빛과 소금으로 살아가기 위한 실제적인 조직 구조이며, 복음의 공공성과 실천성을 제도적으로 보장한다.

3) 교회조직 내 기능과 역할

집사직은 교회조직 안에서 단순한 봉사자나 보조 인력이 아니라, 공동체의 공공성과 생명력을 유지하고 확장시키는 핵심 직분으로 작동한다. 집사는 교회가 실천하는 자비 사역의 중심에서 구체적 행위와 조직적 실행을 맡는다.

먼저, 집사직은 실천적 기능을 수행한다. 이는 구제 사역, 상담, 위기 상황에 처한 성도들에 대한 긴급 지원, 그리고 지속적인 돌봄 사역을 포함한다. 이러한 활동은 단발성의 행위가 아니라, 집사들이 기획하고 실행하는 의도적이고 조직적인 섬김으로 구성되며, 교회의 실질적인 구제 사역을 이끌어간다.

다음으로, 집사직은 행정적 기능을 맡는다. 이는 교회 내 구제 대상자를 식별하고 명단을 관리하며, 필요한 재정을 집행하고, 물품을 배분하고, 사역 전체를 효율적으로 조정하는 역할을 포함한다. 이러한 기능은 단순한 기술적 행정을 넘어, 자비의 질서화를 통해 하나님의 공의를 조직적으로 실현하는 사역이다.

또한 집사는 공동체적 기능을 수행한다. 교회 안에서 신앙적으로나 삶의 형편으로 약해진 이들과의 연대를 형성하며, 그들을 신앙적 회복의 자리로 이끌고, 건강한 관계 회복을 통해 공동체의 통합을 돕는다. 이는 곧 집사직이 신앙의 생명을 순환시키는 매개자임을 보여준다.

마지막으로, 집사는 교회 바깥으로 확장된 대외적 기능을 감당한다. 교회는 지역사회와 단절된 공동체가 아니며, 집사들은 NGO 단체들과의 협력, 공적 기부 활동, 지역사회를 향한 구제 사역을 통해 세상 속 그리스도의 사랑을 구체적으로 실현하는 사명을 수행한다. 이는 교회가 공공성과 사회적 책임을 감당하는 생명의 조직임을 드러내는 방식이다.

이처럼 집사직은 교회 내외부에서 자비와 정의를 실현하며, 생명을 살리는 공동체로서의 교회를 유지하고 확장하는 실천적 동력이다. 개혁주의생명신학은 교회를 말씀과 성령 안에서 생명력 있게 살아 움직이는 유기체로 보며, 집사직은 그 유기체의 한 부분으로서 실제적인 생명 순환을 가능하게 한다. 집사는 곧 교회가 세상 가운데 존재하는 이유, 즉 복음의 생명과 자비를 세상에 흘려보내는 통로인 것이다.

4. 집사직의 역사신학적 발전과 현대 적용

1) 교회사 속 집사직의 흐름

초대교회는 구제를 교회의 핵심 기능으로 간주했으며, 집사직은 실질적 자비 실천의 담당자였다. 중세 교회는 제도적 교권화 속에서 집사직의 실천성이 약화되었으나, 종교개혁은 이를 회복하였다. 칼뱅은 제네바 교회에서 집사직을 가난한 자들을 위한 공적 사역의 중심으로 삼고 교회 재정을 이 목적에 집중시켰다.

개혁주의생명신학은 이러한 전통을 계승하며, 교회가 자비 사역을 통해 지역사회와 세계를 회복시키는 역할을 수행해야 한다고 본다. 따라서 집사직은 단순한 제도가 아니라, 하나님의 생명 사역을 위한 조직 신학적 실천 도구로 작동한다.

2) 현대 교회에의 적용

오늘날 집사직은 교회의 실질적 사명을 수행하는 데 핵심적이다. 특히 현대 사회가 겪는 다양한 빈곤(경제적, 정서적, 관계적, 정신적)을 돌보기 위해 집사직은 다음과 같은 사역으로 확대되어야 한다.

취약계층 돌봄: 이주민, 장애인, 노약자, 미혼부모, 중독자

교회 공동체 돌봄: 위기 가정, 독거노인, 정신적 고통을 겪는 성도

공적 사명 확대: 지역 사회 NGO 협력, 국가 복지 정책 참여 등

개혁주의생명신학은 교회를 "세상의 생명과 회복의 통로"로 이해하며, 집사직은 그러한 교회의 외연 확장과 실천을 감당하는 핵심적 조직 단위이다.

5. 교회의 자비 구조로서의 집사직

집사직은 단순한 구제 사역의 직분이 아니라, 하나님의 자비와 자유를 교회 안에 조직적으로 실현하는 사역이다. 구약의 전체적 자비 명령과 예수 그리스도의 섬김, 사도행전의 조직화, 종교개혁기의 실천 회복, 오늘날의 실천 확대는 모두 집사직의 중요성을 말해 준다.

개혁주의생명신학은 교회를 회복의 생명 공동체로 보며, 집사직은 바로 그 생명의 순환 구조를 조직화하는 직분이다. 자비와 자유를 실천하는 교회는 세상 가운데서 빛과 소금의 사명을 감당하며, 집사직은 그러한 사명의 최전선에서 하나님의 사랑과 정의를 구현한다.

제2절 집사의 자격

1. 성경적 규정에 따른 제도적 기반

집사의 자격은 교회 조직 내 행정 직제나 단순한 직무 배분의 문제가 아니라, 교회 공동체 안에서 하나님의 생명을 어떻게 실현할 것인가에 대한 신학적 요청이다. 디모데전서 3:8-13은 이를 도덕적, 신앙적, 인격적, 가정적 자격으로 분류하여 제시하고 있으며, 이는 오늘날 교회조직 안에서 집사를 세우는 데 필수적 기준이 된다. 개혁주의생명신학은 이 모든 자격을 단순한 조건이 아닌 생명의 실천으로 연결한다. 곧 집사직은 말씀과 성령 안에서 회복된 자가 교회 공동체 속에서 그 생명을 구체적으로 봉사와 섬김으로 드러내는 자리이다.

2. 도덕적 자격

1) 존경받는 인격과 언어 절제

집사는 '정중하고'(셈노스), 즉 경건하고 존경할 만한 인격을 갖춘 자여야 한다. 이는 곧 하나님의 거룩함과 질서를 삶으로 반영하는 사람이다. 교회공동체 안에서 집사는 교인들의 고통과 현실을 접하는 위치에 있으므로, 절제된 언어와 성숙한 태도는 그의 인격의 열매이며, 나아가 하나님의 성품이 그를 통해 구현되는 방식이 된다.

특히 '일구이언을 하지 아니하는' 언어 절제는 곧 공동체 생명의 보존과 깊은 관련이 있다. 성도들의 약함을 대할 때 말로 상처를 주는 것이 아닌, 생명을 살리는 언어를 사용하는 자여야 한다. 이는 생명신학이 강조하는 공동체의 치유성과 연합성을 위해서도 필수적인 조건이다.

2) 절제된 삶의 자세와 자유의 윤리

'술에 인박히지 아니하고'라는 자격은 집사가 모든 중독과 탐닉에서 자유로워야 함을 말한다. 이는 단지 술만이 아니라, 세속적 중독(물질, 권력, 인정, 쾌락 등)에서 벗어나 자유한 영으로 살아가는 삶을 의미한다. 집사는 하나님 외에 그 어떤 것에도 얽매이지 않는 자유인으로서, 복음의 자유와 책임의 균형을 실천해야 한다. 개혁주의생명신학은 이러한 자유의 삶을 통해 교회가 생명의 영으로 다스리는 공동체가 되도록 강조한다.

3) 정결한 재정 윤리와 청지기 정신

'더러운 이익을 탐하지 아니하고'는 단순한 청렴성을 넘어, 교회 공동체를 위한 나눔과 섬김의 윤리를 요구한다. 집사는 재정을 다루는 청지기로서, 하나님의 자원을 어떻게 나누고 사용할 것인지에 대한 분별력을 지녀야 한다. 이는 개혁주의생명신학이 강조하는 "나눔의 실천"과 깊이 연결되며, 교회의 구제와 연대 사역의 실질적 기반이 된다. 베푸는 삶은 곧 생명의 증거이며, 집사의 청지기적 태도는 공동체의 신뢰와 회복에 결정적인 역할을 한다.

3. 신앙적 자격

1) 복음에 근거한 신앙과 깨끗한 양심

'깨끗한 양심'은 말씀과 성령으로 새롭게 된 내면의 질서를 의미한다. 이는 죄를 분별하고 회개하며, 하나님 앞에 성실한 자로 서는 영적 태도다. 생명신학은 이런 내면의 변화가 삶으로 흘러나오는 영성임을 강조한다. 집사는 겉으로 드러나는 행위 이전에, 양심이 정직하고 성결한 자로서 공동체 안에 있는 성도들에게 회복의 본이 되어야 한다.

2) 믿음의 비밀을 아는 복음적 인식

'믿음의 비밀을 가진 자'란 단지 복음을 지식적으로 아는 것을 넘어, 삶으로 그 신비를 드러내는 자를 의미한다. 이는 예수 그리스도의 구속과 십자가의 은혜를 중심에 두고 살아가는 존재로, 교회 안에서 복음을 나누고 삶으로 전하는 자이다. 개혁주의생명신학은 교회를 복음 안에 사는 생명의 공동체로 정의하며, 집사는 이 공동체의 진리를 전하고 구현하는 복음의 실천자여야 한다.

4. 인격적 자격

1) 공적 검증을 통과한 모범된 삶

'책망할 것이 없으며'라는 표현은 공동체 안에서 이미 영적 분별과 공동의 인정을 받은 자임을 전제로 한다. 집사는 단지 내면의 경건뿐 아니라, 외적으로도 공동체가 인정하는 신뢰와 모범을 갖춘 자여야 한다.

초대교회는 이 기준을 매우 엄격히 여겼으며, 이는 개혁주의생명신학이 강조하는 공동체성 속의 성령 공동체의 검증 원리와도 일치한다. 집사는 교회의 생명 흐름을 조직 안에서 감당할 수 있는 도덕성과 통찰력을 가진 자이어야 한다.

5. 가정적 자격

1) 결혼관계의 신실함과 정결한 삶

'한 아내의 남편'이라는 자격은 성적 순결뿐 아니라, 배우자에 대한 책임과 헌신을 강조한다. 집사는 가정 안에서 먼저 사랑의 질서와 영적 지도력을 세운 자이어야 하며, 이는 교회 섬김의 모판이 된다. 생명신학은 가정을 생명의 기초 공동체로 보고, 집사의 가정은 곧 복음이 실현되는 첫 번째 현장이다.

2) 자녀에 대한 영적 양육과 지도

'자녀를 잘 다스리는 자'는 단순한 권위적 통제를 뜻하지 않는다. 이는 사랑과 훈련, 모범과 대화를 통해 자녀가 신앙 안에서 자랄 수 있도록 도우는 지도력을 의미한다. 가정에서의 섬김은 곧 교회 안에서의 돌봄과 직결된다. 집사의 가정은 생명신학적 관점에서 보면, 말씀과 성령이 흘러가는 생명의 통로가 되어야 한다.

3) 집 전체의 질서와 돌봄의 영성

'자기 집을 잘 다스리는 자'는 가정이라는 공동체 전체를 관리하고 세우는 사명을 내포한다. 이는 단지 효율적인 통제보다, 돌봄과 보호, 연합과 나눔의 리더십을 실천하는 것이다. 생명신학은 이를 가정에서부터 드러나는 살림의 영성, 관계적 영성으로 본다. 집사는 가정에서부터 이 원리를 실현함으로써, 교회 안에서도 동일한 생명 흐름을 이어갈 수 있다.

6. 조직신학적 · 교회조직론적 적용

집사직은 교회 조직 내에서 단지 실행 조직의 말단이 아니라, 교회의 공공성과 생명성을 실현하는 봉사의 직분이다. 개혁주의생명신학은 집사직을 자비와 자유의 직분이라 정의하며, 이는 곧 교회가 생명으로 존재하고, 생명을 나누는 조직이 되도록 실질적 토대를 제공하는 사역임을 뜻한다.

직분의 위계가 아니라 역할의 다양성이 강조되는 교회 조직 안에서, 집사는 섬김을 통해 교회를 일으키는 실천자이며, 성령 안에서 질서 있게 공동체를 섬기는 생명 관리인이다. 이는 곧 교회의 몸이 건강하게 기능할 수 있도록, 각 지체가 자기 자리를 충실히 감당하는 조직적 협력의 구현이기도 하다.

제3절 집사의 사역에 대한 교회조직론적 고찰
― 개혁주의생명신학의 관점에서 ―

교회조직 안에서 집사의 사역은 단순한 봉사나 보조적 기능을 넘어서, 교회가 '자비의 공동체'로 존재하기 위한 핵심 실천 영역을 담당한다. 존 칼뱅은 집사의 사역을 "자비의 사역(ministerium misericordiae)"이라 부르며, 로마서 12:8을 근거로 구체적으로 구제를 집행하는 자, 그리고 가난하고 병든 자를 돌보는 자라는 두 부류의 집사직으로 나누어 설명하였다. 이는 단순한 기능 구분이 아니라, 교회가 하나님의 긍휼을 구체적으로 드러내는 조직적 구조 속에서 집사의 역할을 위치시키는 신학적 통찰이었다.

현대 교회조직에서는 이 사역을 보다 구체적이고 제도화된 형태로 계승하고 있으며, 일반적으로 다음과 같은 직무를 중심으로 구성된다. 첫째, 교회의 봉사 기능을 실천하는 일이다. 예배 준비, 안내, 헌금 수집, 식사 봉사 등의 실질적 활동은 교회의 질서와 예배의 흐름을 안정적으로 유지하게 한다. 둘째, 교회의 서무와 회계를 담당하는 행정적 기능이다. 이는 집사가 단지 돌봄의 사역자일 뿐 아니라, 교회의 재정적·행정적 신뢰를 담당하는 조직 운영의 핵심 역할임을 시사한다. 셋째, 교인들의 구제와 돌봄을 책임지는 사회적·영적 사역이다. 교회 내 환우, 독거 노인, 경제적 위기 가정 등에게 구체적으로 손을 내미는 일은 집사의 조직적 실행력 없이는 불가능하다.

이러한 집사의 사역은 당회의 지도를 받으며, 목사 및 장로와 협력하는 조직적 구조 속에서 이루어진다. 이는 장로정치체제에서 집사의 사역이 단순히 독립적 기능이 아닌, 교회 전체의 질서 안에서 통합적으로 기능하는 협력적 직무임을 보여준다. 집사는 자신의 판단이나 감정에 따라 자율적으로 행위하는 것이 아니라, 교회 공동체의 영적 비전과 행정 질서에 따라 체계적으로 사역해야 한다.

나아가, 집사의 사역은 "자비와 자유의 직분"이라는 신학적 명칭을 갖는다. 자비는 곧 하나님의 성품을 드러내는 것이며, 자유는 기꺼이 즐거움으로 감당하는 헌신의 태도를 의미한다. 이는 집사의 사역이 단지 외적 과업 수행이 아니라, 내면의 은혜 체험과 교회의 유기적 조직 질서 안에서 수행되는 헌신적 직무임을 의미한다.

여기서 개혁주의생명신학은 집사의 사역을 보다 실천적이고 공동체 중심적으로 조명한다. 개혁주의생명신학은 "생명의 하나님께 붙들린 생명의 사람을 세워 생명의 공동체를 이룬다"는 핵심 명제를 바탕으로, 집사의 사역을 교회 안팎에서 생명을 살리고, 생명을 섬기며, 생명을 연결하는 실천적 사역으로 이해한다. 즉, 집사는 단지 구제를 위한 손발이 아니라, 그리스도의 생명을 공동체 안에서 증언하고 전달하는 자이다.

따라서 집사의 사역은 고립된 직무가 아닌, 교회 전체가 생명공동체로 살아 움직이도록 연결하고 봉사하는 생명 실천자의 역할이다. 교회의 서무나 회계, 봉사나 구제도 단순한 관리가 아니라, 교회가 그리스도의 생명과 은혜를 세상 속에 구체화하는 도구로 이해된다. 이러한 점에서 개혁주의생명신학은 집사의 사역을 예배와 구제, 행정과 목회, 조직과 은혜를 통합하는 생명적 사역으로 확장해 해석한다.

결국 집사의 사역은 교회조직의 실천적 복지 구조, 행정적 운영체계, 영적 돌봄의 실행 조직을 아우르는 복합적 기능이며, 그 중심에는 하나님의 긍휼을 세상 속에 구체화하는 공동체적 책임이 자리 잡고 있다. 이러한 점에서 집사의 사역은 교회의 본질적 사명을 사회적으로 실현하는 교회조직 내 핵심 생명 실천 축이며, 개혁주의생명신학의 '생명 사역'의 실제적 구현 양식이라 할 수 있다.

제4절 서리집사의 기원

본래 교회의 집사 직분은 '서리집사'나 '안수집사'로 구분되지 않았다. '서리집사'란 한국 교회에만 존재하는 독특한 직책으로, 그 기원은 한국 교회의 상황과 문화적 배경에서 비롯되었다. 한국에서 '집사'라는 호칭은 본래 특정 직분을 지칭하기보다는, '성도' 혹은 '기독교인'에 해당하는 포괄적 호칭으로 남용되는 경우가 많다. 특히, 교회에 다니는 기혼의 젊은 사람을 "집사님!"이라고 부르는 관습이 흔하다.

'서리집사'의 '서리'(署理)란 한자어로 '임시로 맡아 직책을 대신 수행한다'는 뜻이다. 이는 원래 조선 말기 고종 시기에 사용된 용어로, 1894년 갑오개혁 당시 국정운영에서 권한 대행자를 지칭하기 위해 '서리'라는 표현이 공식적으로 도입되었다. 예를 들면, '국무총리 서리', '장관 서리'와 같은 형태로 사용되었다. 이러한 관행이 교회에 도입되며, '집사 서리'를 '서리집사'로 부르기 시작한 것이다.

한국 교회는 집사로 세울 적임자가 부족한 상황에서 임시적으로 집사 역할을 맡길 필요가 있을 때, '서리집사'를 임명해왔다. 서리집사의 임기는 1년으로 제한되며, 당회가 이를 임명한다. 이는 교회 직분자가 일반적으로 교인들의 투표로 선출되는 것과 대조적이다. 임시직인 서리집사는 당회의 권한으로 결정되기 때문이다. 원래 서리집사는 정식 집사가 장립되면 자연스럽게 사라져야 하는 제도적 장치였다. 그러나 한국 교회에서 '서리집사'는 하나의 고정된 직분처럼 자리 잡았다. 이는 교회 직분의 세속화와 관련된 문제를 드러낸다. 교회의 직분은 본래 직무와 긴밀히 연결되어야 하지만, 직무가 없는 직분이 존재한다면 이는 본질적으로 무의미하다. 그럼에도 서리집사가 직분으로 고착화된 현실은 교회의 영적 쇠퇴를 초래할 가능성을 시사한다. 이는 신앙을 직분의 호칭으로 대체하려는 경향과도 무관하지 않다. 실제로 '서리집사'는 직분이라기보다 직무를 대신 수행하는 임시적 역할에 불과하다. 현재 서리집사 제도는 남녀 모두에게 열려 있으며, 교회의 필요와 상황에 따라 유연하게 운영되고 있다.[117]

---

117) 임경근, 「한국교회사 걷기」, 141-142.

제8장 교회조직에서 권사의 직분

제1절 권사직의 역사와 교회조직론적 이해

1. 성경과 초기교회에서의 여성 직무의 암시

구약 성경은 여성의 공적 직무에 대해 비교적 제한적으로 언급한다. 여선지자나 여사사(예: 드보라, 훌다)가 등장하긴 하나, 이는 일시적이고 예외적인 하나님의 섭리에 따른 것으로 간주되어 왔다. 이들의 사역은 개인적 카리스마에 근거한 사역이었으며, 제도화된 공적 직임이라기보다 하나님의 역사적 개입 속에서 나타난 특수한 사건으로 보아야 한다.

신약 시대에 이르러 여성의 교회 내 역할은 점차 공동체적이고 실질적인 사역의 지평을 넓혀간다. 예수님의 공생애 동안 여러 여인들이 그를 따르고 섬겼으며(눅 8:1–3), 바울 서신에서는 '여집사'(디아코노스)의 존재(롬 16:1, '겐그레아 교회의 뵈뵈')나 '교회에서 수고하는 여자들'(빌 4:2–3)이 언급된다. 특히 디모데전서 5장과 디도서 2장에 나타난 과부, 늙은 여자들에 대한 지침은 여성 사역자의 모델을 형성할 수 있는 기반이 된다.

2. 초대교회와 여성 직무의 제도화

2세기 이후, 과부(widows)의 직분은 초대교회 안에서 일정한 역할과 위상을 갖기 시작하였다. 테르툴리아누스(Tertullian)는 과부가 '기도와 구제, 병자 돌봄, 세례 교육, 감옥 방문, 이방 여성 복음 전도'에 참여했다는 증거를 남겼다. 이는 오늘날 권사직의 선교적 · 교육적 · 돌봄 사역과 유사한 기능을 수행한 것으로 볼 수 있다. 존 스토트(John Stott)는 디모데전서 5:9에 언급된 "과부의 명부"를 단순한 수혜 명단이 아닌, 봉사 가능한 여성의 명단으로 이해하며, 이는 사역 주체로서의 여성 지도자의 제도적 기반이었음을 암시한다.

3. 권사직의 조직신학적 성격과 제도화

권사직은 목사, 장로, 집사와 달리 성경에 직접 명시된 직분은 아니며, 이를 '헌법적 직분(constitutional office)'으로 구분하는 것이 일반적이다. 그러나 성경에서 여성을 대상으로 한 권면, 교훈, 섬김, 기도, 돌봄의 역할이 명확히 제시되고 있음을 고려할 때, 권사직은 성경적 정신을 반영한 실천적 직무라 할 수 있다. 교회는 이러한 성경의 암시와 역사적 실천을 바탕으로 여성의 공적 사역을 제도화하였으며, 특히 장로교 전통은 권사직을 교회의 중요 직분으로 인정하고 있다.

4. 교회사 속 권사직의 유형과 기능

교회사는 권사직을 다음과 같은 방식으로 이해해왔다.

가. 여집사의 연장선: 초대 교회의 여집사 기능(돌봄, 심방, 세례 교육 등)을 계승하는 직분.

나. 나이든 여집사(senior deaconess): 미국 교회사에서 권사직은 종종 고령 여성 집사의 형태로 이해되었으며, 교회 내 장년 여성의 신앙적 권위를 제도화한 것으로 보인다.

다. 집사와 장로의 중간 기능: 권사직은 행정적 역할을 수행하는 집사직과 목양·권면 기능을 수행하는 장로직의 요소를 모두 포함하는 복합적 사역으로 인식되기도 한다.

권사는 병자 심방, 연약한 자 돌봄, 가난한 자 구제, 여성 교인의 신앙지도, 기도 사역 등에서 핵심적인 역할을 감당해왔다. 이는 단지 보조적역할을 넘어서, 교회 공동체의 영적 생명력과 돌봄을 실천적으로 구현하는 중심 사역이다.

5. 교회조직 내 권사직의 위치와 기능

권사직은 교회조직론적 관점에서 중간 지도층으로서 중요한 위치를 점한다. 이 직분은 당회의 지도 아래에서 활동하며, 장로와 더불어 교회의 권면 사역을 분담하는 역할을 맡는다. 권사는 행정적 치리를 담당하지는 않지만, 영적 돌봄과 권면의 사역에 있어 핵심적인 역할을 수행함으로써 교회조직의 수직적 위계 구조 속에서 수평적인 돌봄과 연계 기능을 강화하는 연결자 역할을 감당한다.

권사의 주요 기능은 다음과 같이 요약될 수 있다. 첫째, 영적 돌봄의 기능이다. 권사는 교회 내 연약한 성도들, 병자, 시험에 든 자들을 찾아가 위로하고 격려하며, 신앙적으로 지지하는 역할을 수행한다. 이들은 말 그대로 "권면하는 자"로서, 성도 개인의 신앙 여정을 함께하며 영적 회복을 위한 동반자가 된다.

둘째, 심방 사역을 감당한다. 권사는 장로 및 당회와 협력하여 교인들을 정기적으로 심방하며, 그들의 신앙 상태를 살피고 공동체와의 유대를 점검한다. 이는 단순한 방문이 아니라, 말씀과 기도를 통한 영적 확인과 격려의 사역으로, 공동체 내부의 생명 순환 구조를 유지하는 데 기여한다.

셋째, 권사는 기도 사역과 중보자 역할을 수행한다. 교회 전체를 위한 기도에 헌신하며, 특히 고난당하는 자들과 특별한 도움이 필요한 지체들을 위해 중보기도에 힘쓴다. 이러한 기도 사역은 교회의 영적 에너지를 유지시키고, 하나님의 도우심을 지속적으로 구하는 통로가 된다.

마지막으로, 권사는 여성 교인을 위한 교육 및 제자훈련의 기능을 수행한다. 특히 젊은 여성 교인들을 가르치고 권면함으로써, 신앙의 성숙을 돕고 다음 세대를 세우는 사역에 동참한다. 이는 디도서 2장 3-5절이 말하는 "늙은 여자는 젊은 여자의 본이 되라"는 사도적 권면의 실천이기도 하다.

이처럼 권사직은 교회조직 안에서 직접적인 치리권은 없지만, 목양과 권면, 심방과 중보기도, 제자훈련을 통해 교회의 영적 건강과 공동체성을 유지하고 강화하는 핵심적 직분으로 기능한다.

6. 개혁주의 생명신학과 권사직

개혁주의 생명신학은 "회복, 나눔, 선교"를 핵심 기조로 하며, 교회를 '생명의 공동체'로 이해한다. 권사직은 바로 이 생명신학의 실천적 적용점이라 할 수 있다. 권사는 교회의 생명을 지키는 돌봄의 손길이며, 생명 약자에 대한 연민과 섬김을 실천하는 자들이다. 권사직은 교회의 생명력을 현장에서 구현하며, 교회의 어머니적 속성과 돌봄 공동체로서의 정체성을 보여준다.

7. 결론: 권사직의 조직적 정당성과 실천적 의미

권사직은 교회조직 내 여성 지도력의 제도적 구현이며, 신앙의 모범으로서 거룩한 삶을 드러내는 직분이다. 비록 성경에서 직접적으로 명시된 직분은 아니지만, 성경적 정신과 교회사적 실천, 그리고 조직의 필요에 의해 형성된 헌법적 직분으로서 그 정당성을 갖는다. 권사직은 '권면과 돌봄의 직분'으로서, 성도 간의 영적 유대와 공동체 돌봄을 제도적으로 보장하며, 오늘날에도 교회의 공공성과 생명성을 유지하는 핵심적 직분이라 할 수 있다.

제2절 권사직의 자격에 대한 교회조직론적 고찰
— 개혁주의생명신학을 중심으로 —

1. 권사직과 교회조직의 연계

교회는 유기적 공동체이자 제도적 조직체로서, 각 직분은 단순한 역할을 넘어서 교회의 생명력을 유지하고 신자들을 온전하게 자라게 하는 하나님의 도구이다. 권사직은 여성 직분자 가운데 가장 공식적인 공적 직분으로, 주로 영적 돌봄과 기도, 권면과 중보, 봉사의 사역을 수행하는 중요한 역할을 감당한다. 이러한 권사직은 단지 보조적 직분이 아니라, 교회조직 내에서 감정적 · 관계적 안정성과 공동체적 정서를 중재하는 핵심 축이라 할 수 있다.

개혁주의생명신학의 관점에서 볼 때, 권사직은 생명의 복음을 실현하는 삶의 통로이자, 교회가 성령의 생기를 유지하도록 돕는 '생명 돌봄의 사역자'이다. 이에 본 연구는 디모데전서 3:11 이하를 중심으로, 권사의 자격을 교회조직론과 개혁주의생명신학의 통합적 관점에서 서술한다.

2. 조직 내 권사직의 위치와 성격

1) 비공식적 감독 역할의 제도화

권사는 교회 안에서 오랫동안 비공식적인 영적 리더십을 수행해왔다. 디모데전서 3:11의 "여자들도 이와 같이"라는 표현은, 장로와 집사에 준하는 여성 직분자의 존재를 암시한다. 이는 교회조직론적 관점에서 하나의 독립된 직분으로 제도화될 가능성을 보여주는 본문으로 해석할 수 있으며, 실제로 오늘날 대부분의 교회는 이 구조를 채택하고 있다.

개혁주의생명신학은 성령께서 공동체 가운데 생명력 있게 일하신다는 것을 강조하는데, 권사직은 바로 그 생명역동을 현장 속에서 실현하는 대표적인 여성 사역자라 할 수 있다. 따라서 권사는 목회자의 동역자이자 성도들의 신앙 여정을 함께 인도하는 돌봄의 중심에 있다.

2) 기능적 분화와 권위의 보완

교회조직 내에서 권사직은 공식 권위에 의해 통제되는 행정적 직분과 달리, 정서적 안정과 영적 중보를 통해 공동체의 내면을 지탱하는 보완적 리더십 구조를 형성한다. 이는 성경이 말하는 '몸 된 교회'의 다양한 지체 가운데, 숨은 기관으로 기능하는 역할이라 볼 수 있다.

개혁주의생명신학은 교회를 생명 공동체로 바라보며, 모든 직분자는 그 생명력에 참여하는 사역자로 이해된다. 이 관점에서 권사는 생명을 살리고 돌보는 '은혜의 손길'이 되며, 공동체의 약한 지체와 슬픔 많은 이들에게 생명의 숨결을 불어넣는 사역을 감당한다.

3. 권사직 자격의 교회조직론적 분석

디모데전서 3:11 - 13은 권사의 자격을 개인적 성품, 공동체적 신뢰, 가정적 모범이라는 세 측면에서 서술하고 있다. 이는 교회조직론의 적격성, 신뢰성, 정합성의 기준에 대응하며, 생명신학의 관점에서는 성령께서 공동체 안에 거하시기 위한 '거룩한 공간'을 마련하는 기본 조건으로 해석할 수 있다.

1) 개인적 성품의 자격: 정숙하고, 모함하지 아니하며, 절제하며

첫째로 권사는 '정숙하고'(셈노스) 존경받을 만한 인격을 지녀야 한다. 이는 단지 나이의 많고 적음이 아니라, 진중함과 경건함, 그리고 공동체 내에서의 도덕적 품위가 바탕이 되어야 함을 뜻한다. 모든 직분자, 특히 권사는 말과 행동에 있어서 가볍지 않고 책임감 있는 태도로 공동체의 신뢰를 얻어야 하며, 이는 성령께서 역사하시는 환경을 조성하는 생명공

동체의 본질과 일치한다.

둘째, '모함하지 아니하며'(디아볼루스)는 권사의 언어생활에 대한 경고이며, 교회의 평화를 지키는 자로서의 역할을 강조한다. 교회는 말이 많은 공간이다. 권사는 공동체의 가장 많은 기도 제목과 사연을 접하는 위치에 있는 만큼, 말의 절제와 비밀보호가 필수적이다. 이는 교회 조직 내 정보의 흐름을 조절하고, 영적 질서를 지키는 조직윤리의 핵심이며, 생명신학적으로는 '공동체 내 치유의 도구'로서 작용해야 함을 뜻한다.

셋째, '절제하며'는 술이나 말, 감정, 소비 등에 있어서 통제된 삶을 의미한다. 이는 권사가 내면적 평안과 성령의 인도를 따라 움직이는 신앙의 성숙함을 보여주는 것이며, 그 자체가 다른 성도들에게 본이 된다. 권사의 절제는 교회가 거룩한 질서를 유지하고, 세상 속에서 믿음의 빛을 비추는 생명의 증언으로 기능하게 만든다.

2) 공동체적 신뢰 자격: 모든 일에 충성된 자

'모든 일에 충성된 자'라는 표현은 권사의 사역이 단편적이거나 일시적인 헌신이 아니라, 전인격적이고 장기적인 신실함 위에 세워져야 함을 나타낸다. 교회조직적으로 이는 사역자에 대한 전면적 신뢰와 지속 가능성의 조건이며, 권사가 교회 안에서 자발적 리더십을 발휘할 수 있는 제도적 기반이 된다.

개혁주의생명신학은 "하나님의 생명은 지속적으로 자라고 번져야 한다"고 강조한다. 권사의 충성은 곧 생명의 흐름을 이어가는 사역으로 연결된다. 말없이 교회를 청소하고, 남모르게 헌신하며, 기도로 새벽을 깨우는 권사의 삶은 교회 조직 전체를 살리는 영적 관절과 같다. 이러한 충성된 성품은 공동체의 영적 깊이를 유지하게 하는 필수 자질이다.

3) 가정적 자격: 한 남편의 아내가 되어 자녀를 잘 다스리는 자

권사의 자격에는 반드시 가정에서의 책임성과 신앙적 모범이 포함되

어야 한다. 이는 가정이 교회의 작은 단위이며, 권사가 공동체 내에서 생명을 돌보는 사람으로 인정받기 위해서는 먼저 자기 가정을 잘 다스릴 수 있어야 함을 뜻한다.

한 남편의 아내로서 남편을 존중하고 자녀를 신앙으로 양육하는 삶은, 교회 안에서 성도들을 돌보고 양육하는 리더로서의 훈련장이 된다. 이는 교회조직의 핵심인 '소그룹·가정교회 중심의 조직 운영'에 있어서, 권사가 중요한 모범을 제공하는 토대가 된다.

개혁주의생명신학은 가정의 영적 중심성을 중시하며, 할머니와 어머니의 믿음이 다음 세대에 생명력을 전수한다는 점에서 권사의 가정 내 역할은 매우 결정적이다. 디모데가 외할머니 로이스와 어머니 유니게에게서 '거짓 없는 믿음'을 계승한 것처럼, 권사의 가정이 곧 교회의 신앙 유산의 통로가 되는 것이다.

4. 생명공동체를 위한 권사의 자격 정립

권사는 단순한 여성 직분자가 아니다. 교회조직 내에서 관계와 돌봄, 권면과 중보, 훈육과 격려를 통해 교회공동체를 내면에서 지탱하고 회복시키는 사역자이다. 교회의 유기적 조직 안에서 권사는 목회적 리더십과 평신도 리더십 사이를 매개하며, 성령의 통로가 되어 교회를 생명력 있게 한다.

따라서 권사의 자격은 단순히 연륜이나 경력, 혹은 관행으로 정할 수 없으며, 성경이 제시하는 바와 같이 인격의 존귀함, 말의 절제, 가정의 건강, 공동체를 향한 충성이 확인되어야 한다. 이를 통해 권사는 교회의 생명공동체를 돌보고 유지하는 영적 어머니가 되며, 개혁주의생명신학이 지향하는 '말씀과 성령 안에서 자라나는 교회'를 실제로 구현하는 데 중요한 조직적 자산이 된다.

제3절 권사의 직무에 대한 교회조직론적 고찰

1. 권사직의 조직 내 위치

권사직은 교회 조직 내에서 '권면과 돌봄의 직분'을 수행하는 비임직 항존직으로서, 목사와 장로, 집사 등과 함께 교회의 공적 구조를 구성하는 중요한 직분 중 하나이다. 권사는 직접적인 치리권이나 성례 집례의 권한은 가지지 않지만, 교회의 영적·목회적 돌봄 구조 안에서 심방과 위로, 기도 사역을 담당함으로써 신자 개개인의 영적 성장을 도우며 공동체의 유기적 생명성을 유지하는 기능을 수행한다.

2. 권사의 사역 범주와 조직 내 기능

권사의 직무는 당회의 지도 아래 수행되는 심방과 권면, 그리고 연약한 성도를 위한 돌봄과 중보기도로 요약된다. 이러한 사역은 다음과 같은 조직적 기능을 내포한다.[118)]

1) 목회지원 기능

권사는 목회자의 사역을 보완하고, 장로의 치리와 목양 사역을 돕는 역할을 수행한다. 교회의 영적 권위 질서를 존중하면서도, 권사들은 일상적 삶의 현장에서 신자들을 직접 만나는 접촉점으로서 기능하여, 목회적 돌봄의 사각지대를 해소하는 데 중요한 역할을 담당한다.

2) 심방·상담 기능

권사는 병자, 연약한 자, 시험 중에 있는 자 등 고통과 위기 속에 있는 교인을 찾아가 위로하고 격려하는 심방 사역을 수행한다. 이는 단순한 방문이 아니라, 성경적 권면과 중보기도를 통한 치유적 상담 사역이

---

118) 헌법 정치 제44조 권사의 직무 : 권사는 당회의 지도 아래 신자를 심방하되, 특히 병자와 궁핍한 자, 환난 당한 자, 시험 중에 있는 자와 연약한 자를 위로하고 격려하며 교회에 덕을 세우기 위하여 힘쓴다.

며, 교회 공동체의 돌봄 체계를 실질적으로 작동하게 만드는 핵심적 실천이다.

3) 영적 공동체 형성 기능

권사의 활동은 교인 간의 관계를 연결하고 영적 소통을 촉진함으로써 공동체 내 친밀성과 연대감을 강화한다. 이는 그리스도의 몸으로서의 교회가 유기적으로 연결된 생명 공동체로 작동하는 데 핵심적인 기반이 된다.

4) 덕 세움의 기능

권사는 모든 일에 충성된 자로서, 자신의 삶과 말, 행동을 통해 교회 공동체 안에 덕을 세우고, 신앙의 모범을 제시한다. 이는 교회 조직 내 비공식적 영향력(informal leadership)으로서의 역할로, 조직문화의 정체성과 방향성 형성에도 영향을 미친다.

3. 권사의 직무에 대한 조직신학적 기초

1) 직분론적 근거

교회의 직분은 그리스도께서 교회에 주신 은혜의 방편이며, 각 직분은 교회 공동체 내에서 특정한 기능을 수행하도록 하나님께서 세우신 것이다(엡 4:11-13). 권사직은 말씀과 치리를 담당하는 공식 교역직은 아니나, 성도들의 돌봄과 권면이라는 실천신학적 차원에서 중요한 직임으로 기능한다.

2) 교회론적 정체성

교회를 '그리스도의 몸'으로 이해할 때, 각 지체의 기능은 고유하면서도 상호의존적이다(고전 12장). 권사는 연약한 지체들을 돌아보고 그들의 필요에 응답함으로써, 전체 몸의 건강을 유지하고 성장하게 만드는 중요한 돌봄 사역의 실천자이다.

3) 개혁주의생명신학과의 연결

개혁주의생명신학은 교회를 '생명 공동체'로 보며, 각 직분의 사역이 생명 전달과 생명 회복에 기여해야 함을 강조한다. 권사는 단순한 봉사자가 아니라, 상처 입은 자들과 고난 받는 이들을 위해 기도하고 동행함으로써, 생명의 회복을 위한 영적 사역에 참여하는 자이다. 이는 권사직이 생명신학의 실천적 지평에서 중요한 역할을 맡고 있음을 보여준다.

4. 실천적 시사점

권사의 직무는 교회 행정적 또는 구조적 보조에 그치지 않고, 목회적 돌봄의 일선에서 공동체의 영적 생명력을 회복하는 데 중추적 역할을 한다. 그러므로 교회는 권사직을 단순한 명예직으로 간주하지 말고, 정기적인 교육과 훈련을 통해 사역의 전문성과 영성을 강화해야 한다. 또한 당회와의 협력 구조를 명확히 하여, 권사의 사역이 조직 안에서 유기적으로 통합될 수 있도록 행정적 장치도 마련해야 할 것이다.

결론적으로, 권사의 직무는 교회 조직 안에서 권면과 돌봄이라는 핵심적 기능을 수행하는 중요한 영적 사역이다. 이는 단순한 의전적 직분이 아니라, 생명 공동체로서의 교회를 유지하고 성장시키는 실제적이며 필수적인 역할을 감당하는 자리이다. 그러므로 권사직에 대한 바른 이해와 조직적 위치 설정은 교회의 건강한 성장과 영적 돌봄 구조의 강화를 위해 매우 중요하다.

제4절 권사의 기원

장로교에서 '권사'(Exhorter)는 감리교회의 '권사'(남성)와는 다른 개념으로, 여성에게 주어지는 독특한 직무다. 이는 남성과 여성을 구분하던 한국적 상황에서, 여성 신자가 주로 방문, 위로, 격려 등의 역할을 맡아 섬기게 하기 위해 만들어졌다.

권사는 종교개혁자들이 성경에서 찾아 정착시킨 목사, 장로, 집사 직분에는 포함되지 않는다. 따라서 권사는 직분이라기보다는 직무로 보는 것이 적절하다. 그러나 그 사역의 무게를 고려하면, 권사의 역할은 장로와 견줄 만한 수준이라 할 수 있다. 장로교회에서 권사 제도가 공식적으로 도입된 것은 1955년 제40회 예수교장로회 총회에서였다. 봉사에 헌신하는 여성을 '권사'로 임명함으로써 교회의 필요를 충족하려한 것이다.

이 권사 제도는 여성 장로가 없는 상황에서, 여성 차별을 완화하려는 방편으로 도입된 것이라는 비판을 받기도 한다. 즉, 권사 제도가 여성 차별의 산물이라는 주장이다. 하지만 이 주장은 당시 상황을 충분히 반영하지 못한 평가로 볼 수 있다. 당시 장로교회 내부에서 여성 직분에 대한 요구는 거의 없었으며, 교회 봉사에 헌신적인 여성들에게 적절한 직무를 맡기는 것이 필요하다고 본 결과, 권사 직분이 종신직으로 도입된 것이다.[119]

---

119) 임경근, 「한국교회사 걷기」, 143-144.

제9장 영광스러운 교회, 영광스러운 직분:
— 교회조직론과 개혁주의생명신학, 백석총회의 교회론적 고찰 —

1. 교회조직의 본질과 직분의 구조

교회는 살아 계신 하나님의 집이며, 진리의 기둥과 터로서 하나님의 말씀을 따라 구성되고 운영되어야 한다. 이 교회의 본질은 조직화된 신앙 공동체로서, 삼위 하나님의 사역이 실제적으로 구현되는 장이다. 이러한 교회의 사명과 구조는 '직분'을 중심으로 구체화되며, 직분은 단순한 기능적 역할을 넘어 교회의 영적 정체성과 구조적 질서를 드러낸다.

특히 백석총회는 교회를 "예수 생명의 공동체"로 고백한다. 이는 단순히 교리적 정체성이 아니라, 성령 안에서 살아 움직이는 실재로서의 교회를 의미한다. 이러한 교회는 생명의 근원이신 예수 그리스도를 머리로 삼고, 그 생명을 조직과 직분을 통해 세상 속으로 흘려보내는 구조적 통로가 된다. 따라서 직분은 교회의 조직적 핵심이며, 생명의 순환을 유지하는 결정적 요소이다.

2. 교회의 구조적 정체성: 하나님의 집과 생명의 공동체

신약 성경, 특히 디모데전서 3:15 - 16은 교회를 "하나님의 집"(οἶκος θεοῦ)이라 표현함으로써, 교회를 하나님의 가족 공동체로 정의한다. 고대 헬라—로마 사회에서도 '집'은 권위, 규율, 유산이 전달되는 기본 단위였으나, 성경은 교회를 하나님의 언약 아래 형성된 생명의 공동체로 선언한다. 교회는 세속적 조직이 아니라, 삼위 하나님의 말씀과 성령 안에서 탄생하고 유지되는 생명 조직이다.

개혁주의 조직신학은 이러한 교회의 정체성을 "말씀의 공동체", "성례의 공동체", "치리의 공동체"라는 삼중적 본질로 정리한다. 이 본질은 곧 교회가 말씀을 중심으로 세워지고, 성례를 통해 생명을 나누며, 질서를 통해 공동체성을 유지하는 유기체임을 의미한다. 이 세 가지 요소는 교회의 모든 직분 안에 유기적으로 구현되며, 각 직분은 삼위 하나님의 내재적 사역(Opera Trinitatis ad extra)을 반영하는 신적 수단이다.

백석총회는 이러한 교회의 정체성에 생명의 역동성을 부여하여 "예수 생명의 공동체"로 명명하며, 이 생명은 곧 그리스도 안에서 살아나는 복음의 능력을 가리킨다. 교회는 죽은 제도가 아니라, 살아 있는 생명의 공동체이며, 이를 유지하기 위해 올바른 조직과 거룩한 직분이 반드시 필요하다.

3. 교회의 조직과 직분: 기능과 상호 보완성

교회 조직 내 직분 구조는 네 가지 주요 직분—목사, 장로, 집사, 권사—으로 구성되며, 이는 성경적 원리에 기초한 상호 보완적 구조이다. 각 직분은 위계가 아닌 은사와 기능의 차이에 따라 조직된 것으로, 교회의 건강성과 사명을 함께 이룬다.

목사는 말씀과 기도의 직무를 통해 교회를 가르치며, 전체 직분 구조의 질서를 이끌어 가는 영적 리더십을 수행한다. 장로는 목양과 감독의 역할을 맡으며, 교회 공동체의 권징과 돌봄을 실천하는 '치리직'의 핵심이다. 집사는 자비와 구제의 사역을 통해 교회의 자원 배분과 대외적 사명을 감당하며, 교회 조직의 '실천 행정'을 수행한다. 권사는 심방과 권면을 통해 신자 개개인의 신앙 여정을 돌보며, 교회의 '영적 돌봄' 기능을 보완한다.

이러한 구조는 위계적 질서가 아닌 '기능적 질서(ordo functionis)'에 근거하며, 이는 개혁주의 조직신학에서 주장하는 모든 직분의 동등성과 역할상의 차별을 전제한다. 직분은 생명과 섬김을 위한 통로이지, 권위를 위한 지위가 아니다. 백석총회는 이를 "예수 생명의 공동체"라는 표어 아래 더욱 분명히 하며, 모든 직분자는 그리스도의 생명을 나누는 사명 자임을 선언한다.

4. 교회의 조직적 사명: 진리의 기둥과 터

바울은 교회를 "진리의 기둥과 터"라고 정의하면서, 교회의 존재 목 적을 '진리의 보존과 전달'로 규정한다. 교회의 조직은 진리를 구조적으 로 담아내는 체계이자, 성령 안에서 진리를 살아내는 공동체의 장이어 야 한다. 여기서 '기둥'(στῦλος)은 광야에서 이스라엘 백성을 인도한 불기 둥·구름기둥을 상기시키며, '터'(ἑδραίωμα)는 교회가 영원한 진리에 기초 한 견고한 공동체임을 의미한다.[120]

진리는 교회의 본질이며, 모든 직분은 이 진리를 지지하고 세우기 위 해 존재한다. 개혁주의생명신학은 진리를 단순한 교리가 아닌 살아 있 는 생명으로 이해하며, 진리 자체가 생명을 낳고 공동체를 자라게 한다 고 본다. 교회의 조직은 바로 이 생명의 진리가 머무는 구조이며, 진리 가 머무는 곳에만 참된 교회가 존재한다.

특별히 백석총회는 예수 생명의 공동체로서 교회가 감당해야 할 다 섯 가지 조직적 사명을 다음과 같이 강조한다.

첫째, 교회는 예배의 사명을 감당하는 언약공동체이다(요 4:22 – 23). 교회는 진정과 신령으로 하나님께 드려지는 예배를 통해 생명의 근원 되 신 하나님과의 관계를 지속하며, 그리스도의 몸 된 공동체로 자라난다.

둘째, 교회는 신앙 교육과 경건 훈련에 충실한 신앙공동체이다(딤전 4:8, 롬 12:2). 성도의 신앙이 말씀과 훈련을 통해 자라야만 건강한 조직이 유지되며, 직분자들은 이를 돕는 사명을 감당한다.

---

120) 우병훈, 「교회를 아는 지식」, 199–200.

셋째, 교회는 참된 사귐이 있는 교제공동체이다(행 2:42, 고전 12:18 - 27). 조직은 구조가 아니라 관계이며, 교제는 직분 간의 조화를 이루는 생명 순환의 장이다. 넷째, 교회는 섬김과 나눔의 봉사공동체이다(엡 4:11 - 12, 막 10:45). 교회 조직은 사랑의 실천이 구조화된 형태이며, 직분 자들은 각자의 영역에서 섬김으로 교회를 세운다. 다섯째, 교회는 복음 전파에 힘쓰는 선교공동체이다(마 28:19 - 20, 요 20:21 - 22, 행 1:8). 교회의 조직은 선교를 위한 동역체이며, 모든 직분은 복음을 전하는 하나님의 도구이다.

5. 직분과 경건: 그리스도의 형상과 비밀

바울은 직분에 대한 가르침을 마무리하며 예수 그리스도를 중심으로 한 찬송을 통하여 "경건의 비밀"을 고백한다. 경건은 하나님을 경외하고 사랑하는 마음이며, 그리스도의 성육신, 성령의 사역, 복음 전파와 승천 을 통해 가장 완전하게 드러난다. 직분자들은 이 경건의 모범을 따라 살 아야 한다.

개혁주의생명신학은 경건을 하나님의 은혜를 아는 자의 삶으로 규정 한다. 경건은 직분자의 자질이 아니라, 생명을 아는 자가 살아내는 삶의 태도이다. 예수의 겸손과 성령의 능력, 복음 전파의 열정을 본받는 직분 자일 때, 교회 조직은 외형이 아니라 생명 그 자체로서 기능하게 된다. 경건은 교회의 구조를 살리고, 직분의 권위를 견고히 하며, 공동체의 정 체성을 지켜주는 핵심적 원리다.

6. 교회 조직에서 직분의 의미와 사명

교회조직의 본질은 그리스도의 몸을 구성하는 유기체적 구조로서, 삼 위 하나님의 사역이 지속적으로 구현되는 장이다. 그 안에서 직분자들은 단지 행정적 담당자가 아니라, 복음과 생명의 통로로 부름 받은 이들이다. 교회는 살아 계신 하나님의 교회이며, 모든 직분자는 살아 있는 복음의 증거자가 되어야 한다.

백석총회가 강조하듯, 교회는 예수 생명의 공동체이며, 이 공동체는 예배, 교육, 교제, 봉사, 선교라는 다섯 가지 실천적 사명을 중심으로 역동적으로 살아간다. 이 사명은 조직에 의해 구체화되며, 직분에 의해 실현된다. 교회의 조직은 정적인 제도가 아니라, 말씀과 성령에 응답하는 동적인 구조이며, 각 직분자는 영광스러운 부르심을 따라 충실히 섬겨야 한다. 그리스도를 기억하고 본받는 직분자일 때, 교회는 진리의 기둥과 터로서의 사명을 충실히 감당하게 된다. 이와 같은 고백과 헌신이 교회의 조직을 영광스럽게 하며, 세상 속에서 예수의 생명을 증거하는 공동체로 세워지게 한다.[121]

---

121) 장종현, 개혁주의생명신학, 268-276. 참조.

CHURCH ADMINISTRATION

part 04

교회 인사행정론

제1장 교회 인사행정의 기초

제1절 교회 인사행정의 본질

1. 의의

교회 인사행정이란 단순히 사람을 배치하고 조직을 운영하는 기능적 활동이 아니라, 하나님의 나라 확장을 위한 사역 공동체의 질서를 신앙적으로, 조직적으로, 그리고 전략적으로 세워가는 과정이다. 이는 하나님께서 부르신 자들―곧 성도 개개인을―그들의 은사와 소명에 따라 적합한 위치에 세워 공동체를 건강하게 섬기도록 관리하는 사역이다.

특히 교회 인사행정은 '청지기적 관리'라는 성경적 원리를 기반으로 하며, 이는 인사관리가 단지 효율성 확보를 위한 수단이 아니라, 하나님께서 주신 사람들을 주의 뜻대로 잘 돌보고 훈련시키며 세우는 '목회적 행정'이라는 점에서 그 고유한 정체성을 갖는다.

2. 교회 인사행정의 특징 (세속 기업 인사관리와의 비교)

1) 유사점

⑴ 사명 달성을 위한 수단: 교회의 인사행정도 결국은 하나님께서 교회에 주신 사명을 이루기 위한 수단이라는 점에서, 일반 조직의 인사관리와 동일한 목적지향성을 가진다. 예배, 교육, 사귐, 봉사, 선교 등 교회의 고유한 사명을 실현하기 위해서는 적합한 사람이 적재적소에 배치되어야 하며, 이는 곧 인사관리의 핵심과 맞닿아 있다.

⑵ 관리기법의 활용: 교회의 행정 역시 일정 수준의 체계적 운영이 필요하며, 이를 위해서는 경영학이나 행정학에서 발전된 기법들을 적절히 도입할 수 있다. 예를 들어, 직무분석, 역할기술서 작성, 사역 피드백 체

계 등은 교회의 리더십 운영에도 충분히 활용 가능하며, 효과적인 사역 배치와 지속가능한 훈련 구조를 설계하는 데에 유익하다.

2) 차이점

가. 신학적 공공성: 일반 조직에서의 공공성은 국가나 시민사회의 이해와 질서를 의미하지만, 교회 인사행정의 공공성은 하나님 앞에서의 공의와 정의를 중심으로 형성된다. 이는 단지 투명성과 절차의 공정함을 넘어서, '거룩'이라는 성경적 가치가 근본 기준이 된다는 점에서 결정적으로 차이가 있다.

나. 비시장성과 봉사의 본질: 교회는 영리기관이 아니며, 성도 개개인의 사역 참여 역시 보상이나 경쟁이 아니라, 은혜와 헌신, 사랑의 동기에 기초한다. 이로 인해 교회 인사행정은 '성과 중심'보다는 '충성과 성실', '은사와 헌신'이라는 신학적 기준에 따라 운영되어야 한다.

다. 은사와 직분의 다양성: 교회는 모든 성도에게 다양한 은사가 주어진 '은사 공동체'이며, 사역의 직무도 매우 다양하다. 목양, 예배, 교육, 선교, 행정, 돌봄, 재정관리 등 다양한 영역에서 성도들이 각자의 은사에 따라 섬길 수 있도록 인사행정은 정교하게 작동해야 한다.

라. 소명의 유동성 제한: 기업에서는 직무 간 혹은 조직 간 이동이 자유롭지만, 교회 직분은 은사와 공동체의 인준에 따라 제한적으로 부여된다. 특히, 직분은 단순 기능이 아닌 신앙적 권위를 포함하기 때문에 임의로 이동하거나 변경할 수 없다.

마. 성경적·교회법적 제약: 교회 인사행정은 철저히 성경의 가르침과 교단의 헌법, 신앙고백에 근거하여 작동해야 한다. 직분자의 자격, 임명 절차, 책임과 의무 등은 모두 신학적 기준에 의해 판단되며, 이는 교회 인사행정이 매우 엄격하고 신중하게 운영되어야 함을 의미한다.

3. 교회 인사행정의 주요 변수

가. 임용(소명과 세움): 교회 내 직분자의 선출과 임직은 단순한 조직적 배치가 아니라, 하나님의 소명에 응답하는 거룩한 위임 행위이다. 이에 따라 직분자 선정은 신앙적 성숙, 공동체적 평판, 은사와 충성 등을 종합적으로 고려하여야 하며, 공적인 인준과 안수 절차를 통해 이루어진다.

나. 능력 개발: 목회자와 평신도 리더 모두 지속적인 교육과 훈련을 통해 사역의 전문성과 영성을 함께 성장시켜야 한다. 제자훈련, 리더십 교육, 부서별 훈련과정 등을 통해 각 직분자들이 자신의 사명을 감당할 수 있도록 돕는 것이 중요하다.

다. 사기 향상: 직분자들의 헌신이 지속되려면 목회적 돌봄과 공동체적 격려가 필수적이다. 이는 기도, 상담, 쉼의 제공, 안식년 제도, 감사 문화 등의 실천을 통해 구현될 수 있다. 특히 장기 사역자들의 지치지 않는 섬김을 위한 제도적, 정서적 배려가 필요하다.

4. 현대 교회 인사행정의 특징

가. 개방적이며 가치갈등적: 현대 교회는 다양한 배경과 성향의 성도들로 구성되어 있으며, 이들 모두를 아우르는 사역 배치와 리더십 세움은 많은 갈등 요소를 수반한다. 따라서 교회 인사행정은 다양한 가치와 요구를 신중히 조율하면서도 하나님의 뜻에 대한 분명한 기준을 유지해야 한다.

나. 환경종속성: 교회의 인사제도 역시 사회·문화적 환경 변화에 영향을 받는다. 교회의 세대교체, 고령화, 여성 사역자의 증가, 전문 사역의 확대 등은 교회 인사행정이 보다 역동적이고 유연하게 작동하도록 요구하고 있다.

다. 인적자원으로서의 소명자 관리: 모든 성도는 그리스도 안에서 사명자로 부르심을 받았다. 교회 인사행정은 단순히 효율적 사역 배치를 넘어서, 각 사람의 소명을 발견하고 이를 통해 공동체 전체의 사명을 성취할 수 있도록 조율해야 한다.

라. 학제간 접근 필요: 신학뿐 아니라 조직이론, 상담심리, 교육학, 리더십 이론 등 다양한 학문적 자원이 교회 인사행정에 통합적으로 적용되어야 한다. 이는 특히 사역자의 성장, 갈등관리, 성도 돌봄 등 복잡한 사안에 실질적인 대응력을 갖추게 한다.

마. 영성과 전문성의 조화: 교회 인사행정의 핵심은 '영성'이다. 그러나 그 영성이 조직 내에서 실제로 구현되려면, 일정 수준의 전문성과 실행력이 필요하다. 기도와 말씀을 중심에 두되, 사역의 기획, 조율, 평가 등에서 전문적 안목을 동반해야 교회의 사명이 실질적으로 수행될 수 있다.

제2절 사람과 직무의 통합 원리

1. 교회 조직과 유기체적 직무 구조

교회는 단순한 행정조직이 아니라, 성경적으로 정의된 유기체적 공동체이다. 사도 바울은 고린도전서 12장에서 교회를 "그리스도의 몸"으로 비유하면서, 모든 성도가 지체로서 서로 다른 기능을 수행하되 동일한 목적을 위해 협력한다고 설명한다. 이는 교회 내 다양한 직무들이 분업되어 있지만, 하나님 나라의 비전을 성취하기 위해 하나로 통합된 구조라는 사실을 보여준다.

각 직무는 특정한 영적 요구와 기능적 책임을 수반하며, 교회 인사행정은 이처럼 분화된 직무가 하나의 통일된 사명 속에서 유기적으로 연동

되도록 조정하는 역할을 담당한다. 따라서 인사행정은 단순한 조직 운영이 아니라, 하나님의 부르심에 따라 성도들을 공동체적 직무 안에 연결시키는 사역이다.

2. 지식, 기술, 능력(KSA)와 성도의 은사 개념

KSA는 Knowledge(지식), Skill(기술), Ability(능력)를 의미하며, 일반 조직에서 직무 수행을 위한 인적 역량을 평가할 때 사용되는 기준이다. 교회 인사행정은 이러한 개념을 수용하되, 이를 성경적인 "은사(gift)"의 개념과 통합적으로 이해해야 한다.

성경은 성령께서 성도 각자에게 다른 은사를 나누어 주셨다고 말씀한다(고전 12:4 - 11). 가르침, 섬김, 권면, 치유, 행정 등은 모두 하나님의 뜻에 따라 부여된 역할이다. KSA는 이 은사를 직무적 역량으로 전환할 수 있는 구체적 도구로 작동한다. 예를 들어, '가르침의 은사'를 받은 성도는 이를 실현하기 위해 교육학적 지식과 소통 기술을 개발해야 한다.

따라서 교회 인사행정은 각 직무가 요구하는 KSA를 명확히 하고, 성도 개인의 은사와 역량을 분별하여 양자를 유기적으로 연결해야 한다.[122]

3. 적재적소의 신학적 의미와 성경적 근거

세속 조직에서의 "적재적소"는 기능적 효율성을 위한 인력 배치를 의미하지만, 교회에서는 하나님의 부르심과 은사에 따른 자리를 의미한다. 이는 단지 기술적 매칭이 아니라, 성도 한 사람 한 사람이 하나님 앞에서 자신의 소명을 발견하고 공동체 안에서 충성되게 섬길 수 있도록 하는 것이다.

출애굽기 18장에서 모세는 장인의 조언을 따라 능력 있고 하나님을

---

122) 유민봉, 「한국행정학」, (서울: 박영사, 2016), 467.

경외하는 자를 백성의 재판관으로 세운다. 이는 신앙적 인격과 실무 능력을 함께 고려한 배치의 원리를 보여준다. 또한 사도행전 6장에서도 교회는 구제 사역을 위해 성령과 지혜가 충만한 일곱 사람을 세운다. 이처럼 적재적소는 성경 전체에서 반복되는 원리이다.

4. 사역 사이클(확보 – 개발 – 활용 – 평가 – 보상)

교회 인사행정은 하나의 순환 사이클로 이해될 수 있으며, 다음과 같은 단계로 정리된다:

확보(Calling & Selection): 하나님이 부르신 자를 공동체가 분별하여 세운다.

개발(Training & Discipleship): 사역에 필요한 영성과 기능을 교육과 훈련으로 성장시킨다.

활용(Ministry Assignment): 적절한 사역에 배치하고 실질적으로 섬기게 한다.

평가(Evaluation): 사역의 성과와 성숙을 영적 기준에 따라 점검한다.

보상(Recognition): 공동체적 격려와 하나님 앞에서의 위임으로 보상한다.

이러한 사이클은 단순한 조직 관리가 아니라, 성도 개인의 성화 여정과 공동체 사명 완수를 위한 목회적 구조로 이해되어야 한다.

5. 보상과 헌신의 신학

교회는 비영리 기관이며, 직무에 대한 금전적 보상이 일반화되어 있지 않다. 그러나 성도는 자신이 행한 수고에 대해 인정받고, 존중받기를 원한다. 이는 인간의 본성과도 맞닿아 있다.

예수님께서는 달란트 비유에서 종들의 수고에 대해 "잘하였도다 착하고 충성된 종아"(마 25:21)라고 칭찬하시며, 더 큰 사명을 위임하셨다. 이는 보상이 단지 결과에 대한 대가가 아니라, 충성과 신실함에 대한 하나님의 응답이라는 점을 보여준다. 교회 인사행정은 이러한 신학적 보상 구조를 고려하여, 헌신한 자에게 감사와 격려, 다음 사역에 대한 위임 등을 통해 보상을 제공해야 한다.

6. 전략적 인사행정과 교회 비전의 정합성

현대 교회는 단지 반복되는 프로그램 수행이 아니라, 선교적 비전과 지역사회 요구, 다음 세대 양육 등 다양한 전략적 목표를 가진다. 이에 따라 인사행정도 교회의 전체 전략과 정합성을 이루어야 하며, 단순한 충원 행위에서 벗어나 비전 중심의 리더 배치가 요구된다.

예를 들어, 다음세대를 위한 비전을 가진 교회라면, 청년 사역에 적합한 은사자와 리더를 집중적으로 세워야 하며, 도시 선교 중심 교회는 사회문화적 감수성이 있는 리더를 배치해야 한다. 이는 사도행전 13장에서 안디옥 교회가 바울과 바나바를 전략적으로 파송한 사례와도 맞닿는다.

7. 성경적 모델 사례

성경은 단지 신앙의 교훈을 담은 책이 아니라, 하나님의 백성들이 어떻게 공동체를 세우고, 인적 자원을 하나님의 뜻에 따라 배치하고 세워야 하는지를 구체적으로 보여주는 살아 있는 사례집이다. 교회 인사행정의 원형은 이미 성경 속에 다양한 장면으로 제시되어 있으며, 이는 단순한 조직 운영의 기술이 아니라, 하나님의 부르심에 응답하고 공동체를 건강하게 섬기기 위한 신학적 실천임을 분명히 한다. 다음은 그 대표적인 네 가지 성경적 모델이다.

1) 출애굽기 18장: 모세의 리더십 분산과 유능한 사람의 임명

출애굽기 18장에서 모세는 백성의 모든 송사를 혼자 재판하며 심각한 과중한 부담을 안고 있었다. 이를 본 그의 장인 이드로는 중요한 통찰을 제시한다. 그는 모세에게 온 백성을 직접 재판하기보다는, 능력 있는 사람들— 곧 하나님을 두려워하며 진실하고 불의한 이익을 미워하는 사람들— 을 백부장, 천부장 등으로 세워 일을 분담하라고 조언한다(출 18:21).

이 장면은 교회 인사행정의 핵심 원리 중 하나인 '책임 분산과 권한 위임'의 모범을 보여준다. 한 사람의 리더십이 아니라, 공동체 안의 유능한 사람들을 적재적소에 세움으로써 전체 조직이 더 건강하고 효율적으로 운영될 수 있다는 사실을 강조한다. 동시에 '유능함'의 기준이 단지 능력이 아니라 도덕성과 경건, 하나님을 경외하는 성품이라는 점은 교회 인사 기준의 본질적 토대를 보여준다.

2) 사도행전 6장: 성령과 지혜가 충만한 자의 선출

초대교회가 급성장하던 시기, 헬라파 과부들이 구제에서 소외되는 일이 발생하자 사도들은 구제를 담당할 일곱 사람을 세우기로 결정하였다. 이때의 선출 기준은 단순히 행정력이 뛰어난 자가 아니라, "성령과 지혜가 충만하여 칭찬받는 사람"이었다(행 6:3).

이 본문은 교회 인사행정에서 인적 자원을 선출할 때 무엇을 가장 우선시해야 하는지를 분명히 한다. 교회는 단지 유능한 기술자나 전략가가 아니라, 성령의 인도하심에 민감하며, 지혜롭게 공동체를 섬길 수 있는 영적 리더를 세워야 한다. 인사는 단순한 채용이 아니라, 공동체의 거룩함과 질서를 유지하고 확장하는 과정이다. 또한 이 선출은 공동체 전체가 참여하는 공개적 과정이었으며, 공동체가 신뢰할 수 있는 지도자를 함께 세운다는 '참여형 인사행정'의 원리를 보여준다.

3) 사도행전 13장: 안디옥 교회의 선교사 파송

사도행전 13장에서는 안디옥 교회가 금식하며 기도하던 중, 성령께서 바나바와 바울을 선교 사역을 위해 따로 세우라고 명령하신다. 이에 교회는 그들에게 안수하고 보냄으로써, 선교사역이라는 공동체 외부의 사명을 위한 인사결정을 내린다.

이 장면은 교회 인사행정이 단지 내부 조직을 운영하는 차원을 넘어서, 하나님 나라 확장을 위한 선교적 차원의 인사까지 포함된다는 점을 보여준다. 파송은 단순한 이동이 아니라, 교회가 하나님의 음성에 순종하여 그 부르심을 받은 자들을 사명지로 파견하는 영적 결정이다. 이는 현대 교회가 사역자나 선교사를 세울 때, 인간적 판단이 아니라 기도와 금식, 성령의 인도하심에 근거한 영적 분별이 필수적임을 강조한다.

4) 마태복음 25장: 충성에 대한 칭찬과 위임

마태복음 25장의 달란트 비유에서 주인은 종들에게 각각 다섯, 두, 한 달란트를 맡긴다. 중요한 점은 이 위임이 종들의 능력에 따라 주어졌으며, 이들은 그에 따라 충성을 다한다. 그리고 돌아온 주인은 충성된 종들에게 "작은 일에 충성하였으니 많은 것을 네게 맡기겠다"(마 25:21)고 말한다.

이 본문은 교회 인사행정이 일회적 임용이 아니라, 사역의 성실한 수행을 통해 점진적으로 신뢰를 축적하고, 그 신뢰에 따라 더 큰 사명을 위임하는 과정임을 보여준다. 직분자 선출과 배치는 은사와 능력에 따라 시작되지만, 장기적으로는 충성과 신실함, 즉 '사역 이후의 평가와 위임'이라는 역동적 흐름 안에 존재한다. 이는 인사행정이 단지 적합한 사람을 찾는 것이 아니라, 공동체 안에서 그 사람을 훈련하고, 성장시키고, 더 큰 일로 세워가는 성숙 과정임을 시사한다.

이 네 본문은 교회 인사행정이 단지 행정적 기술이나 운영의 효율성에 국한되지 않으며, 하나님의 뜻 안에서 성도들을 세우고 공동체를 섬기게 하는 사역임을 분명히 한다. 즉, 인사는 곧 목회이며, 행정은 곧 영적 분별의 실천인 것이다. 이러한 성경적 모델은 현대 교회의 인사행정이 반드시 영성과 공동체 중심의 신학적 기반 위에 세워져야 함을 일깨워준다.

제3절 한국 선교와 하나님의 인사행정
- 하나님의 손길로 직조된 선교사의 적재적소 인사배치와 섭리의 흐름 -

1. 서론: 인사행정의 신학적 의미 – 하나님의 적재적소 인사배치

기독교 인사행정은 하나님 나라를 이루는 과정 속에서 사람을 적재적소에 세우시는 하나님의 섭리를 반영한다. 하나님께서는 아무나, 아무데나 세우시지 않는다. 반드시 사람의 은사와 시기, 공동체의 필요, 구속사의 단계를 고려하여 그를 가장 알맞은 자리에 배치하신다.

이러한 관점에서 하나님의 인사행정은 구속사적 전략(personnel strategy)이며, 하나님 나라의 건축을 위한 사람 중심의 설계도(personnel blueprint)라고 할 수 있다. 한국 개신교 선교의 서막은 단순한 입국과 활동이 아닌, 하나님의 인사배치 원리가 실제 역사 속에서 정밀하게 구현된 사건이었다.

2. 하나님이 먼저 세우신 자, 외과의사 알렌
의료 영역에 대한 선제적 인사배치
1) 1884년 9월 20일, 알렌의 입국과 선교의 선행 배치
하나님께서는 조선의 복음화를 위하여 첫 번째 인사배치로 외과의사

호러스 N. 알렌을 세우셨다. 그는 1884년 9월 20일, 외교고문 신분으로 입국하였지만, 그의 진정한 정체성은 하나님께서 준비하신 의료선교사였다.

조선 사회가 복음에 대해 닫혀 있는 상황에서, 하나님은 먼저 신뢰를 얻기 위한 사역자를 의료 영역에 '선행 배치'하셨다. 이는 하나님의 인사 행정이 사역의 내용뿐 아니라, 타이밍과 접점의 적합성까지 고려한 결정이었음을 보여준다.

2) 갑신정변과 민영익 치료 – 위기를 통한 전략적 인사배치

그 해 12월, 갑신정변이라는 정치적 격동 속에 민영익이 중상을 입게 된다. 이때 하나님의 손길은 더욱 명확해진다. 알렌은 서양식 외과 수술로 그의 생명을 구했고, 이 사건은 복음이 조선의 권력 중심에 접근할 수 있도록 사회 신뢰 기반을 확보한 결정적 계기가 되었다.

이는 하나님께서 위기를 기회로 삼아 인물을 적재적소에 배치하신 사례이다. 알렌은 단순한 의사가 아니라, 복음의 신뢰를 얻는 데 가장 적절한 도구였다. 광혜원 설립은 그 결과였고, 복음은 제도 속으로 들어 갈 수 있는 공식 통로를 확보하게 된다.

3. 하나님이 다음으로 세우신 자들: 복음과 교육의 사역지들

복음과 교육이라는 기능적 인사배치의 균형

1) 언더우드와 아펜젤러의 동시 입국 – 기능과 시점의 병렬 배치

1885년 4월 5일, 부활절 아침. 하나님은 복음과 교육이라는 두 기둥을 세우기 위해, 언더우드와 아펜젤러를 동시에 입국시킨다. 두 사람은 교단은 달랐으나, 복음 사역과 교육 사역에 특화된 인물들이었다.

이들은 조선 복음화의 구조를 다지는 데 있어, 시기와 기능이 병렬적으로 조화를 이루는 적재적소 인사배치의 상징적 사례가 되었다. 하나님

은 '하나'의 방식이 아닌, 다양한 방식의 통합적 전략을 통해 복음의 기초를 놓으신 것이다.

2) 교육과 번역의 기능적 배치 - 은사 중심의 역할 배분

하나님은 아펜젤러에게는 근대 교육을 통한 제도적 복음 확산을 맡기시고, 언더우드에게는 문서 사역과 찬송가, 한글 성경 번역이라는 언어 기반 복음 전파를 맡기셨다.

이처럼 은사와 기능, 시대적 요청을 정밀하게 고려한 인사배치는 하나님 인사행정의 특성이다. 이는 단지 사람을 보내는 것이 아니라, 사람을 옳은 자리에 보내는 것, 즉 선교적 적재적소(personnel mission placement)를 실행하신 것이다.

4. 복음의 언어 기반을 준비하신 하나님: 이수정과 성경 번역

내용과 전달의 시공간 인사배치

1) 이수정의 누가복음 번역 - 메시지의 선행 배치

놀랍게도, 복음을 전할 사람이 들어오기 전, 하나님은 먼저 복음의 언어 번역자를 준비하신다. 일본 유학생 이수정은 1882년경 누가복음을 한글로 번역했고, 이는 복음의 언어적 토착화라는 선교 준비의 결정적 사건이었다.

이수정은 전통적인 의미의 선교사는 아니었지만, 하나님은 그를 복음의 의미를 번역해 민중의 언어로 전달할 수 있는 인물로 정확히 배치하셨다. 이는 선교가 단지 사람을 보내는 것이 아니라, 메시지를 준비시키는 과정까지 포함된다는 하나님의 인사철학을 보여준다.

2) 언더우드와 '말씀을 지닌 입국' - 사람과 말씀의 동시 배치

언더우드는 입국 시 이수정의 누가복음 번역본을 손에 들고 조선에 도착한다. 이는 단지 말씀을 소지한 것이 아니라, 하나님께서 복음의 메

시지와 복음의 전달자를 정확히 일치시키는 인사배치의 정점이었다.

메시지의 준비와 전달자의 입국을 한 치의 오차 없이 배치하신 하나님, 이것이 바로 섭리적 인사행정이며, 복음의 도달은 준비된 말씀과 준비된 사람이 만나는 지점에서 일어난다는 사실을 보여준다.

5. 사회적 약자를 위한 병렬 배치: 여성과 의료 사역의 연동
소외된 영역을 위한 성별·직능 병행 인사배치

1) 스크랜턴 모자의 사역 – 성별과 사역의 복합적 배치

하나님은 복음이 계층과 성별을 초월해야 한다는 사실을 아셨다. 그래서 여성과 병자라는 복음의 사각지대를 위해 메리 스크랜턴과 윌리엄 스크랜턴을 함께 부르셨다.

메리는 여성 교육을 위해 이화학당을 세우고 윌리엄은 의료선교사로 제중원에서 사역하였다.

이것은 단순한 인원 충원이 아니라, 복음을 확장할 수 있는 취약 계층을 위한 맞춤형 사역자 배치였다. 하나님은 '누가 필요하냐'보다 '누구를 어디에 세워야 하느냐'를 먼저 고민하셨고, 그분의 인사행정은 포괄적이고 병렬적인 인사배치의 탁월한 전략을 드러냈다.

6. 결론: 하나님의 인사행정은 구속사의 조직 설계이다
– 은사와 시점, 사역의 내용까지 고려한 총체적 적재적소 배치

한국 개신교 선교의 시작은 단순한 역사적 사건이 아니라, 하나님께서 오랜 시간 계획하신 섭리의 열매였다. 이는 사람을 아무 자리에나 보내신 것이 아니라, 그들이 지닌 은사와 사명의 방향, 그리고 시대적 요청을 정밀하게 고려하여 정확한 시점과 자리에 배치하신 하나님의 조직적 인사행정의 산물이었다.

하나님은 먼저 조선 사회에 신뢰의 통로를 열기 위해 의료 영역에 호러스 알렌을 배치하셨고, 정치적 혼란이라는 위기를 활용하여 민영익의 치료를 통해 복음이 공공의 문으로 들어갈 수 있는 기회를 마련하셨다. 이어서 교육과 문서사역의 은사를 지닌 언더우드와 아펜젤러를 교사 자격을 갖춘 자로 보내시어, 근대 교육과 성경 번역이라는 전략적 사역에 동원하셨다.

복음을 민중의 언어로 전달하기 위해 하나님은 선교사 입국 이전에 이미 이수정을 일본에 두시고 누가복음을 번역하게 하시는 방식으로 언어적 기반을 준비하셨다. 또한 여성과 병자들처럼 복음이 쉽게 닿기 어려운 영역을 위해서는 메리 스크랜턴과 윌리엄 스크랜턴을 각각 여성 교육과 의료 사역에 배치하시어 사회적 약자에게도 복음이 전해질 수 있도록 섬세하게 준비하셨다.

이러한 하나님의 인사행정은 단순한 인력 공급이 아니었다. 그분은 사람의 은사와 기능, 역사적 타이밍과 공동체의 필요를 동시에 고려하시는 분이셨고, 그 손길은 마치 살아 있는 유기체처럼 움직이며 복음을 확산시키는 방향으로 흐르게 하셨다. 모든 선교사는 하나님의 손에 의해 정확히 적재적소(personnel mission placement)에 세워졌고, 이 배치의 정밀함은 하나님의 지혜와 구속사적 목적을 그대로 반영하는 조직 설계였다.

이러한 흐름은 신학적으로 볼 때, 하나님의 섭리적 배치(providential placement)이며, 동시에 성령의 전략적 개입(strategic intervention)이자, 더 깊은 차원에서는 구속사적 인사조직(redemptive personnel structure)이라고 부를 수 있다. 이는 오늘날 교회가 사람을 세우고 직분을 맡길 때 반드시 회복해야 할 성경적 인사 통찰이기도 하다.

오늘날의 교회가 이 선교적 인사행정의 교훈에서 배워야 할 점은 분명하다. 인사란 단지 자리를 채우는 것이 아니라, 하나님의 뜻을 이루는 도구라는 사실이다. 사역자는 은사에 맞는 자리에서, 하나님의 부르심을 따라 배치될 때 그 사역이 가장 풍성하게 열매 맺는다. 적재적소의 배치는 단지 효율을 위한 인사 전략이 아니라, 하나님의 섭리와 구속사에 동참하는 행위이다.

한국 선교의 역사는 이러한 하나님의 지혜로 이루어진 인사배치의 열매였다. 그리고 지금도 하나님은 그분의 교회를 위하여 사역자들을 예비하시고, 필요한 자리마다 세우고 계신다. 하나님의 인사행정은 과거에만 존재했던 것이 아니라, 오늘도 살아 있고 역사하고 있으며, 복음의 확장은 여전히 사람을 적재적소에 세우시는 하나님의 손길을 통해 계속되고 있다.

제4절 교회 인사행정의 제도 발전

1. 소명 중심 제도(은혜와 사명의 인사)

초기 교회나 역사적 전통에서의 인사제도는 철저히 소명 중심, 곧 하나님께서 부르시는 사람을 공동체가 분별하고 인정하는 방식이었다. 성도들의 신앙적 성숙과 공동체 내에서의 덕망, 기도 가운데 확인된 소명감 등이 임직의 주요 근거였다.

그러나 현대 교회에서는 사역의 규모와 조직의 복잡성이 커짐에 따라, 일정한 제도적 기준과 검증 절차가 병행되어야 한다. 임직 대상자의 신앙 이력, 가정 상황, 은사에 대한 객관적 검토뿐 아니라, 사역 적합성에 대한 평가와 공동체의 공적 인준도 요구된다.

2. 교회 내 정실주의와 엽관주의에 대한 경계

정실주의는 개인적 친분(학연, 지연, 혈연 등)에 따른 임용을 의미하고,

엽관주의는 충성도와 사적 관계를 기준으로 직분자를 세우는 방식이다. 이런 인사관행은 교회 내 공정성을 해치고, 사역의 본질을 왜곡할 수 있다.

교회는 직분 임용 시 반드시 성경적 기준과 공동체의 기도 속 분별을 우선해야 하며, 사적 관계보다 공적 소명과 성숙을 중심으로 판단해야 한다. 정실과 엽관주의는 결국 교회의 신뢰를 훼손하며 분열을 초래하므로 철저히 경계되어야 한다.

3. 실적주의의 교회적 적용

교회에서도 일정 부분 실적주의 원리를 적용할 수 있다. 특히 리더의 세움에 있어 은사, 충성도, 책임감, 영적 열매 등은 실질적인 사역 능력과 연결되어야 하며, 이를 평가하고 검증하는 절차는 공정성과 투명성을 담보한다.

그러나 교회는 세속적 성과주의와는 달리, 성숙의 열매를 평가의 기준으로 삼아야 하며, 단순한 결과가 아닌 과정 속의 신실함과 충성을 중심으로 평가해야 한다. 실적주의는 보완적 장치이지, 교회 직분 임용의 최종 기준이 되어서는 안 된다.

제2장 교회 직분자의 임용

제1절 교회 직분 임용의 신학적 기초

1. 직분 임용의 성경적 근거

교회 직분자의 임용은 단순한 인적 배치가 아니라, 하나님의 뜻에 따라 세워지는 공적 소명 행위이다. 이는 신약 성경에서 교회가 직분자를 세우는 방식에서 잘 드러난다. 예를 들어, 사도행전 6장에서는 교회의 필요(구제)로 인해 일곱 집사를 세우되, 공동체가 기도하며 지혜와 성령이 충만한 자를 택하였고, 사도들이 기도하고 안수하여 그들을 세웠다.

이처럼 교회의 직분 임용은 하나님께서 부르시고, 공동체가 분별하며, 지도자들이 안수하여 임직하는 삼중적인 과정을 통해 이루어진다. 이는 곧 소명(Calling), 인준(Recognition), 위임(Appointment)이라는 세 가지의 축을 중심으로 진행된다.

2. 직분 임용의 목적

직분자를 세우는 목적은 교회를 봉사의 공동체로 세우기 위함이다. 에베소서 4:11 - 13은 하나님이 사도, 선지자, 복음 전하는 자, 목사와 교사를 주신 목적이 성도를 온전하게 하며 봉사의 일을 하게 하고 그리스도의 몸을 세우는 것이라고 말한다.

따라서 임용은 단지 조직을 채우기 위함이 아니라, 성도의 온전케 됨, 공동체의 덕 세움, 복음 사명의 확장을 위한 하나님의 전략적 선택임을 기억해야 한다.

제2절 교회 직분 임용의 과정

1. 직분자 후보의 선정

직분자의 선정은 곧 '누가 하나님께 부름받았는가'를 공동체가 식별하는 과정이다. 이를 위해 다음과 같은 요소들이 중요하다.

가) 영적 성숙: 기도 생활, 말씀 순종, 공동체에 대한 헌신 등

나) 은사: 가르침, 섬김, 다스림, 위로, 인도 등 성령께서 주신 고유한 은사

다) 인격과 평판: 디모데전서 3장과 디도서 1장에 나타나는 품성과 가정의 질서

교회는 사역 열심만이 아닌 삶의 열매와 내면의 깊이를 기준으로 삼아야 하며, 공동체의 다양한 시선 속에서 검증된 자를 후보로 삼는 것이 중요하다.

2. 추천 및 심사

보통 추천은 담임목회자, 당회, 공동체 리더로부터 이뤄진다. 추천 이후에는 공적 심사 과정이 뒤따르며, 교회에 따라서는 서류 심사, 면담, 설문 등 다양한 방식이 활용된다.

가. 신앙 고백의 일치: 교단 헌법과 교회의 신앙고백에 부합하는가

나. 삶의 모범성: 가족, 직장, 공동체 내에서의 신뢰성 여부

다. 사역 적합성: 특정 직분에 대한 은사, 훈련 정도, 성품의 일치 여부

이 과정은 단지 판단이 아닌 기도와 경건의 분위기 속에서 이뤄져야 하며, 공동체적 신뢰를 구축하는 기반이 된다.

3. 공동체 인준 및 선출

교회 직분자는 공적인 공동체 앞에서 인정되어야 하므로, 공동의회 또는 전체 회중의 동의를 얻는 절차가 필요하다. 이는 특정 소수가 아니라 교회 전체가 직분자를 세운다는 의미에서 공동체적 책임성을 형성하는 중요한 단계이다. 선출 방법은 교회 헌법에 따라 다르나, 정회원 기준의 투표, 비밀투표, 거수, 혹은 만장일치 확인 등을 통해 진행된다.

4. 직분자 훈련 및 준비

임직 전에는 반드시 일정한 훈련 과정이 수반되어야 한다. 이는 직분자의 정체성, 역할, 사역 기술, 영적 생활 등을 정리하고 준비하도록 돕는다.

가) 직분자 교육: 신조, 교회 헌법, 예배와 교육 이론, 직분 윤리

나) 영성 훈련: 말씀묵상, 기도훈련, 금식과 중보기도 실습

다) 사역 훈련: 심방, 회의 운영, 행정처리, 리더십 훈련 등

이 과정을 통해 직분자는 단순한 봉사자가 아니라 '공적 사역자로서의 준비'를 갖추게 된다.

5. 임직 예식

훈련을 마친 자는 공적 예배 중에 안수와 위임을 통해 직분자로 임명된다. 이 과정은 단순한 절차가 아닌, 하나님과 공동체 앞에서 사명을 위임받는 영적 사건이며, 축복과 경건, 기도의 분위기 속에서 이뤄져야 한다.

가. 임직 서약: 교회와 하나님 앞에서의 충성 서약

나. 안수: 지도자들이 기도와 안수를 통해 위임

다. 축복과 권면: 공동체 전체가 축하하며 사명을 감당하도록 격려

제3절 교회 직분 임용의 유형

1. 장로, 집사, 권사의 임용

1) 장로

장로는 교회 공동체의 신앙을 지도하고 정치와 치리에 참여하는 중심적 직분이다. 특히 치리회 제도하에서 장로는 목회자와 더불어 교회를 공동으로 다스리는 역할을 감당하며, 교회의 영적 질서와 목양 사역의 핵심 축을 이루는 지도자라 할 수 있다. 그러므로 장로로 임용되기 위해서는 신앙의 진실성과 영적 성숙, 교리에 대한 이해, 공동체 내에서의 신뢰도 등이 충분히 검증되어야 하며, 이에 따라 일정 기간의 훈련과정을 거쳐 당회의 인준 및 공동의회의 선출 절차를 통해 임명된다.

2) 집사

집사는 교회 내에서 주로 구제와 봉사의 사명을 감당하는 직분자이다. 그러나 현대 교회의 실제 운영 구조 안에서 집사는 단지 구제에 그치지 않고, 예배 지원, 재정관리, 교회 사무 운영 등 다양한 실무 영역에 폭넓게 참여하고 있다. 이에 따라 집사의 임용은 단순한 봉사자 선발이 아니라, 실천적 사명감과 신앙적 책임감을 동시에 갖춘 자를 공동체 내에서 선출하여, 그 사명을 충실히 감당하도록 위임하는 과정으로 이루어진다. 집사 후보는 일정 기간의 사역 훈련 및 자격심사를 거친 후, 공동의회에서 투표로 선출되어 당회의 인준을 받게 된다.

3) 권사

권사는 교회 내에서 돌봄과 권면의 사역을 감당하는 직분이며, 일반적으로 여성 신도 중에서 신앙 경륜과 연륜을 갖춘 자로 임명된다. 권사의 사역은 병자 심방, 연약한 성도의 권면, 기도 중보, 여성 신자 대상 교육 등에서 매우 핵심적인 위치를 차지한다. 권사의 임용은 단지 여성 지도자 양성 차원에 그치지 않고, 교회 공동체 전체의 영적 돌봄을 확장하는 중요한 실천 행위로 간주되며, 공동체로부터의 신뢰와 목회자 및 당회의 신중한 검토를 거쳐 임명된다.

2. 목회자의 임용

1) 담임목사의 청빙

담임목사의 임용은 교회의 신학적 정체성, 비전, 리더십 구조 전반에 결정적 영향을 미치기 때문에, 신중하고 엄격한 청빙 절차가 요구된다. 일반적으로 교회는 청빙위원회를 구성하여 후보자의 신학적 성향, 설교 능력, 인격과 목회 경력, 공동체 소통력 등을 평가한다. 이후 공동의회에서 교인의 다수결 동의를 받아 청빙이 확정되며, 총회의 허락을 통해 공적으로 임명된다. 이는 단순한 인사행정이 아니라, 교회의 영적 지도자를 세우는 영적 분별과 공동체적 결단의 과정이다.

2) 부목사 및 교육전도사의 임용

부목사와 교육전도사는 담임목사의 목회 철학과 방향성에 부합하는 자로 임용되며, 주로 다음세대 교육, 찬양, 청년, 행정 등의 부문에서 목회적 기능을 분담한다. 이들의 임용은 당회 혹은 교역자 회의를 통해 진행되며, 교회의 조직적 필요와 비전 달성을 위한 전략적 배치의 성격을 가진다. 따라서 해당 사역자의 전문성, 영성, 소통능력 등 다방면의 검토가 이루어지고, 당회의 인준 절차를 통해 공식 임명이 확정된다.

3. 사역 간사 및 실무 사역자의 임용

사역 간사 및 실무 사역자는 행정, 재정, 찬양, 미디어 등 교회 운영의 다양한 전문 영역을 담당하는 역할을 수행한다. 이들은 대부분 계약직 혹은 위임형태로 임용되며, 그 선발 기준은 해당 직무에 대한 전문성, 신앙의 성실성, 그리고 공동체 문화에의 적합성이다. 특히 실무 사역자들은 교회 내 구성원들과 긴밀히 협력해야 하므로, 기술적 역량뿐 아니라 공동체적 소통능력과 신앙적 정직성이 함께 요구된다. 임용 절차는 일반적으로 부서별 필요에 따라 실행되며, 당회 또는 담임목사의 감독 아래 위촉 혹은 계약으로 공식적인 사역이 시작된다. 이들은 목회자의 직접적인 리더십 아래 협력자로서 교회 운영의 실제를 감당하며, 교회 행정의 전문성과 지속 가능성을 높이는 중요한 역할을 수행한다.

제4절 교회 직분 임용의 신학적 과제

1. 공정성과 투명성 확보
정실과 엽관주의를 방지하고, 직분 임용 과정에서 교회 헌법과 절차의 명확한 적용이 요구된다. 모든 직분자는 은사와 신앙 성숙도에 기반하여 균형 있게 세워져야 하며, 이를 위해 개방성과 공동체적 감시체계를 함께 운용해야 한다.

2. 세대와 성별의 다양성 반영
직분 임용은 특정 계층이나 연령에 편중되지 않고, 다세대적·성별 균형을 이루어야 한다. 청년, 여성, 신앙의 이력이 짧은 자라도 은사와 훈련을 통해 사역 기회를 부여받아야 하며, 이는 교회의 포용성과 미래 지향성을 보여주는 지표가 된다.

3. 직분의 영적 성찰성과 지속가능성
직분은 일시적 명예가 아니라, 하나님의 백성으로서 평생에 걸친 책임과 섬김의 삶이다. 따라서 교회는 직분자의 영적 상태를 주기적으로 점검하고, 재헌신의 기회(예: 갱신서약, 직분자 리트릿)를 제공해야 한다.

결론적으로, 교회 직분자의 임용은 단지 인사적 배치가 아니라, 하나님의 나라를 위한 거룩한 소명 행위이다. 교회는 이를 단단한 신학적 기준 위에서, 공동체적 신뢰와 검증을 통해 실행해야 하며, 임직 이후에도 지속적인 돌봄과 성숙의 여정을 동반해야 한다.

"충성되고 지혜 있는 종이 되어 주인에게 그 집 사람들을 맡아 때를 따라 양식을 나눠 줄 자가 누구냐?"(눅 12:42)

제3장 사역자와 평신도의 능력 개발

제1절 교회 능력 개발의 신학적 기초

1. 성경적 근거

성경은 성도 한 사람 한 사람에게 은사를 부여하셔서 공동체를 섬기도록 하신다. 에베소서 4:11-13은 사역자들이 성도를 온전하게 하여 봉사의 일을 하게 하고 그리스도의 몸을 세우려는 하나님의 뜻을 분명히 밝히고 있다. 고린도전서 12장 또한 다양한 은사를 성령께서 각 사람에게 나눠 주신 것은 공동체 유익을 위한 것이라고 강조한다.

따라서 교회의 인사행정은 단지 유능한 리더를 확보하는 데에 머물지 않고, 모든 성도가 그리스도의 몸 된 교회를 세우는 데에 참여하도록 능력을 개발시키는 사역이다. 이는 곧 교회의 본질인 사귐과 봉사, 증언의 사명을 이루기 위한 필수적인 과정이다.

2. 능력 개발의 영적 목적

교회에서의 능력 개발은 단순한 기능 훈련이 아닌, 하나님의 부르심에 응답하고 공동체 안에서 섬김의 삶을 살 수 있도록 성도를 온전하게 세우는 데 목적이 있다. 목회자와 평신도 모두 자신의 은사를 발견하고, 성품과 신앙을 함께 성장시키며, 시대와 공동체의 필요에 따라 자기를 헌신할 수 있어야 한다.

이는 단순히 '배우고 훈련받는 것'을 넘어서, 삶 전체를 하나님께 드리는 예배의 삶으로 확장되며, 교회는 이를 위한 교육과 영적 환경을 지속적으로 제공해야 한다.

제2절 능력 개발의 핵심 영역

1. 영적 능력

모든 능력 개발의 시작은 영적 기초를 견고히 다지는 데에서 출발해야 한다. 이는 단순히 기도나 말씀에 대한 열정이나 활동의 빈도를 의미하는 것이 아니라, 성령의 인도하심에 민감하게 반응하며 하나님과의 관계에서 생겨나는 영적 분별력과 내적 힘을 의미한다. 영적 능력은 위기 속에서도 믿음으로 견디는 내적 견고함과 하나님의 뜻에 따라 바르게 판단하고 행동하는 신령한 지혜를 포함한다. 이를 위해 말씀 훈련은 성경을 정기적으로 읽고 묵상하며, 성경 강해나 성경공부 프로그램을 통해 성경의 진리를 깊이 있게 배우는 과정을 포함한다. 기도 훈련은 중보기도, 침묵기도, 금식기도 등 다양한 형태의 기도를 통해 기도의 깊이와 범위를 확장시키는 데 집중한다. 더불어 영적 분별력 훈련은 다양한 상황에서 하나님의 뜻을 분별하고 올바른 결단을 내릴 수 있도록 돕는 판단력과 통찰력을 개발하는 것을 목표로 한다.

2. 인격과 리더십

기독교적 리더십은 세속적 권위에서 비롯되는 것이 아니라, 신뢰와 모범, 그리고 성품의 권위에서 비롯된다. 그러므로 진정한 리더는 단지 지도력의 기능적 기술을 갖춘 사람을 넘어서, 그 삶의 성품과 도덕성, 공동체적 감수성을 통해 신뢰를 쌓는 존재여야 한다. 인격과 리더십 능력을 개발하기 위한 훈련에는 우선 성품 훈련이 포함된다. 이는 겸손, 온유, 절제, 성실 등 성령의 열매를 삶 속에서 점검하고 실천하는 과정이다. 또한 공동체적 소통 능력을 강화하는 훈련은 경청과 공감, 그리고 갈등 상황에서의 중재와 화해 기술을 포함하여, 리더가 공동체 내에서 관계적 신뢰를 형성하는 데 기여한다. 윤리적 민감성 훈련은 정직, 청렴, 신뢰 등 도덕적 원칙을 일상에서 실천하도록 하며, 교회 안팎에서 신뢰받는 지도자로 서기 위한 내적 준비를 가능하게 한다.

3. 직무 능력

직무 능력이란 교회의 구체적인 사역을 수행하는 데 있어 요구되는 실질적이고 전문적인 역량을 의미한다. 이는 기술적, 행정적, 교육적 영역을 포괄하며, 각 사역 분야별 특성에 맞는 능력의 개발을 요구한다. 예를 들어 교육 및 가르침 능력은 아동, 청소년, 장년 등 대상별 교육 내용을 설계하고 효과적으로 전달할 수 있는 교수법을 개발하는 훈련이 포함된다. 심방과 상담 분야에서는 고통받는 이들을 위로하고, 경청하며, 때로는 영적으로 지도할 수 있는 돌봄의 능력이 요구된다. 행정과 운영 영역에서는 교회 운영의 실제를 감당하기 위해 기획력, 문서화 능력, 시간관리, 회계 처리 등 다양한 실무 역량을 체계적으로 습득하고 훈련하는 것이 중요하다.

4. 팀워크와 공동체 협력력

교회 내에서 능력은 단지 개인의 성취나 발전에 머무르지 않고, 공동체 속에서의 기능성과 조화를 통해 완성된다. 특히 교회는 다양한 은사와 직분이 유기적으로 연결된 유기체적 공동체이기 때문에, 팀워크와 공동체 협력력은 필수적인 능력 영역이다. 협업 훈련은 역할을 분담하고 각자의 사역을 조화롭게 이끌어가는 유기적인 협력 실습을 포함한다. 또한 조직 내 의사소통 능력을 강화하기 위한 훈련은 보고와 정보 공유, 피드백 문화의 형성을 통해 공동체 전체의 의사결정 과정과 신뢰 구축에 기여한다. 마지막으로 회복적 관계 기술은 잘못에 대한 회개, 진심 어린

사과, 용서, 그리고 화해의 실천을 통해 깨어진 관계를 회복하고 공동체의 영적 건강을 지키는 데 중점을 둔다. 이러한 기술은 단순한 사회적 스킬을 넘어, 복음의 화해 사역을 실천하는 중요한 능력이 된다.

제3절 교회 능력 개발의 방식

1. 정규 훈련 프로그램

교회는 직분자와 사역자, 리더들을 위한 체계적인 교육 시스템을 반드시 마련해야 한다. 이는 단순한 일회성 교육이 아니라, 정기적이며 반복 가능한 교육 체계를 통해 사역자들이 지속적으로 성장하고 교회 사역에 더욱 충실할 수 있도록 돕는 것을 목표로 한다. 정규 훈련은 다양한 형태로 구성될 수 있다. 예를 들어, 단기 집중 교육은 직분 임명 직전에 핵심 내용을 요약적으로 훈련받는 데 유용하며, 연간 과정은 성경적 리더십이나 교회론, 사역의 실제 등을 깊이 있게 다루는 장기 교육 모델이 될 수 있다. 또한, 주간 단위의 소그룹 훈련은 지속적인 만남과 피드백을 통해 실제적인 변화와 적용을 가능하게 한다.

정규 프로그램 중 직분자 사전교육은 특히 중요하다. 이 과정에서는 성경적 신앙고백, 교회론, 사역에 대한 이해, 교회헌법과 절차 등 교회의 제도와 신학을 바르게 이해하도록 돕는다. 계속교육 프로그램은 이미 직분을 맡고 있는 리더들이 새로운 시대적 변화에 적응하고, 개인적인 내면 성장을 도모하도록 구성된다. 리더십 이론, 목회 심리학, 변화관리 등 보다 교양적이고 실천적인 내용을 포함하여, 영성과 지성을 균형 있게 성장시키는 것이 목적이다. 더불어 리더 재충전 과정은 연례 리트릿이나 성경 통독, 기도회를 중심으로 구성되어 리더들이 바쁜 사역 속에서도 영적 중심을 회복하고 재헌신할 수 있도록 인도한다.

2. 개별 맞춤 훈련

정규 훈련 외에도, 교회는 각 개인의 은사, 사역 경로, 신앙의 성숙도에 따라 개별화된 훈련 방식을 제공할 수 있어야 한다. 이는 구성원 각자가 고유한 하나님의 부르심에 따라 성장할 수 있도록 돕는 중요한 접근이다.

먼저, 멘토링과 영적 동행은 매우 효과적인 방식이다. 시니어 리더와 주니어 리더가 1:1로 관계를 맺고, 사역 현장에서 함께 동역하며 배움과 교제가 일어날 수 있도록 한다. 단순한 정보전달이 아니라 삶의 본이 함께 전수되는 관계 중심의 훈련이다. 또한, 사역 피드백 기반 훈련은 실제 사역을 수행한 후, 구체적인 피드백을 받아 개선 방향을 설정하는 과정으로 구성된다. 이는 추상적인 교육보다 훨씬 더 실질적이며 개인별 성장 포인트를 분명히 하는 데 효과적이다. 비정규 학습 경로도 장려되어야 한다. 온라인 신학교 강의 수강, 독서 프로그램, 외부 세미나나 목회 콘퍼런스 참여 등을 통해 자기 주도적으로 성장하려는 리더들을 적극 지원하는 체계를 갖추는 것이 바람직하다.

3. 평가와 환류 시스템

사역자의 능력 개발은 단순히 훈련을 제공하는 데서 끝나지 않고, 그 결과를 점검하고 다음 단계로 환류시키는 평가 체계 속에서 완성된다. 따라서 교회는 성도와 사역자의 성장을 진단하고 방향을 재설정하는 평가 시스템을 마련해야 한다.

먼저, 자기 평가와 동료 평가가 병행되어야 한다. 사역 전·후에 자가 진단을 통해 자신의 강점과 약점을 돌아보게 하고, 함께 사역한 동료들의 객관적인 리뷰를 통해 보완 지점을 확인할 수 있도록 해야 한다. 또한, 사역의 효과성 진단도 중요하다. 사역이 실제로 공동체에 어떤 열매를 맺었는지, 수용도는 어땠는지를 통해 리더의 사역이 교회에 실질적인 유익을 주었는지를 평가하는 방식이다. 이런 평가를 바탕으로, 부족하거나 미비한 영역에 대해서는 후속 보완 교육을 제공하고 재교육 기회를 열어주는 것이 필요하다. 이는 단지 비판을 위한 평가가 아니라, 다음 단계를 위한 격려와 지도라는 점에서 의미가 있다.

제4절 교회 능력 개발의 행정적 기반

1. 인사행정 담당 부서 또는 팀 구성

능력 개발은 개별 리더의 자발성에만 맡겨둘 수 없는 과제이기 때문에, 교회는 이를 전담하는 행정 구조를 마련해야 한다. 이를 통해 훈련 일정의 기획, 자료 개발, 인사 기록의 축적과 같은 실질적인 행정 업무가 체계적으로 이뤄질 수 있다.

이를 위해 교회는 '인사 및 훈련팀'을 구성할 수 있다. 이 팀은 교역자, 평신도 리더, 교육간사 또는 행정간사 등으로 구성되며, 각자의 전문성과 경험을 통해 공동으로 교회의 훈련과 능력 개발을 이끌어 간다. 또한, 청소년기부터 장년기까지 리더십이 점진적으로 개발될 수 있도록 '리더십 개발 로드맵'을 수립하는 것도 중요하다. 이 로드맵은 연령과 신앙 성숙도에 따라 맞춤형으로 계획되며, 교회의 전체 리더십 구조를 건강하게 유지하는 기초가 된다.

2. 사역 매뉴얼과 문서화 체계

교회 사역은 사람에 따라 달라지기보다는 일정한 기준과 원칙 속에서 반복 가능하고 전수 가능한 체계로 운영되어야 한다. 이를 위해 사역의 문서화와 표준화는 반드시 필요하다.

첫째로, 각 사역별 직무기술서를 개발하여 해당 사역이 어떤 역할을 수행해야 하며, 기대 수준은 무엇인지 명확하게 명시해야 한다. 이는 신규 리더뿐 아니라 기존 리더들에게도 사역의 방향성과 책임 의식을 제공한다. 둘째로, 훈련 자료는 단순히 사용하고 폐기되는 것이 아니라, 매뉴얼, 워크북, 동영상 등의 형태로 축적되고 공개되어야 한다. 이러한 아카이빙은 후속 세대에게 훈련 자산으로 남게 되며, 교회 전체의 교육 지속성을 확보하는 중요한 기반이 된다.

3. 리더십 성장의 연속성 보장

교회의 리더십은 단발성 임명이나 일회성 사역에 머물러서는 안 되며, 세대를 넘어 이어지는 연속성과 전통 속에서 성장해 가야 한다. 이를 위해 교회는 장기적 관점에서 헌신할 수 있는 리더를 지속적으로 양성하는 체계를 갖춰야 한다.

특히 후계자 양성 프로그램을 통해 차세대 리더를 조기에 발굴하고, 이들을 위한 체계적인 코칭과 성장 경로를 제공해야 한다. 또한, 세대 통합적 훈련이 중요하다. 시니어와 청년이 공동 사역팀을 구성하거나, 함께 훈련에 참여함으로써 서로 배우고 신뢰를 쌓는 기회가 마련되어야 한다. 이는 단순한 교육을 넘어 교회 공동체 전체의 통합성을 이루는 중요한 전략이다.

제5절 적용과 과제

1. 목회자의 능력 개발

목회자는 교육을 제공하는 위치에 있을 뿐 아니라, 동시에 지속적으로 성장해야 하는 존재이다. 현대 목회 환경은 점점 더 복잡해지고 전문화되고 있으므로, 목회자 역시 멈추지 않고 자기개발을 계속해야 한다.

목회자의 자기개발은 신학의 재교육부터 시작된다. 새로운 신학 흐름과 실천적 성경 해석을 이해하고 적용하는 능력을 갖추어야 한다. 또한, 변화관리, 세대 이해, 목회상담 등 실제 목회 현장에서 직접적인 도움이 되는 리더십 코칭 과정에 참여해야 한다. 무엇보다도, 목회자는 영적 중심을 잃지 않도록 정기적인 안식년, 영성 수련회, 그리고 외부 영적 지도자와의 상담을 통해 내면의 회복을 경험할 수 있어야 한다.

2. 평신도 리더의 제자도 훈련

교회는 목회자만이 아니라 모든 성도가 제자도의 삶을 살도록 부름받았음을 명심해야 한다. 평신도 리더들에게는 직분 이전에 제자로서의 삶을 살아가는 자세가 요구되며, 이를 위한 훈련이 반드시 병행되어야 한다.

이러한 제자도 훈련은 신앙의 실천뿐 아니라, 공동체 안에서의 책임감과 섬김, 그리고 삶의 전 영역에서의 변화를 목표로 해야 한다. 이를 위해 교회는 직분자의 자격 요건에 제자적 삶의 증거를 포함시키고, 정기적으로 이를 점검하고 재훈련할 수 있는 시스템을 운영하는 것이 바람직하다.

3. 다음 세대와의 연계

교회의 인사행정은 다음 세대와 단절된 방식으로 이루어져서는 안 된다. 오히려 청년과 청소년들이 실제로 교회의 조직과 훈련 속에 참여하며, 점진적으로 리더로 성장해갈 수 있는 구조를 갖추는 것이 필수적이다.

이를 위해 교회는 청년 리더십 프로그램을 운영해야 하며, 워십팀,

청년 리더 코스, 캠퍼스 전도 훈련 등을 통해 청년들에게 사역의 기회를 제공해야 한다. 또한 실습 기반 교육에 청년들을 참여시키는 것도 효과적인 전략이다. 예를 들어, 특정 사역 부서에 배치되어 실무를 직접 체험하고 관찰(Shadowing)하는 방식은, 다음 세대가 교회의 사역에 대한 이해와 비전을 품고 헌신하게 만드는 통로가 될 수 있다.

결론적으로, 교회는 모든 성도들이 하나님의 사명을 감당할 수 있도록, 그들의 은사와 자원을 바르게 계발하고 활용하도록 도와야 한다. 능력 개발은 단지 유능한 인재를 양성하기 위한 기술적 과정이 아니라, 하나님의 백성을 온전히 세우는 거룩한 사역이며, 곧 교육이자 목양이다. 모든 훈련과 인사 전략은 에베소서 4장 11 - 12절의 말씀처럼, 성도를 온전하게 하여 봉사의 일을 하게 하며 그리스도의 몸을 세우려는 목적 아래에서 실행되어야 한다. 교회의 능력 개발은 곧 교회를 거룩하게 세우는 길이며, 하나님 나라를 준비하는 실천적 순종의 여정이라 할 수 있다.

제4장 사기앙양과 목회적 돌봄

제1절 사기앙양의 개념과 중요성

1. 사기의 정의와 신학적 의미

교회 인사행정에서 '사기(士氣)'란 단순히 구성원들의 기분이나 일시적인 정서 상태를 의미하는 것이 아니다. 교회는 단순한 조직이나 기관이 아니라 하나님의 사명을 수행하는 영적 공동체이므로, 사기는 공동체의 본질적 동력을 의미하는 깊은 개념이다. 구체적으로 사기는 구성원 개개인이 교회 안에서 자신의 정체성과 소명을 인식하며, 자발적으로 사역에 참여하고자 하는 열정과 의욕, 소속감, 존중감, 만족감, 영적 확신 등이 통합된 복합적인 심리 · 영적 상태를 말한다.

이러한 사기는 곧 교회의 건강성과 직결된다. 사역자와 평신도, 직분자와 일반 성도가 모두 자발적으로 교회의 사명을 함께 감당하려는 의욕을 가질 때, 그 공동체는 하나님의 뜻을 향해 힘있게 전진할 수 있다. 반대로 사기가 약화되면 개인은 소명을 상실하고, 공동체는 내부 갈등과 피로 속에 힘을 잃기 쉽다. 그렇기에 교회의 인사행정은 단순한 직무 분장이나 조직 운영에 그치지 않고, 구성원들의 내면과 동기를 살피는 사기앙양의 차원을 필수적으로 포함해야 한다.

성경은 하나님께 드리는 봉사와 섬김이 억지나 부담이 아닌 기쁨과 자원함에서 비롯되어야 한다고 분명히 가르친다. 시편 100:2에서는 "기쁨으로 여호와를 섬기라"고 말하고, 고린도후서 9:7에서도 "즐겨 내는 자를 하나님이 사랑하신다"고 선언한다. 이러한 말씀은 사기가 단순히 사람의 감정 차원을 넘어, 하나님께서 기뻐하시는 섬김의 방식이라는 점을 분명히 보여준다.

결국 교회에서 사기는 하나님 나라를 이루어 가는 실질적인 영적 동력이다. 이는 곧 성도 각자가 자신이 하나님의 부르심을 받은 존재임을 인식하고, 기쁨과 확신 속에서 주님의 몸 된 교회를 세워가는 데 자발적으로 참여하도록 만드는 결정적 에너지이다. 그러므로 사기앙양은 교회 인사행정의 주변적 과제가 아니라, 중심적이고 전략적인 사역의 한 축이며, 성도 개개인을 하나님의 나라 건설에 동참시키는 실천적 도구인 것이다.

2. 교회 조직에서 사기의 기능

교회 조직 안에서 사기는 매우 실질적이고 구체적인 기능을 수행한다. 이는 단순히 정서적 활력을 의미하는 것이 아니라, 실제로 사역의 지속성과 공동체의 역동성, 리더십에 대한 수용력, 그리고 협력적 분위기를 창출하는 중요한 촉진 요인이다.

첫째, 자발적 헌신과 장기 봉사의 유지이다. 사기가 높은 성도는 자기가 맡은 사역을 부담으로 여기지 않고, 오히려 기쁨과 사명감으로 감당한다. 어려움과 피로가 따르더라도, 자신이 하나님께 부름받았다는 소명 의식이 강하기 때문에 그 헌신이 일시적이 아니라 지속적이다. 이러한 자발성과 지속성은 교회의 안정된 운영과 성장에 결정적 기여를 한다.

둘째, 공동체의 화합과 리더십 수용 기능이다. 사기가 높은 구성원들은 리더에 대해 신뢰하고, 공동체의 정체성을 긍정하며 수용한다. 이로 인해 리더십의 방향성과 정책이 수용되고, 사역이 충돌 없이 효율적으로 추진된다. 또한 구성원들 간에도 상호 배려와 이해가 증대되어 공동체의 결속력이 높아진다. 이는 교회 내부에서 발생하는 갈등과 분열의 가능성을 낮추는 효과적인 예방장치가 된다.

셋째, 조직의 활력과 지속 가능성 유지라는 기능이다. 교회는 정기적인 예배와 교육, 봉사, 선교 등의 사역을 매주 반복적으로 수행해야 하는 조직이다. 사기가 높은 공동체는 이런 반복적 사역을 형식적으로가 아니라 능동적이고 창조적으로 감당하며, 공동체 안에 끊임없는 에너지와 생명력을 유지한다. 이는 교회의 장기적 비전 실현과 다음 세대로의 사역 계승에도 큰 영향을 미친다.

반대로 사기가 저하된 공동체는 불만과 수동성, 피로감, 소외감이 누적되어 사역이 정체되고 분열의 가능성이 커진다. 구성원들은 사역에 부담을 느끼고, 리더에 대한 불신이 확산되며, 공동체적 에너지는 급속도로 고갈된다. 특히, 일정한 직분자나 헌신자의 이탈이 발생할 경우, 그 영향력은 해당 부서에 국한되지 않고 교회 전체로 퍼져 나가 조직 전반에 부정적 영향을 준다.

이러한 점에서 교회의 인사행정은 단순한 기능적 배치와 관리의 차원에 머물러서는 안 된다. 오히려 성도 개개인의 영적 상태와 공동체적 활력을 고려한 통합적 접근이 필요하며, 구성원들의 사기를 지속적으로 점검하고, 그것을 높이는 방향으로 행정을 설계하고 운영해 나가야 한다. 이러한 사기 중심의 접근은 결국 구성원들이 하나님 나라를 향해 기쁨으로 동역하게 하며, 교회를 건강한 생명 공동체로 세워가는 데 필수적이다.

제2절 사기 저하의 원인

교회 공동체에서 사기가 저하되는 현상은 단순히 개인의 신앙 문제나 정서적 일탈로 치부할 수 없다. 이는 구조적, 관계적, 영적 요인들이 복합적으로 작용하여 발생하는 문제이며, 인사행정적으로도 깊이 있게 다루어야 할 과제이다. 교회는 하나님 나라의 모형으로서 구성원 모두가 사명 가운데 기쁨으로 헌신해야 하는 공동체이기 때문에, 사기의 저하는 곧 교회의 건강성 저하로 이어진다. 그러므로 교회 인사행정은 사기 저하의 원인을 명확히 인식하고, 이를 예방하고 회복하는 방안을 함께 모색해야 한다.

1. 비전 공유 부족

가장 근본적인 사기 저하의 원인은 교회 공동체 내에서 비전이 충분히 공유되지 않거나, 각 성도가 자신의 사역이 교회의 전체 사명과 어떻게 연결되어 있는지를 인식하지 못하는 데 있다. 교회는 단지 '해야 할 일'을 분배하는 조직이 아니라, 함께 가야 할 방향을 나누고 함께 이루어 가는 사명 공동체다. 그러나 이러한 비전이 분명하지 않거나 형식적으로만 전달되면, 구성원들은 자신의 사역이 무의미하게 느껴지거나 단순한 업무로 여길 수 있다.

이때 성도는 '왜 이 일을 해야 하는가'에 대한 동기를 잃고, 반복되는 사역 가운데 지침과 무력감을 경험하게 된다. 비전이 없는 공동체는 방향을 잃고 표류하게 되며, 사역 참여자들은 지쳐 떠나거나 무관심해질 가능성이 커진다. 따라서 비전은 단지 선언문이나 슬로건이 아니라, 각 사역자에게 살아 있는 동기로 심어져야 한다.

2. 인정과 보상의 부족

교회는 자칫 '섬김은 당연한 것'이라는 신앙적 논리로 인해 헌신자들의 노고를 간과하거나, 감사의 표현을 생략하는 실수를 범하기 쉽다. 물론 하나님의 일을 조건 없이 감당하는 자세는 귀하지만, 사람은 인정받을 때 지속적으로 헌신할 동기를 갖게 된다.

감사의 말 한마디, 사소한 격려, 작은 관심은 그 자체가 커다란 보상이 된다. 그러나 이러한 표현이 누락되거나, 특정 인물 중심으로만 인정과 칭찬이 집중되면, 구성원 간의 위화감과 박탈감을 유발하고 사기를 저하시킬 수 있다. 결국 아무리 훌륭한 사역 구조가 있다 하더라도, 인정과 보상의 문화가 함께하지 않으면 사기는 점점 고갈된다.

3. 역할 불균형과 과중한 사역 배분

교회 안에서 일정한 사역이 특정인에게 집중되는 현상은 매우 흔하다. 이는 인력 부족, 은사의 편중, 혹은 특정 리더십의 선호에 따라 발생할 수 있다. 그러나 이러한 구조가 지속되면 사역자 개인에게 심리적·육체적 피로가 누적되며, 결국 번아웃(burnout)이나 탈교, 관계 단절 등 심각한 결과로 이어질 수 있다.

특히 교회는 사역자가 '거절하지 못하는 분위기' 속에 있을 경우가 많은데, 이는 오히려 사기를 갉아먹고 정서적 탈진을 심화시키는 구조적 요인이 된다. 사역의 분산과 균형은 단지 인력 배치의 효율성 문제가 아니라, 공동체 전체가 건강하게 성장하기 위한 생태계 구성의 문제이다.

4. 불공정한 인사와 공동체 내 갈등

불투명하거나 편향된 인사 기준은 교회 안에서 큰 불만과 불신을 낳는다. 특정인에게 사역 기회가 집중되거나, 인사 기준이 사람에 따라 달라지는 경우, 구성원 간의 신뢰는 급속도로 무너진다. 이는 사역 참여에 대한 의욕을 떨어뜨리고, 결국 공동체 전체의 에너지와 협력 구조를 약화시킨다.

더불어 미해결된 갈등, 리더십의 독단, 소통 부족 등은 성도들에게 상실감과 소외감을 안기며, 공동체 안에서 자신의 위치를 잃게 만든다. 갈등과 사기 저하는 서로 악순환의 관계에 놓여 있으며, 사역 동력의 근본적인 쇠약을 초래할 수 있다.

5. 영적 침체와 소명의식의 약화

기도, 말씀, 예배를 통한 영적 공급이 단절되거나 약화되면, 성도는 결국 사역의 본질을 잃어버리게 된다. '무엇을 하느냐'보다 더 중요한 것은 '왜 하는가'이며, 그 핵심에는 영적인 소명이 있다. 그러나 반복되는 사역 속에서 말씀과 기도의 은혜 없이 메마른 상태가 지속되면, 사역은 단순한 활동으로 전락하고, 영적 침체는 사기를 급격히 저하시킨다.

교회는 구성원 각자가 끊임없이 영적 생명력을 유지하도록 돕고, 사역 참여가 신앙의 표현이자 성숙의 여정이 되도록 해야 한다. 그렇지 않으면 사명감은 의무감으로 변질되고, 사역은 기쁨이 아니라 부담이 된다.

제3절 사기앙양을 위한 인사전략과 목회적 접근

사기를 앙양시키는 일은 단순한 격려나 분위기 조성에 그치지 않는다. 이는 교회 구성원 각자가 하나님의 부르심에 대한 자각 속에서 자신의 사역을 의미 있게 받아들이고, 지속적으로 헌신할 수 있도록 영적·제도적 여건을 조성하는 포괄적 사역이다. 특히 인사행정은 교회 안에서 사람을 '배치'하는 것에만 머물지 않고, 그들의 헌신을 존중하고 보호하며 성장할 수 있는 토양을 마련해야 한다. 이를 위해 교회는 다음과 같은 인사 전략과 목회적 접근을 유기적으로 병행해야 한다.

1. 공동 비전의 수립과 반복적 공유

사기는 비전에서 시작된다. 교회는 단지 일거리를 나누는 조직이 아니라, 하나의 비전과 사명을 공유하는 신앙 공동체이다. 구성원들이 교회의 정체성과 방향성, 그리고 자신이 감당하는 사역이 그 비전과 어떤 관련이 있는지를 분명히 이해할 때, 비로소 헌신은 지속 가능하고 자발적인 힘을 얻는다.

이를 위해 담임목회자를 비롯한 리더십은 예배, 교육, 회의, 소그룹 등 다양한 접점에서 교회의 비전을 반복적으로, 일관되게, 구체적으로 공유해야 한다. 단순한 표어 제시에 그치지 않고, 각 사역과 직분이 그 비전 안에서 어떤 의미를 가지는지를 연결 지어 설명하는 일이 중요하다. 이러한 과정은 구성원이 스스로 사명의 흐름 안에 있다는 인식을 갖게 하고, 사역에 참여하는 일에 대한 내적 동기를 강화시킨다.

또한 비전은 고정된 것이 아니라, 시대적 상황과 공동체의 성장에 따라 정기적으로 재해석되고 갱신되어야 한다. 연초 비전 선포, 분기별 비전 점검, 사역 평가와의 연계 등 체계적인 비전 리마인드 구조는 사기의 유지에 결정적인 역할을 할 수 있다.

2. 공정하고 투명한 인사관리 체계 구축

사기앙양을 위해서는 신뢰 기반의 인사구조가 전제되어야 한다. 구성원들이 사역 배치나 직분 선출, 포상과 권면의 기준이 명확하고 공정하다는 믿음을 가질 때, 인사 과정에 대한 수용성이 높아지고 공동체에 대한 소속감과 안정감도 강화된다.

이를 위해 교회는 다음과 같은 원칙을 제도화해야 한다.

사역자 및 직분자의 선출·배치 기준을 사전에 명시하고, 해당 내용을 공지하거나 교육한다.

인사 결정은 소수 리더의 판단이 아니라, 일정한 협의체(당회, 운영위원회 등)를 통해 투명하게 이루어진다.

구성원의 소리를 듣기 위한 제도(예: 사역 신청서, 만족도 조사, 면담 요청 시스템 등)를 운영하여 피드백의 흐름이 일방적이지 않도록 한다. 특히 공정한 인사 절차는 교회 안의 감정적 신뢰와 행정적 정당성을 확보하는 중요한 수단이다. 이 두 가지는 사기 유지의 핵심 조건이다.

3. 사역 의미의 교육과 피드백 체계 정비

사기는 '의미'에서 자란다. 구성원들이 자신이 맡은 사역을 단순한 반복 업무가 아닌, 하나님 나라를 이루는 일의 일부로 인식하게 될 때, 사역은 생명력을 갖는다. 이를 위해 교회는 각 사역의 신학적 의미, 실천적 가치, 공동체적 영향력을 교육하는 훈련을 정기적으로 제공해야 한다.

또한 사역을 마친 후에는 단순히 결과만 확인할 것이 아니라, 피드백과 나눔의 시간을 통해 그 수고의 의미를 재해석하고 감사와 격려를 나눌 필요가 있다. 이는 사역자가 자기 역할의 가치를 다시금 자각하게 하고, 공동체로부터 인정을 받으며 내면적 동기를 회복하는 과정이 된다.

예를 들어, 주일학교 교사나 찬양팀, 구역장 등 고정 사역자에게는 연 1~2회 정기 간담회나 리더 리트릿을 제공하고, 그 자리에서 구체적인 격려와 감사의 피드백을 주고받는 것이 바람직하다. 이런 구조는 '함께 일하고 함께 감사하는 문화'를 심고, 사역이 소외되지 않도록 돕는다.

4. 쉼과 회복의 제도화

아무리 열정적으로 헌신하던 사역자라도 지속적인 긴장과 과중한 책임 아래에 놓이면 결국 피로와 탈진을 경험하게 된다. 그러므로 교회는 사역자와 직분자의 안식과 회복을 보장하는 제도를 갖추어야 하며, 이는 사역 지속 가능성의 필수 조건이다.

다음과 같은 제도가 유효하다.

일정 기간 이상 사역한 자에게 안식년 또는 안식월을 제공하고, 그 기간 동안은 교육 · 회복 · 가족과의 시간에 집중할 수 있도록 한다.

안식 후에는 재교육 프로그램, 영성훈련, 새로운 사역 탐색 등을 통해 사역자로서의 정체성과 비전을 다시 정립할 수 있도록 지원한다.

장기 사역자에 대한 감사 행사, 가족 동반 수련회 등의 프로그램은 정서적 회복에 큰 도움이 된다.

이러한 안식 시스템은 구약의 안식일, 안식년, 희년 정신의 현대적 구현이자, 사람을 단지 도구가 아닌 '하나님의 형상'으로 대우하는 교회의 실천적 표현이라 할 수 있다.

제4절 목회적 돌봄과 사기관리

교회 인사행정은 단순한 조직관리나 행정의 효율성에 머물러서는 안 되며, 반드시 사람을 세우고 돌보는 목회적 기능과 결합되어야 한다. 교회 구성원은 행정 단위가 아니라, 하나님의 부르심을 받은 소중한 생명들이며, 그들의 헌신과 사역은 영적 여정의 일부이기 때문이다. 따라서 교회 인사행정은 '인력관리'가 아니라 사명자로서의 사람을 세워가는 영적 돌봄의 사역으로 접근해야 한다. 이를 위해 목회적 돌봄의 구체적 구조와 원리가 인사행정 전반에 내재되어야 하며, 이는 곧 사기를 높이고 지속시키는 근본 토대가 된다.

1. 돌봄의 대상은 '사역자이기 이전에 양떼'이다

교회는 구성원을 사역의 도구나 기능적 자원으로만 보아서는 안 된다. 각 성도는 하나님 앞에서 존귀한 존재이며, 예수 그리스도의 피값으로 산 교회의 지체이다(행 20:28). 따라서 인사행정은 단순히 '어떤 사역을 잘 감당할 수 있는가'를 기준으로 하기보다, 그 사람의 영적 상태, 정서적 여건, 관계성, 신앙의 흐름 등 총체적인 삶의 맥락 안에서 이루어져야 한다.

예컨대 한 성도가 탁월한 행정력으로 인사부서에 배치되었다 하더라도, 개인적으로 깊은 영적 침체나 가정의 위기를 겪고 있다면, 그에게 필요한 것은 사역의 위임이 아니라 쉼과 회복, 동행의 돌봄이다. 이처럼 구성원 한 사람 한 사람을 양떼로 보고 돌보는 자세가, 교회 인사행정의 출발점이 되어야 한다.

2. 정기적 심방과 상담, 기도의 구조화

목회적 돌봄은 우발적이고 비공식적인 돌봄에 머물러서는 안 된다. 이는 반드시 제도적으로 구조화되어야 하며, 리더십과 사역자, 권사, 장로, 소그룹 리더 등 모든 지도자들이 이 사역에 참여해야 한다.

심방은 단순한 방문을 넘어서, 함께 기도하고 안부를 나누며 신앙 여정을 살피는 정기 심방 시스템이 구축되어야 한다. 특히 병자, 홀로 된 성도, 청년과 고령층, 사역자 가정 등 돌봄의 우선순위에 있는 대상은 정기적 관리가 필요하다.

기도와 중보는 기도는 가장 근본적인 영적 돌봄의 형태이다. 중보기도팀을 운영하고, 구성원의 기도제목을 정기적으로 나누며, 예배와 회의에서 함께 중보함으로써 '돌봄받고 있다'는 신뢰를 형성할 수 있다.

상담은 교역자 및 평신도 리더들이 기본적인 신앙상담 역량을 갖추고, 필요시 외부 기독상담기관과 연계할 수 있는 구조를 마련해야 한다.

이러한 구조화된 돌봄 시스템은 단지 위기 시 개입하는 것이 아니라, 지속적인 관계 형성과 사기 유지의 기초적 장치로 작동한다.

3. 사기를 위한 정서적·영적 안전지대 마련

사람은 사랑받고 있다고 느낄 때 자기를 긍정할 수 있으며, 그 긍정의 기반 위에서 비로소 헌신과 수고가 가능해진다. 따라서 교회 인사행정은 각 구성원이 정서적 안정, 관계적 수용, 영적 확신 속에서 사역할 수 있도록 환경을 조성해야 한다.

이를 위해 교회는 다음과 같은 '영적 안전지대'를 제도화할 수 있다.

가. 사역자 간 나눔 모임: 정기적으로 직분자나 사역자들이 모여 함께 기도하고 서로의 사정을 나누며 위로받는 자리를 마련한다.

나. 피드백 없는 자리: 평가나 점검의 목적이 아닌, 있는 그대로를 나눌 수 있는 '비공식적 격려 공간'을 만들고, 리더십이 먼저 낮아진 태도로 참여한다.

다. 심리적 거절 없는 요청 체계: 개인이 사역 중단이나 휴식을 요청할 때, 이를 판단하지 않고 자연스럽게 받아들이는 문화가 형성되어야 한다.

이러한 정서적 배려와 영적 포용은 구성원들의 자발성과 충성도를 더욱 건강하게 지탱해 주는 심층 기반이 된다.

4. 사기관리의 목회적 본질: 사람을 '세우는 평가'로 전환

목회적 돌봄은 단지 위로하고 보호하는 일에 그치지 않는다. 진정한 돌봄은 사람을 세우는 것이며, 이를 위해 필요한 적절한 점검과 평가가 병행되어야 한다. 그러나 이 평가는 결코 경쟁이나 비교의 도구가 되어서는 안 된다. 대신, 구성원이 더욱 성장할 수 있도록 돕는 코칭 중심의 평가, 곧 사기를 떨어뜨리는 평가가 아니라 사기를 살리는 평가가 되어야 한다.

예수께서 베드로를 책망하신 후에도 "내 양을 먹이라"고 사명을 맡기신 것처럼(요 21:15 - 17), 평가와 교정은 심판이 아니라 회복과 재헌신의 기회가 되어야 한다. 따라서 평가의 목적은 실책을 가려내거나 교체를 위한 절차가 아니라, 사람을 격려하고 사역의 방향을 함께 점검하는 동역적 사역 재정립의 기회가 되어야 한다.

평가를 위해 마련된 면담, 피드백 회의, 사역 점검 보고서 등은 공동체적 성장의 도구로서 사역자 개인의 내면과 성장을 함께 바라볼 수 있어야 하며, 그 과정에 기도와 축복, 칭찬과 위로가 빠지지 않도록 설계되어야 한다.

제5장 인사행정의 평가와 환류

1. 인사행정 평가의 필요성과 목적

교회 인사행정은 하나님의 부르심을 따라 구성원을 배치하고 양육하며 사역에 참여하게 하는 사역적 기능을 수행한다. 그러나 인사행정이 단지 제도로만 운영될 경우, 점검 없는 기계적 반복으로 흐를 수 있다. 그렇기에 정기적이고 체계적인 인사행정의 평가와 환류(feedback)는 교회의 사역을 갱신하고, 구성원들의 성장과 공동체의 건강성을 지속적으로 점검할 수 있는 도구로 작동해야 한다.

평가는 단지 '잘했는가, 못했는가'를 가리는 행정 절차가 아니다. 교회에서는 사역의 성과뿐 아니라 영적 성장, 공동체 기여도, 은사의 발현 정도, 사명 의식 등 복합적 요소를 통해 총체적인 안목으로 평가를 수행해야 한다. 이러한 평가 과정을 통해 조직의 사역이 하나님 나라의 방향에 얼마나 부합하는지를 성찰할 수 있다.

신학적으로 보자면, 인사행정의 평가는 하나님의 청지기적 위탁에 대한 응답과 점검이다. 예수께서 맡긴 달란트를 회계하듯, 교회의 모든 인적 자원 또한 정기적인 회고와 재배치, 격려와 교정이 필요하다.

2. 인사행정 평가의 주요 기준

교회 인사행정에서의 평가는 단순한 정량적 성과 지표가 아닌, 사역의 정체성과 영적 기준을 중심으로 이루어져야 한다. 특히 사역의 방향성과 교회의 비전, 구성원의 충성도, 은사의 발현, 리더십, 영적 성숙 등의 항목이 주요한 평가 기준이 된다.

첫째로, 구성원의 사역이 교회의 비전과 사명, 곧 예배, 교육, 사귐, 봉사, 선교라는 5대 공동체 정신과 일치하는지를 평가한다. 이는 인사배치가 정당했는지, 사역자가 교회의 정체성을 충분히 이해하고 있는지를 보여주는 지표이기도 하다.

둘째로, 사역자가 얼마나 충성스럽고 지속적으로 사역을 감당해왔는지를 본다. 여기에는 맡은 일에 대한 일관된 태도, 성실한 책임감, 그리고 어려운 상황 속에서도 사역을 포기하지 않는 자세가 포함된다. 성경은 고린도전서 4:2에서 "맡은 자들에게 구할 것은 충성이라"고 말씀한다.

셋째로, 사역자의 은사가 얼마나 잘 발현되었고, 그것이 공동체 전체에 유익을 주었는지를 평가한다. 이는 단순한 개인 성과가 아니라 공동체적 열매로 이어졌는지를 함께 살펴야 한다.

넷째로, 사역자가 공동체 내에서 어떤 관계성과 리더십을 보였는지를 본다. 갈등을 조정하고 조화롭게 협력하며, 권위주의나 무관심 없이 다른 이들을 세우는 섬김의 리더십이 발휘되었는지가 중요한 판단 기준이 된다.

마지막으로, 영적 성숙도와 내면의 변화를 평가한다. 사역을 통해 성장이 있었는지, 말씀과 기도에 민감하게 반응하며 성령의 인도에 따라 변화되었는지를 목회적 면담이나 동료의 피드백을 통해 파악할 수 있다.

3. 환류 시스템의 원리와 구성

인사행정에서의 평가는 단회성으로 끝나서는 안 되며, 반드시 환류 구조로 이어져야 한다. 환류란 평가 결과가 다시 개인과 조직의 성장으로 연결되는 순환 구조로, 다음과 같은 원리를 중심으로 구성되어야 한다.

우선, 사역자에게 정기적으로 피드백을 제공하는 과정이 필요하다. 이를 위해 면담이나 피드백 회의를 통해 평가 결과를 직접 전달하고, 비판이 아닌 코칭과 동역의 시각에서 접근함으로써 구성원의 성장을 도울 수 있다.

다음으로, 평가 결과에 따라 사역의 재배치나 보완 교육이 이루어져야 한다. 이는 단지 문제를 지적하는 것이 아니라, 은사를 재발견하고 지속 가능한 사역을 이어가기 위한 선순환 구조를 만드는 것이다. 멘토링이나 교육 프로그램은 이를 뒷받침하는 도구가 된다.

뿐만 아니라, 환류는 개인 차원을 넘어 교회 전체의 전략적 조정으로 이어져야 한다. 구성원들의 피드백이 누적되면, 인사 정책이나 사역 전략 전반에 대한 조직적 점검과 수정을 통해 교회가 더욱 건강한 방향으로 나아갈 수 있다.

마지막으로, 환류는 정기적이고 반복적인 구조로 제도화되어야 한다. 분기별 혹은 연례 평가, 임기 종료 후의 사역 평가 등을 통해 교회는 지속적인 '영적 호흡'을 유지할 수 있으며, 평가와 환류는 교회 성장의 핵심적인 메커니즘으로 작동하게 된다.

4. 인사행정 평가의 목회적 고려사항

교회에서 시행되는 인사행정 평가는 단순히 인물의 능력을 등급화하거나 서열화하는 행정적 행위가 아니다. 이는 곧 하나님의 사람을 다루는 영적 사역이며, 목회적 세심함과 배려가 전제되어야 한다.

무엇보다 평가의 목적은 사람을 바꾸는 것이 아니라, 세우는 데 있다. 평가 과정이 실책을 지적하거나 교체를 전제로 하는 것이 아니라, 구성원을 격려하고 성장의 자리로 이끄는 코칭 중심의 접근이 되어야 한다.

또한 평가를 시행할 때에는 은혜의 시선으로 접근해야 한다. 인간적인 기준보다 하나님께서 보시는 중심과 잠재력에 주목해야 하며, 예수께서 베드로를 책망하신 후에도 여전히 사명을 맡기신 것처럼, 평가가 회복과 재헌신의 기회가 되도록 해야 한다.

더불어 평가는 리더십만의 전유물이 되어서는 안 된다. 평신도와 사역자가 함께 참여하여 서로를 돌아보는 공동체적 훈련이 될 때, 교회 안에 건강한 환류 문화가 형성될 수 있다. 이는 곧 공동체 전체가 함께 성장해가는 과정으로서, 인사행정 평가의 가장 바람직한 방향이라 할 수 있다.

제6장 교회 인사행정의 미래 과제

1. 변화하는 사회와 교회의 새로운 도전

21세기의 교회는 급속한 사회문화적 변화 속에서 과거와는 다른 환경에 놓여 있다. 고령화와 탈교회화, 다문화 사회의 도래, 디지털 기술의 발달, 개인주의적 가치관의 확산 등은 기존의 교회 운영 패러다임을 전면적으로 재구성할 것을 요구한다.

이러한 흐름 속에서 교회 인사행정 역시 변화해야 한다. 과거의 직분 중심, 연공 중심, 정형화된 리더십 구조만으로는 오늘날의 다양한 세대와 구성원을 아우르고, 하나님 나라의 사역을 효과적으로 감당하기 어렵다. 신앙 공동체의 본질을 유지하면서도, 변화하는 시대에 유연하게 대응하는 인사행정의 혁신이 요구된다.

이러한 맥락에서, 교회 인사행정은 단지 '사람을 세우는 행정'이 아니라, 하나님의 부르심에 응답하는 역동적인 공동체 사역으로 재정립되어야 한다. 미래를 향해 나아가는 인사행정은 다음과 같은 과제들을 실천적으로 수용하고, 제도화해 나가야 할 것이다.

2. 미래 교회 인사행정의 핵심 과제

1) 세대 간 통합을 위한 인사 전략 개발

교회는 점차적으로 고령화된 구성원과 디지털 세대가 공존하는 이중 구조 속에서 사역을 수행하고 있다. 이 두 세대는 가치관, 소통방식, 시간 개념이 다르기 때문에 세대 간 갈등은 교회의 성장에 직접적 영향을 준다.

따라서 인사행정은 다음과 같은 통합적 전략을 개발해야 한다.

가. 다세대 리더십 구성: 사역팀을 구성할 때 세대 균형을 고려하여,

상호 존중과 소통이 일어나는 구조를 만들 필요가 있다.

나. 멘토링 시스템 도입: 장년 세대는 경험을 전수하고, 젊은 세대는 새로운 감각을 제공함으로써 상호 보완적 사역 구조를 만든다.

다. 세대 특성에 맞는 사역 배치: 노련함이 요구되는 심방, 상담 사역에는 장년층을, 창의성이 필요한 디지털 콘텐츠, 청년사역 등에는 젊은 세대를 중심으로 배치한다.

2) 은사 중심 인사행정으로의 전환

기존의 인사행정은 주로 직분이나 직책 중심으로 운영되어 왔다. 그러나 앞으로는 은사와 사명에 기반한 인사 전략으로 전환해야 한다. 이는 바울이 고린도전서 12장에서 강조한 '은사에 따른 지체의 다양성' 원리를 조직적으로 구현하는 것이다.

가. 영적 은사 진단 프로그램 정착: 교인 각자의 은사를 파악하고, 그것에 맞게 사역을 배치하는 진단과 컨설팅이 필요하다.

직분자 양성 훈련에서 은사 기반 커리큘럼 운영: 자격 요건 중심이 아닌, 은사 발견과 훈련 중심으로 직분자 교육과정을 재설계해야 한다.

나. 은사의 융합과 팀 사역 체계화: 특정 은사만 집중되는 현상을 극복하고, 다양한 은사의 협력을 통해 교회 전체 사역이 유기적으로 연결되도록 한다.

3) 사역자 지속 개발과 평생학습 체계 강화

목회자와 평신도 사역자 모두가 정체되지 않고 끊임없이 성장해야 하는 시대가 되었다. 사회는 지식과 기술이 빠르게 진화하는데, 교회의 리더십이 제자리에 머물러 있다면, 영적 신뢰와 조직 역량을 동시에 잃게 된다.

정기적 리더십 리프레시 교육 도입: 직분자와 리더에게 주기적으로 영성 훈련, 사역 기술, 소통 방법 등의 갱신 교육을 제공해야 한다.

온라인 및 하이브리드 교육체계 구축: 시간과 공간의 제약 없이 훈련을 받을 수 있도록 디지털 콘텐츠화 및 스마트 플랫폼 기반 교육이 필요하다.

목회자 경력 사역 관리 시스템: 일정 기간 사역한 리더에 대해 상담, 재배치, 안식 프로그램 등을 정례화하여 사역 번아웃을 예방해야 한다.

4) 공정성과 투명성을 확보하는 인사 시스템

교회의 신뢰도는 리더십 인사 과정의 공정성과 투명성에 직결된다. 특정 인맥 중심, 밀실형 추천, 불투명한 재임명 등은 공동체 갈등을 유발하고 사역의 권위를 약화시킨다.

가. 인사 매뉴얼 및 공적 절차의 제도화: 모든 인사는 문서화된 기준과 절차에 따라 이루어져야 하며, 그 과정은 누구에게나 동일하게 적용되어야 한다.

나. 교인 참여 기반 인사제도 도입: 공동체 전체가 리더십 선정에 일정 수준 참여할 수 있는 구조를 마련함으로써 공동 소명의식과 책무감을 공유하게 해야 한다.

다. 정기적 인사 리뷰와 피드백 체계 구축: 일방적인 평가가 아닌, 양방향 피드백 구조를 만들어 갈등을 예방하고 교정의 기회를 넓힌다.

3. 여성과 청년의 리더십 참여 확대

많은 교회에서 여전히 여성과 청년은 의사결정 구조에서 배제되거나 제한적으로만 참여하고 있다. 그러나 복음은 모든 성도에게 동일한 소명을 주었으며, 그들은 하나님의 백성으로 동등한 사역자이다.

가. 여성과 청년에게 리더십 기회 제공: 당회, 위원회, 사역팀 등에서 실질적인 리더십을 발휘할 수 있도록 적극 발굴·훈련·위임해야 한다.

나. 미래 세대의 목소리를 반영하는 정책 시스템 마련: 인사행정 계획

수립 시 청년과 여성의 의견을 수렴할 수 있는 구조를 갖춘다.

4. 미래 인사행정은 '생명사역'이 되어야 한다

교회 인사행정은 더 이상 단순한 직분 운영 시스템이 아니다. 그것은 곧 하나님 나라를 함께 이루는 생명의 동역자를 세우는 사역이다. 사람을 살리고, 교회를 세우며, 세상을 변화시키는 거룩한 여정 안에서, 인사행정은 복음적 리더십의 생명선이 되어야 한다.

미래 교회의 인사행정은 신학적으로는 삼위일체적 공동체와 직분 신학 위에 서야 하며, 실제적으로는 공정성과 은사 중심의 유기적 체계를 갖추어야 한다. 그리하여 모든 성도가 하나님의 부르심을 따라 그리스도의 몸을 세워가는 일에 기쁨으로 참여하게 되는 '살아 있는(성령) 인사행정'을 실현해야 할 것이다.

part 05

교회 재무행정

제1장 교회 재무행정의 기초

제1절 교회 재무행정의 본질

1. 정의와 범위

교회 재무행정은 단순히 교회의 수입과 지출을 관리하는 기술적 작업을 넘어서, 하나님의 뜻을 따라 공동체가 위임받은 사명을 감당할 수 있도록 돕는 신학적 · 사역적 활동이다. 이는 예배, 교육, 선교, 봉사, 사귐 등 교회의 다양한 사역이 지속되고 성장할 수 있는 물적 기반을 형성하는 일련의 활동이다.

즉, 재무행정은 헌금의 수납, 예산 편성 및 집행, 회계 기록과 결산, 재산의 취득과 처분, 보고와 투명성 확보 등의 구체적 절차를 포함하며, 공동체의 신뢰와 사명의 실현을 위한 조직적 운영의 핵심이다. 이러한 재무행정은 교회의 운영을 효율적으로 돕는 동시에, 영적 공동체가 세상 속에서 하나님의 공의와 청지기적 윤리를 드러내는 수단이 된다.

2. 신학적 의미

교회 재정의 중심은 성도들의 자발적 헌신과 신앙의 고백으로 표현되는 헌금이다. 이는 단순히 물질을 드리는 행위가 아니라, 하나님에 대한 감사, 신뢰, 순종의 삶이 구체화된 예배의 일환이다(말 3:10, 고후 9:6-8). 따라서 헌금은 하나님께 드려진 거룩한 예물이므로, 그 관리와 사용에 있어서도 거룩함과 경건함, 책임성이 요구된다.

교회 재무행정은 이를 수용하고 지출하며 관리하는 모든 과정에서 청지기 정신을 실천해야 하며, 이는 단지 투명성 확보 차원을 넘어, 하나님의 소유에 대한 인정과 그분의 뜻을 이루기 위한 사역적 결단을 의미한다. 목회자와 재정위원회, 당회 등은 각자 맡은 위치에서 신학적 통찰을 바탕으로 재정의 선용(善用)을 위한 판단과 결정을 내려야 한다.

3. 현대 경제 구조와의 연관성

현대 사회는 철저히 화폐 중심의 시스템으로 운영된다. 교회 역시 이러한 사회 구조 속에서 운영되며, 현실적으로 교회의 모든 사역과 행정은 성도들의 헌금을 중심으로 이루어진다. 이는 교회가 재정의 문제에 있어 현실 감각과 경제적 감수성을 가지고 접근해야 함을 의미한다.

그러나 동시에 교회는 세속적 수익성과 경제 논리에 종속되어서는 안 되며, 그 안에서도 하나님의 주권과 선교적 비전을 따라 자원을 분별하고 사용하는 영적 공동체로서의 정체성을 유지해야 한다. 현대 재무행정 기법과 시스템(ERP, 회계 소프트웨어, 비영리 회계 기준 등)을 활용할 수 있지만, 그 목적은 어디까지나 하나님의 뜻에 합당한 사역의 정당성과 투명성을 확보하는 데 있어야 한다. 따라서 재무행정은 교회의 비전 실현과 공동체 유지의 현실적 기초이자, 하나님의 영광을 위한 도구로 이해되어야 한다.

제2절 교회 예산의 개념

1. 예산의 정의와 기능

예산이란 일정한 회계 기간(보통 1년)을 기준으로 교회의 예상 수입과 계획 지출을 미리 설정한 공식적인 재정 운영 계획서이다. 그러나 교회에서의 예산은 단순한 숫자나 회계표의 나열이 아니라, 신앙 공동체의 사명과 비전이 구체적으로 드러나는 청사진이다.

예산은 목회자와 당회, 재정위원회, 공동의회 등이 함께 참여하여 구성하며, 이는 교회 전체가 함께 하나님의 자원을 어떻게 사용할지를 논의하고 결정하는 공동체적·신학적 행위이다. 따라서 교회 예산은 단지 돈의 흐름을 예측하는 문서가 아니라, 그 해 동안 하나님 나라의 사역이 어떻게 구현될 것인가를 담아내는 실천 계획이다.

2. 사역적·신앙적 역할

교회 예산은 사역의 효율적 추진을 위한 실질적 기반을 제공한다. 예를 들어, 선교비, 교육비, 예배 지원, 구제 활동, 목회 지원 등으로 구성된 예산 항목은 그 자체로 교회의 사명 우선순위를 보여준다.

예산은 동시에 교회가 하나님의 자원을 무분별하게 낭비하지 않도록 통제하는 장치 역할도 한다. 재정의 사역적 정당성, 사역자의 책임성, 공동체의 신뢰를 확보하기 위해 예산은 반드시 공동체의 이해와 동의를 바탕으로 수립되고 집행되어야 한다.

따라서 예산 수립은 행정 기술만으로 감당될 수 없는, 영적 통찰과 공동체의 참여, 그리고 신앙적 책임을 수반하는 과정이다. 이는 곧 예산이 하나님의 뜻을 실현하는 사역의 경로이자, 영적 리더십이 드러나는 실제적인 장임을 뜻한다.

3. 청지기 정신과 예산 운영

예산의 편성과 운영은 단순한 돈의 배분이 아니라, 공동체가 하나님의 자원을 어떻게 이해하고, 어떻게 사용하며, 어떻게 책임질 것인가를 함께 분별하는 신앙적 실천 과정이다.

이 과정은 교회의 직분자들뿐 아니라, 일반 성도들에게도 청지기 정신을 교육하는 기회가 될 수 있다. 교회의 재정이 곧 하나님의 사역을 위한 자원이라는 인식은, 각 위원회와 부서가 자율과 절제를 겸비한 재정 사용을 하도록 이끄는 동기가 된다.

특히 투명한 예산 운영과 정기적인 보고는 공동체 신뢰를 구축하는 기초가 되며, 이는 교회가 세상 앞에서 거룩함과 책임감을 드러내는 간접적 선교이기도 하다. 예산은 신앙의 실천이며, 그 안에 하나님의 영광을 위한 의도와 책임 있는 공동체적 선택이 담겨 있어야 한다

제2장 재정수입과 헌금의 원리

제1절 교회 재정수입의 구성

1. 헌금 중심의 자발적 수입 구조

교회의 재정수입은 기본적으로 성도들의 자발적 헌금에 의존한다. 이는 세속 조직과 달리 상품이나 서비스의 판매를 통해 수익을 창출하지 않고, 하나님의 은혜에 감사하며 자발적으로 드리는 예물을 통해 재정이 형성되는 구조이다.

이러한 헌금 중심 구조는 교회가 본질적으로 은혜에 기반한 공동체임을 보여준다. 즉, 교회 재정은 소유를 바탕으로 한 '세금'이나 '의무금'이 아니라, 하나님께 드리는 예배의 연장선상에서 자발적으로 드려진 봉헌의 결과이다(고후 9:7).

따라서 교회의 재정은 그 수입 구조 자체가 신앙의 표현이며, 이는 곧 헌금의 방식, 정신, 사용에 이르기까지 신학적 책무성을 요구한다.

2. 수입 항목의 구체적 유형

일반적으로 교회의 재정수입은 다음과 같은 항목으로 구성된다.

⑴ 주정헌금: 주일예배를 드리며 성도들이 정기적으로 드리는 가장 기본적인 헌금

⑵ 십일조 헌금: 자신의 수입의 10분의 1을 하나님께 구별하여 드리는 헌금으로, 성경적으로는 모든 수입의 하나님의 소유권을 인정하는 행위(말 3:10)

⑶ 감사헌금: 생일, 결혼기념일, 직장감사, 신앙회복 등 특별한 감사의 표현으로 드리는 예물

⑷ 선교·구제헌금: 교회의 외부 사역, 선교지 지원, 사회적 약자 섬김을 위한 목적헌금

⑸ 특별헌금: 건축, 장학, 행사 등 특정 사역을 위한 일회성 헌금

이 외에도 이자수입, 임대수입, 후원금, 이월금 등이 부차적으로 포함될 수 있으나, 핵심은 항상 헌금 중심의 신앙적 자발성에 기초해야 한다.

제2절 헌금의 신학적 의미

1. 하나님 주권에 대한 신앙고백

헌금은 단순한 금전 기부가 아니라, 하나님께서 모든 것을 주관하시며, 우리가 가진 모든 것의 주인이 하나님이심을 고백하는 행위이다. 헌금은 성도가 하나님 앞에 자신의 삶과 소유를 드리는 방식 중 하나이며, 이는 곧 예배의 본질과 직결된다.

헌금은 주일 예배 순서에서 찬양과 함께 드려지며, 이는 물질의 봉헌이 곧 전 존재의 봉헌임을 상징한다. "네 보물이 있는 그곳에 네 마음도 있다"(마 6:21)는 말씀처럼, 헌금은 성도의 삶의 중심이 어디에 있는지를 드러내는 영적 거울이다.

그러므로 헌금을 통해 드러나는 것은 금액의 많고 적음이 아니라, 헌금자의 중심과 믿음, 순종의 태도이며, 하나님은 그 중심을 받으신다(막 12:41 - 44).

2. 공동체 연합의 실천

헌금은 개인의 신앙 고백일 뿐만 아니라, 교회 공동체가 함께 하나님 나라를 위해 연합하는 실천적 방식이기도 하다. 각 성도가 자신의 분량

대로 헌신할 때, 그것은 교회의 필요를 충족시키고, 함께 사명을 이루어 가는 공동체적 청지기 실천이 된다.

고린도후서 8장과 9장에서 사도 바울은 예루살렘 교회를 위한 구제 헌금을 강조하며, 이는 곧 교회 간의 연합과 사랑의 표현이자, 공동체의 일치를 나타내는 수단이었다.

따라서 헌금은 교회 안에서 연약한 자를 돕고, 복음 사역을 지지하며, 하나님의 정의와 긍휼을 실현하는 통로가 되며, 모든 성도는 이러한 사역에 동참함으로써 하나님 나라 백성으로서의 책무를 실천하게 된다.

제3절 헌금의 실제적 원리와 적용

1. 자발성과 기쁨의 원리

성경은 헌금을 드릴 때 강요나 의무가 아닌, 기쁨과 자원함으로 드리라고 권면한다(고후 9:7). 이는 하나님께서 억지로 드리는 예물을 기뻐하지 않으시며, 마음으로 우러나 드리는 믿음의 표현을 받으신다는 뜻이다.

현대 교회에서도 헌금은 신자들이 자발적으로, 기도와 묵상을 통해 자신의 삶에서 드릴 수 있는 최선의 것을 구별하여 바치는 경건의 실천이 되어야 한다. 교회는 이 점을 강조하며, 헌금 교육을 단순한 수치 교육이 아닌, 믿음 교육, 예배 교육, 청지기 교육으로 연결해야 한다.

2. 은밀함과 정직함의 원리

예수님은 마태복음 6장에서 "오른손이 하는 것을 왼손이 모르게 하라" 하심으로, 헌금이 사람에게 보이기 위한 외식이 되어서는 안 됨을 경고하셨다. 따라서 헌금은 은밀하고 조용하게, 하나님만 아시는 가운데 정직하게 드려야 하며, 동시에 교회는 그 헌금이 공정하고 투명하게 관리되도록 책임을 다해야 한다.

교회의 회계 보고, 결산, 감사는 모두 이러한 정직성과 신뢰를 바탕으로 이루어져야 하며, 헌금이 공동체의 신뢰 위에 세워진 사역이라는 점을 기억해야 한다.

3. 헌금 교육의 필요

오늘날 많은 교회에서 헌금에 대한 명확한 교육이 결여되어 있다. 그러나 교회는 다음 세대를 포함하여 모든 성도에게 헌금의 신학, 실천, 목적을 분명히 가르쳐야 한다. 이는 헌금을 기복적 도구로 왜곡하거나, 세속적 재정 논리로 오해하는 것을 막고, 헌금의 영적 본질을 바로 세우는 데 필요하다.

헌금 교육은 주일학교, 청년부, 제직훈련, 새가족 교육 등 모든 훈련 과정에 포함되어야 하며, 목회자는 자신의 삶으로 이를 모범 보이고 설명해야 한다. 이를 통해 교회는 성도 모두가 신앙과 삶의 일치된 헌신으로 헌금에 참여하도록 이끌 수 있다.

제3장 재정 운영의 원칙과 절차

제1절 재정 운영의 기본 원칙

1. 신앙적 청지기 정신

교회 재정은 단순한 조직 운영비가 아니라, 하나님께서 교회에 맡기신 자원의 청지기로서 이를 거룩하게, 정직하게, 지혜롭게 운용해야 한다는 영적 책무가 따른다.

'청지기'(steward)는 주인의 재산을 대신 관리하는 자로서, 자율적 권한이 있으나 항상 하나님 앞에서 충성과 책임이 요구된다(고전 4:2).

따라서 교회는 어떤 지출도 단순히 필요와 관행에 따라 결정해서는 안 되며, 반드시 하나님의 뜻, 교회의 사명, 공동체의 유익이라는 신학적 기준 아래 검토해야 한다. 청지기 정신은 재정을 다루는 모든 위원회와 담당자에게 적용되며, 이를 통해 교회는 세상 속에서 거룩한 재정문화를 실천하는 본이 된다.

2. 공공성과 투명성

교회의 재정은 공적 자산이며, 공적 사명을 위한 공동체 자원이다. 그러므로 재정 운영의 모든 과정은 성도들 앞에서 공정하고 투명하게 이루어져야 하며, 이는 교회에 대한 신뢰를 형성하는 핵심 요소이다.

회계 기록, 예산 편성, 결산 보고, 감사 절차 등은 누구든지 열람 가능한 구조로 운영되어야 하며, 당회 및 공동의회 등 교회 정치기관은 이를 철저히 감독해야 한다.

예산과 결산 보고 시에는 단지 숫자만 나열하는 것이 아니라, 그 지출이 어떤 사역의 목적과 연결되어 있는지, 어떤 열매를 기대하며 사용되

없는지에 대한 해설이 수반되어야 한다. 이를 통해 성도들은 자신들의 헌금이 하나님의 나라를 위한 사역에 실제로 사용되고 있음을 인식하고, 신뢰와 감사의 자세로 참여하게 된다.

3. 사역 우선의 원칙

교회의 재정은 사역을 위한 도구이지, 그 자체가 목적이 될 수 없다. 따라서 예산의 지출 항목은 반드시 교회의 본질적인 사명, 곧 예배, 교육, 사귐, 봉사, 선교의 5대 공동체 사역에 우선적으로 배분되어야 한다.

모든 예산 편성은 사역 우선주의를 원칙으로 하여, 조직의 행정비용과 구조 유지를 위한 항목은 최소화하고, 최대한 사역 확대와 성도 양육에 집중되도록 조정해야 한다.

예컨대, 교육과 다음세대를 위한 투자는 장기적 교회 건강과 직결되며, 지역사회 구제나 선교비 지출은 교회의 공공성과 선교적 정체성을 드러낸다.

이와 같은 우선순위 설정은 단지 경제적 효율성이 아니라, 교회가 어떤 사명을 중심에 두고 존재하는가를 분명히 보여주는 영적 선언이기도 하다.

제2절 재정 운영의 주요 절차

1. 예산 편성

예산 편성은 교회 재정 운영의 출발점이다. 각 부서와 위원회는 자신들의 사역 계획을 바탕으로 예산안을 작성하고, 재정위원회는 이를 통합 검토하여 전체 예산안을 구성한다.

이 과정은 단순한 숫자 배분이 아니라, 그 해 교회의 비전과 중점 사역을 어떻게 재정적으로 뒷받침할 것인가를 논의하는 과정이며, 당회의 신학적 지도력과 행정적 균형 감각이 동시에 요구된다.

예산은 당회나 제직회에서 심의 후, 공동의회에서 최종 승인되어야 하며, 이 절차를 통해 공동체적 동의와 책임성이 보장된다.

2. 예산 집행

편성된 예산은 연중 사역의 진행에 따라 정해진 절차와 권한 체계에 따라 집행되어야 한다. 모든 집행은 예산 항목에 근거하여 담당자의 결재, 사역 부서의 신청, 재정위원회의 검토 등 일정한 관리 체계를 거쳐야 하며, 무계획적인 지출이나 편법 지출은 엄격히 금지된다.

이때 재정의 집행은 사역의 열매를 고려한 목적 지향적 집행이어야 하며, 가능하면 집행 결과에 대한 간단한 보고와 평가가 병행되어야 한다. 이를 통해 교회는 행정과 사역이 분리되지 않고, 재정이 실제적인 사역 열매로 연결되는 구조를 유지할 수 있다.

3. 회계 기록과 결산 보고

모든 수입과 지출은 정확하게 기록되어야 하며, 회계 원칙에 따라 체계적으로 관리되어야 한다. 영수증, 계약서, 지출 내역 등의 문서화는 필수이며, 이를 바탕으로 분기별 또는 연간 결산 보고서를 작성한다.

결산은 단지 회계 보고서로 끝나는 것이 아니라, 해당 회기의 사역 성과를 재정의 흐름을 통해 평가하고 반성하는 신앙적 성찰의 자료가 되어야 한다. 당회는 이를 심의하고, 공동의회에 보고하여 성도들과 공유하는 과정을 통해 신뢰와 협력의 문화를 강화할 수 있다.

4. 재정 감사와 피드백

재정 감사는 교회 재정 운영의 투명성과 적절성을 확보하는 마지막 절차이다. 내부 감사와 외부 감사(필요 시)를 통해 재정 집행이 예산과 규정에 맞게 수행되었는지를 점검하며, 부적절한 관행이나 오류가 발견될 경우 개선 조치를 권고한다.

감사는 단순한 회계적 오류를 지적하는 데 그치지 않고, 향후 교회 재정 운영의 정책 방향과 개선 전략을 제시하는 중요한 피드백 수단이 되어야 한다.

이러한 감사 시스템은 교회의 책임 행정 구현을 돕고, 성도들이 교회의 재정을 더욱 신뢰하며 헌신하도록 돕는 기반이 된다.

제4장 재정 책임성과 교회 공동체

제1절 재정 책임성의 신학적 기초

1. 하나님 앞에서의 청지기 의식

교회의 재정은 단순히 인간의 필요와 결정에 따라 운용되는 자산이 아니라, 하나님께서 맡기신 거룩한 자원이다. 따라서 재정을 다루는 모든 자는 그 소유권이 하나님께 있음을 인정하고, 철저히 청지기적 자세로 임해야 한다.

고린도전서 4:2은 "맡은 자들에게 구할 것은 충성이라"고 말한다. 이는 재정을 포함한 교회의 모든 자원이 하나님의 위임이라는 점에서, 충성과 정직함, 그리고 지혜로운 사용이 필수적임을 뜻한다.

교회 재정 담당자는 단순한 회계직원이 아니라, 하나님의 사역을 실현하기 위한 자원 관리자로서의 소명을 지닌다. 그 책임은 하나님 앞에서의 책무이며, 이 세상 앞에서 교회의 신뢰를 지키는 영적 책임이기도 하다.

2. 공동체 앞에서의 투명성과 공공성

교회 재정은 공적 자원이며, 그 운용은 반드시 공동체의 합의와 신뢰에 기초해야 한다. 재정을 맡은 자는 '공동체의 눈' 앞에서 그 모든 과정을 명확히 보고하고, 공적 질서와 절차에 따라 행정해야 한다.

성경은 교회 지도자들에게 책무를 맡기되, 항상 공동체의 동의와 참여 속에서 권위를 행사하라고 가르친다(행 6:1 - 6). 이 원리는 재정 운영에도 그대로 적용된다.

재정 보고, 회계 자료의 공개, 지출의 목적성 설명, 예산 편성과 결산에 대한 토론과 합의 등은 단지 행정 절차가 아니라 공동체적 소통과 신뢰의 표현이다. 이것은 교회를 세상 속에서 정직한 공동체, 진실한 신앙 공동체로 세우는 토대가 된다.

제2절 공동체 참여의 원리

1. 공동의회와 당회의 권한

재정에 대한 궁극적 책임은 교회의 치리 기구인 당회와 공동의회에 있다. 당회는 예산안과 집행 방향을 심의·결정하며, 공동의회는 이를 승인함으로써 공동체 전체의 합의와 책임을 구현한다.

이러한 구조는 장로교 정치 원리에 부합하는 제도적 장치로, 교회의 사역과 행정이 단일 권력에 의한 독점이 아니라, 대표성에 기반한 공적 통치 구조 안에서 이뤄지도록 보장한다.

특히 공동의회는 모든 세례교인이 참여하여 의견을 제시하고, 보고를 확인하며, 교회의 방향에 동의하는 자리이기에, 재정 보고는 반드시 정확하고 이해 가능하게 준비되어야 하며, 충분한 설명과 질문의 시간을 통해 투명성을 확보해야 한다.

2. 성도의 책임 있는 헌신과 감시

교회 재정의 책임성은 단지 행정 책임자만의 몫이 아니라, 모든 성도의 헌신과 감시가 병행될 때 더욱 견고해진다.

성도는 단순히 헌금자로 머무르지 않고, 자신이 드린 헌금이 어떤 사역을 위해, 어떤 방식으로 쓰이는지에 대해 관심을 가지고 정기적으로 재정 흐름을 확인하고 의견을 나누어야 한다.

이를 위해 교회는 분기별 혹은 연례적으로 재정 보고를 쉽게 설명하고, 재정에 대한 신학적 교육을 제공해야 하며, 성도들도 헌금을 '예배의 일환'이자 '공적 청지기 행위'로 인식하여 신앙과 책임의 일치를 추구해야 한다.

3. 리더십의 모범과 자정 능력

재정 책임성은 제도와 절차뿐 아니라, 지도자의 모범과 윤리의식에 의해 유지된다. 담임목사, 장로, 재정 담당자 등 교회 지도자는 물질 문제에서 한 치의 의혹도 없도록, 자기 절제와 신중함으로 임해야 한다.

재정 사역의 의사결정 과정에 있어 독단적 결정은 배제되어야 하며, 불투명한 사용은 공동체의 신뢰를 무너뜨릴 수 있다.

또한 교회는 잘못된 재정 집행이나 회계 오류에 대해 즉각 시정하고 개선할 수 있는 자정 능력을 제도화해야 하며, 내부 감사 시스템과 외부 감사의 적절한 활용도 병행할 수 있어야 한다. 이를 통해 회개와 갱신의 구조가 살아 있는 교회가 될 수 있다.

제3절 책임성과 사명성의 균형

1. 형식적 투명성을 넘어 실질적 신뢰로

재정의 책임성을 말할 때, 단지 서류상의 투명성이나 절차적 완전성만으로는 충분하지 않다. 교회는 그 모든 재정 활동이 하나님의 사역을 위한 것임을 성도들이 실질적으로 체감하고 신뢰할 수 있도록, 목회자와 재정담당자, 부서장들의 비전 공유와 소통이 필요하다.

예를 들어, 선교비나 장학금, 구제비 지출에 대해 단지 금액만 보고하지 말고, 그것이 어떤 구체적 사역으로 이어졌는지, 어떤 열매가 있었는지를 간단히 공유하면 성도들의 이해와 기쁨은 훨씬 더 커진다.

책임은 단순한 규율이 아니라, 공동체적 신뢰와 영적 동행의 표현이
어야 한다.

2. 사명적 비전과 책무의 통합

책임성은 사역의 방해 요소가 아니라, 오히려 건강한 사역의 기반이
다. 무책임하거나 방만한 재정 운영은 교회의 신뢰와 정체성을 무너뜨
리지만, 균형 잡힌 책임성은 오히려 사역의 확장을 위한 강력한 도구가
된다.

교회가 성실한 재정 운영을 통해 사회와 다음세대에게 신뢰를 줄 수
있을 때, 교회의 사명은 더 넓은 영역으로 확장될 수 있다.

교회 재정은 사명의 실현을 위한 수단이며, 재정 책임성은 그 사명을
지속 가능하게 만드는 신앙적 장치이다. 그러므로 책임성과 사명성은 대
립되는 개념이 아니라, 상호보완적인 구조로 이해되어야 한다.

제5장 재산관리와 교회의 법적 책임

제1절 교회 재산관리의 기본 이해

1. 교회 재산의 신학적 성격

교회 재산은 단지 '조직의 자산'이나 '법인 소유'가 아니라, 하나님의 사역을 위해 구별된 거룩한 자원이다. 건물, 토지, 설비, 차량, 기기 등 물리적 자산은 하나님 나라 확장을 위한 도구이며, 공동체의 예배와 교육, 선교와 봉사를 위해 위탁받은 청지기적 자산으로 간주되어야 한다.

시편 24:1은 "땅과 거기 충만한 것과 세계와 그 가운데 사는 자들은 다 여호와의 것이라"고 선포한다. 이 말씀에 따라 교회의 모든 재산은 하나님의 주권 아래 있고, 교회는 이를 사역의 목적에 맞게, 신중하고 책임 있게 사용해야 할 의무가 있다.

그러므로 재산관리란 단지 유지·보수나 가치 보존을 넘어서, 그 재산이 복음 사역에 얼마나 기여하고 있는가라는 관점에서 평가되어야 한다.

2. 유형 재산과 무형 재산의 구분

교회 재산은 유형 자산과 무형 자산으로 나눌 수 있다. 유형 자산은 건축물, 토지, 시설, 집기, 차량 등 물리적으로 존재하는 자산이며, 장기적 안목에서의 관리와 보수가 필요하다. 반면 무형 자산은 상표, 문서, 교육자료, 교회명, 브랜드 가치 등과 같은 법적·사역적 가치가 부여된 자산으로, 명확한 소유권과 사용 권한 규정이 요구된다.

특히 교회 분열이나 갈등이 발생할 경우, 무형 자산의 소유와 사용권을 둘러싼 법적 분쟁이 발생할 수 있으므로, 교회 헌법과 운영규정 내에

재산의 귀속과 관리에 대한 조항을 명확히 설정해야 한다.

또한 교회의 이름, 로고, 출판물 등은 사역 정체성을 담고 있는 대표 자산이므로, 함부로 외부에 위탁하거나 상업적으로 이용되어서는 안 되며, 공동체 전체의 신학과 비전을 반영하여 사용되어야 한다.

제2절 교회 재산의 관리 원칙

1. 보존과 사용의 균형

교회의 재산은 단순히 보존을 위한 소유물이 아니라, 사용을 통해 사역을 실현하는 도구이다. 그러나 동시에 잘못된 관리와 남용은 공동체에 큰 손실을 줄 수 있으므로, 보존과 사용의 균형이 필요하다.

건물이나 부동산은 적절한 유지보수와 관리 체계를 통해 안전과 기능을 유지해야 하며, 교육시설이나 사무 공간, 주차장 등은 최대한 사역과 공동체 활동에 맞게 개방적이고 효율적으로 사용되어야 한다.

지나치게 보수적이거나 방어적인 관리 태도는 사역의 확장을 막을 수 있으며, 반대로 무분별하고 경솔한 사용은 재산을 소진시키는 결과를 초래할 수 있다. 따라서 장기적 비전과 당회의 감독, 실무자의 책임이 조화를 이루는 구조가 필요하다.

2. 소유권과 관리권의 분리

법적으로 교회는 보통 비영리 법인 또는 종교단체 등록을 통해 재산을 소유한다. 이때 재산의 법적 소유권은 교회 명의(대한예수교장로회 ○○ 교회 등)로 등기되며, 실제 관리와 운용 권한은 당회나 재산관리위원회에 위임된다.

중요한 점은, 이 두 권한이 개인에게 집중되지 않도록 제도적 안전장치를 마련해야 한다는 것이다. 예컨대, 담임목사 개인이 법인 등기명의 자가 되거나, 특정 장로 한 사람에게 부동산 처분 권한을 단독 위임하는 것은 분쟁 발생 시 법적, 윤리적으로 큰 문제가 될 수 있다.

따라서 교회는 재산의 소유와 관리를 위한 규정을 교회 정관이나 헌법 부속 문서로 명확히 정리하고, 모든 재산 변동은 공동의회나 당회의 의결을 필수적으로 거치도록 규정해야 한다.

3. 자산 취득과 처분의 절차

교회의 자산 취득(부동산 구입, 차량 구입, 대형 설비 등)이나 처분(매각, 증여, 임대)은 재정적인 판단만이 아니라 신학적 · 공동체적 고려를 수반해야 한다.

모든 자산의 취득 및 처분은 다음과 같은 절차를 따라야 한다.

(1) 사역상 필요에 대한 논의 및 제안

(2) 재정위원회 및 재산관리위원회의 실사 및 보고

(3) 당회의 검토 및 결의

(4) 공동의회의 최종 승인

(5) 문서화 및 등기 이전 등 법적 절차 진행

이 과정은 투명성과 절차적 정당성을 확보하기 위한 것이며, 공동체 전체가 그 결정에 동참함으로써 재산의 사적 전용이나 권한 남용을 예방할 수 있다.

특히 고가의 부동산 매각, 건축 자금 사용, 임대 계약 등은 외부 법률 자문이나 회계 자문을 병행하여 진행하는 것이 바람직하다.

제3절 교회의 법적 책임과 행정적 대응

1. 교회와 국가법의 관계

교회는 하나님의 공동체이지만, 동시에 이 땅에 존재하는 공적 법인의 성격을 갖는다. 따라서 교회는 세속법(민법, 종교인소득세법, 건축법 등)을 무시할 수 없으며, 법적 책임을 피하지도 말아야 한다.

교회가 관련 법규를 모르거나 무시할 경우, 부지중에도 과세 문제, 건축 허가 위반, 고용 분쟁, 안전 관리 책임 문제 등에 휘말릴 수 있다.

따라서 교회는 반드시 정관 등록, 등기 명의 관리, 재정 집행 기준, 고용 계약, 세무신고 등의 문제를 법적 기준에 맞춰 체계화해야 하며, 필요시 전문가(변호사, 세무사, 노무사 등)의 자문을 받는 것을 두려워하지 말아야 한다.

2. 분쟁 예방과 문서 관리

교회 재산은 교회 분열이나 내분 시 가장 큰 쟁점이 되기 쉬운 영역이다. 특히 부동산 명의나 사용권, 법적 대표자 변경 문제는 종종 재판까지 이어지는 사회적 갈등을 야기한다.

이러한 사태를 예방하기 위해 교회는 다음과 같은 사항을 점검하고 준비해야 한다.

(1) 재산 귀속 관련 조항이 교회 정관에 명시되어 있는가?

(2) 법인 등기상의 대표자와 교회 실제 대표자가 일치하는가?

(3) 교회의 재산 처분에 대한 공동체 의사결정 구조가 명확한가?

(4) 재산 관련 문서(계약서, 회의록, 결의서 등)가 체계적으로 보관되고 있는가?

(5) 법적 분쟁 시 대응 가능한 문서 · 기록 체계와 자문 인력이 있는가?

이러한 관리 체계는 단순한 행정 능력을 넘어, 교회가 세상 앞에서 공적 책임을 감당하는 성숙한 공동체가 되기 위한 기반이다.

3. 공적 책임의 영적 성숙

교회의 재산과 법적 책임을 관리한다는 것은 행정 능력의 문제가 아니라 영적 성숙의 문제이다. 이는 교회가 물질 앞에서 어떻게 신앙을 지키고, 권력 앞에서 어떻게 공동체적 질서를 세우는지를 드러낸다.

재산은 교회를 세우는 수단이 될 수도 있고, 교회를 무너뜨리는 시험이 될 수도 있다. 그러므로 교회는 언제나 하나님의 주권과 공동체의 신뢰를 중심에 두고, 재산을 바라보는 영적 기준을 확립해야 하며, 모든 행정과 결정에 있어 정직, 신중, 기도, 참여, 절제를 실천해야 한다.

제6장 교회 재무행정의 과제와 미래 방향

제1절 오늘날 교회 재무행정의 주요 과제

1. 재정 투명성에 대한 사회적 요구 증가

현대 사회는 공적 기관은 물론, 종교기관에 대해서도 높은 수준의 재정 투명성과 윤리적 책임을 요구하고 있다. 이는 교회의 재정 운영이 더 이상 공동체 내부의 문제로만 여겨지지 않으며, 사회 전체의 신뢰와 도덕성 평가의 기준이 된다는 뜻이다.

특히 언론 보도와 온라인 공간을 통해 일부 교회의 재정 문제나 횡령 사건이 노출되면서, 교회 전체에 대한 이미지와 신뢰가 흔들리는 경우가 많다. 이에 따라 교회는 외부의 비판을 피하기 위한 방어적 대응이 아니라, 적극적으로 투명한 시스템을 구축하고 신뢰를 회복하는 공공성 확보의 과제를 안고 있다.

이를 위해 회계의 이중체계 방지, 항목별 지출 근거 마련, 감사를 통한 실질적 개선 등이 필요하며, 이는 단순한 '기술적 행정'이 아니라 영적 정직성의 표현이다.

2. 전문성과 신학성이 함께 요구되는 복합 행정

오늘날 교회 재무행정은 복잡하고 다층적인 성격을 띠게 되었다. 헌금 수입의 다양성, 국가 세법과 종교인 과세의 변화, 재산의 등기와 관리, 복지 예산의 확대, 사역부서 간 재정 배분 등 전문적 판단이 필요한 영역이 많아졌다.

그러나 이 모든 것이 신학과 분리되어 단지 전문가에게 위임될 경우, 재정의 세속화와 사역 본질의 약화를 초래할 수 있다. 따라서 교회의 재정 담당자는 회계 및 행정적 역량은 물론, 하나님의 뜻을 분별하고 청지기적 기준에 따라 결단할 수 있는 신학적 훈련을 함께 받아야 한다.

이는 곧 교회가 "은혜의 질서"와 "행정의 질서"를 함께 세워야 할 시대적 도전에 직면해 있다는 의미이며, 신학과 실천이 분리되지 않는 재정 리더십 모델이 필요하다.

3. 공동체 참여의 확대 필요성

재정 문제는 교회 안에서 종종 특정 인물이나 소수 위원회에 집중되어 논의되거나, 반대로 공동체의 무관심과 거리두기 속에 방치되기도 한다.

하지만 교회의 재정은 성도 모두의 헌신을 통해 형성되는 만큼, 공동체 전체가 예산과 사용, 사역의 우선순위 결정에 참여하는 구조가 마련되어야 한다.

공동의회, 부서별 예산 협의, 연례 재정 설명회, 청년층 대상 헌금 교육 등의 시도를 통해, 세대와 계층을 아우르는 재정 소통 문화가 정착되어야 한다. 이러한 참여는 교회의 신뢰를 높이고, 성도들의 헌금에 대한 책임성과 기쁨도 함께 증진시킬 수 있다.

제2절 교회 재무행정의 미래 방향

1. 디지털 기반 회계 시스템의 도입과 개선

4차 산업혁명 시대 속에서 교회의 재무행정도 디지털 전환이 요구된다. 전통적인 수기장부나 엑셀 기반 기록에서 벗어나, 클라우드 기반 회계 프로그램, 모바일 헌금 시스템, 온라인 회계 감사 보고서 제공 등의 방식을 점차 도입해야 한다.

이러한 시스템은 단지 편의성을 위한 도구가 아니라, 투명성과 보안성, 실시간 공유와 참여성을 높일 수 있는 장점이 있다.

단, 기술의 도입이 곧 '책임성'을 자동으로 보장해주지는 않으므로, 사용자의 정확한 교육, 데이터 보관 원칙, 책임자 지정 등을 병행해야 한다.

교회는 정보화의 흐름 속에서도, 헌금의 경건성과 예배적 의미를 훼손하지 않는 방식으로 디지털화를 조화롭게 구현해야 한다.

2. 지속가능한 교회 재정 모델의 구축

한국교회는 고령화, 출석 감소, 헌금 약화, 지역사회와의 분리 현상 등으로 인해 장기적으로 재정 기반이 취약해질 가능성을 안고 있다. 이에 따라 교회는 단기적인 예산 균형에 급급하기보다는, 사역의 본질을 유지하면서도 지속가능한 재정 모델을 구축해야 한다.

예를 들어, 건물 임대 수입을 일정 비율로 사회선교에 환원하거나, 공동체 기반 협동조합을 통한 지역 나눔 사업, 장학기금 운영, 공공 지원금 활용 등의 방식은 재정의 사역성 유지와 확대를 동시에 추구하는 지혜가 될 수 있다.

또한, 부채 없는 재정 운영 원칙과 준비금 적립의 균형, 퇴직금, 건물 유지비, 고정 지출의 안정적 확보도 미래 교회의 책임 있는 재정 운용의 기초로 삼아야 한다.

3. 재정 교육과 차세대 리더 양성

교회의 재정 건전성은 결국 사람에 의해 유지된다. 특히 다음 세대가 헌금의 의미를 이해하지 못하거나, 재정의 책임에 무관심하다면 교회는 미래에 심각한 위기를 맞을 수 있다.

따라서 교회는 장년층뿐 아니라, 청소년과 청년들을 대상으로 헌금의 신학, 재정의 윤리, 공동체 책임에 대한 교육을 정기적으로 시행해야 한다.

이를 통해 자발적으로 헌금하고, 당당히 재정의 참여자가 되며, 미래 교회의 재정 담당자로 성장할 수 있도록 차세대 재정 리더십을 계획적으로 양성해야 한다.

신학대학, 교단 교육기관, 노회와 총회 차원에서도 재정 관련 교과목과 실무과정을 확장하고, 실제적인 행정 현장 경험을 제공함으로써 현장과 이론이 통합된 교회 행정 인재를 세우는 전략이 필요하다.

4. 재정 행정은 곧 교회의 신앙 행위이다

교회 재무행정은 단지 회계적 기술이나 조직 운영의 한 영역이 아니라, 하나님 나라의 사역을 구체화하는 신앙의 실천이다.

믿음으로 드려진 헌금이 믿음으로 사용될 때, 교회는 그 재정을 통해 하나님의 공의와 사랑, 청지기 정신과 공동체의 연합을 세상 가운데 드러낼 수 있다.

교회의 재무행정은 신뢰를 세우고, 사명을 지속하며, 세대를 연결하는 하나님의 도구로 기능해야 한다. 그러므로 오늘날의 교회는 재정에 대한 영적 각성과 행정적 전문성을 함께 갖춘 새로운 생명 질서를 세워야 하며, 이 사역에 온 공동체가 기도로 동참해야 한다.

제3절 교회 예산의 유형

1. 일반회계와 특별회계

교회 예산은 그 용도에 따라 일반회계와 특별회계로 구분된다. 일반

회계는 교회의 기본적 사역, 곧 예배, 교육, 선교, 구제 등을 수행하는 데 필요한 경비를 포괄하며, 모든 교회의 기본 기능 수행을 위한 예산으로 간주된다. 반면 특별회계는 교회 건축, 선교지 후원, 특별 행사 등과 같이 특정한 목적을 위해 편성되는 예산을 의미한다.

특별회계는 일반회계의 규칙을 따르기 어려운 경우에 적용되며, 반드시 당회의 승인을 거쳐야 하고, 정당한 집행 절차가 따라야 한다. 이러한 절차 없이 회계 담당자나 부서장이 임의로 지출하는 것은 재무행정의 기본 원칙에 어긋나는 것이다.

2. 잠정예산, 가예산, 준예산

교회는 본예산이 확정되지 않은 상황에서도 불가피하게 예산을 집행해야 할 경우가 있다. 이러한 경우 잠정예산, 가예산, 준예산이 적용된다. 잠정예산은 본예산 승인 이전에 일정 금액을 한정 기간 집행하는 형태이며, 가예산은 본예산이 의결되지 못한 상태에서 시급하게 지출해야 할 항목에 한해 임시로 편성된다. 준예산은 전년도 예산을 기준으로 헌법이나 법률상 반드시 지출해야 하는 항목에 대해 집행을 가능하게 하는 제도이다.

이러한 비정상 예산은 공식화된 제도는 아니지만, 교회 운영의 연속성을 위해 필요한 경우 적용되며, 본예산이 통과되면 그에 준하여 조정되어야 한다.

제4절 교회 재무행정의 일반이론

교회의 재무행정은 단순히 회계나 지출을 관리하는 수준을 넘어서, 교회의 사역을 전략적으로 실현하고 신앙 공동체의 질서를 세우는 행정

활동이다. 오늘날 재무행정의 개념은 단순한 수지 균형이 아니라, 조직의 목표를 효과적으로 달성하고 이를 위해 필요한 자원을 계획하고 배분하는 적극적 기능으로 이해된다. 따라서 예산은 사역의 계획성과 효율성을 실현하는 수단이 되며, 교회는 이를 통해 사명과 비전을 구체화하게된다.

1. 재무행정의 통제, 관리, 계획 기능

재무행정의 통제기능은 예산 집행의 범위와 기준을 명확히 하여 부적절한 지출을 방지하는 데 있으며, 책임 있는 행정을 실현하게 한다. 관리기능은 각 부서의 예산과 업무를 점검하고 평가하여 예산이 실제 사역에 부합하도록 하는 기능이다. 계획기능은 중장기적인 목표를 설정하고, 자원을 전략적으로 확보하고 배분하기 위한 기능으로, 오늘날 교회행정의 핵심 요소로 자리 잡고 있다.

2. 경제성장과 소득 재분배, 자원배분 기능

재무행정은 단순히 예산을 편성·집행하는 것을 넘어서, 사회적 약자에 대한 지원, 사역 간의 균형 있는 자원 배분 등 교회 내 정의와 형평을 실현하는 수단이기도 하다. 이를 통해 교회는 약한 자를 돌보며 공동체의 선을 추구하는 사회적 책임도 수행하게 된다.

3. 교회 재무행정의 원칙

교회 재무행정은 고전적 예산원칙과 현대적 예산원칙 모두를 고려하여 이루어져야 한다.

고전적 예산원칙은 예산의 완전성, 단일성, 명료성, 공개성, 한정성을 강조한다. 모든 수입과 지출은 예산 안에 명확히 포함되어야 하며, 비예산 항목의 남용은 원칙적으로 금지된다. 또한 예산은 교회 공동체 구성원 모두가 이해할 수 있도록 명료하게 작성되어야 하며, 예산의 편성과 집행, 결산은 공개되어야 한다. 예산은 승인된 항목과 금액 안에서만 사용되며, 기간 또한 제한되어야 한다.

현대적 예산원칙은 행정부(교회 당회 및 재정부)의 실질적 책임, 예산의 탄력성, 계획과 집행의 유기적 연결을 중시한다. 변화하는 상황에 대응할 수 있는 유연성과 신속성, 책임 있는 보고체계를 통해 교회 재정의 신뢰성과 지속 가능성을 높인다.

4. 교회 재무예산의 종류

교회 재무예산은 그 구조에 따라 일반회계예산과 특별회계예산으로 나뉘며, 상황에 따라 수정예산, 추가경정예산, 준예산, 통합예산, 자본예산 등의 형태로 운영될 수 있다. 수정예산은 본예산이 의회에 계류 중일 때 변경이 필요할 경우 제출되며, 추가경정예산은 이미 통과된 본예산 이후에 새로운 필요가 생겼을 때 추가로 편성되는 예산이다.

준예산은 예산이 기한 내에 통과되지 못했을 때, 전년도 예산에 준하여 긴급 항목을 집행하는 방식이다. 통합예산은 국가재정과 지방재정 등 전체 재정을 하나의 틀에서 파악하려는 방식이며, 자본예산은 장기적인 시설투자와 같은 자본적 지출을 분리하여 계획하는 예산이다.

5. 교회 예산의 편성과 분류

교회 예산은 정책적 의의를 가진 중요한 계획 문서이므로, 그 편성 과정은 공정하고 체계적이어야 한다. 보통 예산편성을 위해 예산위원회가 구성되며, 이 위원회는 재정부장, 각 부서장, 자치기관 회장 등이 참여하여 예산안을 작성한다. 이 예산안은 당회와 제직회의 심의를 거쳐 확정되며, 교인 공동체에 보고된다.

예산의 분류 방식은 보통 부서별로 조직화된 조직체별 분류와, 사용 항목에 따라 구분한 품목별 분류가 사용된다. 이외에도 기능별, 경제성 질별, 사업계획별 분류가 가능하다. 이러한 분류는 예산 집행의 효율성을 높이고, 책임 소재를 명확히 하며, 교회 사역의 우선순위를 조율하는 데 기여한다.

6. 교회 재무행정의 집행

교회 예산의 집행은 예산의 실행을 의미하며, 실질적으로는 교회 재정 통제의 핵심 과정이다. 집행은 승인된 예산의 범위 안에서 이루어져야 하며, 목적 외 사용은 금지된다. 예산의 집행에 있어 불가피한 조정이 필요한 경우에는 반드시 재정부장과 당회의 사전 승인을 받아야 한다.

집행 중 필요한 경우 항목 간의 이체가 발생할 수 있으나, 이는 승인된 절차에 따라 제한적으로 가능하다. 예산의 유용이나 이용은 원칙적으로 허용되지 않으며, 모든 집행은 정해진 절차에 따라 보고와 결산을 동반해야 한다. 책임자는 집행 내역에 대한 책임을 명확히 져야 하며, 이는 교회의 투명성과 신뢰를 높이는 핵심 요소가 된다.

제7장 교회 재무행정의 예산과 결산

1. 예산과 결산의 개념

교회의 재무행정은 예산과 결산이라는 두 축을 통해 완성된다. 예산은 교회의 사역을 실현하기 위한 재정의 계획이며, 결산은 그 계획의 집행 결과를 수치로 확정하고 평가하는 행정적 실천이다. 예산이 미래 지향적인 의도와 전략을 담은 문서라면, 결산은 그것이 실제로 얼마나 성취되었는지를 판단하게 해주는 실적표에 해당한다.

교회의 예산은 일반적으로 1년 단위로 편성되며, 사역의 내용과 우선순위를 재정적으로 반영한다. 결산은 해당 연도 예산의 실행 결과를 바탕으로 수입과 지출의 실적을 정리한 문서로서, 예산의 타당성과 행정의 적정성을 평가하는 핵심 수단이다. 이 둘은 분리된 절차가 아니라, 신앙 공동체의 책임성과 투명성을 확보하는 유기적 과정으로 이해되어야 한다.

회계담당자는 재정부장 및 재정위원장과 함께 결산서를 작성하여 당회장에게 제출하고, 이후 제직회와 공동의회의 심의를 거쳐 공식 승인받는다. 승인 이전에는 반드시 회계감사가 시행되어야 하며, 이 감사는 결산의 적정성과 정당성을 검증하는 영적 · 행정적 점검의 기회가 된다.

교회 재정의 궁극적 목적은 단순한 수치상의 균형에 있지 않고, 하나님께 드려진 자원을 거룩하게 관리하며 교회의 사명을 온전히 실현하는 데에 있다. 그러므로 교회의 재무행정은 청지기직의 실현이며, 신앙과 행정이 통합된 실천이다.

2. 교회 재정예산 관리의 기본 원칙

교회의 예산과 결산이 신앙적 책임과 조직적 합리를 함께 갖추기 위해서는 몇 가지 중요한 행정 원칙이 반드시 지켜져야 한다.

첫째, 모든 수입은 공식적인 회계 절차를 거쳐야 하며, 이는 각종 헌금과 회비 등을 포함한다. 수입은 재정부 결의를 거쳐 지정된 은행 계좌에 예치되며, 이는 회계의 투명성을 확보하고 재정의 안정성을 유지하기 위한 조치이다.

둘째, 모든 지출은 사전에 제직회의 승인을 받은 예산 범위 내에서 이루어져야 하며, 해당 부서장의 청구와 재정부장의 결재를 거쳐 출납 회계원이 실제 집행한다. 이는 조직 내 책임 분담과 이중 통제 구조를 통해 재정 오용을 예방하는 장치로 작동한다.

셋째, 계좌 운영은 당회가 지정한 금융기관을 이용하며, 통장 관리와 자금 인출은 재정부장과 재정위원장 공동 명의로만 가능하도록 함으로써 이중 안전장치를 마련한다.

넷째, 회계의 기장과 출납은 반드시 분리하여 담당하게 하고, 세목별로 명확하게 분류하여 기장함으로써 회계 감사 시 효율적인 점검이 가능하도록 한다.

다섯째, 회계 보고는 월별로 정기화되어야 하며, 제직회에 보고하고 성도들과 공유함으로써 공개성과 신뢰를 증진시킨다.

여섯째, 예산과 결산은 재정위원회에서 수립하고, 제직회의 심의와 공동의회의 승인을 거쳐 최종적으로 당회장의 결재로 시행된다. 이로써 교회의 사역 방향과 재정 집행이 일치되며, 신앙 공동체 전체의 동의를 통한 행정 운영이 가능하게 된다.

이러한 원칙들은 단순한 기술적 지침이 아니라, 신앙과 행정이 조화를 이루는 조직문화로 기능하며, 교회의 공공성과 정당성을 강화하는 기반이 된다.

3. 회계감사의 개념과 목적

회계감사는 교회의 예산이 정당하게 집행되었는지를 점검하고, 회계 장부의 기장이 정확하며 법적·제도적 기준에 부합하는지를 확인하는 절차이다. 그러나 교회의 감사는 단지 기술적·감독적 행위가 아니라, 영적 지도적 기능을 지닌다. 감사는 교회의 사역이 하나님의 뜻에 따라 성실히 수행되었는지를 분별하는 기회이며, 행정 운영이 성경적 원리 위에 놓여 있는지를 성찰하는 과정이다.

회계감사의 주요 목적은 다음과 같이 정리할 수 있다.

1) 지출의 적정성과 직무의 성실성을 확인한다.

2) 모든 자금의 경리 여부를 검토하여 재정 운영의 합리성과 투명성을 확보한다.

3) 특정 항목(예: 시설 유지비, 선교비 등)에 대한 실지 검토를 통해 오류나 오용을 조기에 발견한다.

4) 부정이나 횡령과 같은 위법 행위를 예방하고 탐지한다.

5) 하나님의 뜻과 교회 사명에 부합한 재정 행위가 이루어졌는지를 검증한다.

6) 교회법과 관련 규정에 근거한 지출의 합법성을 판단한다.

7) 성도들이 드린 헌금이 하나님의 뜻에 맞게 운용되었는지를 점검함으로써 청지기직을 신실히 감당하도록 유도한다.

이와 같은 감사를 통해 교회는 공동체 구성원들의 신뢰를 획득하며, 행정적 정당성과 재정적 책임성을 동시에 확보하게 된다.

4. 회계감사의 절차와 방법

회계감사는 다음과 같은 다양한 방법으로 시행될 수 있다:

서면감사: 장부 및 보고서 중심의 문서 검토

실지감사: 현장에서 실제 장부·증빙자료 대조

사전감사: 예산 편성 단계에서의 검토

사후감사: 결산 이후의 결과 점검

표본감사: 특정 항목이나 기간을 임의로 선택해 집중 점검

종합감사: 교회 전체 재정 흐름과 구조 전반을 포괄적으로 점검

감사자는 제직회, 당회, 공동의회에서 각각 선출된 대표로 구성되며, 회계기록의 기장자와는 독립된 자여야 한다. 감사 보고는 당회장을 경유하여 교회 전 구성원에게 보고되며, 결산서와 함께 최종적으로 제직회와 공동의회의 승인을 받아야 한다.

감사자의 회계 전문성이 부족할 경우, 재정위원회는 사전 교육을 통해 감사 방법을 안내하고 실질적인 감사가 이루어질 수 있도록 협력해야 한다. 이는 단순한 기술 습득이 아니라, 성도들의 헌신으로 조성된 자원을 거룩하게 다루기 위한 신앙적 교육의 일환이다.

5. 교회 감사의 실천적 태도와 신앙적 의의

감사는 단지 비판의 도구가 되어서는 안 된다. 감사가 지나치게 형식적이거나, 반대로 과도하게 통제적일 경우 교회 봉사자들의 자율성과 헌신 의욕을 저해할 수 있다. 교회는 세속 조직이 아니며, 봉사와 헌신으로 이루어진 공동체이다. 따라서 감사는 하나님과 성도들 앞에서 정직하고 지혜롭게 사역을 수행했는지를 돌아보는 예배적 실천이어야 한다.

감사의 목적은 잘못을 찾아내는 것이 아니라, 올바른 행정을 지속 가능하게 하며 교회의 성장과 성숙을 도모하는 데 있다. 감사는 봉사자들에게 책임을 부여하는 동시에, 그들의 수고에 대한 인정과 격려가 되어야 하며, 전체 공동체가 신뢰와 존경 속에서 사역을 지속할 수 있도록 이끄는 역할을 해야 한다.

교회가 신앙 공동체로서 세상의 빛과 소금이 되기 위해서는 재정 운영에서도 투명성과 질서를 갖추어야 하며, 감사는 이를 실현하는 중요한 도구이다.

결론적으로, 예산과 결산은 교회의 사역과 행정이 신앙적 원리 위에서 구조화되는 중심적 기제이며, 회계감사는 이를 통합적으로 점검하고 격려하는 공동체적 실천이다. 교회 재무행정은 숫자의 관리가 아니라, 사명의 실현이며, 하나님 나라의 질서가 구체화되는 지점이다.

따라서 교회는 예산 편성과 집행, 결산, 그리고 감사의 전 과정에서 하나님의 뜻에 기초한 영성과 전문성을 동시에 추구해야 하며, 이를 통해 세상 속에서 신뢰받는 공동체, 하나님께 충성된 청지기의 모습을 구현해 가야 할 것이다.

6. 교회 재무행정의 집행

교회 예산의 집행은 예산의 실행을 의미하며, 실질적으로는 교회 재정 통제의 핵심 과정이다. 집행은 반드시 공동의회와 제직회의 승인을 받은 예산의 범위 안에서 이루어져야 하며, 승인된 목적 외의 사용은 금지된다. 집행 과정에서 예상치 못한 상황이나 변동이 발생할 경우, 그 조정은 재정부장과 당회의 사전 승인을 받아야 하며, 무단 변경은 허용되지 않는다.

집행 중에는 항목 간 예산 이체가 제한적으로 허용되지만, 이 역시 반드시 명확한 절차와 승인을 따라야 하며, 임의로 예산을 유용하거나 타 용도로 사용하는 것은 원칙적으로 금지된다. 모든 지출은 장부에 정확하게 기록되어야 하며, 정기적인 보고와 최종 결산을 통해 투명하게 관리되어야 한다.

예산 집행의 핵심은 재정의 신뢰성과 정직성을 보장하는 데 있으며,

모든 지출 행위는 해당 부서장과 재정부의 협의 하에 책임을 명확히 해야 한다. 이와 같은 절차적 정당성과 투명성은 교회의 재정 운영이 공동체 안에서 신뢰받고 지속가능하게 발전하도록 하는 중요한 기반이 된다.

7. 교회 재무행정의 결산 및 회계감사

1) 결산의 개념과 중요성

결산은 예산 집행의 결과를 수치로 확정하고 평가하는 절차로서, 재정 행정의 완결 단계이다. 예산이 교회 사역의 재정적 계획이라면, 결산은 그 계획이 실제로 어떻게 실행되었는지를 확인하는 평가 문서로 기능한다. 결산을 통해 교회는 한 해 동안의 사역과 행정의 성과를 점검하고, 향후 예산 계획의 기초 자료를 확보하게 된다.

결산은 회계담당자가 재정부장 또는 재정위원장과 함께 작성하며, 당회장에게 제출된 후 제직회와 공동의회의 심의를 거쳐 승인되어야 한다. 이 과정에서 회계감사는 필수적으로 선행되어야 하며, 결산이 단지 수치의 나열이 아니라, 교회의 사역적 성과와 책임의 확인이라는 사실을 인식해야 한다.

결산은 성도들의 신앙과 헌신이 담긴 헌금을 어떻게 관리했는지를 보여주는 청지기의 실적표이며, 교회의 재정 운영이 하나님께서 맡기신 사명을 얼마나 신실하게 수행했는지를 드러내는 중요한 신앙적 증표이다.

2) 회계감사의 목적과 기능

회계감사는 교회의 재정 운영이 적법하고 투명하게 이루어졌는지를 점검하는 절차로서, 단순한 기술적 검토를 넘어 영적 지도와 공동체 신뢰 구축의 기능을 가진다. 감사는 예산 집행이 교회의 목적과 사역 방향에 맞게 수행되었는지를 검토하고, 부정·비리의 발생 가능성을 차단하며, 재정의 효율성과 정당성을 확보한다.

감사의 주요 목적은 다음과 같다.

⑴ 예산 지출의 적정성과 회계 담당자의 성실성 확인

⑵ 모든 자금의 경리 여부와 재정 집행의 합리성 검토

⑶ 특정 항목이나 사업에 대한 실지 감사 및 오류 · 누락 검출

⑷ 부정, 횡령, 무단 유용 등 위법 행위의 사전 방지

⑸ 교회의 사명과 하나님의 뜻에 합당한 재정 집행 여부 점검

⑹ 교회 헌법 및 행정규정에 따른 합법성 확인

⑺ 성도들의 헌금이 경건하고 정직하게 사용되었는지의 확인

이와 같은 감사는 단순한 통제가 아니라, 교회 전체의 재정 질서를 세우고 공동체의 신뢰를 지속적으로 확보하는 수단이다.

3) 감사의 절차와 방법

감사는 서면감사와 실지감사, 사전감사와 사후감사, 표본감사와 종합감사 등 다양한 방식으로 진행될 수 있다. 감사는 제직회, 당회, 공동의회에서 선출된 대표자들이 맡으며, 회계기록의 기장자와는 반드시 분리되어야 한다. 감사보고서는 당회장의 승인 하에 공동의회에 제출되며, 결산과 함께 교회 구성원 모두에게 공개된다.

감사위원이 회계 전문성이 부족할 경우, 재정위원회는 실무교육을 통해 감사 기법과 핵심 점검 항목을 안내하고, 감사가 형식적인 수준에 그치지 않도록 지도해야 한다. 이는 교회의 재정 신뢰성을 높이는 동시에, 감사자들에게도 신앙적 책임의식을 부여하는 과정이 된다.

4) 감사의 신앙적 의의와 공동체적 태도

교회 감사는 단순히 잘못을 찾아내는 과정이 아니라, 사역을 돌아보고 교회 행정의 질을 향상시키는 기회가 되어야 한다. 감사가 과도한 통제나 억제의 수단이 될 경우, 봉사자들의 자율성과 헌신 의지를 위축시킬 수 있으므로, 감사자는 영적 겸손과 공동체적 배려를 가지고 감사에

임해야 한다.

감사는 하나님의 뜻 안에서 교회가 주어진 자원을 얼마나 경건하게 운용하고 있는지를 살피는 행위이며, 성도들의 헌신이 잘 사용되고 있는지를 공동체 전체가 확인하는 영적 성찰의 시간이다. 그러므로 감사는 교회 행정의 정직성과 신뢰성을 세우는 기반이며, 재정 청지기로서의 사명을 다하는 표현이기도 하다.

결론적으로 예산의 집행, 결산, 그리고 회계감사는 교회 재무행정의 삼위일체적 구조를 이룬다. 집행은 계획의 실행이며, 결산은 실행의 평가, 감사는 이 모든 과정을 검증하고 격려하는 통합적 실천이다.

교회의 재정은 곧 교회의 신앙이다. 수입과 지출의 과정 속에 하나님의 뜻과 공동체의 소명이 스며 있어야 하며, 재무행정은 단순한 행정 행위가 아니라 신앙과 사역이 만나는 지점에서 이루어져야 한다.

따라서 교회는 모든 예산 집행과 결산, 감사의 과정을 통해 하나님의 청지기로서의 사명을 감당해야 하며, 이를 통해 하나님 나라를 이루는 공동체로 더욱 견고히 세워져야 할 것이다.

CHURCH ADMINISTRATION

부록

노회의 기원과 역할 – 백석교단 헌법을 중심으로

설 충 환

1. 노회의 기원

우리가 흔히 사용하는 '장로교'란 말은 '장로회 교회'의 줄임말이다. 장로회(eldership)는 장로교의 치리회인 당회(session), 노회(presbytery), 총회(general assembly)를 가리키는 말이다. 당회는 개별 교회의 최고 의결 기구이며, 노회는 지역 내 개별 교회의 대표자들의 모임이며, 총회는 각 노회 대표자들의 모임이다. 총회의 결정은 산하 모든 노회와 교회에 강제성을 가지며, 노회의 결정은 산하 개별 교회가 따라야 하고, 당회의 결정은 개별 교회 전교인들에게 강제력을 가진다. 총회는 주로 신학적인 논쟁을 결정하는 기구이지만, 노회는 장로회 교회 치리의 핵심적인 업무를 총괄한다. 이러한 이유에서 3단계 치리회 가운데서도 가장 중요한 것이 노회이다. '장로회 교회'라는 명칭이 '장로회'의 줄임말인 '노회'에서 나왔다는 것은 노회가 장로회 교회의 핵심임을 말해 준다. 노회가 중요한 다른 이유는 노회가 교회의 기본 단위이기 때문이다.[123]

1) 성경적 기원

성경에 나오는 교회는 지역교회인 동시에 보편교회에 소속된 교회들이다. 예를 들어, 로마서를 받았던 "로마교회"는 아마도 3개에서 5개 정도의 가정에서 모였던 교회들을 가리켰을 것이다. 그런데 그 교회들

---

123) 김중락, "노회개혁①:노회가 바로 교회다," 「기독교윤리실천운동」(2020): 1-2.

은 모두 지역교회인 동시에 보편교회의 일원이었다. 이처럼 서신서에서 "교회"라는 말이 사용될 때에는 일차적으로는 그 서신서를 받았던 교회를 생각해야 하겠지만, 많은 경우 보편교회에도 적용할 수 있는 경우가 많다. 그런데 신약 성경에는 교회들 사이에 시찰이나 노회가 제도적으로 존재했다는 흔적은 없다. 사실 신약성경 시대에는 시찰이나 노회와 같은 제도가 필요하지도 않았는데, 아직 사도들이 살아 있어서 직접 교회를 지도했기 때문이다. 사도들은 개별 교회를 직접 목회하거나(예루살렘 교회의 경우), 지역교회들을 방문하거나(사도 바울의 경우), 자신의 대리자들인 목회자들을 보내거나(디모데 파송), 아니면 서신들을 통해서(바울서신, 공동서신 등) 교회의 제반 사항들을 지도할 수 있었다.

이처럼 신약 시대에는 노회가 상시적 제도로서 필요가 없었음에도 불구하고 우리는 신약 성경에 나오는 지역교회들이 이미 여러 가지 방식으로 서로 연관성을 지니고 있었음을 성경을 통해 알 수 있다. 교회들은 상호 회합을 가지는 것을 부끄럽게 여기지 않았다. 예를 들어, 로마교회의 경우 하나의 교회가 인원이 많아져서 여러 가정교회들로 나눠진 것으로 학자들은 추정한다. 이들 교회들은 서로를 잘 알았을 뿐 아니라, 서로 다양한 경로들을 통해서 관련성을 지녔을 것이다. 특히 개체교회가 혼자의 힘으로 해결하기 힘든 문제가 생기거나 또는 교회들이 서로 공동으로 대처해야 하는 문제가 있을 경우에 그 사안에 대해서 교회들이 모여서 토론과 판단을 했을 것이 분명하다. 이에 대해서는 성경적 근거가 없지 않은데, 사도행전 1:12-26(사도 맛디아 선출), 6:1-6(일곱 일꾼[집사직 초기 형태] 선출), 15:1-31(이방인 선교 지침을 결정한 사도와 장로들의 회의), 21:17-26(바울에 대한 예루살렘 노회의 권면)은 다양한 형태의 교회 회의가 이뤄졌고 그것은 사도들의 허용과 지지를 받았음을 알 수 있다.

이 중에서 사도행전 15:2과 21:18에는 당시 교회 대표들이 교회의중요한 회의를 열어 안건을 결정하는 모습을 보여준다. 이들 본문에서는 사도들이 지도하던 교회의 대표인 장로들이 사도들과 함께 모여서 서로 의논하는 장면이 나타난다.

사도행전 15장에는 이방인 선교 정책과 관련해서 개체교회의 대표자들과 사도들과 장로들이 모여 회의했다.

(행 15) "1 어떤 사람들이 유대로부터 내려와서 형제들을 가르치되 너희가 모세의 법대로 할례를 받지 아니하면 능히 구원을 받지 못하리라 하니 2 바울 및 바나바와 그들 사이에 적지 아니한 다툼과 변론이 일어난지라 형제들이 이 문제에 대하여 바울과 바나바와 및 그 중의 몇 사람을 예루살렘에 있는 사도와 장로들에게 보내기로 작정하니라 3 그들이 교회의 전송을 받고 베니게와 사마리아로 다니며 이방인들이 주께 돌아온 일을 말하여 형제들을 다 크게 기쁘게 하더라"

이 본문에 대하여 그레고리 빌은 새 언약 시대의 장로들이 이스라엘의 장로들과 마찬가지로 종교적 권세를 충분히 갖고 있었다고 주장한다. 즉, 기독교 운동의 타당성을 판단하기 위해 모였던 이스라엘의 장로들의 모습(행 4:5-23)과 기독교 내부의 중요한 주제를 판단하기 위해 모인 그리스도인 장로들의 모습(행 15:1-6)에서 두 장로들의 기능은 사실상 동일하다는 것이다.

사도행전 21장에도 역시 복음 전파를 위해 사도 바울에게 중요한 권면을 하고자 사도들과 장로들이 모였고, 적절하게 조언했다.

(행 21) "17 예루살렘에 이르니 형제들이 우리를 기꺼이 영접하거늘 18 그 이튿날 바울이 우리와 함께 야고보에게로 들어가니 장로들도 다 있더라 19 바울이 문안하고 하나님이 자기의 사역으로 말미암아 이방 가운데서 하신 일을 낱낱이 말하니"

바로 이러한 본문들에서 우리는 노회의 가장 원시적인 모습을 발견하게 된다. 다시 말하자면 하나의 사도단에서부터 생겨나게 된 교회들, 혹은 하나의 교회로부터 분립하게 된 교회들이 서로 영적이고 유기적인 연관성을 지니고 있는 데서부터 우리는 이후에 역사적 과정에서 생겨나게 된 "노회"의 시초를 찾을 수 있는 것이다.[124]

2) 종교 개혁 시대의 기원

개신교회는 로마교회와의 대결 속에서 교회론에 대한 발전을 많이 이루었다. 로마교회는 교회를 "가르치는 교회(ecclesia docens)"와 "배우는 교회(ecclesia discens)"로 나누었다. "가르치는 교회"란 교황과 주교로 이뤄진 집단으로서, "교도권(magisterium)"을 가진다. 반면에 "배우는 교회"란 "가르치는 교회" 하위에 있는 신자들의 모임인데, 교회의 진리를 수납해야 하는 의무를 지닌다. 사제들은 주교들의 권위 하에 있으므로 평신도들과 더불어서 "배우는 교회"에 속한다.[125]

개신교회는 이상과 같은 로마교회의 구분을 거부했다. 하지만 그렇다고 해서 목회자와 평교인의 구분을 완전히 철폐한 것은 아니었다.[126] 개신교회는 "집합적 교회(ecclesia synthetica 또는 ecclesia collectiva)"와 "대표적 교회(ecclesia repraesentativa)"의 구분이 있었다. 집합적 교회는 전체 신자들의 모임을 뜻하고 대표적 교회는 말씀을 설교하고 교리를 가르치는 사역자들을 뜻한다. 이 구분은 처음에는 루터파에 의해 즐겨 사용되었으나, 이후에 개혁파 역시 수용했다. 특히 개혁파는 "대표적 교회"를 단지 목회자나 교사들과 동일시하지 않고, 교회의 다스림을 위한 장로들의 모임

---

124) 우병훈, "노회의 기원과 역할," 「고신신학」 20 (2018):137-138.

125) Richard A. Muller, Dictionary of Latin and GreekTheological Terms: Drawn Principally from Protestant Scholastic Theology, 2nd ed. (Grand Rapids, Mich.: Baker Book House, 2017), 102.

126) 우병훈, op. cit., 144.

과 총회와도 동일시함으로써 발전을 보였다.[127] 그렇지만 개신교회는 "집합적 교회"와 "대표적 교회" 사이의 위계질서를 로마교회처럼 부여한 것은 결코 아니었음을 기억할 필요가 있다.[128] 특별히 개신교에서 노회 제도와 정치는 대체로 개혁교회와 장로교회의 역사에서 발전한 것을 관찰할 수 있다. 노회가 루터교회에도 등장했으나, 루터교회에서는 노회가 다만 목사들만의 회집이었다. 특별히 루터파 교회는 장로직에 대하여 성경적으로 정립된 신학이 매우 부족하다. 이와는 달리 개혁파는 노회 제도와 정치를 더욱 성경적으로 발전시켜갔다.

츠빙글리는 1528년 취리히에서 노회를 제정했는데, 이 노회는 도시와 지방의 설교자들과 시의회의 몇몇 회원들로 구성된 시의회에 의해 소집되었다. 특별히 이 노회는 설교자들의 교리와 삶에 대한 불평거리를 숙고하고 해결해주는 과제를 맡았다.[129]

칼빈 역시 노회 제도에 적극적인 가르침을 베풀었다. 그가 작성한 「교회질서」(Ordonnances ecclésiastiques)에서는, 설교자들이 상호 간의 교리와 삶을 감찰하기 위해 매 3개월마다 함께 모여야 한다고 규칙을 정했다. 게다가 1546년에는 해마다 행하는 교회 "시찰"을 도입했다.[130] 프란츠 람베르트(FranzLambert)는 1526년에 헤센(Hessen)을 위해 교회법을 작성했는데, 여기서 교회의 모임과 설교자들과 교회의 임명을 받은 대표자들로 구성된 노회가 채택되었으나 이 교회법은 실행되지 못했다.[131]

노회 정치는 프랑스 개혁교회에서도 상당히 일찍부터 생겨났다.[132] 프

---

127) Muller, Dictionary of Latin and Greek Theological Terms, 2nd ed., 101.

128) Muller, Dictionary of Latin and Greek Theological Terms, 2nd ed., 1012.

129) Bavinck, 「개혁교의학」 박태역(서울 : 부흥과 개혁사, 2011), 508.

130) 우병훈, "노회의 기원과 역할." 145.

131) G. V. Lechler, Geschichte der Presbyterial- und Synodalverfassung seit der Reformation (Leiden: Noothoven van Goor, 1854), 14

132) Bavinck, Ibid, 508.

랑스개혁교회 정치는 서구 유럽과 그 외의 나라들의 국제적 개혁교회들에 의해 채택되고 수정되었기에, 장로교의 발전에 지극히 중요했다고 여러 학자들은 지적한다. 프랑스의 첫 번째 권징조례는 칼빈이 제네바 교회를 위해 작성한 「교회 질서」와 아주 유사하다. 그것은 프랑스 개혁교회들에서 예전(禮典)이 칼빈의 모델과 가까웠던 것과 마찬가지라고 할 수 있다.[133] 처음에는 그 어떤 지속적인 교회의 위임 모임이나 항존하는 기관이 없었다. 1563년 리용에서 프랑스를 9개의 지역구로 나눴고, 각 지역구의 당회는 총회에 보낼 대표자들을 선출해야 한다고 정했다. 1581년에는 교리적 문제나 그 외 다른 문제들을 심의해 달라고 부탁할 수 있는 시스템이 만들어졌다. 따라서 프랑스에서는 20년 어간에 교회 정치 체계가 생겨났으며, 그것은 반계급적이면서도 권위를 임명하는 피라미드 시스템이라는 특징을 지녔다. 교회들이 급속히 확대되는 상황에서 일치의 필요성 때문에 1559년 5월 26일에 파리에서 첫 번째 노회가 소집되었고 공동의 신앙고백서와 교회법을 채택하여 연합했다. 프랑스 개혁교회는 지방 노회 외에도 콜로크(Colloques)가 있어서 설교자들이 매주 모여 신학적/실천적 주제를 가지고 토론했다. 여기서 주목할 만한 사실은 "총회"가 처음으로 발생했고, 이 총회는 지방 노회들을 도입했으며, 1572년에는 지방 노회와 당회 사이에 "시찰회"가 삽입되었다는 사실이다. 이런 노회 정치는 나중에 스위스, 독일, 잉글랜드, 네덜란드, 스코틀랜드 등의 다른 개혁교회들에도 도입되었다.

스위스는 제네바, 베른, 로잔에서 콜로퀴(Colloguy) 혹은 클라스(Classe)가 있어서 성경 토론과 목사에 대한 치리권 행사를 위해 모임을 가졌다. 독일 엠덴에서는 코이투스(Coetus)라는 모임이 있어서 인근 설교자들이 모였다. 잉글랜드의 경우 여러 난민 교회들의 관계 유지를 위해 콜로키

---

133) Paul Wells, "Church Government in French Churches in the 17 Century," 「갱신과 부흥」 제17 (2016): 122-49(134쪽에서 인용).

움(Colloquium)이라는 교회간 모임이 있었다. 네덜란드는 남부 지역의 경우 프랑스의 영향으로 여러 노회로 구분되고, 나중에는 여러 시찰로 구분되었다. 1517년 엠덴 총회와 1619년 도르트 총회에 이르면서 시찰회와 노회가 구성되어 있었다. 스코틀랜드는 1574년과 1578년 어간에 노회가 구성되었다. 1592년에 의회가 "제2 치리서"를 승인함으로써 장로교 정치제도인 당회, 노회, 대회, 총회를 기초로 하는 스코틀랜드 국가교회가 처음으로 탄생했다.[134]

3) 장로교 역사에서의 기원

칼빈은 교회개혁을 위해 교회법(Ecclesiastical Ordinances)과 함께 장로회(Consistory)를 구성했다. 사도행전에 보면 안식일과 할례의 문제로 공회가 모였을 때 장로제도가 시작되었다고 알고 있지만, 사실 지금의 장로제도, 노회제도의 의미가 가장 잘 드러난 것은 바로 칼빈이 만든 '장로회'법이다. 우리말로 번역하기가 애매하여서 '당회'라고도 하고 반대하는 측에서는 '종교법원'이라고도 하는데, 장로교를 시작하는 기초가 되었다는 의미로 '장로회'라고 부르는 것이 적합할 것이다.[135]

(1) 칼빈 교회론의 특징

장로교회와 개혁교회의 가장 중요한 차이점을 꼽으라고 한다면 바로 노회의 역할이다. 장로교회는 노회를 매우 중요하게 생각한다. 노회 제도의 역사가 구체적으로 시작된 것은 프랑스 개혁교회에서였지만, 노회제도의 신학적 기초를 제공한 사람은 바로 칼빈이었다.

교회 조직을 보다 상황적 측면에서 구성했던 마르틴 루터와는 대조적으로, 칼빈은 교회 조직이 두 가지 특성을 가진다고 주장했다. 첫째, 교

---

134) 우병훈, op. cit., 146.

135) 라은성, 「이것이 교회사다」 (서울: 페텔, 2015), 223.

회 조직은 그리스도의 주권 하에 직접적으로 놓여 있으며, 그 어떤 인간적 위계질서 하에 있지 않다는 것이다. 둘째, 성경에는 아주 명백한 교회 정치의 양식(pattern)이 있다는 것이다. 이 점에서 칼빈은 루터의 두 왕국 이론 즉, 사회와 교회에서 그리스도의 통치에 대한 사상을 루터보다 훨씬 일관성 있게 적용했다.

칼빈은 루터와 마찬가지로 하나님의 말씀에 기초한 교회론을 주창하였다. 하지만 루터는 하나님의 말씀이라고 할 때에 목사가 제대로 설교하는 것을 중요하게 생각했지만, 그 말씀에 따른 교회 제도의 개혁까지는 많이 생각하지 못하였다. 실제로 루터 교회의 교회론을 보면 직분론이 취약한 것을 알 수 있는데, 그것은 루터로부터 기원한다고 볼 수 있다.

하지만 칼빈은 그와 달랐다. 칼빈은 교회를 하나님의 택한 백성으로 보면서 유기체적으로 이해했을 뿐 아니라, 하나님께서 세우신 제도로 보았다. 칼빈에게 이 두 가지는 서로 충돌되는 생각이 아니었다. 그렇기에 칼빈은 교회제도에 대해 남다른 관심을 보였다.

칼빈에 따르면 교회는 일종의 무정부주의와 결코 같지 않다. 오히려 그는 교회의 질서가 선출된 직분자들에 의해서 보증된다고 생각했다. 칼빈은 성경이 이러한 교회 질서에 대한 견해를 지시하고 있다고 믿었다. 그리고 그것은 교황제로 남용되기 전까지 초대 교회에도 역시 존재했다고 보았다. 한사람 혹은 한 경우가 특정 교회의 어떤 사역자를 임명해야 하는가 하는 문제를 두고 칼빈은 교회나 목사단으로 부터 판단할 권리를 빼앗는 것은 교회의 권세 즉 신적 권리(jus divinum)를 모독하는 것이라고 주장했다. 칼빈에 따르면, 장로나 집사는 성경의 자격 요건들에 따라서 인정되어야 하며, 교회의 승인을 받아야 한다. 칼빈이 지닌 이 견해는 그가 직접 원안을 작성했던 "라 로쉘 고백문"(La Rochelle Confession

[Gallicana], 1559)의 제 29항에 잘 나타나 있다. 그것은 아래와 같이 주장한다. "우리는 이 참된 교회가 우리 주 예수 그리스도께서 세우신 질서에 따라 다스려져야 한다고 믿는다. 곧 목사들과 감독자들과 집사들이 있어서 참된 교리가 자리 잡도록 해야 한다."

(2) 칼빈의 직분론

루터는 1520년대 초에 만인제사장직 교리를 주장하였다. 하지만 그는 1525년을 전후로 발생한 토마스 뮌처 사건(1524년)과 농민전쟁(1525년)을 겪으면서 그 교리를 약화시키거나 폐기하는 태도의 변화를 보였다. 극단적인 자들이 교회의 질서를 무시하면서 임의로 설교하거나 목사가 되는 폐단이 발생한 것이다. 이후에 루터는 목사의 임직을 보다 엄격하게 시행하였고, 그것에 위정자가 관할하도록 제한을 두게 되었다.

만인제사장직 교리의 이러한 폐단을 염두에 두었는지, 칼빈의 글이나 개혁교회의 신앙고백서에서는 '인사제직'이라는 용어나 교리를 거의 찾아 볼 수 없다. 불링거가 작성한 '제2 스위스신앙고백서'에서만 '만인제사장'은 위계질서적 구조를 반대하는 입장에서 모든 성도가 하나님 앞에 평등함을 뜻하는 말이라고 해석하고 있을 정도이다.

칼빈은 만인제사장직에 대해서 루터처럼 전개하는 대신에, 오히려 부써의 영향을 받아서 직분론이 교회론에서 중요함을 깨달았다. 1541년과 1561년의 교회 헌법에서 칼빈은 네 가지 직분을 말한다. 목사(pastores), 교사(doctores), 장로(presbyteri), 집사(diaconi)이다. 그러나 나중에 칼빈은 목사직 안에 교사직을 포함함으로써, 최종적으로 삼중직의 직분론을 전개했다.[136)]

(3) 칼빈의 목사회

칼빈은 목사들의 모임과 장로들의 모임에 대해서도 관심을 가졌다.

---

136) 대한예수교장로회 고신총회, 「헌법해설」(2014), 160.

목사들의 모임으로 "콩그레가시옹"(목사회)이라고 불리는 모임이 있었다. 목사회는 매주 금요일에 모였는데, 교회 법령이 명시하고 있다. 오전에는 성경연구모임을 가졌다. 그리고 오후에는 교회 행정과 신학적 문제를 토론하는 모임을 가졌다. 이 목사회를 칼빈은 매우 중요하게 여겼다. 그래서 시골 지역에 있는 목회자들이 아니면 반드시 참석해야 했는데, 한 달간 한 번도 참석하지 못하면 태만으로 여겨 견책에 회부될 정도였다. 물론 목회자 개인의 용납 가능한 사유가 있을 때에는 예외였다. 1536-1564년 사이의 제네바 목사회 명단을 보면 모두 72명의 목사가 참석한 적이 있는 것으로 되어 있다. 물론 목사 외에도 목사회에는 평교인 이었던 정부당국자들도 참석하였다.

목사회의 기능은 다음과 같이 몇 가지가 있었다. 첫째는 목사 후보생을 심사하고 시험과 임직을 감독하는 것이었다. 둘째는 매주 목요일에 모여 성경을 강론하고 교리를 토론하는 것이었다. 셋째는 목사들의 생활을 감독하는 것이었다. 넷째는 목사들의 임지를 추천하는 것이었다.

아주 정교한 계급제도 시스템이 칼빈이 만든 제도에도 역시 존재했다는 의심이 제기될 수도 있다. 그러나 칼빈이 원안을 작성했던 "라 로쉘 고백문"의 제30항은 그것이 전혀 사실이 아님을 보여준다. "우리는 모든 참된 목사들은 어디에 있든지 간에 똑같은 권위를 가지며, 한 분 머리이신 예수 그리스도 아래에서 평등한 권세를 가진다. 이에 따라 우리는 어떤 교회도 다른 교회에 대해서 권위나 지배권을 가질 수 없다고 믿는다." 제31조는 이어서 어떤 사람도 교회에서 스스로의 힘으로 직분을 획득하려고 해서는 안 되며, 교회의 책임 있는 자리에 사람을 세우는 방식은 선출 방식이라고 주장한다.

이러한 조항들에서 세 가지가 분명히 주장되어 있다. 첫째, 어떤 사역자도 다른 사역자 위에 군림하는 자리를 차지할 수 없다. 둘째, 어떤 교회나 교회기관도 다른 교회 위에 권세나 권력을 가질 수 없다. 셋째, 교회를 섬기는 자들은 선출로만 뽑힐 수 있는데, 왜냐하면 그들의 소명은 교회의 주님으로부터 오는 것으로 인식되기 때문이다. 이런 주장들 각각은 반계급적 질서원리를 "고백문의 지위(status confessionis)"에 달하는 수준에까지 올려놓는다고 폴웰스는 잘 지적한다.[137]

(4) 노회에 대한 칼빈의 견해

칼빈은 장로교 정치제도가 신약 성경에서 그 근거를 두고 있다고 생각했다. 칼빈이 중요하게 생각했던 두 본문은 사도행전 15장과 디모데전서 4:14이다. 사도행전 15장에 보면 흔히 "예루살렘 공의회" 혹은 "사도 회의"라고 불리는 장면이 나온다. 바울이 1차 전도여행을 마치자, 이방인들이 예수님을 믿을 경우 율법의 어디까지 준수하게 할 것인가 하는 문제가 제기 되었다. 이 문제는 교회의 선교 정책을 결정하는 중요한 문제였으므로 안디옥 교회가 단독으로 처리할 수 없었다. 그래서 그들은 교회 대표를 예루살렘에 파송하였다. 사도행전 15:6을 보면 "사도와 장로들이 이 일을 의논하러 모여"라고 되어 있다. 예루살렘에 모인 사도들과 장로들이 이 문제에 대해 토론하였던 것이다.

교회의 선교 정책과 같은 중요한 결정을 만일 안디옥 교회가 단독으로 처리했다면, 이것은 회중주의 교회론이 성경적 교회론이라고 말할 수 있을 것이다. 하지만 지역교회에서 파송한 교회 대표가 사도들과 장로들과 함께 모여 이 문제를 논의한 것을 보면, 노회(혹은 총회) 제도를 가지고 있는 장로교 정치제도가 더 성경적이라고 볼 수 있다.

디모데전서 4:14에 보면, 바울은 디모데에게 "네 속에 있는 은사 곧 장로의 회에서 안수 받을 때에 예언을 통하여 받은 것을 가볍게 여기지 말며"라고 말한다. 여기에서 "장로의 회(presbyterion, the body of elders)"란

---

137) 우병훈, op. cit., 152.

'장로들의 일단' 혹은 '장로단'이란 말로 지금의 노회(老會)에 해당했다. 이것을 보면 디모데는 노회를 통해서 안수를 받은 것을 알 수 있다.

위의 두 본문에 근거하여 칼빈은 장로교의 정치 형태가 제도적 교회의 가장 성경적인 모습이라고 생각했다. 그가 제네바에서 콩그레가시옹을 만들어 목사의 선출과 임직을 관할하고자 했던 것 역시 그런 확신에서 비롯된 것이다. 그는 로마교, 루터파, 재침례파의 교회 정치 형태를 모두 거부하고 장로교주의를 성경적인 제도 교회의 모습으로 주창하였다. 그는 인간이 본성적으로 타락했기 때문에, 인간의 죄성을 경계하기 위해서라도 적절한 제도가 필요하다고 보았다. 그는 장로교 정치제도가 로마 가톨릭의 교권주의와 재침례파의 방임적 개교회주의의 폐단을 막는 가장 좋은 제도라고 생각했다.

칼빈은 또한 1546년 교회 시찰에 대한 규정을 교회정치에 넣었다. 그렇게 하여 제네바 지역의 교회들이 순수한 교리를 유지하고 권징을 올바르게 실행하도록 도왔다. 그렇다고 해서 칼빈이 지교회를 노회가 지나치게 간섭해야 한다고 주장한 적은 없다. 칼빈은 지교회의 양심적 자유를 매우 중요하게 생각하였기 때문이다. 칼빈이 노회의 교회 시찰을 통해 달성하고자 했던 목표는 노회에 속한 교회들의 연합과 화평을 도모하는 것이었다.

⑸ 장로교 제도와 교회의 위계질서화 위험

칼빈은 말씀 중심의 교회관과 선택론에 근거한 교회론 때문에, 말씀의 사역자로서 목사가 먼저 있고 그 다음에 교회가 있는 것이라 가르친다. 개혁교회는 직분자가 있는 곳에 교회가 있다고 보았다. 그런데 직분자를 직분자로 세우는 사람은 무엇보다 목사이다(엡 4:11-12 참조). 이런 원리에서 장로교 교회론에서 목사는 지역교회에 속하지 않고 목사단, 곧 노회에 속한 것으로 제도화되어 있다.

장로교회에서 목사가 노회에 적을 두고 있다는 점에서 지역교회에 적을 두고 있는 일반 교인과는 제도적, 행정적 위치가 다르다. 다시 말하면 장로교회는 제도적으로 목사와 평교인 간의 구별이 있는 셈이다. 이런 구분은 가령, 당회장이 없는데 장로들만으로 당회가 개회할 수 없다는 규정에도 역시 반영되어 있다.

이처럼 목사와 평교인 사이의 구별은 장점과 동시에 단점을 지닌다. 장점은 하나님의 말씀과 목사의 설교가 독립성과 권위를 가질 수 있다는 점이다. 단점은 교회의 계층화 혹은 감독교회화의 위험성이 있을 수 있다는 점이다.

장로교회는 중세 로마교의 계층화된 감독교회를 반대했지만 목사와 평교인간의 질서를 로마교의 사제주의(clericalism)와 구분하여 유지할 수 있어야하는 과제를 가지고 있다. 반사제주의(anticlericalism; Antiklerikalismus)는 루터가 자신의 만인 제사장직 교리에서 강력하게 피력한 사상이다. 반사제주의는 1520년대까지 널리 퍼지지는 않았다. 그 이전에도 교회 제도에 대한 비판은 있었다. 가령 1500년대에 이미 사제주의에 대한 산발적 비판들이 발견된다. 하지만, 반사제주의가 로마교에서 전통적으로 이해되던 성례론과 직분론을 정면으로 비판하면서 널리 퍼지게 된 계기는 루터의 1520년의 세 작품들이다. 사제주의에 대한 루터의 비판은 이후에 지속적인 반사제주의의 흐름을 만드는 데 크게 기여했다. 그리고 그것은 어디까지나 오직 성경, 오직 믿음, 오직 은혜, 오직 그리스도, 오직 하나님께 영광이라는 원리와 함께 가는 반사제주의였다.

이러한 사제주의와 교권주의를 막기 위해서 장로교회 내에서 몇 가지 보완장치가 있어 왔다. 첫째, 교회의 중요한 결정 사항을 당회와 제직회에서 결의한다. 둘째, 평교인인 장로가 노회나 총회의 회원이 되어 각종

회의의 의결권을 가진다. 셋째, 노회에서 목사나 장로의 전횡을 감독한다. 그러나 교회의 중요한 문제는 아무래도 전문적으로 신학을 공부하고 훈련을 마친 목사가 다루게 된다. 그렇기에 장로교회에서는 구조적 계층화 현상은 완전히 배제될 수 없다. 장로교회는 이처럼 목사의 직분을 소중하게 여기는 구조 때문에 중세적 위계질서 구조로 빠져들 위험성을 안고 있다.

어떤 점에서 장로교회는 회중교회도 아니고 감독제도도 아니지만 회중제도보다는 감독제에 근접하다고 볼 수 있다. 이런 내용을 청교도들은 웨스트민스터 총회 시에 대토론(Grand Debate)에서 이미 지적하였다. 어쩌면 이런 내적 구조가 한국 교회의 계층화와 감독교회화의 여지를 남겨주었다고 볼 수 있다.

⑹ 스코틀랜드 장로 정치

① 제2치리서와 스코틀랜드 장로 정치

스코틀랜드 종교개혁은 유럽의 대륙과 비교해서 가장 늦었을 뿐 아니라 이후에도 완전한 정착까지는 80여년의 긴 세월이 필요하였다.

스코틀랜드 종교개혁이 가지는 또 하나의 특징은 교회 정치에 집중된 개혁이었다는 것이다. 기독교를 설명하는 세 가지 주된 범주는 교리(Doctrine)와 예배(Worship), 그리고 조직(Government)이라고 할 수 있다. 16세기 종교개혁은 이들 세 부분에서 가톨릭의 전통과 결별한 사건이다. 또한 이 세 범주에서의 차이로 인해 다양한 프로테스탄트 교회들이 나타났다. 주지하다시피 마르틴 루터(Martin Luther, 1483-1547)의 핵심사상은 이신칭의(以信得義, Justification by faith only)와 만인사제주의(萬人師弟主義, Priesthood of all believers)이다. 즉, 루터의 강조는 가톨릭과 다른 구원교리에 있다고 할 것이다. 반면 칼뱅의 종교개혁은 루터와는 달리 예배와 조직의 변화에 강조점을 둔 것이었다. 물론 칼뱅이 구원과 관련된 교리에서 침묵한 것은 아니었다. 훗날 아르미니우스주의자들과의 논쟁에서 정립된 '칼빈주의 5대 관점'(Five points of Calvinism)이다. 이것은 '돌드레히트 신조'를 간략하게 요약한 것이다. ① 전적 타락(Total depravity), ② 무조건적 선택(Unconditional election), ③ 제한적 구속(Limited atonement), ④ 불가항력적 은혜(Irresistible grace)와 ⑤ 성도의 견인(Perseverance of the saints) 등이다. 그 첫 글자를 택하여 '튤립'(TULIP)은 인간구원에서 있어서 하나님의 주권과 예정을 강조한 칼뱅의 신학을 기초로 하게 되었다.[138] 그럼에도 불구하고 칼뱅의 주장은 가톨릭과의 결별이라는 측면에서 볼 때 루터의 그것과는 비교할 수 없다. 엄격히 말해 칼뱅의 예정설은 루터의 사상 이신칭의의 보완이라고 할 수 있다. 그러나 칼뱅은 보다 가시적인 부분, 즉 예배와 조직에서 근본적인 구분을 제시하였다. 스코틀랜드 장로교회는 이 같은 칼뱅의 개혁에 기초한 것이었다. 이러한 이유에서 장로교회의 특징도 구원론보다는 예배와 조직에서 더 분명히 나타난다고 할 수 있을 것이다. '긴 종교개혁' 기간 중에 스코틀랜드 교회가 총력을 기울인 영역은 완벽한 장로회제도를 구축하는 것이었다.

스코틀랜드 개혁교회가 장로교회의 순수한 성격을 가지게 된 것은 1578년에 제2치리서(The Second Book of Discipline)를 채택하면서 부터이다. 이 제2치리서는 글래스고 대학 교수 이었던 앤드류 멜빌(Andrew Melville, 1545-1622)에 의해 초안이 되었고, 그는 칼뱅의 제자인 베자(Theodore Beza, 1519-1605)와 오랜 시간 제네바에서 함께 동역한 인물이었다.

제2치리서에 나타난 장로교회의 세 가지 주요특징은 "회의체에 의한 조직(governments by assemblies)"과 "사역자간의 평등(parity between ministers)" 그리고 "두 왕국 이론"이라고 할 수 있다. 스코틀랜드인들이

---

138) 라은성, 「이것이 개혁신앙이다」 (서울, 페텔, 2020), 56-57.

자신들의 교회를 일컬어 "가장 잘 개혁된 교회(the Best Reformed Church)"라고 주장했는데 이는 제2치리서가 규정된 것을 두고 한 말이다. 스코틀랜드 장로교회는 제네바 모델을 기반으로 하면서도 독창적인 모습을 갖추고 있다. 그것은 스코틀랜드가 지리적 범주, 정치적 상황 등에서 제네바와 차이를 가지고 있었기 때문이다. 제네바는 조그만 도시였으나 스코틀랜드는 하나의 국가였고, 언제든지 장로교회에 위협을 가할 수 있는 왕권이 존재하고 있었다. 이러한 차이 속에서 스코틀랜드 장로교회는 스스로의 원리를 만들어낸 것이다.[139]

제1치리서는 교회가 민주적으로 운영되어야 하고, 개별 회중은 자신들의 목회자를 선정할 수 있어야 하며, 교구는 자조(self-support)가 가능하도록 조직되어야 한다는 내용을 담고 있다. 제1치리서는 여전히 기존의 주교 대신 10-12명의 시찰감독(superintendents)의 자리를 규정하고 있다는 점에서 완벽한 장로교의 모습과는 거리가 멀다. 장로회제도의 완전한 모습은 제2치리서(The Second Book of Discipline, 1578)에서 나타난다. 이는 오늘날 장로교회가 받아들이고 있는 웨스트민스터 표준문서 가운데 장로교회 정치의 근간이 되는 문서라는 점에서 중요한 의미를 지닌다.[140]

장로교회의 가장 큰 특징은 "회의체에 의한 조직(governments by assemblies)"이라고 할 수 있다. 이는 가톨릭교회의 주교제도 또는 감독제도에 대응되는 개념이다. 주교제도에 따르면 교회의 조직은 사람으로 구성되며, 조직을 구성하는 사역자들은 지배와 복종의 관계를 가진다. 즉 주교제도는 교황을 정점으로 하고 교구 신부를 최하위로 하는 피리미드형의 교회조직이며, 교황과 주교, 주교와 교구 신부 사이에 평등은 존재하지 않는다. 이에 반해, 장로교회는 동일한 피라미드형의 교회조직을

---

139) 김중락, "스코틀랜드 종교개혁의 유산과 한국장로교회," 「미래교회포럼」 2017: 2-5.

140) 김중락, "스코틀랜드 종교개혁의 유산과 한국장로교회," 「미래교회포럼」 2017: 2-5.

가지고 있지만 그 구성요소는 사람이 아니라 회의체(eldership)이다. 주교제도가 교황과 주교 그리고 교구사제로 구성되는 피라미드형 위계질서를 가진 것에 비해, 장로회제도는 총회, 노회 그리고 당회로 구성되는 피라미드형 위계질서를 가지고 있다. 총회의 결정은 노회들을 강제하고, 노회의 결정은 소속 당회를 강제하며, 당회의 결정은 회중을 강제하는 것이다. 피라미드형이라는 외형은 같지만 주교제도는 사람으로, 장로회제도는 회의체로 구성된다는 것이 차이이다. 다시 말해 장로교회의 조직은 "회의체에 의한 조직"이라고 할 수 있다. 종교개혁가들이 개인의 대신 회의체에 의한 조직을 만든 것은 개인에게 주어진 권력이 남용될 수 있다는 것을 뼈저리게 경험했기 때문이었다.[141]

종교개혁 당시 회의체 조직을 채택한 곳은 스위스의 제네바, 프랑스, 네덜란드 그리고 스코틀랜드이다. 제네바는 독노회를 구성하고 있었기 때문에 상부회의체를 가지지 못했고, 프랑스와 네덜란드의 경우는 정부의 박해로 인해 정교한 체계를 갖추는 데 실패했다. 따라서 장로교회의 피라미드형의 조직이 가장 잘 발현된 곳은 국가적으로 종교개혁을 이루고, 다수의 노회를 갖춘 스코틀랜드 교회라고 할 수 있다. 「제2치리서」는 이를 정교하게 규정하고 있다.

「제2치리서」 7장 2조에 따르면 스코틀랜드 교회의 조직은 4종류의 회의체, 즉 개별교회의 회의체인 당회(kirk assembly), 그리고 특정 지역의 회의체인 지역회 (provincial assembly), 전국적 회의체인 총회(general assembly) 그리고 그리스도를 고백하는 모든 국가의 회의체인 국제총회(assembly of all and divers nations)로 구성된다. 지역회에서 '지역'은 종교개혁 이전의 한명의 주교가 관리하던 주교구(diocese)를, 그리고 지역회는 주교대신 역할을 맡은 '노회'(presbytery)를 의미한다. 또한 제2치리서는

---

141) 김중락, 「스코틀랜드 종교개혁사」 (서울: 흑곰북스, 2017), 180.

국제총회를 언급하고 있는데 이는 그들이 장로교회의 국제적 연대 또는 가톨릭의 교황에 상응하는 회의체를 생각하고 있었던 것으로 보인다. 또한 「제2치리서」는 모든 교회가 당회를 가질 필요가 없으며 작은 교회들은 3-4개의 교회가 하나의 '연합당회'(the communal eldership)를 구성할 수도 있다고 제안하고 있다.[142]

「제2치리서」의 조직원리에 따라 스코틀랜드에서 교구와 노회의 개념이 분명히 정착된 것은 1581년 총회이다. 이 총회는 전국의 약 1천개 교회를 600여 개의 교구(parish)로 나누었고, 각 교구에는 1명의 목회자가 있어야 한다고 결정했다. 작은 교회의 경우 2, 3개의 마을을 묶어 하나의 교구를 만들었다. 이는 각 교구가 목회자의 생계를 지원할 수 있어야 한다는 의도와 관련이 있어 보인다. 또한 총회는 약 50개의 노회를 만들고 각 노회는 12개 내외의 교구를 배정했다. 그러나 노회의 조직은 시간을 요하는 일이었다. 1581년 장로교회가 잘 수용된 저지대(Lowlands)를 중심으로 13개의 노회가 조직되었고, 1593년까지 전국에는 47개의 노회가 세워졌다.[143]

스코틀랜드에서 개별교회에 노회의 권한은 매우 컸다. 노회는 개별교회에 대한 모든 권한을 가지고 있었다. 노회는 한 지역의 목사, 교수 그리고 지역의 장로들로 구성된 합법적인 회의로서 중대한 문제를 다루어야 하고, 개별 당회에서 행하지 않았거나, 잘못 행해진 모든 것을 바로잡고, 개별교회의 직분자(office-bearers)를 파면할 수 있는 권한을 가졌다.[144]

---

142) 김중락, 「스코틀랜드 종교개혁사」 (서울: 흑곰북스, 2017), 180-181.

143) Ibid. 180-181.

144) 김중락, "스코트랜드 종교개혁의 유산과 한국장로교회," 「미래교회포럼」 2017: 2-5.

4) 한국 장로교 역사적 기원

(1) 자립하는 한국 교회

한국 장로교회는 감리교회에 비해서 훨씬 더 빠르게 자립하여 자치하는 교회가 되었다. 그것은 감독교회와 장로교회라는 교회 치리 형태의 차이도 있지만, 한국에 온 네 장로교 선교회가 연합하여 '네비우스 방법'에 따라 실천한 덕분이다. 1907년에는 조선 장로교 독노회가 조직되었다. 그것은 한국의 선교 역사뿐만 아니라 교회사에 하나의 큰 변곡점이 되었다. 그리고 독노회의 조직이 대부흥이 일어난 바로 그 해에 있었던 것도 의미 있는 일이다. 그렇다고 대부흥의 결과로 새 독노회가 탄생했다고 할 수는 없지만, 영적 부흥은 교회의 존립에 있어 반드시 필요한 요소로 하나님께서 주신 은혜의 선물이다.

각처에 신자는 많으나 치리회가 없었다. 1893년에 조직된 선교사공의회는 조선예수교장로회가 완전히 조직될 때까지 전국 교회를 돌아보고 치리하는 상회 역할을 하였다.[145]

1892년 10월 18일 린니 데이비스(Linnie Davis), 11월 4일 전킨(William McCleary Junkin 한국명 전위렴)과 일행 6명이 함께 서울에 도착하였다. 전킨과 아내 매리 레이번(Mary Leyburn), 레이놀즈(William David Reynolds 한국명 이눌서)와 아내 팻시 불링(Patsy Bolling), 테이트(LewisB. Tate 한국명 최의덕)와 그의 자매 매티 테이트(Mattie Tate 한국명 최마태), 그리고 린니 데이비스는 소위 남장로교 선교부 '7인의 선발대'였다. 처음 두 해는 서울에 머물면서 언어와 관습을 배웠다. 1892년 11월 23일 미국 남장로교 한국선교부(Korea Mission of the Presbyterian Church in the United States)가 공식적으로 조직되었다. 이 회의에서 레이놀즈가 회장이 되었고, 테이트가 부회장, 그리고 전킨은 서기로 선출되었다. 이 한국 신교부는 향후 남장로교

---

145) 김영재, 「한국교회사」 (경기: 합신대학교출판부, 2014), 160.

의 한국 선교를 총괄하는 선교기구로 운영되었다. 남장로교 선교사들은 모두 그 선교부의 정회원으로서 의결권을 갖고 있었다.[146]

1885년 4월 5일 북장로교의 언더우드(Horace G. Underwood, 한국명 원두우)가 입국한 이래, 1889년에는 호주 빅토리아장로교, 1892년에는 남장로교, 이듬해인 1893년에는 캐나다장로교가 한국선교를 시작하였다. 이들의 소속 국가는 다르지만 같은 장로교 교단이었으므로 서로 협력하기 위해 공의회를 조직하기로 하였다. 이는 일반적으로 장로교는 노회를 구성하고, 노회는 다시 총회를 조직하여 교회 간의 협력을 도모한다. 하지만 선교 초기에는 충분한 숫자의 교회가 설립되지 못했으므로 노회나 총회가 조직될 수 없었다. 그래서 선교사들은 먼저 1893년에 공의회를 조직했던 것이다. 즉, 선교사들은 1893년에 '선교사공의회'를 조직하였다. 이후 1901년에는 한국인 조사와 장로까지 참여하여 '합동공의회'로 확대되었다. 이 공의회는 1907년에 독노회가 성립되기 전까지 교회의 상위 기관인 치리회로써 기능했다.[147]

① 선교사공의회(1893년-1901년)

선교사공의회의 조직 목적은 조선 땅에 개신교 신경과 장로회 정치를 사용하는 연합교회를 설립하는 것이었다. 장로교의 선교사공의회는 1893년 1월 26일에 남장로교 선교회, 북장로교 선교회, 호주 선교회, 캐나다 선교회 등 4개 선교회가 참여하여 조직되었다. 1893년부터 1900년까지 공회원은 재한 선교사들로만 구성되었고, 캐나다, 오스트레일리아 빅토리아 장로교회 선교회 회원 등은 내한하는 대로 추가되었다. 1900년까지는 공의회에 특별 권한이 없어 따로 규칙을 결정하지 못하였다. 공의회는 이듬해부터는 조선인 총대를 참가케 하고 회의의 반은 영어로,

---

146) 정석동, "개신교 전래 이후 전북노회의 설립과 운영"(Ph.D. 학위논문, 전주대학교, 2018), 9.
147) Ibid., 10.

반은 조선어로 진행하기로 결정하였다.[148] 이 공회가 각도에서 당회권 있는 위원을 선정하여 임무를 담당하도록 하다가, 그 후에 공회위원이라는 하회를 설립하여 각처 교회 일을 관리하게 하고 그 경과 사정을 공회에 보고하였다.[149] 우선 평양, 경성에 공의회 위원을 세웠고, 황해, 평남·북 3도 목사는 평양공의회 위원 관내에 속하고, 기타 각도 목사는 경성공의회위원 관내에 속하였다. 이러한 구성은 1901년 조선인 총대와 합동공의회 조직 때까지는 유지되었다. 이렇게 결성된 공의회에서는 선교회가 각기 치리하는 것 외에 조선교회 고등회 설립 때까지 조선 총대가 참가하여 함께 의논하였다.[150]

공의회를 조직한 선교사들은 한국에 개혁주의 신앙 노선과 장로교 정치형태의 교회를 조직하고자 했다. 게다가 선교를 시작한 지 10년도 지나지 않았음에도 교회가 급속히 성장하여 이들을 중재할 상위조직이 필요해졌다.[151]

다만 공의회는 장로교의 관습을 따라 현지 교회가 조직될 때까지 교회와 관련된 교회법적 문제에 대해 지도역할을 담당하였다. 즉, 처음부터 본격적인 장로교 정치 형태인 노회와 총회의 출현 전까지만 유지되는 임시기구였다. 따라서 실질적으로 당시 교회를 운영하고 다스리는 제반 권한은 각기 선교회에 있었다. 하지만 공의회 구성원 자체가 선교회 소속 선교사로 구성되어 있었던 만큼 실질적으로는 교회가 장로회의 규칙대로 완전히 성립될 때까지는 전국교회에 대하여 전권으로 치리하는 상회 역할을 수행하였다. 초기 선교사공의회는 아래와 같이 구성되었다. 제1회부터 제5회까지는 미국 남장로교와 북장로교 선교사들이 회장

---

148) 곽안련, 「장로교회사전휘집」(서울: 조선야소교서회, 1917), 17.

149) Ibid., 15-16.

150) Ibid., 16.

151) 정석동, "개신교 전래 이후 전북노회의 설립과 운영," 11.

을 교차 역임하였고, 남장로교 선교사가 회장인 경우 북장로교 선교사가 서기를 맡는 방식으로 선교부 간에 협력하도록 했다. 캐나다선교사는 1898년 처음 입국하였는데, 푸트(W R Foote, 한국명 富斗一)가 회장직을 맡으면서 미국선교사들과 캐나다선교사들이 협력하여 선교활동을 하였다. 이처럼 재한 선교사들은 선교사공의회를 중심으로 연합하였고 장차 한국장로교회 설립을 준비하였다. 남장로교 선교사들은 이미 내한하였던 미국 북장로교 선교사들과 공의회를 조직하여, 장차 한국에 개신교 신경과 장로회정치를 사용하는 연합교회 설립을 준비하였다. 선교사공의회는 1893년 미국 북장로교와 남장로교 재한 선교사들로만 조직하여 시작되었고, 호주의 빅토리아장로교회와 캐나다 장로교회가 내한하여 합류하였다. 이후 조선 내 교회가 성장함에 따라 선교사공의회는 1901년부터 조선인 총대를 참가시키기로 하였다.[152]

② 합동공의회(1901년-1906년)

선교사공의회에서는 1900년부터 장로를 공식적으로 세우자고 결의했다.[153] 그 결과 1901년부터 각 교회에서 선출된 장로가 교회를 대표해 공의회에 참석할 수 있게 되었다. 이로써 선교사공의회는 이들 한국인 총대까지 포함하여 '조선예수교장로회공의회'로 확대되었다. 일반적으로 '합동공의회'라고 한다.[154]

제1회 합동공의회 회장은 스왈론(Willia, L. Swallen, 한국명 소안론) 선교사였다. 회원은 조선인 장로 3명, 조사 6명, 선교사 25명이었다.[155] 합동공의회 회장은 북장로교 선교사 스왈론 이후 남장로교 레이놀즈, 캐나다 장로교 그리어슨(Robert G.Grierson, 한국명 구례선), 호주장로교 엥겔(Gelson

---

152) Ibid., 11-13

153) Ibid., 17.

154) Ibid., 28.

155) 김영재, 「한국교회사」 (수원: 합신대학원출판부, 2014), 161.

Engel, 한국명 왕길지) 등이 상계 시무하였다. 합동공의회 회장은 한국에 입국한 순서로 회장을 역임하였으며, 영어로 하는 회의 서기와 한국어로 하는 회의 서기도 선출하였다. 조선인 장로와 조선인 서기가 함께 하고 있음을 보아 한국교회 지도자들의 성장을 엿볼 수 있다.[156]

　합동공의회는 회기 때마다 두 번 회의하였는데, 회기의 절반은 선교사들만 모이고, 절반은 선교사들과 일부 한국교회 대표자들이 함께 모였다. 한국지도자들은 회의에 참석함으로써 장로교회 운영을 배워 장차 교회에서 수행할 역할을 준비하였다. 조선어를 사용하는 회의에서는 흉년을 당한 교회에 대한 구제를 논의하여 구제헌금을 보내기로 가결하였고, 교회 헌금을 적절하게 사용하는 것과, 약한 교회를 돕는 방법과, 조사들이 어떻게 하면 지교회 영수들을 가장 효과적으로 도울 수 있는 방안과, 그리스도인들 간의 결혼과 장례에 대한 법 등을 논의하였다. 영어를 사용하는 공회에서는 신학생 선택 및 교수, 대리회 분립, 위원들의 위촉, 기독신문의 발행 등을 결의하였다.[157] 공의회는 교단 설립을 위한 계획을 세웠는데, 장로 1명 이상 있는 교회가 12개 있고, 목사로서 안수를 받을 수 있는 한국인이 최소한 3명 이상이 될 때 한국장로교회의 최고기관으로 노회를 조직할 계획이었다.[158]

　장로교합동공의회는 2개의 위원회로 구성되었다. 선교사들로만 구성된 영어 사용위원회(English Session)와 한국어 사용위원회(Korean Session)를 두었다. 미국 장로교회에서는 당회를 가리켜 '세션'(session)이라고 한다. 한국어사용위원회는 선교사들과 한국인 교회 지도자들이 함께하는 모임으로 전국 각지에 설립된 여러 교회들의 소식을 교환하고 문제점들을 토의하였다. 영어사용위원회에서는 신학교 설립과 조선 독노회 설립을 위

156) Ibid., 28-29.

157) 차재명, 「조선예수교장로회사기(상)」, 한국기독교역사연구소, 2005, 82.

158) 곽안련, op. cit., 26- 28.

한 제반 준비 등 중요한 문제들을 토의하고 결정하였다. 이러한 조처는 과도기적인 현상에 나타나는 불가피한 현상으로 이해할 수 있다. 한국인 지도자들은 이를 통하여 교회 치리와 그 밖의 모든 일을 점차적으로 배우고 익혀서 앞으로 독자적으로 교회 일을 처리해 나갈 수 있는 능력을 배양하고 있었다.

1901년 장로교 공의회에서 결정한 주요한 안건은 독노회 설립 방침 의정위원(議定委員)과 장로회헌법번역위원을 선정한 일과 평양에 신학교를 설립하기로 결의한 일이다. 사무엘 마포삼열(Samuel A. Moffett)을 교장으로 선임하고 학교 일을 책임지도록 하였다. 1902년 평양에서 장로 두 사람을 학생으로 받아 가르치기 시작하였다. 이듬해에는 교회 설교자로 일하고 있는 네 사람의 학생이 입학하여 함께 공부하였다. 학생들은 3개월 동안 공부하여 5년 만에 졸업하도록 하였다. 1905년의 장로교 공의회는 이를 인준하고 학교에 이름을 평양신학교(The Union Theological Seminary)라고 하였다.[159] 학교를 영어 이름으로 the Union Theological Seminary라고 한 것은 네 장로교 선교회가 세운 하나의 한국 장로교를 위한 신학교라는 뜻에서이다. 평양신학교는 1908년 미국 시카고에 거주하는 맥코믹(Nettie E. McCormick)으로 부터 11,000원의 기부금을 받아 평양 하수구리 언덕에 한옥 식으로 사무실 5개와 이 층에 1,000명이 앉을 수 있는 큰 건물을 지었다. 1922년에 학교는 다시금 맥코믹 여사가 35,000불(7만여 원)을 보내와 서양식 건물로 새로 건축하였다.[160] 1905년의 장로교 공의회는 신학교를 인준한 것을 계기로 한국 교회의 노회 조직에 관심을 가지고 논의하였다. 호주 장로교 선교회에서는 가능한 한 즉시 노회를 조직하자고 하였으며 캐나다(Canada)선교회도 이 제안에 찬성했

---

159) 「朝鮮예수教長老會史記」下卷, (서울:연세대학교출판부, 1968), 46.

160) 신종철, 「한국장로교회와 근본주의」(서울: 도서출판 그리심, 2003), 224.

으나, 미국의 북장로교와 남장로교 선교회들은 먼저 본국 교회의 허락을 받아야 하기 때문에 당장 그 일을 추진할 수 없으므로 미루자고 하였다. 또한 본국인 목사도 없는 상황에서 외국인 선교사들과 본국인 장로들만으로 노회가 조직된다면 건전한 노회가 될 수 없다고 주장하였다.[161]

그러나 장로교 공의회뿐 아니라 선교사들을 파송한 본국 교회들도 한국교회의 교세를 감안할 때 독노회의 조직을 더 미룰 수 없을 정도로 때가 무르익었다고 인식하였다. 장로교 공의회는 1907년에 제1회 신학교 졸업생들이 배출되어 목사로 장립될 것이므로 그 해에 노회를 조직하는 것이 가능하고 바람직한 일이라고 생각하였다. 장로교회의 원칙에 의하면, 목사의 장립은 노회에서 하는 것이므로 이를 위해서도 노회가 조직되어야만 했다.[162] 평양신학교의 학생 수는 1906년에 50명이었고, 1907년에는 75명에 달하였다. 1906년 장로교 공의회는 그 이듬해에 노회를 조직하기로 하고 목사 안수 절차를 정하는 한편, 한국 장로교회의 신앙고백서로 채택하기로 한 12신조를 노회에 상정하였다.

③ 독노회의 결성(1907년)

미국 남·북장로회와 영국, 캐나다, 호주장로회 등 4개국 선교사들의 결정으로 1907년 9월 17일 조선예수교장로회 독노회가 성립되었다. 이 때 회원은 선교사 38명, 조선인 장로 40명이었고, 회장은 선교사 모펫(SamuelAustin Moffett, 한국명 馬布三悅) 부회장은 방기창, 서기는 한석진, 부서기 송인서, 회계는 선교사 그레이엄(Graham Lee, 한국명 이길함)이었다. 1907년 제1회 독노회는 평양 장대재 예배당에서 회집하였다.[163] 제1회 회의에서 '대한예수교장로회'의 창립선언과 대한예수교장로교회신경과 대

---

161) 김광수, 「韓國 基督敎 成長史」, (서울: 기독교문화사, 1976), 171.

162) Harry A. Rhodes, History of the Korea Mission,162.

163) 예수교장로회대한노회 제2회 회의록 5쪽.

한예수교장로회 규칙을 채택하였다.[164] 이로써 한국에서 완전한 장로교회가 탄생하였다. 대한예수교장로회 신경이 채택하기 전에 합동공의회 영어로 하는 회의에서 조선에 장로교회는 하나의 교단으로 창립되기를 원하였다. 1902년 공의회는 '조선자유예수교장로회' 설립방침과 정치와 규칙을 준비하기 위한 준비위원을 선정하였고, 각 선교회는 본국의 전도국 혹은 사무위원에게 '조선자유장로회' 설립의 승낙을 청하도록 하였다.[165]

1905년 공의회는 '교회신경'을 새로 제정하지 않고 만국장로회에서 전부터 사용하는 신경과 신경에 대하여 개정한 것과 해석한 것, 신경도리에 대한 광고와 또 각 지방선교회에서 통용하는 신경을 비교하여 조선예수교장로회의 형편에 적합한 신경을 택하는 것이 옳다고 보고받았다. 또한 이 신경이 조선, 인도 두 나라 장로회의 신경만 될 뿐 아니라 아세아 각 나라 장로회의 신경이 되어 각 교회가 서로 연락하는 기관이 되기를 희망한다고 했다.[166] 이때 담당 위원은 남장로교 선교사 레이놀즈 외에 4명이 선정되어 활동했다. 이들은 1905년 인도연합장로교회가 채택한 신조가 한국에 설립될 장로교회에 적합한 것으로 보고, 이를 한국 상황에 맞게 번역하여 채택한 것으로 보인다. 또한 이 때 선택한 12신조는 오늘까지도 한국장로교회의 신학적 토대를 이루고 있다. 대한예수교장로회 백석총회 헌법도 이때 선택한 12신조의 전통을 계수하고 있다.[167] 제1회 독노회록은 '공의회에서 택한 장로교회 신경 위원 레이놀즈가 보고하였고, 번하이셀(Charles F. Bernheisel, 한국명 편하설)은 1년만 채용하여 검사하기로 동의하여 결정하였다'고 기록했다. 또한 '장로회 신경과 정치를 1년 동안 채용함에 대하여 조사할 위원 7인을 선정하여 명년노회에 보고

164) 예수교장로회대한노회 제2회 회의록 8쪽.

165) 곽안련, 「장로교회사전휘집」, 조선야소교서회, 1917년, 26쪽.

166) 곽안련, 「장로교회사전휘집」, 조선야소교서회, 1917년, 42쪽.

167) 대한예수교장로회총회(백석), 「헌법」(서울: 대한예수교장로회 총회(백석), 2023), 51-56.

케 하기로' 결정함으로써 대한예수교장로교회신경을 채택하였다.[168] 이로 보건데 독노회는 신조 채택을 신중하게 취급하였음을 볼 수 있다. 대한 예수교장로회 신조 '제1조 신·구약성경은 하나님의 말씀이며 신앙과 본분(本分)의 유일(唯一)하고 정확무오(正確無誤)한 규범이다'라고 서술했다.

이는 장로교회가 성경을 보는 관점의 표현이었다. 제2조와 제3조에서는 하나님의 속성과 삼위일체를 정의하였고 제4조는 창조, 제5조와 제6조는 인간의 창조와 타락, 제7조는 죄와 부패로부터 구원에 관하여, 제8조는 성령에 관하여, 제9조는 구원의 서정에 대하여, 제10조는 장로교회 성례(聖禮)인 세례와 성찬에 대하여, 제11조는 지상의 교회, 제12조는 내세론 또는 종말론이라고 할 수 있다. 대한예수교장로회 규칙의 채택은 1902년 영어로 하는 공의회에서 기본적인 구조를 갖춘 노회 규칙을 논의하면서 시작되었다. 노회 설립 시기는 장로 1인 이상이 있는 지교회 12처 목사에 임직할 자격이 있는 자가 3인 이상에 달하면 조선자유예수교장로회를 설립하고, 노회 회원은 조선 전국 목사, 재조 선교사 중 안수 받아 임직한 목사와 장로, 당회에서 총대로 파송하는 조선 장로 1인씩으로 하였다. 공의회는 노회 준비를 위한 위원을 선정하여 노회규칙을 준비하도록 하였다.[169] 또한 장로교 정치를 사용하는 연합독립교회를 조선에서 설립할 때 회원과 발언권만 있는 회원과 장로와 집사를 선택 교육하는 일 등도 논의하였다.[170] 공의회는 혼인에 관한 보고를 채택하여 혼인과 이혼, 정혼에 관한 사항을 노회규칙에 반영하였다.

이러한 논의를 거쳐 임시로 만들어진 정치규칙(政治規則)은 1905년과 1906년에 공의회에 상정하였으나 다음 회기로 미루어졌다. 완전한 정치규칙은 1907년 영어공의회에서 다시 의론 후 결정하기를 만국장로회의

---

168) 예수교장로회대한노회, 「제2회 회의록」, 11.

169) 곽안련, 「장로교회사전휘집」, 조선야소교서회, 1917년, 26-28.

170) 곽안련, 「장로교회사전휘집」, 조선야소교서회, 1917년, 34.

원리를 기초로 간략하게 제정 사용하다가 형편에 맞추어 적당한 정치를 제정하는 것이 합당하다 하고 먼저 편집한 규칙을 제정 제출하였다.[171] 이러한 논의 과정을 거쳐 작성된 노회 규칙을 제1회 노회에서 일 년만 채용하기로 결정하였다.[172] 이외에 1908년 제2회 독노회는 서울 연동예배당에서 회집하였다. 이 회의에서 주목할 만한 사안은 혼인에 대한 결정이다. 교인의 혼인은 본 지방목사와 장로 조사와 의논하고 주관하도록 하였다. 또한 풍속들 중에서 데릴사위나 민며느리제도는 교인으로써 경계하도록 하였고, 첩이 있는 사람은 원입교인으로 세우지 못하도록 하였다. 교인의 성명을 옮기는 '이명'은 당회가 주관하도록 하였다. 당회가 없는 교회나 지방은 조사와 영수가 즉시 천서하고 본 지방 목사에게 보고하도록 하였다.[173] 즉, 노회는 당시 한국인들의 풍속 중에 비성서적인 생활이라고 판단된 결혼제도를 고치도록 하였다. 데릴사위 제도나 민며느리 제도는 경제적 의존관계에서 떳떳하지 못한 것으로 여겨지는 결혼제도였다. 특히 첩의 문제는 일부일처를 주장하는 기독교의 교리에도 어긋나기 때문에 심각한 것으로 여겼다. 첩이 있는 사람은 교회에 출석할 수는 있지만, 학습이나 세례를 받을 수 없도록 함으로써 기독교인의 윤리 강령을 준수하도록 하였다. 이러한 논의의 결과 자체는 이미 공의회 시기부터 적용되었으므로 새로운 결정은 아니었고, 노회 설립 이후 이러한 규정의 적용과 절차를 노회에 맞게 바꾸는 과정이었던 것으로 보인다.[174]

교세가 급성장하고 많은 지도적인 한국인 신자들이 육성됨에 따라 1901년에 선교사와 한국인 총대가 합하여 소위 합동공의회를 조직하고 '조선예수교장로회공의회(耶蘇敎長老會公議會)'라고 하였다. 그 해 회원은

---

171) Ibid. 34.

172) 예수교장로회대한노회 제2회 회의록 8쪽.

173) 예수교장로회대한노회 제2회 회의록 15, 18쪽.

174) 정석동, "개신교 전래 이후 전북노회의 설립과 운영," 47-48.

한국인 장로 3명과 조사(助事) 6명, 선교사 25명이었으며, 회장은 스왈른 (William Swallen, 蘇安論, 1865-1954) 선교사였다.[175]

　노회는 장로교 공의회에서 상정한 12조항의 신조를 받아들였다. 이 신조는 1904년 인도 교회가 먼저 채택한 것이다. 장로교 공의회는 이미 1902년 조선 장로교회의 노회 조직을 내다보고 신경준비위원을 선정하였다. 준비위원들은 여러 신경을 비교, 연구하던 끝에 1905년에 이 12신조를 조선 장로교회의 신앙고백으로 채택하도록 정하였다. 그것은 처음에 인도 교회를 위하여 선교사들이 만든 것이지만, 신앙고백서란 그리스도의 교회가 얼마든지 공유할 수 있는 것이므로, 비슷한 상황에서 이제 자라기 시작하는 한국교회도 이를 사용할 수 있으며, 간단하면서도 손색이 없는 내용을 고백하고 있는 신경으로서 당시의 시대적인 형편에도 적당하고 성경에도 부합하는 것이라고 인식하고 채택하였다.[176]

　한국 교회에서 사용하는 신앙고백서를 한국 교인들 스스로 만들지 않은 것을 유감으로 생각하는 이들이 더러 있다. 종교개혁 이후 특히 개혁주의교회에서 60여 개의 많은 신앙고백서가 나온 것을 감안하면 한국 교회에서도 신앙고백서가 나올 수 있었으리라고 언뜻 생각할 수 있다. 그러나 이제 자립하는 선교 교회를 오랜 역사와 전통이 있는 교회와 동등하게 비교할 수는 없는 일이다. 이제 처음으로 안수를 받은 목사를 배출한 어린 교회가 신앙고백서를 갖는 이유를 알지도 못할 뿐만 아니라, 스스로 신앙고백서를 작성할 만큼 신학적으로 성숙하지 못했기 때문이다.[177] 우리는 여기서 말씀을 통한 진리를 배우게 된다.

　"땅이 스스로 열매를 맺되 처음에는 싹이요 다음에는 이삭이요 그 다음에는 충실한 곡식이라."(막 4: 28).

---

175) 김영재, 「한국교회사」 (경기: 합신대학원출판부, 2014), 160-161.

176) 郭安連, "朝鮮예수敎長老會信經論", 「神學指南」 제2권 1호 (1919), 81.

177) 閔庚培, 「韓國基督敎會史」 (서울: 연세대학교출판부, 2000), 225.

예수님은 돌로 떡을 만들지 않았다. 예수님을 아무리 배가 고파도 질서를 깨뜨리시는 분이 아니다. 하나님의 때를 따라 움직이셨다.

새로 조직된 한국 장로교 독노회는 신앙고백의 채택뿐만 아니라 교회의 조직과 정치에 관한 문제 등 교회의 제반 사항에 관한 것을 선교사들의 지도에 따라 결정하였다. 선교를 받아 바야흐로 조직되는 교회가 선교사들의 지도를 따르는 것은 당연한 일이며, 그것이 정상이다.[178] 독노회는 미국과 캐나다, 호주 장로교회에 노회가 조직되었음을 통고하고 감사를 표하는 한편, 세계개혁주의교회연맹(World's Pan-PresbyterianAlliance, der Reformierte Weltbund)에 회원가입을 청원하였다.[179]

한국 장로교회는 1907년부터 자립하는 교회가 되었으므로 선교사들은 조력자 역할을 하였다. 사실 1907년 독노회가 조직되었을 때 장로교 공의회는 "선교사들로 구성된 장로교 공의회의 교권(the ecclesiastical powers)은 한국장로교회가 조직될 때까지 행사하기로 하되, 한국 장로교회가 조직되면 거기에 이양하기로 한다"는 1901년의 결의를 확인하였다. 1915년 이후에는 단 한번을 제외하고는 늘 한국인이 총회장이 되었다.[180]

3. 노회 행정조직의 의의 및 특징

노회의 의의에 대하여 백석을 비롯한 각 교단의 헌법에서 아래처럼 대동소이하게 말한다.

ⓐ 백석총회헌법 제11장(노회) 제79조 노회를 이렇게 정의한다. 그리스도의 몸인 교회가 나누어져서 여러 지교회가 되었으므로 서로 협의하고 협력하여 교회의 순전함을 보존하고 권징을 같이하며 신앙상 지식과 바른 도리를 합심하여 배도와 부도덕을 금지할 것이 요청된다. 이러한

---

178) 김영재, 「교회와 신앙고백」 (경기: 합동신학대학원출판부, 2002), 204.

179) H. A. Rhodes, Ibid, 386.

180) 김영재, 「한국교회사」 (경기: 합신대학원출판부, 2014), 160-167.

일을 효과적으로 수행하기 위하여 상회인 노회가 있으며 또한 사도 시대에도 이와 같은 모임이 있었으니 이는 각 지교회가 한 노회 아래 속하여 있던 증거라 할 수 있다. (행 2:41-47, 6:1, 9:31, 21:20, 4:4, 15:2, 4, 6, 23-30, 18:19, 24-26, 19:18-20, 20:17-18, 25:31, 36-37, 21:17-18, 고전 16:8-9, 계 2:1-6).[181]

ⓑ 합동에서는 제10장(노회) 제1조(노회의 요의, 要義)에서 그리스도의 몸 된 교회가 나뉘어 여러 지교회가 되었으니(행 6:1-6, 9:31, 21:20) 서로 협의하며 도와 교회 도리의 순전을 보전하며, 권징을 동일하게 하며, 신앙상 지식과 바른 도리를 합심하여 발휘(發揮)하며, 배도(背道)함과 부도덕(不道德)을 금지할 것이요, 이를 성취하려면 노회와 같은 상회(上會)가 있는 것이 긴요하다(사도 시대 노회와 같은 회가 있었나니 교회가 분산한 후에 다수의 지교회가 있던 것은 모든 성경에 확연하다) (행 6:5-6, 9:31, 21:20, 행 2:41-47, 4:4). 이런 각 교회가 한 노회 아래 속하였고(행 15:2-4, 6:11, 23-30, 21:17-18) 에베소 교회 외에도 많은 지교회가 있고 노회가 있는 증거가 있다(행 19:18, 20). (비교. 고전 16:8, 9, 19, 행 18:19, 24-26, 20:17-18, 25-31, 36-37, 계 2:1-6)[182]

ⓒ 고신에서는 제11장(노회) 제126조(노회의 의의)에서 그리스도의 몸 된 개체 교회가 나뉘어 여러 개체 교회가 되었으므로(행 6:1-6, 9:31, 21:20) 서로 협력함으로써 교리의 순결과 온전함을 보존하여 신앙을 증진시키고 교회행정과 권징을 동일하게 하며, 배교와 부도덕을 방지하며, 교회의 전반적인 사항과 목사의 제반신상문제의 처리를 위해 상회로서 노회를 설치한다.[183]

ⓓ 합신에서는 제16장(노회) 제1조(노회의 성경적 배경)에서 그리스도의

181) 대한예수교장로회총회(백석), 「헌법」(서울: 대한예수교장로회 총회(백석), 2023), 제 79조.

182) 대한예수교장로회총회(합동), 「헌법」http://www.gapck.org/sub_06/sub05_11.

183) 대한예수교장로회총회(고신), 「헌법」http://www.kosin.org/page_iqyK55

몸 된 교회가 나뉘어 여러 교회가 되었으나(행 9:31, 21:20), 서로 협의하며 도와서 교리의 순전을 보전하며, 권징을 일하게 하며, 영적 지식과 바른 진리를 전파하며, 배도와 부도덕을 금지해야 한다. 이를 성취하려면 노회와 같은 단체가 있는 것이 긴요하다. 사도시대에 교회가 분산된 후에 여러 지교회들이 있었던 것이 확연하다. 그 교회들이 한 노회 아래속해 있었다(행 15:2-4,23, 21:17-18)[184].

주요 교단 모두 이 땅에 여러 개체 교회가 있지만 이는 그리스도의 몸된 교회가 나뉜 것이라 본질적으로 한 몸이라고 말한다. 노회는 여러 개체 교회가 한 몸임을 확인하고 드러내는 차원에서 존재하는 것이다. 노회는 여러 개체 교회가 서로 협력함으로써 교리의 순결과 온전함을 보존하여 신앙을 증진시키고 교회행정과 권징을 동일하게 하며, 배교와 부도덕을 방지하며, 교회의 전반적인 사항과 목사의 제반 신상문제의 처리를 위해 존재한다[185].

"21 모든 통치와 권세와 능력과 주권과 이 세상뿐 아니라 오는 세상에 일컫는 모든 이름 위에 뛰어나게 하시고 또 만물을 그의 발 아래에 복종하게 하시고 그를 만물 위에 교회의 머리로 삼으셨느니라 교회는 그의 몸이니 만물 안에서 만물을 충만하게 하시는 이의 충만함이니라."(엡 1:21-23)

하나님은 하나님의 궁극적인 목적인 예수 그리스도 안에서 '애나케팔라이오(ανακεφαλαιω)' '재통일'의 중심인 교회를 흠이 없이 거룩하게 만드시는 방법으로 예수님을 머리로 삼아 우리를 그 머리에 붙이셨다. 그러므로 우리는 예수님과 피와 핏줄이 통하는 한 지체가 된 것이다. 예수님과 신비한 연합을 통해서 우리는 예수님의 형상으로 닮아가는 것이다.

---

184) 헌법. 대한예수교장로회총회(합신). 「헌법」.
   http://www.hapshin.org/chnet2/home/?type=sub&step1=9&sid=39&parent=28

185) 정요한, op. cit., 9.

"만일 우리가 그의 죽으심과 같은 모양으로 연합한 자가 되었으면 또한 그의 부활과 같은 모양으로 연합한 자도 되리라."(롬 6:5)

"우리가 다 수건을 벗은 얼굴로 거울을 보는 것 같이 주의 영광을 보매 저와 같은 형상으로 화하여 영광으로 영광에 이르니 곧 주의 영으로 말미암음이니라."(고후 3:18)

백석 헌법은 정치 제2장(교회) 제9조(교회의 정의)에서 교회를 "하나님의 부르심을 받은, 과거와 현재와 미래에 있어서 그리스도를 믿는 성도들인데, 이를 거룩한 공교회이다"라고 정의한다. 제10조(교회의 구별)는 교회를 보이는 교회와 보이지 않는 교회로 구별하는데, "보이지 않는 교회는 하나님만 아시고, 보이는 교회는 전 세계에 산재(散在)한 교회이다." 제11조(교회의 집회)는 "지상의 모든 성도들이 한 곳에만 회집하여 교제하며 하나님을 예배할 수 없으므로 각 처소에 개체 교회를 설립하고 교회는 예수 그리스도를 믿는 무리들의 유익을 따라 일정한 장소에서 하나님께 예배하며 성결하게 생활하며 그리스도의 나라를 확장하기 위하여 성경의 교훈과 교회 헌법에 의하여 공(公)예배로 모인다(갈 1:22, 계 1:4-20)."라고 말하는데, 이는 지교회의 존재의 이유와 필요성에 대한 언급이다. 제12조(지교회의 의의)는 "예수를 믿는다고 고백하는 자들과 그 언약의 자녀들이 일정한 장소에서 그 원대로 합심하여 하나님을 경배하며, 성실하게 생활하고, 예수의 나라를 확장하기 위하여 성경에 교훈한 대로 연합하고 제정된 교회 정치에 복종하며, 공동예배로 회집하면 이를 개체 교회라 한다"[186]고 말함으로써 지교회의 의의에 대하여 우리 헌법은 말하고 있다.

백석 교단의 헌법은 노회에 대해서 다음과 같이 정의를 내리고 있다. 제11장 노회 제79조 노회의 정의 "그리스도의 몸인 교회가 나누어져서

---

186) 대한예수교총회(백석), 「헌법」, 174.

여러 지교회가 되었으므로 서로 협의하고 협력하여 교회의 순전함을 보존하고 권징을 같이하며 신앙상 지식과 바른 도리를 합심하여 배도와 부도덕을 금지할 것이 요청된다. 이러한 일을 효과적으로 수행하기 위하여 상회인 노회가 있으며 또한 사도 시대에도 이와 같은 모임이 있었으니, 이는 각 지교회가 한 노회 아래 속하여 있던 증거라 할 수 있다"[187](행 2:41-47, 행 6:1, 9:31, 21:20, 4:4, 15:2, 4, 6, 23-30, 18:19, 24-26, 19:18-20, 20:17-18, 25:31, 36-37, 21:17-18, 116:8-9, 2:1-6)라고 노회를 정의함으로써 노회의 기원과 필요성에 대해서 헌법에서 규정하고 있다.

백석헌법 제80조 노회 조직(시행세칙 제59조-제60조)은 아래와 같다.

① 노회는 담임목사 40인 이상과 당회를 포함하여 40개 이상의 교회로 조직할 수 있다. 단, 도서지방, 해외 노회는 예외로 한다.

② 노회는 소속 목사와 당회에서 파송한 총대 장로로 조직한다.

③ 노회 임원은 노회장 1인, 부노회장 2인(목사, 장로 각 1인), 서기, 부서기, 회의록서기, 부회록서기, 회계, 부회계, 각 1인으로 한다.

④ 상비부서는 총회 조직법에 준한다.[188]

백석 교단 헌법에 나오는 다섯 가지의 정치 제도와 장로교단의 헌법 중 정치 제도에 대한 내용은 대동소이하다. 주후 1517년 종교개혁으로 인하여 신, 구로 나누어진 기독교는 다시 여러 교파를 이룩하여 각각 자기들의 교파의 교리, 의식, 규칙, 정치, 권징, 예배 모범 등 있어서 그 교훈과 지도하는 것이 다른 바 이를 다음과 같이 구분한다.[189]

187) 대한예수교총회(백석), 「헌법」, 201.

188) 대한예수교총회(백석), 「헌법」, 201-202.

189) 대한예수교총회(백석), 「헌법」, 169.

① 교황정치	교황이 산하 전 교회를 관리하는 정치이며 주로 로마 가톨릭교회와 동방정교회가 쓰고 있는 정치형태이다.[190]
② 감독정치	감독이 교회를 주관하는 정치이며 감독교회와 감리교회가 쓰고 있는 정치형태를 말한다.
③ 자유정치	어떤 다른 회의 관할과 치리를 받지 아니하고 각 지교회가 자유로 하는 정치형태이다.
④ 조합정치	자유정치 형태와 유사하나 지 교회 대표의 연합회를 갖고 있어 피차 개교회의 유익한 문제를 토의한다. 그러나 개 교회에서 명령과 주관하는 권한은 없고 각 교회가 자유로 하는 정치형태이다.
⑤ 장로회 정치	지교회 교인들이 장로를 선택하여 당회를 조직하고 그 당회로 치리권을 행사하게 하는 주권이 교인들에게 있는 민주적 정치이다. 당회는 목사(강도(講道), 치리(治理))와 장로(치리(治理))로 조직하여 지교회를 주관하며, 치리회는 당회, 노회, 총회의 삼심제(三審制)이다. 이런 정책은 모세(출 30:16, 18:25~26, 민 11:16)와 사도(행 14:23, 16:4, 딛 1:5, 약 5:14, 벧전 5:1) 때에 일찍이 있었던 성경적 제도이다. 또한, 이 장로회 정치는 웨스트민스터 헌법을 기본으로 한 것인 바 이 웨스트민스터 헌법은 영국 정부의 주관으로 1643년에 런던 웨스트민스터 예배당에 120명의 목사와 30명의 장로가 모여서 이 장로회 헌법을 초안하고 영국 각 노회와 대회에 수의 가결한 후에 총회가 헌법으로 채택하여 1648년에 공포한 것이다.[191]

본 대한예수교장로회 백석총회 헌법은 1948년 총회설립 이후 웨스트민스터 헌법을 기초로 하여 제정하였다.[192]

---

190) 대한예수교총회(백석), 「헌법」, 169.

191) 대한예수교헌법(백석), 「헌법」, 169-170.

192) 대한예수교헌법(백석), 「헌법」, 169-170.

백석과 합동, 고신교단은 종교개혁 이후 기독교에 발생한 교파들의 정치 제도를 5가지로 분류하여 헌법에 기술하고 있다. 이것은 백석과 합동 교단이 채택한 정치 제도는 장로회 정치라는 것이고, 그 장로회 정치가 무엇인지 간단히 기술하고 있는 것이다. 백석교단의 헌법, 정치 제11조(교회의 집회)가 "지상의 모든 신자들이 한 곳에 모여 교제하며 하나님을 경배할 수 없으므로 각 처소에 지교회를 설립하고"라고 기술한 것을 살펴보았다. 그렇다면 이렇게 설립된 지교회들 간에 어떤 유기적인 관계가 있을까?

기독교대한감리회의 헌법 제1장(총칙) 제6조(기본체제)는 "감리회의 기본체제는 의회제도에 기초한 감독제다"라고 규정하므로 감독이 교회를 주관하는 감독정치임을 헌법으로 규정하고 있다. 헌법 제22조(감독회장)는 "감독회장은 감리회를 대표하는 영적 지도자이며 감리회의 행정수반으로서 감리회의 정책과 본부의 행정을 총괄한다"라고 말한다. 감리교 헌법 제1장, 제3편, 제1절(개체교회) 제5조는 "개체교회를 설립하고자 하는 사람은 설립에 필요한 서류를 갖추어 감리사에게 청원서를 제출하여야 한다"라고 말한다. 노회에 서류를 제출하는 장로교와 행정절차에 있어 큰 차이가 있다.[193]

독립교단으로 알려진 "한국독립교회선교단체연합회"(카이캄),[194] "국제독립교회연합회"[195]는 자유 정치에 속한다. 이들은 자유 정치에 맞게 명문화된 헌법을 갖고 있지 않고, 여러 면에서 상황에 따라 자유롭게 판단하고 행동한다.

기독교한국침례회는 총회 규약에 가장 먼저 침례교회의 이상과 주장

193) 기독교 감리교, 「헌법」 https://kmc.or.kr/combination-resources

194) http://home.kaicam.org/index.asp 한국독립교회선교단체연합회소개소식가입목사고시커뮤니티자료실

195) www.waic.kr 국제독립교회연합회 WAIC

을 10가지로 규정하는데 그중 8번이 이렇게 규정하고 있다. "모든 교회
는 행정적으로 독립적이나 복음 전도 사업은 협동한다." 침례교는 개체
교회의 독립성을 총회규약으로 정하고, 복음 전도 사업은 개체 교회들이
협동한다고 규정하고 있다. 총회 규약은 이어서 전문을 다음과 같이 기
술하고 있다. "침례교회는 신약성경에 기록된 예수 그리스도의 말씀과
정신에 따라 생활 속에서 복음을 실천하고, 또 지상에서 하나님의 왕국
을 확장하기 위해 역사의 소용돌이 속에서 꾸준히 노력해 왔다. 이제 자
주성을 지닌 교회들이 자발적으로 연합하여 구성된 기독교한국침례회는
성령의 교통하심 안에 서로 협력하면서 천국 확장 사업에 거룩한 교제를
이루려는 공통 임무를 보다 효과적으로 수행하기 위하여 이 규약을 제정
하는 바이다." 전문에서도 개체 교회들의 자주성을 강조한다. 기독교한
국침례회는 자주성이 있는 개체 교회들이 자율적으로 연합한 곳이다. 총
회 규약은 이어 총칙을 규정하는데 제2조(목적)은 다음과 같이 규정해 놓
고 있다. "본회는 예수 그리스도의 복음 전파에 실제적으로 일하고 있는
침례교회 상호간의 유대와 교제를 공고히 하며 성경에 입각한 기독인의
신앙 성장을 촉진시키며 교육사업, 사회사업 및 그리스도의 정신을 기초
로 하는 모든 선한 사업을 통하여 복음전파를 그 목적으로 한다.[196]"

　그렇다면 장로교 정치는 지교회들 간의 관계를 어떻게 보고 있는지
살펴보고자 한다.

　백석 교단은 "당회는 치리 장로와 목사인 강도 장로의 두 반으로 조직
되어 지교회를 주관하고, 그 상회로서 노회 및 총회 이같이 3심제의 치
리회가 있다"라고 말하고, 합동 교단은 "당회는 치리 장로와 목사인 강
도 장로의 두 반으로 조직되어 지교회를 주관하고, 그 상회로서 노회 대
회 및 총회 이같이 3심제의 치리회가 있다"라고 말하고, 합신 교단은

---

196) www.koreabaptist.or.kr 기독교한국침례회

"당회는 치리의 사역으로 교회를 섬기는 목사와 장로로 구성되어 성경 말씀대로 지교회를 봉사하며, 보다 넓은 치리회(노회, 총회)와 함께 교회의 화평과 성결을 파수하며 또 증진시키는데 수종든다"고 말한다. 대표적인 장로 교단 모두 지교회(개체 교회)들 간의 관계에 대하여 엄밀하게 말하지 않으나, 합동 교단은 당회의 상회로서 노회 대회 및 총회의 치리회가 있다고 말하고, 백석과 합신 교단은 당회보다 넓은 치리회로서 노회와 총회가 있다고 말한다. 장로 교단은 "상회"와 "보다 넓은 치리회"라는 표현으로 노회와 총회에 대하여 말함으로써 지교회(개체 교회)들이 노회와 총회의 치리를 받는다는 것을 명시하고 있다.[197] 이것은 지상의 모든 성도들이 한 곳에만 회집하여 교제하며 하나님을 예배할 수 없으므로 각 처소에 지교회를 설립하지만, 그 지교회들이 하나의 교회인 것이고, 노회와 총회를 이루어 그 치리를 받는다고 말하는 것이다. 이때 장로교 정치는 지교회 교인들이 그리스도의 주권 아래서 장로를 선택하여 당회를 조직하고, 그 당회가 치리의 사역을 하므로 그 기본권이 교인들에게 있는 신본주의적 공화정치이다. 노회와 총회도 치리 범위가 보다 넓어진 것이지 기본적으로 그 기본권이 교인들에게 있는 신본주의적 공화정치이다.[198]

칼빈은 교회연합을 강조한다. 그는 평등과 자율성을 강조함과 더불어 연합을 부정한 회중교회를 부정한다. 장로회 정치는 예수 그리스도는 한 몸이라는 연합성의 원리에 근거한다. 이것은 치리회의 3심제 동일체 원리로 나타난다. 여기서 연합성이란 회중교회처럼 교회들이 필요한 경우만 회의하는 회합성을 의미하지 않는다.

연합성의 원리는 지교회의 권세가 확장되어 상회로서 노회(Presbytery),

---

197) 예장 백석헌법 정치 71조 3항 "각급치리회는 고유한 특권이 있으나 순차대로 상급치리회의 지도 감독을 받는다," 4항 "각 치리회는 독립된 개체가 아니므로 상회에서 법대로 결정된 사안은 하회에서 시행하여야 한다"

198) 정요석, "한국 교회의 위기: 노회의 기능과 역할"「서울포럼」, 2022 11회, 4.

총회(General Assembly)의 3심제 치리회를 구성한다. 또 이 관계성에 의해 교인들과 직원들의 권리가 침해 되었을 때 교회 재판권을 통해 그 권리가 보장된다. 이와 같은 관계성은 교회들의 연합성에 기초한다. 그래서 각 교회들과 치리회는 자치권과 타치권 모두를 행사할 수 있다. 그것은 개인으로서가 아니라 대의 기관을 통해서이다.

장로회 정치는 당회, 노회, 총회를 통한 3심 제도로서, 당회의 치리에 불복이 있으면 노회가 그것에 대하여 치리권을 행사하고 또 노회의 치리에 불복이 있으면 총회가 그것을 치리하여 최종적으로 결정한다.[199]

"보라 형제가 연합하여 동거함이 어찌 그리 선하고 아름다운고 머리에 있는 보배로운 기름이 수염 곧 아론의 수염에 흘러서 그의 옷깃까지 내림 같고 헐몬의 이슬이 시온의 산들에 내림 같도다 거기서 여호와께서 복을 명령하셨나니 곧 영생이로다."(시 133:1–2)

장로회 정치의 성경적 근거를 웨스트민스터 신앙고백 제30장 제2조는 다음과 같이 말하고 있다. 제30장 ②항은 교회의 권징에 관하여 교회의 직원에게는 천국의 열쇠가 맡겨져 있다. 직원들은 그 주어진 힘으로 사람들의 죄를 정하기도 하고, 사할 수도 있으며, 회개하지 않는 자에게는 말씀과 권징으로 천국을 닫고, 회개한 죄인에게는 필요에 따라 복음의 사역과 권징의 해제에 의해서 천국을 열어 줄 권한을 가지고 있다(마 16:19, 18:17–18, 요 20:21–23, 고후 2:6–8).[200]

천국 열쇠가 교회 직원들에게 주어졌는데, 교파와 교단에 따라 이에 대한 해석이 다양하다. 아래 성경구절에서 예수님은 제자들에게 자신을 누구라 하느냐고 여쭈셨다. 베드로가 옳게 대답하자 예수님은 크게 칭찬

---

199) 배광식외 2, 「대한예수교장로회헌법해설서」 (서울: 익투스 2021), 35.

200) 대한예수교장로회총회(백석), 「헌법」, 137.

하시며 "너는 베드로라 내가 이 반석 위에 내 교회를 세우리니"라고 말씀하시며 "내가 천국 열쇠를 네게 주리니"라고 말씀하셨다. 이 반석이 무엇을 의미하는지 그리고 천국 열쇠를 누구에게 주신 것인지에 대하여 교파 간에 해석 차이가 있는데, 로마 가톨릭과 침례교와 장로교가 어떻게 해석하는지 살펴보자.[201]

"이르시되 너희는 나를 누구라 하느냐 시몬 베드로가 대답하여 이르되 주는 그리스도시요 살아 계신 하나님의 아들이시니이다 예수께서 대답하여 이르시되 바요나 시몬아 네가 복이 있도다 이를 네게 알게 한 이는 혈육이 아니요 하늘에 계신 내 아버지시니라 또 내가 네게 이르노니 너는 베드로라 내가 이 반석 위에 내 교회를 세우리니 음부의 권세가 이기지 못하리라 내가 천국 열쇠를 네게 주리니 네가 땅에서 무엇이든지 매면 하늘에서도 매일 것이요 네가 땅에서 무엇이든지 풀면 하늘에서도 풀리리라 하시고" (마 16:15-19)

가. 로마 가톨릭의 해석

로마 가톨릭은 베드로를 반석으로 보고, 베드로에게 천국 열쇠가 주어졌다고 본다. "주님께서는 당신이 베드로라는 이름을 주신 시몬 한 사람을 당신 교회의 반석으로 삼으셨다. 주님께서는 그에게 교회의 열쇠를 맡기셨으며, 그를 당신의 온 양 떼의 목자로 세우셨다. 그런데 베드로에게 주어진 매고 푸는 저 임무는 그 단장과 결합되어 있는 사도들에게도 부여되어 있음이 분명하다. 베드로와 다른 사도들의 이러한 사목 임무는 교회의 기초에 속하는 것이다. 이 임무는 교황의 수위권 아래서 주교들을 통하여 계속되고 있다."[202] 로마 가톨릭은 그리스도께서 열두 사도를

---

201) 정요석, op. cit., 5.

202) 주교회의 교리교육위원회 역, 「가톨릭교회 교리서」 제2판(한국천주교중앙협의회, 2008), 881항, 372.6.

세우셨고, 그들 가운데에서 베드로를 으뜸으로 삼으셨다고 본다.[203] 교황은 로마 주교이며 베드로 사도의 후계자이므로, 베드로에게 주어진 모든 권세가 교황에게 이어진다.

로마 가톨릭이 교황에게 부여하는 권세는 예수 그리스도와 비견될 정도이다. 이들은 교황이 자기 임무의 힘으로 그리스도의 대리이며 온 교회의 목자로서 교회에 대하여 완전한 보편 권한을 가지며 이를 언제나 자유로이 행사할 수 있다고 본다.[204] 이들은 열두 사도를 대신하는 주교단이 그 단장인 교황과 더불어 보편 교회에 대한 완전한 최고 권한의 주체로 존재한다고 보지만 이 단장 없이는 결코 그러하지 아니하며, 또한 그 권한은 오로지 교황의 동의가 있을 때에만 행사될 수 있다고 본다. 주교단은 보편 교회에 대한 권한을 보편(세계) 공의회에서 장엄한 양식으로 행사하지만 베드로의 후계자가 세계 공의회로 확인하거나 적어도 그렇게 받아들이지 않으면, 세계 공의회는 결코 인정되지 아니한다.

이들은 교황에게 무류(無謬)성을 다음처럼 부여한다. "주교단의 단장인 교황은 참으로 신앙 안에서 자기 형제들의 힘을 북돋워 주는 사람이므로, 모든 그리스도인의 최고 목자이며 스승으로서 신앙과 도덕에 관한 교리를 확정적 행위로 선언하는 때에, 교황은 자기 임무에 따라 그 무류성을 지닌다."[205] 주교단이 베드로의 후계자와 더불어 최상 교도권을 특별히 세계 공의회에서 행사할 때에 이러한 무류성이 주교단 안에도 내재한다고 말한다.[206] 반석을 베드로로 보고, 천국 열쇠가 베드로에게 주어졌다고 보는 로마 가톨릭의 성경 해석이 교황에게 얼마나 무모한 권한을 주

---

203) 「가톨릭 교회 교리서」, 883항, 373.9.
204) 「가톨릭 교회 교리서」, 891항, 375.11.
205) 「가톨릭 교회 교리서」, 891항, 375.11.
206) 「가톨릭 교회 교리서」, 891항, 375.11.

는지 알 수 있다.[207]

나. 침례교의 해석

침례교는 반석을 "주는 그리스도시요 살아 계신 하나님의 아들이시니이다"라는 신앙고백으로 본다. 그래서 침례교는 신앙고백을 강조한다. 침례교 예배에서 침례 받는 자들의 신앙간증이나 신앙고백이 침례를 받기 전이나 후에 따르곤 한다. 침례교는 어떤 교단보다도 신앙간증이 예배 중에 많다. 가정교회가 침례교에서 시작한 것도 우연이 아니다. 침례교는 신앙고백을 하는 자들이 있으면 교회로 보는 경향이 있기 때문에 신앙고백을 하는 몇 교인들이 모이면 가정교회라고 부를 수 있다. 침례교는 반석을 신앙고백으로 보기 때문에 신앙고백을 하는 성도들로 이루어진 모임을 완전한 교회로 여긴다. 신앙고백을 하는 회중이 중요하고, 교회의 정치는 이런 신앙고백을 하는 회중 내에서 자치적으로 이루어진다. 회중정치는 신앙고백을 하는 성도들의 모임을 완벽한 교회라고 본다. 주변의 다른 지교회들과 연합하여 더 넓은 완전한 교회가 된다는 개념이 약하다. 침례교에서는 지교회들의 하나 됨이란 의미에서의 연합 모임이 없고, 단지 친교 수준의 연합 모임이 있을 뿐이다.[208]

다. 장로교의 해석

장로교는 반석을 신앙고백을 하는 베드로도 보되, 개인 베드로가 아니라 사도들을 대표한 베드로로 본다. 베드로가 예수님의 질문에 먼저 대답한 것이지, 베드로만 유일하게 대답한 것으로 보지 않고, 그를 으뜸 사도나 수석 사도로 보지 않는다. 아래에서 보는 것처럼 예수님은 "무엇

---

207) 정요석, op. cit., 5-6.

208) Ibid., 6.

이든지 너희가 땅에서 매면 하늘에서도 매일 것이요 무엇이든지 땅에서 풀면 하늘에서도 풀리리라"고 말씀하셨다. 여기서는 베드로 개인이 아니라 사도 전체에게 말씀하셨다. 천국 열쇠가 사도 전체에게 주어진 것이다. 워터스 교수도 "베드로가 그의 예수님에 대한 고백과 함께 답했을 때, 예수님의 제자들의 전체 무리를 대신하여 말하고 있다고 우리는 이해해야 한다"라고 말한다.[209]

"네 형제가 죄를 범하거든 가서 너와 그 사람과만 상대하여 권고하라 만일 들으면 네가 네 형제를 얻은 것이요 만일 듣지 않거든 한두 사람을 데리고 가서 두세 증인의 입으로 말마다 확증하게 하라 만일 그들의 말도 듣지 않거든 교회에 말하고 교회의 말도 듣지 않거든 이방인과 세리와 같이 여기라 진실로 너희에게 이르노니 무엇이든지 너희가 땅에서 매면 하늘에서도 매일 것이요 무엇이든지 땅에서 풀면 하늘에서도 풀리리라 진실로 다시 너희에게 이르노니 너희 중의 두 사람이 땅에서 합심하여 무엇이든지 구하면 하늘에 계신 내 아버지께서 그들을 위하여 이루게 하시리라 두세 사람이 내 이름으로 모인 곳에는 나도 그들 중에 있느니라."(마 18:15-20).

천국 열쇠는 마태복음 16장만 볼 때는 베드로 개인에게 주어진 것으로 보이지만, 마태복음 18장과 비교해 보면 사도 전체에게 주어진 것을 알 수 있다. 따라서 개인 베드로가 아니라 사도 전체를 대표하는 베드로임이 드러나게 된다. 마태복음 16장의 문맥의 흐름에서 보면 예수님이 갑자기 베드로에게만 특별한 권한과 권세를 주셨다고 해석하는 것은 부자연스럽다. 지금까지 다른 사도들과 똑같이 사도로 인정하시어 함께 생활하시며 가르치셨는데, 갑자기 마태복음 16장에서만 베드로를 특별하게 취급하신다는 것은 이상하다.

---

209) 가이 프렌티스 워터스(Guy Prentiss Waters), 윤재석 역, 「장로교회의 정치 원리」 (개혁주의신학사, 2014), 101.

"이 말씀을 하시고 손과 옆구리를 보이시니 제자들이 주를 보고 기뻐하더라 예수께서 또 이르시되 너희에게 평강이 있을지어다 아버지께서 나를 보내신 것 같이 나도 너희를 보내노라 이 말씀을 하시고 그들을 향하사 숨을 내쉬며 이르시되 성령을 받으라 너희가 누구의 죄든지 사하면 사하여질 것이요 누구의 죄든지 그대로 두면 그대로 있으리라 하시니라."(요 20:20-23).

예수님은 부활 하신 후 아버지께서 자신을 보내신 것처럼 자신도 제자들을 보내신다며, 제자들을 향하여 숨을 내쉬셨다. 예수님은 성령을 받으라고 하시며, 제자들이 누구의 죄든지 사하면 사하여지고, 누구의 죄든지 그대로 두면 그대로 있게 된다고 하셨다. 여기서 이 권세를 받은 이들은 전체 제자이지 결코 베드로 혼자가 아니다.

교회는 사도 전체를 대표하는 베드로 위에 세워졌다. 에베소서 2:20은 "너희는 사도들과 선지자들의 터 위에 세우심을 입은 자라 그리스도 예수께서 친히 모퉁잇돌이 되셨느니라"고 말하고, 요한계시록 21:14은 "그 성의 성곽에는 열두 기초석이 있고 그 위에는 어린 양의 열두 사도의 열두 이름이 있더라"고 말한다. 사도는 하나님의 말씀을 받아 하나님의 말씀을 가르치고 복음을 전파하고 하나님의 말씀에 따라 교회를 이끌어가는 자들을 대표한다. 하나님은 이들 위에 교회를 세우신다.

장로교는 개인 베드로가 아니라 전체 사도에게 천국 열쇠권이 주어졌다는 것을 강조한다. 장로교는 열 두 사도들 간에 우열이 없었고, 이들은 평등하게 하나님의 말씀에 의거하여 여러 일을 판단하고 집행했다고 본다. 따라서 현재 목사들 간에도 우열이 없다. 감리교는 목사들 위에 감독이 있다고 보지만, 장로교는 목사들 간의 평등을 강조한다. 목사들이 모여 회의할 때 가장 중요한 기준은 나이와 학벌과 목사 경력과 교회

의 규모 등이 아니라 오로지 하나님의 말씀이다.[210]

가톨릭의 입장은 이렇다. 천국의 열쇠를 베드로에게만 주셨다는 것이다. 그래서 베드로의 후계자가 교황이라는 것이다. 영국의 종교개혁에서 장로파와 독립파의 견해 차이는 보다 근본적으로는 바로 이 천국의 열쇠권이 누구에게 있느냐에 대한 성경해석의 차이였다.

마태복음 16장을 보면, "주는 그리스도시며, 살아계신 하나님의 아들이십니다"라는 베드로의 멋진 고백에 이어, 예수님이 말씀하신다. "내가 이 반석 위에 나의 교회를 세우리라", "내가 천국 열쇠를 네게 주리니 네가 땅에서 무엇이든지 매면, 하늘에서도 매일 것이요 네가 땅에서 무엇이든지 풀면, 하늘에서도 풀리리라." 그런데 로마교회는 이 본문의 '반석'을 베드로 그 자신이라고 보고, 예수님이 베드로에게만 천국의 열쇠를 주셨다고 보았다. 베드로가 대답을 잘했고 평소에 말도 잘 들었고 공부도 잘했고 수제자이고···. 그래서 베드로를 초대 교황으로 정하고, 베드로의 후계자들이 2대, 3대 교황을 계승해 나가는 것이 그리스도의 뜻이라고 주장했다. 즉, 로마의 대주교가 다른 모든 교회 위에 있는 최고의 권한인 열쇠권을 가졌다는 것이다. 이런 발상은 로마의 대주교가 다른 알렉산드리아나 안디옥이나 런던의 대주교보다 상급의 존재이며, 그래서 로마의 대주교가 교황이 된다는 것이다. 교황의 신학적 판단은 잘못이 없다는 '교황 무오설'로 이어졌다. 로마 가톨릭에게 이렇게 높임 받는 베드로가 마태복음 16:18 이후 몇 구절 못가서 예수님께 곧바로 혼나는 장면이 나온다. 이것만 봐도 천국의 열쇠를 베드로 한 개인이 받았다고 볼 수는 없다는 것을 알 수 있다. 하지만 올바른 해석은, 천국의 열쇠가 한 개인 베드로에게 주어진 것이 아니라 다른 제자들 전체, 즉 '사도들'이라고 하는 그 회 모임)에 주어졌다고 보는 것이다. 그 사도들의 회

---

210) 정요석, op. cit., 7.

를 대표하는 차원에서 베드로를 언급하셨을 뿐이다. 올바른 해석은, 천국의 열쇠가 제자들(사도들)의 '모임'에 주어졌다는 것이다.

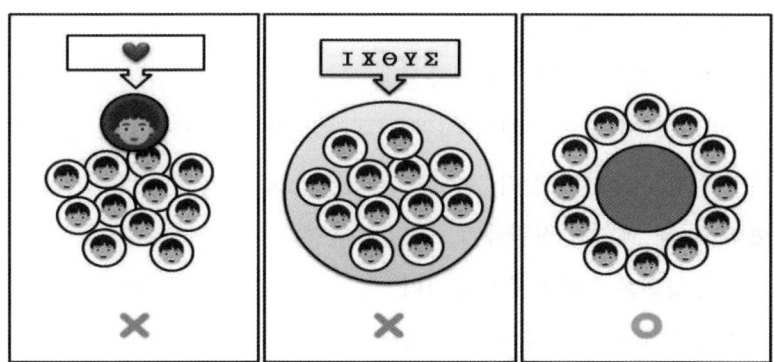

위 그림을 보면 맨 왼쪽의 그림 1번이 바로 "다른 제자가 아닌 베드로에게 천국의 열쇠를 주셨다"는 그림이다. 이게 로마 가톨릭교회이다. 중간에 있는 2번 그림은 사람이 아니라 신앙고백이 중요하다. '주는 그리스도시요 살아계신 하나님의 아들이십니다(IXΘYΣ)'라는 올바른 고백이 중요하다는 것이다. 왠지 이게 맞는 말처럼 여겨지게 된다. 그런데 이렇게 되면 그냥 신자들이 모이기만 해도 열쇠권을 가진 교회가 된다. 이렇게 되면 교회정치가 딱히 필요 없다. 교회와 선교단체의 구분도 없어진다. 독립파의 입장은 대략 2번에 가깝다. 회중들이 분명한 신앙고백을 가지고 있으면 되며, 교회의 권세는 그 회중들의 신앙고백으로부터 나온다는 것이다.

그림 3번은 제자들 가운데 동그라미를 그려두었다. 이것은 원탁이다. 이것은 사도들의 모임을 상징한다. 올바른 성경 해석은 베드로 개인도 아니고 그냥 신앙고백을 하는 사람들의 모임도 아니고, '올바른 신앙고백에 기초한 사도들의 모임'에 그리스도께서 천국의 열쇠를 맡기셨다는

것이다. 이것이 바로 조직체로서의 교회를 세우신 것이고, 초대 교회는 합당한 권위를 가진 교회의 직분자, 즉 치리회에 의해 천국의 열쇠를 이어받았다고 보는 것이 장로교회파의 입장이었다.[211]

라. 천국 열쇠의 역할

형제가 죄를 범하면 가서 자신과 그 사람과만 상대하여 권고해야 한다. 만일 듣지 않으면 한두 사람을 데리고 가서 두세 증인의 입으로 말마다 확증하게 해야 한다. 만일 그들의 말도 듣지 않거든 교회에 말해야 한다. 이때 교회의 직원들이 이 일을 담당하는데, 장로교에서는 목사와 장로가 당회를 구성하여 담당한다. 목사와 장로는 자신들에게 맡겨진 천국 열쇠의 효력에 의해 죄를 그대로 두거나 사하는 권세를 갖는다. 교회가 죄를 범한 자에게 하나님의 말씀에 근거하여 권면할 때에 들으면 교회는 그 형제를 얻은 것이 된다. 즉, 그 형제에게 왕국을 열어준 것인데 이러한 권세를 교회가 갖는다. 만약에 그 권면을 듣지 않으면 교회는 그를 이방인과 세리와 같이 여긴다. 즉, 비회개자에게 왕국을 닫은 것인데 이러한 권세를 교회가 갖는다. 교회의 두세 직원이 예수님의 이름으로 모여 이런 일을 논의할 때에 예수님도 그들 중에 계셔(마 18:20) 그 논의가 올바로 되도록 이끄신다.

안디옥 교회가 모세의 법대로 할례를 받아야 구원을 받는가라는 문제로 큰 다툼과 변론에 빠졌을 때 바울과 바나바와 몇 사람을 예루살렘에 있는 사도와 장로들에게 보냈다. 예루살렘 교회는 사도와 장로들이 모여 이 일로 의논하였다. 다른 나라에 있는 다른 교회의 문제이므로 상관할 바가 아니라고 여기지 않고, 자신들 교회의 일로 여겨 의논하였다. 많은 변론 후에 베드로는 "우리 조상과 우리도 능히 메지 못하던 멍에를 제자들의 목에 두려느냐 그러나 우리는 그들이 우리와 동일하게 주 예수의

---

211) 황희상, 「특강 종교개혁사」(서울: 흑곰북스, 2021), 232-233.

은혜로 구원 받는 줄을 믿노라"고 말했다. 그 후에는 야고보가 "내 의견에는 이방인 중에서 하나님께로 돌아오는 자들을 괴롭게 하지 말고 다만 우상의 더러운 것과 음행과 목매어 죽인 것과 피를 멀리하라고 편지하는 것이 옳으니"라고 말했다. 이 회의에서 베드로는 수석 사도로서 회의를 주재하거나 주도하지 않았다. 최종 결론은 베드로가 아니라 야고보가 내렸다. 이들은 만장일치로 결정한 사항을 안디옥 교회에 보내기로 했는데 "성령과 우리는 이 요긴한 것들 외에는 아무 짐도 너희에게 지우지 아니하는 것이 옳은 줄 알았노니 우상의 제물과 피와 목매어 죽인 것과 음행을 멀리할지니라"고(행 15:28) 편지에 적었다. 사도들과 장로들이 모여서 결정했는데, 성령께서도 참여하여 결정하신 것으로 표현하였다. 이들은 "두세 사람이 내 이름으로 모인 곳에는 나도 그들 중에 있느니라"는 예수님 말씀을 기억한 것이고, 실제로 성령님께서 자신들과 같이 하시어 인도하신 것을 실감했기에 이렇게 적었다. 예수님께서 교회 직원들에게 천국 열쇠를 줄 때 그것이 올바로 사용되도록 성령님을 통하여 이끄신다.

교회 직원은 자신의 결정이 그대로 하늘에서도 받아들여지는 줄로 알고 오직 하나님의 말씀과 사랑에 근거하여 교회의 중요 사항을 논의해야 한다. 교회 직원에게는 큰 권세가 영광과 함께 주어진 것이고, 동시에 하나님 앞에 올바로 서야 하는 큰 책무도 주어진 것이다. 이런 큰 권세를 인하여 신자가 교회의 직분자가 되는 것은 이 세상의 그 어떤 영광보다 크다.[212)]

4. 노회의 직무

총회헌법에 규정된 노회의 직무에 대하여 하나씩 연구해봄으로써 노

---

212) 정요석, "한국 교회의 위기," 2022, 7-8.

회가 어떤 직무를 하는지를 살펴보고, 그리고 현재 백석교단을 비롯해 여러 교단의 노회직무를 살펴보아 노회행정조직의 특성과 헌신과의 관계를 파악해 보려고 한다. 노회의 직무에 대해서는 교단의 헌법과 노회 규칙에 규정되어 있다. 그러므로 총회헌법과 규칙, 장로교 노회의 역사와 더불어 장로교 주요교단의 헌법 등을 종합적으로 검토해서 직무특성을 통한 조직 헌신도와 연관성을 살펴보고자 한다.

제83조 노회의 직무(백석헌법 제 83조 ①-⑨)

① 행정적 지도·감독

구역 안에 있는 모든 지 교회와 목사, 강도사, 전도사, 목사 후보생 등을 지도·감독한다.[213]

② 청원 안건

각 당회가 규정대로 제출하는 헌의, 청원, 문의건 등을 접수 처리한다.

③ 인사

1. 목사, 장로, 전도사 고시(세칙 제2장 제64조)

2. 목사 후보생 지원자를 고시하여 신학대학원에 추천하고 지도, 육성하며 그 교육 경력 및 이명, 권징을 관리한다.

3. 신학대학원 졸업자를 강도사고시에 응시할 수 있도록 추천하며 합격자에게 강도권을 인허하고 그 교역경력 및 전출입, 권징을 관리한다.

4. 목사 고시를 거쳐 목사의 임직, 취임, 사임, 전출입 및 경력, 권징을 관리한다.

④ 사업

---

213) 대한예수교장로회총회(백석),「헌법」, 203.

노회는 지교회의 설립, 분립, 합병, 폐지하는 일과 당회의 조직 및 폐지 등 안건을 심의 결정하며 전도, 교육, 봉사, 재정 관리 등 일체 상황을 지도하며 그러한 사업을 직영도 한다. 이의 효율적 운영을 위한 시찰회를 둘 수 있다.[214]

⑤ 검열

연 1차씩 노회 비치 서류와 지 교회 당회록을 검사하되 처리안건에 대하여 착오가 없도록 지도하고 필요할 때는 교정을 지시한다.

⑥ 재판

지교회가 제출하는 소송, 상소, 소원, 위탁판결에 관한 일들을 처리하며 교회 권징에 관한 문의에 대하여 답변한다.

⑦ 재산관리

지교회와 산하 기관의 재산관리 사항을 지도하고 부동산 문제로 사건이 발생하면 노회가 이에 협력한다.

⑧ 시찰회

노회는 효율적인 운영을 위하여 시찰회를 두며 지교회 및 미조직교회를 순찰하고 노회 치리를 보조한다. 시찰회는 치리회가 아니므로 당회나 지교회의 내정을 침해할 수 없으며, 시찰 경유 문서는 거부할 수 없다.

⑨ 노회는 총회에 제출하는 청원, 헌의, 문의, 진정, 상소, 위탁판결에 관한 사건을 상정하고 노회 상황을 보고하며 총회 총대를 선정, 파송하고 총회의 지시를 실행한다.

노회는 총회와 지교회의 허리역할을 하게 된다. 장로교회에 있어 노회는 핵심적인 위치에 있다. 그러므로 노회를 통해 건강한 교단으로 목회생태계를 복원 할 수 있을 것이다. 노회의 직무 중 교육에 대한 개혁주의생명신학이 노회라는 혈관을 통해서 지교회에서 실천되고 열매로

214) 대한예수교장로회총회(백석), 「헌법」, 203.

나타나야 하는 것이다.

아무리 강한 심장을 가지고 있다고 해도 혈관이 건강하지 않거나 허리가 제 기능을 발휘하지 못하면 신체는 기능의 장애가 생긴 것이다. 허리와 혈관에 해당하는 노회가 건강해야 건강한 목회생태계가 유지되는 것이다.

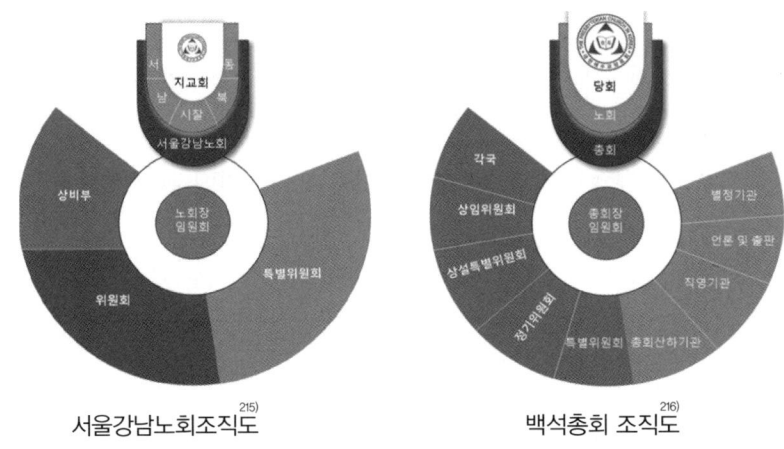

서울강남노회조직도[215]   백석총회 조직도[216]

노회의 역사적 기원에서 살펴보았을 때에 노회가 필요한 이유는 (1) 목사를 임직하고, (2) 이단으로부터 교회를 보호하며, (3) 교리적 순결 및 도덕적 기강을 지키고, (4) 교회행정과 권징을 통일하며, (5) 지교회 및 선교를 지원하기 위한 필요성 때문에서 조직된 것을 알 수 있다.

이러한 노회의 역사를 기초로 하고 백석헌법 제85조의 노회의 직무를 참조하면, 노회의 직무를 크게 (1) 목사 및 장로와 관련한 직무, (2) 개체교회 및 당회와 관련한 직무, (3) 총회와 관련한 직무로 나누어 볼 수 있다.

215) 서울동노회 www.pckdong.or.kr 인용 · 재정리
216) 대한예수교장로회총회(pck.or.kr) 통합.

1) 목사 및 장로와 관련한 직무

노회의 목사 및 장로 관리는 신학생 선발, 교육, 안수, 목사 및 장로의 임직, 재교육, 개척, 선교사 파송 등으로 나눠진다. 이 중에서 노회의 가장 중요한 직무는 ⑴ 목사후보생의 고시, 교육, 전출입 및 권징의 처리, ⑵ 목사의 자격고시, 임직, 위임, 해임, 전출, 전입 및 권징의 관리와 처리라고 할 수 있다. 아울러, 개체교회 장로의 선택, 임직 및 자격고시 관장도 역시 중요하다.

노회가 목사 및 장로와 관련한 역할이라는 측면에서 세 가지를 제안하고자 한다.

첫째, 노회는 정기적으로 신학적인 교육을 실시하는 기관이 되어야 한다. 요즘은 두 가지가 동시적으로 발생하고 있다. 한편으로 목회자는 신학 강좌를 들을 수 있는 기회가 아주 많다. 책들도 많다. 하지만 다른 한편으로 목회자는 적절한 신학 강좌를 선별할 기준이 없으며, 동시에 그것을 통해 여러 의사를 교환하고 토론할 수 있는 기회가 적다. 목회에 너무 바쁘기 때문에 따로 시간을 내기도 쉽지 않다. 따라서 노회는 목사 및 장로가 신학적으로 성숙할 수 있는 기회를 제공하기 위하여 정기적 신학 교육을 제공함이 바람직하다.

둘째, 노회는 신학생 발굴과 관리를 위해 협력해야 한다. 특별히 요즘처럼 신학생 지원이 적은 시대에는 노회가 앞장서서 지교회의 우수한 재원을 신학생으로 선발할 수 있도록 하는 노력이 필요하다. 그렇지 않고서는 얼마가지 않아 교회는 좋은 목사와 함께 하기가 매우 어렵게 될 것이다.

셋째, 노회는 목사와 장로의 아름다운 동역을 돕기 위해서 늘 노력해야 한다. 지교회에서 목사와 장로 사이의 갈등이 생기지 않도록 미연에 방지하며, 목사와 장로의 신뢰를 높이기 위해서 각종 행사를 마련하고 제공해야 한다. 당회가 건강하면 교회가 건강하기 때문이다.

2) 지교회 및 당회와 관련한 직무

교회 관리는 지교회가 성경적 원리와 교단법에 따라 잘 세워져가고 있는지 살펴보는 일이다. 아울러 노회는 지교회의 설립, 분립, 합병, 폐지 및 당회조직을 관장한다.

구체적으로 노회는 (1) 각 당회에서 제출한 건의, 청원, 문의(질의) 및 진정의 접수처리, (2) 각 당회에서 제출한 소원, 상소 및 위탁판결의 접수처리, (3) 각 당회의 당회록 및 미조직교회의 행정록의 검사와 그 합법 여부 표시, (4) 진리와 권징에 관한 해석, (5) 교회의 신성과 화평을 위한 지교회 시찰, (6) 지교회 및 미조직교회의 목사청빙 관장, (7) 지교회와 미조직교회의 전도사업의 지도권장과 교육 강화로 인한 영적 유익 도모, (8) 지교회 및 미조직교회의 재정 및 관리의 방침 지도 등이 있다.

노회가 지교회 및 당회와 관련한 역할이라는 측면에서 세 가지를 제안하고자 한다.

첫째, 노회는 교회 질서와 관련한 중요한 지침서나 사례 연구서 등을 제시함이 좋다. 특별히 평교인들은 교회의 질서에 대해 매우 무지하므로, 관련된 책자가 있을 경우에 큰 도움을 받을 수 있을 것이다. 예를 들어 목회자에 대한 불만 표출, 은퇴 목회자의 사례에 대한 경우이다.

둘째, 노회는 개척 교회와 미자립 교회와 선교지 교회를 위해서 특별히 관심을 가지고 지원해야 한다. 경제적으로 어려운 목회자의 경우 최저 생계비에도 못 미치는 사례로 겨우 살아가는 경우가 많다. 노회는 이런 상황들을 잘 살펴서 경제적으로 힘든 시대에 함께 살아가도록 노력해야 한다.

셋째, 노회는 이단들로부터 지교회를 보호하기 위해 노력해야 한다.

그렇기 하기 위하여 지침서나 강좌나 기준이 되는 동영상 강의 등을 제
시함이 바람직하다.

3) 총회와 관련한 직무

노회와 총회와의 관계는 총회 총대를 파송하고 총회에 안건을 건의하
며 총회의 결의 사항을 전달하고 시행, 감독하는 일이다. 구체적으로 ⑴
총회제출의 청원, 건의, 문의, 진정, 소원, 상소 및 위탁판결의 처리, ⑵
총회제출의 노회상황보고, ⑶ 총회총대선출, ⑷ 총회지시실행, ⑸ 개체
교회와 산하기관의 재산권 문제 처리 등이다.

노회가 총회와 관련한 역할이라는 측면에서 두 가지를 제안하고자 한
다. 첫째, 노회의 임원들은 총회에 다양한 의견들이 전달되도록 신경 쓸
필요가 있다. 매번 같은 총대가 나가는 것은 장점도 있지만 단점도 있
다. 이를 보완하기 위해서 노회가 노력해야 한다.

둘째, 총회에서 상정할 수 있는 중요한 교회적, 신학적 문제들을 고민
해야한다. 노회가 그런 것들이 무엇인지 점검할 필요가 있다. 아울러 노
회는 총회의 신학적 결정들을 개체교회의 평교인들 까지도 잘 전달하도
록 노력해야한다.[217]

4) 노회의 직무 특성에 대한 학문적 고찰

 - 개혁주의생명신학의 시각에서 본 장로교 노회의 역할

⑴ 노회 직무의 신학적 기초

장로교 정치의 핵심 구성 요소인 노회는 단순한 행정기구가 아니라,
교회의 본질적 사명에 봉사하는 중간 구조로서의 신학적 의의를 지닌다.
헤르만 바빙크(Herman Bavinck)는 교회의 권세가 그리스도의 말씀에서 유

---

217) 우병훈, op. cit., 160-163.

래하며, 이 권세는 억압적이거나 지배적인 것이 아니라 섬김과 봉사의 권세임을 분명히 했다. 이러한 관점은 노회의 존재와 활동의 성격을 규정하는 출발점이 된다.

노회는 곧 교회의 생명력을 전달하는 중추기관이며, 각 지교회 및 총회와의 연결 구조 속에서 교회의 정체성과 사명을 보존하고 실현하는 도구로 기능한다. 이 글에서는 노회의 직무적 특성을 신학적, 행정적, 생태학적 측면에서 종합적으로 고찰하고자 한다.

⑵ 노회의 직무적 특성

① 지교회를 섬기기 위한 존재

노회의 첫 번째 직무는 지교회의 섬김과 지원이다. 개척교회와 선교지 교회를 포함한 각 지교회의 통일, 화목, 협력을 도모하고, 복음 전파와 교회 확장을 위해 헌신하는 것이다. 이는 단순한 행정 감독이 아니라, 교회적 사명의 지속을 위한 영적 협력의 장으로서 기능한다.

백석총회의 노회규칙 제3조에 따르면 "노회의 목적은, 성경과 총회 헌법 정치 제11장에 의하여 교회를 육성하며 진리를 보수하고 전파하는 데 있다." 이는 노회가 지교회를 위하여 존재함을 법적으로도 명확히 한다.

② 하나님의 말씀에 따른 지도

노회는 개체 교회를 하나님의 말씀에 따라 바르게 인도하는 사명을 가진다. 특히 이단 사상이나 비복음적 신학 흐름으로부터 교회를 보호하고, 교리적 순결성과 윤리적 정결함을 유지하도록 지도한다. 이는 교리적 감시자(dogmatic guardian)로서의 기능이다.

③ 목회자 및 장로의 관리와 사역 배치

노회는 목사를 안수하고 임지에 추천하며, 선교사를 파송하고 후원하는 일에 중심적인 역할을 한다. 더불어 장로의 임직, 목사와 장로 간의 협력 증진, 영적 회복과 성장을 위한 지도까지 포함한다. 즉, 성직자 양성과 보호, 협력의 매개체로서의 기능이다.

④ 신학 교육과 목회 효능의 증진

노회는 소속 목회자들에게 지속적인 신학적 교육과 영적 재충전의 기회를 제공함으로써, 건강한 목회가 이루어지도록 돕는다. 이는 단지 정보 전달에 그치지 않고, 교회의 신앙적 생태계 형성에 기여하는 신학적 플랫폼으로서의 역할을 포함한다.

⑤ 총회와 지역교회를 연결하는 중간 구조

노회는 지역교회와 총회 간의 수직적 연결고리(hierarchical mediator)로 작동한다. 총회의 결의사항을 지역교회에 전달하고, 지역교회의 현실적 필요를 총회에 상향 전달함으로써 양자 간의 소통과 순환을 담당한다. 이는 노회가 교단 정치의 허리 역할을 수행하고 있음을 상징한다.

(3) 노회의 직무 수행과 '건강한 교회 생태계' 형성

노회는 단순한 행정기구가 아니라, 교회 생태계의 중추 조직이다. '교회 생태계'란 기존의 지교회들이 서로 연합하고 상호작용하는 유기적 관계망을 의미하며, 이를 통해 실질적인 목회 효과와 지역사회 내 신앙의 실천이 강화된다. 예장 백석 헌법 제1편 교단선언문(개혁주의생명신학선언문)은 교단의 영적·신학적 정체성을 천명하는 근본 토대이며, 노회는 이를 실제 목회 현장에 구현하는 핵심적 매개체로 기능한다. 노회는 헌법과 총회의 결의에 근거한 지침을 지역 교회에 적용하고 실행하는 실천적 치리 기관으로서, 각 지교회의 목회적·행정적 상황을 점검하고 그에 따른 협력과 대응을 도모한다. 이로써 노회는 총회와 지교회를 유기적으로 연결하는 중간 치리회로서, 교회의 공공성과 질서를 유지하는 행정적 사명을 충실히 수행한다.

따라서 백석총회의 신학적 정체성인 개혁주의생명신학은 노회를 통

하여 지교회와 산하 교육기관, 선교기관, 복지기관 등 모든 소속 조직에 동일하게 적용되며, 이는 곧 백석총회의 조직적 일체성과 교단 정체성의 통일성을 실현하는 통로가 된다. 즉, 개혁주의생명신학은 단지 선언문에 그치지 않고, 노회의 행정과 지도, 교육과 치리를 통해 교단 전체 생태계에 실제적이고 유기적으로 적용된다.

(4) 교육과 신학의 매개로서의 노회

노회는 단순히 교리적 감독이나 행정적 집행에만 머무르지 않고, 교육과 신학의 전달자로서의 중대한 역할을 수행한다. 노회는 기독교 교육기관(신학교, 기독대학 등)과의 긴밀한 연계를 통해 목회자 재교육, 평신도 신학훈련, 장로 및 교회지도자 양성에 기여하며, 상위 조직으로부터 전달된 보편적 교리와 신학적 정보를 지역 교회에 적용하는 신학적 허브로 기능한다.

특히 개혁주의생명신학이 천명하는 신학적 중심축인 5대 솔라(Sola)인 오직 성경(Sola Scriptura), 오직 그리스도(Solus Christus), 오직 믿음(Sola Fide), 오직 은혜(Sola Gratia), 오직 하나님께 영광(Soli Deo Gloria)과, 이를 삶과 목회 현장에 적용하기 위한 7대 실천운동인 신앙운동, 신학회복운동, 회개용서운동, 영적생명운동, 하나님 나라운동, 나눔운동, 기도성령운동은 노회를 통해 지역 교회와 성도들에게 실제적으로 전달되고 구현된다. 노회는 이러한 생명신학의 내용을 체계적으로 교육하고, 지역 교회 현장에서 정착될 수 있도록 조력함으로써, 개혁주의생명신학의 신앙원리를 구현하는 실천적 매개체로 기능한다.

이러한 점에서 노회는 단순한 행정 단위가 아니라, 개혁주의생명신학의 현장 적용과 신학적 재생산이 이루어지는 중심축이며, 교단 신학의 동일성과 정체성을 지역 교회와 산하 기관에까지 확산시키는 교회 교육 생태계의 핵심 노드(node)라 할 수 있다.

(5) 노회의 실천적 사명과 신학적 가치

노회는 장로교 정치 체계의 심장부이며, 동시에 그 질서의 꽃이라 할 수 있다. 노회는 단순한 행정 단위를 넘어, 교회의 거룩성과 질서를 보호하고, 직임자들의 정당한 사역을 감독하며, 하나님의 말씀에 근거한 바른 교회 치리를 실현하는 중심 기관이다. 역사적으로 장로교회는 노회의 제도적 성숙과 함께 교회의 연합성과 정체성을 확립해왔으며, 이는 곧 교단 정치의 필수적인 기반으로서 노회의 존재 이유를 뒷받침한다.

노회는 마치 어머니와 같이 지교회를 사랑으로 돌보고, 아버지와 같이 공의로 지도하며, 교회의 성장을 위해 양육과 책무를 감당한다. 이는 단순한 비유가 아니라, 신약 교회가 보여준 사도적 공의회(행 15장)와 각 지역 교회 간의 상호 책임 구조에 근거한 것이다.

그러므로 노회의 구성원들은 자신들의 직무를 단지 행정적 책임이나 회의 절차의 수행으로만 인식해서는 안 된다. 오히려 그들은 하나님의 교회를 세우고, 복음을 확장하며, 질서를 지키는 성경적 치리권의 담당자로서, 그 직무를 성경적 권위와 신학적 통찰, 교회법적 정당성위에 서 있는 거룩한 사명으로 인식해야 한다.

특히 바울 사도는 고린도전서 3:10~14에서 교회를 세우는 자를 '지혜로운 건축자'로 묘사하며, 각 사람이 그리스도의 터 위에 무엇을 세우는지 반드시 점검을 받을 것이라 경고한다. 이는 곧 교회의 제도와 질서를 세우는 사역이 하나님의 심판대 앞에서 평가받을 사명임을 일깨운다.

따라서 노회는 하나님의 영광을 위한 질서의 도구이자, 교회를 교회 되게 하는 생명력의 통로로서 기능하며, 그 구성원들은 자부심과 소명의식을 가지고 자신의 직무를 신실하게 감당해야 한다. 이럴 때에 비로소 그들은 '주의 일에 수고한 자'로 기억되며, 교회사(노회 역사)는 그들을 '주의 교회를 아름답게 세운 신실한 청지기'로 기록할 것이다.

(6) 결론

장로교회에서 노회는 단순한 행정단위가 아니라, 교회의 질서와 생명력을 지탱하는 성경적이며 신학적으로 정당화된 치리 공동체이다. 그 기원은 사도행전에서 보이는 사도적 공의회와 신약 교회 간의 협력 구조에서 유래하며, 교회사의 흐름 속에서는 존 칼빈(John Calvin), 존 녹스(John Knox), 앤드류 멜빌(Andrew Melville) 등 개혁자들에 의해 성경적 교회론의 실천 구조로 제도화되었다.

이러한 개혁주의 전통 위에서, 백석총회는 2017년 9월 14일 제40회 총회에서 종교개혁 500주년을 기념하며 「개혁주의생명신학 선언문」을 총회의 신앙고백서로 공식 채택하였다.[218] 이는 단순한 회고적 선언이 아니라, 16세기 종교개혁의 신학을 오늘날의 교회 현실 속에 생명력 있게 계승·적용하고자 한 신학적·목회적 결단이었다.

이 선언문은 오직 성경(Sola Scriptura), 오직 그리스도(Solus Christus), 오직 은혜(Sola Gratia), 오직 믿음(Sola Fide), 오직 하나님께 영광(Soli Deo Gloria)의 5대 솔라(Sola)를 핵심 교리로 삼고, 이를 교회 공동체에 실천적으로 적용하기 위한 신앙운동, 신학회복운동, 회개용서운동, 영적생명운동, 하나님 나라운동, 나눔운동, 기도성령운동 등 7대 실천운동을 제시하고 있다. 노회는 바로 이 개혁주의생명신학의 정신을 구체적으로 전달하고, 목회 현장에서 실현하는 영적 실천기구로 기능한다.[219]

오늘날 개혁주의 교회의 생명성과 공공성이 위협받는 시대에, 노회는 더 이상 과거의 제도나 형식에 머무를 수 없다. 하나님 나라를 실제로 구현하는 현장 중심의 영적 거점으로 새롭게 자리매김해야 한다. 백석교

---

218) 장종현, 「개혁주의생명신학」, (서울: 기독교연합신문사, 2023), 24.

219) 장종현, 「개혁주의생명신학」, 24-26.

단은 이를 위해 말씀, 신학, 교회법이 유기적으로 작동하는 삼위일체적 질서 안에서, 노회를 교단 전체의 영적 허리이자 실행 기관으로 구조화해왔다.

따라서 노회의 구성원들은 자신의 직무를 단지 행정책임자로 이해하지 말고, 하나님 나라의 대사(ambassador), 교회를 세우는 건축자(builder), 성령의 흐름을 따라가는 청지기(steward)로 자각해야 한다. 이 사명을 신실하게 감당할 때, 하나님께서 "충성되고 지혜 있는 종이로다"(눅 12:42)라 칭찬하실 것이다.

이와 같은 신학적 자각과 실천적 충실함이 살아 있을 때, 노회는 단지 전통의 유산을 계승하는 조직을 넘어서, 미래의 교회를 살리고 백석총회와 한국교회 전체에 거룩한 영향력을 미치는 "백석, 예수 생명 공동체"로 빛나게 될 것이다.

개혁주의생명신학으로 목회 효능감을 높이라
(백석의 정체성)

설충환 목사[220]

1. 백석총회와 백석신학

• 백석의 의미

대한예수교장로회총회(백석) "백석"의 의미는 '승리하신 그리스도'(벧전 2:4, 행 4:11), '승리한 크리스천에게 주시는 상급'(계 2:17)을 상징한다.[221]

• 백석총회와 백석학원의 정체성

백석총회 목사들은 "무릎 꿇고 받은 사명"을 연대하며 공유한다. 백석총회 목사들은 "방배동에서 무슨 선한 것이 나겠느냐!"던 외침을 들으며 뒷산에 올라 기도하던 동지들이다. 백석총회는 2010년 5월 21일, 수원 월드컵 경기장 "백석전진대회"에서 한국교회와 세계 교회를 향해 우리 스스로 각성하고 새롭게 회개하며, 개혁주의생명신학 7대 실천운동을 개혁의 방법으로 도전하였다. 동시에 국제학술대회에서 "신학은 학문이 아니다!"라고 선언함으로써 신학이 계시 된 예수 그리스도의 복음이고, 실천해야 할 영적 생명임을 천명(闡明)하였다. 이것이 개혁주의생

---

220) 현)헌법위원회 위원장, 서울강남노회, 참빛교회 담임목사. 기독교행정학(Ph. D).
221) 〈기독교연합신문〉, 2005년 8월 14일.

명신학이고, 예수 그리스도의 복음을 전하는 백석인의 정체성이다.

백석학원과 백석총회 설립자인 장종현 대표총회장은 백석학원과 백석총회와 백석학원의 정체성에 대해서 이렇게 말하고 있다.

"우리 백석학원과 백석총회의 신학적 정체성은 '개혁주의생명신학'입니다. 우리 학원과 총회는 설립 당시 역사적 개혁주의 노선에서 출발하였고, 지금도 종교개혁자들의 후예로서 개혁주의 신학을 계승하고 있습니다.

우리는 16세기 종교개혁자들로부터 물려받은 개혁주의신학이 가장 성경적인 신학이라고 믿습니다. 그런데 개혁주의신학이 사변화됨으로 예수 그리스도의 생명력을 잃어버렸고, 그 결과 스스로 가르치는 그것을 실천할 수 없게 되었습니다. 개혁주의생명신학은 개혁주의 신학에 예수 그리스도의 생명력을 회복시키려는 운동입니다. 그리스도께서 내 안에 사시고 내가 그리스도 안에 사는 영적 삶을 통해 개혁주의 신학을 실천하는 운동입니다[222]".

• 개혁주의생명신학의 외침

개혁주의생명신학은 성경적 은총 수단을 따르던 개혁신학을 실천으로 계승하겠다는 공교회의 약속이다. 개혁주의생명신학은 성경에 의한 성령의 역사에 순종한다. 예수 그리스도의 생명으로 충만한 전인적인 삶을 제시하며, 하나님의 통치 주권을 7대 실천운동으로 구현하므로 하나님의 영광을 구한다.

• 개혁주의생명신학의 사명

---

222) 장종현, 「신학은 학문이 아니다」 (서울: 기독교연합신문사, 2022), 77.

백석총회는 사람의 도움을 구하지 않고 오직 예수 그리스도를 의지하여 성장한 교단이다. 삶과 사역이 쇠퇴하고, 다툼과 탄식이 넘칠 때를 기도로 이겨낸 경험이 있고, 회개용서운동으로 교단통합을 이룬 경험도 있다. 백석인은 삶을 예배로! 사역을 영성으로! 주 예수께 받은 사명을 온몸으로 이루며 성장해 왔다. 이와 같은 개혁이 개혁주의생명신학의 사명이다. 이제 백석총회는 개혁주의생명신학으로 민족과 세계를 살리는 사명을 갖게 되었다.

• 개혁주의생명신학의 방법
개혁주의생명신학은 개혁신학의 핵심인 5대 솔라(five SOLA)를 삶과 사역에 적용하며, 7대 실천운동을 공교회의 신앙운동으로 가르치며 하나님의 사역에 동참한다.

2. 개혁주의생명신학

1) 45주년 기념사업 표어 : 개혁주의생명신학으로 민족과 세계를 살리다!

2) 개혁주의생명신학
개혁주의생명신학은 개혁주의 신학 + 예수 그리스도의 생명이다.
개혁주의신학은 16세기 종교개혁자들과 그 후예들의 신학이다.
개혁주의생명신학은 개혁주의 신학을 생명화(성경+성령)한 것이다.

3) 개혁주의생명신학의 정의
개혁주의생명신학은 성경의 가르침과 개혁주의신학을 계승하여, 사변화된 신학을 반성하고, 회개와 용서로 하나 되며, 예수 그리스도께서 주신 영적 생명을 회복하고자 하는 신앙운동이다. 그리하여 성령의 도우심으로 삶의 모든 영역에서 예수 그리스도의 주권을 실현함으로써 오직 하나님께 영광을 돌린다. 이를 위해 나눔운동과 기도운동과 성령운동을 통해 자신과 교회와 세상을 변화시키는 역동적인 실천을 도모한다.[223]

4) 개혁주의생명신학의 구성―5대 솔라 & 7대 실천운동

(1) 5대 솔라―종교개혁자들의 공통 원리

① 좁은 의미의 개혁주의신학: 칼빈주의 5대강령(TULIP)

"전적 부패, 무조건적 선택, 제한속죄, 불가항력적 은혜, 성도의 견인"오순절 신학이나 감리교 신학 등과 대조를 이루는 신학

② 넓은 의미의 개혁주의신학: 종교개혁신학(5대 솔라)

오직 성경(Sola scriptura), 오직 믿음(Sola Fide), 오직 은혜(Sola Gratia), 오직 그리스도(Solus Christus), 오직 하나님께 영광(Soli Deo Gloria) 개혁주의 생명신학은 16세기 종교개혁의 신학을 계승한다.

(2) 개혁주의생명신학의 구성― 5대 솔라

① 오직 성경 ② 오직 그리스도 ③ 오직 믿음 ④ 오직 은혜

⑤ 오직 하나님께 영광

개혁주의의 핵심이 무엇입니까? '오직 성경, 오직 그리스도, 오직 믿음, 오직 은혜, 오직 하나님께 영광'이라고 할 수 있습니다. '5대 솔라'라고 부르는 이 다섯 가지 표어는 개혁주의의 기본정신을 잘 보여줍니다. 5대 솔라의 순서에 대해서는 다양한 의견들이 있습니다. '오직성경, 오

---

223) 장종현, 「신학은 학문이 아니다」(서울: 백석정신아카데미, 2022), 181-182.

직 믿음, 오직 은혜, 오직 그리스도, 오직 하나님께 영광'이라는 순서로 5대 솔라를 말하기도 하지만, 개혁주의생명신학에서는 '오직 믿음' 앞에 '오직 그리스도'를 놓습니다. 개혁주의생명신학의 강조점이라 할 수 있는 '예수 그리스도의 생명' 그리고 '십자가와 부활의 신앙'이 현 시대에 요청되기 때문이다.

'오직 성경'과 '오직 은혜'에 근거하여 '오직 그리스도'만을 '오직 믿음'으로 구원을 얻습니다.

5) 7대실천운동 — 5대 솔라의 실천
① 신앙운동 ② 신학회복운동 ③ 회개용서운동 ④ 영적생명운동
⑤ 하나님나라운동 ⑥ 나눔운동 ⑦ 기도성령운동
신, 신, 회, 영, 하. 나. 기.
◆ "개혁주의생명신학은 세계교회 미래에 대한 이정표이자 도전이다" 왜냐하면, "개혁주의생명신학의 '생명'이 세계 기독교 발전의 한 획을 이루고, 세계교회의 거대한 시대마다 생명이 현대사의 정점에 서 있기 때문이다"(민경배 박사).

◆ 성령의 역사가 일어나는 곳이 중심지다
1) 예루살렘교회(행 2:1-13) ⇒ 안디옥교회(행 10:44-46) ⇒ 빌립보교회(행 16:11-40) ⇒장대현교회(1907) ⇒ 참빛교회(2024)⇐ 조직동일시
2) 평양신학교⇒ 총신/장신/고신/합신신학교 ⇒백석신학교
3) 합동/통합 총회 ⇒ 백석총회.
4) 독노회(1907) ⇒ 서울강남노회 ⇐조직동일시.

3. 성령의 역사가 일어나는 곳이 중심지다

– 성령의 임재를 따라 형성되는 교회의 중심성과 조직 동일시

1) 중심지는 고정된 장소가 아니라, 성령의 임재가 있는 곳이다

교회의 중심지는 결코 고정된 장소나 특정 제도에 의해 결정되지 않는다. 오히려 성령의 역사하심이 실제로 나타나는 곳, 하나님의 임재가 경험되는 자리가 곧 그 시대의 중심지이며 거룩한 성소가 된다. 이는 성경의 계시 전반에 흐르는 중심 주제 중 하나이며, 교회사적으로도 반복되는 패턴이다.

하나님의 영광은 한 자리에 머물지 않는다. 실로에서, 헤브론으로, 다시 헤브론을 거쳐 예루살렘으로 이동하는 하나님의 임재는 그 백성과 함께 역사하시는 동행하시는 하나님의 성격을 보여준다. 따라서 중심지는 인간의 판단이나 행정 조직이 아니라 성령의 실제적인 임재와 역사에 의해 결정되는 것이다.

2) 성경적 근거: 성령의 임재가 중심지를 바꾸신다

(1) 하나님의 임재의 이동: 실로 → 헤브론 → 예루살렘

구약 시대 하나님은 특정 장소에 거하시는 분으로 계시되었다. 처음에는 실로(수 18:1)에서 언약궤가 머물렀고, 이후 다윗이 헤브론에서 기름 부음을 받고 통치하기 시작했다(삼하 2:4). 그러나 중심지는 다윗 언약에 따라 예루살렘으로 옮겨지며, 이곳은 성전이 세워지고 하나님의 영광이 충만한 곳이 된다.

이 이동은 단지 지리적 이동이 아니라, 하나님의 주권적 선택과 언약의 진행, 그리고 성령의 실제적 임재를 따라 결정된 중심지의 변화였다.

(2) 성령의 떠나심: 예루살렘의 심판과 분산

에스겔 11:16은 하나님께서 예루살렘을 떠나 이방 가운데 흩어진 백성에게 잠깐 동안 성소가 되시겠다는 말씀을 주신다.

"그런즉 너는 말하기를 주 여호와의 말씀에 내가 비록 그들을 멀리 이방인 가운데로 쫓아내어 여러 나라에 흩었으나 그들이 도달한 나라들에서 내가 잠깐 그들에게 성소가 되리라 하셨다 하고."(겔 11:16)

이는 하나님의 임재가 성전이라는 구조에 묶이지 않고, 흩어진 백성 가운데서도 이동 가능하고 관계적인 방식으로 나타나신다는 선언이다. 즉, 하나님은 중심지를 떠나실 수 있으며, 인간의 죄로 인해 더 이상 거하실 수 없을 때 그곳은 더 이상 거룩한 중심지가 될 수 없다.

(3) 성령의 돌아오심: 예루살렘의 회복과 영광의 귀환

그러나 에스겔 43장은 회복을 약속한다. 하나님의 영광이 다시 예루살렘 성전으로 돌아오는 장면이다.

"이스라엘 하나님의 영광이 동쪽에서부터 오는데 하나님의 음성이 많은 물소리 같고 땅은 그 영광으로 말미암아 빛나니."(겔 43:2)
"여호와의 영광이 동문을 통하여 성전으로 들어가고"(겔 43:4)

이는 회개와 회복, 그리고 하나님의 다시 거하심을 통한 중심성의 회복을 상징한다.

(4) 말씀이 육신이 되신 성령의 중심화: 예수 그리스도의 임재

성령의 임재는 결국 성육신의 사건 속에서 가장 명확한 중심지의 재정의로 나타난다.

"말씀이 육신이 되어 우리 가운데 거하시매 우리가 그의 영광을 보니 아버지의 독생자의 영광이요 은혜와 진리가 충만하더라."(요 1:14)

예수 그리스도 자신이 하나님 영광의 중심이 되며, 더 이상 지리적 성전이 아니라, 그의 몸, 곧 교회가 하나님의 임재가 머무는 새로운 성소가 된 것이다. 그러므로 성령이 거하시는 교회 공동체가 곧 중심지이며, 이 중심성은 물리적 위치가 아닌 은혜와 진리가 충만한 곳에서 형성된다.

3) 역사적 흐름: 성령의 중심지 이동과 조직 동일시

성령의 역사는 고정된 장소에 머무르지 않는다. 하나님께서 시대마다 복음의 회복과 교회의 갱신을 위해 역사하실 때, 성령의 임재는 새로운 공동체에 임하고, 그곳은 자연스럽게 교회 역사의 중심지로 전환된다. 이러한 흐름은 사도행전의 선교 확장 구조 속에서뿐 아니라, 교회사의 전개 과정 속에서도 반복적으로 나타나는 중요한 영적 패턴이다. 각 중심지는 성령의 역사와 순종의 공동체가 연결되며, 동시에 조직적 정체성과 동일시의 토대가 되어간다.

(1) 사도행전의 중심지 변화

사도행전은 성령의 인도에 따라 중심지가 어떻게 변화하며, 복음이 확장되는지를 보여주는 대표적인 역사적 기록이다. 초기 교회는 특정 장소에 머물기보다, 성령의 감동과 하나님의 계획에 따라 계속해서 새로운 중심지를 세워나갔다.

(가) 예루살렘 교회(행 2장)

오순절 성령 강림으로 탄생한 초대교회는 유대인의 복음 수용을 위한 출발점이었다. 제자들과 초대 성도들은 이곳에서 성령의 충만함을 체험하며 교회의 본질인 공동체성과 기도, 말씀, 나눔의 삶을 실현하였다. 예루살렘은 복음의 출발지였으나, 곧 이방 선교를 위한 전진기지로서의 사명을 이어주는 역할을 하게 된다.

(나) 안디옥 교회(행 11장, 13장)

예루살렘 교회가 박해와 내적 논쟁으로 인해 한계에 봉착했을 때, 하나님은 안디옥이라는 새로운 공동체를 통해 선교의 전략적 중심지를 세우셨다. 안디옥 교회는 바나바와 바울을 이방으로 파송한 최초의 선교 공동체로, 유대-헬라 문화권을 넘어 복음이 세계로 향하게 되는 전환점이 되었다. 성령은 단지 지리적 중심이 아니라, 선교적 순종이 있는 공동체를 통해 일하신다는 원리를 드러내셨다.

(다) 빌립보 교회(행 16장)

바울이 마게도냐 환상을 통해 유럽 선교의 문을 열게 되었을 때, 그 성령의 인도에 순종함으로 탄생한 교회가 바로 빌립보 교회이다. 이 교회는 유럽 복음화의 첫 열매였고, 바울의 신뢰와 칭찬을 받는 충성된 교회로 성장하였다. 성령의 인도에 대한 순종은 새로운 영적 중심지를 만들어내는 핵심 원리로 작동하였다.

(2) 교회사 속 중심지 이동

사도행전 이후의 교회사에서도 성령의 임재는 한 지역에 머무르지 않고, 회개와 말씀, 복음의 중심성이 살아 있는 공동체로 끊임없이 옮겨갔다. 그 중심지들은 단지 문화와 제도의 중심이 아니라, 성령의 전략적 거점으로서 시대적 사명을 감당하게 되었다.

(가) 로마교회(4-5세기): 교회의 제도화와 교리 형성의 중심, 그러나

성령 중심성의 이탈

기독교가 로마제국의 공인을 받으면서, 로마는 교회 제도와 교리 형성의 중심지로 부상했다. 니케아 공의회(325년), 칼케돈 공의회(451년) 등 정통 교리가 정립된 중요한 회의들이 제국의 보호 아래 열렸고, 교황제와 교회법 체계가 형성되었다. 그러나 제도적 안정과 권위 중심 구조는 오히려 성령의 자유로운 역사와 말씀 중심 신앙을 약화시키는 결과를 초래하였다. 개신교 입장에서는 이 시기를 복음의 본질에서 이탈하고, 제도에 매인 교회로의 전환점으로 본다.

(나) 독일교회(16세기): 종교개혁, 성경 중심 신앙 회복의 새 중심지

16세기 독일은 종교개혁의 출발점이자 성령께서 복음의 본질을 회복시키신 장소였다. 마르틴 루터는 타락한 로마교회의 면죄부 남용과 교권주의에 대항하여 "오직 성경, 오직 믿음, 오직 은혜"를 외치며 개혁의 불꽃을 지폈다. 루터의 개혁은 단순한 교회 비판이 아니라, 성령의 역사에 기반한 복음 회복 운동이었다. 이 시기 독일은 말씀이 다시 중심이 되고, 교회가 복음 중심의 공동체로 회복되는 성령의 중심지로 사용되었다.

(다) 영국교회(18 - 19세기): 복음주의 부흥과 세계선교의 전진기지

종교개혁 이후 제도화된 국교회 체제 속에서 침체되었던 영국교회는 웨슬리, 휫필드 등 복음주의 부흥운동가들의 활동을 통해 다시 살아나는 역사를 경험하였다. 개인의 회개와 거듭남, 성화와 사회 변혁이 강조되었고, 이는 선교 열정으로 확장되어 세계 복음화의 전진기지가 되었다. 영국은 이 시기에 성경 번역, 선교사 파송, 선교 기관 설립 등에서 세계적 영향력을 행사하였으며, 성령의 새로운 중심지로 자리하였다.

(라) 미국교회(20세기): 복음주의 신학, 세계 선교, 부흥운동의 허브

19세기 말과 20세기 초 미국은 대각성운동을 통해 강력한 성령의 임

재를 체험하고, 세계 복음화를 위한 전략적 허브로 부상하였다. 신학교 설립, 선교단체 조직, 복음주의 신학의 발전 등이 이 시기에 집중되었으며, 빌리 그래함과 같은 복음 전도자들이 세계적으로 영향력을 끼쳤다. 그러나 20세기 후반에는 물질주의, 세속화, 번영신학의 부작용으로 인해 성령 중심성이 점점 약화되는 경향도 나타났으며, 이로 인해 미국교회는 새로운 갱신을 필요로 하게 되었다.

(마) 한국교회(20 – 21세기): 평양대부흥, 선교 파송, 기도 중심의 영적 거점

한국교회는 1907년 평양대부흥운동을 기점으로 급격한 부흥과 교회 성장의 시대를 열었다. 통회와 자복의 회개, 말씀과 기도의 회복, 순교 신앙이 한국교회를 성령의 새로운 중심지로 세웠다. 이후 한국은 세계에서 손꼽히는 선교 파송국이 되었고, 새벽기도, 성경공부, 신학교육 등으로 영적 깊이를 더해갔다. 한국교회의 중심성은 단지 수적 성장에 그치지 않고, 성령의 역사에 순종하며 세워진 기도의 나라, 선교적 교회로서의 사명을 감당하는 데 있다.

이처럼 교회의 중심지는 제도나 규모, 지리적 우위에 의해 결정되지 않는다. 언제나 말씀과 복음의 본질로 돌아가며, 성령의 역사에 민감하게 반응하는 공동체를 통해 하나님은 새로운 중심지를 세우신다. 교회사 속 중심지는 곧 성령께서 머무시는 자리이며, 이를 통하여 교회는 그 시대의 영적 과업을 수행하게 되는 것이다.

4) 신학적 해석: 성령의 전략적 중심지 설정

이러한 흐름은 단순한 지리적 이동이 아니라, 성령께서 복음을 확장하고 교회를 갱신하며 하나님의 나라를 전진시키기 위해 주도적으로 중심지를 재편성하신 전략적 배치로 이해되어야 한다.

사도행전 1:8의 구조처럼, 성령은 예루살렘에서 시작하여 땅끝까지 중심지를 옮기며 역사하신다. 타락한 곳에서는 영광이 떠나고, 회개와 순종이 있는 공동체에는 성령이 다시 임하신다.

"보라 내가 새 일을 행하리니 이제 나타낼 것이라…"(사 43:19)

5) 조직 동일시 관점에서의 신학적 적용

조직 동일시(Organizational Identification)는 개인이 특정 조직과 가치, 정체성을 동일시하는 과정이다. 교회 조직이 성령의 역사와 연결되어 중심성을 획득할 때, 구성원들은 그 조직에 대해 영적 소속감과 신앙적 헌신을 가지게 된다.

가. 신학교: 평양신학교 → 장신·총신·고신·합신 → 백석신학교(1976년)

나. 교단: 대한예수교장로총회(1912년) →합동·통합(1959년) → 백석총회(1978년-현재)

다. 노회: 독노회(1907년) → 오늘 노회

각 조직은 성령의 역사, 말씀의 충만함, 회개의 공동체성 안에서 중심성을 계승하며 성도들의 동일시를 유도한다.

6) 결론: "에어포스 원"의 비유 — 성령이 머무시는 곳이 중심이다

이 모든 신학적 논의와 역사적 흐름은 한 가지 원리로 수렴된다. 바로, 성령의 임재가 중심지를 결정한다는 진리이다.

여기서 한 가지 실례를 들어볼 수 있다. 한 미국 대통령이 전용기가 아닌 일반 항공기에 탑승한 상황에서, 백악관 통신망을 통해 이렇게 선언한다.

"에어포스 원 콜사인을 부여한다. 지금부터 이 항공기가 에어포스 원이다."

이 말이 선포되는 순간, 그 평범했던 항공기는 더 이상 일반 항공기가 아니다. 대통령의 권위와 정체성, 국가의 중심성이 그 안에 담기며, 공중에서 움직이는 통치의 중심지가 된다.

이와 같이, 성령의 임재가 선포되고 머무르는 그 자리가 곧 교회의 중심지이다. 아무리 화려한 건물과 역사적 명성을 가진 장소라도, 성령께서 떠나시면 의미는 상실된다. 반대로 초라한 곳이라도, 하나님의 말씀이 선포되고 회개와 순종이 있는 자리라면, 그곳이 바로 하나님의 중심이며 성령의 에어포스 원이 되는 것이다.

"성령이 머무시는 곳이 곧 중심이다."

이것이 모든 교회, 교단, 신학교, 노회, 지역교회에 유효한 하나님의 변하지 않는 원리이다. 그러므로 우리는 중심지를 찾는 것이 아니라, 성령께서 머무시도록 교회를 준비하고, 주의 임재 앞에 서기를 갈망해야 한다.

3. 조직정체성

1) 조직정체성.

조직정체성이란 조직구성원이 자기 조직과 다른 조직을 구분지어 주며, 가장 핵심적이고 지속적인 특성을 말한다(Albert & Whetten, 1985).[224]

사회 속에 존재하는 개인은 특정 집단(기업, 학교, 교회) 등에 소속되어 활동을 하게 된다. 이러한 활동을 통해서 개인의 정체성은 그가 속한 조직의 정체성에 영향을 받는다. 그리고 정도의 차이는 있지만 반드시 그

---

224) 조대환, "조직정체성, 조직동일시, 조직구성원 행동과의 관계에 관한 교차수준분석 연구"(Ph.D.학위논문, 조선대학교 대학원, 2015), 18.

가 속한 조직에 동일시를 하게 된다. 정체성과 조직동일시는 조직 행위에 있어 중요한 변수로 취급되며, 조직 행위의 근간이 되는 구성개념이다(Albert, Ashforth & Dutton, 2000).

조직정체성이 조직구성원이 조직을 바라보는 시각을 다루고 있다면, 조직에 대한 외부의 시각은 조직 이미지로 개념화 된다. 조직 이미지는 조직구성원들이 갖는 해석된 외부 이미지, 주로 조직에 대한 외부의 지각(Scott & Lane, 2000)이라 할 수 있다.

거울상 이론과 'I'와 'Me'의 관계에 대한 사회정체성 이론에 의하면 조직에 대한 외부의 시각이 해당 조직 구성원들의 조직에 대한 지각에 영향을 줌을 준다. 조직정체성의 형성에 있어 조직에 대한 외부인 들의 시각은 중요한 영향을 미치게 된다. 즉 '내가 누구인가?'라는 질문에 대답하는데 '남이 평가하는 내 자신'도 상당히 중요하게 작용한다는 것이다. 다시 말해, 사람들은 종종 다른 사람의 의견에 민감하게 반응하며, 명문대학, 잘 알려진 대기업, 교단(백석총회)이 사회적으로 인정받고 누구나 알고 있는 조직에 속하거나 근무하는 조직 구성원들은 좋은 근무환경, 안정적인 생활 등으로 인해 조직에 소속감과 일체감을 강하게 느끼려고 할 것이다.

조직정체성과 외부에서 지각된 이미지는 다음과 같은 이유로 더 깊은 영향관계를 보이고 있다. 급변하는 사회의 정보 접근성 증대와 조직 간의 경계 붕괴로 인해 조직구성원들은 소속조직과 외부의 시각을 비교할 기회가 많아졌다(Hatch & Shultz, 2002). 인터넷의 등장으로 정보습득 속도가 전과 비교할 수 없이 빨라졌고, 휴대폰과 SNS의 등장으로 우리는 언제 어디서나 쉽게 정보에 접근할 수 있게 되었다. 다음으로 해당 조직에 대한 외부 평가 및 평판은 소속된 조직의 매력 및 활동에 대한 피드백이 된다. 따라서 조직은 그들 자신에 대한 외부의 시각을 잘 살펴야 하고,

관리해야 할 필요가 있다(Rindova & Fombrun, 1998). 그러므로 교단 이미지와 교회이미지에 신경을 써야 한다. 백석대학교 광고에 ⇒ 백석총회와 함께 합니다.

조직 외부에서 지각된 조직에 대한 이미지는 외부인에 의해 다양하게 해석 될 수 있으며, 이는 다시 해석된 외부 이미지로 조직구성원에게 피드백 되어 조직정체성에 영향을 미치게 된다. 조직정체성은 이처럼 외부인 에게 전달되고, 외부인의 해석은 다시 조직에 전달되는 과정을 통해, 조직구성원의 조직정체성은 영향을 주고받으며 서로 지속적으로 재정의 되는 관계를 형성한다(Dutton & Dukrich, 1991).

더튼 (Dutton et al.)등은 조직이미지와 조직정체성이 구성원의 조직동일시 미치는 영향에 관한 모델을 제시하였는데, 조직의 세 가지 핵심특성을 조직구성원이 지각하는 경우를 조직정체성으로 정의하였고, 외부에서 보는 타인이 지각하는 조직이미지를 해석된 외부 이미지로 정의하였다. 이를 그림으로 나타내면 다음과 같다.

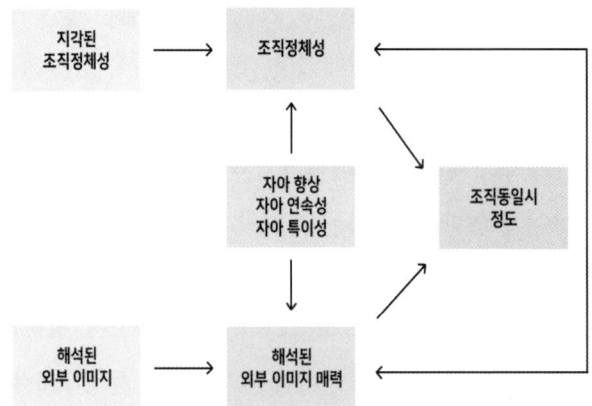

〈그림 〉 조직 이미지와 조직정체성이 조직동일시에 미치는 영향[225]

225)   Dutton, J. E., Dukerich, J. M., & Harquail, C. V. (1994). Organizational images and member identification. Administrative science quarterly, 39, 253. 조대환 재인용.

조직정체성과 지각된 외부 이미지에 관한 선행연구를 살펴보면 다음과 같다. 메일(Mael, 1988)의 연구에서 대학의 독특한 가치는 학생들이 그 대학에 동일시하는 것과 정의 상관관계가 있음을 증명했으며, 이어진 메일과 에쉬포스(Mael & Ashforth, 1992)의 연구에서도 조직의 독특성이 조직 동일시의 선행 변수임을 밝혔다.

테일러(Taylor, 1981)는 범주적합성을 연구하면서, 범주적합성을 결정하는 가장 큰 요인은 자신이 속한 조직과, 다른 조직을 구분시켜 주는 조직의 독특성이라고 보았다. 조직명성이란 조직구성원이 스스로 지각하는 조직에 대한 외부인 들의 평가를 의미하는데, 조직명성은 조직을 통한 개인의 정체성 통합과정인 조직동일시에 강한 영향을 주게 된다(Elsbach & Sutton, 1992).

조직구성원이 지각하는 조직의 명성이나 중요도, 수행업무는 자신이나 타인에 대하여 자신의 정체성이나 자기 이미지를 정의하는데 중요한 역할을 한다. 조직구성원들은 긍정적인 속성을 지녔다고 생각되는 조직, 또는 사회적으로 가치 있다고 평가될 만한 요소를 지녔다고 믿어지는 조직에 소속됨으로써 자부심을 느끼는데, 외부에서 자기 조직을 긍정적으로 평가한다고 느낄 때 조직구성원들은 조직을 통하여 대리만족을 하기 때문에 조직동일시도 강화되는 것이다(Chatman, 1991).

또한 조직동일시는 지각된 조직의 명성과 관련되어 있다. 실증연구를 통해 조직의 매력도가 조직과의 동일시에 영향을 미치는 것으로 밝혀졌고, 조직동일시는 조직의 명성, 외부 이미지, 다른 조직과 차별화시키는 특징과 강한 연관성이 있었다. 조직의 매력도는 조직의 영향력과 성공에 의해 결정되었다. 자신의 그룹이 다른 그룹에 비해 여러 가지 면에서 더 우월하게 평가되는 경우, 우월한 그룹에 속하는 개인은 더욱 긍정적인 자아상을 갖는 경향이 있다. 뿐만 아니라 그룹 간 비교가 중요한 의미를 가질수록 그룹의 성공을 위해 더 많은 노력을 쏟았다(Meal & Ashforth, 1992)[226].

조직의 명성이 높을수록 사람들은 조직과의 동일시를 통해서 조직 구성원의 자존감을 더욱 활성화 시킬 수 있다(Cameron & Ulrich, 1986). 다시 말해, 사람들은 명성이 높다고 인식되는 조직과 동일시하려는 경향이 있으며 그러한 동일시를 통하여 자존감이 강화된다고 볼 수 있다. 목회효능감이 높아진다.

2) 조직사회화(ATA 과정- 헌법 정치 34조 8항)[227]

조직사회화란 조직의 외부자였던 개인이 조직의 내부구성원이 되면서 조직의 규범, 가치관, 역할수행에 필요한 기술, 사회적 지식 등을 학습해 나가는 과정이라고 할 수 있다).

즉 ATA과정은 조직사회화를 통해서 백석교단 정체성인 개혁주의생명신학의 이론과 실천훈련의 과정을 통해서 민족과 세계를 살리는 백석총회원이 되는 것이다.

3) 조직동일시

조직동일시(Organizational Identification)란 조직의 구성원이 자기 자신을 조직과 함께 얽혀 있는 것으로 지각하고, 자신이 속한 조직의 장·단점, 조직의 성공과 실패를 공유함으로써 조직과 자신을 공동운명으로 지각하는 것이다. 조직동일시는 조직의 공통적인 특성, 관심사, 목표에 대한 조직 구성원들 간의 유사성 지각이며, 조직충성심을 갖게 하고, 조직에 대한 단결력과 소속감을 갖게 만든다. 조직동일시는 확장된 자기정

---

226) 조대환, Ibid., 21.

227) 대한예수교장로회 헌법(서울: 백석총회, 2023), 187.

체성으로서 조직을 확장된 자기로 간주하며 이로 인해 개인은 조직성취를 통해서 대리적으로 자기성취감을 맛볼 수 있다. 또한 조직동일시는 매우 개인적이고 개별적으로 경험되어지는 과정이므로 조직과 긍정적인 동일시를 성취하는 정도는 개인마다 차이가 있다(Dutton, Dukerich, and Harquail, 1994).[228]

주영광이 작사한 "주의 손에 나의 손을 포개고"

주 보혈 날 정결케 하고 주 보혈 날 자유케 하니

주 앞에 나 예배하는 이 시간 나의 모든 것을 주께 드리네

주의 손 날 위해 찢기셨고 주의 발 날 위해 박히셨으니

이제는 내가 사는 것이 아니요 오직 주를 위해 사는 것이라

주의 손에 나의 손을 포개고 또 주의 발에 나의 발을 포개어

나 주와 함께 죽고 또 주와 함께 살리라 영원토록 주 위해 살리라

주의 손에 나의 손을 포개고 또 주의 발에 나의 발을 포개어

나 주와 함께 죽고 또 주와 함께 살리라 영원토록 주 위해 살리라

주 위해 살리라[229]

주의 손 날 위해 찢기셨고 주의 발 날 위해 박히셨으니

이제는 내가 사는 것이 아니요 오직 주를 위해 사는 것이라

주의 손에 나의 손을 포개고 또 주의 발에 나의 발을 포개어

나 주와 함께 죽고 또 주와 함께 살리라 영원토록 주 위해 살리라

주 위해 살리라[230]

"내가 그리스도와 함께 십자가에 못 박혔나니 그런즉 이제는 내가 사

---

228) 정무성·남선훈, "사회복지조직에서의 조직동일시가 조직시민행동에 미치는 영향"한국비영리연구 제6권 제3호(2008): 43

229) 유은성, "주의 손에 나의 손을 포개고," https://www.genie.co.kr/detail/songInfo?xgnm, 5, 12, 접속.

230) 주영광, 주의 손에 나의 손을 포개고– 240303 찬양, https://blog.naver.com/seonlae.

는 것이 아니요 오직 내 안에 그리스도께서 사시는 것이라"(갈 2:20).

3. 목회효능감을 높이라

1) 효능감이 개념.

효능감(efficacy)이란 소유하고 있는 지식이나 기술, 능력이 특정 과업을 수행함에 있어 성공적인 결과를 초래할 수 있을 것이라는 신념 혹은 믿음을 의미하며, 개인, 집단, 조직, 혹은 국가의 각 차원에 적용될 수 있다(Bandura, 1982;Gist, 1987).[231]

자신이나 집단이 처한 환경을 해석하고 이에 대한 대처방식을 결정하는데 중요한 역할을 하는 효능감은 고정된 행위(fixed act)나 단순히 무엇을 해야 하는가를 안다는 문제가 아니다. 그 보다는 다양한 목적을 위해 사용되는 일련의 행위들의 조합된 인지적, 사회적, 행위적 기술에 대한 생성적 능력(generativecapability)이며, 개인 혹은 집단에 주어진 상황(context) 하에서 특정과업을 성공적으로 완수하는데 필요한 일련의 행동이나 인지적 자원을 효율적으로 이용할 수 있는 능력에 대한 개인 혹은 집단의 확신이라고 할 수 있다(Bandura, 1982).

2) 효능감의 근원

반두라(Bandura, 1977)는 집단효능감이 자기효능감과 유사한 방식으로 작용한다고 보았다. Riggs & Knight(1994)는 과거의 성공경험을, Prussia & Kincki(1996)는 긍정적 언어설득과 대리경험을, 이동섭(2008)은 과거의 성과, 대리경험, 사회적 설득과 그룹 정동을 집단효능감의 근원으로 보았다. 집단효능감의 근원과 자기효능감의 근원이 유사함을 확인할 수 있

---

231) 최장호, "집단효능감 지각의 영향요인과 결과에 대한 연구"(석사논문, 서울대학교 대학원, 2000), 7.

다.첫째, 과거경험(past performance)이란 자신이 스스로 수행행동을 통하여 성공과 실패를 경험하는 것이다. 어떠한 다른 요인들 보다 과거의 성취경험은 자기효능감 수준에 가장 많은 영향을 미치는 것으로 나타났다. 개인의 과거의 성취경험은 직무대처능력과 기술수준을 향상시키고 과제성공을 위해 필요한 지식과 기술을 획득하게 해준다. 그러나 개인은 공포나 무능력으로 인하여 성공경험의 기회를 잃을 수 도 있을 것이다. 따라서 과거의 성공과 같은 긍정적 경험은 자기효능감을 높이지만, 반대로 실패와 같은 부정적 경험은 자기효능감을 낮출 수 있다(Bandura, 1994,1997; Gist, 1987).

반두라(Bandura,1989)는 자기효능감의 원천을 과거경험, 대리경험, 언어적 설득, 생리학적 상태등 4가지 주요원천을 통하여 형성된다고 제시하였다.

(1) 과거경험(past performance)

과거경험(past performance)이란 자신이 스스로 수행행동을 통하여 성공과 실패를 경험하는 것이다. 어떠한 다른 요인들 보다 과거의 성취경험은 자기효능감 수준에 가장 많은 영향을 미치는 것으로 나타났다. 개인의 과거의 성취경험은 직무대처능력과 기술수준을 향상시키고 과제성공을 위해 필요한 지식과 기술을 획득하게 해준다. 그러나 개인은 공포나 무능력으로 인하여 성공경험의 기회를 잃을 수 도 있을 것이다. 따라서 과거의 성공과 같은 긍정적 경험은 자기효능감을 높이지만, 반대로 실패와 같은 부정적 경험은 자기효능감을 낮출 수 있다(Bandura, 1994,1997; Gist, 1987).

(2) 대리경험(Vicarious Experience)

---

232) 황의용, (석사학위논문, 연세대학교 대학원, 2017), 16.

233) 유병규, (Ph.D. 학위논문, 가천대학교 대학원, 2019), 14.

사람들이 자신이 능력을 판단할 때 항상 과거 수행경험에만 의존하는 것은 아니며 자신의 직접적인 경험이 가능하지 않을 시에는 대리경험이 자기효능감 형성에 중요한 변수가 된다. 다른 사람들이 성공적으로 과업을 완수하는 모습을 지켜봄으로써 얻는 대리경험은 대상이 되는 사람의행동이 분명한 결과를 낳았거나 자신과 비교한 결과 나이, 능력, 다른 개인 특징에서 유사점이 발견됐을 경우 그 효과가 더 크게 나타난다(Bandura, 1977). 물론 반대로 자신과 비슷한 능력을 가진 사람이 열심히 노력했음에도 불구하고 실패하는 모습을 보이면 관찰자의 자기효능감 판단도 낮아지게 된다(Bandura, 1987). 여기에 덧붙여 Gist(1987)는 비디오촬영을 통해 자신의 성공을 지켜보는 셀프 모델링(self-modeling)이 특별한 형태의 대리경험이 된다고 설명하였다. 실제로 Gonzales와 Dorwrick(1982)는 당구공을 맞추는 실험을 통해 자신이 성공한 모습(실제 성공과 편집된 성공 모두 포함)을 비디오로 본 피실험자들이 통제집단에 비해 더 나은 성과를 얻는다는 사실을 증명했다.[234]

(3) 언어적 설득(Verbal persuasion)

자신이 믿고 의지하는 사람으로부터의 언어적 설득(verbal persuasion)은 자신의 자기효능감을 강화시키는데 영향을 미친다. 언어적 설득의 목적이 능력의 수준을 높이는 데 있는 것은 아니지만, 이러한 행위를 통하여 개인으로 하여금 그가 할 일에 대한 강한 자신감을 갖게 해 자기효능감 지각 수준을 높이게 된다. 그러나 이러한 방법이 자기효능감을 높이는 효과적인 방법이 되기 위해서는, 행위자가 과업을 수행할 수 있는 능력을 이미 가지고 있었어야 한다. 그렇지 않고 행위자가 특정과업 수행에 대한 자기효능감이 거의 없는 상황에서의 언어적 설득은 오히려 그에

---

234) 김미숙, op.cit., 12.

게 부담감만을 가중시킬 수 있다.[235]

(4) 생리학적 상태(Physiological State)

마지막으로 개인이 자신의 능력을 평가하는데 있어서 생리학적 상태 즉 정서적 상태가 영향을 미칠 수 있으며 주로 신체적 활동이나 건강, 스트레스 대처와 같은 경우에 그러하다. 사람들은 스트레스가 많고 부담이 큰 상황에서 발생하는 정서적 상태가 장애를 일으킬 수 있는 불길한 징조라고 여기는데, 그 이유는 높은 정서적 각성(high arousal)이 성과를 약화시킬 수 있기 때문이다. 따라서 사람들은 긴장되거나 불안한 감정에 사로잡히지 않을 때에 더 성공을 기대하게 된다(Bandura, 1987). 실제로 Bandura와 Adams(1977)는 불안으로 긴장된 상태에서 모델링은 그렇지 않은 상태에 비해 더 높은 자기효능감과 성과를 낳는다는 사실을 발견했다.[236]

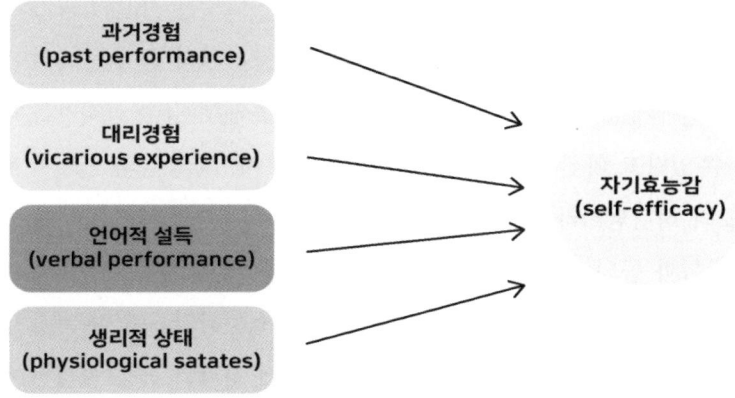

출처: Lunenburg(2011: 2) 자기효능감의 원천

---

235) 최장호, op.cit., 25.

236) 김미숙, op.cit., 12.

3) 자기효능감에 대한 성경적 근거

성경은 "그때에 예수께서 갈릴리 나사렛으로부터 와서 요단강에서 요한에게 세례를 받으시고 곧 물에서 올라오실 하늘이 갈라짐과 성령이 비둘기 같이 하늘로부터 소리가 나기를 너는 내 사랑하는 아들이라고 내가 기뻐하노라 하시니라"(막 1:9-11). 예수님은 자기정체성은 하나님의 아들이고, 자기효능감의 근원은 성령님이었다.

다윗이 골리앗과 싸우기 전에 사울 왕에게 자신의 과거 경험을 이야기하는 장면에서, 다윗은 곰과 사자를 물리친 경험을 언급한다. "다윗이 사울에게 말하되 주의 종이 아버지의 양을 지킬 때에 사자나 곰이 와서 양 떼에서 새끼를 물어 가면 내가 따라가서 그것을 치고 그 입에서 새끼를 건져내었고, 그것이 일어나 나를 해하고자 하면 내가 그 수염을 잡고 그것을 쳐죽였나이다 주의 종이 사자와 곰도 쳤은즉 살아 계시는 하나님의 군대를 모욕한 이 할례 받지 않은 블레셋 사람이리이까 그가 그 짐승의 하나와 같이 되리이다"(삼상 17:34-36). 다윗은 자신의 과거 경험을 통해 자기효능감을 명확히 드러낸다. 그는 사자와 곰을 물리친 경험이 자신에게 효능감을 주었으며, 이로 인해 블레셋 장수 골리앗을 물리칠 수 있다고 확신하고 있다. 여기서 다윗은 자기효능감의 근원이 바로 여호와 하나님이라는 것이다. "다윗이 또 이르되 여호와께서 나를 사자의 발톱과 곰의 발톱에서 건져내셨은 즉 나를 이 블레셋 사람의 손에서도 건져내시리이다"(삼상 17:37). 다윗의 자기효능감의 근원이 과거의 승리에 있음을 명확히 보여준다. 다윗은 과거에 사자와 곰을 물리친 경험이 여호와의 도우심 덕분이라고 믿고 있으며, 이는 그가 현재 골리앗과의 싸움에서도 승리할 수 있을 것이라는 확신을 가지게 만든다. 여호와께서 도우심으로 승리 경험한 과거의 경험은 다윗의 현재 자기효능감의 기초가 되고 있다. 사도 바울도 자기효능감의 근원이 성령임을 말하고 있다. "내게 능력 주시는 자 안에서 내가 모든 것을 할 수 있느니라"(빌 4:13). "이와 같이 성령도 우리의 연약함을 도우시나니 우리는 마땅히 기도할 바를 알지 못하나 오직 성령이 말할 수 없는 탄식으로 우리를 위하여 친히 간구하시느니라"(롬 8:26). 성령이 우리의 연약함을 도우신다고 말한다. 이는 바울이 자신의 한계를 인식하면서도 성령의 도움으로 능력을 얻는다는 것을 보여준다. "그의 영광의 풍성함을 따라 그의 성령으로 말미암아 너희 속사람을 능력으로 강건하게 하시오며."(엡 3:16)

따라서, 바울은 성령을 통해 힘을 얻고, 이를 통해 자신의 사역을 수행하는 데 필요한 자기효능감을 갖게 된다. 바울의 자기효능감은 성령의 능력에 기초하고 있으며, 그는 자신의 강건함이 성령의 임재와 활동에 달려 있음을 명확히 인식하고 있다.

4. 목회효능감(Pastoral Efficacy)에 대한 신학적 고찰

목회효능감이란, 목회자가 하나님께서 맡기신 사역을 수행함에 있어 자신이 받은 지식과 기술, 은사와 경험, 그리고 영적 자원을 통해 효과적인 결과를 낼 수 있다는 신념과 확신을 말한다. 이는 단순한 심리적 자신감이 아니라, 하나님의 부르심에 대한 응답이며, 성령께서 주시는 능력에 대한 신앙적 반응이다. 목회자는 자신에게 주어진 사명을 감당할 수 있다는 내적인 확신을 통해, 다양한 목회적 과업 앞에서 주저하지 않고 나아갈 수 있게 된다.

이러한 목회효능감은 한 개인이 자신의 역할 속에서 실제로 무엇을 할 수 있는지를 인식하는 것에서 시작된다. 이는 곧 자신에게 중요한 사역과 목표에 대해 영향력을 미칠 수 있다고 느끼는 수준과 연결된다. 목회자는 자신이 하나님 안에서 능력을 부여받았으며, 주어진 과업을 감당할 수 있다는 믿음을 가지고 있어야 한다. 이 믿음은 곧 행동으로 나타나며, 사역을 실행하는 결정적 요소가 된다.

사도 바울은 이러한 확신을 분명하게 표현하였다. 그는 "내게 능력 주시는 자 안에서 내가 모든 것을 할 수 있느니라"(빌 4:13)라고 고백하면서, 자기 능력의 근원이 자신이 아니라, 하나님께 있음을 강조하였다. 목회자는 자신 안에 있는 자질이 아니라, 하나님께서 부어주시는 능력으로 인해 사역의 확신을 가질 수 있다. 이는 목회효능감이 자기중심적인 교만이 아니라, 하나님 중심적인 신뢰에 기반함을 보여준다.

또한 목회효능감은 실행력과 직결된다. 목회자가 자신에게 주어진 일을 해낼 수 있다고 믿을 때, 그는 더욱 적극적으로 사역에 임하게 되며, 새로운 도전 앞에서도 물러서지 않게 된다. 이는 곧 높은 업무 추진력과 실천력으로 이어진다. 문제 상황을 회피하기보다, 그것을 하나님의 방법으로 해결할 수 있다고 믿는 태도는, 목회자의 효능감을 더욱 강화시킨다.

성경 속 다윗의 모습은 이러한 효능감의 좋은 예가 된다. 그는 골리앗과 싸우기 전, 자신이 과거에 사자와 곰을 물리친 경험을 회상하며 사울에게 이렇게 고백한다. "여호와께서 나를 사자의 발톱과 곰의 발톱에서 건져내셨은즉 나를 이 블레셋 사람의 손에서도 건져내시리이다"(삼상 17:37). 다윗은 단순한 과거의 경험에서 확신을 얻은 것이 아니라, 그 모든 상황 속에 함께하신 하나님의 도우심을 신뢰하였기에, 현재의 도전에도 능히 맞설 수 있다고 믿었다. 이는 목회자가 과거의 사역에서 경험한 하나님의 신실하심을 현재의 사역에서도 적용할 수 있다는 자기효능감의 신앙적 기초가 된다.

사도 바울도 자신의 사역을 감당함에 있어, 자기 약함을 고백하면서도 성령의 도우심을 확신하였다. 그는 로마서 8:26에서 "이와 같이 성령도 우리의 연약함을 도우시나니…"라고 말하며, 자신의 사역이 자신의 능력만으로 가능하다는 것이 아니라, 성령의 역사로 인해 가능하다는 사실을 강조하였다. 즉, 진정한 목회효능감은 자신의 한계를 직면하되, 성령께서 그 자리를 채우시고 능력을 더하신다는 믿음에 기초하고 있다.

에베소서 3:16에서도 바울은 "그의 성령으로 말미암아 너희 속사람을 능력으로 강건하게 하시오며"라고 기도하였다. 이는 외적인 사역을 감당하는 목회자가 내적인 사람으로부터 능력 있게 되어야 함을 의미한다. 진정한 효능감은 외형적 스펙이나 기술에만 의존하지 않고, 속사람의 강건함을 통해 오는 영적 권위에서 비롯된다.

결국, 목회효능감은 하나님에 대한 신뢰, 성령의 능력에 대한 의지, 그리고 사명을 향한 헌신이 삼위일체적으로 작용할 때 형성된다. 이와 같은 목회효능감을 가진 사람은 쉽게 낙심하거나 위축되지 않으며, 주어진 사역이 비록 크고 힘들지라도 그것을 하나님과 함께 이룰 수 있다는 확신 속에서 담대히 나아간다. 이는 곧 바울이 디모데에게 건넨 권면 속에 잘 드러나 있다. "하나님이 우리에게 주신 것은 두려워하는 마음이 아니요 오직 능력과 사랑과 절제하는 마음이니"(딤후 1:7). 목회자는 두려움이 아니라, 하나님이 주신 능력과 사랑, 절제를 기반으로 사역해야 하며, 이러한 믿음이 바로 목회효능감의 본질이다. 또한, 목회효능감이 높으면 주어진 과제에서 더 많은 노력을 하고 자신의 성취감과 목회자신감에 미치는 영향이 크다. 또 목회자들이 목회현장에서 사역하는 과정은 목회효능감이 높아야 하며 목회리더십을 더 잘 발휘할 수 있으며 그 중요성을 매우 크다고 하겠다.[237]

결론은 개혁주의생명신학 기도성령운동이다.

---

237) 이미나, 김경숙, "집단상담프로 그래그램이 목회효능감과 목회리더십에 미치는 효과," 410-411.

결국, 목회효능감은 인간의 능력이나 심리적 자신감에만 근거한 것이 아니라, 성령의 임재와 역사하심에 대한 신학적 확신에서 비롯된다. 그리고 이 확신은 바로 개혁주의생명신학이 강조하는 기도성령운동 안에서 더욱 깊이 자라난다. 개혁주의생명신학은 고백한다. "오직 성령만이 신앙운동, 신학회복운동, 회개용서운동, 영적생명운동, 하나님나라운동, 그리고 나눔운동을 가능하게 하신다." 이 모든 운동은 기도를 통해 성령의 인도하심을 구할 때에만 비로소 살아나는 것이다. 그러므로 개혁주의생명신학은 사람의 의지와 기술로 이루어지는 인간 중심의 운동이 아니라, 성령의 능력으로 말미암은 하나님의 사역이며, 기도로 시작하여 기도로 완성되는 성령의 역사다.

초대 교회는 마가의 다락방에 모여 간절히 기도할 때, 성령이 임하시며 시작되었다(행 2:1-4). 그 성령은 각 사람에게 임하셨고, 그로 인해 놀라운 복음의 능력이 온 세상으로 확장되었다. 그 역사는 한국 교회 역사 속에서도 동일하게 재현되었으며, 특별히 1907년 평양 대부흥은 회개와 기도의 눈물 가운데 임하신 성령의 역사였다. 그러므로 이 시대에 다시 한 번 성령의 바람이 불기를 기대한다면, 교회는 다시 기도의 무릎을 꿇어야 하며, 성도들은 다시 뜨거운 간구로 주의 능력을 구해야 한다.

백석총회는 이러한 역사를 계승하고 실천하는 교단이다. 백석인이 함께 기도의 손을 들고, 간절한 마음으로 성령의 역사를 구할 때, 개혁주의생명신학의 정수가 이 땅 가운데 다시 부흥으로 나타날 것이다. 개혁주의생명신학은 교회의 본질을 회복하고, 목회자의 내적 능력을 일으키는 영적 동력이다. 성령의 능력이 기도 가운데 임할 때, 침체된 사역도 다시 살아나고, 약해진 리더십도 강건해지며, 흔들리던 교회도 다시 생명의 공동체로 세워진다.

따라서 지금 이 시대, 목회자는 개혁주의생명신학을 따라 기도의 자리로 나아가야 한다. 성령의 도우심을 간구하며, 자기 사역의 능력과 확신을 인간적 자원이나 기술이 아니라 오직 하나님께 두어야 한다. 바로 여기에 목회효능감의 참된 회복이 있다. 성령은 하나님의 영으로서 세상을 창조하셨고, 그리스도의 영으로서 새 인류를 만드셨으며, 교회가 죽어갈 때마다 다시 비상하게 역사하셔서 교회를 살리시고, 교회를 통해 세상을 회복시키셨다.

이제 백석인은 함께 일어나야 한다. 우리가 다시 성령을 의지하여 기도할 때, 다시 하나님이 일하실 것이다. 기도성령운동은 개혁주의생명신학의 실천이며, 목회효능감을 높이는 유일한 길이다. 이 운동을 통해 우리는 민족을 살리고 세계를 섬기는, 다시 세상을 향해 나아가는 생명의 교회, 생명의 목회자가 될 것이다. 승리는 기도하는 자의 것이며, 승리는 성령을 의지하는 백석인의 것이다.

성령은 하나님의 영으로서 세상을 창조하셨고, 그리스도의 영으로서 새 인류를 창조하셨다. 그러나 특별한 때에, 곧 그리스도의 피로 값 주고 사신 교회가 죽어갈 때, 성령은 비상하게 역사하여 교회를 살리시고, 그 교회를 통하여 온 세상을 살리신다. 지금 한국 교회는 아니 온 세상에 퍼져 있는 모든 죽어가는 교회들은 이 비상한 성령의 역사를 그 어느 때보다도 더 필요로 하고 있지 않을까? 오 성령이여, 어서 오시옵소서![238]

---

238) 이승현, 「성령」 (경기: 킹덤북스, 2018), 446.

교회행정이란?

교회행정은 단순한 제도 운영이나 관리의 차원을 넘어, 교회의 본
질적 사명을 효과적으로 수행하도록 뒷받침하는 기능을 가진다. 교회
의 본질은 말씀 선포, 성례 집행, 성도의 교제와 봉사에 있으며, 행정
은 이 본질을 제도적·구조적으로 구현하는 역할을 담당한다. 그러므
로 교회행정은 효율성 확보와 함께 신학적 정당성을 견지해야 하며,
그 속에서 교회의 공공성과 영성이 드러나야 한다.

오늘날 교회는 급격한 사회 변화와 복잡한 요구 속에서 재정, 인
사, 조직, 정책, 교육 등 다양한 영역을 다루어야 한다. 만일 교회가
세속적 경영 원리를 무비판적으로 수용한다면 교회의 정체성이 손상
될 수 있으며, 반대로 행정을 경시한다면 교회의 질서와 사명 수행은
심각하게 약화된다. 따라서 교회행정은 항상 신학적 정체성과 실제적
효율성의 균형을 유지해야 한다.

교회행정의 궁극적 목적은 교회가 세상 속에서 하나님 나라를 증언
하는 공동체로 서도록 돕는 것이다. 이를 위해 행정은 투명성과 정직
성을 바탕으로 재정을 운영하고, 은사와 소명에 따라 인사를 배치하
며, 조직과 정책을 선교적 방향성 속에서 실행해야 한다.

사도 바울의 고백은 교회행정의 본질을 잘 드러낸다. 그는 "내가
달려갈 길과 주 예수께 받은 사명 곧 하나님의 은혜의 복음을 증언하

는 일을 마치려 함에는 나의 생명을 조금도 귀한 것으로 여기지 아니하노라"(행 20:24)라고 말하며 교회의 모든 섬김이 복음 증언을 향해야 함을 강조하였다. 또한 "성령이 그들 가운데 여러분을 감독자로 삼고 하나님이 자기 피로 사신 교회를 보살피게 하셨느니라"(행 20:28)라는 말씀은 교회행정이 성령께서 맡기신 청지기의 책임임을 밝힌다.

결국 교회행정은 복음을 향한 달음질이자, 하나님의 교회를 섬기고 보살피는 청지기의 책임 있는 사역이다. 교회는 행정을 통해 사명을 효율적으로 감당하며, 동시에 교회의 거룩성과 정체성을 지켜 나가야 한다. 이것이 교회행정학이 지향해야 할 최종적 결론이다.

참고문헌

강태평. 「기독교행정학」. 서울: 영성네트워크, 2019.

강태평. 「교회조직행정연구」. 서울: 백석대학교 대학원, 2021.

곽승호. "리더십의 집단효능감과 조직몰입에 미치는 영향에 관한 연구." 박사학
위 논문, 계명대학교 대학원, 2010.

권소영. "군 간부의 직무스트레스가 소진에 미치는 영향: 집단효능감을 통한 자
기효능감의 매개된 조절효과." 박사학위논문, 상지대학교 대학원, 2016.

김길환. "집단의 성공 경험이 조직몰에 미치는 영향: 다수준의 분석." 석사학위
논문, 고려대학교 대학원, 2017.

김길환 · 김주현 · 박동건. "집단의 성공 경험이 조직몰입에 미치는 영향: 해군간
부들의 집단효능감과 집단응집성을 중심으로." 「한국심리학회지」23(4)
(2017): 527–556.

김미숙. "자기효능감과 집단효감의 상호작용이 성과 및 직무태도에 미치는 영향
에 관한 연구." 석사학위논문, 서울대학교 대학원, 2017.

김병섭 · 박광국 · 조경호. 「조직의 이해와 관리」. 서울: 대영문화사, 2002.

김원형. "조직동일시, 조직몰입. 조직 내재화 변인들간의 탐색적 요인분석 및 확
인적인 요인분석에 대한 연구." 「한국심리학회지」6(1) (1993): 12–35.

김영종. 「교회행정학」. 서울: 숭실대학교 출판부, 2011.

김아름. "일터영성이 직무만족과 조직몰입에 미치는 영향." 석사학위논문, 한양
대학교 대학원, 2020.

김이행. "집단응집력이 결과행위에 미치는 영향에 관한 연구." 석사학위논문,
동아대학교 대학원, 2008.

김정기. 「교회행정신론」. 서울: 성광문화사, 1996.

김정모. "신체적활동 참여 기독교인의 교회만족도, 조직헌신도, 충성도, 구전 의도와의 인과 관계." 박사학위논문, 경희대학교 대학원, 2012.

김정원, "대학조직의 분산적 리더십과 행정직원의 자기효능감, 직무만족 및 조직 몰입과의 구조적 관계 연구." 박사학위논문 경희대학교 대학원, 1016.

김중규. 「선행정학 」. 서울: 카스파, 2021.

김지민 · 이상정. "가정외보호 아동의 보호 중 경험과 회복탄력성: 자기효능감의 매개효과를 중심으로." 「보건사회연구」 42(1) (2022): 183-199.

김진만. "개인의 자기효능감이 및 집단효능감 변화에 대한 동태적 연구." 박사학 위논문, 중앙대학교 대학원, 2012.

김창걸. 「교육행정학」. 서울: 형설출판사, 1994.

대한예수교장로회총회(백석), 「헌법」. 서울: 대한예수교장로회총회, 2023.

대한예수교장로회총회(백석), 「총회규칙」. 서울: 대한예수교장로회총회, 2023.

대한예수교장로회총회(백석), 「한국교회사」. 서울: 대한예수교창로회총회, 2023.

문태형. "유아교사효능감 및 자기결정성 동기와 조직헌신간의 관계." 「유아교육 학논집」 14(6) (2010):

박완신. 「교회행정론」. 서울: 기독문화사, 2005.

박진우. "Covid 19 시대, 교회 공동체 구성원을 위한 정신건강사회복지 실천 의 방향성: 대면모임 재개에 따른 교회 공동체 경험을 중심으로." 「신학과 실천」. 2022.

백승기. 「행정학원론」. 경기고양: 피앤씨미디어, 2019.

심상기. "한국 장로교회의 행정 개선방안 연구." 박사학위논문, 광신대학교대학 원, 2013.

서문교. "경영이론의 관점에서 본 조직으로서의 교회." 「로고스경영연구」. 10(2) (2012): 6-8.

성종현. 「신약성서의 중심주제들」. 서울: 장로회신학대학교출판부, 2000.

손병기. "평생교육기관 구성원이 인식한 팀장의 참여적 리더십, 팀 학습행동 집 단효능감, 비판적 성찰업무행동의 구조적 관계 분석." 박사학위 논문, 중앙대학교 대학원, 2022.

손병호. 「교회행정학원론」. 서울: 유앙겔리온, 2000.

송대승. "조직정체성 및 조직동일시가 이직의도에 미치는 영향에 관한 연구." 석사학위논문. 서울대학교 대학원, 2014.

양대현. "대기업 사무직 근로자의 직무스트레스 요인, 직무소진, 이직의도, 자기효능감 및 사회적지지의 관계." 박사학위논문, 서울대학교 대학원, 2019.

영안교회. 「영안교회 매뉴얼」. 서울: 대한예수교장로회 영안교회, 2017.

유민봉. 「한국행정학」. 서울: 박영사, 2016.

유병규. "공무원의 자기효능감이 직무성과에 미치는 영향: 집단효능감을 매개로 한 사회복지직과 기타 일반직 공무원 비교를 중심으로." 박사학위논문, 가천대학교 대학원, 2020.

윤성두. "변혁적 리더십, 부하의 감성지능, 자기효능감과 직무성과의 관계." 박사학위논문, 가천대학교 대학원, 2018.

윤지윤. "조별과제 집단효능감 경험 탐색: 반두라아 사회인지이론 중심으로." 박사학위논문, 한양대학교 대학원. 1015.

윤성혁. "관리자의 긍정적 리더십이 구성원의 직무성고에 미치는 영향." 박사학위논문, 한양대학교 대학원, 2020.

이도흠. "인간의 본성에 대한 융합적 연구와 새로운 지평." 한국언어문화, 76, 2021.

이동원. 「이렇게 사역하라」. 서울: 나침반출판사, 2004.

이동섭. "집단생산성의 핵심 변수인 집단효능감의 형성과 작용." 「생산성논집」 22(2) (2008): 267-298.

이성희. 「교회행정학」. 서울: 한국장로교출판사, 2015.

이승현. 「성령」. 경기: 킹덤북스, 2018.

이예하. "카지노 기업의 ESG 경영이 직원의 조직동일시, 자아존중감 및 직무 만족에 미치는 영향: K 카지노와 P 카지노를 대상으로." 경희대학교 박사학위논문. 2023.

이외승 · 김훈근 · 이대구. "사회복지시설 종사자의 조직몰입이 직무만족에 미

치는 영향연구: 자기효능감을 매개효과로." 「사회복지경영연구」 10(2) (2023): 199–215.

이주영. "기독청년들의 교회 내 스포츠활동 참여형태가 교회만족도 및 조직헌신에 미치는 영향." 석사학위논문, 전남대학교 대학원, 2010.

이찬일. "교회학교 교사의 영적건강이 조직헌신도 및 직무만족에 미치는 영향: 영락교회 교회학교를 중심으로." 석사학위논문, 장로교신학대교 대학원. 2010.

오현아. "진정리더십과 변현적 리더십이 잡크래크팅에 미치는 영향." 박사학위논문, 이화여자대학교 대학원, 2016.

우병훈. 「교회를 아는 지식」. 서울: 복있는 사람, 2024.

우병훈. "루터의 만인 제사장직 교리의 의미와 현대적 의의." 「신학논단」 87(2017): 209–35.

우병훈, "노회의 기능과 역할," 「고신신학」, 2018.

우병훈, 「처음 만나는 루터」. 서울: IVP, 2017.

윤은수. 「개혁파신학전통에서 본 치리」. 계명대학교 대학원 신학과 박사학위논문, 2009.

이상규, "교회정치." 「고신신학」 11 (2009): 197–235.

임영효. 「사도행전에서의 선교와 교회성장」. 서울: 프라미스키퍼스, 2013.

임종구. 「칼빈과 제네바 목사회」. 서울: 부흥과 개혁사, 2015.

이장식. 「한국교회의 어제와 오늘」. 서울: 대한기독교출판사, 1988.

　　– J. W. Cowand 저, 이장식 역. 「기독교 사상사(II)」. 서울: 대한기독교서회, 1977.

이재범 역, 피터 와그너 저. 「교회성장학 개론」. 서울: 솔로몬출판사, 1987.

이형기. 「세계 교회사(II)」. 서울: 한국장로교출판사, 1994.

임경근. 「한국교회사 걷기」. 서울: 두란노서원, 2021.

　　「세계교회사 걷기」. 서울: 두란노서원, 2024.

한국기독교역사연구소. 「한국 기독교의 역사 I」. 서울: 기독교문사, 1989.

장종현. 「신학은 학문이 아니다」. 서울: 기독교 연합신문사, 2022.

「세상을 살리는 교회」, 서울: 기독교연합신문사, 2019.

「개혁주의생명신학」, 서울: 기독교연합신문사, 2024.

전정우 · 김정모. "신체적활동 참여 기독교인의 교회만족도, 조진헌신도, 충성도, 구전의도와 인과관계."「한국체육과학회지」 21(3) (2012): 217–234.

정무성 · 남성훈."사회복지조직의 조직동일시가 조직시민행동에 미치는 영향." 「한 국비영리연구」6(3) (2008): 56.

정유준 · 강한영. "여행사의 조직효능감이 조직헌신과 직무지속의지에 미치는 영향."「관광레저연구」34(9) (2022): 137.

정현옥. "보건의료정책결정과정에 있어서 대한치과기공사협회의 활동분석." 석사학위논문, 안동대학교 대학원, 2007.

조강혜. "조직원의 자아효능감과 직무스트레스와의 관계에서 집단효능감의 매개효과." 석사학위논문, 고려대학교 대학원, 2009.

조대환. "조직정체성, 조직동일시. 조직구성원의 행동과 관계에 관한 교차수준연구." 박사학위논문, 조선대학교 대학원, 2015.

조동진. 「현대교회행정학」. 서울: 크리스천헤럴드사, 1981.

조영복 · 곽선희. 「조직이론과 관리」. 서울: 삼영사, 2003.

조은종, 「포스행정학」, 서울:박문각. 2020.

지원구. "조직구성원들의 지각된 CSR이 조직 동일시에 미치는 영향." 박사학위논문 한양대학교 대학원, 2017.

최득신. 「교회법개론」. 서울: 요나미디어, 2016.

최장호. "집단효능감 지각의 영양요인과 결과에 대한 연구." 석사학위논문, 서울대학교 대학원, 2000.

최철기. "교회행정가의 목회지도력과 미래교회 인식에 관한 연구—한국기독교장로회목회자 중심으로—." 박사학위논문, 한신대학교 대학원, 2017.

곽안련, 「장로교회사 전휘집」. 조선야소교서회, 1918.

김영재 편저. 「기독교 신앙고백」. 수원: 영음사, 2011.

"장로교회제도에 대한 역사적 고찰."「신학정론」10/2 (1992, 12).

「한국기독교의 재인식」. 서울: 엠마오, 1994.

대한예수교장로회 고신총회 「헌법해설」. 대한예수교장로회 총회출판국, 2014.

민경배. "한국기독교의 사회선교" 「부경교회사연구」 14 (2008. 5).

박용규. 「한국장로교사상사」. 서울: 한국기독교연구소, 2023.

박윤선. 「헌법주석」. 영음사, 1997.

배광식. 「장로교 정치원리와 치리제도 형성에 관한 역사적 연구」. 계명대학교 대학원 신학과 박사학위논문, 2005.

우병훈. "루터의 만인 제사장직 교리의 의미와 현대적 의의." 「신학논단」 87(2017): 209–35.

우병훈, "노회의 기능과 역할." 「고신신학」, 2018.

우병훈, 「처음 만나는 루터」. 서울: IVP, 2017.

윤은수. 「개혁파신학전통에서 본 치리」. 계명대학교 대학원 신학과 박사학위논문, 2009.

이상규, "교회정치." 「고신신학」11 (2009): 197–235.

유민봉, 「한국행정학」. 서울; 박영사. 2016.

임영효 「사도행전에서의 선교와 교회성장」. 서울: 프라미스키퍼스, 2013.

임종구. 「칼빈과 제네바 목사회」. 서울: 부흥과 개혁사, 2015.

이장식(1988), 한국교회의 어제와 오늘, 서울 : 대한기독교출판사

이형기(1994), 세계 교회사(II), 서울 : 한국장로교출판사

피터 와그너, 이재범 역(1987), 교회성장학 개론, 서울 : 솔로몬출판사

한국기독교역사연구소(1989), 한국 기독교의 역사 I, 서울 : 기독교문사

J. W. Cowand, 이장식 역(1977), 기독교 사상사(II), 서울 : 대한기독교서회

대한예수교장로회총회(백석), 한국교회사, 서울: 기독교연합신문사. 2023.

임경근, 「한국교회사 걷기」, 서울: 두란노서원. 2021.

임경근, 「세계교회사 걷기」, 서울: 두란노서원. 2024.

대한예수교 장로회총회(백석). 「헌법」, 서울: 대한예수교장로회(백석), 2023.

우병훈, 「교회를 아는 지식」, 서울: 복있는 사람. 2024.

박용규. 「한국장로교회사」, 서울: 한국기독교연구소, 2023.

장종현, 「세상을 살리는 교회」, 기독교연합신문사, 2019

장종현. 「개혁주의생명신학」. 서울: 기독교연합신문사, 2024.

Bavinck, Herman. 「개혁교의학」. Gereformeerde Dogmatiek. 박태현 역. 서울: 부흥과개혁사, 2011.

Beale, G. K. 「신약성경신학」. A New Testament Biblical Theology. 김귀탁 역. 서울: 부흥과개혁사, 2013.

Beeke, Joel and Mark Jones. 청교도 신학의 모든 것」. A Puritan Theology.

곽안련. 「장로교회사 전휘집」. 조선야소교서회, 1918.

김영재 편저.

- 「기독교 신앙고백」. 수원: 영음사, 2011.

- "장로교회제도에 대한 역사적 고찰." 「신학정론」 10/2 (1992.12).

- 「한국기독교의 재인식」. 서울: 엠마오, 1994.

대한예수교 장로회총회(백석).

- 「헌법」. 서울: 대한예수교장로회(백석), 2023.

- 「한국교회사」. 서울: 기독교연합신문사, 2023.

대한예수교장로회 고신총회. 「헌법해설」. 서울: 총회출판국, 2014.

민경배. "한국기독교의 사회선교." 「부경교회사연구」 14 (2008.5).

박용규.

- 「한국장로교사상사」. 서울: 한국기독교연구소, 2023.

- 「한국장로교회사」. 서울: 한국기독교연구소, 2023.

박윤선. 「헌법주석」. 서울: 영음사, 1997.

배광식. 「장로교 정치원리와 치리제도 형성에 관한 역사적 연구」. 계명대학교 대학원 신학과 박사학위논문, 2005.

서문교. "경영이론의 관점에서 본 조직으로서의 교회." 「로고스경영연구」 10(2) (2012): 6-8.

손병기. "평생교육기관 구성원이 인식한 팀장의 참여적 리더십, 팀 학습행동 집단효능감, 비판적 성찰업무행동의 구조적 관계 분석." 박사학위논문, 중앙대학교 대학원, 2022.

손병호. 「교회행정학원론」. 서울: 유앙겔리온, 2000.

송대승. "조직정체성 및 조직동일시가 이직의도에 미치는 영향." 박사학위논문, 한남대학교 대학원, 연도 미상.

심상기. "한국 장로교회의 행정 개선방안 연구." 박사학위논문, 광신대학교 대학원, 2013.

우병훈.

– "루터의 만인 제사장직 교리의 의미와 현대적 의의." 「신학논단」 87 (2017): 209–35.

– "노회의 기능과 역할." 「고신신학」 (2018).

– 「처음 만나는 루터」. 서울: IVP, 2017.

– 「교회를 아는 지식」. 서울: 복있는 사람, 2024.

윤은수. 「개혁파 신학전통에서 본 치리」. 계명대학교 대학원 신학과 박사학위논문, 2009.

이상규. "교회정치." 「고신신학」 11 (2009): 197–235.

이장식.

– 「한국교회의 어제와 오늘」. 서울: 대한기독교출판사, 1988.

– J. W. Cowand 저, 이장식 역. 「기독교 사상사(II)」. 서울: 대한기독교서회, 1977.

이재범 역, 피터 와그너 저. 「교회성장학 개론」. 서울: 솔로몬출판사, 1987.

이형기. 「세계 교회사(II)」. 서울: 한국장로교출판사, 1994.

임경근.

– 「한국교회사 걷기」. 서울: 두란노서원, 2021.

– 「세계교회사 걷기」. 서울: 두란노서원, 2024.

임영효. 「사도행전에서의 선교와 교회성장」. 서울: 프라미스키퍼스, 2013.

임종구. 「칼빈과 제네바 목사회」. 서울: 부흥과 개혁사, 2015.

장종현.

– 「신학은 학문이 아니다」. 서울: 기독교연합신문사, 2022.

– 「세상을 살리는 교회」. 서울: 기독교연합신문사, 2019.

– 「개혁주의생명신학」. 서울: 기독교연합신문사, 2024.

정무성, 남성훈. "사회복지조직의 조직동일시가 조직시민행동에 미치는 영향."

「한국비영리연구」 6(3) (2008): 56.

정유준, 강한영. "여행사의 조직효능감이 조직헌신과 직무지속의지에 미치는 영향." 「관광레저연구」 34(9) (2022): 137.

정현옥. "보건의료정책결정과정에서 있어서 대한치과기공사협회의 활동분석." 석사학위논문, 안동대학교 대학원, 2007.

조강혜. "조직원의 자아효능감과 직무스트레스와의 관계에서 집단효능감의 매개효과." 석사학위논문, 고려대학교 대학원, 2009.

조대환. "조직정체성, 조직동일시, 조직구성원의 행동과 관계에 관한 교차수준연구." 박사학위논문, 조선대학교 대학원, 2015.

조동진. 「현대교회행정학」. 서울: 크리스천해럴드사, 1981.

조영복, 곽선희. 「조직이론과 관리」. 서울: 삼영사, 2003.

지원구. "조직구성원들의 지각된 CSR이 조직 동일시에 미치는 영향." 박사학위논문, 한양대학교 대학원, 2017.

최득신. 「교회법개론」. 서울: 요나미디어, 2016.

최장호. "집단효능감 지각의 영향요인과 결과에 대한 연구." 석사학위논문, 서울대학교 대학원, 2000.

최철기. "교회행정가의 목회지도력과 미래교회 인식에 관한 연구: 한국기독교장로회 목회자 중심으로." 박사학위논문, 한신대학교 대학원, 2017.

한국기독교역사연구소. 「한국 기독교의 역사 I」. 서울: 기독교문사, 1989.

전정우 · 김정모. "신체적 활동 참여 기독교인의 교회만족도, 조직헌신도, 충성도, 구전의도와의 인과관계." 「한국체육과학회지」 21(3) (2012): 217 - 234.

〈Footnotes〉

1　대한예수교총회(백석), 「헌법」, 169.

2　대한예수교헌법(백석), 「헌법」, 169-170.

"그가 어떤 사람은 사도로, 어떤 사람은 선지자로, 어떤 사람은 복음 전하는 자로, 어떤 사람은 목사와 교사로 주셨으니 이는 성도를 온전하게 하여 봉사의 일을 하게 하며 그리스도의 몸을 세우려 하심이라." 에베소서 4:11-12

개혁주의생명신학 관점의
교회행정학